U0465974

姚著中国史·5

# 近代中国的成立

姚大中 著

華夏出版社
HUAXIA PUBLISHING HOUSE

作者简介

**姚大中**，一九二四年生于江苏省吴县。中央大学（南京）法商学院政经系毕业，日本大东文化大学做政治经济研究，台湾东吴大学历史系教授。

# 目　录

## 中华民族大舞台全成员登场

## 征服朝代成立



# 汉族中国的近代化

## 绝对主义的时代

# 中华民族大舞台全成员登场

# 亚洲内陆世界霸权推移

## 北亚细亚突厥巨潮

汉族中国历史，十世纪唐末—五代—宋的嬗代，乃是社会形态自中世转入近代的关键时代。站于今日“中国”的立场，自隋朝统一届至上述时代，也是历史担当者中华民族诸分子汉、满、蒙、回、藏，汉族以外所有成员或其同系统民族均已登场，各别立定到今日所见活动位置的最早布列时代：

满→靺鞨（渤海）·女真（金）

蒙→契丹（辽）

回→突厥·回纥

藏→吐谷浑·吐蕃·唐古特（西夏）

以后，十三世纪蒙系蒙古人（元）雄飞，而“蒙古利亚”名词代表了旧大陆黄肤色人种的总称；十七世纪满系后金或满洲人（清）又总结前期中华民族诸成员间的抗争历史与最早统一其活动天地，铸定今日“中国”与“中国人”的原型。

而清朝以前，满、蒙、回、藏诸族与汉族间波涛广阔，此起彼落，壮观又时间持续长久的竞争，其性质仍是二千年前，以汉族与最早游牧民族各各成形时，所成立欧亚大陆东方游牧·农耕两个世界对冲形势的延续。演出舞台面，却自历史的北、西中国，正益益向整体“中国”延伸。

对应汉族中国中世史，代表北方欧亚大陆游牧巨潮的，是前期中华民族诸分子间的回族系统。“回”族名词由来源于宗教信仰而非血统，也自近代中国才追加，中世中国须还原到血统基准，便是汉朝记录中“丁零”（丁灵、丁令），南北朝由“高车·丁零”之名过渡到“狄历”或“敕勒”，六世纪南北朝之末汉字同音异写成“铁勒”，又以其中一脉飞跃发展而自“铁勒”类似之音分化为“突厥”，隋唐时代再以突厥系的欧亚大陆内陆世界大统一，而“突厥”（Turk）的名词统一替代“铁勒”，以及概括所有前期突厥诸种族成立为今日人类学上人种系图用词，其历史已系今日世界所有突厥系民族，包括小亚细亚土耳其（Turkey）共和国住民的共同先史。

“敕勒”改写“铁勒”的时代，含义已广域包含了南西伯利亚、蒙古地方、准噶尔的北亚细亚方面所有同一血缘关系诸种族，成分非仅汉朝时代尚居贝加尔湖南方的丁零，也已包含当初往往与丁零并列，叶尼塞河上流域的“坚昆”。简言之，已系前期突厥诸种族初步总括。“突厥”名词再转化，代表的便是诸种族政治上大统合机运来临的历史意义。五世纪北亚细亚主权者柔然支配下分散的铁勒部落中，以阿尔泰山脉西南、天山山脉北麓准噶尔盆地为本据，得阿尔泰山中各种金属资源，特别又是铁矿生产之处，而以优秀锻铁技术从事铁制武器，并以此等制品向柔然纳贡，成立与柔然间的服属关系的阿史那部，六世纪前半，高车—铁勒诸部背叛柔然的浪潮形成时，虽似忠诚无反抗迹象，势力却也已明显抬头。阿史那部的渊源，史学界以其名与历史上曾在当地大发展的早期突厥系种族乌孙语源相同，怀疑是否便是乌孙直裔子孙①。此固仅系臆测，而六世纪中所见，天山北麓东面的阿史那部，已于族长土门（Tuman）领导下开始大发达，精良武器的制造为武力后盾，西与中亚细亚方面粟特商人携手，东在汉族中国北边长城地带与汉族维系通商关系，经济基础获得加固，而准噶尔铁勒族五万余落均被征服。阿史那部完成天山以北的统一统制。“突厥”之名，开始以此一系统的阿史那部领导势力成立，纪元五四五年（西魏大统十一年）以粟特商人中介，最早接触北魏分裂后的西魏，翌年正式派出使节，而为汉族中国所记录，却不明了便是“铁勒”同一字，“突厥”乃于中国史书中与其“铁勒”血族形成一音两译。也惟其“突厥”兴起才为汉族详知其事，所以《周书》列突厥专传而未及铁勒，正史中最早增补铁勒传系《隋书》（且后分突厥、西突厥、铁勒三传记），虽然两书均唐初著作。

土门指导而阿史那部已系领导部族的突厥势力勃兴后，土门向原所服属的柔然可汗求婚其女，被可汗鄙视为“锻奴”拒绝。激怒土门于纪元五五一年

① 江上波夫《北亚洲史》第46页。

转向汉族中国西魏通婚成功。翌年的纪元五五二年，一举攻破柔然，柔然可汗自杀，土门登位号伊利可汗（Illig – Kagan），突厥游牧国家与第一代可汗正式登场。突厥第二世与第三代可汗伊利之子木杆（Mokkan）治世，逼迫西魏尽杀已降西魏的柔然最后可汗一族，柔然名实均告灭亡（纪元 555 年）。突厥也便于英迈富有父风，其历史上最伟大指导者木杆可汗的二十年在位期，登上发达巅峰，四方大征服成功，突厥诸种族的空前大统合展开。今日土耳其共和国历史教科书的一幅突厥帝国地图所标示，西以里海北方伏尔加河为界，东迄于海的大版图，六世纪中已全域立于统一主权之下，[①] 本据地也自准噶尔盆地移向外蒙古鄂尔泽（Orkhon）河上游附近的都斤（郁督军，突厥碑文汉字乌德鞬 Otu – Kan）山，北亚细亚成立突厥的完全支配。西面进出中亚细亚，一扫当地原来的强大吠哒支配势力而加接收（纪元 563 至 567 年），以阿姆河与萨珊波斯接界[②]。东面席卷东蒙古方面契丹诸种族之地，见于《周书》异域传下突厥条的说明是："西破嚈哒，东走契丹，北并契骨（坚昆），威服塞外诸国。其地东自辽海以西，西至西海（里海）万里，南自沙漠以北，北至北海（贝加尔湖）五、六千里，皆属焉"。木杆次代其弟佗钵（Tabar）可汗"控弦数十万，中国惮之，周、齐争结姻好，倾府藏以事之。佗钵益骄，每谓其下曰：我在南两儿常孝顺，何患贫也。"（《隋书》北狄传突厥条，《周书》异域传下突厥条之语则"但使我在南两个儿孝顺，何忧无物邪"），盛气凌人之慨可见。其背景，乃是北周武帝娶木杆之女（阿史那皇后），佗钵又娶周室赵王招之女千金公主为可敦（可贺敦 Katun）。但便自再下一代，转入第三世的第五代可汗，第二代乙息记可汗之子继其两叔登位的沙钵略（Dizaboulous）可汗之世，全突厥史的黄金时代开始减色，突厥游牧大帝国东、西分裂，而沙钵略即位的纪元五八一年，汉族中国历史却正呈相反意义，结束南北朝对立局面拨云见日，也以同一年的隋文帝篡周为划期标志。

大领土游牧国家的建设，其所形成"封建"式，潜在便是容易分裂的危

---

① 诚文堂新光社版《世界史大系》3. 东亚 I，第 318 页。复印资料地图。

② 同上资料地图。

机，匈奴如此，突厥也如此。突厥勃兴期，阿史那部领导阶层分别担当各地征伐的指挥者，事业成功便是当地的统治者，大可汗伊利之弟室点密（Istami）叶护，早自立国之初已受兄派遣经略中亚细亚，破灭嚈哒后，已系西面可汗，征服契丹系诸族的木杆之弟库头则东面可汗（地头可汗），木杆另一弟褥但可汗于东面、西面间立于中间地带，呈现大可汗之下三可汗分立状态，此系木杆时代。佗钵时代持续为东面═尔伏可汗摄图（继位的沙钵略可汗）、西面═室点密之子达头可汗；褥但可汗之子步离可汗的领地也在西方。摄图继佗钵可汗为大可汗已与隋朝成立同时，治世之初，西面的达头可汗之外，北方乃阿波可汗（木杆之子），独洛水（蒙古土拉 Tola 河）流域庵罗（佗钵之子）号第二可汗，以及另外的纥支可汗、贪汗可汗，“叔侄兄弟，各统强立，俱号可汗，分居四面，内怀猜忌，外示和同”（《隋书》长孙晟传）的弱点，被代表了汉族中国新锐力量的隋朝看透，中国历史上第一流优秀外交家与隋朝杰出的突厥事务专家长孙晟的果断献策，分化离间政略运用至最高境界，而突厥统一国家发生大变局。

长孙晟便是其后唐朝太宗长孙皇后之父，北朝世家，自青年时期充北周护送千金公主副使入突厥以来，凭其累次出使突厥的丰富经验与敏锐观察力、正确判断力，乃是十足的突厥通。长孙晟且于北周时代第一次出使期间，已以个人关系预在突厥布下离间种子，《隋书》传记说明，他曾在当时突厥最具强大势力的东面可汗摄图的一次出猎中，弯弓驰马，向空中飞而相搏的二雕一箭双贯，（今日“一箭双雕”成语由来即此），因而闻名，摄图“每共游猎，留之竟岁”，而其同时，摄图“弟处罗侯号突利设（摄图继位沙钵略可汗时的叶护），尤得众心，而为摄图所忌，密托心腹，阴与晟盟。晟与之游猎，因察山川形势，部众强弱，皆尽知之。”待开皇元年（纪元 581 年）隋文帝受禅，沙钵略登位为突厥大可汗，长孙晟乃有“难以力征，易可离间”的“远交而近攻，离强而合弱”特别是“玷厥（达头）之于摄图也，兵强而位下，外名相属，内隙已彰，鼓动其情，必将自战”的洋洋上书提出并被采纳，而同年立即展开其第一步：“因遣太仆元晖出伊吾道，使诣玷厥，赐以狼头纛，谬为钦敬，礼数甚优。玷厥使来，引居摄图使上。反间既行，果相猜贰”，以及长孙晟亲自“得至处所罗侯，深布心腹，诱令内附”。突厥方面，新登位的沙钵略续妻千金公主，于为千金公主“自伤宗祀绝灭，日夜言之于沙钵略”的藉口下，开皇二年，四十万骑大举自甘肃方面入侵。突厥进攻与隋朝反攻之间，长孙晟为决策中核的隋朝活泼外交再向高层推展。

战幕初掀，突厥数道并出，俱获胜利推进的形势中，阿波一支独败，长孙晟趁机使人挑拨引诱阿波的《隋书》长孙晟传精采报导谓：“摄图（沙钵略）之与阿波，兵势本敌，今摄图日胜，为众所崇，阿波不利，为国生辱。摄图必当因以罪归于阿波，成其夙计，灭北牙矣。愿自量度，能御之乎”。“阿波使至，晟又谓之曰：今达头与隋连和，而摄图不能制。可汗何不依附天子，连结达头，相合为强，此万全之计。……阿波纳之，因留塞上，使人随晟入朝”。同一时间，隋朝大发兵出塞的反击行动展开，沙钵略溃退沙漠，战场优势转移到隋朝方面时，渡沙漠而返的沙钵略已发觉阿波怀贰，“乃掩北牙，尽获其众”。《隋书》的接续报导：“阿波还无所归，西奔玷厥（达头可汗），乞师十余万，东击摄图，复得故地，收散卒数万……。又有贪汗可汗，素睦于阿波，沙钵略夺其众而废之，贪汗亡奔达头。沙钵略从弟地勤察别统部落，与沙钵略有隙，复以众叛归阿波。连兵不已，各遣使诣阙请和求援，上皆不许”（长孙晟、突厥传）。隋朝分化离间策略完全成功，有意地坐山观虎斗，又在多角国运大赌博中成为单独的赢家。突厥内讧裂痕，便以阿波与达头领导的阵线对沙钵略两立之势永久形成而无可弥补。突厥确定依东、西方位一分而二。此一东、西突厥分裂的开始年代，一般也便设定于混乱翌年的纪元五八三年，隋朝成立第三年的开皇三年。

强大突厥分裂，隋朝制造西突厥从意识上切离东突厥到独立事实成立，原系其突厥事业基本线以及绝大成功，对分裂后整体而言势力已被削弱的突厥，制衡分裂势力仍有必要，因之西突厥也续被怀柔。西突厥方面，自立主权下独得隋朝贸易优惠，厚博东连中国又西结西方世界的中介利润，毋宁反为得志。相对突厥本体的东突厥（或称北突厥），分裂却是大打击，势力严重受损，被迫于东西突厥分裂翌年（纪元 584 年），仍藉“千金公主上书请为一子之例”转圜，隋应其请，赐国姓“杨”，改封大义公主，而同年乃有沙钵略以“皇帝是妇父，即是翁；此是女夫，即是儿例。两境虽殊，情义是一。今重叠亲旧，子子孙孙，乃至万世不断，上天为证，终不违负。此国所有羊马，都是皇帝畜生；彼有缯彩，都是此物，彼此有何异也”为内容的致隋文帝书上达，以及隋文帝答书：“得书，知大有好心向此也。既是沙钵略妇翁，今日看沙钵略共儿子不异”（《隋书》北狄传突厥条），东突厥最早承认与隋朝间存立舅婿关系。但两国地位仍系对等，视上引往返国书具衔“从天生大突厥天下贤圣天子伊利俱卢设莫何始波罗可汗致书大隋皇帝”“大隋天子贻书大突厥伊利俱卢设莫何沙钵略可汗”可知。关系再转变，系追随其时而突厥形势恶化，被支配诸部族频起反抗，得隋朝援军镇压成功的结果。所以纪元五八五年（开皇五年）上表，已改称“大突厥伊利俱卢设始波罗莫何可汗臣摄图”，其言：“伏奉诏书，兼宣慈旨，仰惟恩信之著，逾久愈明，徒知负荷，不能答谢。伏惟大隋皇帝之有四海，上契天心，下顺民望（中略）。意以华夏其有大圣兴焉（自此突厥惯以“圣人”尊称隋文帝），况今被沾德义，仁化所及，礼让之风，自朝满野。窃以天无二日，土无二王，伏惟大隋皇帝，真皇帝也。岂敢阻兵恃险，偷窃名号，今便感慕淳风，归心有道，屈膝稽颡，永为藩附。虽复南瞻魏阙（指朝廷），山川悠远，北面之礼，不敢废失。当令侍子入朝，神马岁贡，朝夕恭承，唯命是视。至于削衽解辫，革音从律，习俗已久，未能改变。阖国同心，无不衔荷，不任下情欣慕之至。谨遣第七儿臣窟含真等奉表以闻。”（《隋书》同前），而如隋文帝答诏所示：“往虽与和，犹是二国；今作君臣，便成一体”，突厥正式向隋朝称藩，成立君臣关系。

纪元五八七年（开皇七年）沙钵略卒，突厥对隋朝的从属关系愈形加固，敌对时期预由长孙晟布置的亲隋份子沙钵略之弟处罗侯被推继位，便由长孙晟奉派册立为突厥第六代莫何（Baha）可汗，隋朝第一次立于宗主权而册封突厥可汗。宗主国权威，也由是年莫何灭其从兄弟阿波，《隋书》北狄传突厥条记系“以隋所赐旗鼓西征阿波”，擒阿波后，又“上书请阿波生死之命”的恭顺态度，得以想见。

第二年（纪元 588 年）莫何卒，雍虞闾（沙钵略子）叶护代立为都蓝（Tourxanthos）可汗在位期，隋朝对突厥政策再修正，简言之，加以再分化，决意舍都蓝另行扶植领地在北方而号突利（Tuli）可汗的莫何之子染干。献策者仍是颠覆专家长孙晟，其于职贡无缺的都蓝上表请婚时的意见，载入《隋书》本传是："臣观雍闾（都蓝），反复无信，今若得尚公主，承藉威灵，玷厥（西突厥达头）、染干（突利）必又受其征发。强而更反，后恐难图。且染干者，处罗侯（莫何可汗）之子也，素有诚款，于今两代。臣前与相见，亦乞通婚，不如许之。"建议被采纳，乃有开皇十七年（纪元597年）以宗女封安义公主，大事铺张地降嫁突利之举，都蓝为此"怒曰：我，大可汗也，反不如染干！于是朝贡遂绝，数为边患"（《隋书》北狄传突厥条）。

突利已系其从兄都蓝迁怒的目标，东、西突厥原相攻伐不已，都蓝至是反而"复共达头同盟，合力掩袭染干（突利）"（《隋书》长孙晟传），纪元五九九年（开皇十九年）的这次东、西突厥联手大攻击，突利溃奔长安，由隋朝册立为启民可汗，先后以其败残部众安置到山西北部与内蒙古的汉族中国领土内缘地带。安义公主死，续以宗女封义安公主妻启民。翌年纪元六〇〇年与开皇二十年，都蓝在变乱中"为其麾下所杀，达头自立为步迦可汗"（《隋书》长孙晟传、北狄传突厥条），隋朝大军趁机北伐，自西突厥可汗正位突厥（东突厥）大可汗的达头（步迦）大溃，西逃吐谷浑。都蓝、达头遗众、北方铁勒诸部，东方奚、霫、室韦等种族尽行服从启民支配，隋朝卵翼下的启民昂然统制蒙古全域而系突厥大可汗，本据自隋朝直接转移往内蒙古，长孙晟亲自护送启民至沙漠边缘而返，时为仁寿三年（纪元603年），隋朝的突厥事业推向了极峰。

炀帝继位后的纪元六〇七年（大业三年），于是有天子北巡榆林，启民偕义成公主迎朝行在与炀帝幸启民帐，大享服属突厥部落酋长三千五百人的历史盛事演出。其时启民上表："臣今忆想圣人（文帝）及至尊（炀帝）养活事，具奏不可尽，并至尊圣心里在。臣今非是旧日边地突厥可汗，臣即是至尊臣民。至尊怜臣时，乞依大国服饰法用，一同华夏。臣今率部落，敢以上闻，伏愿天慈不违所请"，而炀帝答以"各尚所宜，因而利之，……何必化诸削衽，縻以长缨?""但使好心孝顺，何必改变衣服也"（《隋书》突厥传），乃堪注目的记录。与前引沙钵略表文对照，可指示伯侄两世二十余年间，突厥对隋朝的从属关系，已如何深一层牢固，以及如何自政治利害加注了浓烈感情，抑且，启民的册立，直接便已使用了汉语“启民”为可汗之号。惟其如此，启民时代的突厥与隋朝关系，固近似呼韩邪单于时代的匈奴之于汉朝，紧密程度为犹过之可以推想。

同一时期的西突厥也同一处境。西突厥与隋朝间友好关系，以达头介入东突厥内讧而被破坏。炀帝初，继长孙晟去世的外交决策人另一著名人物西域事务专家裴矩，第一步是策动其时在位的处罗可汗，恢复与隋朝间朝贡关系［西突厥世系，《隋书》西突厥传记所叙述颇见混乱，系以阿波可汗“与沙钵略有隙，国分为二”开始，纪元587年阿波被东突厥莫何可汗所擒，“其国立鞅素特勤子为泥利可汗”。泥利卒而续由其子处罗可汗继位，与突厥（东突厥）传记达头至其时始败奔吐谷浑的记事相违，鞅素特勤祖孙与达头系何关系也颇含糊］；第二步便蹈袭东突厥路线，制造其内部分化后进行颠覆。大业七年（纪元611年），《隋书》西突厥传记已明言身份系达头之孙的射匮受隋朝策反并援助，袭破处罗，西突厥射匮可汗的隋朝附庸政权成立。处罗也率败众亡入隋朝，在长安被赐号曷萨那可汗，尚信义公主而不归。

北方巨人突厥，从统一而分裂，又从分裂而至是均皆臣伏于隋朝。再兴波澜系隋末群盗蜂起之势已成之际，继去世之父启民可汗登位的始毕可汗，大业十一年（纪元615年）所谓“绝朝贡”的脱离臣从关系所带动，三年后的纪元六一八年，隋—唐朝代已完成交替。

## 苍狼的子孙——文字的后期游牧国家

突厥的人文，《周书》异域传下突厥条与《隋书》北狄传突厥条所收录资料——均六至七世纪突厥，以与汉族中国间频繁交涉展开而被了解的事情，明晰浮现了突厥强大游牧国家形成期面貌。两书文字大体相似，其所认识与被介绍的综合——

其俗畜牧为事，随逐水草，不恒厥处。穹庐毡帐，被发左衽，食肉饮酪，身衣裘褐，贱老贵壮。

虽移徙无常，而各有地分，可汗恒处于都斤山，牙帐东开，盖敬日之所出也。

官有叶护（yabghu），次设（shad）、特勤（tegin），次俟利发（ilteber），次俟斤（irkin）、吐屯（tudun），下至小官，凡二十八等，皆世为之（《唐书》突厥传上的补充：“可汗者，犹古之单于，妻号可贺敦，犹古之阏氏也。其子弟谓之特勤，别部领兵者皆谓之设”）。

（兵器）有弓矢、鸣镝、甲、矟、刀、剑，善骑射，性残忍。旗纛之上施金狼头，侍卫之士，谓之附离，夏亨亦狼也，盖本狼生，志不忘旧。

其书字类胡，而不知年历，唯以草青为记。

其征发兵马，科税杂畜，辄刻木为数，并一金镞箭，蜡封印之，以为信契。

其刑法，反叛、杀人及奸人之妇、盗马绊者，皆死；奸人女者，重责财物，即以其女妻之；斗伤人者，随轻重输物；盗马及杂物者，各十余倍征之。

男有悦爱于女者，归即遣人聘问，其父母多不违也。父伯叔死者，子、弟及侄等妻其后母、世叔母及嫂，唯尊者不得下淫。

死者停尸帐中，家人、亲属多杀牛马而祭之，绕帐号呼，以刀划面，血泪交下，七度而止。于是择日置尸马上而焚之，取灰而葬。表木为茔，立屋其中，图画死者形仪及其生时所经战阵之状。尝杀一人，则立一石，有至千百者。

五月中，多杀羊马以祭天。男子好樗蒲，女子踏鞠，饮马酪取醉，歌呼相对。

敬鬼神，信巫觋，重兵死而耻病终。大抵与匈奴同俗。

亚洲游牧民族自发生以来，嫂婚制（以及氏族外婚制）、萨满信仰（敬日月、山川、鬼神）等习俗，对应草原·沙漠的风土地理，一千年间无甚变化，匈奴时代如此，突厥时代也如此，所以谓之“同俗”。而因之《周书》猜测突厥乃“匈奴之别种”（《隋书》指“突厥之先，平凉杂胡也”，较为含糊），而匈奴却非如突厥的存在强烈“狼始祖”种族意识。《隋书》北狄传突厥条转录此一传说谓：“其先，国于西海之上，为邻国所灭，男女无少长尽杀之。至一儿不忍杀，刖足断臂，弃于大泽中。有一牝狼，每衔肉至其所，此儿因食之，得以不死。其后，遂与狼交，狼有孕焉。彼邻国者，复令人杀此儿，而狼在其侧。使者将杀之，其狼若为神所凭，欻然至于海东，止于山上。其山在高昌西北，下有洞穴，狼入其中……其后狼生十男，其一姓阿史那氏，最贤，遂为君长，故牙门建狼头纛，示不忘本也。”《周书》异域传下突厥条相同的记事之外，又补充：“或云突厥之先出于索国，在匈奴之北。其部落大人曰阿谤步，兄弟十七人，其一曰伊质泥师都，狼所生也。谤步等性并愚痴，国遂被灭。泥师都既别感异气，能征召风雨。娶二妻，云是夏神、冬神之女也。一孕而生四男。其一变为白鸿，其一国于阿辅水、剑水之间，号为契骨；其一国于处折水，其一居践斯处折施山，即其大儿也。山上仍有阿谤步种类，并多寒露。大儿为出火温养之，咸得全济。遂共奉大儿为主，号为突厥，即讷都六设也。讷都六有十妻，所生子皆以母族为姓，阿史那（Ashina）是其小妻之子也。讷都六死，十母子内欲择立一人，乃相率于大树下，共为约曰：向树跳跃，能最高者，即推立之。阿史那子年幼而跳最高者，诸子遂奉以为主，号阿贤设。此说虽殊，然终狼种也”。

狼祖先传说于古代突厥系种族间为通有，高车先已流传狼与匈奴单于之女婚配，所生子孙繁衍而成种族之说（见《魏书》、《北史》高车传）。抑且，以后蒙古人也具有同一信仰要素，蒙文《元朝秘史》卷首便记“孛儿帖赤那”（苍狼）与“豁埃马阑勒”（惨白牝鹿）相配而生其鼻祖事迹。特有兴味的，多桑（O. d'Ohsson）《蒙古史》转录十四世纪 Raschid 波斯文《史集》记蒙古人口传祖先源流谓：“成吉思汗诞生之二千年前，蒙古人为鞑靼地域之其他民族所破灭，仅遗男女各二人，遁走一地，四面皆山……后人繁盛，分为部落。因地限山中，悬崖屹立，不足以容，乃谋出山。先是其民常采铁矿于其中之一山，至是遂积多木，篝火矿穴，以七十辅煽火，铁矿既熔，因辟一道。成吉思汗后裔之为蒙古君主者，记念此事，每于除夕召铁工至内廷捶铁，隆礼以谢天恩，蒙古民族之起源如此”[①]。则突厥人传记曾否影响蒙古与其间传承关系，蒙古族最早形成时的血统成分与系谱，则堪玩味。另一方面，阿史那部祖先与坚昆（契骨）间的血缘关系，也自《周书》记事而反映，“剑水”的今日学界意见，便是叶尼塞河上流 Kem 河音译[②]。“契骨”名词出现于《隋书》时是“纥骨”，《唐书》系“结骨”，续称“黠戛斯”，以后《元史》中转“乞儿吉思”，都是今日名词吉尔吉斯（Qyrqyz）对音。

游牧民族的发达编年史上，突厥的时代，已非匈奴所代表早期游牧朝代的范畴，便以突厥为转折，而性格上移换为后期游牧朝代，转换表征，乃是自身文字的发明与使用。古突厥文字的陆续发现，学术界获得莫大鼓舞，非只是内陆亚细亚民族用自己文字书写的最初记录，也是遗留今日最古的突厥（土耳其）语资料，无论于语言学、历史学研究上，都具有重要意味。认识游牧民族国家的习俗、文化，从来惟有依凭汉族中国方面的记录（以及西方有关记录），如今加具了更可珍贵的、直接的根本史料，对于突厥甚且匈奴以前的社会动态，都已能明确把握。

突厥文字系模仿闪语系（Semitc group）西支，阿剌姆人（Aramens）活跃埃及至伊朗间广大 orient 全域的商业通用语阿剌姆字母而制作，突厥人六世纪西方大发展的结果为可推测。此类文字的被发现情况，均与坟墓有关，一类是突厥人分布地域内发现甚多的石雕像，大者高达三公尺，手法古拙，且仅雕刻腰部以上而下部供埋入土中，石像躯体便存在记有文字之例[③]。但突厥文字发现主体，则是墓碑。突厥文字碑文，中亚细亚怛罗斯（Talas）河谷[④]以至北亚细亚域内均已发现。南西伯利亚叶尼塞河上流域，原属中国外蒙古西北部地区唐努乌梁海而蒙古人民共和国登场后划入苏联领土，成立为苏俄领下土文自治州（Tuvinskaya AO）的境域，共五十一个古代突厥碑文，考定全体均当地的

---

① 录自《多桑蒙古史》，冯承钧译本（上）35 页。

② 平凡社版《世界历史大系》4. 东洋中世史第一篇，第 489 页。

③ 参阅香山阳坪《沙漠和草原的遗宝》第 104—105 页草原之民与高原之民章“拔鲁拔鲁”（突厥语雕像之意）节。

④ 同上书，第 107 页怛罗斯河谷突厥墓碑文字附图。

吉尔吉斯（坚昆、契骨、结骨、黠戛斯）族长墓志铭，总名之为叶尼塞碑文，乃突厥研究一大考古收获。但特为闻名的，迄今仍是最早于十九世纪末在外蒙古所发现，鄂尔浑河畔的毗伽（Bilga）可汗（纪元716至734年在位，中国唐朝玄宗治世）与其时最活跃人物，毗伽补优之弟阙特勤（Kul－tigin）的两碑文，均唐朝玄宗所颁汉文吊文又加突厥文字所书记功、颂德的墓志铭。此两墓碑树立以后未久，突厥便已确定灭亡，历史地位被回纥所压倒，所以史料价值特高。另一协助毗伽之父骨咄禄（Qutlug，碑文中的Iltaris可汗）可汗复兴突厥功臣，历毗伽之叔默啜（Qapagan）可汗，于毗伽治世仍以重臣而任政治顾问暾欲谷（Tonyukuku，《唐书》叙其家世乃阿史德氏。可汗阿史那氏的世代姻族），其墓前刻记功德的碑文与前二者乃同类史料，虽然发现地系土拉河上流，研究方面便宜上一括总称此三者为鄂尔浑碑文。

八世纪之半的鄂尔浑碑文，乃现存最古突厥语资料，向被引用为突厥兴亡史的实体原稿。叶尼塞碑文的解读兴趣今日也颇浓厚，日本学者护雅夫依据中国史书参证此两类碑文，对解明突厥国家与社会的构造，为特著贡献的一人。只是碑文的时代，已系突厥历史进入后期的八世纪，前期仍乏其自国文字的凭证，而主要资料惟恃中国记录。也惟其如此，护雅夫的分析突厥国家形态系以后期突厥为对象，为须辨明。换言之，非只已是东、西突厥分裂，而且突厥主体的东突厥，小可汗分立现象消失，大可汗权威集中化，可汗之下游牧封建上位架构设定在取代了小可汗地位的“设”的时期。虽然封建本质不变，领内被支配诸族的族长领导也仍维持原来的部族构造。“设”（shad，察、杀、煞均其汉字异译）的名词由来，考定从伊朗语shah（“王”的意味）移用，[①] 如同小可汗的须与可汗同出阿史那氏族，但届此突厥统一国家名副其实，可汗统一权力相当于“天子”时期的“设”，已不具备小可汗时代足与可汗对立之势，则系大转变。《唐书》、《新唐书》有关资料（阿史那社尔、突厥等传记）中，七世纪启民可汗子孙的系谱与可汗大位传承便是：

① 江上波夫《北亚洲史》第53页。

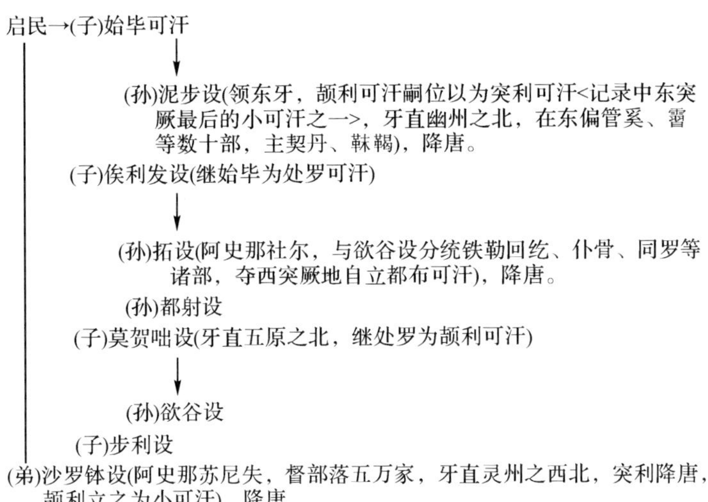


鄂尔浑碑文与叶尼塞碑文所反映，均系此时期以后之事。护雅夫的说明，此时代的突厥国家，乃以可汗所出的阿史那氏与可敦所出的阿史德氏两个民族为中核，结合具有同种族关系的部族，部族联合，再加柔然、契丹、奚、靺鞨等异族被支配部族群，而组成阿史那政权的部族联合国家。其支配方式系区分三层相异的统制机构，组织维系国家秩序：第一，本据距国家中心比较远方的诸异族，有由可汗直接派遣的"吐屯"加以监督（骨咄禄可汗于阿史那支配民族中，其先世地位便非可汗子弟的"设"，而系亲缘关系较疏的"吐屯"），通过当地固有的族长而予征税。第二，所有部族，便又各个配属于"设"，为封建诸侯式采邑意味的支配，对其固有族长征税、征兵。第三，部族、部族联合首长、君长，准许"独立"，而以向阿史那政权效忠、纳贡为义务。封建架构诸层次构成体的可汗→国家═ 帝国，设→采邑，族长→部族，自碑文所了解，因之一律以 il 为名词①。

突厥社会，则维持其阶级性，立于同一社会地位而通称"族长"（bag）的部族之长与部族构成本位诸氏族之长，乃支配阶级，大家畜所有为此阶级的

① 护雅夫之说，参阅其《突厥之国》，学生社版《古代史讲座》4. 古代国家的构造，第 107 页；古代突厥社会的觉书，学生社版《古代史讲座》6. 古代社会的构造（上），第 149—150 页。

基础（碑文所示，族长于马的饲养已发展至可以拥有“四千头”“六千头”）。① 以及使役奴隶为家内奴隶（碑文的 qul 指男奴隶，kung 指女奴隶）；②另一方面便是氏族员与部族员的一般“民众”（budun），也容许独立自由地保有武装权与私经济，留储自己的财产。

突厥社会的族长、民众、奴隶三阶级区分，护雅夫并引年代推定属于六至八世纪的阿尔泰地域突厥坟墓发掘调查结果③，加以解释。其中埋葬方式的第一群，十处发掘例，均极大的石冢，其一且至十二公尺，而围以石篱。有殉死者埋入封土中，墓圹存在马的陪葬。冢旁另有小规模坟墓（陪冢）属遗物库（宝藏库或武器库）意味，库中、墓中、棺中副葬品丰富，中国制的黄金杯与皿、铭有突厥文字的银制壶、金银制带金具、黄金耳环、铁制刀剑、铁镞、鸣镝、白桦皮胡箓（矢筒）、各种马具类、中国产的饰绫绢布、中亚细亚产的毛织物等。第二群，约二十处，地上的大石冢之下，有方形墓圹，内中武装或非武装的尸体，多数作仰卧伸展葬，且与马同埋。副葬品为青铜、银制带金具、硝子玉垂饰、骨制珠、贝壳制颈饰、陶器、铁制短剑、枪尖、铁镞、鸣镝、白桦皮胡箓、弓、各种马具类等，以及中国镜断片，武器与马具方面与第一群的内容无大差异。第三群与前两者性质，石冢小至直径约三公尺，高零点二五公尺，抑或附属于第一群坟墓，甚且便是第一群坟墓封土中的葬入者，缚手足而与马同葬，可领悟系为殉死。副葬品极端贫乏，仅青铜或铁的带金具、小环、铁制短剑、骨镞等。护雅夫便以此三种类的墓葬与三阶级配当，各各示为族长、民众、奴隶的葬法④。

石冢周围列立圆形或方形之石呈篱状，是否即《隋书》谓依生前杀敌数列石的意味，护雅夫无说明。但学界也另有举证，指认清朝同治三年（纪元1864年）塔城界约划入帝俄或吉尔吉斯共和国境的新疆外侧领土伊斯色克库尔（Issyk－kul）西岸突厥坟墓，自坟丘南向一列细长石条排立，石列前端又立石雕像，便是《隋书》记事的印证⑤。只未能明确判定石雕像所代表意味，

---

①②③ 护雅夫《古代史讲座》6. 古代社会的构造（上），第166页；第164页；第179页引苏联S. V，Kiselev，1951年报告书。

④ 参阅上书第179—181页。

⑤ 香山阳坪《沙漠和草原的遗宝》，第106页。

系死者自身之像抑生前杀灭敌将之像，再或者，死者侧近侍从或侍卫之意？此其一。其二，研究者又注意到，阿尔泰山地域突厥坟墓所示埋葬法，须是乌孙时代以来土葬传统的踏袭，全无中国史书所述火葬习俗的痕迹。符合中国史料记载的突厥时代坟墓分布地域，乃在自蒙古高原以至叶尼塞河上流域一带。叶尼塞河上流域的突厥或吉尔吉斯族坟墓，周围同样加石材柱列成石篱，而内部纳入的便是已焚化之骨[①]。《隋书》的“图画死者形像”记事，也自外蒙古所出土人物画像石实物，以及阙特勤碑文有祠堂、雕刻、纪念碑，均猿岁七月二十七日祓建的明言，而足资信凭[②]。蒙古—南西伯利亚方面突厥上层社会墓制与葬仪，包括祠堂、墓志铭、墓室内敷设画像石与绘饰壁画，已深刻蒙受汉族中国影响，也从而得以认识[③]。而阙特勤碑猿年某月某日文字，与收录入《隋书》突厥传记中纪元五八四年（开皇四年）沙钵略可汗致隋文帝书文首“辰年九月十日”，意义相同，均自事实上补正了史料介绍突厥社会“不知年历”的误失，仅其纪年方式与汉族中国相异而已。

叶尼塞碑文中，耕地、畑、种子、灌溉沟等农业用词累有所见，与南西伯利亚考古发现农业用具的事实正相呼应[③]。叶尼塞河上流域一位居民发掘所得石臼下部的断片，厚约七公分，直径约四十公分，明奴辛斯克盆地同类出土物且有达五十至七十公分的。此类中国史料所记用以舂米之物以外，叶尼塞河上流域一带又发现多量汉族中国产品的铁制犁头，由其汉字铭确知系唐朝以前的五世纪时代所遗留，以及此地域特有形式的现地制铁质农具（犁头、镰等）。关于灌溉沟，苏联考古界的调查成果，且已发现较简单所谓“沟”规模为大的构造。综合印象，对碑文时代的当地，可解说之为突厥社会生活中农耕的地位堪与畜牧相等，换言之，与一千年前匈奴时代如出一辙。

惟其如此，内陆亚洲的游牧国家与社会，有无自身文字固可区别其系早期抑后期，本质则相一贯，衣、食、住的日常生活方面为尤易表现。住居用穹庐

① 江上波夫《骑马民族国家》，第111页。

② 同上，第111—112页并墓石附图；第112页。

③ 农业问题解说，取材自护雅夫“古代突厥社会的觉书”，学生社版《古代史讲座》6. 古代社会的构造（上），第169—170页。

(房车)、“毡帐”(天幕)乃社会上下共同习俗，辫发亦然，衣服却已民众与贵人迥异，一般民众通常穿着粗质革衣或裘褐，贵人爱服汉族中国产的锦绫之袍，系佩金银带金具的革带，悬黄金、玉石制耳饰与垂饰品。饮食中最具代表性的马乳酒，以革袋容盛马乳，用棍棒击打革袋，加以搅拌，使马乳受震荡产生酸味而制成酒，所谓“饮马酪取醉，歌呼相对”，系内陆欧亚大陆游牧民族共通爱好，得以博最大愉快、安慰的饮料。

关于武器，弓矢与长枪为主要，远则骑射，近敌便在马上以长枪奋战，叶尼塞河上流域描绘骑马狩猎贵人全副武装，身后置弓矢，腰系长剑，手持长枪等，众多岩壁画，可表现其状。此等岩壁画考定系高车时代所遗留①，同样可适用于突厥时代。弓乃角弓，短的弯弓为主，扁平铁镞的矢箭，以木桦木皮制造的长矢筒（所谓“胡簶”）容置。贵人们头戴铁兜，全身披铁质扎甲，胸间安装铜、铁制或木制的圆板甲，而身佩长形铁剑（如上述岩壁画所示)。一般骑士则无甲胄，仅披革制短甲②。旗帜类中的狼头纛，代表的便是可汗亲军，“狼”于突厥，乃是勇猛的象征。

突厥以凌厉雄大的军事力而强盛，也凭藉此后盾，以对周围农耕地带的通商贸易，强制贡纳与侵寇掠夺为手段，积储财富。所以突厥社会非如想像中的贫乏，相反还是富裕，又与匈奴的情况相同，也由叶尼塞碑文“黄金”“毛毡”“财宝”等字样所明示，虽然碑文主体限于支配阶级。

然而，突厥可汗大位继承的出诸匈奴单于继位同一法则，第一，以国家所属氏、部族与部族联合体诸首长的推戴、承认为必要；第二，依血统而为君主位继承，特定中核支配氏族（突厥便是阿史那氏族）独占其权利，两者原则上相矛盾而事实上又并存的制度，注定容易发生破绽，也是所有内陆欧亚大陆游牧民族国家的共同宿命，初非只匈奴或突厥为然，成吉思汗蒙古的时代以后仍不能改变。一方面，中核氏族与其他支配氏族间的内讧由此而起；另一方面，又铸定为国家快速分裂、衰亡的诱因。

---

① 江上波夫《北亚洲史》，第43页附图并说明。

② 武器、武具解说，取材自江上波夫《骑马民族国家》第109页。

## 突厥时代最后荣光

《隋书》北狄传突厥条的结尾："隋末乱离，中国人归之者无数。（突厥，但对象也已专指东、西突厥分裂后的东突厥或北突厥）遂大强盛，势凌中夏，迎（炀帝）萧皇后置于定襄，薛举、窦建德、王世充、刘武周、梁师都、李轨、高开道之徒，虽僭尊号，皆北面称臣，受其可汗之号。使者往来，相望于道也"。七世纪初突厥势力高涨到恢复压倒汉族中国态势可见，此一时期，突厥正是启民可汗三子大可汗之位相续，始毕—处罗—颉利三可汗的时代。有关突厥事情的记录，此际也已由《隋书》过渡到《唐书》，《唐书》突厥传原系《隋书》之续的意味，所以文首谓："突厥之始，启民之前，《隋书》载之备矣，只以入国之事而述之"。而其上篇（东突厥）本文开端的始毕可汗条便巍然大书："（始毕）隋大业中嗣位，值天下大乱，中国人奔之者众。其族强盛，东自契丹、室韦，西尽吐谷浑、高昌诸国，皆臣属焉，控弦百余万。北狄之盛，未之有也"。

突厥从衰微到急激再强盛的过程中，堪注意是——

第一，国家构造方面已强烈变化。始波罗可汗以前，突厥国家固然统一，大可汗却非一人独占统治权力，领内各地小可汗分立而均具压迫大可汗，以及与大可汗对立的势力，此毋宁是突厥国家组织原型，却因之预伏了斗争、抑且分离的危机。始波罗可汗以来，内争由是激化，阿史那可汗族频频互攻，恶化的不利因素被外力（隋朝）利用，终于制造了东、西突厥分裂的严重后果。然而，也便以此为契机，待混乱局面再澄清，已分裂的东突厥（或称北突厥）内部回复统一到隋朝支持的启民可汗之手时，领内原占有半独立地位，于实质上实行国家分割统治的小可汗姿态，随同已形消失，权力所系惟大可汗一人。待次代始毕治世，中央集权倾向愈益强化，大可汗确立其统一国家惟一的、最高的支配地位，突厥国家机构较之启民可汗以前的时代，性格全行相异。再经处罗可汗至颉利可汗治世，突利可汗（颉利之侄）与替代突利的颉利之叔阿史那苏尼失已是回光反照式最后仅有出现的小可汗。

第二，东突厥的集权化、强大化，可知受汉族中国莫大影响（制度的，也是政治的）。但届中国隋朝离乱，突厥回复强大已如皮球涨满了气而压制力解除时的腾空升高，政治上对中国发生了巨大反影响，一方面是吸引避战祸的汉族人民大量流入突厥，蜂起的隋末群雄而割据地点在北边或中原的，也无不向东突厥称臣以求得援助，突厥于其间左右逢源，予取予求；另一方面，隋朝义成公主降嫁启民可汗后，又迭配相续继位的始毕、处罗、颉利三可汗，隋朝渊源被突厥所重视，而隋亡后后裔获其庇护，《唐书》突厥传所谓：“隋炀帝萧后及齐王暕之子政道陷于窦建德，（武德）三年二月，处罗迎之，至于牙所，立政道为隋王。隋末中国人在虏庭者，悉隶于政道，行隋正朔，置百官，居于定襄城。”俨然对隋朝逆方向附庸关系的成立。而如此的突厥与汉族中国间一切关系，再起变化，都须待唐朝的汉族中国统治稳定之际。

分离的西突厥，非如东突厥对汉族中国局势的直接相关，其于隋朝约束下解放与快速隆盛则一。《唐书》突厥传下西突厥篇载：“（射匮可汗）既立，始开土宇，东至金山（阿尔泰山），西至海（里海），自玉门已西诸国皆役属之，遂与北突厥（东突厥）为敌，乃建庭于龟兹北三弥山，寻卒。弟统叶护可汗代立，北并铁勒，西拒波斯，南接罽宾，悉归之。控弦数十万，霸有西域，据旧乌孙之地。又移庭于石国（中亚细亚 Tashkand）北之千泉（怛罗斯河畔）。其西域诸国王悉授颉利发（俟利发、又或俟斤），而遣吐屯一人监统之，督其征赋，西戎之盛，未之有也。”同传序言除重复“铁勒、龟兹及西域诸胡国皆归附之”外，续记“其人杂有都陆及弩失毕、歌逻禄、处月、处密、伊吾等诸种”，说明统治种族的成分复杂（包括突厥系统自身），系其特征，也惟其如此而支配方式，非同时期东突厥同一步调。

东突厥自启民、始毕两代可汗以来，统一国家名实整备，小可汗向“设”嬗变而丧失与可汗对抗的权势，“叶护”称谓也颇少见，已由大体同性格的“特勤”替代，特勤（或叶护）乃身份而设别官职，文献中此两名词因之又往往重叠于同一人。关于西突厥，却是小可汗固仍然分立，叶护尊号也继续存在，而且特被重视（可能与最早室点密系伊利可汗时代叶护的传统有关）。所以，如谓东突厥集权化已系未分裂前大突厥时代制度的变貌（或相反意义的进步），则西突厥蹈袭了传统，或者说，是保守的，原因便在适应复杂统治对象的现实。唐初“远交近攻”突厥政策的顺利运用，一方面固系唐朝外交的高瞻远瞩，另一方面，也便以西突厥国家组织形态的方便于被把握。

突厥国家以全铁勒种族的纠合为基础，隋朝突厥事业的决定性胜利，分化上层突厥统制之后，又在制造此基底的解体，如《隋书》长孙晟传所记：“晟又教染干（启民可汗）分遣使者，往北方铁勒等部，招携取之。（仁寿）三年，有铁勒、思结、伏利具、浑、斛萨、阿拔、仆骨等十余部尽背达头，请来降附（启民）。达头众大溃，西奔吐谷浑。”隋唐之交，东、西突厥虽分裂而各别强盛，铁勒的分布形势是：“种类最多。自西海之东，依据山谷，往往不绝。独洛河北有仆骨（仆固）、同罗、韦纥（回纥）、拔也古、覆罗并号俟斤，蒙陈、吐如纥、斯结、浑、斛薛等诸姓，胜兵可二万。伊吾以西，焉耆之北，傍白山，则有契弊（契落）、薄落职、乙咥、苏婆、那曷、乌护、纥骨（结骨、坚昆）、也咥、于尼护等，胜兵可二万。金山西南，有薛延陁（薛延陀）、咥勒儿、十槃、达契等，一万余兵。康国北，傍阿得水，则有诃咥、曷巀、拨忽、比干、具海、曷比悉、何嵯苏、拔也未渴达等，有三万许兵。得嶷海东西，有苏路羯、三索咽、蔑促、隆忽等诸姓，八千余。拂菻东则有恩屈、阿兰、北褥九离、伏嗢昏等，近三万人。北海南则都波等。虽姓氏各别，总谓为铁勒。并无君长，分属东、西两突厥。”（《隋书》北狄传铁勒条）突厥再一循环的盛衰起伏，铁勒诸种族便又在其间重演了举足轻重的角色。

唐朝初兴，正值东突厥始毕可汗之末以迄颉利可汗在位，西突厥已由射匮可汗移为统叶护可汗治世。

带动东方游牧—农耕两类型社会抗争再掀高潮，系新兴唐朝收拾隋末群雄割据局面，汉族中国回复统一之际。而此过程中，唐朝与突厥间关系已两度转变：

最早，唐朝初起时性格，便是各别割据的地方政权之一，于同时期北边群雄均向突厥称臣以求援助的共同潮流中，并不例外。此于唐朝国势向高峰发展阶段固已讳言，但《新唐书》突厥传上："帝（太宗）谓群臣曰：往国家初定，太上皇（高祖）以百姓故，奉突厥，诡而臣之"的追记，仍保留了痕迹，《贞观政要》论证览第三"太上皇为百姓故，称臣于颉利"之语尤其明白，《大唐创业起居注》卷上，记义宁元年（纪元617年）高祖以举兵上书始毕可汗，也是"立白手疏""署云某启"，用对长上的"启"字敬语，与称臣事相应。因是而得突厥之助创业，《唐书》的突厥传记又有明载："高祖起义太原，遣大将军府司马刘文静聘于始毕，引以为援。始毕遣其特勤康稍利等献马千匹，会于绛郡，又遣二千骑助军，从平京城。"也由此前后记录得知，唐初臣事突厥，时间且自始毕可汗延续至颉利可汗时代。

然后，《新唐书》突厥传记续载："初，帝（高祖）待突厥用敌国礼"、《唐会要》卷九四北突厥项也记："先是，与突厥书，用敌国礼。""敌国"之礼即对等国礼遇，从上述史料又知便在高祖之世，臣事已改立到两国的平等地位。但此转变始自何年则不明，《唐书》突厥传上记述武德九年（纪元626年），太宗"幸（京师）城西、刑白马、与颉利同盟于便桥之上"，已系两者敌国关系的确立，仍非其开始。转变之始的推测，可能须自前此五年，武德四年（纪元621年）起算，是年颉利会同马邑割据者苑君璋攻击雁门，以遭受大挫败的打击，主动释还所拘留唐朝使节，"请和好，献鱼胶数十斤，欲令二国同于此胶"，高祖"嘉之"，也释所拘留突厥使节"还蕃"（《唐书》突厥传上），似即表示了对等之意。以后，双方冲突一时中止，乃入"敌国"关系的阶段。再以后，突厥—唐朝势力消长的大波涛紧随兴起。

武德九年（纪元626年）太宗即位，系突厥大悲运起点，分化策略仍是致突厥于死命的唐朝决胜最犀利武器。太宗为秦王时已与盟结兄弟，颉利可汗之侄与前可汗始毕之子的突厥最有力统治者之一东方突利可汗，以与颉利间嫌隙，贞观二年（纪元628年）向唐朝承诣归附。同年，突厥北方铁勒诸部于上年携手对颉利大叛乱展开时，被推戴了盟主的最强盛种族，游牧地原在金山（阿尔泰山）西南准噶尔地方而向东移动入外蒙古的薛延陀（Syr－Tadus）部领袖夷易，也接受唐朝册立为真珠昆伽可汗，建牙于原东突厥可汗庭的郁督军山，压迫颉利本据南迁内蒙古以归绥为中心。突厥内部不和又反乱扩大，南—

北、腹—背受敌情势被制造成功，唐朝正面攻击诸条件成熟。贞观三年（纪元629年）突利公开叛国入朝长安，同年底至翌年（纪元630年）初，军略家李靖为总大将的大军事行动登场，十余万人强力兵团分四道并出，颉利往北溃退至其叔小可汗苏尼失处，唐朝追击军又至，苏尼失俘颉利降。南北朝以来，以北狄之雄闻名于世的东突厥，至是灭亡，国家全行瓦解。

唐朝处分被征服的东突厥，最初是适应“颉利之败也，其部落或走薛延陀，或走西域，而来降者甚众”的形势，于汉族中国北方边缘领土内，“于朔方之地，自幽州至灵州，置顺、佑、化、长四州都督府，又分颉利之地六州，左置定襄都督府，右置云中都督府，以统其部众”（均《唐书》突厥传上）。自是突厥降众归附唐朝的人数愈聚愈多，诸部散居绥远—山西北部一线的汉族中国北方边境地带，生活习惯与农耕汉族不相调和的原因之下，贞观十三年（纪元639年）改变支配方式，全以进入塞内的突厥诸部移往内蒙古，册立颉利未败前已留唐、前且一度被推为可汗的原突厥夹毕特勤，在唐朝封和顺郡王，突厥灭亡后，任右武卫大将军、化州都督的阿史那思摩为俟利苾可汗，赐姓李，“过牙河北（黄河以北）”，回复颉利后期与薛延陀领导下外蒙古相对立的统制原状。便是说，通过前后两位可汗的册封，各别与唐朝天子结合君—臣关系，而成立1. 唐—薛延陀（铁勒）真珠昆伽可汗—沙漠以北—铁勒诸部；2. 唐—突厥俟利苾可汗—沙漠以南—突厥诸部的北亚细亚国际秩序。

然而，由薛延陀（铁勒）、突厥分立制衡，互不相犯，而维系国际和平秩序的构想，以铁勒诸种族接替突厥雄长沙漠之势已成而终究落空，阿史那思摩既掌握其支配下突厥失败，又不堪强盛的薛延陀夷易侵逼，仅隔四年的贞观十七年，不得不放弃自族领导权奔回长安。此一事实被唐朝所警惕，所以再两年后贞观十九年夷易卒，唐朝预立其二子为二可汗的分化政策，制造薛延陀部内讧成功，外蒙古大骚动形势中的铁勒诸部蜂起叛离，翌年（贞观二十年，纪元646年）唐朝远征军便纵渡沙漠，长驱灭亡薛延陀。震慑于唐朝威灵、威重的回纥、拔野古、同罗、仆骨、多滥葛、思结、阿跌、契苾、奚结、浑、斛薛等铁勒十三部，乃一致尊奉太宗为“天可汗”，要求内属，而唐朝统制方式修正，外蒙古广域成立羁縻府州。史书所载：“（贞观）二十一年（纪元647年）

正月九日，以铁勒、回纥等十三部内附，置六都督府、七州，并各以其酋帅为都督、刺史，给玄金鱼，黄金为字，以为符信。于是回纥等请于回纥（本据土拉河上流是瀚海都护府）以南，突厥以北，置邮驿总六十六所，以通北荒，号为参天可汗道，俾通贡马。四月十日，置燕然都护府。瀚海等六都护府，皋兰等七州，并隶焉。”“（二十二年二月）七日，以结骨部置坚昆都督，隶燕然都护府。至三月九日，分瀚海都督府所统骨利斡部为元阙州，俱罗教部置烛龙州。”（《唐会要》卷七三安北都护府项）《唐书》回纥传上说明回纥中心的后三府州位置，结骨（坚昆）在西北，骨利干在北面，俱罗勃在东北。《唐书》北狄传铁勒条又记录：“其骨利干北距大海，去京师最远，自古未通中国。”判定须是贝加尔湖方面。则远至南西伯利亚地域，七世纪前半时均已进入唐朝支配范围，自上述羁縻府州的布列形势，印象为至明晰。

再翌年的贞观二十三年（纪元649年），羁縻府州体制扩大到戈壁沙漠南边的内蒙古突厥诸部。同系《唐会要》卷七三安北都护府项记载：是年十月三日，以突厥舍利吐利部置舍利州，阿史那部置阿史那州等五州，并隶云中都督府；苏农部置苏农州，阿史德部置阿史德州等六州，并隶定襄都督府。但两都督府都督均已非归突厥国家的支配部族阿史那部，而分别由舍利部（云中）、阿史德部（定襄）部长任。

唐朝的北狄（人）、北亚细亚（地）统制网与支配原则，经过九年试验，至是确定，以后只是羁縻府州统辖—隶属系统的调整（《唐会要》卷七三单于都护府项、安北都护府项、《新唐书》地理志一关内采访使项、地理志七下羁縻州项）：

——高宗永徽元年（纪元650年），突厥诸部，部分已移返外蒙古，通置单于、渤海两都护府分统（金微等部分燕然都护府所属铁勒府州划入），单于领狼山、云中、桑乾三都督府，苏农等十四州；瀚海领金微、新黎等七都督府，仙萼、贺兰等八州，各以其首领为都督、刺史（定襄都督府与所领州等又改唐朝直属领土郡县系统管领）。

——龙朔三年（纪元663年），燕然都护府改名瀚海都护府，原瀚海都护府改名云中都护府（裁并单于都护府）。回复以碛（戈壁沙漠）为界的政治区划，碛北（外蒙古）诸蕃州悉隶渤海，碛南（内蒙古）并隶云中。翌年麟德元年（纪元664年），云中都护府改名单于都护府。

——总章二年（纪元669年）瀚海都护府改名安北都护府。

纪元六三〇年或唐太宗贞观四年，是东突厥瓦解的悲运一年，关于西突厥，同时期稍前同样是灭亡的噩兆发端。唐朝立国前后，正值统叶护可汗在位期的西突厥，原非如东突厥与汉族中国间关系的壮阔激流对冲，而呈现反方向现象的和平携手，自武德二年（纪元619年）以来，连年遣使朝贡，彼此关系至为亲密。此固以西突厥位置偏西，视东突厥似与唐朝绵长的国土接界线容易引发冲突可能性为降低；另一方面原因，又是“时北突厥作患，高祖（对西突厥）恩加抚结，与之并力以图北蕃”（《唐书》突厥传下西突厥条）的西突厥政策独立制定。而使自贞观二年（纪元628年），统叶护可汗被其伯父所杀，阿史那可汗于内争激化，国家一再分裂，授予唐朝最有利的干预条件与机会。东突厥羁縻府州体系成立的同时期稍后，西突厥与其属国，终也追随纳入了唐朝羁縻府州支配系统。

《唐书》西突厥的传记：“初，室点密从单于（指第一代伊利可汗）统领十大首领，有兵十万众，往平西域诸胡国，自为可汗，号十姓部落，世统其众。弥射在本蕃为莫贺咄叶护。”明示西突厥国家最初便以十“姓”的十个部族为基本构成单位。唐初，十部再区分两个集团，东面咄陆五部（处木昆部、胡禄屋部、摄会提部、突骑施部、鼠尼施部）与西面弩失毕五部（阿悉结两部、哥舒两部、拔塞干暾部），东五部之长各称“啜”（Chur），西五部之长各称俟斤。统叶护死于非命后二十多年间的西突厥历史，性质便已等于伊犁河为界，此东西对立（实际以伊犁河系东南流向西北而也是南北对立）而组合的统一或分立、大可汗统御力及于国家全体抑残剩一方，又或咄陆、弩失毕各别拥戴可汗并立、并合，以及频频废立的紊乱斗争史。错综的登场人物，幸以彼此亲唐传统都不变，得藉未间断的往返而为唐朝所了解，经整理后录入汉文史料。抑且，东突厥势力也于其时突入西突厥，其北方拓设阿史那社尔，唐初被薛延陀驱逐西走，当东突厥颉利可汗灭而西突厥统叶护可汗又死，西突厥东方领域咄陆五部叶护阿史那弥射与阿史那步真兄弟争立可汗之际，“引兵西上，因袭破西蕃，半有其国，得众十余万，自称都布可汗”（《唐书》阿史那社尔传），须其再向薛延陀报复仍然失败而降唐，才退出西突厥内讧圈。弥射、步真也先后以互斗与族外斗争的政治赌博落为输家，投奔唐朝。也便因无休止混乱局面下西突厥弱体化，导引了唐朝势力介入，武德时曾去长安且与在藩时太宗结为兄弟的弩失毕系统中莫贺设，短暂统一期继被放逐的前可汗被拥立为大可汗，贞观七年（纪元633年）受太宗册授为奚利邲咄陆可汗，乃西突厥可汗对唐朝天子的君臣关系最早连接。但翌年奚利邲咄陆可汗卒，弟咥利失可汗继位期国家又陷分解。以后，五咄陆系可汗攻灭五弩失毕系可汗，“弩失毕诸姓心不服”，“其国大乱”，贞观十五年（纪元641年）“各遣使诣阙，请立可汗，太宗遣使赍玺书立莫贺咄乙昆可汗之子，是为乙昆射匮可汗”（均《唐书》突厥传下西突厥条），是唐朝第二度册立西突厥可汗，却非统一的大可汗而仅弩失毕可汗为可了解。乙昆射匮可汗击咄陆系可汗而后者败退，其叶护（阿史那）贺鲁（Ashinagar咥利失可汗弟步利设射匮特勤之子）于贞观二十二年（纪元648年）率部落内属，唐朝设庭州（今新疆济木萨Dsimsa，其后北庭都护府所在地），翌年于同地置瑶池都督府安置其部落，又是唐朝对西突厥最早的羁縻府州成立。但第三年的高宗永徽二年（纪元651年）阿史那贺鲁率众西遁，灭射匮可汗，并合咄陆、弩失毕而十姓部落统一，自号沙钵罗可汗，频频内侵。西突厥与唐朝的和平局面打破，乃有苏定方为总大将，显庆二年（纪元657年）唐朝的西突厥大征伐兴起，而包括服属西突厥诸西域国家的西突厥全领域，丧失其独立性——

太宗时代，西突厥国家南半农耕领域中东面的帕米尔以东诸属国，支配权先已相续转入唐朝之手。汉族中国进入天山以南塔里木盆地的今日新疆大门，隋末离乱期被西突厥占领的隋朝伊吾郡，贞观四年（纪元630年）由唐朝回复成立伊州（三县）的第十年，其西边立国于吐鲁番小盆地的汉族殖民国家高昌，麴氏汉人政权传世九代一百四十四年，最早被灭。《唐会要》卷七三安西都护府项的记录，便以“贞观十四年（纪元640年）九月二十二日，侯君集平高昌国，于西州置安西都护府，治交河城”始写，灭高昌改置的西州（五县），连同上述稍后愈向西延伸成立的庭州（二县，以后增为三县），乃是西域之地唐朝由收编为其辖领土的三处郡县统治地区。唐朝西域事业基础确立。关于天山以南方面，贞观十八年（纪元 644 年），郭孝恪灭与西突厥具亲密关系焉耆国；贞观二十二年（纪元 648 年），新疆最强大又缔姻阿史那氏的龟兹国，续在东突厥降唐获重用的阿史那社尔为统帅大军压境下溃覆；于阗国、疏勒国都不战而降。龟兹、焉耆、毗沙（于阗，其王姓氏尉迟 Vijaya 的音转与移用）、疏勒四都督府与其属州，唐朝西域经营前进据点意味的著名安西四镇也由是成立。龟兹征伐后相隔九年，便是高宗时代唐朝对西突厥的正面攻略成功，贺鲁（沙钵罗可汗）逃至中亚细亚属国石国，被唐军追及俘虏。《唐会要》的记事："显庆二年十一月，伊丽（伊犁河）道行军大总管苏定方大破贺鲁于金牙山，尽收其所据之地，西域悉平，……擒贺鲁以归。十一月，分其地置濛池、昆陵二都护府，以阿史那弥射为昆陵都护，阿史那步真为濛池都护。其月十七日，又分其种落，列置州县（处木昆、突骑施等部六都督府）。……其所役属诸胡国，皆置州府，西尽于波斯，并隶安西都护府于高昌故地。至三年（纪元 658 年）五月二日，移安西都护府于龟兹国"；"龙朔元年（纪元 661 年）六月十七日，吐火罗道置州县。使王名远进《西域图记》，并请于阗以西、波斯以东十六国分置都督府，及州八十、县一百一十、军府一百二十六，仍以吐火罗国立碑，以记圣德。诏从之"（均卷七三安西都护府项）；"显庆二年，……遂分其地（西突厥）置昆陵、濛池二都护府，以弥射为兴昔亡可汗，押五咄陆部落；步真为继往绝可汗，押五弩失毕部落。"（卷九四西突厥项）

距显庆二年约半个世纪后的武后长安二年（纪元 702 年），新设北庭都护府，原西突厥羁縻府州统辖体系调整：安西都护府专隶四镇与所有帕米尔以西诸胡国（城郭国家），北庭都护府则隶西突厥本体的五咄陆、五弩失毕，以及附属于此十姓部落的突厥系葛逻禄、处月（沙陀突厥）、咽面等其他种族（游牧部落），《新唐书》地理志七下羁縻州项蒙池都护府条注文："置都护府二（即蒙池、昆陵）、都督府八，其役属诸胡皆为州"，系其统辖关系的具体内涵。两都护府支配范围大体依沃洲与草原的地理性格而区分，与分辖内、外蒙古原东突厥隶下所有游牧部落的单于、安北两都护府，结合为大唐世界帝国北方与西方统制的连锁环节的整体。

而也堪注视，东、西突厥同一的覆亡命运，所受唐朝处分仍存在差别，前引《唐会要》同系显庆二年的两段文字，见诸《唐书》西突厥传记的合一记载为尤明晰："显庆二年讨平贺鲁，乃册立弥射为兴昔亡可汗，兼骠骑大将军、昆陵都护分押贺鲁下五咄陆部落；步真授继往绝可汗，兼骠骑大将军、蒙池都护，分押五弩失毕部落"，可以了然，弥射与步真的身份是双层的，一方面是唐朝的"都护"，一方面仍是自族的"可汗"。羁縻府州成立，原则原使设定于尊重非汉族被支配者固有政治、社会组织与其生活习俗，所以中国式府州制底里，仍是其自族或自国的传统领导形态。府而统州如西域十六国与四镇等的领导者世袭中国官位，形式因之也具备 1. 被任命为都督（对于中国，功勋者且封爵），2. 受册立为国王（对于自国）的两重性，西突厥两可汗的场合相同。而东突厥非是，保存其旧社会体制与固有部族构造尽管同于西突厥，却未册命可汗，支配中心云中、定襄两都督且排除阿史那氏资格，简言之，一反常态的毁坏其领导传统而实行彻底分割。理由可以猜测，乃警惕于启民可汗以来东突厥强力中央集权的危险性，西突厥政治组合力脆弱，于唐朝的属国政策天秤上，毋宁便较东突厥为有利。然而，团结松懈毕竟是西突厥致命伤，被唐朝征服后，仅约半个世纪的北庭都护府增置之际，西突厥事实且已形成崩解，十姓部落离析如前引《新唐书》羁縻州记录的蒙池都护府附注所示状况，"西突厥"的名词陪伴可汗于阿史那部没落而烟消云散。八世纪前半，原西突厥十姓之一（五咄陆之一）突骑施，虽曾浸盛至如西突厥化身之势，但仍是骤兴骤衰。相对方面，同被征服且受压制的东突厥势力，却于西突厥自坏过程中呈现反方向的急速再形抬头。

较西突厥明显存在唐朝差别待遇的东突厥，情绪上的不稳定可以想象。鄂尔浑河流域突厥语碑文之一，沉痛自言："贵人之子沦为中国之奴，清洁之女沦为中国之婢，突厥贵人弃其突厥官号而受中国官号，臣服中国可汗而为之効忠尽力者，垂五十年。”[①] 半个世纪的大和谐局面，太宗时代约二十年当其前段，后段高宗继位又“自永徽已后，殆三十年，北鄙无事”（《唐书》突厥传上）。而便在高宗治世之末，东突厥反叛旗帜已形鲜明，定襄都督府阿史德部号召回复拥立阿史那氏可汗的强烈政治·种族色调大变乱，调露元年（纪元679年）与翌年永隆元年（纪元680年）连续两度兴起，虽都被唐朝迅速敉平，但永淳元年（纪元682年，翌年高宗崩）的又一波动乱，唐朝已镇压无效，重建突厥统一国家的复兴运动理想实现——

阿史那骨咄禄纠合前此失败残众，以阴山山脉之北为策源地而茁壮，自称Iltaris可汗，南掠唐朝直辖领土北边，北侵铁勒诸部，纪元六八六、六八七年左右，根据地移回突厥国家本据的郁督军山一带。纪元六九一年骨咄禄卒，弟默啜以“设”自立为Qapagan可汗，治世中“其地东西万余里，控弦四十万，自颉利之后，最为强盛”（《唐书》突厥传上）则天武后圣历二年（纪元699年）左右，“默啜立其弟咄悉匐为左厢察（察═杀═设），骨咄禄子默矩（默棘连）为右厢察，各主兵马二万余人。又立其子匐俱为小可汗，位在两察之上，仍主处木昆等十姓兵马四万余人，又号为拓西可汗”（同上）的《唐书》记事，明言没落中的西突厥，其时正被东突厥大事侵略。纪元七〇一至七一二年之间，兵锋且直指中亚细亚Merv与康国（Samarkand），但前后均被大食击败，而其西方发展势力受遏阻。[②] 接续，被高压统治下的铁勒诸部叛乱频频，玄宗开元四年（纪元716年）拔野古（拔也古、拔曳固）征伐的一次战役中，默啜阵亡（前述突骑施也因得此机缘而一时勃兴）。默啜之死，可汗空位引起内争，骨咄禄之子阙特勤策动下，杀默啜子小可汗，拥立其兄默矩为毗伽可汗（鄂尔浑碑文中的全衔为Tangritag tangrida bolmys turk bilga qagan），以佐父骨咄禄复兴突厥的元老重臣，虽年迈而特具人望的暾欲谷为最高顾问，政局回复安定，著名的鄂尔浑碑文三主角全行登场。

开元二十年（纪元732年）阙特勤死，两年后毗伽可汗被其大臣毒杀

① 沙畹（E. Chavannes）《西突厥史料》，冯承钧译本第189页引Thomsen，Insoription p. 99和硕柴达木（Koscho Tsaidam）突厥碑文。

② 同上，第209页。

（开元二十二年），是突厥复兴史转折点，子伊然可汗、登利可汗相续嗣位，衰运立现。可汗一族内讧激发，纪元七四一年（开元二十九年）登利杀叔西杀（右杀）又被另一叔东杀所杀，骨肉相残，由是可汗频易。加以突厥复兴后，对铁勒系诸族等种族的反服不定，向以军事上武力压制为基本方针，铁勒诸部的拔悉密、回纥、葛逻禄携手反抗烈焰，其时也趁阿史那部内乱机会煽起。纪元七四四年（天宝三载）回纥的独立可汗产生，翌年攻杀突厥最后在位的白眉可汗，复兴六十年而气数已尽的突厥，乃完全灭亡。

突厥全历史，东洋史学者往往区分之为三期：1. “突厥第一帝国”期（纪元552至630年），2. 唐朝羁縻支配期（纪元632至682年），3. “突厥第二帝国”期（纪元682至约745年）①。因又曾说明，“第一帝国”期自纪元五八二年，帕米尔东、西突厥，名实均已独立，而分期的此后所指，专为蒙古高原突厥的东（北）突厥历史，所以编年基准为符合前述突厥史推移过程。但如简单依循三期分期用词的字面所示，认为便代表突厥—唐朝关系的1. 敌对，2. 附庸，3. 回复敌对三阶段意义，或者说，突厥“第二帝国”建设立脚于唐朝羁縻支配崩坏，以与唐朝世界帝国脱辐为前提，历史分期乃从第二期变换第三期，则对史实制造了差距——

第一，骨咄禄、默啜前后两位游牧英雄指导下东突厥的复兴，唐朝羁縻府州支配的国际秩序破坏为当然，东方奚、契丹与北方铁勒诸族等无可避免再被役属也为诚然，但东洋史上并事两“大”的例子非谓绝无，南北朝—朝鲜半岛三国间的关系是现成说明，所谓“两属”，突厥国家再建期的北亚细亚唐朝羁縻府州亦然。《唐书》回纥传“永徽中独解支、嗣圣中伏帝匐、开元中承宗伏帝难，并继为（回纥）酋长，皆受都督号，以统蕃州”的记事是证明之一；证明之二，《新唐书》突厥传下记录毗伽可汗初继位时唐朝征伐军统帅部的组成名单中，也列有处木昆执米啜、坚昆都督右武卫大将军骨笃禄毗伽可汗、契丹都督李失活、奚都督李太酺等。纪元七一六年默啜可汗之死，拔野古“击

① 护雅夫《突厥之国家》，学生社版《古代史讲座》4. 古代国家的构造（上），第111页附注①。

默啜斩之，乃与（唐）入蕃使郝灵佺传首京师”（《新唐书》突厥传上），天宝三载“拔悉密等杀乌苏米施（突厥最后第二位可汗，白眉之兄），传首京师，献太庙”（《新唐书》突厥传下），仍是同一意味。所以，突厥国家重建，仅仅挣脱唐朝支配的独立运动兴起，已指示唐朝的突厥羁縻府州体制崩坏，为无疑义。却只限东突厥本体方面（且不包含西突厥），也须辨明，不能扩大印象，认为代表“第二帝国”版图的北亚细亚，全域内唐朝羁縻府州其时都被一扫而尽。唐朝的北亚细亚羁縻府州体制，终极固然全面崩坏，却须待八世纪中“安史之乱”以后，而非其前，摧毁力也非出自突厥“第二帝国”的形成。

第二，独立的突厥国家复兴，自即切断对唐朝君臣关系而敌国关系再成立的意义。然而，默啜时代，已从对唐朝完全敌对的态度转变为和战不定，且曾两度由则天武后册授左卫大将军，封归国公，加迁善可汗，以及特进、颉跌利施大单于、立功报国可汗。毗伽可汗自开元九年（纪元721年）“固乞和，请父事天子，许之”（《新唐书》突厥传下），而与玄宗成立父子关系，公文书往复一方用“敕”，一方用“表”，敕书起语便例是“敕儿突厥可汗”。父子关系且非只毗伽治世，其存立通其两子伊然可汗、登利（登里）可汗，持续三代均然，“孙”而仍以“儿”绍续，系“以孙比儿，似疏少许”之故。① 最初的“儿可汗”毗伽卒，“诏宗正卿李佺往申吊祭，为立碑庙，令史官李融文其碑”，其前阙特勤卒，非只“诏金吾将军张去逸、都官郎中吕向赍玺书入蕃吊祭，并为立碑”，且是“上自为碑文”（均《唐书》突厥传上），此两碑文，便是遗留今日闻名学术界的鄂尔浑碑汉文之面原文。宗正卿李佺吊祭毗伽之丧的同时，“并册立伊然”；未几伊然可汗病卒，“上遣石金吾将军李质赍玺书，又册立登利为可汗”（同上），是父子关系，又加结了册立—被册立关系。父子关系已是君臣关系确定成立的表达，册立—被册立关系尤加固了突厥对唐朝的臣从关系，即使默啜—武后（以迄玄宗）时代仍立于敌国关系，自毗伽以

① 关于唐玄宗与突厥可汗间父子关系，护雅夫《隋唐与突厥国家》，学生社版《世界史讲座》10. 世界帝国诸问题，第104—105，第108—109页，引《册府元龟》外臣部与《曲江集》所收集表文与敕书资料，解说颇明。

来的“第二帝国”约略后半期，突厥已回复唐朝世界帝国一员的位置，而非全时期均与唐朝平等的对立，则至为明显。虽然其时东突厥本体已非羁縻府州支配旧形态，却与大唐世界帝国中的前期吐蕃，后期回纥，为同一模式。回纥也便以继承被其灭亡而完全瓦解的所谓突厥“第二帝国”，屹立于大唐世界帝国内，开启其雄视北亚细亚的历史。

突厥(东突厥)世系图

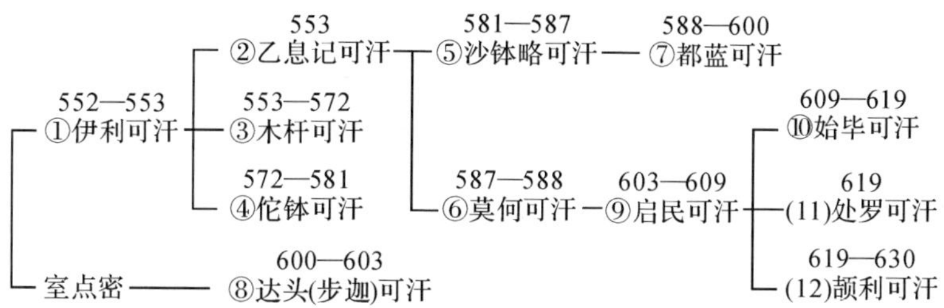


(东突厥复兴以后)

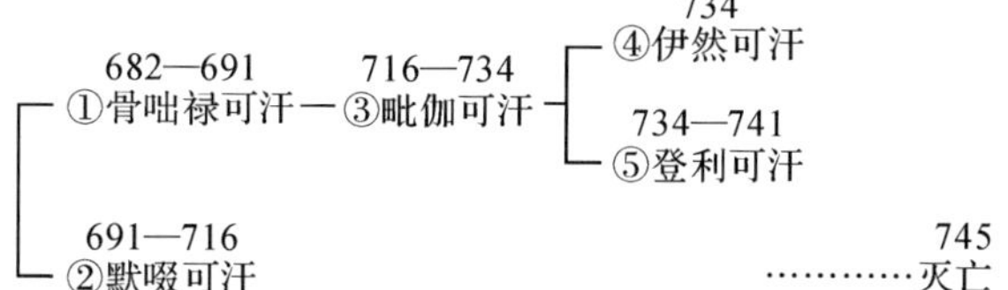


## 回纥与游牧社会文明化

《隋书》记述纪元六〇〇年左右“种类最多”的铁勒，《唐书》北狄传铁勒条所代表的七世纪前半，已是“至武德初，有薛延陀、契苾（契苾羽）、回纥、都播、骨利干、多览葛、仆骨（仆固）、拔野古、同罗、浑部、思结、斛薛、奚结、阿跌、白霫等（《新唐书》回鹘传上，加“凡十有五种”语），散在碛北”。又或同一传纪所记“九姓铁勒”①、“九姓渠帅”的归并为十五部、九部形势。其原因，一方面固以《隋书》记录范围及于泛北亚细亚的东、西两方面，《唐书》已收缩在东方部分；另一方面，也指示铁勒诸种族正指向渐渐团结之途。

中国正史所谓“北狄”之国，概以保有多量氏族社会遗制，游牧部族为单位，系其特征。突厥、铁勒诸种族的突厥系氏族相同，“种”（文化）＝“部”（政治）＝“姓”（社会），均代表国家（团体）的单位构成体，整体游牧传统。而中国史家从各个角度观察时所使用字面不同的同义字，其中“姓”字似乎显得较特异，却是说明其寓有血缘关系最恰切的名词，东突厥相传分三十姓，可汗因之通称三十姓可汗（默啜之女的汉文墓志题额便是“唐故三十姓可汗贵女贤力毗伽公主”）②；西突厥由十姓联合而成，所以用“十姓部落”为名，其可汗则十姓可汗。其余例子，鄂尔浑碑文所志有三十姓塔塔儿（Otuz Tatar）、三姓骨利干（Uc Quryqan）③。《唐书》《新唐书》诸有关传记所示又有三姓葛逻禄（Qarluq）、九姓拔野古（Bayirkou）、三十姓拔悉密（Basmil）、九姓回纥（Uigur）、三姓咽面等。

原铁勒诸种族实力，不能以其役属突厥而加轻视，突厥国家两度瓦解，便都由铁勒部落颠覆。第一次七世纪前半，薛延陀发达为铁勒诸部盟主时，势力强大则驾凌突厥又压倒突厥；第二次八世纪前半，回纥完成九姓铁勒大统合的阶段，乃确定性灭亡突厥。而前后两次高潮的约略一个世纪间，堪注意另外颇多铁勒部族，也已展现其跃进姿态：契苾首与末移漠北建立全铁勒领导权威前的薛延陀，共同在准噶尔一度自立为铁勒诸部最早的可汗；突厥复兴后最强盛期的可汗默啜，杀身之地系蒙古高原东面已邻于靺鞨的拔野古；突厥最后灭亡由于回纥的攻击，而铁勒解放运动之始，则是拔悉密可汗而回纥、葛逻禄左右

① “九姓铁勒”名词产生自破灭薛延陀的过程，但传记末个个列名，平凡社版《世界历史大系》5. 东洋中世史第二篇第461页，引羽田亨的考定，乃回纥、仆骨、浑、拔曳固、同罗思结，契苾、阿布思、骨仑屋骨。

② 诚文堂新光社《世界史大系》3. 东亚第327页附图与说明。

③ 平凡社版《世界历史大系》5. 东洋中世史第二篇，第461页。

叶护的联合阵线组成，然后再是回纥主流形成。回纥“九姓可汗”名词的由来，便是自身九姓先扩大为十一姓或十一部落（《唐书》回纥传：“本九姓部落，一曰药罗葛，即可汗之姓，二曰胡咄葛，三曰咄罗勿，四曰貊歌息讫，五曰阿勿嘀，六曰葛萨，七曰斛嗢素，八曰药勿葛，九曰奚耶勿。每一部落一都督。破拔悉密，收一部落，破葛逻禄，收一部落，各置都督一人，统号十一部落。”），又最后综合支配九姓铁勒（Toquz Oguz，前一字“九”而后一字“姓”的意味①）时的称谓。

关于西突厥，也以其破灭而有第二西突厥、第三西突厥的代兴。被东突厥默啜可汗征服的原十姓部落之一伊犁河流域突骑施（Turgis，突厥施），最初发达时已分黑姓、黄姓两姓，默啜死后挣脱束缚，全盛期并合西突厥十姓余众与葛逻禄三姓，完成中亚细亚境原西突厥支配心脏地区伊犁、吹（楚，Tchou）、怛罗斯三河流域的大领土开拓，俨然已是第二西突厥再现，先于回纥的抬头而号十四姓可汗。但八世纪中突骑施便衰微，以“至德后，突骑施衰，黄、黑姓皆立可汗相攻。……大历后，葛逻禄盛，徙居碎叶川（吹河），二姓微，至臣役于葛（逻）禄，余部附回鹘”（《新唐书》西突厥传下突骑施条）的记事结束其历史。第三西突厥之兴，系形势的倒易，游牧地在阿尔泰山以西，原附于西突厥十姓部落的五咄陆。“突厥诸族”的葛逻禄，突骑施以五咄陆之一勃兴时仍受隶属。八世纪中，通过阿尔泰山东移蒙古高原发展的一支并入回纥，留在原地的强盛至反转胁服突骑施，《新唐书》回鹘传下葛逻禄的说明是：“至德（纪元756至757年）后，葛逻禄浸盛，与回纥争强，徙十姓可汗故地，尽有碎叶（Suy－ab、Suj—a1，今托克马克 Tok mak）、怛罗斯（Talas）诸城。”

同系原附五咄陆的“西突厥别部”处月部，七世纪中唐朝太宗时代之末，西突厥贺鲁归降时，率部移动到达并由唐朝为之设置瑶池都督府之地（庭州、今日原名济木萨 Dsimsa 的孚远县，鄂尔浑碑文中突厥语的别失八里 Bichbalik，汉译五城），便是处月部游牧地，部酋之姓“朱邪”，也便是“处月”同音异

① 平凡社版《世界历史大系》5. 东洋中世史第二篇，第459页。

译（《五代史》唐庄宗纪论）。高宗时贺鲁反而瑶池都督府废，后析置全满州、沙陀州两都督府时，都督都已是朱邪氏，渐渐“处月”的部族名被“沙陀”或“沙陀突厥”的名词统一替代。八世纪后半吐蕃汹汹之势北涌，沙陀先是服从吐蕃指导，继又决裂，于吐蕃压力下东移定着汉族中国西北方外缘，回复对中国的忠诚衷心。九世纪后半以助平唐朝内乱而与中国关系愈益加密，沙陀族已全数陆续移住汉族中国土地上高度汉式文明化，部酋朱邪氏且获唐朝赐国姓李氏。十世纪初唐朝覆亡，归化沙陀人后裔终于继五至六世纪南北朝时原鲜卑系北朝，建立第二次被汉族中国承认的五代中第二、三、四个相续嬗代的正统朝代后唐、后晋、后汉。相对而言，其建国意义也如同北朝，已系血统与文化褪尽原异族色调，建国者后唐李氏与后汉刘氏，各别以绍续唐朝、汉朝自居，毋宁尤等于意识防线最后崩溃，心理的自我消灭与全向汉族认同的正式宣告。

突厥巨潮的波浪追逐，所有情况均如沙陀之于汉族，区别系在呈现倒反现象的突厥洪流再加广与再更新，西突厥诸种族变换中亚细亚、西亚细亚白色人种血统，乃史所周知。突厥人种相互间，政治上反覆变异组合的结果也是，自回纥接替突厥掌握蒙古高原霸权到退出内、外蒙古的一个世纪间，“回纥”因发达为重写蒙古地方铁勒诸族与突厥历史的统一名词，广义方面，“东”“西”突厥、突厥与铁勒，相同的回复其意识上合一，而开始广泛“突厥”新境界与突厥人世界的再分支。新形貌的最早铸定，又特与中国历史密接的，便是回纥，或者汉字同音异译改写的今日维吾尔（Uigur、Ouigour，或 Weigour）。

维吾尔学者厌恶通说的以回纥与突厥两个民族混为一谈，而只假定为两个兄弟氏族①。正确的解释须加补充，以汉族为例，汉族非可与蒙古族混为一谈为当然，但不能否定汉族于人种系谱图上属于蒙古利亚人种。析言之，自然科学的身体特征为基准，三大陆人种三分法上，汉族与蒙古族同系黄肤色蒙古利亚人种，但同型人种中，由于语言、风习、文化的不同，依人为的、历史的环境所铸定诸特征为基准，特别以独立的语言为特色的民族分类，则汉族属汉藏

① 阿不都拉《维吾尔的源流和文化》，《新疆研究》第 203 页。

语族中的汉语系，而蒙古族则阿尔泰语族中的蒙古语系或中支，此一“同”与“不同”，说明汉族视狭义的蒙古族固判然有异，广义言之，非不可以。回纥与突厥的种族区别也须恃此立场，回纥（维吾尔）人诚然不是 Ottoman Turkey 后裔而今日与“突厥”同字同音，仅是汉文异写的小亚细亚土耳其人（Turk）或中亚细亚土库曼人（Turkman），又或其他突厥分支，却与所有的突厥系人同属阿尔泰语族三个语系中的西支或突厥语系（另一东支乃通古斯语系），亲缘关系至为接近，非如汉族与蒙古族尚分属不同的语族。从这层意义说，以回纥或维吾尔人解释也是广义的突厥人，并无不当。

维吾尔学者也引述西方记述，指：1. 波斯史籍谓，纪元前四世纪的回纥人，已以天山为中心而建立包括阿姆河流域、伊尔色克湖，以迄新疆喀什噶尔一带的大领域汗国（据此范围，则“天山”似指从新疆延伸出中亚细亚的外天山山脉），《突厥大辞典》（Divan – I – Luga – it Turk）采纳此说，说明其 Yugur 可汗建设了甚多城市；2. 犹太与阿拉伯史籍，且推前谓：纪元前十四世纪已有回纥汗国的存在；3. Z. V. Togan《突厥历史总序》根据波斯、印度、阿拉伯资料，谓纪元前二千年前的新疆，已发明铁器使用，伊犁一带便是当时的铁器铸造中心①。如上云云，果尔能获证明，则所有今日的历史了解成果将一概推翻，包括帕米尔东、西的原住民人种，游牧文化与可汗国家成立年代，以及人类金属器文明的流播阶梯。所以，在上引叙述未获学界一般承认以前，对回纥自身文字发明前的回纥历史解明，如同突厥，仍须以及仍赖与之接触频密的汉族中国文献的提供，为具信凭性。

中国记录中的回纥，其名最早出现于《隋书》北狄传铁勒条，列举为铁勒诸部之名之一，《唐书》已于北狄传铁勒条之前，录有回纥专传，至《新唐书》而回鹘传并合了铁勒的传记，撰述体例的变化，正代表回纥发展阶段。《新唐书》的回纥源流记载：“袁纥者，亦曰乌护，曰乌纥，至隋曰韦纥。其人骁强，初无酋长，逐水草转徙，善骑射，喜盗钞，臣于突厥，突厥资其财力

① 所引述见阿不都拉《维吾尔源流和文化》，《新疆研究》第 203—204 页、212 页附注②④。

雄北荒。大业中，处罗可汗攻胁铁勒诸部，裒责其财，既又恐其怨，则集渠豪数百（薛延陀部为主）悉阬之。袁纥乃并仆骨、同罗、拔野古叛去，自为俟斤，称回纥（《唐书》称‘迴纥’）。回纥姓药罗葛氏，居薛延陀北娑陵水（外蒙古色楞格 Selenga 河）上，距京师七千里。众十万，胜兵半之。地碛卤，畜多大足羊。”隋朝变换唐朝以来（引《新唐书》回鹘传上）：

——“有时健俟斤（Suku－irkin）者，众始推为君长。子曰菩萨，材勇有谋”，是突厥统制下铁勒诸部奋起独立时，回纥部九姓最初的团结象征与其统一的领袖出现。

——“时健死，部人贤菩萨，立之”；“（贞观元年，纪元 627 年）与薛延陀共攻突厥北边，颉利遣欲谷设领骑十万讨之。菩萨身将五千骑破之马鬣山，追北至天山，大俘其部人，声震北方。由是附薛延陀，相唇齿，号活颉利发（Quch－ilteber），建牙于独业水（土拉 Tola 河）上”，于薛延陀主导权的铁勒诸部解放运动中，回纥茁壮之势开始形成。所以贞观三年起追随薛延陀与唐朝连接朝贡关系后，当时的北亚细亚形势，“突厥已亡，惟纥与薛延陀为最雄强”。

——“菩萨死，其酋胡禄俟利发吐迷度（Qula－ilteber－Tomido）与诸部攻薛延陀，残之，并有其地”，而上唐朝天子“天可汗”尊号，时为贞观二十年（纪元 646 年）。翌年，唐朝的外蒙古铁勒诸部羁縻府州支配体制展开，回纥部的瀚海都督府便是其中心。

——唐朝世界帝国自太宗至高宗而再扩大，回纥协力的贡献甚大，平定西突厥阿史那贺鲁期间，一度且是“诏将军梁建方、契苾何力（铁勒契苾部归化将领）领兵二万，取突厥五万骑（永徽二年，纪元 651 年）”的回纥兵员主力态势，灭高句丽也曾动员回纥部队。

——纪元七〇〇年左右（武后时代）突厥国家权威重建高潮期，“默啜方强，取铁勒故地，故回纥与契苾、思结、浑三部，度碛徙甘、凉间”。突厥压力下放弃外蒙古原住地，移居内蒙古唐朝河西之地外缘后，玄宗开元十五年（纪元 727 年）与唐朝边境地方长官失和，流血冲突发生，被驱逐回外蒙古乌德健山（郁督军山）故地，降附突厥。

却便以此波折为转折点，回纥迎接了大发展的好运。领导族人北归的渤海府司马护轮死而其子骨力裴罗立，正值突厥毗伽可汗殁后，阿史那可汗族内讧频起，一个世纪前铁勒—突厥间历史重演。返回外蒙古仅十多年后的天宝元年（纪元742年），骨力裴罗与葛逻禄部分别称左、右叶护，拔悉密部为可汗，独立的三部联合政权成立。第三年（天宝三载，纪元744年），骨力裴罗又推翻产生自拔悉密的可汗，自立为骨咄禄昆伽阙（Qutlug－Bilga－Kul）可汗。回纥部由自身九姓的并合拔悉密、葛逻禄部人而扩大为十一部，再完成九姓铁勒大统合，“铁勒”一词，以此空前的联合体形成而从历史上退隐。再翌年，回纥国家第一代可汗，攻杀突厥最后一代可汗，蒙古高原上灭亡了的“突厥”人与地，又统一消失于“回纥”名下。同一时期，回纥连系唐朝亲善关系也告成功，叶护时的骨力裴罗“遣使入朝，封奉义王”，登位可汗“又遣使入朝，因册为怀仁可汗”，并灭突厥又遣使“来上功，新裴罗左骁卫员外大将军”（《唐书》《新唐书》）。自是回纥代代可汗接受唐朝的汉式可汗名号册封，百年前九姓铁勒开启了天可汗制大唐世界帝国最初之页，百年后的统一回纥又屹立为唐朝后期世界帝国最雄健一员。却是，北亚细亚羁縻府州体系的突厥部分先已残坏，铁勒部分陪伴回纥兴起又被一笔勾销，大唐世界帝国的后期，正以此变化为特色。

汉族中国北方草原的新主人，也如新版“突厥”意味的回纥国家，雄峙北亚细亚的命脉存续百年，自第一代怀仁可汗、第二代英武威远可汗（葛勒可汗）、第三代英义建功可汗（《唐书》登里可汗、《新唐书》牟羽可汗）在位，约四十年间，迎向国运的隆盛期，今日于此典型游牧国家的历史分期上，列之为前期。中期同约四十年，乃回纥的西方拓疆时代，末期的二十年已系内部纷争相续，衰运期的来临。创业可汗在位四年便去世，第二、三代可汗嬗代的时期，适遇唐朝安史大内乱勃发与平定，回纥骑兵战斗部队应唐朝要求进入中国镇压，也赖回纥强力军事力的协助而敉平反乱，事迹与回纥建国战事的告一段落，时间表上正相衔接。所以，回纥大活动的前期历史，后半已与唐朝关系密接。自安史乱中到乱后，回纥通过唐朝空前数量的物资酬偿，援军驻留中国期间的给养与犒赏，频繁的使节团往来接待，以及出自另一型态的汉—回绢、马双边交换贸易所得，与政治掩护下利用公、私机会，一概以北方的毛皮类、草原的畜产品等特产品，中国农耕世界代表性的谷物、织物、工业品等商品化，从事交易以博丰厚利润，而游牧社会从所未见的经济繁荣面出现，回纥人接踵而至滞在长安、洛阳等大都市，尤其充分吸收汉族文化要素，习惯于中国格调的衣、食、起居方式。回纥人富裕与其生活、文化快速蒙受唐朝文化影响的现象，反映到中国资料中（《资治通鉴》唐纪四十至四二、四九），便是：

（代宗大历八年条）“回纥自乾元以来，岁求物（和）市，每一马易四十缣，动至数万匹，马皆驽瘠无用。……辞归，载赐遗及马价，共用车千余乘”。

（大历十四年条）“诏回纥诸胡在京师者，各服其服，无得效华人。先是，回纥留京师者常千人，商胡伪服而杂居者又倍之。县官日给饔饩，殖资产，开第舍，市肆美利皆归之，日纵贪横，吏不敢问。或衣华服，诱取妻妾，故禁之”。

（德宗建中元年条）“初，回纥风俗朴厚，君臣之等不甚异，故众志专一，劲健无敌。及有功于唐，唐赐遗甚厚，登里可汗始自尊大，筑宫殿以居，妇人有粉黛文绣之饰。中国为之虚耗，而虏俗亦坏”。

（德宗贞元四年条）“可汗仍表请改回纥为回鹘，许之”（《新唐书》回鹘传上：可汗上书，“请易回纥曰回鹘，言捷鸷犹鹘然”，但《唐书》无此记事）。

对照突厥时代记录，显著的社会差异已可判明。简言之，纯粹草原国家性格与游牧社会的传统，正以回纥最盛期强固的唐朝共荣关系，而向文明化升进，特别关于上引建中元年（纪元 780 年）所指示，登里可汗（纪元 759 至 780 年在位）治世的北方草原上，已存在都市建设为象征。此类回纥时代所建设都市，今日考古界于外蒙古，至少两处遗址发现被证实，其一色楞格河畔，测定第二代可汗的七五〇年代已成立；其二鄂尔浑河畔，乃第三代登里可汗时代遗迹，也以今尚存在可以辨认系宫殿、官衙的建筑遗址，而推知便是回纥国家首都，今日当地俗称“喀喇巴勒噶孙”的废墟，以及同址九姓回鹘可汗碑所标明的 Kara－balgasun[①]。总结安史之乱的宝应元年（纪元 762 年）东都洛

① 世界文化社《世界文化丛书》12. 蒙古帝国，第 41 页、71 页。

阳决定性一击，大战役中回纥军团系登里可汗亲自指挥。其胜利后洛阳滞在期间对都市文明的体验，可能便是回纥自身“国都”营造动机。

文明化另一指标的精神生活，体系化宗教信仰也已于回纥社会被接受，而脱离游牧社会原始的萨满信仰范畴。摩尼教其后发展为游牧回纥国家的国教，便以此时代的可汗最早信奉，历史界且推定第二代可汗系其第一人①。陪伴景教与摩尼教传入，回纥文字的制作，以景教徒所传入，与古突厥文同一阿拉姆文字系统而发达为国际通用文字的粟特（Sogdiana，Sogd）文，亦即梵文中所谓窣利（Syria）文为母体②，却非如突厥文的对西方文字横行书写方式直模仿，改依中国书写习惯“纵书”而“右进”，又是融合东西方文化要素，回纥文字视突厥文字具有的进步性（改还今日维吾尔文的横写而反方向自右至左，系回纥回教化又受阿拉伯文影响之后）。所以，八世纪后半以来的草原社会，较之突厥时代，展现的明日已系一个新的时代。虽然新时代自旧时代脱胎的形象同样强烈，游牧社会与草原南边农耕世界共存法则不变，也自回纥对汉族中国的关系，以及西方白肤色“胡人”通突厥—回纥时代均系携手者，如前引《资治通鉴》之文，留居京师者“回纥、诸胡”并举，《新唐书》回鹘传上亦谓“回纥至中国，常参以九姓胡”，为可了然。商业天才粟特人，于回纥社会间所占分量，尤自上述宗教、文字的影响力显见。抑且，继承突厥兴起以来态势，回纥人与粟特人相互提携，展开东亚、西亚、欧洲间广范围商业行为的大活跃。草原都市建设的背景之一，因之也是适应多数商人居住需要，回纥立场的外国人居留地与商业市场意味。简言之，商业都市的性格，或则寺院筑造为中核的宗教寺院都市。而都市建设便出诸汉族或粟特人技术者之手，也从而堪资想定。

回纥文明化诸现象，自不能夸张之为草原游牧社会全体的生活向上，都市生活的土造、木造固定房屋之外，游牧人民所住居依然是帐幕与住车，城郭之外依然维持草原传统的游牧生活习惯。只是也堪注目，其社会构造与国家组织

① 阿不都拉《维吾尔源流和文化》，《新疆研究》第205页。

② 有高岩《东洋通史概观》，第218页。

型态，基本上固然仍同前代突厥，抑或古代匈奴，严守氏族·部族血缘集团的社会制度，但每一部族便是一行政单位的色调已形加强，出自可汗任命的长官吐屯占有了向来族长的地位。全国分左右二“杀”（设），以及叶护、特勤之位限可汗子弟身份。都蹈袭突厥政治原则，可汗辅佐者宰相职位出现，且非必可汗族药葛罗氏族出身，则是至为突出的一大变革。经济、文化各分野的外国商人、技术者充斥，抑且文化人而担当政治顾问，现象非始自回纥，于文明化的阶段却产生了再进步刺激作用。文明化也终会渐渐带动氏族·部族社会的根本发生变化，铸定为未来南下定着化机运的主导，而得全然脱胎换骨为今日新疆的维吾尔农耕民族。

回纥文明程度提升至意识上已具辨别与选择同音异义汉字能力。要求唐朝准改“回鹘”美好汉字国名，已系历史分期的中期之初，第四代可汗以登里可汗从父兄与国相，弑登里（德宗建中元年，纪元780年）嗣位的时代。自此的回纥对于唐朝，安史乱中与乱后的桀傲之气已消，君臣关系深一层次平稳行进，感情也愈显亲密。唐朝对外和亲公主降嫁非少，吐蕃、吐谷浑、契丹等皆然，但遣以天子亲女，则惟对回纥，肃宗宁国公主降嫁第二代可汗首开其例，便是第四代可汗请改“回鹘”国名的同时，再有第二度德宗成安公主的降嫁，第四代可汗原“武义成功”的册命嘉名也因此改“长寿天亲”。药葛罗氏可汗至第六代绝嗣，第七代新可汗由跌跌氏国相登位，第八、第九两代可汗各与前代可汗有无血统关系与如何关系也不明，却与唐朝相互间关系均无损。长安最早准建摩尼寺（宪宗元和时），便自回纥摩尼教发达到结合政治，僧侣等于国政指导者的阶段，摩尼僧随回纥朝贡使节团入唐的原因，第九代崇德可汗又是直配唐朝帝室公主（穆宗亲妹太和长公主）的第三位可汗。唐—回敦睦背景下，唐朝的回纥主力围堵战略，阻遏安史之乱以来猛涨的吐蕃凶焰蔓延，因得收取符合预期的成功实效，而回纥编年史的中期四十年事迹，由是也表现以西方经略的活跃为代表。战争对象，则非限与唐朝的共同敌人，自西藏高原本据北向奄有新疆塔里木盆地，续又进出天山方面的大势力吐蕃，也须对抗同种族间，以阿尔泰山相隔的葛逻禄与西北叶尼塞河上流域唐努乌梁海地方的黠戛斯等强邻，战迹自准噶尔及于哈萨克斯坦东部。鄂尔浑河，西喀喇巴勒噶孙回纥都城址废墟，现存用回纥文、汉文、粟特文三体文字书刻的九姓回鹘可汗碑，建立意义，便是纪念第八代保义可汗战功①（唐朝册封的可汗名号为爱登里罗汨蜜施合毗伽保义可汗，碑文中全衔系 Toquz Oguz ai tangrida qui bolmys bilga qagan），残留今日供了解其时回纥的西方活动力实况。

回纥西方经略的频频战事，相对方面，也可解说之为遭受西方势力的强烈压迫。突骑施声势固自回纥之国已衰，代兴的葛逻禄，回纥蒙古高原制霸曾获其东进协助，除一部分并入为回纥国家构成单位外，留住准噶尔的三大部也达成统合而领袖号三姓叶护。前引《新唐书》资料，“至德后”的七八〇年代与回纥第二代可汗之末，葛逻禄又领有了原突骑施中心地的巴尔喀什（Balkhash）湖南方伊犁河流域以至伊斯巴克湖（Issyk - kul）西方怛罗斯平原，向来对回纥的友好关系一变而为“与回纥争强”。葛逻禄北方黠戛斯，《新唐书》回鹘传下黠戛斯条说明：“坚昆，讹为结骨，稍号纥骨，或曰纥扢斯……。后狄语讹为黠戛斯，盖回鹘谓之，又讹为戛戛斯”，已是今日吉尔吉斯（kilkis）民族名词发音。“人皆长大，赤发、皙面、绿瞳”，住民体质上混有古代雅利安系要素可见，但文化的纯粹突厥化为可确认。六世纪以来，黠戛斯对蒙古、准噶尔的强大同种族虽都站于从属立场，但未全丧失其自主权，且能逆向加以威胁，见于《新唐书》前引资料的记载：“乾元中为回纥所破，授其君长官为颉斤（俟斤）”；“然（黠戛斯）常与大食、吐蕃、葛禄（葛逻禄）相依杖，吐蕃之往来者畏回鹘剽钞，必住葛禄，以待黠戛斯护送”；“回鹘稍衰，（俟斤）阿热即自称可汗。其母，突骑施女，为母可敦；妻葛禄叶护女，为可敦”，而于回纥国家存立的末期约二十年间，时间恰恰相当的“拏斗二十年”。回纥最后命运便如此决定——

唐朝穆宗长庆三年（纪元 823 年）崇德可汗卒，是回纥暮运开始的信号，自此连续内讧至文宗开成四年（纪元 839 年）一年而两度上演自毁性政变，先是国相勾结沙陀突厥引兵攻杀第十一代可汗，第十二代可汗𫜬馺特勤继立，续发生将军叛变，叛乱分子寻求外援而导入的，便是黠戛斯排山倒海的十万军

① 世界文化社《世界历史丛书》12. 蒙古帝国。附录《事项辞典》回鹘碑文条。

**回纥世系图**

(依唐朝册封的汉字名号，末代未及册封已灭亡)

队，回纥诸部部众顿时散尽，国家灭亡。

九世纪前半回纥国家解体而国人四散悲运，特别意义，系突厥系民族自此永久性别离蒙古地方。也自此以后，两个世纪间蒙古地方的游牧国家朝代中绝，突击成功后的黠戛斯动向为不知，草原民族先后服属于汉族中国化朝代的辽金统治，十三世纪才再从外蒙古出现震慑世界的蒙古国家。

另一方面，蒙古草原游牧回纥国家历史终结，也是相对意义回纥国人创造新时代、开拓新天地的历史新页始写；纪元八三九年国家崩坏，回纥国人逃亡形势，中心部近可汗牙帐的十三部，拥立可汗后继人后南下唐朝北边，其余的西向进入葛逻禄领内，或者原被吐蕃侵占，而约略与回纥北方统制瓦解同时期，以沙州（敦煌）为中心，归义军汉人集团已驱逐吐蕃势力的河西地方与天山方面。南逃集团获得唐朝庇护收容的仅一部分，被拒绝的改投内蒙古东方边缘奚、室韦异种族而被吸收，从此自历史上消失。再掀历史波澜的是西奔诸集团——

一支就近逃向河西的，在当时吐蕃、党项、汉人等诸民族混住状态的甘州、肃州方面，恢复原可汗药葛罗氏之名，割裂归义军节度使辖境树立独立的新政权，以甘州（今甘肃省张掖）为国都而领有“碛西诸城”，五代・宋朝史书称之“甘州回鹘”。

一支稍远移动到达原受吐蕃压迫而西移的处月═沙陀突厥原住地天山北侧（庭州），续越天山流向南侧，同系归义军领域的西州定住，便以此历史上著名汉族殖民高昌王国故地的吐鲁番盆地为支配中心，跨天山南、北建设国家，高昌城为国都，其后史书称之“西州回鹘”。

回纥此两新国家，各各自回复唐朝名义上主权的河西归义军节度使半独立统治成立，便已于九世纪末先后出现，重建形式上的对唐朝君臣关系，而由唐朝与后续朝代五代给付可汗名号，也以移住地均已系农耕环境，而渐渐原来的草原社会法则与游牧民族姿貌脱落。氏・部族结合解体，转变经营完全的定着文化生活。甘州回鹘存续近二百年，汉族中国宋朝之初的十一世纪前半，并合于自宁夏发迹而兴隆一时的党项族西夏国时，已变貌为由同住杂多民族要素渗合构成的独特形态中国文化，全失其原回纥系谱。西州回鹘也相仿，且其文化遗产特以十九世纪末、二十世纪初的吐鲁番考古而世界闻名，由所发现经典、文书、美术品与其他遗物，了解系同化于当地汉族的中国文化基轴上，也混合西方系等各种文化要素，形成回纥—突厥自身的民族文化，而表现时代光彩。却是政治命运为与甘州回鹘倒反。西夏兴起于其东境时，西州回鹘同样屹立为天山方面一大势力，其沿塔克拉玛干大沙漠北缘沃洲地带西向推展，已拓地包含了焉耆、龟兹，所以《宋史》外国传六龟兹条的记事：“龟兹，本回鹘别种……,或称西州回鹘，或称西州龟兹，又称龟兹回鹘”。

回纥国人自外蒙古原住地向西撤退，第三支与最大一波的十五部集团已命入葛逻禄，播迁最远，立国最迟，却也是震荡力最强，新成立乃是著名于西方历史的中亚细亚伊利克汗（Ilikhan）朝，或者异名的卡拉汗（Karahan、Qara－khan）国。九世纪中河西地方与天山方面的回纥新国家建设时，唐朝没落征象已现而影响其西域支配秩序混乱，同样，阿拉伯“大食”人雄大征服图中东方半面的帝国界线，也于到达最大限界时发生急激变化，伊朗系民族反抗运动高扬，各个地方性独立朝代蜂起，崛起后并吞大食或萨拉逊（Saracen）回教大帝国分裂后东方 Abbas 朝 Khilafar 帝国东半的是 Saman 朝，纪元九九九年（宋朝真宗时）被推翻，摧毁的巨力便是卡拉汗国。卡拉汗国如何起源，迄未充分明了，但 Kara 与 il 都是古突厥、回纥语文，前者乃黑色北方、高尚的意味，后者指部众、国家，各各引伸为统治者尊号①的传统，以及建国过程与新

① 阿不都拉《维吾尔源流和文化》,《新疆研究》第 206 页。

疆历史相关联，都供历史界了解便是回纥人之国。蒙古地方旧回纥国人以向葛逻禄领内大量移住为契机，推测于十世纪之半，已隶服葛逻禄而建设领域北起怛罗斯平原、南迄新疆西部疏勒（喀什噶尔）的新国家。同一世纪之末，同系突厥系的伽色尼（Gazne、Qhazna）朝也已切割Saman朝阿富汗斯坦领土诞生，卡拉汗国追随侵灭Saman朝而并有其中亚细亚的领域，新疆方面南境也推展到昆仑山脉，征服于阗成功。雄长中亚的卡拉汗国，性格如同甘州回鹘、西州回鹘的已非纯粹草原国家，乃是包含了草原与沃洲地带的混合性特异国家，其政治·文化中心地，东即疏勒，西则原康国所在地的撒马尔罕（Samarhand）沃洲都市。《宋史》外国传六回鹘条谓："初，回鹘西奔，族种散处。故甘州有可汗王，西州有克韩王，新复州有黑韩王，皆其后焉。"同传于阗条同记国王称黑韩王。"克韩、"黑韩"都是"可汗"音讹为颇明显，"新复州"所指，学界有谓便是卡拉汗国①之说。只是，卡拉汗国的统一主权并不稳固，十一世纪中，已依帕米尔分裂为对立的东、西两部分。西部续以内部不统一的弱点，十一世纪末臣属于替代Chazni = Turks（伽色尼）而兴的另一突厥系大势力Seljuk = Turks（塞尔柱）。十二世纪前半（中国南宋之初），西部又与东部共同形成西辽（Karahita、Qara - Khitai，黑契丹）建国的基盘，卡拉汗国灭亡。

欧、亚、非回教大帝国分解后，其东方帝国专制支配力减退引发再分解，伊朗系割据主义筑为突厥系诸独立朝代基石的潮流展开，回纥人卡拉汗国非只首举大纛，通其国存立的时代，中亚细亚完成土耳其（突厥）人天地的历史转换，抑且，也以其最早邻国与结局加以消灭的萨拉逊文化热心保护者Saman朝文化提携，昂然登堂入室为回教扶植的新的突厥系第一顺位拥护者。传说中汗国创业主Satuk Bugrahan的纪元九六〇年（中国宋朝初建）改宗回教，以及纪元一〇四三年疏勒回纥—突厥系种族一万帐皈依回教，于回教史家笔下都曾特笔大书。② 中亚细亚考古成果，同样标示十一世纪后半时，回教教义与其一

① 平凡社版《世界历史大系》6. 东洋中世史第三篇，第523页。

② 江上波夫《北亚洲史》，第78页。

般文化面，均已广泛普及卡拉汗国突厥系住民间的事实。布哈尔（Bukara，Saman 朝首都）、Termez（今苏联乌孜别克共和国毗连阿富汗境的都市）、撒马尔罕等地卡拉汗国时代的文化遗产，特别是回教建筑物，残存今日颇多①，指认新的回教—突厥文化成熟，已甚分明。

中国人关心的是中国历史，然则，帕米尔以东的新疆，与隔帕米尔相对的西边中亚细亚，同一回教—突厥（回纥）化历史之轨的展开，可为结论。《唐书》《新唐书》有关新疆国家的传记所反映，据有塔里木盆地沃洲的城郭诸国，人是古来人种博览会状况，而且伊朗系白肤色人种为主；准噶尔地方游牧民族嬗代至七世纪，则已清一色突厥系诸种族，引为双方明晰境界线的，乃是天山山脉。游牧民族越过天山进出沃洲地带的准备地，一是传统的门户天山东部北麓，今日济木萨，唐朝庭州，北庭都护府置于此，突厥系谓之“五城”，以铁勒根据地之一著名，且当蒙古高原的西方联络线，游牧诸族移动焦点所在。另一是唐朝西域前进基地碎叶城为中心的地区，乃连结伊犁盆地、新疆、中亚细亚三者的交通要冲，从来的贸易中枢，唐时西突厥、突骑施，接续的葛逻禄，都置根据地于此。由是展现纵列的两大交通动脉，五城与天山南麓高昌为一线，自碎叶至疏勒又是一线，中国唐朝末年九至十世纪回纥国人大移动，如前所述，便以此两线为殖民输送孔道，而有西州回鹘（高昌回鹘）与卡拉汗国西部的回纥人支配先后成立。由十世纪入十一世纪，回教徒的卡拉汗国势力自疏勒向于阗进出，西州回鹘势力也已推进到龟兹，而相互邻接。但西州回鹘于此期间，宋初太宗太平兴国六年（纪元 981 年）王延德出使高昌所见，都市中乃佛教、摩尼教寺院繁荣景况，尚无回教痕迹。《宋史》外国传六高昌国条，即其历四年旅程而雍熙元年归朝时所提实地调查报告书为蓝本，可以获致十世纪末西州回鹘农、牧、手工业诸产业如何发达，国民爱好歌舞音乐，生活富裕而安居乐业，特别关于“国中无贫民，绝食者共赈之。人多寿考，率百余岁，绝无夭死”的深刻印象，与同时期已系回纥民族本格回教化的卡拉汗国历史异趣。十二世纪西辽以服属西州（高昌）回鹘为垫脚石而西征制霸

① 香山阳坪《沙漠和草原的遗宝》，第 162 页。

中亚细亚，以迄蒙古人雄飞之初，汉文史料中已改“畏兀儿”译名的此一吐鲁番—别失八里政权率先归服，与结亲密关系的十三世纪，Friar William of Rubruck 等西方旅行家所撰游记，[①] 与引用回教史书诸资料著作的《多桑蒙古史》中，仍都说明吐鲁番地方是信奉佛教、摩尼教、景教的地区。回纥先进文化指导蒙古人创制文字，凭以利用的回纥自身文字也仍是阿拉伯化以前旧书体。吐鲁番受回教文化浸润，系蒙古人世界大征服所分封四大汗国中，立国于回教世界的察合台汗国并灭畏兀儿国家，十四世纪又分裂东、西，以喀什噶尔为都城的东察合台汗国单一支配天山以南塔里木盆地之后。汉族中国明朝中期东察合台汗国再分崩，吐鲁番、喀什噶尔等地方性酋长割据态势成立时，今日新疆南部已全域回教化，残留雅利安系居民也全被回纥移住民同化，吐鲁番地域性“畏兀儿”名词概括了新疆南部在住的原回纥裔民族的全体。至清朝，再出发于“回纥人的宗教”（伊斯兰教、回教）意味，而通称天山南路为“回部”，民国成立以来，畏兀儿（畏吾儿）的民族名词也正名“维吾尔”。

## 中亚细亚突厥化

近代以来，北接西伯利亚，南连阿富汗斯坦的广域中亚细亚，人文地理往往又称之为土耳其斯坦（Turkistan）。抑且，还以帕米尔高原为区分基准，中亚细亚以位于帕米尔之西而称西土耳其斯坦，另以帕米尔以东的中国新疆称东土耳其斯坦。东西土耳其斯坦的对称，或者说，土耳其斯坦范围由中亚细亚扩大包含新疆，须注意乃十九世纪帝国主义侵略中国期间的意识产物，不能避免政治野心之嫌，贸然接受有其危险性。因之，中国人的立场，土耳其斯坦名词的设定对象，须便是中亚细亚，新疆则中国的新疆“省”，毋须牵扯，毋须自

---

① 札奇斯钦《元代的西域》，《新疆研究》第 44 页。

西土耳其斯坦之外再加一“东土耳其斯坦”，这是解明土耳其斯坦成立为“土耳其”（突厥）斯坦的前提性了解之一。

之二，历史的中亚细亚范畴，仍与今日所谓土耳其斯坦，内涵有异，阿富汗斯坦（Afghanistan）与土耳其斯坦乃并立的两个地理概念，阿富汗斯坦历史却是中亚细亚整体历史不可分割的一部分。相对方面，土耳其斯坦意谓土耳其（突厥）人之地，系北亚细亚突厥种族移住洪流覆盖中亚细亚，淘汰当地原住民伊朗系雅利安白色人种的结果，阿富汗斯坦固立于大变局之外，今日仍系伊朗系民族所建设国家而自土耳其斯坦区别，但土耳其斯坦政治区划的苏联五个加盟共和国中，哈萨克（Kazakhskaya SSR）、吉尔吉斯（Kirgizskaya SSR）、乌孜别克（Uzbe - kskaya SSR）、土库曼（Turkmenskaya SSR）等四国固均突厥系民族组成，最南与阿富汗斯坦相接的塔吉克苏维埃社会主义共和国（Tadzhik - skaya SSR），民族成分却同于阿富汗而系白肤色伊朗种族。总结而言，土耳其斯坦既非与历史的或自然地理的中亚细亚合一，也非完全符合“土耳其”（突厥）斯坦的含义。

之三，中国新疆外侧的今日国境线，又堪注意非十九世纪中期以前中国西北领土旧疆界，而内缩甚多。清朝原版图系依巴尔喀什湖（Balkhash）自然标志，自东折向南，纵切吹（Chu）河、纳林（Naryn）河以抵帕米尔高原的一线为界。俄罗斯帝国主义者的侵略，纪元一八六四年（同治三年）《塔尔巴哈台界约》，纪元一八八一年（光绪七年）《伊犁条约》连续迫签，乃丧失这大片领土，出现如今日地图上所见，转移为苏联版图内哈萨克共和国的东南部与吉尔吉斯共和国的东部。中国正西方帕米尔（PaMir 葱岭）高原际遇相同，光绪四年（纪元 1878 年）左宗棠平定新疆回乱勘界，尚明白立于中国领土范围。纪元一八八九年（光绪十五年）以后，俄罗斯与英国势力先后自南、北方向分别侵入，纪元一八九五年（光绪二十一年）两国续就武力占领的事实，悍然蔑视清朝侵犯主权抗议，也毋须经清朝承割领土手续，在伦敦自行订约瓜分帕米尔。此又一片广域土地赃物，绝大部分构成今日苏联塔吉克共和国的东半部，南缘狭长东西向走廊部分归阿富汗，东南突出地区便是印度—巴基斯坦争执焦点克什米尔（Kashmir）东北隅。中国地图上，以其丧失无任何自身系当事国的条约依凭，而以“未定国界”字样出现。

惟其土耳其斯坦历史地理存在如上的渗杂，其成立关键又系于中国史上突厥（土耳其）族的西移，所以，中国人的态度，为避免“土耳其斯坦”名词所含副作用，与其对突厥人活动舞台自北亚细亚移至中亚细亚，转换中亚细亚居住民血统如今日面目的历史大事件，追随外国学者所爱用“土耳其斯坦成立”之语为说明，不如直截称之“中亚细亚突厥化（或土耳其化）”，此其一。其二，此一事件之于中国史的叙述方面，犹之对古代匈奴族，非只如何由来，也须交待如何去向，则突厥族终结立于中国史之间的章节——中亚细亚突厥化，仍是必要的课题。

欧亚大陆草原世界的南缘，以迄帕米尔，都是干燥的沙漠，由天山山系流水形成内陆河与沃洲，以及东西相连的山岳地带，向系东亚连结西亚历史世界的中间地域，亚洲心脏的意味。其历史由是随特异的地理性格而展开，山间小盆地群与处处散在的沙漠中各沃洲，均呈孤立状态存在，无由产生政治势力足够全体统一的条件。多数场合，铸定立于北方草原游牧国家，或东亚、西亚大国支配下的命运，也依政治支配者盛衰而转移隶属。原住民伊朗系雅利安人种诸小国，传统以亚洲心脏四通八达的地理位置，而商业活动表现为特色，锡尔（Syr Darya，唐朝质河、真珠河与古代所称药杀水 Yaxartes）、阿姆（Amu Darya，唐朝乌浒河 Oxus）两河中流的中间地域，今日大部分系苏联乌孜别克共和国之地的粟特，其地居民东方通商的活跃尤其闻名。粟特与粟特人的名词，最早前汉时代尚隐没于支配国汉族中国史书中“大月氏”的名下，后汉时代以来便被汉族所注意，而中国史上对此等国际商人的记事加速度增加，并确知“粟特”乃地理名词而非国名，包括了当地诸小国（都邑）的总名。通过“亲书”所介绍的时代而生隋唐，便是以康国为中心的九教或六教，所谓“九姓”或“六姓”昭武（cub）之国，《新唐书》西域传康国条的说明是“世谓九姓，皆氏昭武”，鄂尔浑突厥碑文刻记 Alty cub Sogdaq，所指系“六姓昭武之粟特”同一事实①。这些被大食（阿拉伯）东方势力淹没前的唐朝康居

① 平凡社版《世界历史大系》10. 中亚史，第 74 页。

都督府等羁縻府州，以《新唐书》西域传康国条明记“康者，一曰萨末鞬，亦曰飒秣建”（Samarhand 撒马尔罕）、“安者，一曰布豁，又曰捕喝”（Bukhara，布哈拉）等对音，以及参证彼此相互间方位、距离等记载，今日所在地的考定多数无困难。粟特地区南跨阿姆河，便入今日阿富汗斯坦的唐朝吐火罗（Tokh - arestan，月氏都督府）；北越锡尔河，又是石国（Tachkend，塔什干《新唐书》：“或曰柘支、曰柘折、曰赭时”Shash）所在的费尔干（Fergana Farghana），与《新唐书》费尔干同音异译之国拔汗那、鏺汗同一地区，其东已邻接清朝被迫割巴尔喀什湖以东领土，碎叶（Suy - ab，今 Tokmak）——伊犁河谷之地的西突厥本据。

中亚细亚西域国家的唐朝统制，系接收唐朝所征服北方势力西突厥原支配圈，而从来历史上，届至其时的北方势力服属西域城郭诸国，地域最广又统制力最大的，正便是西突厥。六世纪中统一的雄大突厥西方事业腾飞，指挥当时中亚细亚霸者嚈哒（Hephthalites）征伐军的，东罗马文献中作 Silziboul os、Dizaboulos、Dilziboulos，回教史家笔下的 Singibu 等，其人均应与唐朝记录或突厥鄂尔浑碑文中的 Istami - qagar（定点密）为同一人。① 惟唐朝史料所记定点密事迹，以依唐时突厥人间所流传的传说，无年代登录，此一缺憾，经东罗马史家而得弥补，对突厥破灭嚈哒的年代，断定在纪元五六三至五六七年之间。② 五世纪后半嚈哒强大化的时期，萨珊朝波斯惨败至王且战死的地步，此际与突厥联姻协力而复仇，以乌浒河（阿姆河）为界与突厥南北分割被灭的嚈哒故地，所以鄂尔浑碑文记突厥自记其领土东起 Qadirqanis（兴安岭）、西及 Tamir - qapig（铁门），铁门位置便在阿姆河北的粟特南境。六世纪八〇年代东西突厥分裂后的西突厥统叶护（纪元 617 至 628 年在位）治世，趁萨珊朝波斯衰颓而势力伸展向铁门以南吐火罗，更越兴都库什（Hindou - Kouch）山脉领有罽宾，便是《新唐书》突厥传下所谓“下波斯、罽宾”，完全接收原嚈哒领地。西突厥北起里海之北的支配圈，南界已系信度河（Indus，印度河）

① 冯承钧译沙畹《西突厥史料》，第 161 页。

② 同上，第 160 页。

方面的西北印度。

西突厥对西域服属国的支配，如同唐朝羁縻府州（授其国王唐式都督、刺史官号）方式，分授诸国国王“颉（俟）利发”或“俟斤”的突厥称号，另由可汗直接派遣突厥人“吐屯”监督，强制征纳赋税。见于《唐书》西戎传、《新唐书》西域传的诸国传记，唐朝灭亡西突厥与西域羁縻府州布列以前，龟兹国王苏伐叠号时健莫贺俟利发、护密国王号沙钵罗颉利发等都是。战略位置的国家且受西突厥直接统制，石国于西突厥统叶护可汗之兄射匮可汗时代（中国隋朝），王曾被可汗所杀而“以特勤匐职统其国”，其后可能都是吐屯统治，所以《新唐书》记其王，羁縻府州成立时是瞰土（吐）屯，玄宗开元时仍是称谓不变的莫贺咄吐屯、伊捺吐屯；罽宾的特勤统治似乎持续更久，所以西突厥崩解后，见于开元时代之王依旧是葛逻达支特勤、乌散特勤、洒（设）。拔汗那与吐火罗的情况相类似，前者之王于唐初为西突厥杀戮而一度“阿瑟那（阿史那）鼠匿夺其城”，后者为被编入唐朝羁縻府州体制时，“授王阿史那都督”，指示的都是突厥可汗民族直截控制。诸国以后从西突厥支配下解放，原所赋予官称却已固定化，即使羁绊待遇的场合亦然，唐朝文献中，谢飓国王葛达罗支颉利发、俱密国王伊悉烂俟斤、骨咄国王俟斤、颉利发等记录年代，便都在玄宗治世，可以证明西突厥的中亚细亚经营，当时约束力与遗留的影响力均如何强劲。龟兹王弟、于阗王子俱称叶护，康国、东安国、米国对王之母、妻俱称可敦，都是同一的说明。于此，西突厥盛时，对重要属国利用汉族中国“和亲”意味的政治婚姻束缚，又系一大成功，康国王屈木支娶统叶护可汗女为妻乃有名事例，属初龟兹王、疏勒王妻，同都出自阿史那氏，而均牢固的亲密附从。

《新唐书》西域传下的若干记事为堪注目，石国条：“（碎叶）川长千里，有异姓突厥兵数万”；火寻国条：“西南与波斯接，西北抵突厥曷萨（可萨）”；位当吐火罗与罽宾间的谢飓国条：“国中有突厥、罽宾、吐火罗种人杂居”；波斯国条：“东与吐火罗、康接，北邻突厥可萨（曷萨，Hazar、Khazar）部，西南皆濒海，西北赢四千里，拂菻（东罗马帝国，Bizans、Byzance）也。”便是说，陪伴西突厥的西域制霸形势成立，突厥人已在西域广域散布。此辈人自非全系西突厥移民之谓，突厥大帝国乃以同种族铁勒诸部为基础而成立，纪元六〇〇年前后分属东、西突厥的铁勒诸种族分布地域之广，也自《隋书》的铁勒传记可以了解，《新唐书》西域传所称突厥人，指的主要须便是铁勒国系，修正《隋书》里海方面铁勒部族为“突厥可萨部”系具体说明。转变在七世纪东、西突厥均已覆灭，八世纪唐朝玄宗时代以来，铁勒诸部之一的回纥完成阿尔泰山以东全铁勒大并合，原东突厥领内突厥人也被包含而由“回纥”名词统一代表，阿尔泰山以西的铁勒西方诸部，便倒反由“突厥”的名词概括，所谓“异姓突厥”。“铁勒”与“突厥”原系同一的种族称谓，最初系以突厥领先自孤立分散政治状态中达成团结，才于突厥的意识基础上分划两个系统，结局又以回纥抬头而种族意识再调整，两个系统的外貌依旧，却是经过了原铁勒系与突厥系间相互大糅合的“回纥”“突厥”新对立，原始的铁勒名词全行淘汰。此一“突厥”民族意识统一化的转变，以及原已广泛分布里海、咸海北方哈萨克斯坦，而又南向渗入沃洲农耕国家的事态展现，乃是中亚细亚“土耳其斯坦”成立根本条件之一。

复次，历史上北亚细亚强大势力征服中亚细亚诸国，其支配型态，匈奴系其一，仍以北亚细亚为本据而对中亚细亚自外控制；大月氏、嚈哒又系其一，直接的君临中亚细亚。前一型态，事过境迁不留存征服者痕迹；后一型态，征服者顺随时间推移而同化于被征服民族，反而消灭了自身。突厥则依前引资料可知，性质上兼具上面型态，系附着了移民要素，本据以外的殖民地统治或第三种支配型态。而对待被征服的役属国家、人民，态度也非单纯高压与榨取，乃是从经济提携以达政治共荣，特别关于与粟特人间贸易关系的合作。粟特人的商业活跃闻名世界史，对于六姓昭武代表者的康国，《新唐书》西域传下曾有“善商贾，好利，丈夫年二十，去傍国，利所在无不至”的特笔大书。准噶尔地方、蒙古地方，均在其东方通商活跃半径之内，而粟特人留住颇多。居留漠北的，自突厥以至回纥时代，一贯的且给予政治、文化上莫大影响，突厥文字、回纥文字的制定，便均由粟特人为导师，突厥分裂后的西突厥域内粟特人动态，尤其是西方史家记述的好题材。横切中分新疆的天山山脉北西以迄伊犁河流域一线，乃西突厥本据，而纪元五六世纪左右，其西侧吹河、怛罗河流域方面，粟特商人与手工业者为主体的粟特殖民聚落已一处处成立[①]，与费尔干、粟特现地连成一气。粟特或六姓昭武诸国的西突厥附庸国政治背景，相对也利用支配者西突厥权势，以求贸易的安全保护与援助，确保抑且扩大市场，换言之，西突厥政治力量与粟特人经济力量结合，互惠两利而繁荣。此一态势，而且早自突厥初兴的统一期便已形成，室点密西方经营之始，中国特产品丝的大宗贸易被垄断于萨珊波斯之手，在位波斯王 Chosroes（Khusrau）Anushirwan 于西方记录中，说明原以图雪王祖 Pirouz 被嚈哒攻杀之耻，乃娶突厥可汗（室点密?）之女为妻，而结盟共灭嚈哒，但粟特商人 Maniach 受任西突厥使者，赴萨珊波斯协调丝贸易事，却被此王拒绝，使臣蒙辱而归。便由此粟特人使臣建议，远征高加索绕过波斯北方直结东罗马帝国，于是西洋史一大盛事展现，自这位粟特商人再充使者，纪元五六七年底抵达拜占庭谒在位的 Tustin 皇帝，呈递粟特文书写的西突厥国书（可能便是这位使臣自身便宜撰制），以及次年初东罗马遣使答聘西突厥王庭开始，西突厥—东罗马间频繁的使节团往返，记录中且曾出现西突厥奉派团体一次至百六人的数字，双方通商盛况可以想见。另一方面，西突厥出使波斯所遇不愉快经验，终也产生了发酵作用，六世纪后半以来东罗马与萨珊波斯间纠缠无休止的战事，七世纪前半以西突厥介入与东罗马夹击波斯而升高。《新唐书》西域传波斯条所谓“隋末，西突厥统叶护可汗讨残（伐）其国，杀王库萨和（Khosrou Parwiz，纪元六二八年死，事实系外患引起的内乱中被害）”，西突厥西域事业推展到极峰。而此连环性大事发生，基点所站立，端在西突厥支配者与西域被役属人民间、外来游牧势力与中亚细亚在地的沃洲农耕国家间，相与协和，形成为共生体。这又是未来土耳其斯坦成立的前提条件，其后蒙古人征服汉族中国近一个世纪，征服俄罗斯尤超过此年数，便都因缺乏此项条件，而不可能转变汉族中国或俄罗斯为蒙古斯坦。

再一条件，连结东方世界与西方世界的交通大动脉丝道，最初系由东端新疆沿帕米尔高原南侧或北侧，通过中亚细亚南部为主线而西行，突厥时代主线

① 香山阳坪《沙漠和草原的遗宝》，第 108 页。

已北移，改经中亚细亚北部，中国出发后越过天山山系，出伊斯色克湖（热海）岸，迂回吹河、怛罗斯流域，从塔什干、撒马尔罕与其西南方接上丝道西段，往地中海（以后蒙古时代，东西交通大道的主体，则已舍丝道而经由北方的草原地带），或在粟特地方折往南行，往印度。唐初玄奘，即取道丝道东段新主线入印度，归途则仍通过旧线。东西交通新形势自突厥兴起而开创，其本据地便居于交通枢纽位置，为非常明白。《大唐西域记》记太宗贞观初玄奘西行，自屈支（龟兹）经勃达（Bedel）岭，纪元六三〇年访西突厥统叶护可汗于素（碎）叶水方面王庭，由可汗遣使护送至势力圈最南的迦毕失国（Kabis，与罽宾同地异名），西突厥对西域交通如何握有绝大权力，从其事不难察知。在于当时，西突厥以扼亚洲心脏部中亚细亚四通八达的通行中心而富强，及其瓦解，余势仍系土耳其斯坦方便成立的条件。

惟其如此，中亚细亚突厥化，西突厥时代的支配已见其倾向，但中亚细亚各个突厥种族国家兴建，则须后来居上的回纥系移住者到达，开始决定性展现，中亚细亚乃涂上“突厥（土耳其）人之土地（国）”色彩，而土耳其斯坦成立。此一历史契机把握到回纥人之手的原因，系其最早文明化与习惯于都市生活，所以移住沃洲地带时，容易冀求其定住化的转向，抑且，也以接触中亚细亚的机缘、文化·信仰上转折性回教化。相与对照，早过回纥系便已西迁与南下的突厥系诸族，其进出中亚细亚适值阿拉伯—回教东方生命线开拓之际，政治上追随伊朗系国家·民族淹没在阿拉伯大帝国征服巨潮中，信仰上也先回纥而与伊朗系民族共同尊奉了回教。但东大食帝国（萨拉逊帝国 Abbas 朝）境内续又汹涌兴起民族主义者独立浪潮，支解东方领域运动中的突厥诸族奋起，则回纥系同种族的卡拉汗国（朝），于突厥种族建设国家与朝代波涛追逐的形势，发生了带头作用。

九世纪以来 Abbas 朝伊朗地域为中心的东方回教世界，对应其完成伊朗民族、突厥民族回教化，注目倾向，已以大食（阿拉伯）人以外的势力抬头为特征。此一特征，又表现于伊朗民族—突厥民族势力伸张，以及自大食人接手发展回教与回教文化，程序上分两阶段接替展开，质言之，伊朗民族独立政权成立后第一次革命，受卡拉汗朝鼓舞而突厥系新朝代纷起推翻伊朗系朝代，又是第二次革命。领先迫使东大食 Abbas 朝变容的伊朗系朝代 Saman 朝（九世纪后半建立，领有中亚细亚、东部伊朗）与 Buya 朝（十世纪前半建立，领有里海南岸西部伊朗），都由东大食地方割据军人而切离哈里发（Khalifa）支配。分散的突厥族独立气运接续而兴，步调与伊朗族全然一致，他们原与伊朗人同在哈里发支配下的回教军中服役，也相偕跻身将军、总督、大臣之位，伊朗人主权者 Saman 朝成立，突厥人军阀与其军队的强横愈不可遏止，不可避免的步上伊朗人后尘。十世纪后半，中国宋朝继承离乱五代，Khurasan（Horasan，《新唐书》大食传记中的“呼罗洲”）地方割据者突厥人总督 Alp 特勤，与继承其事业之婿 Sevuk 特勤，东以阿富汗斯坦的迦色尼（Gazne、Ghazna，译名依《北史》，《元史》西北地附录作“哥疾宁”）为都城，继先已在伊犁地方大发展的回纥人卡拉汗朝，而建设迦色尼朝，突厥民族长时期在帕米尔以西殖民所培育潜势力开出了最初之花。也便于此南北两突厥系国家呼应形势下，十世纪末，Saman 朝终因卡拉汗朝攻陷其都城 Buhara（《新唐书》的安国与布豁）而灭亡。但双雄不相立，同种族两国家互斗，另一支声势惊人强大的突厥族趁机崛起，闻名西洋史的塞尔柱（Selcuk、Saljuq）突厥与其大帝国如日之升，已东、西分裂的西卡拉汗乃于十一世纪臣属塞尔柱，十二世纪前半中国辽朝、北宋先后覆亡而南宋成立之初，西辽（黑契丹）征服东卡拉汗诸都市又转移塞尔柱的西卡拉汗宗主权，卡拉汗朝历史于焉终了。势力压倒卡拉汗朝向北跃进的迦色尼朝，也于塞尔柱朝经略风暴中被剥夺大笔领土，苟延残喘至十二世纪后半而由同族叛臣所建地跨西北印度，再一突厥系与印度最初的回教国家古尔（Ghor）朝所替代。

哈萨克斯坦可萨突厥（Khuza - oguz，哈萨克 Kazakh 地名即“可萨”由来）一分派，原住咸海东北岸锡尔河上流步步南下，十世纪末始改宗回教的塞尔柱突厥，以迦色尼朝军人，自十一世纪三十年代（中国宋朝仁宗之世）略夺呼罗珊独立而勃兴，无论于突厥史、回教史、西洋史，都代表划期意味。塞尔柱突厥（土耳其）（SeUuk Turkey）帝国屈服西卡拉汗朝，噬蚀迦色尼朝，灭亡伊朗系 Buya 朝，压迫东大食 Abbas 朝，侵逼东罗马帝国，纪元一〇五五年（中国仍系宋仁宗时代）且以陷巴格达（Bagdad）而一变回教传统，自政教合一的最高权威者哈里发取得苏丹（Sultan）称号，正式承认之为回教世界的突厥支配者，也自此“苏丹”代表了回教的世俗最高权威。尤堪注目，十一世纪九十年代（中国宋仁宗次代哲宗之世）的塞尔柱朝，非只回复东大食衰退以来，分裂两个世纪的西亚细亚与中亚细亚再并合，而伊朗人与突厥人天地达成又统一，其席卷中细亚细—西亚细亚—美索不达米亚—巴勒斯坦—小亚细亚之势，也转移原东罗马帝国领域的小亚细亚入回教世界，以及中亚细亚通过基地的突厥族源源移住小亚细亚（以及继起便以小亚细亚为立国本据的鄂图曼突厥<土耳其>，Ottoman Turkey 帝国），继中亚细亚成立所谓土耳其斯坦，小亚细亚也因之第二土耳其斯坦化①。土耳其斯坦的形成，系原住民伊朗系诸种族基盘上加注压倒性移住民突厥（土耳其）系诸种族要素的意味，所以，土耳其人土地（国家）的决定性历史转变，土耳其斯坦时代的土耳其（突厥）人，已非纯粹血统的突厥人，也为可知。且以移住的定着地不同，以及现地伊朗族系谱与相互混血程度的不同，而铸定如今日所见突厥（土耳其）系诸不同种族与民族的面貌。今日小亚细亚土耳其固起源于塞尔柱突厥，同系统种族，以最初系锡尔河流域移向土库曼之地而发达，留住者与其原住民混血的结果，乃形成今日土库曼民族的基础，前往移动中，又在花剌子模（Khor-azm）与布哈尔（Bukhara），导引若干地域住民的突厥化。相对，十二世纪东方契丹族西移继塞尔柱朝称霸建设西辽国家，其中亚细亚移住民也以突厥诸种族混血而突厥化，哈萨克族与南下的乌孜别克族中，便存在此等原契丹种族与民族的痕迹。② 可萨部突厥通过哈萨克斯坦直接西入南俄罗斯境的领察（Kipchak）人，又于十三世纪以后融入西征留住的蒙古人或在地斯拉夫诸种族。

---

① 土耳其斯坦的成立，主要取材自中山治一《解明世界史》伊斯兰世界的扩大，第153—156页；晓教育图书版《现代教育百科事典》7. 历史（九至十世纪）世界的分裂·土耳其的中亚支配、土耳其族侵入北印度、（十一至十二世纪）土耳其族的伊斯兰世界进出等节，第166—167页、第191—192页。

② 中亚细亚突厥民族成分举证，系香山阳坪《沙漠和草原的遗宝》，第166页。

# 大西南地区民族运动

## 吐谷浑三百五十年

纪元前三世纪汉族中国最早统一以来，交涉最频繁，系同时期也已完成统一国家建设的历史上标准游牧世界与今日中国北方，政治区划的内蒙古诸省、外蒙古地方、新疆北半部，或自然地理的蒙古高原与准噶尔盆地。而汉族前身时代便相与关系亲密，种族血缘也最接近的历史上另一游牧天地主人，约略与北方地带面积成三与二比例，包括了今日青海省、西康省、西藏地方的中国西部或青藏高原，与汉族同属汉藏语系的藏族或其前身氐、羌，最初以广域国家面貌与大统一期的汉族中国相见，时间上反遥遥落在北方之后。第一个为汉族所知的，系四世纪五胡乱华时期出现于青海方面的吐谷浑（Tuyuhun）。

吐谷浑国家成立，本质上乃是五胡乱华连锁建国运动的环节之一，因之其历史未能如以独自型态，自西藏地方兴起的氐、羌族另一支或今日藏族主流的吐蕃事迹受人重视。实则，至少吐谷浑立国的下述意义不容忽视：乱华“五胡”的氐羌分量乃众所周知，“乱华”却明示立国地均在汉族中国之内，系转移入汉族中国域内孕育汉化成熟的结果，立国等于正式宣告消灭自身而向汉族认同。吐谷浑位置独在汉族中国西方域外氐羌诸种族故乡，真正的氐羌国家，以及向来部落分散又文化偏低的氐羌族团结成功，而且，国家命脉持续时间达三个半世纪。最后亡国，一部分吐谷浑人固步上若干早期同族后尘，以移住汉族中国而蜕化为汉族，居留现地的，又随国家并入吐蕃，参与了汉族中国以西，历史上最早的氐羌族大统一巨流。

有关吐谷浑的传记，中国正史自《晋书》开始，记述南朝之事的《宋书》《南齐书》《梁书》，记述北朝之事的《魏书》《周书》，以迄《隋书》《唐书》，均有收录。《晋书》四夷传西戎类吐谷浑条的吐谷浑起源说明：“吐谷浑，慕容廆之庶长兄也，其父涉归分部落一千七百家（《魏书》的记载则“分户七百以给吐谷浑”）以隶之。及涉归卒，廆嗣位，而二部马斗。廆怒曰：‘先公分建有别，奈何不相远离，而令马斗？’吐谷浑曰：‘马为畜耳，斗，其常性，何怒于人？乖别甚异，当去汝于万里之外矣’。于是遂行。……西附阴山。属永嘉之乱，始度陇而西，其后子孙据有西零已西甘松之界，极乎白兰数千里。……（历被羌酋之一刺死的吐谷浑之子吐延至孙叶延，曰）：‘吾始祖自昌黎光宅于此，今以吐谷浑为氏，尊祖之义也’”。可了解：

——吐谷浑原系人名，第三代之孙，始转变之为族名与国家名词（《梁书》西北诸戎传河南王吐谷浑条：“因姓吐谷浑，亦为国号”）。

——族名、国名制定，意味吐谷浑国家的成立。以“永嘉之乱”（纪元三一一年晋怀帝蒙尘）为基点的《晋书》年代推算，与辽东慕容氏前燕建国时间的四世纪四〇年代，约略相当。

——吐谷浑自辽东移动，西行路线乃沿内蒙古南缘，顺黄河转折形势南下甘肃，入居青海方面羌族天地，以得羌族支持而立脚。

——所以，吐谷浑立国，虽受自辽东分离的鲜卑族指导，但指导集团成员数字，即使开国人物吐谷浑隶下——如史书所揭示的一千七百家（或七百户）全数追随，于全国民比率仍为微小。吐谷浑国家因之不能归列于鲜卑系氐羌国家才是正确评估，犹之元朝统治下的汉族中国，仍系“汉族”中国而非“蒙古族”。

——吐谷浑嗣位之子，下场系被羌酋所杀，又反映羌族在国家结构中占有的分量。所以次代吐谷浑国家形成时，民族名固非蹈袭氐、羌称谓，也不得不扬弃指导集团自身的“鲜卑”色彩，而直接采用了开国者“吐谷浑”之名。

吐谷浑风土、人文、制度的介绍，《魏书》吐谷浑传为详，但原文已佚，现行本所见乃自《北史》辑补（李延寿编撰《南史》《北史》，均录有吐谷浑的传记，《南史》系以《梁书》西北诸戎传河南王条全文转载，《北史》是否即采用《魏书》资料，换言之，《魏书》现行本补入的是否便是所散缺原文，为未可知）。且此文献反映五、六世纪汉族中国南北朝时代的吐谷浑社会，与记四、五世纪之交五胡十六国末期吐谷浑事情的《晋书》四夷传西戎类吐谷浑条，内容无多推移，反而须由简赅的《梁书》（以及《南齐书》河南氐羌传河南王条）记事补充。所以两书价值相埒，如下即其综合了解——

“其地东西三千里，南北千余里”；“地兼鄯善、且末”（《魏书》）；“其界东至垒（叠）川，西邻于阗，北接高昌，东北通秦岭”。（《梁书》）

“多畜逐水草，无城郭，后稍为宫室，而人民犹以毡庐百子帐为行屋”（《南齐书》）；“有屋宇，杂以百子帐，即穹庐也”（《梁书》）；“虽有城廓而不居，恒处穹庐，随水草畜牧”。（《魏书》）

“性贪婪，忍于杀害。好射猎，以肉酪为粮。亦知种田，有大麦、粟、豆”；“土出牦牛、马，饶铜、铁、朱砂”（《魏书》）；“其地有麦无谷”。（《梁书》）

“青海周回千余里（《唐书》西戎传吐谷浑条：“周回八百里”），海内有小山，每冬冰合后，以良牝马置此山，至来春收之，马皆有孕，所生得驹，号为龙种，必多骏异。吐谷浑尝得波斯草马，放入海，因生骢驹，能日行千里，世传青海骢者是也”。（《魏书》）

“其俗，丈夫衣服略同于华夏，多以罗羃为冠，亦以缯为帽。妇人皆贯珠贝，束发，以多为贵”（《魏书》）；“著小袖袍，小口袴，大头长裙帽。女子披发为辫”。（《梁书》）

“父兄死，妻后母及嫂等，与突厥俗同”。

“至于婚，贫不能备财者，辄盗女去”。

“死者亦皆埋殡。其服制，葬讫则除之”。

“国无常赋，须则税富室商人以充用焉”。

“其刑罚：杀人及盗马者死，余则征物以赎罪，亦量事决杖”。

“兵器有弓刀甲稍”。

“官有王公、仆射、尚书及郎将、将军之号”。（以上均《魏书》）

“拾寅立，乃用书契，起城池，筑宫殿，其小王并立宅。国中有佛法”。（《梁书》）

“夸吕立，始自号为可汗，居伏俟城，在青海西十五里”。（《魏书》）

则吐谷浑游牧文化基调又加染汉族色彩的混合文化性格，印象颇为明晰。青海地方虽早自汉朝，繁密接触汉式文明已为历史界所共知，但经历五胡乱华汉化高峰，再一波在使羌族汉式模仿潮兴起，便自吐谷浑立国，而出现文献记载五世纪中，第八世、第十二代拾寅时代的景况。五世纪也是吐谷浑历史发展的关键时期，拾寅系间断三代上承第七世、第八代王其父树洛干，关键时期的意义，便展现于此三代。三代依序为：阿豺以弟继兄树洛干，慕璝、慕利延均树洛干叔前王之子，实质也是兄死妻寡嫂习俗下树洛干的同母弟，汉族中国已由五胡十六国收拾为最早的南北朝分立，吐谷浑各别与之建立名义上的服属关系，受封河南王（最初的“陇西王”改封，南朝，“河南”谓其立国于黄河之南之意）、西平王（最初的西秦王改封，北朝，西平郡位即今日青海省西宁）。至拾寅在位，南朝正届宋、齐交代。

吐谷浑资源非如想像的贫乏，自诸文献中畜牧、农业、矿产俱丰的记事可证，经济力足夸富裕，特别关于国外贸易收益。东方北魏，南方经四川连结江南的南朝，北方柔然，西方则西域诸国，均保持紧密联系，活泼从事其中继贸易，前引文献指国家赋税征自富室、商人，是其注脚说明。对汉族中国商业活动的南重于北，又由南北朝双重朝贡关系成立，系南朝（阿豺时代）早过北朝（次代慕璝时代），以及南朝诸史书有关吐谷浑传记的商业活跃记录，可以见出：

《宋书》：“史臣曰，吐谷浑逐草依泉，擅强塞表，毛衣肉食，取资佃畜，而锦组缯纨，见珍殊俗，徒以商译往来，故礼同北面”。

《梁书》：“其使或岁再三至，或再岁一至。其地与益州邻，常通商贾，民慕其利，多往从之，教其书记，为之辞译”。

吐谷浑国势益益强盛而领土大发展，也在五世纪前半三王治世。《魏书》其传记的指示——

阿豺，“兼并羌氐，地方数千里，号为强国”。

慕璝，“世祖时，慕璝始遣其侍郎谢大宁奉表归国，寻讨禽赫违定，送之京师，世祖嘉之。……制曰：“西秦王所收金城、枹罕、陇西之地，彼自取之，朕即与之，便是裂土”。

慕利延，“遂入于阗国，杀其王，死者数万人，南征罽宾”。

三段文字，各别代表的意义是：其一，青海省氐、羌族大统一，大抵须至其时达成；其二，东方领域，一度伸展至包含了今日甘肃省南半，五胡十六国后期并合了秃发氏南凉的乞伏氏西秦旧版图；其三，西方征伐，也曾攻破于阗侵入西北印度。

吐谷浑此一境界的来临，距最初立国已约一个世纪，换言之，通过五胡乱华全时期始获此成就，较“乱华”十六国的后进态势至为明显。相对方面，却也与十六国中任何一国均为骤兴骤灭全异，两相异质的原因，基本固以十六国建国性质，纯系立于汉族中国环境内脱胎换骨为汉族的最后升华，而吐谷浑未具此意义。虽然吐谷浑程度上的汉化同样不可避免，以及文明化仍是国家、社会发达动力，文献记录自五世纪以来，吐谷浑官人中颇出现汉族人名，以及《魏书》大书慕璝“招集秦、凉亡业之人”，都是说明。但立国于汉族中国域外，而氐羌——游牧民族本质不变的特性，终构成为得以自十六国区别的条件。

吐谷浑强大，树洛干时代已见端倪，所谓“化行所部，众庶乐业”“沙漒杂种，莫不归附”（《晋书》语）。只是，树洛干在位期的五世纪初，正值五胡十六国转入最复杂又混乱的终幕前夕，吐谷浑受蜂起环围青海外侧诸国的东面西秦压制，仍然是欲振乏力。纪元四一七年（东晋安帝义熙十三年，亦即权臣刘裕北伐灭亡五胡十六国中姚氏后秦之年。再三年的纪元420年，刘裕篡晋为宋武帝，南北朝展开）继树洛干位之弟阿豺，是位中国史上名王，临死前引“单箭易折，众箭难摧”实例训诲子弟著名故事的主人翁，吐谷浑强盛国运自此迈开顺利大步。次代慕璝时，并灭南凉的强敌西秦，倒反已在慕璝连续攻击与虽式微而余势仍劲的赫连氏夏国侵逼下没落，纪元四三一年（宋文帝元嘉八年，北魏太武帝<世祖>神䴥四年），最后的西秦主以躲避西、北双方压力，被迫放弃国土东徙，而逃亡途中受夏国袭击成为俘虏，西秦亡。故国土地全由吐谷浑接收，《宋书》所谓“慕璝据有其地”。也如前引《魏书》世祖太武帝“制曰”文字所示。同年稍后，吐谷浑又对正卷入北魏北方汉族中国统一浪潮奄奄一息，步上西秦后尘亡命的夏国最后之主，落井下石似致命一击。《宋书》吐谷浑传的这一幕记载是：“（夏主赫连定）拥秦户口十余万西次罕并，欲向凉州，慕璝拒击，大破之，生擒定，（北魏太武帝拓跋）焘遣使求，慕璝以定与之”，夏国亦亡。

吐谷浑臣服北魏，便在此时与立于此等背景，迫于巅峰期北魏巨大武力，非如对南朝不存在利害冲突因素，简言之，心理上先已不正常的事大外交。另一方面，北魏盛气凌人，权宜怀柔吐谷浑只以其初“归国”，也非引为满足。果然，次代吐谷浑王慕利延与北魏仍系太武帝之世，国交裂痕便已发生。北魏太平真君六年（纪元 445 年）鄯善征伐，追击被灭亡沮渠氏北凉西走鄯善国北境楼兰地区的残余王族，同时也对吐谷浑进行武力攻略，败退的慕利延率部族转进新疆，于阗国遭受毁坏性打击，即此连环追逐的结果，并通过于阗为跳板而慕利延远征罽宾。翌年太平真君七年，慕利延“遂返旧土”（《魏书》语），北魏仍不得不自青海退军，吐谷浑本据无损。

吐谷浑攻入于阗事件，经由路线曾费历史界猜测，以必须从全面遮隔东新疆的鄯善国觅通道，而鄯善其时正在北魏占领之下。但此疑窦，今日已予揭晓，明了确是通过鄯善。而且《魏书》载吐谷浑“地兼鄯善、且末”的形势始自其时。原因系北魏军自敦煌出发所占领仅楼兰方面，吐谷浑进军则鄯善国南境考古遗址弥朗（Miran，汉朝伊循城），卡克里克（Charklik，鄯善国都扜泥城?）地方，双方进路各在平行的一直线上，而楼兰与弥朗、卡克里克间隔有一一〇至二〇〇公里之遥。吐谷浑系以征服鄯善连带取得其西邻服属鄯善的且末国支配权，继续西入于阗国境①。待慕利延返归青海，当时吐谷浑的甘肃方面东方领土固已被剥夺，转移为北魏统一事业一部分，全幅员而言，却已膨胀至《隋书》西域传吐谷浑条特笔大书“自西平临羌城以西，且末以东，祁连以南，雪山以北，东西四千里，南北二千里”的大版图。楼兰的北魏统制最后记录，系《魏书》楼毅传，其五世纪末孝文帝时官衔题名“都督凉、河二州、鄯善镇诸军事、凉州刺史”所指示的鄯善镇。吐谷浑支配，则宋云、惠生奉北魏皇太后命令，纪元五一八年自洛阳取道吐谷浑赴印度购买经典，归来所撰旅行记经转载为《洛阳伽蓝记》卷五，明言吐谷浑西三千五百里的鄯善城被吐谷浑并吞后，其时城主便是吐谷浑次子宁国将军，统率部落三千镇

① 参阅长泽和俊《楼兰王国》，第 205—205 页。

守，六世纪前半全盛时代吐谷浑的强力东新疆统制为可了然。

吐谷浑如上盛况的展现，慕利延次代拾寅以来已形稳定。以迄再三传的夸吕（纪元529年，北魏孝庄帝永安元年，南朝梁武帝中大通元年即位，《梁书》中此王名乃同音异写的呵罗克）治世，吐谷浑都能恃其强盛，杜绝北魏领土野心，大体保持和平状态而表面接受北魏怀柔。北魏已分裂后的东魏时代，静帝且纳夸吕从妹为嫔，以及夸吕为始，中国公主降嫁吐谷浑。

夸吕特为长久的六十年在位期间，目睹汉族中国北魏从分解为东、西魏，过渡到北齐、北周对抗，北周并灭北齐又被隋朝篡代，政治接连大波动，暮年变态的雄心勃发，轻易于北周、隋朝交替前后频频挑衅。隋文帝平陈，汉族中国结束南北朝分立时代而回复大统一，夸吕始感觉未来局势严重，解铃还是系铃人的及时中心敌对，向隋朝表示臣服，重建从属关系。开皇十一年（纪元591年）夸吕老死，先后继位两子，兄伏尚隋朝公主，弟伏允依国俗续配寡嫂，与隋朝间存下一段颇为美好的时光。但隋文帝崩而炀帝嗣立，大风暴出乎吐谷浑意外的来临，炀帝世界帝国雄图驱使的四方征伐，吐谷浑也不可幸免。先是大业四年（纪元608年）的铁勒受命攻略，隋军继对挫败的吐谷浑加大追击战果，翌年，便是炀帝亲征“平吐谷浑”。《隋书》西域传吐谷浑条记伏允“南遁于山谷间，其故地皆空”，“伏允无以自资，率其徒二千骑客于党项”，“东西四千里，南北二千里”的大版图“皆为隋有，置郡县镇戍，发天下轻罪徙居之”。新置郡县的《隋书》地理志上说明是：鄯善、且末、西海（治所即吐谷浑国都伏俟城）、河源四郡，每郡各领二县。却是，青海、东新疆并合入汉族中国直辖领土的效果维持未满十年，《隋书》吐谷浑传记系以“大业末，天下乱，伏允复其故地。屡寇河右，郡县不能御焉”之语结尾。总结吐谷浑历史，须再延后半个世纪。

伏允对一度灭亡其国的炀帝怨忿，由个人与隋朝变质为对汉族中国。隋朝的后继朝代唐朝建立，除最早因要求释回伏允与续配隋朝公主所生子，也因之取汉名“顺”，炀帝之初入朝的侍子，而短暂时间表示友好之后，便形恶化。十多年间频频骚扰边境，扣留使者，隋末以来低潮期仍在持续，反而其国之南，今日西康省境的同种族党项竟也被煽动联手侵冦。太宗贞观九年（纪元635年）唐朝大发兵惩罚，于是青海吐谷浑本据，继北魏、隋朝以来第三度遭遇来自汉族中国的大兵灾。新、旧《唐书》西戎传、西域传吐谷浑条记录其结束："诸将战牛心堆、赤水源，获虏将南昌王慕容孝儁，收杂畜数万。(侯)君集、(江夏王）道宗登汉哭山，战乌海，获名王梁屈葱。（统帅李）靖破(吐谷浑主力）天柱部落于赤海，收杂畜二十万，（李）大亮俘名王二十，杂畜五万，次且末之西。伏允走图伦碛，将托于阗，（薛）万均督锐骑追亡数百里，又破之"；"伏允子大宁王顺穷蹙，斩其国相天柱王，举国来降。伏允大惧，与千余骑遁于碛中，众稍亡散，能属之者才百余骑，乃自缢而死。国人乃立顺为可汗，称臣内附"。投降的可汗顺由唐朝诏封西平郡王，授子趉胡乌干豆可汗，封授诏书特别强调其"隋氏之甥"、"长自中土"，吐谷浑变换亲唐朝政权成功，迄其尚唐朝公主的嗣位之子诺曷钵，近三十年性格不变。

然而，吐谷浑终于第四度蒙受强大外力侵略，而且是致命一击，敌人自已非关系亲密的汉族中国，却是吐谷浑南方同种族西藏势力吐蕃。吐谷浑以对唐败战而亲唐，较之前此对北魏败战而反形茁壮，对隋朝败战而仍挺拔屹立，原系态度的全然倒反，也从而可以发觉，只是顺父子出发于特殊背景的立场转变。申言之，敌人刀锋下的亲善，与吐谷浑坚韧不屈的民族性并不符合，领导阶层中，以可汗所代表的一小群以外，毋宁都认为耻辱。惟其如此，顺于登位同年立被弑害，诺曷钵也曾险被推翻，民族意识高昂的反对势力所恃外援，便是同血统种族而正飞跃强盛中的吐蕃。吐谷浑国家的最后结局，由是决定其命运，唐朝高宗龙朔三年（纪元663年），吐蕃大军继吐谷浑大臣的投奔而进发青海，"破其众黄河上，诺曷钵不支，与公主引数千帐走凉州"，"吐蕃遂有其地"（《新唐书》西域传上吐谷浑条），吐谷浑以王室的丧失抵抗能力而全土地并合入吐蕃。唐朝累次兴兵图规模均败，吐谷浑确定沦亡，王室三百五十年命脉绝灭。其人民，一部分追随诺曷钵流亡汉族中国而变化为汉族，大部分留在青海的，已与吐蕃族携手，共同开创历史的藏族大团结宏伟气运。

吐谷浑世系图

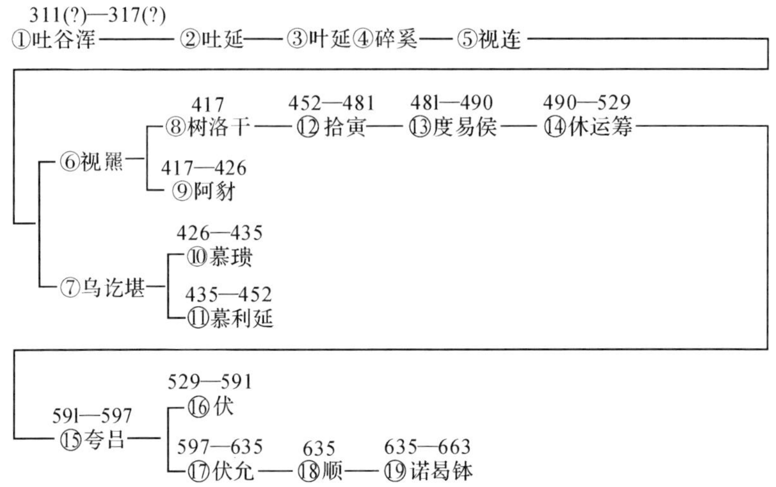


## | 吐蕃兴衰

西藏地方的吐蕃人与其国家，奇峰突起似以最高速率统一汉族中国西边广大地域，与此辽阔空间所分布同一文化、血统系统诸种族，系七、八世纪亚洲史的第一等大事，也铸定凡是早期出现于中国史，与之同一系统诸种而不同称谓的诸民族，概括依吐蕃本源地西藏为名，于今日通称“藏”族。外国人的 Tibet（地）与 Tibetans（人）名词，渊源仍自“吐蕃”，却已是吐蕃淹没于蒙古人元朝征服巨潮以来，蒙古语“吐蕃”发音“图伯特”的转译。另一外国语 Tangut 之名，则依吐蕃同种族系统党项——西夏的蒙古语“党项”发音“唐兀”“唐古特”而译，由对象原指被蒙古人所征服西夏国藏族，转化称呼藏族全体。

吐蕃奔流澎湃登上洪峰与退潮，以迄今日，时间已逾十个世纪。连结吐蕃时代与今日西藏，存在若干须加解明处——

其一，汉字“藏”的采用，时间非早，吐蕃盛极而衰，统一又崩析以后的元朝支配时代，始以“乌思藏宣慰司都元帅府”见诸官文书，而“吐蕃宣慰司都元帅府”改建在甘肃河州以统青海蕃民。明朝对青海的统治方式是成立“朵甘思都指挥使司”，原吐蕃之地保留元朝之名为“乌思藏都指挥使司”，“吐蕃”名词乃确定脱落。《皇朝（清朝）续文献通考》舆地考二十六西藏条记：“番语谓其地曰图伯特，即吐蕃之本音（原注：蕃，读若潘），或称卫藏。卫，即乌斯合音，其义谓中、藏之义为净。盖以拉萨居全境之中，迤东为藏，迤西为喀木，番言边界也，其音近康，即羌也，华人又以康、卫、藏三大部为三危，或并阿哩，数之为四部。”“藏”系吐蕃分解形势形成后的局部地区称谓为明甚，历明朝至清朝，才因监临的驻藏大臣统辖康（喀木）、卫（乌思）、藏、阿里（阿哩），而并称四地区为“藏”的意识成立，以及加冠方位别通称“西藏”，如今日所习用的汉文地名出现。当地居民抑且同系统诸种族的旧名“羌”，陪伴正名“藏”族。

其二，青海加入“吐蕃”范畴后又最早切离，关于喀木（康），《皇朝续文献通考》舆地考十八四川省条附西康，说明其沿革：“魏晋以后曰羌，隋为党项，至唐，吐蕃崛起，奄有其地。历五代、宋，至元征服西蕃，始分置土司。前明巴塘以东仍元之旧，属于四川雅州，巴塘以西为乌斯藏所据。国初，西藏内附，里塘、巴塘等处仍分授土司，巴塘宁静山以西隶于呼图克图，间有赐予藏酋及野蕃所宅者，而蒙古亦有其十之一焉”。清末西康建省，同书西藏条述：“西藏，本康、卫、藏三部之总称，今康已改为内地，则藏地当缩于旧。……今存二部，曰卫，曰藏（也便是前藏、后藏），而极西北之阿哩附焉”，而全行回复大吐蕃统一的民族国家以前形势，同种族不必与“地”合一。只是历史的“羌人”名词转换已以藏族代表，特定民族称谓吐谷浑、党项、吐蕃又自历史推移过程中先后消失，才于今日产生藏族人文地理与西藏政治地理不符的感觉。换言之，青、康、藏高原同一自然地理范畴，铸定古来是泛称“羌人”的活动范围，今日仍是西藏人同系统种族，泛称“藏族”的共同生活圈，以及羌人时代的延续。西藏以外藏族与西藏藏族的关系，正是广义与狭义之别，广义藏族的分布形势，而且溢出青海、西康、西藏地域以外，扩散到邻接诸省边区，与青康藏高原地理范畴的包括甘肃洮西高原，四川松潘高原、云南北部三千公尺以上地区，正相一致。

其三，今日广义藏族分布地区内，各别分支的自身民族称谓，正是上述历史推移解明的有力支持。Bod 系汉字“吐蕃”名词由来的依凭，拉萨布达拉山麓残留九世纪初汉藏两体文字书刻的《唐蕃会盟碑》，汉字“蕃”便与藏文“Bod”相互对译,[①] Bod - pa（博巴，pa 即“人”之意）也迄今仍是西藏人自称，而又区别 Wei - pa（卫巴，前藏人）与 Tsang - pa（藏巴，后藏人）。便是说，西藏人分卫巴、藏巴，同时也承认是共通的博巴。但自称博巴，地域范围非只限在“卫”、“藏”西藏地方，且惟藏南纵谷人口密度为高而农牧兼营的藏人，土名羌塘（Chang - tang）高旷之地意味的藏北高原，畜牧为惟一生业的藏人已自别于博巴而称洛巴（Lo - pa）。西藏东北的青海地方藏族另名 A - mdo（安多），西藏以东与青海之南的西康省藏族又是 Khams - pa（康巴），尤非博巴之列（学者间且有明朝朵甘思都指挥使司的“朵”便是 mdo，“甘思”则 khams，各别音译的意见提出[②]）。散布甘肃、四川、云南毗连青海、西康地区的 Kuolo（果洛）、Chang（羌）、云南的 Kuchung（古宗）等少数民族，也都是西藏地方以外的藏族。

惟其如此，可以归纳到两点基本了解，第一，今日习用的“藏族”与“西藏”名词，都是汉族中国立场所给付称谓，而非藏族或西藏人自身起源，犹之汉族的称呼伊斯兰教为回教。第二，西藏人是藏族，藏族却非限西藏人。吐蕃历史的主体，因之今日名词须是“西藏人”或“博巴”而谨慎使用“藏族”，以避免解说上混淆，或者，直截便以“吐蕃族”为叙述基准，似尤适宜。

严寒，气候干燥，雨量稀少，海拔四五千公尺的青康藏高原，系闻名的世界第一大高原与山间高原典型。惟其面积特形广大，而同一地理单元的地形与人文不能全同。复杂性最强烈是青海，柴达木盆地全然沙漠气候，与中国第一

① 欧阳无畏《钵的疆域和边界》，《西藏研究》，第 132 页。

② 同上，第 134 页。

大湖青海湖区、祁连山山地均倾向草原游牧性格，青海马迄今仍是名种，住居民也转换以蒙古族为主要。青海以东，省会西宁所在的湟水地区却自古农业为盛。巴颜喀喇山脉以南，才维持历史的安多藏族天地原状，而青海高原、甘松高原、通天河流域别具有地理上的差异。西康地形为单纯的山地纵谷，牧、耕俱宜。最堪代表山间高原特征便是昔时吐蕃与今日西藏，中国五大山系中，除天山与阿尔泰山以外的余三山系，均东西向起自西藏。南面喜马拉雅山乃与印度、布鲁克巴（清朝官文书之名，今日所习用系英国人统治印度后的“不丹”Bhutan）、哲孟雄（英国人统治印度后称锡金 Sikkhim）、尼泊尔的共同国界；北面昆仑山则系与新疆的省界，东向延长入青海境便是巴颜喀喇山，其南约略平行的昆仑山另一分支唐古拉山脉，又是青海省与西藏—西康的共同省界，继续折向南走而成西康、云南的横断山脉；喀喇昆仑（Karakoran）山自帕米尔东走横贯西藏境内时，称冈底斯山脉。如此全域由雄大山脉围绕封闭，而惟东南雅鲁藏布江（藏布江，流入印度·阿萨姆（Assam）域内时称布拉马普德拉 Brahmaputra 河而与恒河汇合）下流雨量为丰，纵谷东端缺口以地势急降而夏季且受印度洋季风之惠的特殊环境中，人类历史上长期自成独立的生活圈，也于此环境培育吐蕃的兴衰历程。

吐蕃始源，西藏文献的追记，毋宁纯属神话。印度古来所称的 Bhota 二世纪左右希腊系记录中出现的 Bautae 之名，曾被认为所指便是吐蕃或其前身，记录内容也乏实质价值①。对解明吐蕃种族问题，最古提供确定材料的，国际学术界承认中国文献，《新唐书》吐蕃传为代表的叙述是：“吐蕃本西羌属，盖百有五十种，散处河、湟、江、岷间，有发羌、唐旄等，然未始与中国通。居析支水西，祖曰鹘提勃悉野，健武多智，稍并诸羌，据其地。蕃、发声近，故其子孙曰吐蕃，而姓勃窣野。或曰南凉秃发利鹿孤之后，二子，曰樊尼、曰傉檀。为乞佛炽盘所灭。樊尼挈残部臣沮渠蒙逊，以为临松太守。蒙逊灭，樊尼率兵西济河，逾积石，遂抚有群羌云。”前此中国史书中无间断的氐、羌记

---

① 藏人吐蕃立国传统，取材自石滨纯太郎《西藏史》，《中国周边史》下，第 331—332 页；平凡社版《世界历史大系》5. 东洋中世史第二篇，第 464—465 页，与所引 Schlagintweit，Die Konige Von Tibet，Rockhill，Life of Buddha 等资料。

事，便至吐蕃与其同种族吐谷浑等专传成立而告一总结，登入羌—藏族名转换的阶段，与今日科学化了解的藏族系谱相符合。

《新唐书》吐蕃记事的堪注意处，立国指导力系自族产生抑外来，存在异说，后说又推定出自与吐谷浑同源的鲜卑族（只是秃发氏与慕容氏的不同）。西藏现地的藏文记录也遗留类似的王室外来传说，惟建国者非中国系而系印度王子。谓一世纪中，释迦族（阿育王后裔）Kocala 国 Prdsenadjit（波斯匿）王第五子，以生有非人形的异相，父认为不祥，婴儿时被置铜函中投入恒河，幸获救而成长于百姓家，后事泄，再诀别自国北逃，得观音庇阴，越过喜马拉雅山脉，到达西藏南部雅鲁藏布江流域泽当地方，由当地土人拥立为第一代王，号尼雅特博（sNya－khri－btsan－po，聂直簪布、仰赐赞普），“赞普”（Btsan－po，强者之意）自此代表王者尊称。王统连绵至第二六代赞普 Lha－tho－tho－ri snyen－bschal（陀土度）之世，佛经与黄金宝塔自天而降，又来僧人阐解佛说，是为西藏传来佛教之源，时当五世纪前半。续隔三代赞普至六世纪后半 gNam－ri srong btsan（论赞素），广拓南、西国土，并尼泊尔、阿萨姆为属国，初定国号藏文发音的 sTod－Bod（读如 Teu－Beu，汉文“吐蕃”即此音译），其子已是著名的 Khri－Idan srong－btsan sgam－po（弃宗弄赞、松赞刚布）。这份王统表，届此为止的内容，明显系经历佛教因缘后所追加，意味对佛教圣地印度的憧憬与王室出身自我夸耀。神话要素加味尤浓系藏式创世纪，文献记载，文殊、观音、金刚手等三菩萨创造现实世界后，文殊使大空魔女化身雌猿，在永恒雪国西藏殖民，化身雄猿与之结婚的使命，由西藏守护佛观音亲自担任，生下三男二女后渐次增殖，便是西藏人祖先云云。① 如上藏文资料于二次大战前曾引起研究者兴趣，颇被录入西藏史著作，但战后多舍弃此等神话传说，东洋史学者采信的已惟中国方面资料，解说其立国背景，系汉朝聚居四川、陕西、甘肃边境的氐、羌，于魏晋南北朝混乱期建立的地方政权，由北朝政权一括接收时，不愿被统合的氐羌族向西方高原退避，而强制置土著的西

① 藏人自我起源说，取材自石滨纯太郎《西藏史》，《中国周边史》下，第332—333页。

藏人于支配之下，乃是吐蕃强力统一国家气运的开创。[①] 抑且接受“吐蕃”称呼，由来便是政治变动中，退避豪族秃发樊尼的“秃发”讹音之说[②]。《新唐书》吐蕃记事系已增补《唐书》旧著的宋朝作品，取入西藏现地初步编制了的弃宗弄赞以前王统，尚仅上溯六代为止：“其后有君长曰瘕悉董摩，董摩生陀土度，陀土生揭利失若，揭利生勃弄若，勃弄生讵索若，讵素生论赞索，论赞生弃宗弄赞”，可资参证。

则吐蕃国家成立，意义乃是五胡乱华余波，与四至五世纪五胡乱华所带动东亚全体的政治大变局不可分，后进诸民族此时期竞相建国共同潮流的波涛之一。吐蕃此一境界，近似吐谷浑的场合，区别只是立国时间的一在大浪潮初兴，一当渐渐平息之际。惟其如此，连带的了解之一，吐蕃王室不排除外来说，却如同吐谷浑的仍是羌—藏族国家，而不能谓之鲜卑系或印度国家。之二，高原的原贫弱畜牧，便因导入草原游牧技术，而发展为西藏的高地游牧，以及便以游牧西藏的形态转换为前提，大规模政治统合得以成功[③]。之三，西藏历史自弃宗弄赞出现，乃脱却传说的迷雾，或者说，西藏历史时代之始，大体须以纪元六〇〇年左右为上限。其名自是正确为国际所知，中国所称“吐蕃”，见于八世纪初建立的突厥碑文是 Tuput，回教文献中又是 Tbt[④]，“赞普”之号发生与活泼的四方经略，一概须自传说时代下移至弃宗弄赞之世发端。之四，吐蕃抬头，汉族中国正值隋唐交替之间，又约略与唐朝衰颓同时而吐蕃势力也告没落，兴亡恰视唐朝历史为相当。

推动吐蕃国家飞跃发展的名王弃宗弄赞，推定纪元六一七年生，年十三岁登位，纪元六五〇年终结其耀华生涯[⑤]（吐蕃历代赞普在位起迄年代，现今所有文献资料所载均系推定，非具绝对性，世系除关键性诸赞普外，也存在参差）。在位期自祖先所居拉萨东南方的泽当地方，移住今日拉萨（《新唐书》

---

① 晓教育图书版《现代教养百科事典》7. 历史，第 136 页“西藏的建国”项。

② 江上波夫《北亚洲史》，第 328 页。

③ 同上，第 329 页。

④ 同上，第 328 页。

⑤ 据平凡社版《世界历史大系》5. 东洋中世史第二篇，第 465 页引楠正道考定。

的逻娑）建立国都，统合雅鲁藏布江流域同族后，协从西方羊同、东方白兰、党项等同种族诸集团，击溃青海地方的吐谷浑，南臣尼泊尔而与当时恒河流域中天竺 Kanauj 名王 Harsha（戒日王）相对并立，自支配西藏全域而奠立大吐蕃王国的扩张基石。今日西藏西端拉达克（Ladak）地方的编入吐蕃领地内，推定亦系其时①。

吐蕃与唐朝交通便始自弃宗弄赞继位初期，纪元六三四年（唐太宗贞观八年），首次遣使通好，并请婚。贞观十五年（纪元641年）文成公主降嫁以来，蕃唐亲密关系连结的一般，《新唐书》吐蕃传记录："遣大论薛禄东赞献黄金五千两，它宝称是，以为聘。十五年，妻以宗女文成公主，诏江夏王道宗持节护送，筑馆河源王之国。弄赞率兵次柏海亲迎，见道宗，执婿礼恭甚，见中国服饰之美，缩缩丑沮。归国，自以其先未有昏帝女者，乃为公主筑一城以夸后世，遂立宫室以居。公主恶国人赭面，弄赞下令国中禁之。自褫毡罽，袭纨绡，为华风。遣诸豪子弟入国学，习诗书，又请儒者典书疏。帝伐辽还，使禄东赞上书曰：'陛下平定四方，日月所照，并臣治之。高丽恃远，弗率于礼，天子自将度辽，隳城陷阵，指日凯旋，虽雁飞于天，无是之速。夫鹅犹雁也，臣谨冶黄金为鹅以献。'其高七尺，中实酒三斛。二十二年，右卫率府长史王玄策使西域，为中天竺所钞，弄赞发精兵从玄策讨破之，来献俘。高宗即位，擢驸马都尉、西海郡王。弄赞以书诒长孙无忌曰：'天子初即位，下有不忠者，愿勒兵赴国共讨之。'并献金琲十五种以荐昭陵。进封宾王，赐饷蕃渥。又请蚕种、酒人与碾磑等诸工，诏许。永徽初，死，遣使者吊祠"。也由如上报导可明显觉察，吐蕃如何以文成公主入藏，在这位伟大女性的中心指导力量下加速文明化。与文成公主指引后进西藏文化向上同等的功劳者，又是弃宗弄赞稍早于纪元六三九年迎娶的尼泊尔（《新唐书》中尼婆罗）国王之女 Buri－Kuti 公主，所代表印度文化。惟其如此，一方面西藏的地理形势规范，注定文化上须蒙受印度文化影响，另一方面，也不能无视七世纪以来因政治关系受入汉族中国文化的影响。吐蕃王国以同时输入印度、中国两系统文化，而

① 平凡社版《世界历史大系》5. 东洋中世史，第465页。

形成西藏的基本文化，以及展现其昌隆期，历史意义为可确知。

吐蕃勃兴以前的西藏文化，纯系萨满世界。弃宗弄赞治世文化跃进，特殊表现于西藏文字的制作。纪元六三二年，端美三菩提（Thon - Mi Sambhota）奉派率领十六名青年赴印度留学，七年后归来，由端美模仿印度，以梵文的字体之一兰查体为基础，创作今日所用左起横行表音的西藏文字祖型，以及编定今日文法学基本的文法书（以后九世纪前半彝泰赞普时代，西藏文字曾重加整理，藏人称前此为旧语 Brdarnin，以后则新定语 Skad gsar che①）。现存的当时碑文与敦煌文书中推定九世纪时的《无量寿宗要经》藏文写本等，均遗留有关藏文历史的宝贵资料。

佛教是否自弃宗弄赞以前便已传入，肯定颇为困难，明确得知的佛教流入西藏源泉，须自文成、尼泊尔两公主入藏发端。两位公主均热心的佛教笃信者，得有机缘吸引印度、尼泊尔、唐朝僧人渡来为可想定，而塑定未来藏族的宗教民族性格。两公主因而被后世膜拜为两位多罗母菩萨（一白色、一青色）化身，弃宗弄赞且便是观音化身②，而迄今在西藏人间受绝大尊敬。政治上统一西藏的英雄人物弃宗弄赞，文化方面业绩为尤伟大可知，其系西藏史上第一伟人，名副其实。

领导吐蕃坚定屹立为唐朝世界帝国忠诚一员，《新唐书》吐蕃传夸誉为“为人慷慨，才雄”的弃宗弄赞之逝，两公主均无子，国人所生之子又早死而由孙嗣位，以迄孙之子器弩悉弄（dGung - srong - du - rje）时代，两代赞普皆年少，有能力的兵略家禄东赞、钦陵父子相继为宰相（“论”）专政，对外政策持积极政策，与唐朝间的亲善友好关系破坏，北方击灭吐谷浑收并青海全土，东方攻略唐朝四川西部边境领土。纪元六七〇年（唐高宗咸亨元年）至纪元六九二年（则天武后长寿元年）占领龟兹、疏勒、于阗、焉耆安西四镇逾二十年，是对唐朝方面冲突的高潮，吐蕃势力超越新疆伸入中亚细亚。《新唐书》吐蕃传描述其时吐蕃国势之盛，“东与凉、松、茂、嶲接，南极婆罗

① 江上波夫《北亚洲史》，第332页。

② 多田等观《西藏》，第135页。

门，西取四镇，北抵突厥，幅员余万里，汉、魏诸戎所无也”，军事优势明显压倒唐朝。《新唐书》对吐蕃的国情介绍，非只重视其“胜兵数十万”的雄厚兵源，尤其震惊于其凌厉的攻击力：“重兵死，以累世战没为甲门”，“其举兵，以七寸金箭为契。百里一驿，有急兵，驿人臆前加银鹘，甚急，鹘益多”，“其铠胄精良，衣之周身，窍两目，劲弓利刃不能甚伤”，“其兵法严，而师无馈粮，以卤获为资。每战，前队尽死，后队乃进”。擅长大兵团作战，军事行动时往往动员二三十万军队，咸亨元年论钦陵在青海境内击溃兵总数也达十余万的唐朝名将薛仁贵西藏讨伐军，出动兵力且至四十万。类此密集攻势战争方式，已系今日人海战术的最早发明。

八世纪初弃隶缩赞（墀德祖敦·Khri－lae－gtsug－brtan－roes－ag－tshoms）继位，请婚唐朝成功，中宗以金城公主降嫁，但和平效果并不保证稳定。未几仍是边境战事频频，玄宗开元二十九年（纪元741年）金城公主去世翌年的一次，吐蕃且又是四十万大军入侵。弃隶缩赞与其子乞立赞，乃吐蕃历代赞普中在位最久的两代，父子相续，几乎通八世纪均此两赞普的时代。乞立赞（墀松得簪·Khri－srong－lde－btsan）便是金城公主所生子，嗣立正值唐朝最繁荣的玄宗治世后半天宝之末（十四载，纪元755年），安禄山乱事勃发之年。自此汉族中国大内乱连续，西北边境防卫军悉数被调东出，制造了吐蕃最有利的侵略形势。届至代宗广德元年（纪元763年）时，仅仅数年，唐朝河西、陇右间数十州之地已全行陷没，吐蕃冲击力到达占领唐朝国都长安十五天又退出，压迫代宗出奔陕州的极峰后，转向南区四川。汉族中国西部全面受严重骚扰，唐军疲于奔命而狼狈退却，以唐朝次代德宗对吐蕃采取和好决策，暂时获得喘息。建中四年（纪元783年）清水县（甘肃）唐—蕃对等地位的会盟，便于此背景下成立，划定两国境界，大体四川方面以大金川（唐朝大度河）为界，甘肃方面唐朝前线设定在今日平凉县（唐朝泾州）至清水县（陇州）又贯连成县（凤州）的一线，其西兰州、靖远、固原、陇西等县与洮河流域，均划归吐蕃（盟文见新、旧《唐书》吐蕃传）。

唐朝付出领土大损失的代价，以承认吐蕃武力占有土地主权转移的事实为条件，所换取和平却未能持久。待吐蕃凶焰再炽，河西沙州（敦煌）以西新疆伊州（哈密）、西州（吐鲁番），北庭都护府（济木萨）治下天山以北，德宗贞元六年（纪元790年）又均沦亡。百年前一度倾覆的天山以南安西都护府四镇，历史重演，也以北庭之失，形成吐蕃势力三面包围，孤立无援的恶化情势下，追随落入吐蕃控制。此一大事发生仍在唐朝之甥的乞立赞时代，距清水会盟未满十年。

九世纪初乞立赞之孙可黎可足（墀惹巴瞻，Ral－pa－chan）在位，已系弃宗弄赞以来吐蕃两百年昌盛期的终末。北方回纥长期与唐朝维持亲善关系，向吐蕃施加压力，南方云南（南诏）又脱离吐蕃羁縻归服唐朝，频频攻击吐蕃。吐蕃对外势力至此阶段，以已到达限界而渐渐转变消息，侵入汉族中国的威力非只减弱，宪宗元和之末且是相反态势的于四川方面蒙受大打击。于是有宪宗次代穆宗继位之初，再次会盟要求的由吐蕃遣使赴长安主动提出，而翌年长庆二年（纪元822年），唐朝使节入吐蕃会盟缔结和平条约。以汉蕃两体文字并列记刻盟约内容的石碑，便是今日保存于拉萨大昭寺，有名的唐蕃会盟碑。原文虽已多磨灭，大意仍可辨认，其汉文部分："大唐文武孝德皇帝与大蕃圣神赞普，甥舅二主，商议社稷如一，结立大和盟约，永无沦替。……兹观同心，以伸邻好之义，共成厥美。今蕃汉二国所守，……洮岷已东，大唐国界，其塞已西，尽是大蕃境土。彼此不为寇敌，不举兵革，不相侵谋。……彼此驿倚，一任常相往来。两路蕃汉，并于将军谷交马，其洮岷之东，大唐祗应，清水县之西，大蕃供应。须合甥舅亲近之礼，使其两界烟尘不扬，罔闻寇盗之名，复无惊恐之患。……"① 碑文所示的堪注视处，第一，双方境界改置于洮州、岷州一线的洮河流域，可以证明，连接四川省的甘肃省南部，其时已由唐朝收复。第二，碑文的藏文部分，依日本学界解读资料，未载明境界线位置，只笼统谓"蕃汉各守疆界，和合如同一国"，其叙述主体的历数自太宗以迄穆宗当时交涉概况，又为汉文所无，却是所强调均双方亲爱精诚与甥舅之情，而轻描淡写于曾累暴发生的不愉快事件。立碑年份，也依藏文部分知系会

① 采自萧怡《西藏今昔》，第54页资料。

**吐蕃世系图**

(王名依新、旧《唐书》，括号中系西藏记录王名)

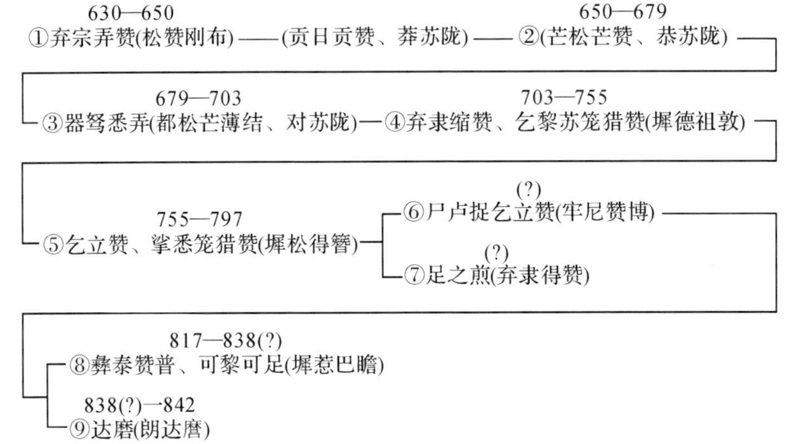


盟翌年，“大蕃年号之彝泰九年，大汉年号长庆三年癸卯仲□月十四日”[①]。强盛吐蕃的已现疲态，不难自此碑的撰文态度觉察。

吐蕃加诸唐朝的长年侵略，终以此碑成立为标志而真正疏解，相对意义，也代表了吐蕃的自此进入衰亡时期。

吐蕃支配阶层的佛教信仰，进入狂热状态又出现反动势力，自相残杀形成没落催命符。《新唐书》吐蕃传记录，混乱中，开国以来的悉勃野氏王统已随纪元八四二年（唐朝武宗会昌二年），达磨（朗达磨 gLang dar－ma）被暗杀而绝灭，异姓王位继承内讧与大臣权力斗争，招致国内持续大乱。西藏方面记录虽称嗣立仍系原王统，此际王室权威全非昔日面影，丧失其统一全西藏能力的说明，则与中国文献一致[②]。Gna－ri（阿里）自创新朝代又移向拉达克方面，雅鲁藏布江流域也由群酋割据，弃宗弄赞以来的国家荣光告终，以后已系地方诸侯化分立支配系统的长久分裂期展开，“吐蕃”固已非国家称谓而仅残余为地理名词，佛教复兴后僧侣势力也急速强大，西藏的宗教权威于此阶段

---

① 唐蕃会盟碑藏文部分的日译本，石滨纯太郎《西藏史》，《中国周边史》下，第 336—339 页曾予详录，且发现碑文以中宗时金城公主降嫁大事，误书为玄宗时代之事。

② 平凡社版《世界历史大系》5. 东洋中世史第二篇，第 472 页。

稳固。

同时，九世纪之半吐蕃国家的开始崩坏，抗争风波波及东方原唐境镇守将领间，结局的得利者是唐朝。宣宗大中三、四年（纪元849至850年），先是河湟诸州，继是河西十一州，吐蕃夺自唐朝的领土完全失却，由唐朝夺回。新疆天山以南之地，则转移入回纥人之手。前一世纪中玄宗次代肃宗乾元以来，汉藏两民族间的恩怨，至是一笔勾销。

## | 西藏佛教与喇嘛法王支配*

《唐书》吐蕃传上的吐蕃国情“多事羱羝之神，人信巫觋”记事，《新唐书》吐蕃传上已增补为：“其俗重鬼右巫，事羱羝为大神。喜浮屠法，习咒诅，国之政事，必以桑门参决”，西藏佛教传播之始与其兴盛，均自汉族中国唐朝，以及传来西藏后的佛教特色，可得其概念。

松赞刚布（中国史书中的弃宗弄赞）、墀松得赞（Khri – srong – lde – btsan，中国史书中的乞立赞）、墀惹巴瞻（Ral – pa – than，中国史书中的可黎可足），系西藏人佛教为基干的西藏史中，黄金时代大吐蕃王国三宗教贤王。七世纪松赞刚布时代，已以藏文创制而尝试梵文的佛典翻译，外来僧侣在藏传教也渐圆滑进行。约百年后，墀松得赞治世系西藏佛教一大发展期，对应戒日王殁后北方印度再分裂的混乱形势中，八世纪波罗（Pala）期自恒河下游今日Bengal（孟加拉）与Bihar地方兴起，与西藏近邻，而独力保护奖励佛教散发

---

* 本节喇嘛教历史，主要取材自江上波夫《北亚洲史》，第335—347页；石滨纯太郎《西藏史》，《支那周边史》第346—365页；人文书院版《世界历史》4. 东亚世界Ⅲ，印度世界第257页；世界文化社版《世界历史丛书》12. 蒙古帝国，第154—160页“喇嘛教西藏”节。喇嘛教义与藏文《大藏经》解说，主要取材自多田等观《西藏》第61—71页，第99—106页；欧阳无畏《喇嘛教》，《西藏研究》第18—30页、第48—55页。

斜阳光辉，以及迎接中观学派（Madhy amika）、瑜伽行学派（Yogacara）显教教学包含折衷特色，又与受印度教神秘主义融合影响而隆盛的真言宗佛教（密教）调和，发达为此时期，也是最后期佛教全体的倾向此一巨潮，西藏佛教完成其本质的确定。印度硕学高僧自阿难陀等以来，一批一批受墀松得赞礼聘入藏弘法，关键性大师之一，印度德隆望重的一代佛教宗匠寂护（Cantara - kshita），关联一则有名的故事：不断增多来藏的印度僧侣，与同样在西藏占有宗教势力的中国佛教与汉族僧人间，教学形成对立而论争激化，双方乃于赞普御前进行法论对决大辩论，中国系代表者大乘和尚、印度系便是寂护高弟中道巨匠莲华戒（Kamalacil），结局赞普亲自裁定法论胜利归于印度僧侣方面。失败的唐朝僧侣与中国佛教教理，自是全行撤出西藏，西藏佛教思想定于印度系一尊。大乘和尚落败，据西藏文献所传，乃以其移植唐朝当时所流行纯粹的中国佛教禅宗，言行于藏人间，理解上发生困难的缘故。关键性印度大师之二，续由寂护引荐来藏的莲华生（Padma Samabhava），尤其于西藏佛教史上被渲染为最富传奇色彩的神化人物。《唐书》记述西藏社会间原始萨满信仰，受佛教传入刺激，也取入佛教要素而形成的苯教，抗拒佛教传播，弥漫社会上下阶层之势有增无减，莲华生脍炙人口的业绩，便是神话式清扫这股巨大障碍，开辟其后佛教弘通西藏全社会的康庄大道。实情则可能莲华生顺应佛教密教神秘色调的倾向，对苯教质地反摄取、反融合，而最终得以压倒苯教，取代西藏社会从来的苯教信仰支配位置的意味。此一阶段，便已如《新唐书》增补记事所述，今日所知喇嘛教原型成立，莲华生也被推崇为喇嘛教的开宗祖师。

汉字“喇嘛教”或西洋人 Lamaism 的名词，都是喇嘛教信者以外的人士，对西藏系佛教所赋称谓。其起源，系由于藏语 Bla - ma 的复合词，bla 乃“上”的意味，ma 则“人”，所以直译为“上人”，与梵语“师尊”语意相当。所以，“喇嘛”一词的解释，须是“指引我入佛陀之道的导师”。西藏最早本格化佛教寺院与西藏佛教文化源泉，拉萨东南方三耶（Sam - yas）寺与教团组织，以及道德规范戒律等的建立，都在思想统一的墀松得赞之世同时，也因之始自印度延聘名望戒师渡来授戒，藏人最初受戒出家，无论实质内容与宗教外观，均可谓已具备。但僧侣制度严格的等级化，则须再延后半世纪余至墀惹巴瞻时期，师、弟相承三等级中的最高位，便是“喇嘛”，“喇嘛”称谓也自此始。待后世泛以“喇嘛”敬称僧侣形成社会习惯，影响外间人便引此特殊名号称呼其宗教。而喇嘛教僧侣抑或西藏人自身，从无如此名词，他们自称所信奉的宗教，直截谓之宗教，或者，佛陀之教的佛教。

墀惹巴瞻在位，到达吐蕃时代佛教隆盛极峰，西藏佛学的深厚基础也自其时奠建。经典翻译乃此赞普毕生大事业，印度渡来与西藏现地学僧参与译场人数之多，情绪之热烈，翻译态度之严肃，都呈现非常盛况。此一事实，从现存藏文《大藏经》的显教部经论，多数均其时译出，而且绝大部分系统一从来所用译语与译法而制订新译语标准下的新译本，可以说明。少数旧译本，也已于同一期间，以同一形式与语法加以校定。

藏文《大藏经》，其自身无此称谓，非如汉族中国汉文本的以此名词总称全体佛学典籍，而系依翻译自印度典籍的性质，分别定名“甘珠尔”（bKah hGyur）与“丹珠尔”（bsTan hGyur）。“甘”称佛陀之说或经典，“丹”指“甘”的申义，印度学者对佛典的注疏，“珠尔”则“译本”之意，所以，“甘珠尔”可谓“佛说部”，予佛的说法以集大成，“丹珠尔”意味“论疏部”，予论释、注解以集大成。换言之，古来佛典分经、律、论三部门，谓之三藏，印度如此，中国佛教亦如此，西藏虽同样如此，整理分类为各各独立的总汇时，却仅凭“经”（甘珠尔）、“论”（丹珠尔）为基准，关于“律”，编辑时佛说入“经”，解释入“论”。但尽管藏文本较汉文本存在如许差异，编辑意义与其原则仍相一致，因之藏文本于西藏系佛教传播地区以外，对之仍以藏文《大藏经》为名，俾说明时方便。藏文《大藏经》须十三世纪汉族中国元朝之初第一次开版印刷，以后历次开版，帙部数量固有参差（十七世纪清朝康熙年间在西康开版，现存状态最完好的德格版，甘珠尔共有三帙，千八百部；丹珠尔二百十五帙，三千四百六十一部），编辑类目标准也非全同，然而，佛典汇集且依内容分类编辑明细目录，则写本时代便已从事，而且至少可以上溯到墀惹巴瞻的译经最盛期同时，甘珠尔、丹珠尔最早成形。此等由写本历印刷本而今日流传国内外的系统性西藏佛典，均由梵文经典直接的、逐字的翻译，所以与梵本原典彷佛，倒反也容易还原为梵本。于印度佛典散失殆尽的今日，其提供东西方学者贵重的佛教思想、哲学研究资料，价值的巨大为可认定。虽然以其系完全的直译，非注重达意，乃为缺憾。

墀惹巴瞻崇佛的虔诚程度，不难自西藏佛教史誉以为执金刚化身而想像，非只印度佛典全盘移化西藏语、文的译经事业发愿，教团组织的再充实与对僧侣、寺院非常优遇，尤其表现其热忱。基于希冀僧侣不事世俗之务，潜心修行，自肃教规的理想，立法以每七户一僧侣的比例增税奉养。僧侣特权阶级身份由是铸定，对于人民，负担却猛然加重。社会普遍的怨愤情绪，终制造了被压制而潜伏的苯教旧势力机会。彻底的排佛主义者王弟朗达磨被利用，以弑兄而继位赞普为起点，苯教反动势力在西藏死灰复燃，极端的佛教大迫害登场，寺院被毁，佛像、佛典投入水火，僧侣强迫还俗破戒，或予杀害、放逐，隆盛之极的教门顿时萎退。虽然此一暴戾之主的结局仍是经由一名僧侣之手，在唐蕃会盟碑前被刺杀，佛教也非因此厄运而在西藏全行湮灭，陷入奄奄一息大难已难免。陪伴排佛所导引政治混乱，国家崩析无秩序的分裂形势，西藏佛教陷入时间约二百年之久的黑暗时代。后世西藏史家，乃区分迄于黑暗时代来临，九世纪中期以前的西藏佛教为“前期弘通”（Sna dar），十一世纪中期佛教复兴以来，则“后期弘通”（Thyi dar）。

对应佛教黑暗时代，吐蕃没落后的西藏情势，实际系一片空白，已不明了。中国历五代至宋朝，集中注意力于对北方势力的关系，与藏族殊少接触。另一方面，西藏现地流传的若干文献，又都只各地割据土酋的存在世系报告，非实情记述。抑且，遗留今日有关西藏历史的现地最早著述，须以十一世纪中，印度高僧阿提沙的介入为标志，自此而宗教权威飞跃升进以后，吐蕃时代的历史才加以整理追叙，所以西藏自身立场的西藏全历史，记录性质铸定倾向于佛教发展史，均呈现佛教中心而与佛教史合一的特征。也惟其如此，通分裂期，西藏文献仅详记喇嘛教各宗派活动，而割据土酋的动向不明，虽也能获致印象，土酋势力的统一化曾渐次具有进展。十四世纪中以拉萨东方出现《明史》所称“赏竺监藏”的人物，建设包含了前藏与西康（西藏史中所谓西藏中央部与东部）的大王国，传世十二代，十六世纪末而朝代完全衰微，自此领域内再无统一倾向。接续，便已是法王支配时代。

灭佛后，西藏本土佛教几已根绝，劫余的被迫向 Bon 教近似合流以苟延残喘。幸免完全瘫痪的地区，反而是东方边缘安多、喀木与西方阿里，僧侣携带佛典、佛像、佛具逃往，勉强维持了佛教命脉，特别是阿里地方，且续获政治保护。然而，正统戒律的保持，教义的阐扬，仍都呈现佛教信仰的低调状态。阿里地方领主智光王、菩提光王父子两代发愿矫正，乃有西藏史的划期大事佛教复兴，与鼓吹藏人精神领域新生命的佛教伟人阿提沙尊者入藏。阿提沙（Atisa 吉祥燃灯智）的印度佛教资望与对西藏佛教的影响，均如其前辈寂护再版。寂护、莲华生入藏后的波罗朝，创建超岩寺取替了历史的那烂陀寺佛教教学中心地位，阿提沙便是超岩寺座主，受两代阿里王先后恳请，于纪元一〇四二年（汉族中国宋朝仁宗庆历二年），以六十岁高龄抵达，先在阿里，继赴拉萨，又诸方弘化，在藏十六年圆寂。大乘佛学显、密一贯的锻炼修养，特以戒律严明为根本，反对符咒，改革颓风，已没落的西藏佛教得被拯救，快速复兴。便以受其教学修行影响的鼓励，尊者殁后宗派蜂起，形势成立，以及对应尊者以前旧已残在不守律仪的喇嘛教被称宁玛派（═旧派，Nin - ma - pa），而此一首开新风气的教团所发展的学派，也称噶塔派（Ka - tam - pa，═教诫派），西藏佛教第一个宗派。虽其宗派共同渊源的意义，于新兴诸宗派愈分愈多，也竞相壮大的态势形成时，相反已默默无闻。

随西藏佛教或一般所称喇嘛教蓬勃复兴，绝所未有的宗派分立运动陪伴展现，原因之一，关系东印度波罗朝局势发生变化，十一世纪末国家既已分裂，Senas 朝以加尔各答附近为中心而独立，回教徒侵略势力又自印度河伸向恒河，届至十二世纪末，两朝代终均灭亡于回教徒。印度佛教的最后之光，便在回教徒入侵期间，由风中之烛而熄灭。僧侣们于连续遭受大破坏与大迫害下，末运的十二世纪间纷纷逃离印度，避难尼泊尔、西藏（以及南洋诸岛）。相对而言，却因之加广了西藏佛教的教学层面。原因之二，又以复兴佛教的力量系与割据诸侯相结合，利用地方政治，新兴宗派方便于各别成立与成长。宗派相续发生，大宗又分化小宗的情势，于汉族中国的时间表上，须画于宋朝、元朝以迄明朝。此一过程，也是三大宗派势力相与消长嬗代的时代，其中先成立的两宗派，十二世纪以后且已遂行地方政权、教权的统一掌握，朝往此方向，乃铸定如今日所见，西藏喇嘛教法王支配形态的发展结局。

代表性三团宗派中，噶举派（Kan - gyun - pa ═教系派），几乎与噶丹派同时代，便已开创门户。十二世纪以来大扬宗风，发展为西藏传播最广泛的派系，且以各地教学的地理关系歧异，而一宗派再分九宗派。萨迦派（Sa - kya - pa）以地（寺院）而名（地在后藏首府日喀则以西），十一世纪末开宗，分宗较少。较传承特异处，此派娶妻生子，依血统代代相承，十二世纪末向噶举派势力迎头赶上，并立为西藏最大两宗派。十三世纪乃蒙古大帝国成立的时代，宗教信仰采开放政策，征服地的基督教、回教、佛教、包括喇嘛教，兼收并蓄。西藏的屈服于蒙古人攻击，萨迦派率先服从并蒙宠信，其第五世高僧八思巴（Hphags pa）于元世祖忽必烈汗尚在潜邸时已获亲近，忽必烈汗登位后授国师尊号，至元五年（纪元 1269 年）受命在北京仿照西藏文字新制蒙古新字，便是有名的八思巴文字，艺术化方形文字。八思巴也因此贡献界帝师，受封大宝法王，总领天下释教，确立萨迦派在西藏的优越权，且命掌管此院，监督西藏全域诸宣慰司、军民万户府，被提携同时具有世俗支配权的法定地位。自此迄于元末，代代帝师均出于萨迦派，西藏的法王统治，原型最早建立。然而，也堪注意，便因蒙古帝国或元朝不限制宗教信仰，对宗教宽大的一视同仁态度，喇嘛教其他各派同样出入宫廷，只以萨迦派最早接触蒙古人而特显荣宠优遇，此其一。其二，西藏的现地实情，也仍是各地方大寺院势力与世俗诸侯连结密接关系，相互抗争，未见任何单一势力支配。萨迦派与噶举派自十四世纪初僧兵干戈不息，十四世纪中以来噶举派气焰且压倒萨迦派。但西藏法王国名实成立与发展，却有待于前所提示相续兴起三大宗派中第三个或稍后出现的格鲁派成长。

以萨迦派得元朝朝廷厚遇而荣华富贵的带动，喇嘛教各宗派竞建庄严的佛寺，盛行华丽的密仪，宗教流于形式化奢靡的、咒术的哗众炫俗。同时又从礼拜男女合抱神走火入魔，僧侣以指导内廷淫欲享乐生活愈博宠狎，而骄纵横暴，滥用权势，不能诚心修持。十一世纪自印度再输入，阿提沙以戒律严格把持为重点的大乘佛教，已全行堕落而变质。所以十四至十五世纪之交代表喇嘛教大改革运动，博后世西藏人“圣者”敬称而名之 Rje Btson kha pa，今日欧洲学界又以“喇嘛教的马丁·路德”形容的宗喀巴（Tson kha pa）所开创格鲁派（Ge－lug－pa＝德行派）崛起。宗喀巴非西藏本土人士，系诞生于青海西宁附近，出身于噶举派十二世纪中以来的分派之一噶尔玛派（Kar－ma－pa），三十五岁左右以来游学西藏各地，声誉日隆，五十三岁左右至六十三岁殁之间，在拉萨附近建立甘丹（Gah－ldan）寺为格鲁派最早的道场（寺因弥勒信仰而命名，寺名即净土兜率天的西藏语译名，纪元1049年与明成祖永乐七年建造，弥勒佛思想也是阿提沙学说重要部分），回复阿提沙教学精神，宏化正道，励行严格的独身主义者戒律，所以宗派以格鲁为名，继承阿提沙噶塔派正统的新噶塔派意味。十四世纪后半以来的汉族中国已系明朝，十五世纪初成祖对西藏诸大寺院所代表喇嘛教各宗派高僧，封授至八大法王之数，正是西藏内部各派抗衡，以及喇嘛僧势力于政治上分散情势的反映、八大法王中代表最大势力的三人，便是萨迦派＝大宝法王、大乘法王＝噶尔玛派、大慈法王＝格鲁派。而于所有宗派咒术的、密仪的、以及房中术指导的时潮不断滋长，喇嘛教堕落倾向有增无减的其时，格鲁派中流砥柱的分量，也已明白见出。格鲁派特立独行，表现于与从来诸宗派均尚红色相对，独尊佛教本有之色黄色，戴用黄帽，而俗谓黄帽派或黄教，旧有诸宗派则通称红教的习惯自此始。接续的次一世纪，便是格鲁派大发展时代。

喇嘛教宗派势力消长形势中，格鲁派或黄教后来居上，与蒙古事情存在密接关系。宗喀巴圆寂后，格鲁派结合人间关系的教团领导特征，尊宗喀巴亲炙高弟为第一代教权领有者为达赖喇嘛（Dala Lama，简称“达赖”），以及继承出诸转生化身的特殊方式，都与蒙古相关。记录中的纪元一五七八年或明神宗万历六年是个关键年代，第三代达赖锁南坚错应蒙古俺答汗邀请于青海会晤，说服其皈依喇嘛教的因缘，最早被称“达赖”。达赖系蒙古语“海”之意，西藏名锁南（福）坚错（海）的一部分蒙古语翻译，寓有“其德广大如海”的意味。第三代续巡化蒙古而殁于绥远归化城，第四代达赖转生于蒙古，且即稍前去世的俺答汗曾孙。所以，黄教高僧现世代代转生思想（圆寂日期、时刻与灵童的诞生衔接），也由今日学界考定，于第一、二代达赖时尚未形成，便自第三代达赖才成立，与“达赖”名词的赋有，情况相同，背后均出自蒙古势力的推动。或者说，黄教传播地区由西藏扩大包容蒙古时加注的要素与反影响加味，因而追认第一、二代达赖同一尊称，以及附会代代达赖化身再生乃奉宗喀巴遗命。但届至其时，西藏本地达赖的宗教权威尚未建立其绝对性，俗界支配权也尚未把握。

黄教发展史再一高潮兴起，须再次一世纪的十七世纪前半明朝末年，第五代达赖阿旺罗桑坚错再一次与蒙古人势力携手。青海固始汗登场后，纪元一六四二年或明思宗崇祯十五年、清太宗崇德七年，应迫于后藏旧宗派连结政治势力压来危机的第五代达赖要求，引兵入藏，一扫对黄教的威胁。也自此次大危机解除的转变，西藏从来萨迦、噶举等种种早期宗派，或通称红教的喇嘛教旧势力，决定性衰颓，黄教以蒙古势力为实力支持者而政治统一，西藏的达赖法王支配遂行。同一期间，第五代达赖与清朝间关系，且以早在清朝尚未入关时代，便已通过蒙古支配阶层的援引而连结，迨明朝灭亡与清朝大版图统治完成的十八世纪前半以来，经由驻藏大臣监临时代以迄一九五〇年，西藏政教合一的达赖法王支配本质不变。与相配当，黄教的西藏本据地压倒优势形成，蒙古方面，尤其自始系其单一势力弘布，他派均无影响，而喇嘛教的黄教代表性也自是建立，如今日所知。

惟其如此，黄教便是喇嘛教诸宗派之一，后起又特殊壮大化的意味，教义的立脚点与通称其余所有诸宗派的红教并无根本上差异，而红教的解释对象，又包含寂护、莲华生最早传入的宁玛派。简言之，喇嘛教教义仍是合一的印度后期佛教移殖，但也无可避免调和与渗透了西藏固有信仰 Bon 教的部分巫术要素。惟此立场，才与中国化了的中国佛教区别。中国佛教教学终极归结到显、密双修，喇嘛教相同，都是强调实践的因果道理，以显教的学习为基础，而后密教为修学目标，显教系研究上必不可缺的一段，但大乘佛学的精神则建筑于密教，此理论便又非中国佛教同一的修行态度。此由阿提沙众多著作中学说精髓的《菩提道灯论》，到光大阿提沙学风的宗喀巴代表性著作《菩提道次第论》（显教）、《真言道次第论》（密教），为可明示，也是印度后期大乘如何向西藏佛教展开的重要资料。藏文《大藏经》编辑内容，尤堪具体说明西藏佛教或喇嘛教的性质，与其修学步调（据西康德格版《大藏经》）：

——甘珠尔（佛说部）：

戒律部、般若部、华严部、宝积部、经集部——因波罗蜜多乘(经乘·显教)。怛特罗部——果金刚乘(咒乘·密教)。时论经琉、陀罗尼集

——丹珠尔(论疏部)：

礼赞部
怛特罗部————果咒乘
般若部、中观部、经疏部、唯识部、阿毗达磨部、戒律部、本生部、书翰部——困性相乘
（果咒乘、困性相乘）——内明
因明部————因明
声明部————声明
医方明部————医明
工巧明部————巧明
（内明、因明、声明、医明、巧明）——五明
修身部、杂部、阿底沙小集部、目录

此一内容与编辑顺序，可以全盘反映喇嘛教的密教教学立场：于甘珠尔，以戒律乃佛教基础而戒律部居先，怛特罗（译义即“密”）部配列最后，用以表明从因向果的次第；于丹珠尔，则方向倒反，列怛特罗部在先，明示修行目标的果体，然后从果向因依序配置编辑。因而修行实践的阶梯分明，显教乃因乘，密教乃果乘，显敬系密教的入门。因乘波罗蜜多乘，便是习知的循六波罗蜜多（布施、持戒、忍辱、精进、禅定、智慧）以达菩提正道；进入密教修学次第时的果乘金刚乘，制分四部怛特罗（怛特罗具二部、三部、四部、五部、七部等差别，四部分类法系宗喀巴之说，黄教所奉）即：作怛特罗、行怛特罗、瑜伽怛特罗、无上瑜伽怛特罗，指向修行的极致，而得即身成佛的大果。四部怛特罗中，中国、日本传播的密教都仅前三部，第四的无上瑜伽怛特罗（无上瑜伽“密”），已是西藏佛教或喇嘛教所自负，独有的精义。藏文《大藏经》甘珠尔部中，密教咒乘（怛特罗部）佛典份量占总部数大半，丹珠尔部尤其超过三分之二，喇嘛教的密教要素，也从而可以概知。

## 云南五个世纪独立时代——南诏、大理

以高原为地理特色的中国西部，非仅以青康藏高原概括，须包含另一地形区大单元云贵高原，抑且，也彷佛青康藏高原地形上的南兼云南省北端，广西西部边界的丘陵地带，以毗连云贵高原而系其延长。反过来说，青康藏高原与云贵高原间地形、气候互歧，同一高原地理又必须自相区别，西康与元江、哀牢山脉以西的云南西部却可以结合，性格上乃是共通共适的纵谷地理，分割基准已非地形而系人文，所以地形分区往往也合称为独立的康滇纵谷。滇西河流与山脉多与西康省甚或西藏发生连带关系。所谓西南三大峡谷，自西而东的怒江、澜沧江、金沙江三大河，同出自西藏高原东部，并行通过西康南下，内除金沙江于进入云南省后，受云岭阻挡而曲折东向以外，均续通过云南全域，从中南半岛出海。著名的一系列横断山脉（实际依其自北向南的走向须正名纵贯山脉），也是新疆——西藏省界昆仑山东走分支唐古特转折南行，贯穿西康——滇西所形成（包括色隆拉岭〔康〕→野人山脉〔滇〕、伯舒拉岭〔康〕→高黎贡山脉〔滇〕、怒山山脉〔康、滇〕、宁静山脉〔康〕→云岭·无量山脉〔滇〕）。但西康北部平均海拔四千公尺逐渐向南递降，云南省地势已落到平均二千公尺左右，系其差异，但云南省仍系高原的条件，而所占纬度却偏南，南部且已入热带，地形与纬度间获得调剂，大部分地区气候温和，横断山脉又自印度方面引入西南季风，雨量丰富，乃造成云南省视西康—西藏的人文区别。除了燠热时间特长与雨量特多的低温地带，瘴气严重，不适宜人类生活之外，一般均堪供为生存空间，也因谷物容易生长而居民传统便以耕作为主生业。特别关于昆明附近滇池一带，自古以云南最富庶农业区闻名，以旧时四川省西南部而改划为西康省东南部的突出部分楔入云南省北部正中，被切割的云南省西北部洱海周围大理盆地，又是另一发达的农耕地域。云南历史，便立于此等地理背景而展开。

云南省于今日，乃是民族种类最复杂地区之一，也与中南半岛诸国家，以

相毗邻而民族系谱为共同。大分类的分布形势，云南西部，汉藏语族中藏—缅（Tibeto - Burman）语系的彝族（旧称罗罗），与缅甸的主要构成民族同血统，国内西康东部与四川西南部，也均同一系统民族所散布。云南南部，又是汉泰（Sino - Thai）语系的傣（泰，旧称摆夷）族天地，与缅甸掸（读如 Shan，另一发音便是“泰”Tai - Thai）邦，以及泰国的主成分民族同族，此一系统，国外又包括寮国与越南西北部的寮人（Leos），国内向东广域延展至广西时，形成今日几乎已完全汉化、西南少数民族中最主要民族之一的壮（旧称“僮”，读如 Chuang）族。这些西南少数民族，加入苗、傜系，以及具有地缘关系的藏族前身氐、羌，汉朝笼统以“西南夷”的名词概括，清朝“蛮”“番”并称，“番”指西藏直系以外的青海、西康藏族，“蛮”则总名剔除了氐、羌的旧“西南夷”范畴内诸民族。“蛮”的种类最复杂地区云南省，固早自中国大统一的秦朝同时，史料中已见“滇国”之名，汉朝分解为三国的蜀汉时代以来，也流行诸葛亮七擒孟获著名故事，届此时期当地政治形态的均滞留部落统治阶段，为可想象。后汉直辖领土推展到澜沧江以西怒江方面，于云南省西南今日保山县置永昌郡，汉化效果未能稳定，也属可知。云南开始出现大领土的本格化国家，时间须延至八世纪后半唐朝以来南诏立国。但十三世纪元朝蒙古人征服旋风狂袭后云南民族大移动，最早铸定今日所见民族分布状态以前的南诏国家，由何民族建设已不能详知，藏—缅语系的彝族抑汉—泰语系的泰族，均有所猜测。只是，南诏朝代更替非同一民族间嬗代，以及国家组成民族依其四方拓疆形势而知系混合的，则可无疑义。

南诏的源由，《新唐书》南蛮传上所记述是：“南诏，或曰鹤拓、曰龙尾、曰苴咩、曰阳剑。本哀牢夷后，乌蛮别种也。夷语王为‘诏’。其先渠帅有六，自号‘六诏’，曰蒙嶲诏、越析诏、浪穹诏、邆睒诏、施浪诏、蒙舍诏。兵埒，不能相君，蜀诸葛亮讨定之。蒙舍诏在诸部南，故称南诏。居永昌（故郡）、姚州之间，铁桥之南，东距爨，东南属交趾，西摩伽陀，西北与吐蕃接，南女王，西南骠，北抵益州，东北际黔、巫。王都羊苴咩城，别都曰善阐府”。以及“王蒙氏，父子以名相属。自舍龙以来，有谱次可考。舍龙生独逻，亦曰细奴逻，高宗时遣使者入朝”。所以，南诏强盛巅峰期领土，几乎便是今日云南省全域的最早设定，而且包含了西康省楔入云南省的原“川边”部分，视所开列疆界四至，至为明显。立国经过，系广泛分布云南省西部谷地的六诏中位置最南，发达于由哀牢山（元江以西，与高黎贡山隔越南红河上流之一杞边江南北向平行）得名，汉朝特以种落繁盛闻名的永昌郡建置对象哀牢夷之地乌蛮种族的一支，统一六诏，续再东向并合另一大势力爨，而拓境至今日越南西北部。东方国界自南向北连接唐朝中国领土上的越南、广西、贵州、四川一线，西方分别与缅甸、印度，以及势力扩展期所拥有云南北境转移归南诏后的吐蕃相邻。国都也建设在偏北的大理县（羊苴咩城）。蒙氏王系，以父子连名习俗系彝族所特有，而史学界据以为考定其民族系谱的凭证。

《新唐书》关于南诏王国的记事，篇幅占《南蛮传》三篇中上、中两篇之多，分量与突厥、回纥、吐蕃相埒，记录断限也约略便与南诏第一个朝代蒙氏灭亡相当。其兴衰，汉族中国方面的了解颇为完整——

勃兴：细奴逻自七世纪唐朝高宗时代，开始南诏（蒙舍诏）服属汉族中国的关系。同时，也纳入唐朝羁縻府州系统而世袭巍州刺史。第四世与第五代皮逻阁的八世纪唐朝玄宗时代，南诏已茁壮到并合其余五诏，其事得唐朝承认后的开元二六年（纪元738年），皮逻阁入朝长安，且获赐名归义与封授云南王爵位。南诏势力非只自是抬头，且以对吐蕃攻击态势的效果彰著，而由唐朝扶植为牵制气焰日张的吐蕃一股巨大力量。南诏都城建立到本据以外被征服地的大和城（云南省大理）沃土地带，也自其时。

发达：南诏已系唐、蕃两大对抗体共同争取的对象，皮逻阁之子阁罗凤的时代，终以唐朝十节度新制下，剑南擅作威福统制所构成嫌隙，授与南诏反叛藉口。天宝九载（纪元750年），攻陷西南领土前端的姚州（天宝时云南府，今云南省中部姚安县）与三十二羁縻州，宣布独立，建元，国号大蒙，向吐蕃靠拢。《新唐书》记载：“吐蕃以为弟，夷谓弟‘钟’，故称‘赞普钟’，给金印，号东帝”，以及述天宝十载、十三载两次唐朝大军讨伐，一次八万人，一次十万人，均几乎全军覆没，十四载（纪元855年）又值安禄山乱起，南诏趁机续向东北方面推进，自陷掠嶲州（今四川西昌），“以破越析、枭于赠，西而降寻传、骠诸国”，气势堪谓咄咄逼人。唐朝大诗人白居易名作《新丰折臂翁》所诵："无何天宝大征兵，户有三男点一丁，点得驱将何处去，五月万里云南行。闻道云南有泸水，椒花落时瘴烟起，大军徒涉水如汤，未过十人二三死。村南村北哭声哀，兄别爷娘夫别妻，皆云前后征蛮者，十万人行无一回"，正是唐朝南诏征伐的狼狈与人民悲遇现实反映。

阁罗凤在位三十年，大蒙建国第二十八年去世，子早死，孙异牟寻嗣位，续与吐蕃连连联兵寇唐，却也苦于吐蕃累加物资、人力需索的压力，断然选择了再度倒向唐朝之途。"大破吐蕃于神川，遂断铁桥，溺死以万计，俘其五王"（《新唐书》南蛮传，以下引文同）决裂翌年的德宗贞元十年（纪元794年），接受唐朝正式的国王册封，改国号仍为"南诏"，与北方新兴势力回纥遥遥相对，回复站立到受唐朝利用箝形削弱吐蕃努力扩张的原有战略位置。

异牟寻三十年治世系南诏王国的黄金时代，把握唐朝所赋予挫抑吐蕃任务的机缘，国势壮大到顶峰。记录中南诏以不断打击吐蕃而不断获利，如"攻吐蕃，取昆明城（在西康，非今日昆明市）以食盐池"、"深入（吐蕃）克城七，焚堡百五十所，斩首万级，获铠械十五万"等都是正面报导，特堪注目系"又破施蛮、顺蛮，并虏其王，置白厓城。因定磨些蛮，隶昆山西爨故地；破茫蛮，掠弄栋、汉裳蛮，以实云南东北"的更大幅度开拓国土。《新唐书》所记述南诏本格化的国家规模，奠立期便在此八、九世纪之交：

——中央方面，主兵、主户籍、主礼、主刑、主官人、主工馆、主财用、主客、主商贾，各置"爽"的专官，而总以"督爽"；主马、主牛、主仓廪，是谓三"记"，与"爽"均称清平官。王的侧近另有亲信掌赋税、掌机密。

——地方方面，区分全国为六节度、二都督、十睑（"州"的意味）。王都也自异牟寻时代于大和城附近改建羊苴咩城（仍今大理），加列别都善阐府（今云南省昆明市）。

——军事方面，壮者皆为战卒，有马为骑，以邑落远近分四军，以旗帜别四方面，一将统千人，四军置一将。

——社会方面，百家有总佐一，千家有治人官一，万家有都督一。凡田，五亩曰双，上官授田四十双，上户三十双，以是为差。

同一时期的南诏社会文化形象，见诸文献又是：

“男女勇捷，不鞍而骑，善用矛剑，短甲蔽胸腹……驰突若神”。

“妇人不粉黛，以苏泽发。贵者绫锦裙襦，上施锦一幅。以两股辫为鬟髻，耳缀珠贝、瑟瑟、虎魄”。

“女，嫠妇与人乱，不禁，婚夕私相送。已嫁有奸者，皆抵死”。

“俗以寅为正，四时大抵与中国小差”。

“犁田以一牛三夫，前挽、中压、后驱。然专于农，无贵贱皆耕。不繇役，人岁输米二斗，一藝者给田，二收乃税”。

“越睒之西多荐草，产善马，世称越睒骏”。

“长川诸山，往往有金，或披沙得之，丽水多金麸”。

“祁鲜山之西多瘴歊，地平，冬草不枯。自曲靖州至滇池，人水耕。食蚕以柘，蚕生阅二旬而茧，织锦缣精致。大和、祁鲜而西，人不蚕，剖波罗树实，状若絮，纽缕而幅之”。

“览睑井产盐最鲜白，惟王得食……昆明城诸井皆产盐，不征，群蛮食之”。

“永昌之西，野桑生石上，其林上屈两向而下植，取以为弓，不筋漆而利，名曰瞑弓”。

南诏强悍的民族性，加紧接触汉族中国后社会政治制度的汉式模仿，从上引资料为至明白，也以吸收汉族文明的组织化经验，而国势发展锐不可当。抑且，开国与强大，直接出诸汉人协力与指导的痕迹为颇强烈，一个显例，《新唐书》的记事，阁罗凤攻略嶲州俘虏之一西泸令郑回，“阁罗凤重其惇儒，俾教子弟，得箠榜，故国中无不惮”。郑回续任异牟寻政治顾问（清平官），乃有绝吐蕃回复对唐朝的臣属关系的决策提议，以及恰值开诚布公，得群蛮信服的唐朝大臣韦皋任剑南西川节度使，而决策得以实现。自此南诏与四川密接连系，双方亲密交涉，四川着力提携南诏文化向上的美好时光展开。“（异牟寻）又以大臣子弟质于（韦）皋，皋辞，固请，乃尽舍成都，咸遣就学”的事例之一，可说明相处如何坦诚融洽，以及南诏对唐朝向心的一般。

十年后的九世纪初，韦皋与异牟寻先后去世，再隔二十多年，不幸大变局重现，而且意外的出现于异牟寻之孙“丰佑，勇敢善用其下，慕中国，不肯连父名”，以及弄栋（原夺自唐朝的姚州）节度使王嵯巅，善阐（今昆明市）

南诏世系图

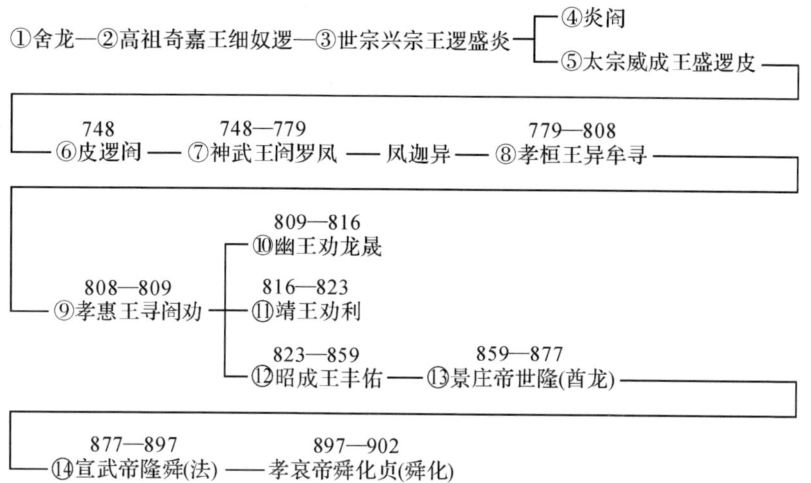


节度使杨缉思等南诏高官汉式姓名所示，南诏汉化已触及精神意境之际。几乎便是八十年前历史重演，唐朝四川边将威福自用，感情破裂，唐朝文宗太和三年（纪元829年），已回复的巂州再陷，南诏“悉众掩邛、戎、巂三州，陷之。入成都，止西郛十日，慰赉居人，市不扰肆。将还，乃掠子女、工技数万引而南，人惧，自杀者不胜计。……南诏自是工文织，与中国埒”，亲善友好关系完全破坏。丰裕次代世隆（酋龙）于宣宗大中十三年（纪元849年）嗣立，续采高姿态登位皇帝，并改国号“大礼”。

九世纪的吐蕃气势已竭，却接替了南诏来势汹汹形成气候。世隆称帝以来，连年分从北、东、南三个方向交互侵扰，局势而且恶化到两陷安南、两陷邕州、两围成都。唐朝宦官、藩镇跋扈暮运期又遭此巨大军事波动，沿四川、贵州、广西、广东、越南的绵长边境都须配备兵力，阻挡入侵所需诸道兵的征发面愈聚愈广，增援又南北疲于奔命，劳民伤财，人心浮动有增无减。被激发的民变火种四方点燃，懿宗咸通九年（纪元868年）庞勋之乱已直接由征调自徐州的桂林戍卒所引导，届至僖宗乾符四年（纪元877年）世隆死，继位之子请和，近二十年的唐朝西南外患幸告一段落，国内王仙芝、黄巢之乱，不可收拾的燎原之势已经铸定。所以《新唐书》南蛮传中南诏传赞慨言：“懿宗任相不明，藩镇屡畔，南诏内侮，屯戍思乱，庞勋乘之，倡戈横行。虽凶渠歼夷，兵连不解，唐遂以亡”。但南诏长期侵唐结果，此际也已以国力过分斫伤，与唐朝两败俱伤，其末期腐败政治延至唐亡前四年的纪元九〇二年（唐昭宗天复二年），先于后梁的篡唐，被其汉人国相，亦即郑回后裔的郑买嗣所篡代。蒙氏舍龙以来传世十五代约二百五十年，阁罗凤独立建国以来九代一百五十年而已（见上页）。

十世纪初唐朝倾覆后，短暂半个世纪间，汉族中国历经离乱“五代”五个朝代，才归纳到赵氏宋朝的长期朝代，南诏灭亡后情况相似。而且仅仅汉族中国“五代”前三个朝代，后梁、后唐、后晋嬗代期间，已是四个朝代更迭，第四个朝代稳定发展，便是《宋史》中的大理国。中间的三个短命朝代：

| 国名 | 建国者 | 原职位 | 建国年代 | 传世 | 存续年数 | 灭亡原因 |
|---|---|---|---|---|---|---|
| 大长和 | 桓帝<br>郑买嗣 | 清平官 | 纪元 903 年（唐昭宗天复二年） | 三代（子）肃文帝仁旻 909 年嗣（子）恭惠帝隆亶 926 年嗣 | 二六年 | 纪元 928 年，东川节度使杨于真弑末代主，立赵善政。 |
| 大天兴 | 悼康帝<br>赵善政 | 清平官 | 纪元 928 年（后唐明宗天成三年） | 一代 | 十个月 | 纪元 929 年，杨于真废之自立。 |
| 大义宁 | 肃恭帝<br>杨于真 | 节度使 | 纪元 929 年（后唐明宗天成四年） | 一代 | 八年 | 纪元 937 年（后晋高祖天福二年），通海节度使段思平废之自立。 |

段氏建设以“大理”为名的国家，传世十四代，存续一五八年，纪元一〇九四年（宋朝哲宗绍圣元年）让国于清平官善阐侯高升泰，改国名大中。高升泰在位二年殂，谥号表正帝，遗命还政段氏，国祚中绝的“大理”因是于纪元一〇九六年（宋朝哲宗绍圣三年）复活，称后理国，但国政已世世由高氏把持，爵位也自“侯”晋位“国公”。徒拥虚名国主的后理国段氏，续传世八代，历一五七年。纪元一二五三年（宋朝理宗宝佑元年）蒙古人大军压境，继上年国都大理陷落而所退守的善阐城被攻破，后理国终局还是灭亡。

**大理世系图**

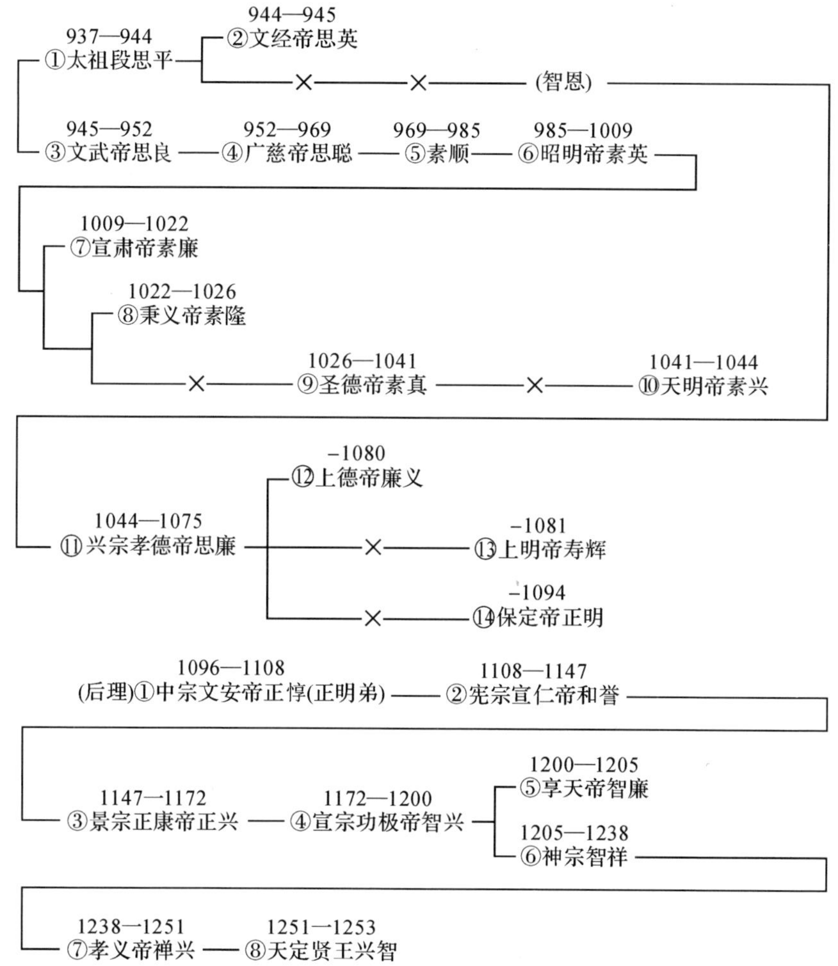


朝代转换的全过程中，登场人物出身，除郑氏是汉人以外，其余据记录均系白蛮。

便自灭亡后理的蒙古人元朝，云南置省，全域确定编入汉族中国领土范畴，郡县制度展开，善阐城（昆明）地位开始重要。八世纪以来前后六个朝代的云南独立时代，维持五百年而历史性结束。汉族中国西南诸省域内，与郡县并存的土著民族世官制度，明清朝代所谓“土司”，也自元朝以适应异民族国家被支解后，各各分散的居民集团所习惯传统统制方式，而最早萌芽。

# 模写汉族中国两范本

## “海东盛国”渤海

历史上中国文明的导航灯塔，光度发射最强力时期乃唐朝。大唐帝国周围所有国家，环绕如众星拱月，无例外或多或少受入唐朝文物，受唐朝文化波及，北方的契丹、奚、突厥，西方的高昌、吐谷浑、吐蕃，南方的南诏等，都是。特别关于今日非中国领土的朝鲜半岛新罗与海东岛国日本，以及今日中国领土上，分据东北、西北方位，建国时间却非同时而系约略衔接，国家成员也各别归属中华民族两大分支满族（靺鞨）、藏族（党项）的渤海与西夏。

位于中国东北地方而种族系谱系今日满族前身的渤海国，其兴起与受汉族中国文化孕育，从脱却蒙昧到文明化，又代表了种族自身的历史意义。便是：纯粹通古斯族国家的最早登场。通古斯种族以貊人（夫余）系抬头开启其历史活跃舞台面，待此系统各国纷纷文明化，貊人名词也于高句丽并合运动中消失之际，纯粹通古斯的肃慎系，接力式自高句丽背后的中国东北域内动向活泼化。过程中，“肃慎”种族称谓也在汉族中国文献中累经转换而至“靺鞨”阶段，渤海便是此系统种族所建设的第一个国家。待渤海国灭亡，旧领内靺鞨系另二支后裔的女真人，又概括以及替换了“靺鞨”之名，建设金朝。金朝灭亡，续有女真族中原系文化后进的一支满洲人，发达为清朝的建设者，“满洲”乃成立其历史上肃慎——靺鞨系通古斯种族的总结名词。

“肃慎”所指对象，近似模糊的抽象概念，诸朝代正史中，《后汉书》东夷传“挹娄，古肃慎之国也”、《晋书》东夷传“肃慎氏，一名挹娄”，仍都是同一意味。须种族名词转变为《魏书》中的“勿吉”，才初见其实体，所谓“勿吉国，在高句丽北，旧肃慎国也。邑落各自有长，不相总一。其人劲悍，于东夷最强，言语独异”（勿吉传）。“勿吉”再转变同音异字的“靺鞨”，则自《隋书》东夷传靺鞨条始，所记已是六世纪过渡到七世纪时之事。记录事迹续自七世纪向八世纪与其以后推移的《唐书》与《新唐书》，又各各区别“靺鞨”与“渤海靺鞨”（《唐书》北狄传）、“黑水靺鞨”与“渤海”（《新唐书》北狄传）两条，“渤海”开始由“靺鞨”分出而独立记事。

《唐书》《新唐书》靺鞨、渤海并列的两篇传记对照，由极度未开化向文明升进，印象颇为明晰。其记录靺鞨原始生活种种之事，与《魏书》勿吉传、《隋书》靺鞨传记载无异，后两书尤其几乎文字全同，仅“勿吉”、“靺鞨”称谓之别，内容：“国有大水，阔三里余，名速末水。其地卑（下）湿，筑城穴居，屋形似冢，开口于上，以梯出入。其国无牛，有车、马，佃则偶耕，车则步推。有粟及麦穄，菜则有葵。……多猪无羊。嚼米酝酒，饮能至醉。妇人则布裙，男子猪犬皮裘。……善射猎，弓长三尺，箭长尺二寸，以石为镞。常七、八月造毒药傅箭镞，射禽兽，中者便死”（《魏书》勿吉传）。可指示自五世纪后半以迄八世纪前半渤海国脱颖，前后约三个世纪间，低度文化停滞同一基准。堪注意系诸传记所说明政治形态部分，也惟此部分显示其阶梯性向上的变化：

——《魏书》勿吉传，如前引文仅言不相总一。

——《隋书》东夷传靺鞨传所记，已系并合时状态：“靺鞨，在高丽之北，邑落俱有酋长，不相总一。凡有七种；其一号粟末部，与高丽相接，胜兵数千，多骁武，每寇高丽中。其二曰伯咄部，在粟末之北，胜兵七千。其三曰安车骨部，在伯咄东北。其四曰拂涅部，在伯咄东。其五曰号室部，在拂涅部东。其六曰黑水部，在安车骨西北。其七曰白山部，在粟末部东南。胜兵并不过三千，而黑水部尤为劲健”。

——《唐书》北狄传靺鞨条回复到《魏书》记事基准，但四邻与政治地位的明确介绍，为一大进步：“靺鞨，盖肃慎之地，后魏谓之勿吉，在京师东北六千余里。东至于海，西接突厥，南界高丽，北邻室韦。其国凡为数十部，各有酋帅，或附于高丽，或臣于突厥。而黑水靺鞨最处北方，尤称雄健，每恃其勇，恒为邻境之患”。

——《新唐书》北狄传黑水靺鞨条已系靺鞨历史总结说明意味，上承《隋书》报导基础，而补充叙事以八世纪前半开元之世渤海兴起为断限的《唐书》所未详："居肃慎地，离为数十部，酋各自治。其著者曰粟末部，居最南，与高丽接，依粟末水以居。稍东北曰汨咄部；又次曰安居骨部；益东曰拂涅部；居骨之西北曰黑水部；粟末之东曰白山部。白山本臣高丽，王师取平壤，其众多入唐，汨咄、安居骨等皆奔散，浸微无闻焉，遗人并入渤海。唯黑水完强，分十六部落，以南北称，盖其居最北方者也。……后渤海盛，靺鞨皆役属之"。

所以，《唐书》传记以靺鞨、渤海靺鞨为各别的篇名，固明示渤海渊源，《新唐书》渤海、黑水靺鞨篇名，则是九世纪前半渤海遂行靺鞨七部大统合，摆脱"靺鞨"名词所附着落后意味而雄飞，惟残余最远方黑水靺鞨续留低水平文化境界的结局说明。靺鞨七部中，粟末部当今吉林市方面，粟（速）末水所指系北流部分的松花江，汨咄部当扶余（原名新城，土名伯都纳）方面，安车骨当阿城方面，黑水部当松花江、黑龙江下流方面，今日学界已持大体一致见解。拂涅、号室、白山等三部的根据地，异见尚多而未具定说。其中，粟末、白山两部原均服属高句丽，渤海前身便是粟末靺鞨，《新唐书》北狄传渤海条所称"渤海，本粟末靺鞨附高丽者，姓大氏"，《唐书》北狄传渤海靺鞨条所称"渤海靺鞨大祚荣者，本高丽别种也"。

渤海于日本奈良、平安两朝历史，以及韩国史上，同样都占重要位置。奄有辽河以东与鸭绿江内外大领土的高句丽灭亡三十年后渤海国兴起，对朝鲜半岛新罗势力以地理上邻接而冲突，情况同于隔对马海峡与新罗对峙的日本，共同自牵制新罗的立场出发，渤海乃出现为日本历史上相互通使频繁，八、九世纪间关系最亲密的友邦。韩国又依渤海第二代武王大武艺最初向日本派出使节时，国书中"回复高句丽旧域，并守扶余遗俗"之语①（日本方面记录其事在纪元727年，圣武天皇神龟四年，韩国方面同谓交涉对方乃圣武天皇，但时间提前至纪元720年）以及第三代文王大钦茂遣使日本（淳仁天皇时代），国书且直接自称高丽国王，而肯定渤海建国便是高句丽复活。一部分韩国（朝鲜）史家依此南（统一新罗）——北（新兴渤海）势力对立二百余年的形势，设

① 引（韩）李丙焘《国史大观》，韩国许宇成中译本，第119页资料。

定之为接续三国分立的“南北朝”时代，结束韩国古代史而新罗、渤海南北并存的民族国家开始形成，历史分期的中世史成立。

但尽管如此，日、韩史界有关渤海国的了解，基本资料不能得自自国，仍均赖中国文献供应。困惑是引用中国史料时，《唐书》北狄传渤海条明言大祚荣“靺鞨”人而又谓“高丽别种”的矛盾。因之日、韩学者旧说，执着于大祚荣与渤海国统治阶级乃高句丽人，而人民才是靺鞨人的意见，或者，谓其领导阶层以高句丽人为骨干。今日则多已修正粗糙的研究态度，肯定渤海建国者大祚荣系靺鞨人，惟系高句丽文化育成的人物①，或者说，高句丽化的靺鞨人②，靺鞨系的高句丽人③，又或靺鞨族出身的原高句丽高级军人④，才都回复文献原意，以及制定大祚荣率其靺鞨部众与高句丽人⑤（类似的语意谓结集高句丽遗民⑥）立国的结论。从而此等著作固仍解说渤海建国方针乃再兴高句丽⑤，与大钦茂自称高丽国王之事相呼应，却已明了乃藉东方国家皆知的高句丽威名作政治号召，并非实系高句丽人国家的复活。也便是说，渤海国的高句丽要素与立国得原高句丽人协力参加为诚然，与靺鞨人间主从关系却须辨明。

纪元六六八年（唐高宗显庆元年）高句丽灭亡，被征服的高句丽人数万，以及与之同盟反抗，白山部为主的一部分靺鞨人，被强制移住营州（今辽宁省朝阳）集中监督。原服属高句丽的另一支粟末部靺鞨人首领，也“率众保挹娄之东牟山，筑城郭以居，高（句）丽逋残稍归之”（《新唐书》北狄传渤海条，以下引文同）。《唐书》同一传记则谓“高丽既灭，祚荣率家属徙居营州”）。纪元六九六年（则天武后万岁通天元年），太宗时代以来归顺唐朝已约半个世纪的东方游牧民族契丹，其领袖李尽忠（松漠府都督）受监临者营州都督压制而激发反乱，东北境域一时大波动，靺鞨诸族联合降服的高句丽人，趁机叛离。唐军追击下，大祚荣的鞨—丽混合部队脱出成功，逃亡东方。契丹

① 人物往来社版《东洋史》5. 隋唐世界帝国，第358页。

②⑤ 诚文堂新光社版《世界史大系》9. 东亚Ⅰ，第364页。

③ 江上波夫《北亚洲史》，第194页。

④⑥ 金达寿《朝鲜》（日文），第56页。

⑤ 江上波夫《北亚洲史》，第195页。

人乱事经过一年余虽仍平定，大祚荣已以松花江上流辉发河流域与长白山北麓方面为根据地，树立独立的政治支配，国名“震国”，时为则天圣历元年（纪元698年）。《新唐书》记录其事：“万岁通天（仅一年，次年改元神功）中，契丹尽忠杀营州都督赵翙反，有舍利乞乞仲象者，与靺鞨酋乞四比羽及高丽余种东走，度辽水，保太白山之东北，阻奥娄河，树壁自固。武后封乞四比羽为许国公，乞乞仲象为震国公，赦其罪。比羽不受命，后诏玉钤卫大将军李楷固、中郎将索仇击斩之。是时，仲象已死，其子祚荣引残痍遁去，楷固穷蹑，度天门岭，祚荣因高丽、靺鞨兵拒楷固，楷固败还。于是，契丹附突厥，王师道绝，不克讨。祚荣即并比羽之众，恃荒远，乃建国，自号震国王。直营州东二千里，南比新罗，以泥河为境，东穷海，西契丹（以上五语原文错入文首“保东牟山”之后，依《唐书》改），遣使交突厥。地方五千里，户十余万，胜兵数万，颇知书契，尽得扶余、沃沮、弁韩、朝鲜、海北诸国。中宗时，使侍御史张行岌招慰，祚荣遣子入侍。玄宗先天中（《唐书》载明先天二年，即改元的开元元年，纪元713年），遣使（《唐书》：郎将崔欣）拜祚荣为左骁卫大将军、渤海郡王，以所统为忽汗州，领忽汗州都督。自是始去靺鞨号，专称渤海”。

如上《新唐书》记载内容的解释上疑问，参照《唐书》同一传记，可发现从未述及大祚荣之父舍利乞乞仲象，记录之始直接便是大祚荣。抑见，两人姓名形式差距甚大，“大祚荣”已纯粹汉化，“仲象”之名固无妨也谓之汉式，姓系“乞乞”抑“舍利乞乞”不明，如“乞乞”为姓，则“舍利”又是何意？是否靺鞨式官称或其社会地位的表示，也一概未知。所以，研究者怀疑，两人间并无父子关系存在，或者，乃同一人而异名（大祚荣为唐名，乞乞仲象系胡名）①。只是，不论是否父子关系的延续抑或同一人，大祚荣所建立最初国名“震”，系蹈袭受封自唐朝“震国公”名号而得，则可认定，与隋、唐朝代名便是前朝封爵各延伸，并无二致。也因而对唐朝朝贡关系稳定成立后，玄宗之初受封渤海郡王，大祚荣的国家陪伴改名“渤海”。但此国名仍系自

① 及川仪右卫门《满洲通史》，第66页，引乌山喜一，池内宏等之说。

称，纪元七一九年大祚荣之殁，长子大武艺袭位，自唐朝受封仍是郡王，正式由唐朝册封“渤海国王”，须“渤海”之名赋有约半个世纪后，第三代大钦茂的时代。《新唐书》所谓：“宝应元年（纪元762年，肃宗末代宗嗣位之年），诏以渤海为国，钦茂王之，进检校太尉”，自此以来，才是名实相符的渤海国。

雄志建设高句丽模式强盛国家果尔实现，版图南半部便是原高句丽北半部的渤海国，自初代高王大祚荣以下，子孙传世十五代。开国较以高句丽灭亡而意识上朝鲜半岛政治归新罗统一（纪元668年），迟过三十年，又较新罗亡于王氏高丽朝（纪元935年）早九年，而纪元九二六年（五代后唐明宗天成元年）被新完成统一的契丹并灭，二二九年国祚，存续至纪元九〇七年唐朝分解为五代十国的第二十年。全历史两度国势兴隆高潮期，第一次系第二代武王大武艺与第三代文王大钦茂的时代，特别于大钦茂长达五七年的治世，国内制度整备，中央集权强化，国都也自祖父大祚荣兴起时长白山北面旧都（后日的中京），移向东北方牡丹江流域的上京，晚年再迁近日本海岸的东京。其死后约三十年间，王位继承内纷导致统御力衰退（但国都于此期间仍迁回上京，以迄亡国）。九世纪前半由旁系入继王位的中兴之主第十代宣王大仁秀，推动渤海国势再登高峰，开国以来步步发达的国家制度于其治世而完备，文化最盛期与最大国力伸展期都系此际，《新唐书》称“仁秀颇能讨伐海北诸部，开大境宇”，史料中“其地南距渤海，北、东际于海（北方所指“海”实系今日黑龙江），西抵室韦，南北袤二千里，东西千里”（《新唐书》北狄传黑水靺鞨条），向与渤海存在敌对关系的北方黑水靺鞨，便须此王时代始解除压迫，被收入渤海势力之下。

于对外关系主对象的唐朝，缔结宗主—属国关系以来，始终以恭顺态度争取唐朝信任为主旨，仅见的较严重不愉快事件发生于第二代大武艺时代。唐朝怀柔渤海，编其地入羁縻府州系统为忽汗州以后，也扶植通过安东都护府要求内附的黑水靺鞨，玄宗开元十年（纪元722年）于其最大部落置黑水府（比定相当于今日黑龙江省依兰（三姓）县治）①，授其酋长为都督、刺史，与渤

① 依稻叶岩吉《满洲发达史》，第73页之说。

海的羁縻府州体制中位置同格（《唐书》述其事在开元十三年，并置黑水军）。渤海疑惧唐朝扶植新罗，从腹背两面夹击灭亡百济、高句丽的前例重演，不利于渤海，因而君臣之礼仍修，却也曾从海上侵寇山东半岛登州，以及唐朝惩诫性用兵，但迅即回复关系正常化。次代其子大钦茂之世，统计遣使长安朝献五十余次，几乎平均每年一次，宣王大仁秀且创在位十二年而朝献二十二次纪录，渤海的唐期向慕与关系亲密不难想见。

渤海国以其前身粟末靺鞨从属高句丽的渊源，所以高句丽文化系其立国基底，《唐书》所谓“风俗与高丽及契丹同；颇有文字及书记”，而高句丽却又自中国文化间育成。渤海建国，可能便以参加的高句丽人中多中国式教养出身，乃影响渤海坚定其恭谨与当时世界性先进国唐朝锲而不舍交通的精神，以及较高句丽尤为彻底热心摄取唐朝文化态度。《新唐书》对大仁秀以来，渤海国因是而登高级文明之域的特笔大书：“初，其王数遣诸生诣京师太学，习识古今制度，至是遂为海东盛国”，堪谓由衷尊重的褒词。同书详载其孜孜受入唐朝文化又大体均大仁秀时代整理统一的官制、秩制、服制等，中央三省（宣诏、中台、政堂═唐制门下、中书、尚书）、六司（政堂省系统═唐制尚书省六部），以及台、监、寺、卫府制度。地方则区划五京、一五府（含五京）、六二州，全行蹈袭唐制的直输入。

大仁秀的最盛期渤海国领域，西与大抵沿长大铁路与其以西，以沈阳、开原、长春、农安，以至哈尔滨的一线为限界，东有苏联沿海州而面临日本海，南方包有朝鲜半岛北部，平安道一部分咸镜道大部分（推定以咸镜南道的龙兴江[①]为界江。南邻新罗，所谓泥河），北因黑水靺鞨的服属而含松花江、黑龙江方面之地。五京分布形势均在南部领土，首都上京龙泉府，于五京中位置最为偏北，当今黑龙江省宁安县（宁古塔）治下东京城现存遗址，一九三三至一九三四年日本调查团发掘，惊叹其雄大都市计划，与日本平城京同一规格，均系全行模仿唐朝长安都制的缩小版。考古探究所了解[②]，土城残迹东西

① 诚文堂新光社版《世界史大系》3. 东亚Ⅰ，第366页。

② 渤海遗迹解说，取材自江上波夫《北亚洲史》，第196页，及川仪右卫门《满洲通史》，第85页，有高岩《东洋史概观》，第208—209页。

约四公里，南北约三·三公里，城内中央北端乃遗东西五八〇公尺，南北八四〇公尺长度的石筑城廓，乃王城址，王城南面通往外城壁南端而自中央区分城内为东、西两部分的大道痕迹亦尚可辨，又是长安朱雀大街模筑。王城内第一至第五宫殿址一直线相连，外城寺院址发现且至十四所之数。宫殿础石、铁扉、石阶、石狮子、石灯笼、花纹方砖、汉文字瓦、砖佛、陶佛、寺院壁画碎片、金银器具、三彩釉陶片、黄釉、绿釉瓦片等遗物，莫不浓厚表现唐朝风格与式样，以及证明其文化的发达。此一广大面积的都城，沿续唐朝忽汗州名词而《辽史》中仍称忽汗城，近旁忽汗河，比定便是转音的今日瑚尔哈河①。五京之制的其余四京遗址，依文献研究与实地踏查的试行比定，中京显德府═吉林省和龙县西古城子，东京龙原府═吉林省珲春县半拉城子的拟说②，大体已被共同接受（但比定中京显德府为和龙北方敦化县附近的意见也颇有力）。西京鸭渌府址与南京南海府址则异说尚多，较流行系谓前者乃吉林省辑安县，后者则朝鲜咸镜道咸兴或北青③。

《新唐书》明列渤海府（京）—州统辖名称，续文便是“龙原（府），东南濒海，日本道也。南海（府），新罗道也。鸭渌（府），朝贡道（向长安）也。长岭（府），营州道（向唐朝东北支配据点，以及唐朝中国东北最大国际都市）也。扶余（府），契丹道也”的堂堂五大国际交通线展布，又系渤海国势昌盛的说明。朝贡道系自辽东半岛，从海道在山东半岛登岸陆行，也由唐朝于登州设置与“新罗镇”相同的“渤海镇”，以接待其使臣④，以及朝贡的相对方面，唐朝派出册封使，最早的玄宗时代鸿胪卿崔忻（《唐书》作“郎将崔欣”），册封大祚荣为渤海郡王后由北旅顺口赋归，渤海于当地黄金山下掘井纪念，迄留鸿胪井遗迹，井侧立碑题刻“敕持节宣劳靺鞨使鸿胪卿崔忻井两口永为记验开元二年五月十八日”二九字，则已移存日本东京宫城内⑤，可供了解。

---

① 及川仪右卫门《满洲通史》，第71页。

② 鸟山喜一考定，日本学界多数支持此意见。

③ 参阅诚文堂新光社版《世界史大系》3. 东亚 I，第366页。

④ 李丙焘《国史大观》，许丙成中译本，第120页。

⑤ 稻叶岩吉《满洲发达史》，第70页。

渤海世系图

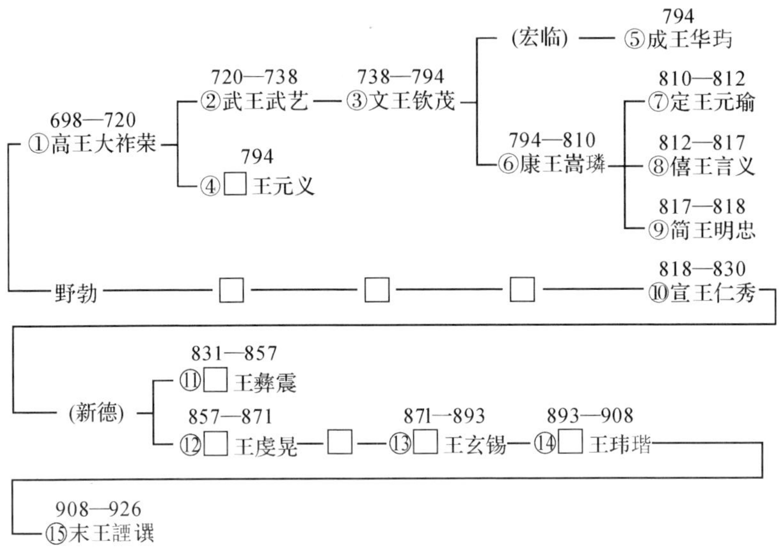


姓名全然中国式，与汉人无异。所拟作汉姓，王家“大”氏，其余高、张、杨、窦、马、李、贺、木、公、辛、申、节、裴、平、列、省、文、梁、任、马、黄、卫、贾、燕、夏、吴等，共二十八氏①。首都为中心的渤海文化，也纯粹中国式教养，汉字、汉文直接移殖为自国文字，知识人学习中国诗文，词藻的丰美，可比肩唐人。上京遗址等渤海国现址虽无文章遗留，但致日本国书的内容文字，以及历次赴日使节与日本平安朝文人间诗赋应酬的有关记录，仍多保存于日本史书与汉文诗文集②。日本史学界且指出，便以如此翰墨交往，而得刺激日本文运加大展开③，渤海文人的教养程度堪以察知。日本史学界的另一类说词又是：日本—新罗—渤海之间，竞赛式吸收唐朝文化，于唐

① 及川仪右卫门《满洲通史》，第75页，引唐晏《渤海国志》姓氏志。

② 参阅及川仪右卫门《满洲通史》，第83—84页，人物往来社版《东洋史》5. 隋唐世界帝国，第373—374页。

③ 江上波夫《北亚洲史》，第199页。

朝文化光被之下，三国正如同一学校的同班同学①。

而十世纪初大唐世界帝国瓦解，震幅广及全东亚，同受影响的三个同班同学间，最早追随唐朝步上覆亡命运的，则是渤海。

## | 西夏“君子”

建国位置与渤海东西遥遥相对，立于汉族中国西北领土尽头，而建国年代却视渤海几乎成立前后衔接之势，渤海追随唐朝解体而覆亡，汉族中国新朝代宋朝政权稳固，陪伴出现的第二渤海抑或与汉式文化太阳系所分出新星球，是以“大夏”为国号的国家，历史界依其立国方位，称之“西夏”。只是，西夏正式建设国家的时间固延后至宋朝，基础则须上溯渤海尚在存续期的唐末。对汉族而言，民族关系的古老也超过渤海之为通古斯—满洲系，而系藏系的羌族。

西夏人源流所由的党项，《唐书》（西戎传）、《新唐书》（西域传上）党项羌条文字大体雷同：“党项羌，在古析支之地，汉西羌之别种也。魏晋后微甚，周灭宕昌、邓至，而党项始强。其界东至松州，西接叶护，南杂春桑、迷柔等羌，北连吐谷浑，处山谷间，亘三千里。以姓别为部，一姓又分为小部落，大者万余骑，小者数千，不相统一。有细封氏、费听氏、往利氏、颇超氏、野辞氏、房当氏、米擒氏、拓拔氏，而拓拔最为强族”，西夏建国者系谱，便出自拓拔氏党项。却也因“拓拔”音同“拓跋”，而后代附会其创业主先世系通古斯═鲜卑系种族，人民方是党项羌，如《辽史》外纪二国传西夏条所谓“西夏，本魏拓跋氏后”，以及《金史》外国传上（西夏）赞曰：“夏之立国旧矣，其臣罗世昌谱叙世次称，元魏衰微，居松州者因以旧姓为拓（托）跋氏”（西夏人自身附会所由，《宋史》外国传夏国上记李元昊纪元1038年向宋宣告独立之言：“臣祖

① 人物往来社版《东洋史》5. 隋唐世界帝国，第374页。

宗本出帝胄，当东晋之末运，创后魏之初基”，已系发端）。

“党项”的名词，同系记录唐朝以前六世纪后半之事的《周书》与《隋书》，前者（异域传上）氐、羌系民族诸传记中列有宕昌、邓至、白兰，而尚无党项，后者（西域传）正相倒反的已出现“党项”而余均隐没，与上引《唐书》、《新唐书》记事符合。却也如《隋书》所说明：“党项羌者，三苗之后也。其种有宕昌、白狼（白兰）”，可了解，以北周为关键时代的此项变化，实质则羌系诸种族集团的再组合意味。羌族的中国历史上活跃特征，系分布汉族中国西方边缘内外特为广大的地域，而又种类繁多，部落分散现象于汉族周围诸异民族间最是强烈。因之定必出现立于汉族立场的所谓叛服无常，此服彼叛状态，以及铸定其一波接续一波同化转变汉族，又一波接续一波未开化新种人发生的历史轨迹，诸种族集团间离析组合与新组合成立时的民族称谓，也以是波涛追逐似不断变化。汉族中国第一次自分裂到再统一期间，羌族集团的组合变化结局，领先登场的主导势力是吐谷浑，继起便是党项接替宕昌、邓至势力，以及并合了吐谷浑的更壮阔一波吐蕃抬头。其时已系七世纪唐朝，吐蕃与党项，分别代表了羌人（藏族）两大分野。却是，统一吐蕃时代，党项仍然立于氏族社会基盘而政治上长期分立，吐蕃分解期的唐末，颇有兴味的恰成倒易之势，党项正向大团结之途迈进，经历汉族中国第二次分裂又统一的宋朝，而终在拓拔氏领导下，扬弃代表旧时代的“党项”种族或民族名词，“夏”的正式国家名词成立。

唐朝世界帝国威容展现，记录中党项部落率先输诚是贞观三年（纪元630年）的细封氏，其住地所置轨州，也是第一个成立的党项州羁縻州。自此以迄贞观五年的前后三年间，散布“古析支（赐支）之地”，或以黄河于此发源，上流又曲折向东流而谓之河首、河曲地，今日青海、西康、四川、甘肃四省连接地带的党项部落，超过半数都已归顺唐朝与接受羁縻府州体制支配。但其地余外的党项本支部落，以及别支所谓黑党项等，于当时却是同种族先进立国者吐谷浑的坚强携手者，须吐谷浑抗唐战争失败与于贞观九年（纪元636年）降服，此系统的党项族才追随归附唐朝，而拓拔氏便是此后附者部落集团的中核。前后两股潮流中成立的“党项州”数字，前一波六五，后一波三二，均隶松州（今四川省松潘县）都督府监护。此一统一领导系统之外，“在西北者，天授（纪元690至692年武后时代）中内附，户凡二十万，以其地为朝、吴、浮、归十州，散居灵、夏间”（《新唐书》）。这是唐朝党项历史的发展基点。

以后的演进，吐蕃势力系其推动力。七世纪后半吐蕃最早大蠢动，吐谷浑消灭，党项之地无可避免也被侵剥，羁縻府州先已陪伴部分减少（《新唐书》地理志七下关内道党项州条原注，曾列举此时所停废州名）。一个世纪后安史之乱而吐蕃凶焰猛升，《唐书》《新唐书》的党项传记特笔：“后吐蕃强盛，拓拔氏（等）渐为所逼，遂请内徙，始移其部落于庆州（今甘肃省东北部邻接陕西省处的庆阳县），置静边等州以处之。其故地陷于吐蕃，其处者为其役属”。此系党项—西夏全历史的一次大转折，可注意处是：

——《新唐书》地理志七下对同一的上述大事说明：原隶松州都督府所有党项州，懿、盖、嵯等十八州自肃宗时“皆内徙，余均没于吐蕃”（陇右道党项州条）；“禄山之乱，河陇陷吐蕃，乃徙党项州所存者于灵、庆、银、夏之境”（关内道党项州条原注），以及记录松州一举停废的党项州题名数字达七十二单位。而同时期西北方面关内道“灵、庆、银、夏之境”，包括原置、移置、新置，党项州数字骤增为州五十一、府十五（隶灵州<今宁夏灵武县>都督府者州二十八、府十二，隶庆州都督府者州二十三、府三）。余外陇右道成州（今甘肃省成县）存党项州二、县一；剑南道又有诸羌州一六八单位，分隶松、茂、嶲、雅、黎五都督府（均《新唐书》地理志七下统计）。

——八世纪后半以来，汉族中国正西方已仅泛称的诸羌偏南分布今日四川、西康一带，上方赋有特定民族称谓的“党项”之地被吐蕃并灭，大部分族人如同一世纪前吐谷浑的转化入“吐蕃”名下。幸免整族尽行倾覆于吐蕃的羌族大统一运动，惟赖脱逃成功，向北方安全移住甘肃—宁夏—陕西方面的一部分族人，党项命脉恃以保全，未来命运也恃以再创造。而纪元八〇〇年左右为界线，其后所指“党项”，位置已非原住“古析支之地”也堪注意。

——汉族中国西北领土上的党项族非均移住，当地原设党项州，却于其时呈现了不稳状态。《新唐书》党项传记的举证之一："先是，庆州有破丑氏族三，野利氏族五，把利氏族一，与吐蕃姻援，赞普悉王之，因是扰边凡十年"。也因而影响唐朝的党项政策再修正，予新移入党项部落愈往内徙，《新唐书》肃宗次代代宗时代的记录："（郭）子仪以党项、吐谷浑部落散处盐、庆等州，其地与吐蕃滨近，易相胁，即悉徙静边州都督、夏州、乐容等六府党项于银州之北、夏州之东，宁朔州吐谷浑住夏西，以离沮之"。

——党项族内徙态势，其后一度且自陕西渡过黄河，自发的向东蔓延入山西省境，代宗次代德宗时始退回陕西："（贞元）十二年（纪元796年）二月，六州党项自石州（今山西省黄河东侧离石县）奔过河西。党项有六府部落，曰……，居庆州者号为东山部落，居夏州（五胡十六国时代夏国都城统万城，今陕西省横山县）者号为平夏部落。永泰、大历（纪元765至766年）以后，居石州（黄河南流右侧山西省境，今离石县），依水草。至是，永安城镇将阿史那思昧扰其部落，求取驼马无厌，中使又赞成其事，党项不堪其弊，遂率部落奔过河"（《唐会要》卷九八党项羌条）。则无论主动要求或被动迫迁，与其播移范围广狭，均已在唐朝直辖领土上而与汉族混居，为十分明白。党项族汉化因是具有阶段性升进意味，也容易理解。

如上进程中，北移主导拓拔氏非仅愈已建立其族人中的强大化优势，文化上率先抬高至接近汉族水准，又自《新唐书》载其领导人已获授"容州刺史、天柱军使"的纯然唐朝正轨军职，为可测知。北移约一个世纪后唐末黄巢乱起，拓拔氏发达再获机缘推向最高点，其时再一任唐朝郡县编制内地方长官宥州刺史（地当今陕西省靖边县，《新唐书》说明："（德宗之孙宪宗）元和时，复置宥州护党项"），兄弟辈均已采用汉式习惯，汉式教养下汉名（思谦、思敬、思忠等）的拓拔思恭，率勤王兵参与合围贼军占领下长安的大攻击，于僖宗中和元年（纪元881年）继任权知夏绥节度使，黄巢乱平时，已真除夏绥（赐军号定难军）节度使，领银、夏、绥、宥、静五州，治所夏州，封夏国公，赐国姓李。自此，拓拔氏以"李"为姓，夏国原型与其国号，也依此五州与汉人混居的李（拓拔）氏藩镇之地，最早成形。

所以，拓拔李氏门户初创，轨迹全如镇压黄巢大变乱最大功劳者沙陀突厥李克用的登上河东节度使之位。抑且，更近似较早已领沙、瓜、伊、西、甘、肃、兰、鄯、河、岷、廓等河西十一州，治所在沙州（敦煌）的归义军节度使张义潮事业类型，均民族大杂烩地域，惟节度使一系汉人（张义潮），一系党项人（李思恭）的区别而已。李克用后裔于唐亡后创立五代中的后唐朝代，敦煌张氏也是子孙相承的半独立势力，虽然其后支配圈已缩小，且自十世纪五代之初改建曹氏世袭系统。李思恭的定难军节度使，同样世代由其兄弟子侄继承，通过五代以迄宋朝之初，百年间的平静无波。但八传至纪元九八〇继任的第九代李继捧时，却是一大周折后峰回路转，河套五州之地为温床的一个世纪半独立势力，已培育了开花结果气运。

李继捧继位已系宋朝总结五代十国离乱时代（纪元978年灭北汉，统一完成），而又杯酒释兵权，布列国内藩镇势力急激跌落之际，且其宗族内纷频频。迫于国外情势，乃有宋太宗太平兴国七年（纪元982年）李继捧纳土归朝，向朝廷献出所管诸州，并亲率宗族近支入朝，留居京师不归的事件演出。此举非出自全宗族共同意愿为可想像，反对势力因之团结于李继捧远支族弟、李思恭之弟思忠子孙的定难军都知蕃落使李继迁领导之下，自夏州出奔，号召党族人展开反宋奋斗。跃进发展年份是两年后的宋太宗雍熙二年（纪元984年），一举夺取银州（今陕西省榆林县，无定河与清水河合流处）。翌年宋雍熙三年与辽圣宗统和四年，李继迁外交才华也已展现，连结宋朝北方大敌契丹（辽）成功，迎得公主降嫁，受辽朝定难军节度使拜命，辽统和八年（纪元990年）再受封夏国王。自是李继迁恃辽朝为后盾，连年侵逼，宋朝西北边境已不堪其骚扰。

宋朝于此的立即对策，是遣返移住京师的李继捧回任定难军节度使，赐国姓又易名赵保忠，李继迁也获赐赵深吉姓名，授银州观察使，结局却是返归故土的李继捧反被李继迁说服同反。李继捧虽被宋朝捕归，李继捧背宋附迁时辽朝原封西平王爵位由辽朝改封李继迁，李继迁仍然顽抗。其时，夏州城已于李继捧返回又被俘之际，经宋朝加以破坏后放弃，宋朝开始自第一线撤退。

至道三年（纪元997年），太宗崩，真宗继位，李继迁适时戏剧性向宋朝表达愿意服从之忱，提出的交换条件是回复旧定难军五州支配权。宋朝希藉李继棒安抚旧部众的对策失败，第二步只有顺应李继迁要求，尽行撤回残留当地诸州的朝命长官，正式任命李继迁为定难军节度使接管五州。李继迁伪装输诚而轻易重收河套之地，无愧政略一大成功，而且狡智外交追随又是翻脸的军事突破，威平五年（纪元1002年），宋朝西北边陲第一重镇灵州被围攻下，陷入李继迁之手，继续乘胜扩大地盘到盐州一线。灵州乃沿黄河砂碛中沃地，唐朝以来便是汉族中国切断吐蕃—党项间东西连系，以及确保西北军马供给的最大基地。灵州易手，李继迁西方发展之道打开，根据地移至灵州，并依其辽朝封号改称西平府，准备完成西邻河西之地的征服。不幸，翌年威平六年雄图初着手，党项英雄李继迁已于凉州攻略，对同种族吐蕃系西蕃诸族的战争中重伤而死。

李继迁之子德明嗣立第四年（宋真宗景德三年，纪元1006年）向宋朝奉表归顺，系出乎意料的关系转折，自此稳定维系对宋、辽二大国的两属型态，各别自双方受任定难军节度使，而辽封大夏国王，宋封西平王。对宋交涉的场合且用其父所获赐国姓，所以《宋史》称西夏国主姓“赵”，《辽史》《金史》中则仍是“李”姓不改。态度所以转变的原因，今日研究者估测系宋朝经济封锁政策收效，人民经济窘苦的压力，以及纪元一〇〇四年（宋真宗景德元年，辽圣宗统和二十二年）宋辽澶渊和议成立，国际情势发展已对其立场不利的影响①。不论何一动机，李德明回复与宋朝间和平亲密关系，心意是诚挚的，也能终其世秉持此原则，告诫其子元昊“吾久用兵，疲矣。吾族三十年衣锦绮，此宋恩也，不可负”（《宋史》外国传一夏国上）之语，非只泱泱政治家风度而已，堪重视四分之一世纪的时间充分与民休息，正是西夏安定立国的基本条件。晚年坚毅遂行其父未完成的河西事业遗志，纪元一〇二八年（宋仁宗天圣六年）取凉州（甘肃省武威县），纪元一〇三〇年（天圣八年）拔甘州（甘肃省张掖县），又是进取精神同等旺盛的表现。

宋仁宗明道元年（纪元1032年），五十一岁的李德明卒，继位之子李元昊，《宋史》赞誉“性雄毅，多大略，善绘画，能创制物始”、“晓浮图学，通

① 人物往来社《东洋史》6. 宋代的新文化，第120页，第122页。

蕃汉文字”，数年前河西东部挺进，便以弱冠之年担任指挥官而锋芒毕露。嗣立之初，功业立被扩大，纪元1036年（宋仁宗景佑三年），继续并合河西西半部肃、瓜、沙三州，完成河西全域的制压。河西自纪元八四八年（唐宣宗大中二年）张义潮推翻沙州的吐蕃统治创业，大中四年西方收复伊州，五年又攻略东方肃州、甘州成功，遣使上达朝廷，授沙州防御使，同年升归义军节度使，懿宗咸通四年（纪元863年）取凉州、兰州，翌年下甘肃地方廓州，迄于咸通八年（纪元867年）张义潮入朝（卒于长安），二十年间，河西、河湟之地全由归义军自吐蕃人之手夺回①，完成统一伟业。张氏历三代至唐朝命运绝灭后五代十国离乱时代之初，以内讧转换原沙州长史曹议全为始的曹氏子孙支配，转换期推定在纪元九一四至九二〇年间②。抑且，稍前张氏地方政权内纷初展的九世纪九〇年代，甘州已被自蒙古西移的回纥人占住，另建统治体，其东凉州也以地理切隔而由西蕃族盘据。所以，曹氏时代的河西地方，自西而东，呈现曹氏归义军—甘州回纥—凉州西蕃三分势力并立的状态，李元昊的凉州、甘州征服告一段落，乘胜席卷衰残的沙州曹氏乃是必然之势。九世纪中至十一世纪中存立于敦煌的张、曹两家半独立地方政权，无力肆应激动的国际情势，近二百年的寿命终于不保。闻名国际敦煌郊外莫高窟的石室宝藏“敦煌文书”，依文书最后纪年推定，便于李元昊征服军抵境，仓卒的临战体制下密匿闭藏近八百年，十九世纪始重见天日。

河西全土平定后第三年（宋仁宗宝元元年，辽兴宗重熙七年，纪元1038年），正值三十岁盛年的李元昊踌躇满志，正式宣布大夏国独立，登位为皇帝，定其父德明以来的都城兴州（灵州隔黄河对岸上方，今宁夏银川市）易名兴庆府为国都。《宋史》记其国运登峰造极的这一幕：“元昊既悉有夏、银、绥、宥、静、灵，盐、会、胜、甘、凉、瓜、沙、肃，而洪、定、威、龙皆即堡镇号州，仍居兴州，阻河依贺兰山为固。始大建官，以嵬名守全、张陟、张绛、杨廓、徐敏宗、张文显辈主谋议，以钟鼎臣典文书，以成逋、克成赏、都

① 张氏归义军领域逐步扩张年代，依长泽和俊《敦煌》，第180—181页。

② 依长泽和俊《敦煌》第192页意见。

卧、都如定、多多马窦、惟吉主兵马，野利仁荣主蕃学。置十二监军司，委豪右分统其众，……总五十余万。设十六司于兴州，以总庶务。元昊自制蕃书，命野利仁荣演绎之，成十二卷，字形体方整类八分，而书颇重复。教国人纪事用蕃书，而译《孝经》《尔雅》《四言杂字》为蕃语。复改元大庆”。一个形势上东接宋朝中国，北界辽，南连吐蕃系西蕃诸种族，西邻回纥人势力，领土东含河套而西包河西，尽有汉族中国西北地域的新兴大国诞生，俨然辽、宋之外的东亚第三势力，以及凭其东西方交通大道要冲的优势条件，以十一至十二世纪为发达高潮而活跃于东洋史舞台，如《金史》外国传上（西夏）所说明的立国背景：“土宜三种，善水草，宜畜牧，所谓凉州畜牧甲天下者是也。土坚腴、水清列，风气广莫，民俗强梗尚气，重然诺，敢战斗。自汉、唐以水利积谷食边兵，兴州有汉、唐二渠，甘、凉亦各有灌溉，土境虽小，能以富强，地势然也”。

《宋史》外国传夏国下跋，曾以大篇幅介绍西夏兵制、战术，与其强劲攻击力，对所谓“以铁骑为前军，乘善马，重甲，刺斫不入，用钩索绞连，虽死马上不坠”，印象为尤深刻。李元昊独立西夏意志表达，便也见于发西夏大军侵入宋朝国境，陕西前线宋朝守军频频溃败，朝野失色，幸起用名臣范仲淹、韩琦，专务防卫，不求侥幸急功，完成北边防线上连锁堡砦据点坚守，才脱却危机，战事进入持久胶着形势。如此旷日费时的维持大兵力警戒，固严重损耗宋朝财政，而人力、财力、物力均不如宋朝的西夏，尤其时间愈拖久愈不利，双方同感战争疲惫的状况下，乃有宋仁宗庆历四年（纪元 1044 年）的和平条约签订，李元昊向宋朝上誓表臣伏，宋朝则正式册封李元昊为夏国王，每年赐绢十五万三千疋、银七万二千两、茶三万斤与西夏（约略相当宋辽澶渊兄弟盟约岁赠数的三分之二），并许开设榷场（贸易地）互市，而七年战争收场。另一方面的夏辽关系，李元昊之父德明时代原已一度恶化，其后也只维持表面不破裂而已。宋夏和议之年（辽兴宗重熙十三年），恶劣关系升高到辽兴宗亲征西夏，失利。四年后的纪元一〇四八年（辽重熙十七年、宋庆历八年），李元昊在位十七年卒，子谅祚立，翌年起连续两年，辽再伐夏，以谅祚上表“依旧称臣”（《辽史》二国外纪西夏传）结束这一幕。换言之，西夏回复了对宋、辽的两属关系，却已只名义的，于自国仍是建元自帝。

关于对宋和平，西夏自李元昊之死已加破坏，仍是入侵不绝，宋朝也依然必须于边境维持大军严密警备。西夏历代继位之主均受宋朝册封，又历代均与宋朝混战不已，以及便是西夏主动的战了又请和，和了又挑衅，铸定为终十一世纪的宋夏关系特征。也惟其如此，宋朝自神宗历英宗至仁宗之初，熙宁元年（纪元1068年）王韶平戎策改采积极政策，“欲取西夏，当先复河湟”的侧翼进攻要旨提出，以及便于新法、旧法两党抗争期的新法党当政时代，断然付诸实行踏实展开。继熙、河洮、岷、通远四州一军，甘肃省东南部诸州，自吐蕃系西蕃诸种族手中收复而增设熙河路后，神宗次代哲宗元符年间以迄再次代徽宗之初崇宁年间（纪元1099至1104年），向受宋朝羁縻的西蕃青唐羌所领有青海省东境廓、鄯诸州，也加武力夺取，进取气氛一时弥漫。却是为时已晚，汉族中国东北方域外新主人女真族已经兴起，十二世纪二〇年代中先后倾覆辽朝与北宋，西夏趁宋军大撤退机会，接收了宋朝收复才二十多年的河湟之地，出现西夏历史领有最大版图的时期（《宋史》外国传夏国下跋：“夏之境土，方二万余里。河之内外，州郡凡二十有二”，即述此时疆域，也因而河南九州，河西九州之外，已加列西宁［鄯州］、乐、廓、积石的河外四州。）宋室南渡，金朝所奄有北方半个中国中介其间，夏宋间长期连绵的战争，自此才算真正终止。自此的西夏交涉对象，惟以金朝为主。

北宋时代的宋朝，北方强敌辽朝固虎视眈眈，西北的西夏同样形成大患。也惟其几乎无间歇的被迫必须与西夏攻守周旋，无休止的消耗国力又沉低战斗意志，而愈不堪抗拒来自北方正面的压力，北宋灭亡，西夏缠战不可谓非一大因素。相对而言，西夏无如北方势力的对宋野心为可知，但不停地攻击宋朝则显见，另一方面，虽战争而又始终尊重宋朝系衣冠上国，毋宁都是矛盾。矛盾如何由来便值得探索，解答似须接触到西夏立国根本的汉化问题——

尚系《新唐书》所叙述时代的党项族，仍在部族组织阶段的印象至为明晰，每姓一部落或数部落，如此闭锁性社会所形成的部族对立割据与不统一，经过唐末—五代至宋初，于拓拔氏势力下渐渐结集，而结局出现西夏国家组织时，转换为《宋史》记录的堪重视部分：之一，李元昊嗣位之年，“宋改元明道，元昊避父讳，称显道于国内”的避讳意识（实质也是凭此藉口而西夏开始独立建元），郊坛受册而登皇帝位的礼仪，与因而改名曩香的习惯，均已其个人汉化成熟的表征；之二，契丹立国与其入侵汉族中国，都有汉人居间参画乃注目现象，西夏亦然。甚多科举落第汉族士人，对立身于中国感到绝望时潜入西夏，均被李元昊重用为策略幕僚，如前引《宋史》记其侧近六人智囊团中汉人占其五，可为明示；之三，开国规程，“其官分文武班，曰中书、曰枢密、曰三司、曰御史台、曰开封府、曰翊卫司、曰官计司、曰受纳司、曰农田司、曰群牧司、曰飞龙院、曰磨勘司、曰文思院、曰蕃学、曰汉学。自中书令、宰相、枢使、大夫、侍中、太尉已下，皆分命蕃汉人为之”，底子了解纯系宋朝体制的模仿；之四，建国地便是传统汉族中国的一部分，尽管以位当西陲而不同系统的民族混住，仍然汉族居民成分为大，唐朝平定安史之乱的主要兵源便取自朔方、河西（陇右）的此一地域。而军区意味的十二统军司，却又如前引《宋史》记系就地“委豪右分统其众”。抑且，西夏人民生业，马、羊、骆驼等饲养与凭东西通衢地理位置收中介贸易利益之外，农业同系根本，而农耕从事者，主要又都是汉人。所以，西夏立国的汉化衬地，至为明朗，但对强力汉族文化压迫感之重，也不难想象。汉化既已不可抗拒，也以汉化而认识未来汉化必将愈陷愈深再无机会自拔，又从汉族历史警惕外族到达如此程度的民族命运，西夏领导阶层不得已的选择，惟一只有强化对“汉”敌体观念以图补救。其最简捷有力的方式，便是不断向文化母国挑战，兵戎相见之举乃由是频发，此其一。

其二，也以基于缓和汉族文化冲力的要求，“党项”民族意识抬高与吐蕃同格，自认第二吐蕃而扬弃传统民族称谓，直截转变为“蕃”。以蕃、汉对称。激昂的民族自尊表征，又表现于“蕃书”或今日考古、学术界著名的西夏文字诞生。对宋文书往返所用固为汉字，对西番、回纥等场合的文书便都是蕃书。蕃书地位被尊国字而置汉字之上，儒学浸润，也通过蕃书翻译汉字的转手，另开蕃学，教育官僚优秀子弟，与儒学的直接教养场所汉学并立。

一九〇七年，东北西三面被宁夏省境包围的甘肃省突出部分，额济纳河下流域沙漠中荒废了的古城发现，乃以外蒙古诸颜、乌拉的匈奴王侯坟墓发掘成果名噪一时的柯兹洛夫（P. K. Kozlov）所领导俄国探险队另一考古业绩。废城位置便在一九三〇年著名的居延汉简发现地东方附近，土名黑城（Kara Khoto），柯兹洛夫发现时认此为西夏故都，后经考定乃西夏十二监军司之一的黑水镇燕军之地。遗址最初发现时，城外西北隅的大坟墓地以及城内、外三处佛塔废址中，发掘出土品有中国风格与汉式衣冠的圣者、贵族与游星神，鬼子母神壁画、塑像断片、陶器片等，尤其宝贵系收集得当地干燥气候所保存多重不同文字记录、书写的古文书，其中，混在汉文、回纥文资料之外，又便多西夏文各类书籍、经典的写本、刊本、佛画、单张的裁判文书、纸币等①。以后，英国斯坦因（Sir Aurel Stein）也曾自黑城取走甚多文书类，法国伯希和（Paul Pelliot）则在敦煌发现丰富的西夏关系史料。

十九世纪末以来，西夏文字的碑文、佛典（主要便自敦煌石室出土）、蕃汉两体文字同铸的汉式方孔铜钱等陆续发现，欧洲学者已加注意，也以尚在不明文字阶段，且具特异性格而研究兴趣浓厚。最早，据于距北京市西北约六十公里，自汉族中国通行西北地域的要冲居庸关上，十四世纪中元朝所建过街楼内壁六种文体刻文中已认识的五种，上段左右向的梵文、吐蕃文，下段上下向的八思巴蒙古文、回纥文、汉文之外，下段另一种上下向书记不详语言的文字被猜测系女真文字，迨随后确实的女真文字发现，乃相信问题性的未知文字是西夏国文字，而最后判定属实②。只是，西夏文字的划期性研究展开，便赖黑城发掘的成果，柯兹洛夫携回后相隔二十年，一九三〇年全貌问世③的西夏文字、汉字对照的单语集《蕃汉合时掌中珠》，已系今日解明西夏文必备的实用工具书。《蕃汉合时掌中珠》系西夏人骨勒茂才于一一九〇年（中国已系南宋时代的西夏第五代主仁孝在位末年）撰定，简称“掌中珠”，内容以西夏字、汉字对译又对音，每一文字单位作四行排列，左起第二字的汉字为基准，右为与此汉字同义的蕃字，再右则记此蕃字的汉字发音，最左又是蕃字所记右侧汉

① 黑城考古发掘，取材自人物往来社版《东洋史》6. 宋代的新文化，第136页；西田龙雄《西夏》，世界文化社版《世界文化丛书》12. 蒙古帝国，第80页。

② 西田龙雄《西夏》，世界文化社版《世界文化丛书》12. 蒙古帝国，第80—81页）。

③ 同上，第81页。

字之音[1]。但即使具此珍本字书，今日全部已知六千一百三十三个西夏文字中，确能了解其音仍仅二分之一，明了其意的尤只约略三分之一[2]。西夏文字特征在于字形繁杂，依于汉字体裁与表意文字的性质，一个文字以二个以上的文字为要素而组合，文字要素之数统计全体三五〇种类，组合形态至四四种式样[3]。所谓蕃书、蕃字的西夏文字制作者，李元昊之父李德明说、李元昊说、元昊作而野利仁荣加以演绎说、元昊时野利遇乞仿汉字篆书而说说等，均有主张[4]，一般则仍以《宋史》记载的第三说为通说。且连贯前后事迹，说明之为广运三年（元昊年号，纪元1036年）改元大庆元年的原因，便以纪念蕃书制定与公布，其翌年，乃分建蕃、汉两学，而野利仁荣出长第一代蕃学[5]。汉族中国周围民族模仿汉字创制自身文字，西夏文字迟于十世纪初契丹（辽）文字而早过十二世纪初的女真（金）文字，所以，如果以此象征民族自觉与文化成长双方面的话，西夏所站立位置颇高。

李元昊以来历子、孙、曾孙三代，迄于北宋覆亡而终结对宋时战时和局面，交涉主体转换为金朝又臣服金朝的过程中，汉化主义却愈后愈唱高调。元昊曾孙乾顺之子与西夏第五代主仁孝，纪元一一三九年（南宋高宗绍兴九年）即位，通其五十五年治世，对外长期持续和平状态，国内经济发达，文明进步，儒教文化内容的充实到达空前境界。《宋史》外国传夏国下的记事：“（绍兴）十三年（纪元1143年），夏改元人庆，始建学校于国中，立小学于禁中，亲为训导。十五年八月夏，重大汉太学，亲释奠，弟子员赐予有差（文末论曰：“〈其父〉乾顺〈纪元1086至1139〉建国学，设弟子员三百，立养贤务；仁孝增至三千”）。十六年，尊孔子为文宣帝；十七年，改元天盛，策举人，始立唱名法；十八年，复建内学，选名儒主之；增修律成，赐名鼎新。……三十一年，立翰林学士院，以焦景颜、王僉等为学士，俾修实录”，可充分反

① 诚文堂新光社版《世界史大系》8. 东亚Ⅱ，第105页附图说明。
② 人物往来社版《东洋史》6. 宋代的新文化，第139页。
③ 西田龙雄《西夏》，世界文化社版《世界文化丛书》12. 蒙古帝国，第83页。
④ 有高岩《东洋史概观》，第318页。
⑤ 西田龙雄《西夏》，世界文化社版《世界文化丛书》12. 蒙古帝国，第81页。

映。可惜，仁孝次代便已皇室内讧，又值北方草原蒙古人巨大势力形成，西夏国势急激衰颓。仁孝卒后三十二年间五易主位，《宋史》论赞“不有君子，其能国乎”，《金史》赞誉“立国二百余年，抗衡辽、金、宋三国”的西夏，终于末帝嗣位翌年（纪元1227年，宋理宗宝庆三年，金哀宗正大四年）与金亡前七年，倾覆于成吉思汗大征服浪潮中，国家存续共历十代一九〇年（李继迁起算则二百余年）。

**西夏世系图**

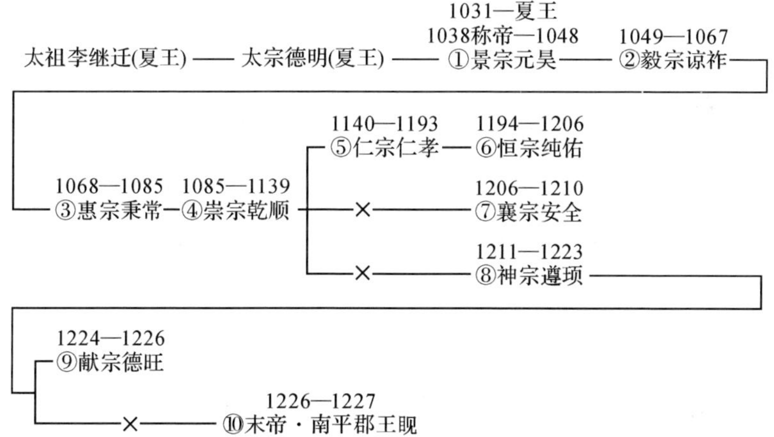

# 征服朝代成立

## 契丹·辽朝——二元支配体制的创始

唐朝灭亡与汉族中国内部大波动的十世纪之际，北方草原发生大变化，也带动中国历史抑且东洋历史，都激起大变化。从来生活圈以原长城线为限界的北方民族，由契丹民族的辽朝开始，突入长城以南支配汉族中国土地，向草原国家的新路线行进，而中国史上从未经历的朝代性格——征服朝代，自辽朝最初出现。

征服朝代（Dynasty of Conquest）的名词与理论，系近年国际间中国—东方学的一大创见。新说自1949年美国魏特夫K. A. Wittvogel（"*History of Chinese Society* <liao>"，中国社会史·辽代，与冯家昇共著）提倡后，虽然对其全盘主张尚存异议与修正意见①，学说的大方向已被学界共同接受。基本的理解，系以中国社会史区分汉族朝代型与征服朝代型两大类型。征服朝代的特征，第一，内陆亚洲北方系文化后进异民族，以兼领汉族中国文明地带，而连结原长城线内外农耕、草原两个世界，简言之，对汉族中国全出征服形态，也未因转进汉族中国土地上而放弃草原本据。第二，固有的部族人民与被支配的汉族，相互间存在共生关系，异质的两类型社会系两立而同时共存国家制度因之设定为分离的二元体制。第三，文化固受汉族指导，却非单纯的吸收，相反，强烈表现其汉族文化对抗意识与民族自觉，独有的自身文字创造系一大表征。十世纪辽朝，便是中国历史上具备此等特征的第一个朝代，辽朝领有汉族中国的土地仅系部分，但此非地域广狭问题，重要性在于朝代成立的性格。自是，入十二世纪而有代辽朝广大支配汉族中国北方全域的女真族金朝，以及更大规模征服汉族中国全土地的十三世纪蒙古人元朝，与十七世纪满洲人清朝，

① 参阅岛田正郎《辽代的社会与文化》第64—73页，Ⅲ. 征服王朝还是胡族国家?

都是自辽朝发端后，连贯性又阶段性扩大征服现象的征服朝代。征服朝代论的立义，乃在于此。

辽朝系中国史的第一个征服朝代为确论，参照北魏与其以前朝代，甚或与辽朝建国同时，继承唐朝政权的五代中的后唐、后晋、后汉三朝代，立国均以切离部族时代原住地形态，移住汉族中国环境内单向的汉族文化同化结果，所以朝代历史基本便是汉族中国的，文化也是纯粹汉式的，而辽朝则迥异，堪资辨认。然而，中国人立场解明中国历史，仍须正视：中国的征服朝代支配者属性，仅元朝蒙古人系大草原上纯粹的骑马游牧民族，其余均发源于农耕、草原交界地带，久已接触汉族的北方系异族，文化上早便摄入了汉族要素，也惟其如此而兴起征服汉族天地的野心，此其一。其二，所有征服朝代的异族统治者，又除蒙古人于元朝倾覆时仍得整族退出汉族中国领域之外，其余无论辽朝契丹人、金朝女真人，甚或清朝满洲人，仍然都以消失于汉族大熔炉为共同命运（金朝已以契丹人称汉人，元朝又以女真人称汉人，今日中华民族五主要分子民族之一的满族，也已非原建立清朝的满洲人，而指广泛的通古斯诸种族，清朝便转换称谓的“新”满洲人），与北魏鲜卑人，抑或后唐等沙陀突厥人，初无二致。独立的文字创制，不排除汉化的防疫作用与意念，但自我警戒心理不过一时，结局还是屈服于汉族文化，而意识的抗拒壁垒被冲毁。然则，仿汉字的独自文字出现，说明之为学习汉族文化过程中的变容，尚嫌不够适切，较直接移用汉字为自身文字更进步、更积极的模仿精神表现，毋宁才是恰当解释。如上意义，又自中国第一个征服朝代辽朝的历史事象，已堪显映。

十世纪初勃兴辽朝的契丹民族，其民族称谓成立，可以上溯与突厥约略同时。四世纪以来已于东部蒙古辽河上流的西喇木伦河（蒙古语黄色之川意味而汉族中国资料便谓之黄河或潢河）流域，热河省境兴安岭东麓的草原地带，与其同种族库莫奚民族相邻，均经营游牧生活，也与库莫奚同以《魏书》为最初载其动向的中国文献。历四、五、六世纪，长期各各立于部族个别分散，不相统率的状态，至隋唐而机运初展，记载已详的《隋书》《唐书》说明契丹统合成八部而奚（《隋书》开始简略“库莫奚”的民族称谓为“奚”）五部，彼此相互攻争又共同服属突厥。突厥臣伏于唐朝，奚、契丹也转换归属唐朝，七世纪初贞观年间以来接受羁縻府州统制（奚—饶乐都督府，领州五，另独立州四；契丹—松漠都督府，领州八，另独立州九），领袖均赐姓李，隶营州都督府监护。七世纪末则天武后时代契丹部族一度发生李尽忠叛变被敉平后，于八世纪初玄宗时代，羁縻府州系统与奚族共同改列幽州都督府隶下。以后约两个世纪间，契丹族稳定发展，对外大体维持和平状态，与奚族停止激斗，“常递为表里，号曰两蕃”（《唐书》北狄传奚条）；一方面，内部八部分立相互抗争的局面也渐渐终结，芽生有机的联合组织需要，而出现八部大人（夷离堇）交替制选出领导人，三年一交代的独特联合领导方法。九、十世纪之交唐朝统御力显著衰退，大草原上接替突厥制霸的回纥势力又先已崩裂，南、北压力两皆化消的真空状态中，契丹族抬头的机会乃惠然而临。

其时，因时际会正任八部联合领导人的迭剌部出身者耶律阿保机，脱颖为创造时势的英雄人物，唐朝覆亡同一年的纪元九〇七年，统一八部，打破选举交替制而契丹的世袭君长制最早成立，团结契丹全族的强力中心势力铸定。自此十年间，“北侵室韦、女真，西取突厥故地，击奚，灭之”（《资治通鉴》后梁纪一太祖开平元年条），从未与契丹并称的“奚”的独立名词由是消失。汉族中国领土幽州卢龙节度使治下偏北突出位置的营州（今辽宁省朝阳），唐末混乱期已陷由奚族盘据，是时陪伴转移入契丹之手（《辽史》地理志三兴中府条）。纪元九一六年，阿保机正式登位皇帝，建元神册，于西喇木伦河畔筑城定都，名黑都（太宗改上京临潢府，今热河省林东县），是为辽太祖。称帝第八年的天赞二年（纪元923年），后唐推翻后梁，契丹浑水摸鱼再夺取营州南面毗连的平州（《辽史》太祖本纪下，地理志三平州条平州，今河北省卢龙）。敞开侵略汉族中国的大门。同系十世纪二〇年代，又西降西夏、东灭渤海国，东洋史上新巨人的兴起，前后仅历时短短二十年。次代太宗（太祖次子，契丹名尧骨，汉名德光）制造汉族中国朝代再变换，天显十二年（纪元936年）军事援助后晋颠覆后唐的代价，后晋向契丹称臣、称儿，翌年纪元九三七年割让燕云十六州为赠礼，契丹南面领土续扩大至汉族中国领域内的河北省中部以北、察哈尔省南部与山西省北部。幽州因是改名燕京（今北京市，燕云十六州的概称由此），契丹由是自是年建立“辽”的国号，改元会同元年。

与《资治通鉴》同系辽朝盛世北宋时代著作的《新五代史》，其四夷附录契丹传记录辽朝立国过程的同时，如下几段叙述均值得注视：

——“是时（唐末），刘守光（幽州据有者）暴虐，幽、涿之人多亡入契丹。阿保机乘间入塞，攻陷城邑，俘其人民，依唐州县置城以居之。汉人教阿保机曰：‘中国之王无代立者’。由是阿保机益以威制诸部而不肯代。其立九年，诸部以其久不代，共责诮之。阿保机不得已，传其旗鼓而谓诸部曰：‘吾立九年，所得汉人多矣，君欲自为一部以治汉城，可乎？’诸部许之。汉城在炭山东南滦河上①，有盐铁之利，乃后魏滑盐县也。其地可植五谷，阿保机率汉人耕种，为治城郭邑屋廛市如幽州制度。汉人安之，不复思归……。（阿保机）尽杀诸部大人，遂立，不复代”。

——“至阿保机，稍并服旁诸小国，而多用汉人，汉人教之以隶书之半增损之，作文字数千，以代刻木之约。又制婚嫁，置官号。乃僭称皇帝”。

——“阿保机僭号，以（韩）延徽（原幽州刘守先参军）为相，号政事令，契丹谓之崇文令公”。

——“及（辽太宗德光）已立晋，又得雁门以北幽州节度管内，合一十六州。乃以幽州为燕京，改天显十一（三?）年为会同元年，更其国号大辽，置百官，皆依中国，参用中国之人”。

十分明白，创业途中的契丹，政治、军事、文化、经济等各方面，都得汉族协力。太祖建设国家成功，基本原因之一便是充分利用因避纷乱逃入契丹的汉族人民，抑且基于同一要求而直截俘归汉人，安抚农民与手工业者充实经济力，重用知识人参画国事，才刺激国势的突飞猛进。太祖父子，自身且都是接受相当高度汉式教养的人物，又从同一《新五代史》资料可见：

——“（太祖阿保机）谓（姚）坤（后唐使者）曰：吾能汉语，然绝口不道于部人，惧其效汉而怯弱也”。

——“（太祖长子突欲，汉名倍，投后唐赐名李赞华）喜宾客，好饮酒，

① 阿保机所筑此第一处汉人聚居城郭的位置，曾有意见须于今察哈尔省张家口至多伦的中间地带探求，见及川仪右卫门《满洲通史》，第96页。

工画，颇知书。其自契丹归中国，载书数千卷，枢密使赵延寿每假其异书、医经，皆中国所无者”。（太祖初灭渤海国的处分是改建东方契丹国意味的“东丹国”，封倍为王。待太祖崩，受继帝位系倍之弟太宗，倍奔后唐，卒于汉族中国，其子世宗立，追尊义宗让皇帝），东丹国如昙花一现消灭而渤海国旧土全归契丹直辖。《辽史》地理志二显州（原渤海国都显德府）条，也记倍统治东丹国时，“性好读书，不喜射猎，购书数万卷，置医巫闾山绝顶，筑堂曰望海”；义宗传相同的记载之外，又补充：“通阴阳，知音律，精医药、砭焫之术。工辽、汉文章，尝译《阴符经》。善画本国人物，如射骑、猎雪骑、千鹿图，皆入宋秘府”。

太宗德光虽缺类似的明文记录，参照《资治通鉴》后汉记一，其灭后晋在汴时，“翰林承旨张砺，奏拟燕王（韩延寿）中京留守、大丞相、录尚书事、都督中外诸军事，枢密使如故。契丹主取笔，涂去录尚书事，都督中外诸军事而行之”，仍堪指示其汉文理解程度。

便以契丹领导人已具汉式教养根底，又在汉人文化人直接指导之下，则其立年号，行皇帝受册仪，受汉族传统的皇帝美名尊号等事象展现，乃为当然。也便是领导人周围汉族智囊团的怂恿，而契丹对汉族中国土地的领有欲增强，燕云十六州割让事件终于实现。大片成熟的汉族中国土地被牺牲，向为历史界所痛心疾首，也诚然制造了未来北族与汉族间交涉的一大问题，然而，一项既已存立的现实也不可不加注视，即：自隋唐以来，沿原长城线的汉族中国土地上，汉族与大量移住的各方面异民族混居现象原已固定化，汉人朝代也属不可避免，尤其便是营、平—幽州（燕京）的一线。所以唐末中原人已兴“天下指河朔若夷狄焉”（《新唐书》史孝章传语）的慨叹，此其一。其二，营，平二州既然失陷，以之为跳板的契丹入侵箭头，事实上已不断交加而来，只是都被武力同属强劲的后唐所阻挡，结局后唐灭亡于国内反叛者后晋与契丹的夹击，燕云十六州之地乃在战争转变为和平、侵夺转变为割让的形式下丧失。理论上，且以领有汉族中国北方的后晋称臣，而对半个汉族中国具有了宗主权。所以，当后晋第二代皇帝愿意随父向契丹称“儿”而称“孙”，却拒绝称“臣”，立即引发巨大风波，被契丹指为背叛宗主权，乃有会同九年（纪元946

年）大举南下开封（汴京）的一幕上演。是年十二月灭亡当初一手扶植的后晋后，翌年（纪元947年）二月，太宗受开封汉人官僚集团推戴，正式君临中国，改元大同。但《新五代史》举证"胡兵人马不给粮草，日遣数千骑，分出四野劫掠，人民号为打草谷，东西二三千里之间，民被其毒，远近怨嗟"等，契丹人投身入汉族社会时习俗的格格不入，导致各地汉族抵抗意志强化，太宗自身又不能适应黄河以南水土，次月，率全军引退本据，而于北归途中病殁，汉族中国乃有后汉的自立。

**辽朝大事年表**

907年·（唐亡）耶律阿保机统一契丹
911年·阿保机称帝
920年·契丹文字制定
926年·灭渤海国
937年·领有燕云十六州、国号"辽"
946年·灭后晋
960年·（宋朝建立）
983年·辽复称"契丹"
1004年·宋契丹澶渊之盟
1066年·契丹再改国号"辽"
1115年·（女真阿骨打称帝，建金国）
1125年·金灭辽
1132年·耶律大石建西辽（—1201年）

太宗之殁，随行的东丹王长子得诸将拥立为世宗，而北方另立太祖幼子为继承人，邀击北归途中的世宗。纷争兴起，结局虽仍是北方派屈服，但世宗的下场还是被暗杀，太宗之子继位又遇弑，帝位再回复世宗系。十世纪四〇年代以来约四十年间，政权斗争全无骨肉之情，强盛的国势顿形堕落，须第六代圣宗嗣位始告安定。

与契丹内讧相对，中原五代离乱回复统一的基盘步步稳固，加给了契丹反压力，后周世宗伟业，便于契丹政局低潮期拓展，纪元九五九年（显德六年）

收复燕云十六州中偏南的莫、瀛二州（《辽史》地理志序因此以营、平二州补足十六州之数）。可惜世宗之崩正值此际，几乎立即替代的后续朝代宋朝，收拾破碎的汉族中国成功，北方领土求自契丹已退缩到白沟（今河北省拒马河）为国界的一线再突破，却是希望化为泡影。以纪元九七九年五代十国最后存在的太原北汉国被消灭而进兵契丹，原燕云十六州境内。纪元九七九年高梁河（今北京市西）之役与纪元九八六年岐沟关（今河北省涿县南）之役两次大挫败之间，契丹已是圣宗继立（高梁河会战宋朝太宗亲征，中流矢负伤不愈，且是促成早死的原因之一）。也自圣宗而契丹的对宋守势一变，频频攻击，宋朝黄河以北州县敌骑扰掠无宁岁。宋朝第三代真宗时代的纪元一〇〇四年（宋景德元年，辽统和二十二年），契丹大军疾风似进逼黄河北岸之境的澶州（澶渊，今河南省濮阳），直下黄河南岸开封迫在旦夕，惊惶的宋朝朝廷已有避难江南或四川之议，幸宰相寇准果断反对，说服真宗亲征稳定人心，解除危机，而有同年有名的澶渊之盟和约签订，宋朝承认每年向契丹输银十万两、绢二十万匹。附带条款，约定双方缔结兄（宋）、弟（辽）之国，定期使节往来交聘，国境开放互市，许可两国人民自由贸易。契丹军事优势下，宋朝争取谈判如上条约内容的和议成立，堪夸一大成功，而契丹所以接纳，考虑到长驱侵入中原腹地，决战时过长的后方连络线可能被切断，应系一因，但主要则推测基于经济理由。宋朝之初，太祖对商人的契丹贸易采放任态度，太宗即位已加统制，国境上互市场所以外的贸易一概禁断，两度北征失败的交战状态中，愈对契丹严加经济封锁，当是对文明化而物资需要日益迫切的契丹有力制裁。在于契丹方面，掠夺固是补充物资的直接手段，战争目的，也无非压迫宋朝回复开放贸易。澶渊之盟既然对此取得保证，又由宋朝固定每年提供丰厚的岁币与物资，绝对有利于契丹，立于对等国际关系的和约乃顺利完成。自是宋辽两国在对等国交下，迄于辽末，超过百年的长时间大体均能维持和平亲睦关系。（仅澶渊之盟后三十多年，双方均系次代的宋朝仁宗、契丹兴宗之世，而中国西北境西夏新兴国崛起，连连侵宋之际的纪元 1042 年，辽方趁机向宋勒索，银、绢三十万的岁币增额至绢三十万，银二十万。）

辽圣宗十二岁即位（纪元 982 年），在位四十九年间，内治外交成就俱皆令历史界刮目，允称辽朝第一明君。三十七岁对宋优势和平实现，国力充实，国势回复蒸蒸日上，非只开拓契丹第二阶段发展坦途，也自其手创造契丹国运最盛期。东方女真部族被收入治下，进军高丽，下西京平壤，陷都城开京，高丽王奉正朔称臣降伏，西方屈服西夏，压制回纥，来贡者五十九国。《辽史》地理志序记其时契丹四至："东至于海，西至金山（阿尔泰山），暨于流沙，北至胪朐河（克鲁伦河），南至白沟，幅员万里"的全有内外蒙古而面临日本海的大领土伟容，与考古出土庆陵圣宗汉文哀册碑文"四民殷阜，三教兴行，开拓疆场，廓静寰瀛。东振兵威，辰卞（高丽）以之内款；西被声教，瓜、沙（回纥）由是贡珍。夏国之羌浑（西夏）述职，遐荒之乌舍（女真）来宾"① 的强盛描述，正相对应。也惟其圣宗铸定契丹巍然东方第一强国姿貌，自此历兴宗、道宗三代，迎接约一百年的契丹盛运，以及当时声威广及中亚细亚，"契丹"之名因之远迩皆闻。届至灭亡，中世以来的西方人仍以北方中国，甚至中国全土，称呼为"契丹"（Khitai、Kitai，转为 Cathay）②，流传至今日，俄语中的"中国"仍沿袭此名词③。

总名庆陵的圣宗、兴宗、道宗三代陵寝所在的辽朝庆州，位当临潢府之西，今日热河省林西县与内蒙古巴林左翼旗白塔子，遗构丰硕的出土物中，诸帝后哀册（墓志铭）发现，已系了解契丹文字的划期性关键。关于契丹文字创制，《辽史》资料的说明颇为清晰：1. 太祖纪下神册五年（纪元 920 年）："春正月乙丑，始制契丹大字"；2. 突吕不传："制契丹大字，突吕不赞成为多"；3. 皇子表德祖（太祖之父）六子第三子迭剌条项："（迭剌）能习其（回纥）言与书，因制契丹小字，数少而该贯"（年代推定在天赞三、四年左右④，亦即纪元 924—925 年前后）。但字形实体向所未见，便须庆陵哀册最早出现为契机，始为学术界所认知。迄于一九三二年的日本考古界历次有计划调查，发现碑文总数已十五面，此等刻有哀册文的墓志，仅只汉文者为多，计圣

① 转录自和田清《中国史概说》上卷，第 175 页引文。

② 和田清《中国史概论》上卷，第 175 页。

③ 同上，同页。

④ 及川仪右卫门《满洲通史》，第 118 页。

宗文武大孝宣皇帝、仁德皇后、钦莹皇后（均圣宗后）、仁懿皇后（兴宗后）、道宗仁圣文皇帝、宣懿皇后（道宗后）等十一面，契丹文四面，刻有契丹文字共一千七百五十八字①，特别是道宗与宣懿皇后汉文哀册与契丹文哀册同在，各合成一组，比较对照下，对契丹文字的解读研究具有关键性助力。自此，陵墓壁画的墨书文字、陶器上墨书而烧成的文字、镜面所刻文字等也陆续发现，所提供契丹文字资料乃急激丰富。

契丹哀册发现，直感上便了解非如文献所说明的隶书之半增损，而系汉字楷书体。但研究也已证明，契丹文字的大部分，系参考古代突厥文字而制的音表文字，组合而成汉字形状与用汉字笔划表现，乃为正确，只于汉族中国史料中载之为“回纥文字”而已；另一部分，则直接似于汉字结构为象形文字。大部分为缀音文字的契丹文字，普通以若干个原字合成一语（即形式上表现如汉字一字），原字之数考定约自二二〇至二三〇个。其合成法则，二字场合乃自上而下，三字场合自左而右再向下，四字则自左而右后又以左下、右下为顺序，五字合缀时依四字例而其下续加一字。文献所称“大字”“小字”意义之别，现虽尚不能具体解说，猜测小字可能便指原字，合成一语谓之大字，却又与《辽史》所述先制大字再作小字的过程颠倒②。不论如何，历史死语契丹文字于理解上完全复活，今日固仍待研究界继续努力，但契丹文字书写方式尽管模仿汉字，特别如哀册篆额的情况，却是予汉字变形而制作的自己文字，从这一点，已足证明契丹民族并非单纯的汉族文化直输入模仿者而加消化。抑且，也是历史上汉族中国北方异民族，吸收汉族文化时第一次民族自觉精神表现，以及北方异民族最早自汉字脱胎的独有新文字成形。只是，汉文哀册与契丹文哀册伴出的事实，指示汉文于辽国与契丹民族间，与契丹自身文字同等都是公用语，对等的、公式的用于公文书，则契丹的汉族文化母体束缚，仍然无力摆脱也可判明。

与文字相关的契丹语言，以及种族所属问题，宋人洪迈《夷坚志》曾记，

---

① 平凡社版《世界历史大系》6. 东洋中世史第三篇，第450—451页。

② 契丹文字解说，取材自同上，第53—54页。

契丹小儿依其俗语颠倒文句而读汉文书，所以“鸟宿池中树，僧敲月下门”诗句，读如“月明里和尚门子打，水底里树上老鸦坐”①。契丹语构成法全与阿尔泰语系的蒙古语、通古斯语相同为可想象，《辽史》世表也述契丹先世系东胡—鲜卑，因之向来推定契丹族乃是游牧化通古斯族。但此说现已被否定，学界以中国史书中的契丹语与现在的北亚细亚诸民族语言比较，获得其主要乃蒙古语，一部分才是通古斯语要素的理解上答案，而有契丹族乃蒙古族与通古斯族的混血民族，相当于今日中国东北域内达斡尔（Tafur）族，语言也近似达斡尔语的论断提出。随后再深一层的研究：又明了今日达斡尔语与中期蒙古诸方言无大差别，系自蒙古语的古型所形成方言之一②，契丹语便是中期蒙古语或蒙古语古形一方言的定说，由是于近年成立。惟其如此，依此前提而立证契丹族便是蒙古族的一种，替代被推翻的通古斯族之说，支持固尚嫌脆弱，契丹族的人种所属毋宁谓之迄今不明，但从庆陵壁画肖像画的风貌、文献所描绘风俗习惯，如今增加语言学研究成果，契丹族生活状态的属于蒙古系统无疑，则已获得证明。

从单一的蒙古式游牧社会到二元体制支配实现，太宗取得燕云十六州以届深入汉族内地这段期间，系其最早酝酿。太祖初起，固已以鼓励集团移住契丹本据的汉人安居，而兴筑城郭经营都市生活，并付以汉式州、县之名（虽然所设州、县的实质，仅指城郭与其周围小范围地域，仍与具有辖境的标准汉式州、县有别），从来移动游牧的草原地带，也因此移殖与分布了一个个小型的定居社会组织，但这些形式上等于草原大圈圈中小圈圈的城式州县与汉人，当时都直属太祖私的管理，而非国家行政系统。国家规模初创时官制，也都只简朴的、固有的，其后追加名词的所谓北面制或北面官，尚无二元迹象，任用不分契丹人或汉人，太祖侧近汉人顾问职位因人而设，如韩延徽之例。因事而置，又仅绝少如适应汉人兵马征发所需，《辽史》百官志三南面朝官汉人枢密院条所谓“太祖初有汉儿司，韩知古总知汉儿司事。太宗入汴，因晋置枢密

① 平凡社版《世界历史大系》6. 东洋中世史第三篇，第53—54页。

② 契丹族与达斡尔族间关系并其语言系统，参阅同上，第52页。

院”。但同志叙述以后之事，便是——

“太祖神册六年，诏正班爵。至于太宗，兼制中国，官分南、北，以国制治契丹，以汉制待汉人。国制简朴，汉制则沿名之风固存也”（志一，总序）。

“辽有北面朝官矣，既得燕、代十有六州，乃用唐制，复设南面三省、六部、台、院、寺、监、诸卫、东宫之官。诚有志帝王之盛制，亦以招徕中国之人也”（志三，南面朝官序）。

《辽史》仪卫志一舆服条又说明：“辽国自太宗入晋之后，皇帝与南班汉官用汉服；太后与北班契丹臣僚用国服”。

辽朝成立为复合民族国家，游牧与农耕异质的社会两面并在，辽朝统制的特异性，便在稳定其相与共生，以及中国历史上征服朝代部族制═游牧人民、州县制═农耕人民，政治上北面、南面二元制支配创始的由来。了解辽朝二元制形貌的基本史料，乃《辽史》营卫志与地理志，特别又是前者，反映原长城线以北，契丹人游牧社会与其传统的部族制，而农耕社会生活型态与州县制，也在此地域作地域性的、程度上的交错，以与地理志的纯粹州县制报导连结。

太祖以统一契丹八部为大事业基盘，建国后，契丹自族旧八部析置为十二部（但国舅族升帐列“内四部族后，止十部”），内太祖出身所由的迭刺部氏族集团分五院、六院两部，即官制中北面官的北院、南院。又以被征服与契丹族同一生活型态，由血缘发展为地缘氏族制集团为根柢的游牧诸部族，增编八部族，内奚六部的最大部族（其余部族实质也多以奚人编成），与契丹自族中北院、南院、乙室部合称四大部族，其长均称“大王”。圣宗时代，续分旧部族增十六部族，征服圈也以再扩大而以室韦、女真（女直）、唐古、敲烈等新置十八部族，合三十四族，连同太祖以来旧有，部族全体到达五十四（除国舅族实际为五十二）个之数。

辽朝部族制内层，所谓内四部族的四大帐或四大帐族，成份分别是太祖耶律氏、耶律氏支配前契丹旧势力，以及对耶律氏勃兴协力最重要的姻族，建国后耶律氏族为皇族，后两系统氏族集团自太祖以来也是准皇族的特权阶级。计：1. 遥辇帐（遥辇九帐族，《辽史》百官志一北面诸帐官项遥辇九帐大常衮司条："太祖受位于遥辇，以九帐居皇族一帐之上"）；2. 皇子帐，（横帐三父房族，横帐谓太祖子孙，《辽史》百官志一北面诸帐官项遥辇九帐大常衮司条："辽俗东向而尚左，御帐东向，遥辇九帐南向，皇族三父帐北向。东西为经，南北为纬，故谓御营为横帐云"），太祖兄弟后裔谓季父房，太祖从兄弟后裔则孟父房、仲父厉，合称三父房（见《辽史》皇子志）；3. 国舅帐族（太祖先世母系与太祖后述律氏，三氏族集团自太宗赐述律氏"萧"的汉姓而合姓萧）；4. 国舅别部（国舅部族，自萧氏中独立成世宗母东丹王妃塔列葛氏。与3. 同见《辽史》外戚志）。

有别于部族制的帐族、部族、斡鲁朵（蒙古语 Ordo，斡耳朵），乃直属于天子与皇后的御帐组织，中国史籍译之为"宫卫""宫帐"或"宫"。意义上非单纯君主所居住帐幕而已，所指是君主帐幕的护卫与资以维持此集团私生活的人为组织全体，包括天子私兵与私有民组织；惟其如此，相当亲卫队任务的同时，也具有经济生活所系，历史上的采邑意味。此一统治的中核组织，自太祖结集心腹自族与汉民，对抗契丹旧势力成功而创业，最早开端，以后辽朝每逢新天子即位，都析人、户成立直属自身的新斡鲁朵，引为传统。所以斡鲁朵所属人、户，与天子连结有私的主从关系，崩驾后仍服侍陵寝（新天子组织新斡鲁朵，此亦原因之一）。营卫志上宫卫项序所谓"天子践位置宫卫，分州县，析部族，设官府，籍户口，备兵马。崩则扈从后妃宫帐，以奉陵寝。有调发，则丁壮从戎事，老弱居守"是也。辽朝全朝代所成立此类斡鲁朵，前后为数共十三：九代皇帝、太祖后与太宗母应天皇太后、景宗后与圣宗母承天皇太后、圣宗弟孝文皇太弟的十二宫，以及圣宗时大丞相、晋国王耶律德让（谥文忠）的文忠王府一府，《辽史》中总称"十二官一府"。

《辽史》营卫志上总序说明"居有宫卫，谓之斡鲁朵；出有行营，谓之捺钵；分镇边圉，谓之部族"的"捺钵"（行帐，Natuch）制度，又堪注目。同志（中）行营项序："辽国尽有大漠，浸包长城之境，因宜为治。秋冬违寒，春夏避暑，随水草就畋渔，岁以为常。四时各有行在之所，谓之捺钵"，辽朝天子非为常处京都，系每年按四时季节转移其巡狩驻跸地为特色。每帝春、夏、秋、冬行在所均非相同，且不必每年相同，但均在原野山川间则一。似于流动国都的政务运行状况，营卫志中行营项记载颇明晰：“皇帝四时巡狩（守），契丹大小内外臣僚并应役次人，及汉人宣徽院所管百司皆从。汉人枢密院、中书省唯摘宰相一员，枢密院都副承旨二员，令史十人，中书令史一人，御史台、大理寺选摘一人扈从。每岁正月上旬，车驾启行。宰相以下，还于中京居守，行遣汉人一切公事。除拜官僚，止行堂帖权差，俟会议行在所，取旨、出给诰勅。文官县令、录事以下更不奏闻，听中书铨选，武官须奏闻。五月，纳凉行在所，北、南臣僚会议。十月，坐冬行在所，亦如之”。

契丹如上的游牧传统，自纪元一〇〇〇年前后圣宗治世内政整备，辽朝君主权稳固与中央集权体制强化，部族—帐族—斡鲁朶的外貌仍然维持，精神却发生大变化。部族单位于其时大幅的析置与新置，便是以军事编制与行政区分为重点，对应农耕人民州县制基准，而全面予部族制下一般游牧人民的编制加以人为力量改组的结果。所以氏族制社会依然，而已由中央任命的常衮（总管意味）丞相等部族官统治，国家权力强力渗透氏族内部构造，氏族机能的实际已形消除。帐族原所保有以许可私有隶民部曲为最大表征的特权，也于圣宗时被中央收回，而实质上已与一般部族无异，中央派有诸帐官驻在，“帐族”的名望与地位转向于单纯的荣誉化。斡鲁朶的规模也自圣宗时代而缩小，分析既有部族，开放其人户形成新的部族，对象同及于斡鲁朶隶民。圣宗以来新设斡鲁朶，且多受继的便是先帝诸斡鲁朶所属户之例。所以，斡鲁朶构成员性格，渐渐也与部族制下一般人民无异，诸斡鲁朶（宫）、捺钵（行宫）同样接受中央政府的宫使、都部署院、司控制，入于中央与天子双重统制之下，对天子私的关系减退，意义已只附随了天子权威的装饰而已。

游牧人民的中央集权化达成同时，长城线外与游牧社会并存，农耕社会人民的州县制统治陪伴发生变化。太祖龙兴，以招徕汉人来投与安置被俘汉人，初立州县制，州县也惟居住汉人，但州县为数非多。待并灭原系州县制的渤海国，州县设置才增加，支配圈内定居生活者渤海人也于人数比例上压倒汉人，以及准汉人待遇。但长城线外汉人与汉城的单独性格，仍然强烈，《辽史》地理志一上京临潢府条：“上京，太祖创业之地……神册三年城之，名曰皇都。（太宗）天显十三年，更名上京，府曰临潢。……南城谓之汉城，南当横街，各有楼对峙，下列井肆”，文末，引辽太宗灭后晋之年被俘入契丹，七年后五代后周太祖广顺三年（纪元 953 年），辽朝内讧期逃归汉族中国的胡峤所著《陷虏记》文：“上京西楼，有邑屋市肆，交易无钱而用布。有绫锦诸工作、宦者、翰林、伎术、教坊、角抵、儒、僧尼、道士。中国人，并、汾、幽、蓟为多。”《五代史》外国传契丹的同一说明：“其俗旧随畜牧，素无邑屋。（阿保机）得燕人所教，乃为城郭宫室之制于漠北，距幽州三千里，名其邑曰西楼邑，屋门皆东向，如车帐之法。城南别作一城，以实汉人，名曰汉城，城中屋佛寺三，僧尼千人”。地理志二东京辽阳府条又记：“神册四年葺辽阳故城，以渤海、汉户建东平郡为防御州，天显三年升为南京（太宗天显十三年改为东京）。外城谓之汉城，分南北市，中为看楼，晨集南市，夕集北市。……河朔亡命，皆籍于此”。隶属形态，蹈袭太祖阿保机自立时直辖汉城的传统，所成立州县属于斡鲁朵（崩后则奉陵邑）。或者，征服战中所俘掠人户，允许诸王、国舅自置州县，谓之头下（投下）军州。此项制度，同自君主权伸张的圣宗以来而性质全变，一概已由中央配置长官统治（包括头下军州由中央定其州名），而收归中央管辖之下，诸斡鲁朵（或奉陵邑）与头下州主所保留仅收取视听的食邑机能，实质已与太宗以来所领有南面燕云十六州纯粹汉人社会中的州县无异。

惟其如此，乃有《辽史》地理志一总序所记：“太宗以皇都为上京，升幽州为南京，改南京为东京，圣宗城中宗（志三中京大定府条：中京，唐置饶乐都督府。圣宗议建都，择良工于燕、蓟，董役二岁，郛郭、宫掖、楼阁、府库、市肆、廊庑，拟神都之制。统和二十五年，城之，实以汉户，号曰中京，府曰大定），兴宗升云州为西京，于是五京备焉”，以及依五京配列五“道”，地理志分“道”缕述长城内外一体的州县整然规制成立。州的长官为节度使（少数仅置刺史的称散州），县则县令，京、府（两者位置合一，惟中京道兴中府、东京道黄龙府，非“京”而单独建制）为州、县上位。全国五京，六府（应为七府，地理志以黄龙府系于龙州条，百官志为明晰）一五六州，军（军州）、城（边防城），二〇九县的此等地方官，《辽史》百官志便统入南面官（汉人社会）系统，某京左、右相，某京留守行某民尹事以下与知黄龙府、兴中府事称“南面京官”，某州某军节度使以下称“南面方州官”，均北面官制所无。

| 契丹（奚）本据（辽河以西，唐朝直辖领土） | 上京道 | 上京・临潢府（今热河省林东县，遗址今波罗城） |
|---|---|---|
| | 中京道 | 中京・大定府（今热河省宁城县，遗址今老哈河左岸察罕苏巴尔罕（Tchagan Soubourgan）＝大宁城）、兴中府（今热河省朝阳县，原唐朝营州） |
| 渤海国故地 | 东京道 | 东京・辽阳府（今辽宁省辽阳县）、黄龙府（今吉林省农安县，原渤海国扶余府） |
| 燕云十六州 | 南京道 | 南京・析津府（今北京市） |
| | 西京道 | 西京・大同府（今山西省大同县） |

社会的二元性反映于政治面，北面独有部族官而南面独有州县官的判然区别，《辽史》百官志总序亦有“辽国官制，分北南面院。北面治宫帐、部族、属国之政，南面治汉人州县、租赋、军马之事。因俗而治，得其宜矣”的明言。又堪注视总序如下关于北面官的说明：“初，太祖分迭剌夷离堇为北、南二大王，谓之北、南院。宰相、枢密、宣徽、林牙，下至郎君、护卫，皆分北、南，其实所治皆北面之事。语辽官制者不可不辨。凡辽朝官，北枢密院视兵部、南枢密院视吏部，北、南二大王视户部，夷离毕视刑部，宣徽视工部，敌烈麻都视礼部，北、南府宰相总之。惕隐治宗族，林牙修文告，于越坐而论议以象公师”。所以，辽朝官制中的北、南枢密院均北面官，也非南枢密院职司汉人兵马之事。南面官制中另有汉人枢密院掌汉人军政，与中书省、门下省同列南面朝官之首。但“掌佐理军国之大政”的北、南府宰相惟北面官，南面官制所无，可以了然，政治权力仍然掌握在北面，辽朝二元体制的根底仍是一元主义。

于此，两项事象于了解辽朝政治为重要——

其一，契丹族游牧传统，女子同具军国之事发言权，太祖之后与东丹王、太宗之母应天皇太后，非只机谋知兵又直接统军，对太祖开国助力极大，也是继太祖之位舍东丹王而立太宗的决定人，自身且便于太祖之崩（七月）至太宗登位（翌年十一月）一年余空位期间称制摄政。太宗崩于自汴京北归途中而世宗自立，北方系一度另立天子对抗也出自这位女中豪杰正面支持。半世纪后辽朝国势登上隆盛巅峰，关键君主圣宗乃幼年即位，治世前半均其母景宗之后承天皇太后摄政，届统和二十七年逝世圣宗始亲政，所以圣宗伟业，基础实由这位伟大女性政治家奠立。历史上北亚细亚游牧民族共通的族外婚习俗下，契丹族与帝室世代互结婚姻的萧氏诸氏族集团，便因帝、后权力相埒，又系太祖自立期最亲密支援力量，而国舅帐族地位与皇族平等，以及如《辽史》外戚志序所言："（萧姓）三族世预北宰相之选。"则国舅或外戚萧姓之于辽朝，依其尚"北"传统，权势毋宁且超过世预南宰相之选的耶律氏自身皇族。

其二，辽朝执政的最大势力北（府）宰相，国舅族以"世预其选"而最容易居此重任，学界曾据《辽史》纪、传统计，除缺太宗、世宗两代资料外，全朝代余七代天子之世共四十八人，萧姓占其五分之四的三十八人，堪资印证①。但由此统计，也明了世选非与独占限必萧姓同一意义。而特别拔擢的非萧姓北（府）宰相十人中，耶律氏一人、世系不详一人，均辽初，余八人俱汉人：景宗时室昉，圣宗时耶律隆运（赐姓，原姓韩，名德让）、刘慎行，道宗时陈留、姚景行、杨绩，耶律孝杰（赐姓，原姓张）、杨遵勖，为堪注目。韩德让由南府宰相改北府宰相，再升为之特设的大丞相，赐国姓又赐名，位亲王上而籍隶横帐季父房，卒，"拟诸宫例建文忠（谥号）王府"，便是《辽史》营卫志列举天子宫卫（斡鲁朵）"十二宫一府"斡鲁朵之一，尤非一般皇族或国舅得享的荣典。南（府）宰相的约略统计共五十七人，内皇族四帐三十二人、国舅萧姓八人、渤海一人，余十六人也均汉人②（包括原李而其父仲禧以来赐国姓的耶律俨）。

辽朝勃兴之初重用汉人，印象为至鲜明，黄金时代的太平盛世，汉人势力仍占如宰相统计所见的比重，含意已非简单。第一，北面制、南面制至圣宗以来整然判别，可知纯粹视支配对象而区分的统治方式，非附着任官的属地主义。州县南面制长官颇多契丹人充任，为学界所共知，现又知北面官，抑且是

① 据姚从吾《说辽朝契丹人的世选制度》辽史上历朝所任北府宰相（北宰相）一览表，《东北史论丛》上，第303—312页。

② 据同上注六（同书，第336—337页）。

国政首脑部的北、南宰相，相对也多汉人担当，以及汉人甚多获赐耶律国姓的事实所指示，汉人于辽朝历史的政治分量，自始至终未减，已十分明白。第二，文化影响更超过了政治。太宗时代定国号为“辽”，汉族色调浓厚，圣宗即位而承天皇太后摄政之初的统和元年（纪元983年），因之回复以“契丹”族名为国号，但历兴宗至道宗咸雍二年（纪元1066年，宋朝仁宗次代英宗时），国号终仍采用“辽”字，以迄辽亡，可为举证。契丹或辽朝，自太祖开国便已警觉简朴的游牧社会如果快速全盘汉化，高文明生活以无历史基础而其缺陷远较优点容易被感染，创制契丹文字以至换回“契丹”国号等举动，无非都是汉人势力与汉族文化影响力压倒自身倾向愈益明显时，苦心的意识上防卫作用。然而，国家百年盛运期展现，一切苦心均化流水。《辽史》地理志上京、中京、东京三道开列州县名下，多数说明圣宗以来增置，以及百官志载南面官制中，府、州、县各有儒学而设博士、助教之官，都是方向的具体指标。抑且，文献记录此时期的诸帝自身，又堪注视都是：圣宗“幼喜书翰，十岁能诗。既长，精射法，晓音律，好绘画”；兴宗“善骑射，好儒术，通音律”；道宗更是累召儒臣讲解经书（均见《辽史》本纪）。

辽朝文化重要遗产，热河省白塔子（辽朝庆州址）庆陵的科学调查，契丹文、汉文哀册乃有关契丹文字解读的关键，总称庆陵中东陵（圣宗陵）出土丰富的绘画资料，特别是墓室与圹道壁面，总数七十以上模写实在人物且等身大的立像人物画，文官、武人，乐人、渔夫、妇人等各色各样，服装又契丹服与汉服俱见，以及中室四壁四巨幅《四季山水图》山水画，描绘春、夏、秋、冬景观与鸟兽生态，均壁画的优秀作品，却已全然汉式技巧。陶瓷器艺术相似，中国东北域内多量此类遗物与窑址发现，自其代表性的鸡冠壶、辽二彩、三彩、长壶等造形与构图见出，也莫非都是汉族中国精致作品的模仿，游牧民族固有的素朴感觉尽失①。

汉人的宗教信仰佛教，也正充沛浸润契丹社会精神领域，影响契丹族原与北方欧亚大陆其余游牧、狩猎民族相同的固有萨满信仰退缩。佛寺陪伴太祖兴

---

① 辽朝艺术品解说，取材自诚文堂新光社版《世界史大系》8. 东亚Ⅱ，第97页。

筑城邑供移住契丹之地的汉人安居，已有建造，自是佛教信仰汹涌输入。历代诸帝的热心奖励，佛塔、佛寺兴建发达为国家事业，益益自汉族中国招揽僧尼入境，上京于五代后汉—后周之交僧尼数已聚至千人。小名文殊奴的圣宗以来，历兴宗、道宗都是虔诚的佛教皈依者，契丹佛教于此百年间到达最盛期，《辽史》道宗纪赞“一岁而饭僧三十六万，一日而祝发三千”的记载，盛况可见。佛典也于此期间大量刊行，著名的契丹大藏经雕印便自道宗清宁五年(纪元 1059 年)。山西、河北北部旧燕云十六州之境与东北域内，遗留今日的佛塔、佛寺殿阁，也多于此时期营造，规模且均宏伟。山西省大同上华严寺大雄宝殿乃高三公尺以上的基坛上，所耸立正面九间（五十四公尺)、侧面五间(二六・五公尺）的雄大建筑物；同省应县的佛宫寺释迦塔为中国现存最古木塔（纪元 1056 年?)，八角五层，全高及于六十公尺①。砖塔则上京城址（波罗城)、中京城北（大宁城）等长城线外辽朝州县城邑址中多有发现，庆州城址（白塔子）的八角七层塔白塔，系其代表作；辽宁省义县城内奉国寺大雄宝殿，又是九间五面的豪壮巨构另一例，以及东北域内所知最古的木造建筑②。石雕、砖雕、木雕的种种佛像、菩萨像，自诸佛教遗迹中众多发现，又是研究辽朝雕刻艺术的上好资料，并加深直结汉族中国艺术的印象，可能这些佛教艺术者，如同佛寺、佛塔抑且城邑建筑工匠们，直接都来自汉族中国。所以，辽朝佛教思想、佛教文化全由汉族中国移殖而中国化，较之同时代西夏国佛教以地缘、种族关系，也受西藏佛教影响，大有区别。

考古学上了解辽朝物质精神文明的快速提升，与文献记录正相符合，此一现象自是可喜，相对却不自觉步上了不克自拔的自坏之途。辽朝经济，畜牧经济维持契丹人自身生计，国家财政端赖农耕经济，以及汉人的各种产业经营。澶渊之盟以来辽宋贸易旺盛，都市中流通经济活泼，《辽史》地理志一上京条：“南门之东回鹘营，回鹘商贩留居上京，置营居之。西南同文驿，诸国信使居之。驿西南临潢驿，以待夏国使”，与西方国家间贸易频繁又可见。“城

① 岛田正郎《辽代社会和文化》，第 58 页。

② 诚文堂新光社版《世界史大系》8. 东亚Ⅱ，第 94、第 96 两页附图说明。

南谓之汉城”，则城北便居契丹人，以及契丹人同样已习惯都市生活，也为了然。一般契丹自族于长期太平盛世中，见异思迁放弃低水准畜牧生计者多，已是杠杆平衡力的丧失，而国富增大时皇室奢靡、浪费、颓废之风高扬，特别是对佛事功德的挥霍无度与大兴土木，再充裕的财政也会窘迫。值此惟汉人占经济优势而游牧人民渐堕贫乏化之际，道宗的佛教狂信也到达极度，基于佛禁杀生的理念而竟断然限制狩猎，反常的绝灭游牧人民根本生业之一。另一方面，都市发达，群牧制国家牧场划割改置的州县数不断增加，反面意义，也是相尅性州县不断压迫国家牧场，同自道宗之世，因之牧地已形狭隘，入次代其孙天祚帝时代，终于继再出现辽朝以游牧民族发迹，其时国家军马之数居然感到不足的事象。辽朝盛极而衰以致灭亡，这些都是原因。

天祚帝已系辽朝末代天子（宋朝当英宗、哲宗、神宗之后的徽宗时代），东北境内原役属的女真族完颜部正以一日千里之势发展，完颜部酋长阿骨打建国称“金”，登位为金太祖（纪元1115年，辽天庆五年，宋政和五年）前后，频频向辽无情挑战。辽朝国势江河日下，辽河流域土地与东京以下州县全行沦失于金。久与辽朝保持和平状态的宋朝趁机图恢复燕云十六州，约金大举夹击辽朝，金兵以得鼓励而愈气势如虹，连拔辽朝上京、中京、西京，宋军约定自行攻略的南京（辽末改名燕京）却久战不下，仍由金军回师攻取。五京全陷于金，日暮途穷的辽朝天祚帝西走绥远方面，投奔属国西夏，西夏已改附于金，捕俘天祚帝以献（纪元1125年，金天会三年，辽保大五年，宋宣和七年）。传世九代的辽朝，存续二一〇年，至是而亡。

《辽史》本纪最末篇天祚皇帝四的后半，所记已系辽朝灭亡后，再兴辽朝意味的西辽事迹，历史舞台也已转移至中亚细亚。记录叙创业主耶律大石“字重德，太祖八代孙也。通辽、汉字，善骑射，登天庆五年进士第，擢翰林应奉，寻升承旨”，于辽兴军节度使任内，遭遇金兵日逼，天祚播越的国家大变故。辽朝五京尽陷于金，土崩瓦解的灭亡前一年（纪元1124年），率部分追随者西奔，以天山门户西州（高昌）回纥的服属为事业起点，沿天山山脉降柯耳鲁（葛逻祸），侵入伊犁河谷，回纥系西卡拉汗朝君王让位，而耶律大石登帝位，《辽史》之言是：“号葛儿汗（Gut－khan）。复上汉尊号曰天佑皇帝，

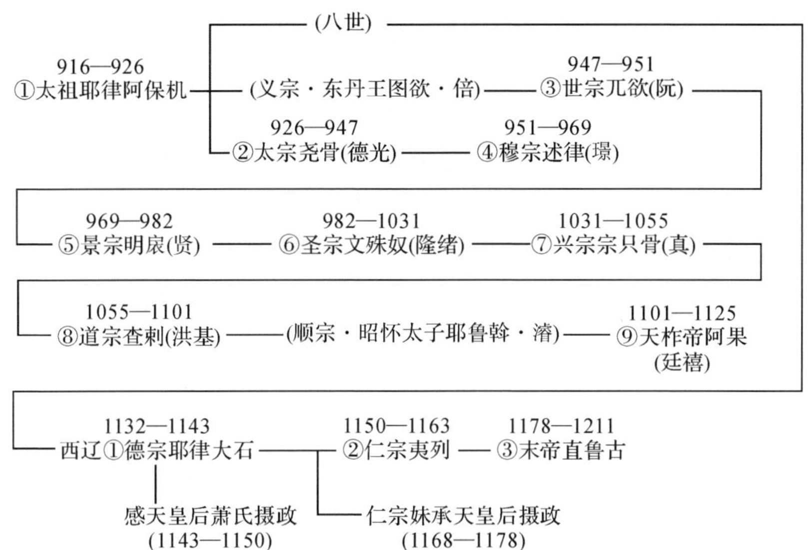


改元延庆”，是为德宗，其年代通说系于纪元 1132 年（南宋高宗绍兴二年）。恢复辽朝的雄图实现，中国史书对此新国家的名词称之“西辽”，回教史家笔下则“黑契丹”（Kara – khitai）。国都建立于碎叶地方斐罗将军城（Balasaghun 或 Balgasun），号虎思斡鲁朵（Hus Ordo）。自此南下击溃突厥系塞尔柱朝大军（纪元 1141 年，撒马尔罕）而征服中亚细亚，折向东囊括东卡拉汗朝新疆之地，国都建立于原西卡拉汗朝本据吹河南岸八拉沙衮（Belasagun，原唐朝西突厥本据）而名虎思窝尔朵（Gus – Ordo，今托克马克 Togmak 附近）。第二代仁宗，又压迫代塞尔柱朝而勃兴的花剌子模（Khoarizm）朝从属。第三代末帝时，人类历史最大征服者蒙古成吉思汗已如烈日腾升，被灭亡的西辽背后准噶尔盆地突厥系乃蛮部太阳汗之子屈出律逃亡至西辽受优遇，未料竟阴结花剌子模，篡夺末帝之位而西辽领土被瓜分。西辽历三帝（次代仁宗幼时母萧后摄政，殁后同母子幼而由妹普速完摄政，实际须是五代）八十年而灭亡（纪元 1211 年，南宋宁宗时）。屈出律的政权与花剌子模国家，也被追踪压来的蒙古势力先后消灭。

十二世纪西辽制霸亚洲西方，领有土地范围的广大，足与同时期东方金朝与南宋相匹敌。东洋史学界对之的历史评价，非只国势强盛而已，尤所注意系西方史料叹佩其以极少数的征服者人数，却博得如此广域内所征服人民普遍欢迎而强大的原因：[①] 其一，军政兼征税官的驻在诸属国，任务仅在收取贡纳，而且每一家户负担至为轻微，不干预内政，礼遇其国王；其二，国内公用语乃契丹语与汉语，却仍容认属国与被征服人民间的突厥语语言使用；支配集团自身宗教信仰乃佛教，也仍对当地宗教持宽大态度，并未强制性改变或影响领域内原住民社会生活形态。则立于中国史立场，更注意的毋宁是中国文化（汉化了的契丹文化）、佛教文化，以西辽立国而一度携入突厥，回教文化潮流中的历史事态，虽然这些被携入的文化要素仍然被冲毁。

## 女真·金朝——中原化快速变容者

兴亡列中国正统朝代之一的金朝，以东北地方土著民族女真人而进出长城以南，占领黄河流域，支配北半个中国，其朝代性格，如同前时代的辽朝，为中国历史上第二个征服朝代。其系汉族以外，也依汉族标准为低文化水准的异民族，凭武力征服汉族，国家制度与社会组织的复杂性，以及原图保持其固有的部族制，结局却不能自主的向汉族社会顺调发展，也与辽朝契丹人同一路线。征服者的武力向被征服者的文化低头，以致消灭自身历史的进程，金朝于时间上且远较辽朝为快速，朝代寿命的存续仅及辽朝之半。

“女真”的名词，自渤海国灭亡于辽朝后，始自文献中出现。“女贞”“女真”等都是同字异写，《辽史》虽谓避兴宗讳（宗真）而“女真”字样自此改书“女直”（以及再讹为“女质”），实则都是同一的女真语 Ju－chen 或 Niu

① 回教史料与西洋著作中说明，转引自江上波夫，《北亚洲史》，第 84 页；岛田正郎《辽代的社会和文化》，第 13 页。

–chin 发音翻译。女真语此词原义，考定系为“民众”，所以史学界多谓便是“渤海国遗民”之意，以与“女真”名词的起源连结。如此解释，恰当否未知，但其系渤海国旧领内所住隋唐时代靺鞨种族的后身，则可确知，虽然也非建设渤海国的靺鞨一系（粟末靺鞨），而系势力原与对立，最后才归属的黑水靺鞨。《金史》太祖纪一便说明：“金之先出靺鞨氏，靺鞨本号勿吉；勿吉，古肃慎地也。元魏时，勿吉有七部，隋称靺鞨，而七部并同。唐初有黑水靺鞨、粟末靺鞨，其五部无闻。粟末靺鞨始附高丽，李勣破高丽，粟末靺鞨保东牟山，后为渤海，称王，传十余世。黑水靺鞨居肃慎地。开元中来朝，置黑水府，以部长为都督、刺史，置长史监之。其后渤海盛强，黑水役属之，朝贡遂绝。五代时，契丹尽取渤海地，而黑水靺鞨附属于契丹。其在南者籍契丹，号熟女直，其在北者不在契丹籍，号生女直。生女直地有混同江、长白山，混同江亦号黑龙江，所谓白水、黑山是也。”原黑水靺鞨由是依南、北分布位置，以及是否收编入契丹直接治下，而区分熟、生女真。《辽史》中的熟女真，圣宗时代以来且平等的与契丹自族并列五十四部族北面制，又依住地而各别赋有回霜女真、黄头女真等名称，最远移住辽东半岛的则曷速钴（合苏款）女真。偏北方面则未在五十四部族之数，因之谓为生女真，“生”字自也含开化程度的意味。

依于此，当可指示，自热河蒙古发迹的游牧民族契丹，建立辽朝又并灭渤海国后的势力，并未向东北境域的中东部森林、沃野地带充分浸透。十世纪末圣宗嗣位后辽朝势力最盛期展现，生女真虽也同已稳定役属，责成贡纳，支配方式仍异于熟女真，圣宗次代兴宗以来，模仿唐朝羁縻体制而由当地酋长世袭生女真部节度使，简言之，统制力仍然松懈。结局，新势力便出现于统制力始终松弛，东北域内森林、沃野地带半狩猎、半农耕、半游牧的通古斯系种族生女真部。

生女真向呈一个个分立的零散小政治集团，完颜部、乌古论部、徒单部等是其中十余个较大部落。新兴生女真的中心势力，乃以今哈尔滨东南阿城地方为本据，住居于辽金时代混同江（今日松花江）的支流按出虎水（今日阿勒楚喀河或阿什河）流域的完颜部。十一世纪中辽兴宗之世，以控制上方便于生女真部统一设置节度使，而此职授予对象便是完颜部酋长，已能明显反映完颜部势力的膨胀。自是历父、子、孙三世、六代节度使，至阿骨打继任的前后过程中，已实质完成全有中国“东北”东部、苏联沿海州、东北朝鲜咸镜道的广域生女真诸部落统一领导。

阿骨打时代，辽朝已是天祚帝治世。辽朝帝室因盛世奢靡而腐化，而浪费，而向服属部族需索无度，生女真部以其统制范围不断扩大，资源不断充裕，尤成辽朝榨取对象。长年累月高压下，生女真部表面恭顺而内心愤懑，蓄积的反抗意识至阿骨打接替领导时，终于爆发。纪元一一一三年，生女真部脱出辽朝束缚而独立实现，阿骨打自称都勃极烈，翌年猛攻来流水（今日拉林河，阿什河西与之并行的松花江另一支流）畔辽朝直辖领土东北隅宁江州（今日哈尔滨西南，旧名伯都纳的吉林省扶余县）的坏灭性打击，女真人已把握全面胜利契机，也奠下了光明国运的奠石。二次世界大战前发现追记此役，述阿骨打与辽军决战前在拉林河畔山丘，以胜利祥瑞显现而勉众戮力经过的《大金得胜陀碑》，系其孙世宗重莅故战场缅怀乃祖其事而建（大定二十五年，纪元1185年）①，庄严的开国纪念碑意味。石碑现仍存扶余县，石高一二·四公尺，宽约一公尺，碑面汉文，碑背女真字，② 今日已系研究女真文字的完整资料。

宁江州之役后，辽朝北边诸州相继沦陷，翌年纪元一一一五年（辽天祚帝天庆五年，宋徽宗政和五年），时年四十八岁的阿骨打正式于本据宣言建国，登皇帝大位，建元收国，国号“金”。国号由来，历史界通常接受《金史》地理志上（上京路项）的解释，指为完颜部本据松花江支流阿什河，亦即阿勒楚喀（Altchoucon）河的女真语汉译，谓阿什河盛产金砂，女真语河名即“金”的意味，却是，女真的“真”字便与“金”同音，可能是更直截的猜测。辽朝最大叛乱发展至此已不可收拾，惊惶的天祚帝动员全国兵力，号称七十万人，于阿骨打称帝为金太祖后亲征，遭遇的反而是鸭子河（爻刺河）

① 有高岩《东洋史概观》，第320页。

② 人物往来社版《东洋史》6. 宋代的新文化，第233页注。

会战大败，金军长驱陷黄龙府（今日吉林省农安县）。翌年再陷辽朝东方统治最重要据点东京辽阳府，以席卷之势尽行驱逐辽朝的中国“东北”势力，辽军于新兴女真军锐厉攻势下完全丧失抵抗能力。隔四年的金太祖天辅四年（纪元1120年），辽朝上京陷落，六年，中京陷落，西喇木伦河、克哈河流域易手。金军西移时，辽朝西京继又陷落，南京（辽末改名燕京）依宋金军事同盟由宋军攻略而失败，同年（纪元1122年，金天辅六年，辽保大二年，宋徽宗宣和四年）底，金军应宋邀续陷燕京，燕云十六州除燕京与其南六州以外之地也全入金朝。而燕京与六州，地虽移交宋朝，城中财物、居民已全数迁入金朝领域。太祖于翌年北归途中崩，弟太宗继位第三年，逃亡西夏国域内辽朝徒存名义的末代天子天祚帝，以西夏投降金朝被出卖，捕送金朝，辽朝名实俱告灭亡。

**金朝大事年表**

1114年·女真人破辽

1115年·阿骨打称帝

1118年·宋约金同盟攻辽

1119年·女真文字制定

1122年·陷燕京，辽五京俱没

1125年·灭辽

1126年·陷开封，翌年，北宋亡

1142年·宋金和议，宋称臣，定国境线（1165年新和议成，君臣关系改为叔侄）

1153年·迁都燕京

1206年·（蒙古成吉思汗即位）

1215年·蒙古陷燕京，金迁都开封

1234年·蒙古灭金

翌年纪元一一二六年（金太宗天会四年，宋钦宗靖康元年），金军大举南伐，年末，下汴京开封，宋朝才于上年受父内禅嗣位的钦宗与太上皇徽宗，翌年初被俘北去，北宋亡。黄河以北收入金朝领土范围，另划河南、陕西方面占领区成立傀儡国家楚国短命结束，三年后续改建齐国，与江南重建宋朝的南宋间，设定缓冲地带。金朝自建国以迄连灭辽、北宋两大国，前后时间仅十二年，雄飞冲力堪谓惊人。

扶植宋朝降臣成立傀儡国家，于金朝续对宋朝江南政权攻击，展开激烈战斗时，发现其统治无力化只有碍事，而于金朝第三代熙宗时代断然废除齐国，直接并合此地区（纪元1137年）。五年后的皇统二年（纪元1142年，宋高宗绍兴十二年），金朝军事优势压迫宋朝接受的和平条约确定成立，主要内容：1. 两国以东自淮河，西至大散关（陕西省宝鸡县）的一线为境界；2. 宋向金称臣，并尊金为伯父；3. 宋向金岁贡银二五万两、绢二五万匹。大领土发展到达全有原契丹人旧领土与淮河以北半个汉族中国的金朝，届于其时，又自灭辽前后的太宗时代，西夏、高丽先后已臣事金朝之外，增加了宋朝皇帝执臣下之礼。金朝睥睨东亚，君临诸国的态势铸定。

金朝初建，帝位的波动如同辽朝之初。太宗继太祖之位，仍蹈袭辽授节度使以来完颜部酋长继承传统的兄终弟及法则（太祖节度使之位亦承袭自兄，兄位受于其叔），太宗预立其侄孙（太祖之孙）第三代熙宗为继承人谙班勃极烈，已系诸有力勃极烈压力下，“太宗不能拒”（《金史》世纪赞宗翰语，以及宗翰传、熙宗纪）的结果，第四代海陵庶人更是弑从兄熙宗自立，第五代世宗也以废从弟自立。朝代基础稳定表征的帝位波动结束，系在世宗之世，正同于辽朝的须待圣宗嗣立。然而，第一，不必如辽朝的随圣宗之立而出现第二发展期，金朝东亚主导权便于帝位波动期确立，相互间为无影响。第二，女真族加剧汉式文明化，也提前已自帝位波动期展开，而且倒反使与第三代以下帝位波动发生密接关系，每一次帝位不正常转易，代表的正是汉化水准升高一层的标志意味——

建国前的女真族，各部酋长称孛堇（通古斯语Bogin、Bekin对音，首领之意[①]）。独立运动发端，由太祖自身舍弃上年承袭辽朝所授节度使之位，改称孛堇名词转化[②]的“都勃极烈”为始，两年后正位皇帝建金朝，设定中枢架构

① 及川仪右卫门《满洲通史》，第171页。

② 同上，同页。

时，乃有各种名称的勃极烈（女真语 bekilembi）制度正式制定，《金史》太祖纪收国元年条："正月壬申朔，群臣奉上尊号。是日，即皇帝位。……七月戊辰，以弟吴乞买（太宗）为谙班勃极烈，国相撒改为国论勃极烈，辞不失为阿买勃极烈。癸巳，以国论勃极烈撒改为国论忽鲁勃极烈，阿离合懑为国论乙室勃极烈"，系此最早官制，性格虽简单，却保存女真色彩仍浓的官制成立时间，以及概以宗室皇族任命的说明。但当征服事业以惊人速度展开，土地扩张，人民激增，支配民族包含熟女真、渤海、契丹、汉人的成份与其多元化倾向愈益明朗，国情愈益复杂，原来专为统治女真人而制定的勃极烈简单官制已不能适应国情。所以《金史》有"太祖入燕京，始用辽南、北面官僚制度"（刘彦宗、刘企先等传赞）的特笔，只是尚仅权宜的参用汉官与汉制，而且太祖平燕后即崩，四年后次代太宗天会四年（纪元 1126 年）才是汉式尚书省以下官司正式建制之年，与勃极烈制度并行，辽朝模式的二重支配体制成立。隔九年的天会十三年（纪元 1135 年）太宗驾崩，熙宗继位时，便决然全废勃极烈制，一元化模仿宋朝制度，单一采行汉式的所谓新官制，再十多年后次代海陵庶人以来，一元化官制愈坚实推行。《金史》百官志序对此的综合记录是：

"其官长皆称曰勃极烈，……其部长曰孛堇，统数部者曰忽鲁。凡此，至熙宗定官制皆废。其后惟镇抚边民之官曰秃里，乌鲁骨之下有扫稳脱朵，祥稳之下有么忽、习尼昆，此则具于官制而不废，皆踵辽官名也。"

"汉官之制，自平州人不乐为猛安谋克之官，始置长吏以下。（太祖）天辅七年，以左企弓（辽大臣）行枢密院于广宁，尚踵辽南院之旧。天会四年建尚书省，遂有三省之制。至熙宗颁新官制及换官格，除拜内外官，始定勋封食邑入衔，而后其制定。然大率皆循辽、宋之旧。"

"海陵庶人正隆元年罢中书、门下省，止置尚书省。自省而下，官司之别曰院、曰台、曰府、曰司、曰寺、曰监、曰局、曰署、曰所，各统其属以修其职。职有定位，员有常数，纪纲明，庶务举，是以终金之世，守而不敢变焉。"

汉化政治两位最大的热心者都是历史界所指证暴君，为颇有兴味。《金史》熙宗纪赞："末年酗酒妄杀"，海陵纪赞："屠灭宗族，翦刈忠良"，赵翼《廿二史劄记》金初父子兄弟同志篇整理《金史》资料也说明："宗磐、宗隽、挞懒等相继以谋反诛，帝（熙宗）亦酗酒，以疑忌杀其弟常胜、查剌。海陵又手弑帝而夺其位，遂杀太宗子孙七十余人，宗翰、宗弼子孙三十余人，斜也子孙百余人，诸内族又五十余人，草薙株连，几无噍类”，特别对于后者，赵翼之书且专撰海陵荒淫、海陵兼齐文宣隋炀帝之恶两篇，益显其恶名昭彰。此与同书金代文物远胜辽元篇所记：“熙宗谒孔子庙，追悔少年游佚，自是读《尚书》、《论语》、《五代史》及《辽史》，或夜以继日。海陵尝使画工密图杭州湖山，亲题诗其上，有‘立马吴山第一峰’之句；其中秋待月赋鹊桥仙词，尤奇横可喜。又尝令郑子聃、杨伯仁、张汝霖等与进士杂试，亲阅卷。子聃第一，是并能较文艺之工拙。计熙宗登极时，年仅二十余，海陵当宗弼行省时，已在其军前，则其习为诗文，尚在用兵开国时也。按：宗幹延张用直教子，海陵与其兄充皆从之学，事在天眷之前”的性向，似乎极不调和而矛盾，却堪重视，正是金朝立国短短三四十年间，便由政治带动全盘汉化的强劲突破力量，暴虐，也可解释之为突破旧传统时不得已的形式。

建国当时的女真人，比较契丹的场合，汉化程度原远为偏低，但女真人系半农耕民族，容易接受汉化的条件先已具备。太祖、太宗创业过程以得汉人协力而加速扩大占领地，大规模接触汉族与汉式生活时，汉化速度与其倾向的增大乃为必然。第一代太祖已取汉名旻，两同母弟次代太宗汉名晟，斜也汉名果，已见端倪。所以熙宗果断实现以天子权威为基调的汉式中央集权体制，原系顺理成章，只是时间太过提前，由宗室所代表建国以来女真人有力者保守势力不易适应，强力与熙宗行动对抗之势乃告形成，便是所谓“谋反”。巨大阻力下强行转换局面成功，是海陵庶人的敢作敢为挺身登场，弑杀以政治失望沦入自暴自弃之境的堂兄熙宗，取代帝位后，对持反对革新立场的皇族保守势力放手大弹压。障碍以无情杀戮一举全灭，通往汉式君主专制国家的坦途终于豁然敞开，宗室垄断政治的旧传统廓清。金朝国初以来蹈袭的辽朝北、南面官遗例，至是也完全脱却外壳，向汉制一元化固定。

海陵庶人大胆的革新运动另一面，在于迁都。金朝发源地今日阿什河畔黑龙江省阿城县白城遗址，太祖建都时称会宁州，太宗升府，熙宗颁行新官制同时又置为上京（见《金史》地理志上，上京路项会宁府条），合接收自辽朝，也仍辽之旧的东京（辽阳府）、中京（大定府）、燕京（南京析津府的辽末改名）、西京（大同府），恢复辽朝五京制度（原辽朝上京府，止称临潢府）。《金史》地理志上上京路项说明“国初称为内地”的开国以来国都与女真族势力渊源的上京，海陵庶人直截便以系旧势力巢穴而断然舍弃，贞元元年（纪元1153年）正式移建国都至扩建了的燕京，易号中都与大兴府，原中京改北京，增汴京为南京（开封府）。并“削上京之号，止称会宁府，称为国中者以违制论”（同志同条语），海陵纪正隆二年条八月“罢上京留守司”后的记事且是：“十月壬寅，命会宁府毁旧宫殿、诸大族第宅及储庆寺，仍夷其址而耕种之”。以五京以及十四总管府为统制中心，全国十九路地方行政区划，由是设定。世宗大定十三年虽仍回复会宁府上京之号，国都已固定建设于中都。所残留已只祖宗发祥地的崇敬意味而已。

惟其如此，《金史》百官志、地理志所记金朝一元化政治制度，立脚点全建立于海陵庶人治世，非皇族女真人与汉人回翔于中枢最高层位间，也自此时始，特别如《金史》列传所见汉人重臣的比重。但须辨明，辽朝已视渤海人为汉人，金朝“汉人”范畴又包括了原辽朝契丹人，《金史》列传人物颇多耶律、萧之姓，而百官志序记录章宗明昌四年的官数统计，“见任官万一千四百九十九，内女直四千七百五员，汉人六千七百九十四员”，却便只简单的两分法分类。《廿二史劄记》金元俱有汉人南人之名篇，也具类似记载：“金、元取中原后，俱有汉人、南人之别。金则以先取辽地人为汉人，继取宋河南、山东人为南人；元则以先取金地人为汉人，继取南宋人为南人。《金史》完颜勖传：女直无文字，及破辽获契丹汉人，始通契丹汉字，此以辽地为汉人也（《金史》文艺传序：太祖既兴，得辽旧人用之，使介往复，其言已文）。贺扬庭传：“世宗谓扬庭曰：‘南人矿直敢为，汉人性奸，临事多避难。异时南人不习词赋，故中第者少，近年河南、山东人中第者多，殆胜汉人’。此以河南、山东人为南人也”（类似的世宗之言，也见诸《金史》世宗纪大定二十三年六月条，惟“汉人”缩小所指对象为“燕人”：“燕人自古忠直者鲜，辽兵至则从辽，宋人至则从宋，本朝至则从本朝，其俗诡随，有自来矣。虽屡经迁变而未尝残破者，凡以此也。南人劲挺，敢言直谏者多，前有一人见杀，后复一人谏之，甚可尚也”）。南人与已包括了契丹人的汉人并无实质上区别为可了解，而女真人自身，却也正追随契丹人登入向汉人认同的准备期，且其进程的明朗化便在海陵庶人次代世宗时代。

海陵庶人源于醉心汉族文化，以激烈手段快速由女真人之国改造为中原国家成功，雄心万丈图续并吞南宋，名实相符的天下一统而君临四海。正隆六年（纪元1161年），国都自中都大兴府再南移南京开封府，不顾国内一切反对，也以杀戮镇压反对（皇太后与大量大臣）并示威（留在金朝的被灭亡辽朝耶律氏、宋朝赵氏一百三十余人），无理由且无必要的倾全国之力，征发三十二总管合六十万兵力，号百万，大举亲征，侵略南宋。而便以举国骚动，人心惶惶，南伐的国际问题逆转为国内问题，矛盾立即表面化，从河北到东北，汉人、契丹人叛乱先后蜂起，被迫征行而纷纷逃亡的女真兵、将又汇合为数万人大部队，奔回东北本据。再度屠杀宗室而海陵庶人叔父之子，在任东京留守曹国公乌禄亦列名其间的消息适时传出，惊惧的乌禄铤而走险，受北归女真军人与在地女真人拥立，于辽阳自立为帝。国内混乱局面已成之际强行攻击南宋的海陵庶人，当大军推进至长江沿岸，军心涣散的前锋在采石矶（今日安徽省当涂县）初次受挫，海陵庶人便在扬州大本营中遇弑。闻讯的乌禄自东京辽阳府抵中都京师正位，是为金朝第五代世宗，是年正隆六年改元大定元年。

世宗收拾海陵庶人冒进残局，对于伐宋，整军制造战局优势后，即行中止战争，压迫宋朝讲和，却是给予宋朝有利条件，相对也反而是战胜方面金朝让步的状况下，成立和议，南征军引还。便是对方同系贤主孝宗在位，纪元一一六五年（金大定五年，宋乾道元年）的金宋第二次缔盟，更从君臣·伯侄关系降低至叔侄关系，岁币数额也减轻二成（改为银二十万两，绢二十万匹），自是立定金宋关系迄于金末国际形势激变时的和平敦睦基础。对内因对外和平实现而充分休息，努力培育政府与人民间的感情，肃正政治，行政简素化，整顿财政、经济，紧缩宫廷费用，宽刑，整理耕地，奖励农事，博得国内小尧舜美誉，以大定为年号的二十九年也系金朝至治之世。世宗无愧中国历史上有数名主之一，其系金朝第一明君，评价正与辽朝圣宗相埒。

世宗的值得尊敬，金朝于东亚以最强国执牛耳，稳定国际秩序非出霸式而以正义，属国信服，为堪特笔。其事例之一，大定十五年（纪元1175年），拒绝高丽内乱者西京留守赵位宠割鸭绿江以东、慈悲岭以西四十余城予金，亦换金朝支援的要求，高丽乃得顺利平定反乱。之二，类似事件发生于较早时期（大定十年，纪元1170年）的西夏，《金史》世宗纪上与外国传上（西夏）的记载："夏国任得敬胁其主李仁孝（西夏仁宗），使上表请中分其国。上问宰臣李石，石等以为事系彼国，不如许之。上曰：'有国之主岂肯无故分国与人？此必权臣逼夺，非夏王本意。况夏国称藩岁久，一旦迫于贼臣，朕为四海主，宁容此邪？若彼不能自正，则当以兵诛之，不可许也'"，仁孝以此鼓励终灭任得敬。世宗时代的金朝，允称泱泱大国。

海陵庶人生母大氏原渤海国人，世宗生母汉人李氏，世宗东京自立的主谋定策者且便是母舅李石，个人汉化要素毋宁愈较前帝强烈。但拥立背景却是东北反对海陵庶人汉化政策的保守派力量，不得不妥贴安抚，正位中都后先则降封其被弑堂兄为海陵王，后更俯顺大臣意削封贬之为庶人，而于《金史》中称海陵庶人，可以显知。另一方面，也对海陵庶人急进主义的失脚特加警惕，认识女真人在中原学习高度文明而生活式样特快汉化的速率必须紧急煞车，鼓吹国粹女真精神才是平衡抑或缓和文化跛脚成长的滑润剂。所以，乃有女真的国粹保存方针下，一系列措施展开法文化：

——大定四年（纪元1164年），颁行女真大小字所译经书，于猛安、谋克内习之。

——十一年，始设女真进士科（十三年定制，所谓策论进士）。

——十三年，京师立女真国子学，诸路设女真府学（以上《金史》选举志一）。

——大定十三年（纪元1173年），世宗诫皇太子、诸王曰："汝辈自幼惟习汉人风俗，不知女真纯实之风，至于文字语言，或不通晓，是忘本也，汝辈当体朕意"。

——同年，禁女真人毋得译为汉姓。

——十四年，命应卫士有不闲女真语者，并勒习学，仍自后不得汉语。

——十六年，诏谕宰执：诸王小字（时皇族俱已用汉名，"小字"原指女真名)，未尝以女真语命之，今皆当更易，卿等择名以上。

——二十七年，禁女真人不得改称汉姓、学南人衣装，犯者抵罪。

——二十八年，命建女真太学（以上《金史》世宗纪）。

金世宗与辽圣宗堪以相提并论，系由于两人相似的治绩，由于诸如上引的条列资料，相同挽救自族固有文化的苦心，而也由于如此的苦心，结局相同都落了空。禁女真人汉姓南服，至次代其孙章宗（父皇太子先死，追尊显宗）仍然三申五令（《金史》章宗纪明昌二年条："制诸女直人不得以姓氏译为汉字"，又"禁称本朝人及本朝言语为蕃，违者杖之"，十余年后的泰和七年仍再"敕女直人不得改为汉姓及学南人装束"），正是禁令无效的反证。而汉风滔滔的痕迹，自《金史》章宗纪相反随处可见其加浓，至于女真人与其固有语言被敌视为"蕃"的地步。

世宗国粹运动重心的女真文字，太祖天辅三年（纪元1119年，宋徽宗宣和元年）命完颜希尹，参照契丹文字制作原则，仿汉字楷书制定而颁行，谓之大字，十多年后熙宗天眷元年（纪元1136年）再度制颁所谓小字并行通用。残留迄今此等表达与记录女真语的女真文字研究资料，除吉林省拉林河下流左岸，大定二十五年所建太祖举兵纪念碑《大金得胜陀颂碑》之外，已知的有陕西省起县发现而现存西安的《大金都统经略郎君行记碑》，河南省开封城内矗于文庙大成殿后方的《女真进士题名碑》（又名宴台碑）、吉林省海龙县附近摩崖碑、旧黑龙江口附近 Tyr 所在而已归苏联保有的永宁寺碑等①，各碑均女真字、汉字并刻②。另外金石文旧朝鲜咸镜北道庆源所发现女真字碑，朝鲜咸镜南道北齐所发现女真字碑，以及朝鲜京城李王家博物馆等收藏的女真字镜③，也都是金朝遗品。女真字流传至十七世纪满族间尚使用时，明朝四夷馆撰定的辞书《女真馆译语》④，乃今日解读女真语文的基本凭藉，女真文字性质类似契丹文字以缀音文字为主，字划也如契丹文字的复杂，则视字形便可

① 及川仪右卫门《满洲通史》，第180页。

② 平凡社版《世界历史大系》6. 东洋中世史第三篇，第478页。

③ 及川仪右卫门《满洲通史》，第180页。

④ 诚文堂新文社版《世界史大系》8. 东亚Ⅱ，第119页。

知。字体结构既紧而不便书写，女真人于汉族环境又已习惯汉式生活时，通过翻译经书摄取教养反而不如自汉字原本，感受上直接与亲切。所以尽管世宗、章宗祖孙注全力推行国粹运动，女真人间仍然风靡汉字、汉文，女真文字的应用范围狭窄，救济日益萎退沉滞的女真固有文化，目的全未达到。相反，《廿二史札记》金代文物远胜辽元篇的综合报导："（世宗）尝修赏牡丹故事，晋王允猷赋诗，（皇族）和者十五人。显宗在储位，尤好文学，与诸儒讲谈，乙夜忘倦，今所传赐右相石琚生日诗，可略见一斑。迨章宗以诗文著称，则濡染已深，固无足异矣。惟帝王宗亲，性皆与文事相浃，是以朝野习尚，遂成风会。金源一代文物，上掩辽而下轶元，非偶然也"，提倡女真国粹者便是汉文学爱好者，非只矛盾，更是讽刺。金朝第六代章宗时代，史誉乃金朝文化最灿烂期，发达却惟汉文学，与女真文全然无缘，女真国粹运动的失败自开始预已注定。

女真人没落与其征服国家弱体化，最大致命伤还是社会构成基盘猛安谋克制的自坏。世宗政治一大要目，对此实行的保护政策发生反效果，而铸定大势的难以挽回。关于猛安谋克，《金史》兵志说明：

"金之初年，诸部之民无它徭役，壮者皆兵，平居则听以佃渔射猎习为劳事。有警则下令部内，及遣使诣诸孛堇征兵，凡步骑之仗糗皆取备焉。其部长曰孛堇，行兵则称曰猛安谋克，从其多寡以为号。

部卒之数，初无定制，至太祖即位之二年，始命以三百户为谋克，谋克十为猛安。既而诸部来降，率用猛安谋克之名以授其首领，而部伍其人。……东京既平，山西既定，内收辽、汉之降卒，外籍部族之健士，尝用辽人讹里野以北都百三十户为一谋克；汉人王六儿以诸州汉人六十五户为一谋克；王伯龙及高从佑等并领所部为一猛安。

至天会二年，平州既平，乃罢是制，诸部降人但置长吏，以下从汉官之号。……熙宗皇统五年，又罢辽东汉人，渤海猛安谋克承袭之制，浸移兵柄于其国人。至海陵庶人天德二年，省并中京、东京、临潢、咸平、泰州等路节镇及猛安谋克。

贞元迁都，遂徙太祖、辽王宗幹（海陵庶人之父）、秦王宗翰之猛安，并为合扎猛安，及……，处之中都。……处之山东，……处之北京，……处之河间。……授田牛，使之耕食，以蕃卫京国。……

（世宗）大定之初，……乃散契丹隶诸猛安谋克。”

可以了解，猛安谋克与女真族称呼其部落构成单立首长孛堇，为二而一的人物。虽然依今日研究，猛安乃女真语 Ming－kan、满语与蒙古语 Minggan 对音，“千”的意味，而谋克则女真语或今日索伦语 Muke，“乡里”之义①，视《金史》解释猛安与谋克两词在女真部族间，最早为行军时依部落所组成部队规模大力而称其指挥者的区别，存有歧异，但指示两衔名初无隶属关系则一。系十二世纪一〇年代之初太祖领导女真人勃兴，孛堇的名词移用为全族统一的勃极烈制度时，猛安谋克也才加以规制化。

改正与整备后的猛安谋克制度，兼具了行政与军事机能。行政制度以谋克部为部族基本单位，合谋克部而为猛安部，首长便称猛安或谋克，均世袭，太祖自身与宗室以下各各分领一猛安部。于军事制度，谋克部同时也是军管区的基本单位，每一谋克部征发约百名兵士而编定一谋克军，十谋克军而组成一猛安军，已似于后日满族的八旗制度。降附集团的契丹人、汉人领袖相同，而不必当千、百的实数，户数少者授谋克，户数多者授猛安，以率所领之部。平州为起点的标准汉族生活地域征服，汉式统治方式开始被采用，而汉族支配切离女真人的同一规范，猛安谋克组织也回复到纯粹女真人自身制度的固有立场。

军民一体的组织猛安谋克制度，继续固定于熙宗以来单一官制之外，是金朝征服朝代的两面制保有，以及征服者（女真人）区别于被征服者（汉族）的表征。海陵庶人努力建设金朝为中原国家，适应国都迁移至中都的新情势，一大革命性措置，系陪伴自东北本据，以猛安谋克组织大规模移住与配置到中原诸要地，独立于州县之外，建立支配者确保北半部中国的权威与武力根源，意义又与十七世纪以后满清八旗驻防彷佛。世宗之世驻地续加调整，保证其生活由国家分配肥沃土地，鼓励定住屯田。迄于大定二十三年（纪元 1183 年）给付田土总额与猛安谋克组织内女真人调查，据《金史》食货志一：“猛安二百二，谋克千八百七十八，户六十一万五千六百二十四，口六百一十五万八千

① 及川仪右卫门《满洲通史》，第 173—174 页。

六百三十六，垦田一百六十九万三百八十顷有奇”。而合复杂的诸民族总户口，则同志大定二十七年记录，“天下户六百七十八万九千四百四十九，口四千四百七十万五千八十六”，内中汉族占大多数为可知。垦田总数于志无统计，参照约一个世纪前北宋神宗元丰年间全国垦田之数四百六十一万六千五百五十六顷折半估计，北半个中国为约二百三十万顷。便是说，女真人数未满汉人的八分之一，却占有国内耕地百分七十之数，田数比例可能并不正确，但金朝征服者的自族保护政业下，惊人优待程度已足显示。然而，结局令出乎意料之外——

其一，农耕非女真人所不习惯，金朝勃兴期的太祖时代以来，平时耕种，有事时战斗的猛安谋克屯田制，且早在东北本据便已展开而获经验，却以移住被征服土地，以及定住此土地后的优越感，随时间益益变质而堕落。便在世宗之世，《金史》世宗纪已出现大定二十一年正月条：“上闻山东、大名等路猛安谋克之民，骄纵奢侈，不事耕稼”的记事，至于“而诸军户不能屯种，往往赁民代耕而收其租，甚至伐桑枣以为薪，且私卖其田，日益贫乏。太祖时以三百户为一穆昆（谋克），十谋克为一明安（猛安），至宣宗时，则三十人为一穆昆，五穆昆为一明安；哀宗时，又二十五人为一穆昆，四穆昆为一明安，盖末年益耗减矣”（《廿二史劄记》猛安谋克散处中原篇），更是溺爱下场的鲜明写照。怠惰、贪享受，汉人长处未习而缺陷深蹈。不劳而获度其消费生活，安逸游乐中沉沦日久的女真人，非仅旺盛的进取意志与勇敢强劲的战斗力丧失，更以腐化不能自拔，生活困难时只有变卖田产，卖断田产愈生活无依，而流离四方。章宗以后步步沦落到一猛安勉强以成员百人维持其架构的地步，金朝兵力动员的中心猛安谋克组织，终极可谓尽行瘫痪。此与后代满清驻防旗人的结局，又是古今如出一辙。

其二，女真人保护政策以耕地给付为要件，来源固多接收自宋朝的官田或公田，但食货志所列如此庞大的垦田数字，内中更多系由没收民田而得，也堪想定，损伤汉族地主与农民感情乃不可避免。章宗明昌二年（纪元 1191 年）虽留有“尚书省言：‘齐民与屯田户往往不睦，着令递相婚姻，实国家长久安宁之计。’从之”（《金史》章宗纪是年四月条）的记录，于救赎感情已无补。

侵夺民田现象愈到女真人耽于消费生活，经济、精神两皆惰弱已无可挽回的金末为愈甚，被压迫的汉族对女真人已从情绪上反感刺激到行动上反抗，演出的便是如下血淋淋的事实："蒙古兵起，种人（女真人）往战辄败。（章宗接续明昌年号的）承安中，主兵者谓种人所给田少，不足豢身家，故无斗志，请括民田之冒税者给之。于是武夫悍卒，倚国威以为重，有耕之数世者，亦以冒占夺之。及宣宗贞佑间南渡，盗贼群起，向之恃势夺田者，人视之为血雠骨怨，一顾盼之顷，皆死于锋镝之下，虽赤子亦不免。事见元遗山所作张万公碑文。又完颜怀德碑亦云，民间雠拨地之怨，睚眦种人，期必杀而后已。寻踪捕影，不三二日，屠戮净尽，甚至掘坟墓，弃骸骨。惟怀德令临淄有惠政，民不忍杀，得全其生。可见种人之安插河北诸郡者，尽歼于贞佑时"。（《廿二史劄记》金末种人被害之惨篇）辽、金同一型态的征服者屈服于被征服者汉族高度文明，于辽朝时代，征服者与被征服者间的民族感情毋宁是平稳的，金朝之初亦然，金朝后半期却在土地问题上引发汉人与女真人间的矛盾对立，而且便在女真国粹运动与女真人保护运动最盛期的世宗次代章宗之世，严重社会问题爆发之源已行潜伏。团结力受损，国家陷入弱体化，距章宗之崩仅二十余年而金朝覆亡，朝代寿命较辽朝几及一半。

经济问题也是催命符，金朝货币政策自始未曾健全，初用辽、宋旧钱，海陵庶人迁都后开始发行纸币"交钞"，又自铸部分铜钱补充流通，世宗后也曾续铸，都不能制止民间私铸恶风，物价不断腾升。章宗之世加铸铁钱，加钱银货（以白银制成元宝形，如此，每铁五十两，但不久即停，所以"锭"字专用为单位数须待至元朝），而经济愈形混乱，终至断然禁钱专用交钞。抑且，历史上黄河六次改道中的第四次，也是六次中前后两次间断时间最短的一次①，不幸便发生于章宗明昌五年（纪元 1194 年），河夺淮道，决溢整治事业所费不赀，宫廷对佛教也未如辽朝的尊信，但新官历滥设，官员人数章宗较其

① 依郑肇经《中国水利史》第一章黄河说明，黄河六次大迁移的第一次，乃周定王五年，纪元前六〇二年，隔六百十三年第二次（新莽始建国三年，纪元 11 年），隔一千零三十七年第三次（宋仁宗庆历八年，纪元 1048 年），隔一百四十六年第四次（金章宗明昌五年，纪元 1194 年），隔三百年第五次（明孝宗弘治七年，纪元 1494 年），隔三百六十一年第六次（清文宗咸丰五年，纪元 1855 年）。

上次世宗已猛增至三倍（《金史》百官志序：世宗大定二十八年一万九千七百员，章宗泰和七年四万七千余，事隔只二十年），纸币随浩大浪费而加大滥发，因之也始自章宗治世。从此纸币面额由二十贯到百贯，到二百贯，到千贯益益增大，名称由交钞到宝券，到通通宝，到宝泉，到珍货，到宝会，不断变易。通货膨胀的趋向，则自《金史》宣宗纪贞佑移都开封府后，兴定二年二月条"初用贞佑通宝，凡一贯当贞佑宝券千贯"的记录可知。所以《金史》食货志序慨叹："自古财聚民散，以至亡国，若鹿台、巨桥之类，不足论也；其国亡财匮，比比有之。而国用之屈，未有若金季之甚者"。财政贫乏而又紊乱至获历史上罕见的批评，其严厉于史书中同样为罕见。

无论任何方面，金朝盛极而衰都指向章宗时代。特堪重视，倾覆金朝的信号，也最早于此时期自西北边外升起，章宗泰和六年（南宋宁宗开禧二年，纪元 1206 年），蒙古成吉思汗已被推为大汗。

金朝建立，对西北边以非发展方向，向来警戒比较松懈，相对也是控制力较弱。海陵庶人迁都中都，包括太祖与其父原辖猛安等女真人主流，又陪伴移住中原，发祥地几乎形成不关心状态。世宗虽回复上京地位，东北本据被冷漠的形势终已不能挽回，一系统"边堡"所构成长城性格的国防线于此态势中整备，自东北走向西南，斜贯于兴安岭南端内侧，《金史》世宗纪大定五年正月条所谓"诏泰州、临潢接境，设边堡七十，骑兵万三千"，地理志上北京路项附言也说明："边堡，大定二十一年三月，世宗以东北路招讨司十九堡在泰州之境，及临潢路旧设之二十四堡障，参差不齐，……于是东北自达里带石堡子至鹤五河地分，临潢路自鹤五河堡子至撒里乃，皆取直列置堡戍"（世宗纪大定二一年四月条"增筑泰州、临潢府等路边堡及屋宇"的记载与之相呼应）也已无补于事，大草原上蒙古人统一局面渐渐便自其时育成。章宗时代，蒙古游牧民族骠悍骑兵的踪迹已出没金朝北方国境，金朝国防线开始不安，出兵惩戒又徒然愈陷恶劣关系于僵化。章宗之末的一段意外风波发生于与宋朝间，半个世纪和平局面，由南宋藉金朝多事之机挑衅而破坏，南宋宁宗开禧元年（金朝泰和五年，纪元 1205 年）以来，连年向金加兵，结局胜利仍归金方，宋朝嘉定元年与金朝泰和八年（纪元 1208 年，是年金朝章宗殁）和议第三度成立，金宋改伯侄关系，宋输金岁币增至银、绢各三十万两、匹。然而，十三世纪金朝国家财政已感穷乏而不保价值的纸币滥发，中原汉族对女真人恶感又日益加深之际，再因战争削弱国力，金朝表面太平，国势剧跌倾向乃无可逃避。

金朝盛世预已潜伏的另一危机，于章宗无子而临终指定其叔卫（谥绍）王永济继位时代表面化。猛安谋克制度下女真自族军队又皆惰弱无用，即使中央亲卫军（禁军）合札谋安也不能例外的事象展现，非只国境防务全交由外族服属者组成，特别便以原契丹人为中核的乣军担当，章宗之世，国家武装部队的主力也已移为乣军，粉碎南宋投机攻势，便以调入中原的乣军为前锋。卫绍王时，边堡外缘散居内蒙古东侧，原臣伏金朝被利用侦伺敌情的游牧民族汪古部，已以成吉思汗登位大汗倒向蒙古，于蒙古人威胁金朝加剧时，倒反成为蒙古侵略金朝的向导者。于是卫绍王大安三年（纪元1211年），金朝居庸关要隘失守，中都已完全暴露在敌军攻击之前，幸蒙古军此际所发动仅掠夺战争意义，未再前进而中都幸免于难。但大规模寇钞已无可避免，东北方面契丹人又相呼应，反叛金朝投向蒙古阵线，西京大同继也沦破，自山西、河北金朝内地北部以至辽河流域的广大地域诸城市，尽遭蒙古军铁蹄蹂躏，而任令蒙古人席卷之势形成，最大责任者又便是乱军统帅契丹人纥石烈执中（胡沙虎），其西京兵败降附蒙古后须由金朝招抚，至宁元年（宣宗改元贞佑元年，纪元1213年）被召入中都（燕京）重用时，演出的更是弑帝而改立章宗之兄宣帝一幕，胡沙虎自身继亦于乱军内讧中被杀。乱军于金朝弱势扮演重要角色，当是金朝始料所未及。

金朝北方已于蒙古军兵锋下残破，西夏趁机蠢动，侵入金朝西方边境，南方南宋也已停止岁币，威胁金朝南面，金朝不单内忧外患交加，简直是四面受敌。当蒙古军再度南下，直指中都，兵临城下时，金朝除了向这正面最大敌人屈辱求和，愿献金帛财物求退兵之外，已别无选择。成吉思汗接纳金朝要求，时为宣宗贞佑二年（纪元1214年）。但和议成立，蒙古息兵引还，金朝藉战争停歇之机，南移国都至安全地带的南京（汴京开封府），却激怒成吉思汗，指责“既和而迁，是有疑心而不释憾”。翌年贞佑三年（纪元1215年）恢复进兵，陷中都，河北、河东、山东、辽东之地全落入蒙古军之手，中原女真人与汉族对立深刻化而遭汉人大屠杀悲遇，便发生于国都南迁后这段混乱期。追随已是成吉思汗大军西方经略高潮兴起，金朝获得暂时平静的喘息机会，却是财源枯竭下横征暴敛，社会秩序已如戮碎了的蜂巢，暴动与盗贼随处发生。而不自量力的金朝，居然南侵图压迫南宋恢复岁币，用兵以失败结局，愈对政治经济的混乱制造雪上加霜之势，金朝末期现象毕露。宣宗在位以十年悲运而殁，嗣位的已是金朝最后一代哀帝。金朝兵力，乱军也已继猛安谋克而解体，国家防卫端赖临时招募汉人组成不可恃的乌合之众忠孝军、忠义军、风虎军等义勇军。

蒙古人巨槌终于敲响了金朝丧钟，成吉思汗西征凯旋，纪元一二二七年（金朝哀帝正大四年，宋朝理宗宝庆三年）并灭西夏前夕崩。今河北、山东、山西、陕西诸省地域尽归于蒙古，而领地已仅局促河南一隅的金朝，继以蒙古次代太宗强借宋道，绕过金朝重兵固守的潼关，自陕西南部渡汉水侵入河南，而汴京被攻陷。金哀帝虽能脱出汴京包围圈，仍逃不脱蒙古军追踪，宋军又及时配合的腹背共攻，于毗连宋朝国境的蔡州（今日河南省汝南）自杀。建国一二〇年，历九代皇帝的金国，迁汴仅保余命二十年而灭亡，时为哀帝天兴三年（纪元 1234 年，宋理宗端平元年）。

**金朝世系图(括弧内汉名)**

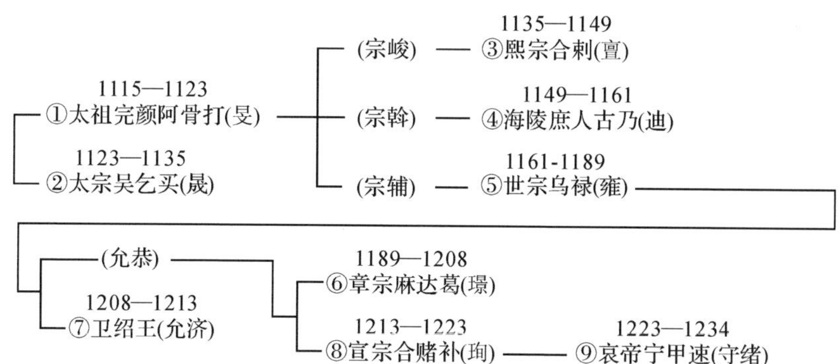

## | 世界史的最大征服

汉族以外满、蒙、回、藏四大分支民族，都曾在历史上的汉族中国境域建设国家与朝代，但以征服朝代姿态出现，则惟蒙、满两支，而且其征服事象为交替：蒙古系契丹辽朝→满族系女真金朝→蒙古元朝（间隔明朝）→满族清朝。具有特殊意义的，清朝设定今日中国领域的原型，元朝蒙古人支配时代的中国则其世界性国家一环节，而且于尚未有哥伦布发现新大陆以前，欧亚旧大陆代表“世界”的当时，中国也是这个世界统治网的宗家。

| | |
|---|---|
| 纪元 1211 年 | 灭乃蛮═西辽 |
| 纪元 1224 年 | 灭花剌子模 |
| 纪元 1227 年 | 灭西夏 |
| 纪元 1234 年 | 灭金朝 |
| 纪元 1240 年 | 并俄罗斯全域 |
| 纪元 1256 年 | 灭 Abbas 朝 |
| 纪元 1276 年 | 灭南宋 |

十三世纪蒙古人所展现，是空前抑且可能也是绝后的人类历史上最大征服，如表列，完成合亚洲大陆与东欧为一的史无前例庞大帝国。其支配方式，蒙古自族本土为中心的地域与人口最殷盛、物资最丰富的汉族中国领土，乃帝国大汗本家正统，其他则分与成吉思汗子弟，一个中心国家（元朝）与四个奉元朝为宗家的独立国家，所谓四大汗国，全体合成以同族领导为纽带的联合国家体制。自十三世纪中至十四世纪中约一个世纪间，蒙古人的制霸欧亚大陆，于中国史而言，征服朝代两面制支配性能特为强烈，也是严肃保持其性能于不坠的惟一征服朝代；于世界史而言，被征服者的文化多数压倒性高过征服者蒙古人，回教文化振颓起衰的再兴历史责任，便由蒙古人以统治回教世界，

深受华美的回教文化影响，转变固有游牧文化时所负起。连结中国史与世界史而言，亚洲与欧洲，原是众多政治势力分散的各国分立现象，也以蒙古人拆除国界，统一的政治势力出现，而中国所代表东方世界与西方世界合而为一，两大地域内经济的文化的交流畅通，抑且加速。蒙古人巨大政治势力的历史意义，因而可以明了，非只是政治的，更重要须是文化的。

"蒙古"的民族名词，成立非早，须始自其形成震撼世界的大征服者同时，便是说，十三世纪初以来。但"蒙古"（Mongol 或 Moggol）的部族名称，已出现于《唐书》北狄传室韦条，书作"蒙兀"，为室韦诸部之一，而室韦则与契丹同种族，与今日对契丹与蒙古间族缘的了解符合。其言："室韦者，契丹之别类也。东至黑水靺鞨，西至突厥，南接契丹，北至于海。其国无君长，有大首领十七人，而附于突厥。……（望建河）屈曲东流，经西室韦界，又东经大室韦界，又东经蒙兀室韦之北，落俎室韦之南。"（《新唐书》北狄传室韦条的说明相彷佛，谓室韦乃契丹别种，分部凡二十余，其一"蒙瓦"部）。记载的堪注意处，一是包括了"蒙兀"或"蒙瓦"的室韦诸部族，换言之，原蒙古系种族，届至九世纪的分布地域，系在蒙古高原东部与东北地带的兴安岭方面，而非蒙古高原本地（虽然"望建河"后世推定之为今日的黑龙江，并无确证）；二是室韦诸部族的政治关系，受其时蒙古高原支配者，突厥系的东突厥—回纥役属。而东突厥—回纥对东方室韦的称谓，则是塔塔儿，有名的八世纪三十年代鄂尔浑突厥碑文中，便列有九姓塔塔儿、三十姓塔塔儿之名。汉族方面，北魏—隋—唐时代所称的"室韦"种族名词，唐末五代也已自文献资料中消失，向游牧民族间"塔塔儿"（Tatar）称谓的习惯齐一，文字上改依其音译作"达旦"或"鞑靼"。《五代史》与《辽史》所记九姓达旦，与鄂尔浑碑文九姓塔塔儿正相符合。

另一方面，蒙古高原的形势也自唐末发生大变化。九世纪中回纥国家崩坏，突厥系种族连锁反应的冲击下，纷纷退出蒙古高原向西方移动，其意义，等于宣告突厥系诸种族的蒙古高原支配时代于焉终结。相对，此一历史事件演出的结果，也授予蒙古系种族抬头契机，蒙古系契丹族领先勃兴，据有内蒙古地域而建设强大辽朝，带动蒙古高原东方与东北方蒙古系诸种族，开始其历史性移动。唐末五代九姓或三十姓塔塔儿的后身，迄于十一世纪，蒙古系种族在辽朝北亚细亚广域支配的掩护下，完成已空虚的高原内地移位填补，一波波发展其部族集团，铸定后世所见蒙古高原系蒙古人天地，以及蒙古人系在蒙古高原勃兴的形象。对象原指兴安岭方面所住者的塔塔儿或鞑靼，自是泛称转移为蒙古高原的“蒙古”系种族。只是即使随十三世纪蒙古部雄飞而“蒙古”的民族名词也已成立，鞑靼或塔塔儿的原有仍相与通用，中国明朝仍称元朝后裔为鞑靼，西方人也仍以塔塔儿称侵入欧洲的蒙古军队，对象且也包括了回教化突厥（土耳其）系人，大变化过程中，史料的叙述——

柯劭忞《新元史》序纪谓：“蒙古之先，出于突厥。本为忙豁仑，译音之变为蒙兀儿，又为蒙古。金人谓之鞑靼，又谓之达达儿（同书氏族表上序作“塔塔儿”），蒙古衣尚灰暗，故称黑达达。其本非蒙古而归于蒙古者，为白达达、野达达”。

屠寄《蒙兀儿史记》世纪又说明（括弧中为原注）：“蒙兀，本呼忙豁仑（《蒙文秘史》），异文作蒙瓦（《新唐书》）、盟古（《辽史》）、盟骨（《金史》）、朦古（《契丹事迹》）、盲骨子（《松漠纪闻》），今通作蒙古（始于李志常所撰《长春西游记》）”。

蒙古历史传承最根本文献蒙文《元朝秘史》，是蒙古人对于自族起源以来传统的集成，叙事迄成吉思汗、窝阔台汗之世，作者不明，著作年代依卷末载有鼠年成书之语，推定窝阔台汗之末庚子年，即纪元一二四〇年。原书乃畏吾体蒙文本，久已失传，今本系明朝初年的汉字音译本，而翻译方式颇为别致，以原本的蒙古字逐字依发音译为汉字（大字正文），另用汉文在正文右侧对蒙古语逐词义译（小字旁解），每节之终再以汉文说明本文大意，全书正十卷、续二卷，题名《忙豁仑·纽察·脱卜察安》（Monggol - un nigucha tobchagan），汉式书名便称《元朝秘史》（严格而言，“元朝”乃忽必烈汗所建中国朝代之名，本书内容尚未及此，所以并不恰切）。其叙蒙古部祖先源流，谓系上天命苍狼与白牝鹿为配，同渡腾格里思（“海”之义）海，徙于斡难河源的不儿罕山下，生子曰巴塔赤罕，于是后裔繁衍为族[①]。但狼祖先传说非蒙古族特征，乃古来北方游牧民族共通所有，突厥族间流传已颇明显。蒙古族祖先传说受突厥影响特为强烈的另一则，曾录入另一部著名的蒙古历史专著，回教徒学者（Rashid un - din）十四世纪初所撰波斯文《史集》（Jamit ut Tevarikh）[②]，《新元史》序纪也加转录，谓：敌人灭族大屠杀下仅存的男女各二人，逃入山中，生育两子后，子孙大盛而出土，尤堪谓全然突厥版复制[③]。山中所生第二子乞颜（Kiyat），便是蒙古族始祖，其后代孛儿帖赤那，译义为苍狼，妻曰豁埃马阑勒，译义为惨白色的鹿，徙于斡难河源不儿罕山之下，生子巴塔赤罕，而记载与蒙文《秘史》汇合。巴塔赤罕后嗣中的朵本蔑儿干与其妻阿兰豁阿，又是传说中关键人物，《新元史》序纪的记事：“（阿兰豁阿嫁朵奔蔑儿干，生二子后），朵奔蔑儿干卒，阿兰豁阿嫠居有孕。众疑之，阿兰豁阿曰：夜有白光自天窗而入，化为黄人，摩挲我腹，斯殆神灵诞降。不信，请汝等伺之。众曰：诺。次夜果见白光出入，群疑乃释。既而生三子，长曰不忽合塔吉，次曰不合秃撒勒只，次曰孛端察儿蒙合黑”。同书氏族表上序又言：“蒙古氏族，凡阿兰豁阿梦与神遇，生三子之后，为尼而伦派，曰哈特斤氏、萨而助特氏、泰亦赤兀氏……，其余（指与其夫所生前二子后裔）曰……氏，皆为黑塔塔儿。（统一蒙古高原后）非蒙古人而归于蒙古者札赖儿氏……，皆为白塔塔儿；曰……氏，皆为野塔塔儿氏”，由是。神生第三子孛端察儿之氏则孛儿只斤（Borchigan）氏，衍传至第十世孙帖木真（铁木真，Temoutchin），便是成吉思汗或元太祖。所以《新元史》序纪说明：“其国姓曰乞颜特·孛儿只斤氏。太祖十世祖孛端察儿之后，称孛儿只斤氏，突厥语译义灰色目睛。”（《元史》记录，仅截取传说的最后部分，舍序纪而以太祖纪开宗明义总记：“太祖法天启运圣武皇帝，讳特穆津，姓奇渥温氏，蒙古部人也。其十世祖孛端察

① 转译自文艺春秋版《大世界史》8. 苍狼之国：第153页引文与同页《元朝秘史》首页照相版。

② 《多桑蒙古史》（冯承钧有中译本）多取入此书资料，以及十八世纪前半住清朝中国近半个世纪的天主教耶稣会士冯秉正（J. – M – A. de Mailla）所著《中国通史》（Histoire Generale de la Chine）巨著。

③ 参阅本书亚洲内陆世界的变貌章，苍狼的子孙节。

尔。母曰阿兰果火，嫁托本墨而根，生二子，……而夫亡，阿兰寡居，夜寝帐中，梦白光自天窗中入，化为金色神人，来趋卧榻，……遂有娠产一子，即勃端察尔”，神生子也谓止此一人而非三人）。

其时蒙古高原游牧民族的社会组织，也可了解，根底，乃奉共同祖先的族外婚典型父系氏族制度。父系血缘各户结合的团体分立为一个个氏族（氏），户数多寡决定其大氏、小氏的区别，且存在某一个氏置于另一个氏势力下的场合，氏的首长，通例为世袭，但也可由氏内有力者会议选举。同一血缘的复数氏族，相集形成部族（部），各别独立割据，部的最重要机能系于氏之长与部内有力者的集会，此等集会与上述氏内会议，于蒙古部总称库鲁泰（Khuriltai 或 Quriltai），但通常系指前者场合的大集会。大集会以选举部长、同意外征、制定法令等重大事件的协议为职务，乃决议机关而非执行机关，性质与形式与匈奴以来北亚细亚游牧民族类似的会议，大体相同。大集会决议的执行者便是部长，只是部长直接支配的权力单单及于自身氏族，对余外诸氏须通过每一氏族首长而为间接统制，所以战争时征发诸氏兵员，命令非直接下达诸氏人民，系下令氏族长，由氏族长征集与率领其氏人出征，情况也与古来北方民族彷佛。大势力部长称合罕，汉字又书作可汗、罕、汗，均蒙古语 Khaghan 或 Khaan 的音译。蒙古部长的用合罕（可汗）称号，则以成吉思汗三世祖（曾祖父）合不勒（Khabul）为最初，所以真正的蒙古史系自合不勒汗开始，也指示了蒙古部正渐渐强大，以及合不勒出身的孛儿只斤氏在部内势力。但孛儿只斤氏非蒙古部惟一强盛氏族，泰亦赤兀（Taidjut）氏相与抗衡，次代可汗便出自泰亦赤兀氏。第三可汗回归至成吉思汗叔祖之手，第四代可汗即成吉思汗之父也速该（Yesugai 或 Ajisougai）。

如下，便是蒙古高原与其周围，部氏族不断战争与相互间淘汰、吸收、再纠合结果，届至也速该时代的十二世纪中，游牧诸部族分布的政治地图——

东部兴安岭方面广大草原，据有呼伦贝尔沃地的，系分支众多而仍保留塔塔儿名称的大部族集团势力圈。

高原上沙漠以南，与汉族中国接境而向阴山山麓延展，与西夏接境，放牧于内蒙古东侧的是汪古（Ongut）部，服属当时的金朝。

沙漠以北，外蒙古地方东部所住居，便是蒙古部，也速该汗的孛儿只斤氏以斡难（Onon，今鄂嫩河）、怯绿连（Kerulen，今克鲁伦河）两川上流域不儿罕（Borkhan）山麓为本据，孛儿只斤氏东面已邻塔塔儿部，其余方面的自族分布形势，其主要，东南介在塔塔儿部与汪古部之间，位于兴安岭西侧的是翁吉喇（Ogirat）氏，其西亦鲁（Iron，今伊罗河）川流域为札只剌特（Jajirat）氏，再以西薛灵哥（Selenga，今色楞格河）川流域即泰亦赤兀氏游牧地。

蒙古部北方斡难河方面乃礼剌亦儿（Djarair）部，西南斡儿汗（Orkhon，今鄂尔浑河）、土剌（Tola，今土拉河）两川地方，系由克烈（Kereit）部据有。克烈部西北薛灵哥河上源则蔑里乞（Merkit）部，又西北谦河（Kem，今叶尼塞 Yenisey 河）上流域为斡亦剌（Oirat）部。

以上均与蒙古部同属塔塔儿（鞑靼或蒙古）种族，继续往北的南海（今贝加尔 Baikal 湖）方面也是，但已系野塔塔儿范畴。

按台（Altai，今阿尔泰山）以西，便非蒙古系而全属突厥诸种族的天地。谦河流域是乞儿吉思（Kirgis）部，其南，据有阿尔泰山脉左侧广大地域的是乃蛮（Naiman）部族同盟。再南边，天山两侧为畏兀儿（回纥、Uigur），其西巴尔喀什（Balkhash）湖南东附近为葛逻禄（Karluk），此两部一在东，一在北，均隶属中亚细亚垂（吹，Chu）河为支配中心的西辽国家。

北亚细亚十二世纪时的这一系列游牧部族集团，内中势力最强盛的，西方是乃蛮，东方是塔塔儿。而塔塔儿却正是蒙古部世仇，蒙古部自第二代可汗以来连续遭其欺压，也速该也以被塔塔儿人毒死为结局，而其时铁木真尚年少。关于铁木真诞生年份，通常有二说，《新元史》太祖纪明言“是岁为乙亥，金主亮（海陵庶人）贞元三年也”，即纪元一一五五年，南宋高宗绍兴二十五年。《元史》太祖纪不载生年，惟纪元一二二七年（宋理宗宝庆三年，金哀宗正大四年）崩，则书明“寿六十六”，与同一崩年基准的《新元史》所说明“年七十有三”，上推生年，须较《新元史》记录延后七年为纪元一一六二年，其余异说且仍多。历史界一般所采用，则七十三岁说。也速该殂时铁木真年龄，便依《新元史》后妃传烈祖（也速该）宣懿皇后条载，仅十三岁。

也速该之死，对蒙古部、孛儿只斤氏，尤其自身家庭，都是大打击，蒙古部一段时间内丧失统一领导，自族也离散，抛弃未亡人多改投泰亦赤兀氏。已故也速该全家生活陷入艰苦绝境，铁木真为长的兄弟四人，赖母诃额仑（ou-loun 或 Hloelum）坚忍辛勤抚育，诚勉奋发自强，渐渐成长。饱受部人与邻部欺压，一度且被泰亦赤兀氏捕俘幸得脱逃的铁木真，却因而锻炼成钢铁意志、旺盛战斗精神与强健体力，非常的领袖才能也正渐渐展现。陆续回复失却了的亡父隶属民而重建孛儿只斤氏组织，与其父生前盟友克烈部之汗王罕（Wan khan）约为父子，尊之为父汗而结联合阵线，是铁木真大事业跨出的第一步，联军大败克烈部北邻蔑里乞部以来频频的战争中，铁木真声誉日隆，击破泰亦赤兀氏翌年的己酉年（纪元 1189 年，宋孝宗淳熙十六年，金世宗大定二十九年），铁木真由蒙古部札赖亦儿等氏召开大集会，推举为合罕（可汗），时年三十五岁。但此仅蒙古部部分弱小氏族的共同行动，泰亦赤兀、札只剌特等有力诸氏仍站立在强劲竞争的对手位置，于蒙古部再统一仍存有相当距离。

已与王罕分庭抗礼为可汗，但攻守同盟相结如旧的铁木真，次一联手目标，纪元一一九六年攻略东邻强敌塔塔儿部成功，报复祖先宿仇，势力向东方伸张。铁木真与王罕势力增大，震惧的蒙古部其余诸氏与同种族其余诸部，纪元一二〇一年结成围攻两者的大同盟，推蒙古部出身的札只剌特氏之长札木哈（Jamukha）为盟主，称古儿汗（葛儿汗、Gur khan）。却被铁木真方面先发制人，大决战时敌军全面皆溃，铁木真趁胜全灭泰亦赤兀氏，蒙古部未附诸氏族集团纷纷归顺。至此阶段，蒙古部才几乎全部置诸铁木真统御之下，名实相符的蒙古部族同盟统一指导者。翌年一二〇二年，铁木真再度侵向东方，全灭塔塔儿部族，蒙古部势力飞跃抬头。

结盟者铁木真蒙古部与王罕克烈部共握漠北霸权，对立之势陪伴形成，而势力的利害冲突注定迟早必会爆发。果尔翌年纪元一二〇三年便已决裂，王罕败死，克烈部被并灭。再翌年纪元一二〇四年，续又覆亡已与接壤的乃蛮部，太阳（Tayan）汗死，参与乃蛮阵营联合抗拒铁木真的蒙古种族诸部族蔑里乞部、斡亦剌部等非被击平，便是自动降伏，先在克烈部，后奔乃蛮部的札木合被擒死。蒙古部氏族最后残在者，内蒙古的翁吉喇氏、汪古氏，也于此两次征伐期间先后降附。蒙古高原与阿尔泰山左右侧，大统合完成，丙寅年（纪元

1206 年，宋宁宗开禧二年，金章宗泰和六年)，铁木真乃“大会部众于斡难河之源，建九斿白纛，即皇帝位，群臣共上尊号曰成吉思合罕”（《新元史》太祖纪下)。乞颜·孛儿只斤氏本据地，蒙古部、非蒙古部氏部族首长庄严大集会的历史性一幕上演，铁木真正式受推戴登共主意味的大位，向内外所宣告的大位尊称，便是世界史上赫赫有名的成吉思汗（Chinggis Khaghan 或 Tchinguiz - Khan)，以及中国史上最大征服朝代的元朝太祖，汉文元朝史书开始以是年称太祖元年。成吉思汗当时年五十二岁，“成吉思”之义，一般依伯希和意见，解释之为源于突厥语 Qajar Denggis Tenggeri（强大的海神)，日、月、星、空、山、海（指大湖）则突厥系种族信仰中的六大自然神。也以成吉思汗指导下蒙古部的雄飞，由游牧部族之一对所有部族一概征服统合，大漠南、北、东、西统一社会形成，而“蒙古”一词，自此从一“部”专有族名，扩大总称了如后世所见，生活于高原周围广大的民族结合体。

成吉思汗自酉年第一次即位（接续其父也速该以来中断了的蒙古部汗位)，至寅年第二次即位（蒙古地方全域霸权确立时诸部共上尊号）之间，蒙古史上划期性大事，于乃蛮征服战前，《新元史》太祖纪上记录的甲子年（纪元 1204 年）春，大集会决议乃蛮征伐同时，开始实施的千户（Minggan）制整备，以及有名的怯薛（Keshik）亲卫军制度创设。

千户制乃成吉思汗革新军事指挥系统的最重要部门，连结军队组织与社会组织的一体两面制度，军团与部族组织共同基本所在。新的军队编组，以千人为部队基准，下部组织的百人、十人小部队按十进法编成。十进法军制原自成吉思汗以前的北亚细亚游牧民族间便已存在，成吉思汗军队的特色，则在军纪严明与绝对服从，违犯军令者不论其地位一概处死，战斗力效果十分发挥。千户便是提供一千人军士的社会单位，以下百户、牌子头（即十户）同依十进法基准编成。出征时兵员征调，以十户为基点临时选拔，十人一小队之长便是牌子头，指挥其他九名充员战士，其上级百户长（百夫长）统率九名牌子头，以及自身直辖的小队，再以上千户长（千夫长）亦然。所以，军制与游牧部落的构成为二而一，战时的军官也便是平时该游牧部落的部长与行政上责任者。寅年成吉思汗第二次即位，设定全体千户之数共九十五，依功绩而不论原氏·部族地位、身份，任命世袭的千户八十八人，分别隶有为数九五的领民集团，游牧封邑意味的领主式千户制度，乃告确定成立。同时，又拔擢最大功臣四人为统辖九十五个千户集团的土们（Tumen，译义万户，但其根底仍是本身的“千户”）。四万户中最上位的两人，左翼（蒙古习惯尚右，但与汉俗相反，以东侧为左翼，西侧为右翼）万户木华黎，原系非蒙古部的白塔塔儿系札赖亦儿部人；右翼万户博尔术，原与成吉思汗同七世祖的黑塔塔儿系蒙古部阿鲁剌特氏人。《新元史》两人传记分别说明前者“封地”东至合剌温山，后者“封地”西至阿尔泰山。意即前者统辖大兴安岭方面诸千户集团，而后者乃阿尔泰山方面诸千户集团的上位集团。

惟其如此，十三世纪初成吉思汗统一蒙古地方，同时也是蒙古族扬弃旧有氏族制社会构造、转变其新机能的历史性转折。传统社会内部组织的氏族血缘集团原以父系制与族外婚制为特征，奉同一祖先而由族长率领经营协同生活，可汗非掌握绝对权力的君主。成吉思汗强化统御力、团结力，以及第二次即位为分界标志，旧时氏部族社会关系一应解除，向游牧领主制转化完成，新的千户制社会组织以军事、行政双重集团单位形态而再编定，强力的专制政权成立，汗的命令自千户长→百户长→牌子头（什长）依次转达，全程贯通。而另一方面，部族·部落=千户制为母胎，新的社会集团以世袭的、分封的游牧封建为特性，功勋系其要件，封建关系的领主制，也铸定蒙古“部”升级为蒙古游牧国家的建设基盘。未来亚洲历史动向，便以十三世纪蒙古社会结构发生如此大变化与大改造而指示。

区别于一般兵制以外的“怯薛”亲卫军制度，乃蒙古军特色。“怯薛”其名，原系突厥语①，甚多以突厥语为借语的蒙古语之一，即番直之义，指可汗直属的亲军。子年初建时，自千户长、百户长与其子弟中选拔优秀者充当，总名之为怯薛歹（Keshikteit，歹或 tei 乃当事者之意），而设八十人的客卜帖兀儿（Kebteul，译为宿卫），七十人的土儿合兀惕（Turgaud，译为散班），另选巴秃儿（Baatur，译为护卫）千人，临敌居前锋，平时作散班护卫。第三年寅

① 平凡社版《世界历史大系》7. 东洋中世史第四篇，第 23 页。

年成吉思汗第二次即位时，员数大额增加，也定制为宿卫一千人，箭筒士（豁儿赤，Harci，谓带弓矢的番士）一千人，护卫散班（侍卫）八千人，合计一万人。宿卫番士专门负责可汗斡耳朵（Ordu，官帐）内外的夜间警戒，其余则于昼间服相同的勤务，以及执役斡耳朵担当冠服、弓矢、饮食、庐帐、府库、医药、卜祝等文武杂务。番直分四班，每班三日交代，因之以“四怯薛”著称。番士以系可汗近侍，特为可汗亲信而待遇优厚，相对战斗力也特强，乃是诸军中最精锐的中核。行军时战场指挥官与一般文武大官，往往以此为跳板而被拔擢。

成吉思汗军制整备的同时，从来蒙古族的社会习惯也已加以法令化，谓之 jasak 或简称 jasa，蒙古语“法”、“法序”、“法制”之意，汉字音译札撒克、札萨克，或札撒，意译则大法令（大体例）。此词原系普通名词，转变为如汉字所示“大法令”意味的专有名词，便自成吉思汗始。只是其具体内容，今日仅能自流传后世诸史料中散见的片断而得知。于内容范围，学者间也存在广义、狭义的解释上不同，狭义仅指成文法化的蒙古族习惯法，成吉思汗对传统习惯以命令确认的律令，广义则律令之外，也以军律、军制与有关军备制度，以及“训言”（bilik）等，一括包含在内①。关于大法令制定与宣布时期，文献记载系成吉思汗第二次受推戴的大集会同时，由汗以勅令形式行之，成吉思汗此类法令，与其训言，均以用回纥文字记录为特色，十四至十五世纪左右的西亚细亚学者具有共通认识②。有关蒙古新国家政务规定、人民裁判法、租税赋课法等，也均于其时新制定而采入大法令内。成吉思汗以后，又适应时代再予陆续增补。而“国家”于蒙古语为 Ulus，以成吉思汗纪元一二〇六年第二次即位所代表大蒙古帝国诞生意味的国家名词，便是 Yehe Monggol Ulus，乃为复数，原部队联合体的意味仍然存在也为可知，特别当其后成吉思汗分封诸子后为愈明显。

蒙古国家秩序，可了解自成吉思汗两次即位之间的时期，已一应制度化设

① 人物往来社版《东洋史》7. 大蒙古帝国，第 54 页。

② 人物往来版《东洋史》7. 大蒙古帝国，第 45、54 页。

定，本格化国家建设关键时期的意味。而其动力泉源，堪注意系导引自乃蛮的被征服。突厥族乃蛮部雄踞蒙古高原最西部外缘位置，非只地广势强，俨然北亚细亚诸游牧集团领导中心之一，也以地理上与天山东部南、北麓同种族，经营定着城郭生活的畏兀儿（回纥）部接境，而受入回纥文化。因之乃蛮部于其时，已系文化水准颇高的开化部族，所使用文字便是畏兀儿文字。成吉思汗灭乃蛮，获其畏兀儿人大臣塔塔统阿（Tatatongga），教之使用文字，回纥（畏兀儿）文字乃移植通用于蒙古族间，以及开始学习得租税征收基本的户籍簿制作与裁判记录等，而蒙古于习惯法成文法化成为可能。公文书使用印章，也同一时间与同一情况下学得，并了解其意义。纪元一二〇四年乃蛮征伐的另一意义，也是成吉思汗伟业成败的大关键，军制改革时一举歼灭已系合流形势的连锁巨大敌人，突破向蒙古高原以外发展的障碍。《元史》太祖纪誉为“用兵如神”，成吉思汗伟大的军事天才，由是发挥至极致，铁的纪律要求下无敌军团纵横四方，震撼世界的大征服者开创了“灭国四十”（《元史》太祖纪）空前纪录。

成吉思汗四方征服战争热潮兴起初期的西夏征伐，又具有特殊意义。蒙古军对西夏的侵略战，诸史料记载年代颇有异说，次数也不一致，早自纪元一二〇六年即位前便已试探性攻击是个概括印象，征服战本格化进行则在纪元一二〇九年。藏系唐古特族的西夏国领地自河套地方、贺兰山阿拉善沙漠以至敦煌方面，以据有汉族中国与西域交通路要冲，占其东西贸易利益优势而富强，性格属城郭国家，国都中兴府（兴庆府，今宁夏银川市）便是汉式坚固城壁围绕的都市。所以，兴庆府攻略战，乃是届此为止，向来习惯于与自身共同系游牧民族间战斗的蒙古军所未曾有的经验，逼降西夏，也是蒙古军对城郭国家征服战争必须采用另一形式高原战略与战术的实战体验，未来征服汉族中国抑或西方世界定着居民的预演意味。

果然，纪元一二一一年（太祖六年），大举征金战争展开。成吉思汗与其四子术赤（Djuchi）、察合台（Chagatai）、窝阔台（Ogotai）、拖雷（Tului），齐上征途，长驱连陷金朝桓州、昌州、抚州等，一军自此向辽东，本军越过今河北省张家口继续南下。金军四十万拒战于野狐岭（今河北省宣化境）溃败，蒙古骑兵以破竹之势夺下中都大门居庸关，成吉思汗进驻关隘附近的龙虎台（今北京昌平县境），诸子、诸将分兵攻略山东、河北之地，摧枯拉朽横扫诸城市。翌年，成吉思汗转向侵入山西，蹂躏诸州，大掠西京大同。然后东京辽阳洗劫也已完成，掠夺战争告一段落，全师饱载战利品物资北归，成吉思汗留克鲁伦河大斡耳朵。

但纪元一二一三年又再伐金，迂回易州先取紫荆关，再夺居庸关，制造俯临中都、控制全局之势后，蹈袭前次路线而愈深入内地，右翼军团绕过中都，沿太行山脉南下抵黄河，折向北取山西，左翼军团循海而东出辽西，成吉思汗自领中军直下河北、山东，四方而起的掠夺大旋风中，黄河以北绝大多数城市被囊括。自七月至年终，大残破尽兴，成吉思汗下令三道军还，会合到中都之北。入第二年春（太祖九年，纪元 1214 年，金宣宗长佑二年），成吉思汗网开一面，允许金朝献公主与金帛，成立和议而还归。

不幸，蒙古退兵后，金朝立即迁移国都至黄河以南的汴京，又成蒙古藉口而于翌年（太祖十年，纪元 1215 年）第三次大兴兵。此次非成吉思汗亲征，但大将们统率下蒙古骑兵军团，当者披靡之势毫无改变，中都迅速陷落，而且黄河以北中原全域与辽东，已非如前此侵略形式仅是一时的物资掠夺，直截已是对此广大富裕地区的永久占有。惟其如此，作战的统一指导与全权的善后处理已存有必要，却也是大征伐第一次非出亲征形式，而系任命代表，纪元一二一七年（太祖十二年）成吉思汗给付木华黎（Mukhari）的命令，《元史》、《新元史》太祖纪记录其言：“太行以北，朕自制之：太行以南，卿其勉之”，而拜木华黎为太师，封国王，建九斿大旗，承制行事，诸将咸听节制，又是适应金朝战争，统制汉族中国需要的最早汉式官名与封号建置，占领区总督与新领土的方面统治者意味。

经略汉族中国方面交由大汗权力代理者木华黎，成吉思汗雄图显已转向西方。乃蛮并灭，通往西方的大道打开，准备意味的前瞻部署便在第二位即位以迄伐金期间完成。成吉思汗建立统一蒙古地方游牧国家的翌年（纪元 1207 年），长子术赤北征吉尔吉斯、俔俔助特（Kem - kemdjut）与西北方“林中之民”野塔塔儿诸族成功，叶尼塞河流域游牧民族与南西伯利亚森林地带所居住骠悍闻名的狩猎民族，均加征服。乃蛮外缘向夸强盛的辽朝遗族所建西辽国势力下诸部，自乃蛮灭亡而蒙古建立北亚细亚霸权，也已纷纷动摇，东方主要两服属者，乃蛮西面接境的巴尔喀什湖以东葛逻禄部、乃蛮南面接境的天山方面，已由原游牧民族变换标准的定居生活人民，又因占有东西贸易路要冲而以利殖队商活跃闻名的畏兀儿（回纥）部，都已与宗主国西辽切断从属关系，纪元一二一一年或太祖六年，两国国主分别亲抵克鲁伦河畔朝觐成吉思汗。而其时，西辽正爆发大变故，当年乃蛮部太阳汗之子屈出律（Khuchluk），国破时率部下逃奔西辽求庇护，得国主直鲁古（Djiluk，耶律大石之孙）优遇，妻以女。野心家屈出律却勾引西邻中亚细亚花剌子模（Khorazm）设（Shah，突厥语国主）摩诃末（Muhamed）得其援，便自纪元一二一一年篡夺岳父之位，与花剌子模分割西辽国土。由是趁蒙古征金之机，破葛逻禄，伐畏兀儿，东进向蒙古复仇。纪元一二一八年（太祖十三年），轰轰烈烈的蒙古军西征，乃以已转移乃蛮系支配的西辽挑衅为藉口，而揭开序幕。大将者别（Chebe，原泰亦赤兀氏追随者别速特氏人）奉成吉思汗命，率二万人骑兵军团进击，屈出律兵败逃合失台儿（疏勒）城被逐，折回巴达克山（Badakhshan）被蒙古军追杀，乃蛮＝西辽灭亡，蒙古领土已扩大到帕米尔而与花剌子模相接。同年，大集会通过西征决议，翌年（太祖十四年，纪元1219年，宋宁宗嘉定十二年，金宣宗兴定三年），成吉思汗命末弟铁木哥斡赤斤（Temuge Otchigin）留守本据，自己亲率大军登上征途①。

中国文献称之回回国的花剌子模系自塞尔柱突厥分裂，位当阿姆河下流西方的突厥人国家，十一世纪后半独立，西辽兴起后臣事西辽。纪元一二〇〇年摩诃末即位的前后时期，已先后并灭均届衰微末期的塞尔柱朝与古尔（Ghor）朝，伊朗全域与阿富汗斯坦落入其手中，又通屈出律分割西辽中亚细亚国土以来，版图扩大到东起印度河，西至里海，北及锡尔河，南达波斯湾，俨然帕米尔以西最强盛的大国。国都也自阿姆河下流玉龙杰赤旧都（Urghendj）向东移建到新取地，东西交通路干线丝道上通向印度的分歧点撒麻耳干（撒马尔罕，

① 人物往来版《东洋史》7. 大蒙古帝国，第54页。

Samarkand），商业殷盛，且便以东西文明十字路的位置，学问发达，摩诃末也以东方回教徒保护者自诩。却是，摩诃末与其国家得志的时间几乎与蒙古平行，蒙古军已尽拆中间距隔的藩篱而抵国门①。

纪元一二一九年西行的蒙古远征军，中国史书转引被征服方面的回教诸史料，谓为“号六十万（人）”（《蒙兀儿史记》）。今日苏联的中亚史家依所有证据推计，则蒙古军动员总兵力，系自十五万人最高至二十万人之数②。估计差距的由来，其一，蒙古战斗部队全由骑兵构成，每一战士均携战马数匹③，定居民族以自身标准按马数衡量人数，乃存有出入；其二，日本学界的补充了解：游牧民族的场合，活跃前线的骑兵集团背后，附有随战线移动的兵站基地，当时蒙古语所谓“奥鲁”，担负粮食、衣服、兵器的补给与修理，连同此等后勤人员算入，也可解释为符合六七十万人之数④。攻击方面二十万战斗人员，花剌子模防卫兵力则约四十万人，人数虽悬殊，但无论兵员素质与训练，军纪与战斗精神，以及指挥官卓越战术，守方均非可匹敌蒙古军的优秀，胜负毋须待实战开始便可判定。

蒙古军推进入锡尔、阿姆两河中间地域的河中（Trans - Oxiana）时，大攻击分军展开，成吉思汗第二子察合台与第三子窝阔台统率的第一军团留攻花剌子模国境门户重镇、锡尔河中流域的商业都市讹答剌（Otral），长子术赤的第二军团向西北（右翼），阿剌黑（Alac）、速格秃（Sougtou）、脱海（Togai）三将军的第三军团向东南（左翼），成吉思汗偕同末子拖雷的本军，疾行绕过撒马尔罕，围陷位于其西方的不花剌（布哈拉，Bokhara），切断后方花剌子模本据连系后，还军轻易逼降当时中亚细亚最繁荣大都市的新国都撒马尔罕，时为进军以来半年的纪元一二二〇年春。已齐陷河中全域所有城市的诸军团，也分别向撒马尔罕集中。先期脱逃的摩诃末，南奔渡阿姆河又折西北亡命，被成

---

① 成吉思汗西征记事，取材自《多桑蒙古史》（冯译本）第一卷第六、七、八章；屠寄《蒙兀儿史记》成吉思汗本纪第二下（卷三）。

② 转引自文艺春秋版《大世界史》8. 苍狼之国，第219页。

③ 冯承钧译《多桑蒙古史》，第69页。

④ 文艺春秋版《大世界史》8. 苍狼之国，第219页。

吉思汗所派者别、速不台（Subudai，原兀良哈部人）二大将紧蹑追逐，遁入里海一孤岛困死。近咸海南岸的旧都王龙杰赤续被攻拔，伊朗北部（花剌子模本据）、伊朗南部（呼罗耶，Khorasan）分别于成吉思汗第三子窝阔台与第四子拖雷受命攻略下，完成席卷而东返会师。同一期间，大汗亲下阿姆河以南诸城，历史上著名商业、宗教、文化大都市巴里黑（Balk或Balkh，亚历山大东征以来的Bactria)，便于此次屠城与彻底堕毁的浩劫下，熄灭其生命之光。此均纪元一二二〇年至翌年春的一年间事，花剌子模征服，蒙古军西征第一阶段作战结束。

蒙古军持续第二阶段作战，一方面，几已全域被占领的花剌子模，独余东南一隅国境哥疾宁（迦色尼，Ghazni)，在摩诃末之子札阑丁（Djelal ud - din）领导下，英勇顽抗至纪元一二二一年末。札阑丁败退至申河（印度河）畔，于成吉思汗亲统的追击军前，自数丈高的断崖上跃马河中激流，泳渡对岸脱走，逃入古尔朝解体期，分割其印度方面领土所独立建设的纯粹印度境内突厥人国家底里（Delhi）朝，也因而导引蒙古军的侵略波及印度河右岸腹地。幸届纪元一二二二年夏，生长北方的蒙古军不习惯南方盛暑，攻击行动受阻害，军中又疾疫流行，得免印度的蹂躏范围扩大。翌年春，成吉思汗决意班师归还蒙古，留住撒马尔罕迄纪元一二二四年春启程东行。与印度征伐同时，方向完全相背的另一方面战事，续向西方欧洲延长。术赤屯军咸海、里海间为支持之下，者别、速不台两大将的军团，于驱逐摩诃末入里海后，同任西征派遣军总司令，自里海南岸迂回西岸，越太和岭（高加索Caucasus山脉)，沿其北麓西进，穿过黑海克里米亚（Crimea）半岛，出南俄草原。自纪元一二二〇至一二二二年间，所过残破，位居里海与黑海中间地带，匈奴时代便负盛名的阿兰(Alan，转音为阿速Asse）诸部，其北分布地域更广泛，里海、黑海以北窝勒伽（伏尔加，Volga）河、董（顿，Don）河流域为中心的钦察（Kipchak，欧洲人谓之库曼Couman）＝突厥诸部，均被征服。钦察部族联盟西北的斡罗斯(俄罗斯，Rosse）大震惧，翌年纪元一二二三年，预在顿河附近Kalka（迦勒迦）河畔布阵迎击的诸侯联军八万余人遭蒙古军粉碎，六王、七十侯死，兵士被歼灭者十之九，蒙古军如落叶秋风之势横扫俄罗斯境，恐怖的焚杀大掠于大汗回师命令下达才中止。岁末，横断钦察平原（哈萨克斯坦）东归，与成吉思汗本军会合（纪元 1224 年）。

大征服者成吉思汗西征兴尽，纪元一二二五年（太祖二十年，宋理宗宝庆元年，金哀宗正大二年）春，凯旋返抵蒙古本据，在外前后七年。其时，蒙古西灭西辽与花剌子模，尽行并合中亚细亚、阿富汗斯坦、伊朗等回教诸地域，北方领土远及里海以北，南方又领有黄河以北汉族中国之半，原游牧国家再度跃进，大世界帝国形成。而此广大领土上的诸子分封盛举，乃于西征首途归来的纪元一二二四年（太祖十九年）宣布：长子术赤分与乌拉（Ural）山东、西侧哈萨克斯坦之地，次子察合台分与西辽故地，自伊犁河流域海押立（Kayalik）界外以抵只浑（阿姆）河，而东界畏兀儿，三子窝阔台分与阿尔泰山以西，也迷里（Emil）河一带的乃蛮故地，亦即以后清朝西蒙古之地，四子拖雷继承成吉思汗自身所保留外蒙古本土直辖地。内蒙古东半与清朝时代东蒙古（东北九省西半）地域，另予分封成吉思汗诸弟。灭亡金朝与花剌子模所得农耕文化地带，则非分封地而成立达鲁花赤（Darughachi 或 Darougas）制度，直接支配。纪录中最早的达鲁花赤，系纪元一二二一年（太祖十七年）“西域略平”，以南征印度时于阿姆河方面设置，占领区大地域内立于诸所任命土著民政官之上、省长意味的最高行政长官。以后员数增多而管辖区域缩小，相对也是对地方控制力的增强，蒙古帝国转移到元朝帝国时代，达鲁花赤于汉族中国的设置性质，又转变为地方行政官厅汉人长官的监督者，译义乃谓之断事官。达鲁花赤支配之外，蒙古帝国时代发达的交通体系站赤（Jamchi）驿传制度，也自成吉思汗四方征伐期间初建，沿大领土帝国内的交通线分设驿站，逐站换马，也便利通行时检验证件，又是大帝国各地区灵活连结的强力韧带。

成吉思汗诸子分封的处分原则，容易明了系从蒙古旧俗户主对其成年之子分与家产与家畜使独立，父之最后残存财产则末子承继的末子相续法。堪注视系较纪元一二〇六年或太祖元年的八八功臣分封，明显已具区别。当年功臣分封，暨其翌年（纪元 1207 年）诸子、诸弟分封（《元朝秘史》记载，是年术赤征服西北方林中之民凯旋，即以此方面林中之民分与的同时，又以术赤为诸子之兄，赐民九千人，斡赤斤为末弟，分民一万人，为最多，其余察合台八千人，窝阔台、拖雷各五千人，另三弟自四千人至一千五百人），均系分民，指足以征集一定战士“人”数（丁数）的游牧人民集团，所谓“以丁为户”①，其是否分与供牧民营生的牧地，并无明记。而成吉思汗西征归还时新领土上的分封，则已是附着了分地要件的名副其实封建。惟术赤于分封后即行去世，未如察合台汗国、窝阔台汗国的实现卫星国家建设，须其子拔都（Batu）续兴第二次欧洲远征，始推展其父原分封地至俄罗斯，而于纪元一二四三年建钦察汗国。然后，拖雷子旭烈兀（Khulagu）续征西亚细亚，灭回教帝国 Abbas 朝与叙利亚，含阿姆河以南与伊朗之地，纪元一二五九年建伊儿（Il）汗国（参照次节），而蒙古帝国内四个分子国家，有名的四大汗国成立。

**蒙古帝国四大汗国表***

| 国名 | 始封 | 首都 | 领域 | 存续期与结局 | 特色 |
|---|---|---|---|---|---|
| 察合台汗国 Khanate of Chagatai | 察合台 | 阿力麻里（Almalik，今伊犁） | 塔里木盆地、中亚细亚、阿富汗斯坦、西北印度 | 纪元 1224—1321 分裂东、西——东察合台汗国都疏勒、西察合台汗国领有帕米尔以西，都撒马尔罕，1369 年被其相篡夺改建帖木儿（Timur）帝国 | 突厥语为公用语，回教保护，基督教也流行，大都市发达，财政丰裕。 |
| 窝阔台汗国 Khanate of Ogotai | 窝阔台 | 也迷里（Emil，今塔城方面） | 天山以北准噶尔盆地 | 纪元 1224 - 1310 并入察合台汗国 | 对拖雷系元朝政权持对立抗争姿态，失败。典型的游牧国家。 |

① 蒙古“以丁为户”，参照冯承钧译《多桑蒙古史》上册第 208 页群臣与耶律楚材对语。

＊本表取材自松田寿男、森鹿三《亚洲历史地图》第 98—99 页蒙古帝国时代的北亚；晓教育图书版《现代教养百科事典》7. 历史，第 223—224 页蒙古的亚洲制霸诸条；文艺春秋版《大世界史》8. 苍狼之国，第 298—299 页蒙古四汗国表，同书第 311—319 页说明；平凡社版《世界历史大系》7. 东洋中世史第四篇，第 107—112 页，四汗国的盛衰章。

续表

| 国名 | 始封 | 首都 | 领域 | 存续期与结局 | 特色 |
| --- | --- | --- | --- | --- | --- |
| 钦察汗国 Khanate of Kipchak（又以汗居豪华金锦斡耳朵而别名金帐 Sira - Ordu 汗国，Sifa 蒙古语"金"之意①） | 拔都 | Sarai | 西伯利亚西半部俄罗斯 | 纪元 1243 - 1480 后期诸势力分裂，十四世纪后半又遭新兴的帖木儿帝国连续攻击溃败而瓦解，最后倾覆于俄罗斯诸侯以莫斯科（Moscow）大公为中心的独立运动。 | 十四世纪前半期即别 Uzbeg 汗在位为黄金时代。与东罗马皇帝、埃及 Mameluks 朝通好，罗马教皇、希腊教主使节频频。黑海贸易繁盛。突厥（钦察）、斯拉夫、蒙古三系统种族间混血。俄罗斯诸侯立于蒙古人治下二百数十年，对君主绝对服从，君主命令即法律，施行笞刑等东洋传统，以及蒙古人爱好掠夺杀戮的风习，因之残留自后俄罗斯人文化。 |
| 伊儿汗国 Khanate of Il | 旭烈兀 | Maragua 迁 Tabriz | 伊朗、伊拉克，土耳其、叙利亚 | 纪元 1258 - 1411 十四世纪中期以后诸王分立割据，亡于帖木儿帝国。 | 基督教保护，罗马教皇、东罗马皇帝通好。与埃及 Mameluks 朝对立。十三四世纪之交合赞（Ghagan）汗时代为全盛时代，自是奉回教为国教。蒙古、波斯文化兴隆，回教文学、学问再登极盛期，四汗国中最为文明国。波斯人撰蒙古史两巨著：Alai un - din Djuvein《世界征服史》（Tarikhi Djihan Kushai，叙至旭烈兀西征的 1257 年）；Rashidun - din《史集》（Jamit ut Tevarikh，叙至元朝世祖次代成宗与伊儿汗国合赞 Gazan 汗次代其弟完者都 Uljaitu 汗时代，著者殁于 1318 年，完者都汗以来迄全书记事下限 1335 年间之事，系后人续成。 |

① 平凡社版《世界历史大系》7. 东洋中世史第四篇，第 57 页。

西征凯旋前夕的纪元一二二三年，东方已略平黄河以北金朝领土的国王木华黎卒，介在金朝占领区—蒙古本土—畏兀儿之间，已具必取形势而未了的西夏最后一击，便须成吉思汗亲自担当。纪元一二二六年春至翌年夏，对西夏彻底的征服战终于兴起，假道畏兀儿，从甘肃、青海、宁夏着着向内逼进，西夏国都中兴（兴庆）府陷落，西夏灭亡。却是，也便在同时，巨星殒落，旷古雄主的东方游牧民族史上最大英雄与世界最大征服者成吉思汗，于六盘山（甘肃省固原县境）避暑行在病逝，寿龄七十三岁。时为太祖二二年，纪元一二二七年，宋理宗宝庆三年，金哀宗正大四年。

蒙古帝国世系图(括弧内乃元朝追尊汉式谥号)

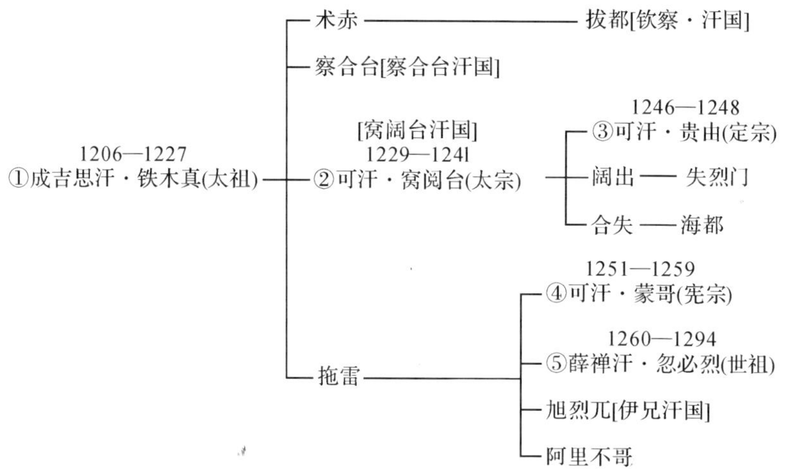


## 从蒙古帝国到大元帝国

自太祖二二年（丁亥年，纪元1227年）成吉思汗崩，届己丑年（纪元1229年，太宗元年）其生前指定的继承人窝阔台登位为蒙古帝国第二代可汗，中间两年空位期，由成吉思汗末子拖雷监国。汗位未直接衔接的原因，系传统选举新可汗的大集会乃己丑年始行召集。但分封诸王、诸将分自领地抵达怯绿连（克鲁伦）河畔，会议进行时，多数意见倾向的便是拖雷，所以历四十天而后继可汗人选仍然悬虚未决，最后系拖雷亲自公开表达拥护其兄之意，才完成窝阔台汗推戴手续，登位为元朝追尊的太宗，时年四十三岁（宋理宗绍定二年，金哀宗正大六年）。

大集会又决议两大外征案，一对金朝，一对伊朗。

翌年太宗二年（纪元 1230 年）秋，太宗亲征，蒙古军先锋入陕西，凤翔降，领土日蹙的金朝已仅保有潼关以东的河南之地。翌年，三道并进，左翼军自山东省济南右折，太宗本军自山西方面南下，扫荡黄河北岸金军，准备渡河，拖雷的右翼军系主力，假道南宋领土大迂回作战，强袭汉中，夺取饶风关渡汉水，从西南方攻入河南省境疾进，引诱固守潼关的金朝重兵东调防卫汴京，太宗趁虚攻陷潼关后，与拖雷合军。又翌年（太宗四年，纪元 1232 年）春，完成汴京合围，其年夏，太宗、拖雷俱以不适中原气候罹疾，渡河北归，留欧洲征伐赫赫有名的老将速不台（者别已去世）在汴，围城一年陷落，可惜太宗病愈而拖雷不治，终其父之世随侍得熏陶，沉雄个性与骁勇善用兵全如其父的此成吉思汗末子之死，享年仅四十岁。太宗六年（纪元 1234 年）已是残棋收谱，先期弃汴京逃亡的金哀宗走归德，又奔蔡州。应蒙古约对金南、北夹击的南宋也已出兵，蔡州于蒙古、南宋两军包围下被破，哀宗自刎，金朝灭亡（金哀宗天兴三年，宋理宗端平元年）。

另一方面，第二次伊朗征伐也已兴起。成吉思汗平定西域，达鲁花赤统制展开而大军东归，阿姆河以南留驻蒙古军仅四千人，逃亡印度的札阑丁已趁机西归，太宗即位前后，其父伊朗旧领土已被恢复大半，蒙古军因之有再征服的必要。太宗二年（纪元 1230 年），大将绰儿马罕（Tchormagoun）奉命统兵三万出征，札阑丁迎战连败，翌年，图遁小亚细亚投东罗马帝国，途中在蒙古军截袭下溃灭身亡，花剌子[illegible]完全斩绝。绰儿马罕续引兵经略美索不达米亚（侵义拉克阿剌[illegible]尽歼报达哈里利援兵），转北平定亚塞尔拜然 Azerbaijan（取帖弗利司 Ta[illegible]城），降谷儿只（Grusia）而蒙古帝国拓境至里海与黑海间，高加索山脉南边亚美尼亚（Armenia），时为太宗十一年或纪元一二三九年[①]。

第三次大征伐接续展开[②]，灭金翌年太宗七年（纪元1235年），大集会通过远征窝勒迦（伏尔加）河以西。成吉思汗分封子弟，长子术赤虽分得西至南俄之地，实质于此等地域只是掠夺，并未稳定占领，而且术赤不久便死，所以兴再征之议。诸王、诸将各返封地调遣兵马，入第二年（纪元1236年），诸军集结吉尔吉斯草原编队，总兵力突破十万[③]，至十五万人[④]之间（中国方面记录五十万人），规模之大超过成吉思汗西征军。成吉思汗四系诸王均行参加，长子出征（《蒙兀儿史记》斡歌歹窝阔台汗纪七年条）乃其特征，术赤位下拔都、斡鲁朵（Orda）、昔班（Sbaiban），察合台位下贝达尔（拜答儿，Baidar）、孙不里（Buri），太宗窝阔台位下贵由（Guyuk，定宗）、合丹（Khadan）、孙海都（Khaidu），拖雷位下蒙哥（Munge或Mongke，宪宗）、不者克（Boudjek），各别统率一军的指挥官全系年轻军人，又是特征。统帅由拔都出任，调回经略中原的速不台充当副统帅，系例外的元老，依赖其成吉思汗之际攻略俄罗斯的经验。大军在里海以北前进基地，自是年春驻扎至秋天，表面平静，却正是拔都得意手笔的Spy作战期[⑤]，间谍、斥侯正大事活跃，慎重与正确研判敌情后，排山倒海的骑兵大军团疾风似西卷。乌拉河、伏尔加河流域的不里阿耳（Bulgar）、钦察诸部族齐降，狂飙迅向目的地俄罗斯猛袭。

纪元一二三七年末，广大的俄罗斯平原时值严冬，后世拿破仑的法国军，希特勒的纳粹德国军、都以此千载遗恨，对俄战争失败。前锋速不台将军指导下的蒙古军，倒反擅长冬季作战，乃是战术史上一大奇迹。酷寒冻结河川与湖沼的流水，履冰而过，便利于蒙古骑兵机动作战与自由行动的追击，侵入俄罗斯平原时，东端也烈赞（Riazan）迅速被攻陷。北上一路大劫掠，残烧城市、

---

① 绰儿马罕西征记事，取材自冯承钧译《多桑蒙古史》下册，第四卷第一、二两章。

② 拔都西征记事，取材自冯承钧译《多桑蒙古史》上册，第二卷第三章。

③ 文艺春秋版《大世界史》8. 苍狼之国，第265页。

④ 晓教育图书版《现代教养百科事典》7. 历史，第223页拔都西征条（今日著作中多采此说）。

⑤ 参阅人物往来社版《东洋史》7. 大蒙古帝国，第118—119页说明，并引岩村忍《蒙古的欧洲远征录》波希米亚歌谣的一节。

住民肆加虐杀，莫斯科洼（莫斯科，Moscow，其兴须十四世纪受金帐汗扶植以来）被焚屠城，翌年（纪元 1238 年）春，东俄罗斯霸权者兀剌的迷儿（Vladimir）大公国陷没，大公阔儿吉（George）战死。速不台军继续推进至北俄罗斯要冲，对波罗的海贸易一大中心地的那窝果罗（Novgorod）时，以春季融冰期开路而攻击暂告段落，突然转换方向，南下黑海北方，顿河与第聂伯 Denieper 河中间肥美草原上，休养军马，以及扫荡周围游牧部族，约一年余。暴雷似的蒙古军猛袭再起，西俄罗斯诸城市在席卷之势下纷纷残破，纪元一二四〇年秋，乞瓦（基辅，Kiev）大公国被屠，基辅城自三世纪以来也是俄罗斯全土的首都，至是，繁华市街与众多东罗马式的壮丽基督教寺院，全被焚毁化为瓦砾。迄于其时，俄罗斯大小诸侯，已全由蒙古军征服受其支配。

俄罗斯（中国文献中的斡罗斯）全域沦陷屈服，蒙古军已面对欧洲世界，俄罗斯西邻的马札儿（Magyar，匈牙利）王国或匈牙利大草原是残酷骑兵铁蹄蹂躏的直接方向。侵略战争于同年（纪元 1240 年）冬立即发动，拔都自身正面进击匈牙利，别军在侧面掩护，从匈牙利北方扑向孛烈儿（波兰，Poland），南、北两方面钳形楔入欧洲大陆。北面军以破竹之势疾进，渡维思秃剌（Vjstrula）河，所向披靡。翌年（纪元 1241 年）春，焚掠波兰首都（诸侯共主都城）克剌可洼（Cracow），而且，在里格尼志（Liegnitz）附近瓦勒斯塔忒（Wahlstatt），歼灭波兰与德国诸侯联军三万人，地主国昔烈西亚（Silesia）公亨利二世（Henri Ⅱ）被斩枭首。续肆虐至孛海迷（Bohemia）地方，东南入匈牙利与拔都本军合流。一方面，拔都本军也正横扫匈牙利（Hungary）平野，所过尸体遍地，血流成渠，各城市废墟化，其首都帛思忒（Pest）之北的撒岳（Sayo）河畔大会战，粉碎匈牙利联军，遂屠帛思忒城，追逐中的马札儿王别剌四世（BelaⅣ）逃渡秃纳（多瑙，Donau）河得脱。是年夏、秋雨季，会合了的南、北军在匈牙利境休养士马，入冬，大攻势再展开，越过河水冰合了的多瑙河西进。德国（日耳曼）神圣罗马帝国内的埃太利（奥地利，Austria）公国兵燹遍起，诸城连连陷落，焚杀南至今意大利境的威内萨（Venice），已系地中海支海亚德里亚海（Adriatic Sea）北岸。令人窒息的蒙古军恐怖气势下，全欧洲人人震慄，罗马教皇 Innocent 四世与日耳曼皇帝 Frederic 二世，对于兵锋逼近的警报频传，惶惶然不知所措之际，恰值太宗讣报到达蒙古军中，以西征领导人须选举新可汗，而翌年（1242 年）春拔都下令全军东归，欧洲悲剧幸免更炽烈的上演。然而，西欧与南欧固逃脱厄运，蒙古军归途经由东欧的 Serbia（塞尔维亚）、Bulgaria（保加利亚），却难逃残杀与大掠的浩劫。

西征大军返抵高加索山脉以北，统帅拔都续闻讯内定的继承可汗人选时，命令从征的其余诸王系继续东归，本系中止返蒙古本土，并嘱蒙哥代表转达本系反对此新汗人选之意，决心留此原属其父封地的广大哈萨克斯坦与俄罗斯平原，建都萨莱（Sarai，初在伏尔加河注入里海处的河口，一三九五年以后移建至伏尔加河上流域①），支配钦察等部与俄罗斯大小诸侯，经营属于自己的国家。远征第八年的纪元一二四三年春，地跨欧亚两大陆的钦察汗国或金帐汗国，乃告成立。

纪元一二四一年冬逝世的太宗窝阔台汗，继承其父伟大英雄成吉思汗（太祖），其治绩意义，正是蒙古帝国创业与守成之功的密接配合。太宗在位十三年，较其父岁月为短，包括灭金的三大外征固仍蹈袭其父脚步。内治方面，强化统治而奠立发展中的蒙古世界帝国立国基石，则是成吉思汗未实现的理想完成。以成吉思汗所定法令为基础，屡次新颁大札撒，加强国家机能的制度化与法治化之外，入《元史》太宗纪的如下文字都堪注目：

——元年（纪元 1229 年）："敕蒙古民有马百者输牝马一，牛百者输牸牛一，羊百者输羒羊一，为永制"；

"始置仓廪，立驿传"；

"命河北汉民以户计出赋调，耶律楚材主之，西域人以丁计出赋调，麻合设的滑剌西迷主之"。

——二年（纪元 1230 年）："诏自今以前事勿问（大赦之意）"；

"定诸路课税，酒课验实息十取一，杂税三十取一"；

"始置十路征收课税使"。

——三年（纪元 1231 年）："始立中书省，改侍从官名。以耶律楚材为中

① 人物往来社版《东洋史》7. 大蒙古帝国，第 121 页注（Sarai）。

书令，粘合重山为左丞相，镇海为右丞相”（《新元史》太宗纪补充：“耶律楚材奏请州县长吏专理民事，万户府专理军政，课税所专理钱谷，各不相统摄，从之”）。

——五年（纪元1233年，是年陷金汴京，翌年金亡）：“诏以孔子五十一世孙元楷袭封衍圣公”；

“以阿同葛等充宣差勘事官，括中州户”；

“敕修孔子庙及浑天仪”（《新元史》太宗纪六年条：“设国子监助教官于燕京，令大臣子弟入学”）。

——七年（纪元1235年）：“城和林，作万安宫”；

“中书省臣请契勘大明历，从之”。

——八年（纪元1236年）：“复括中州户口”（《新元史》太宗纪补充：“定税每户出丝一斤以供官用，五户出丝一斤以赐贵戚功臣；上田亩税三升半，中田三升，下田二升半，水田亩五升；商税三十分之一，盐价蚀一两四十斤，以为永额”）；

“耶律楚材请立编修所于燕京，经籍所于平阳，编集经史，召儒士梁陟充长官”；

“诏以真定民户奉太后汤沐，中原诸州民户分赐诸王、贵戚。耶律楚材言非便，遂命各位止设达鲁花赤，朝廷置官吏收其租颁之，非奉诏不得征兵赋”；

“诏印造交钞行之”。

〔《新元史》太宗纪九年（纪元1237年）：“命断事官术虎乃、山西中路课税所长官刘中，试诸路儒士，中选者蠲其赋役，令与本处长官同署公事，得四千三十人”。〕

——十二年（纪元1240年）：“籍诸王大臣所俘男女为民”。

属领征服的混乱阶段渐渐过去，安定秩序便于太宗治世期回复。而成吉思汗所制定仅对游牧国家适用的统制机构与统治方式，于并入了广大汉地与中亚细亚、西亚细亚定着民的新领土，蒙古发展为世界帝国时，稳固支配征服地所必备条件的国家统治大方针变更与政府机构改革性整备，也都自太宗时代实现。所以，与大札撒效力相辅成，诸王对征服地人民的特权，以及蒙古部将的征服地上横暴行为，一概都已加以限制。相对方面，从蒙古人一时占领汉族中国发展为征服朝代的其后元朝，两面制统治的最早形成，便始于太宗窝阔台汗之世。

推动蒙古历史此一关键时代成立的中心人物，乃是辽朝宗室后裔的政治家耶律楚材。耶律楚材父、祖自辽亡后均仕金朝为高官，自身也由科举供职燕京，蒙古军取燕京被俘。成吉思汗与之言谈投机，留身边任政治顾问，时耶律楚材年二十七岁，自是得成吉思汗信任日深，携带扈从西征，并郑重推介与指定的汗位继承人窝阔台。事实上，己丑年大集会，太宗汗位僵局的最终打开，便是耶律楚材向拖雷与察合台弟兄转圜之力。惟其如此，而耶律楚材形成太宗政治枢轴，《元史》其传记的几段动人记载：

中原甫定，民多误触禁网，而国法无赦令。楚材议请肆宥，众以云迂，楚材独从容为帝言。诏自庚寅正月朔日前事勿治。且条便宜一十八事颁天下，其略言："郡宜置长吏牧民，设万户总军，使势均力敌，以遏骄横。中原之地，财用所出，宜存恤其民，州县非奉上命，敢擅行科差者罪之。贸易借贷官物者罪之。蒙古、回鹘、河西诸人，种地不纳税者死，监主自盗官物者死，应犯死罪者，具由申奏待报，然后行刑。贡献礼物，为害非轻，深宜禁断。"帝悉从之，唯贡献一事不允，曰：彼自愿馈献者，宜听之。楚材曰：蠹害之端，必由于此。帝曰：凡卿所奏，无不从者，卿不能从朕一事耶。

太祖之世，岁有事西域，未暇经理中原，官吏多聚敛自私，资至巨万，而官无储待。近臣别迭等言："汉人无补于国，可悉空其人以为牧地。"楚材曰："陛下将南伐，军需宜有所资，诚均定中原地税、商税、盐、酒、铁冶、山泽之利，岁可得银五十万两，帛八万匹，粟四十余万石，足以供给，何谓无补哉？"帝曰："卿试为朕行之。"乃奏立燕京等十路征收课税使，凡长贰悉用士人，参佐皆用省部旧人。辛卯秋，帝至云中，十路咸进廪籍及金帛陈于廷中，帝笑谓楚材曰：汝不去朕左右，而能使国用充足。……即日拜中书令，事无巨细，皆先白之。

旧制，凡攻城邑，敌以矢石相加者，即为拒命，既克，必屠之。汴梁将下，大将速不台遣使来言，金人抗拒持久，师多死伤，城下之日，宜屠之。楚材驰入奏曰：将士暴露数十年，所欲者土地人民耳，得地无民，将焉用之。帝犹豫未决，楚材曰："奇巧之工，厚藏之家，皆萃于此，若尽杀之，将无所获。"帝然之，诏罪止完颜氏，余皆勿问。时避兵居汴者得百四十七万人（《新元史》本传记数一百七十万户）。

耶律楚材的可敬，正以其一方面对蒙古国家获得庞大领土后的高度统治技术指导，具有莫大贡献；另一方面，更对汉地生命与文化的维护，诚挚付出其最大的心力。太宗崩后第四年与贵由汗选出前一年的纪元一二四四年，寿五十五岁的耶律楚材去世，其努力于汉族中国查实户口（所谓括户）整理户籍，又于法定税率为基盘的租税体制下，所自汉族人民征起的税收，未来终成立为支持蒙古帝国财政最大的财源。

蒙古帝国初建的成吉思汗时代，仍立于游牧生活传统，国家无称之国都的一定场所，政治中心随可汗斡耳朵（Ordo，汉译帐殿）移动，最早建设固定化城郭，部分经营定住生活的国都，又是太宗突破性伟业。七年（纪元1235年），于成吉思汗晚年斡耳朵常驻之处的斡儿汗（鄂尔浑）河上流右岸定都（是年决议远征俄罗斯的大集会亦即于此附近召开），依汉族社会习惯，也便由汉族工匠、雕刻师、画工等从事的中国风格国都、宫殿建筑与装饰，宫殿汉名万安宫，国都以所在地喀喇和林（Kharahorum，今鄂尔浑河支流 Kokchin Orkhon 河的古名[①]）而名，汉字简略之而书为"和林"，或同音嘉名的"和宁"。十九世纪末以来，俄国探险队比定其地乃明朝神宗时代所建额尔德尼喀喇嘛寺的同一地[②]，与世位置系在鄂尔浑河东岸相对，西岸略略往上又是回纥都城址与九姓回纥可汗碑所在的喀喇巴勒噶孙废墟。

和林规模不大，文献记录其周围仅五华里。内部构造，以都城成立二十年后宪宗三年，纪元一二五四年奉法兰西王路易（louis）九世命访问和林的 Guillaume de Rubruquis 归去著述所介绍，而为今日了解。其记述谓，城内有大街二，一为萨拉逊（Saracen，回教徒）街，系商人居住的市场，一为契丹（Khitay，汉人）街，乃工匠所集中的工场区。两市区之外，是高官们大邸宅，

① 平凡社版《世界历史大系》7. 东洋中世史第四篇，第52页。

② 平凡社版《世界历史大系》7. 东洋中世史第四篇，第53页。

以及异教徒的寺院十二，回教礼拜寺二，基督教会一，汗的宫室沿城壁内侧。城壁材料用土垒，东、南、西、北各开一城门，各别为特殊物资交易场所，东门卖黍与杂谷，西门卖羊与山羊，南门卖牡牛与车辆，北门卖马匹①。纪元一九四八至一九四九年苏联于其地的考古发掘，已判明上项记事为正确。报告书的说明：都城乃略呈四角形的小城，东西约二、〇〇〇至二、五〇〇公尺，南北一、六〇〇公尺左右，西部即万安宫。东门外侧，乃引鄂尔浑之水的人工灌溉耕地，有石臼、石杵发现。城内自东门至中央部，街道两侧房屋栉比的遗迹中，大量陶器、玻璃器、金属器，以及宋、金、元等各朝代货币众多出土②。对于拥有特大面积领土的蒙古世界帝国而言，国都和林规模仅此而已，未免授人以贫弱感。是为概括印象。

然而，与国都和林建设约略同时的驿传制度整备，却是强烈对照的大气魄扩张。驿传非太宗时代创始，成吉思汗陪伴外征已展开，但其大规模利用与制度化则自太宗。以国都和林为中心，向蒙古帝国四方网状伸展交通路上，视地形与有无居民不定距离建立驿站，大体均依马行一日程为标准。且自太宗九年（纪元 1237 年）依耶律楚材意见，纠正诸王、贵戚自起驿马，道路骚扰之弊，统一以汗的名义制颁牌面镌有文字（回纥字蒙古文、汉文，元朝八思巴文）的牌子，供为许可通行凭证，否则受罚（年份依《蒙兀儿史记》与《多桑蒙古史》。《元史》兵志记其事在太宗四年）。驿站附属附近一定数字的民户，豁免其租税而负担维持驿站的一切费用。以后元朝成立而牌子再按任务的轻重缓急，区分金虎符、金牌、银牌、海青牌、圆牌等五种，驿马备用数字至二十万匹，通蒙古帝国时代以迄元朝，驿传制度的发达可以想像。国际间、国内诸王间使者往返、公文书传递、军情相通、贡物上达等公务，以及国内各地区相互间物资输送，都能因而圆滑进行为无论，远至欧洲的外国商人、传教士、学者文人、技术家等，也以整然驿传制度下交通发达，旅行便利，而此时期大活跃于蒙古或汉族中国。太宗讣报的短短数月间便已传达中欧拔都远征军总部，古

---

① 整理自《蒙兀儿史记》斡歌歹（窝阔台）汗纪七年乙未条注，转引那珂通世引鲁卜鲁克《和林纪行》。

② 和林考古调查，取材自文艺春秋社版《大世界史》7. 苍狼之国，第 260—261 页。

今历史上均堪惊叹其迅速，又是其时驿传制度通讯效率发挥的明证。

太宗被其父选择为汗位继承人在西征期间，原因系其时尚未去世的长兄术赤与次兄察合台之间，兄弟不协，惟太宗能对两位兄长排解而产生调和作用，也得术赤、察合台双方同意，成吉思汗乃作此决定。而正式的选汗大集会召开，却出现拥戴拖雷的尴尬场面，已是汗位继承问题的不祥之兆，至其崩，同一问题的争执果尔表面化。争执源由，关系成吉思汗分封诸子后蒙古帝国 Ulus 性格增强，太宗以受成吉思汗遗命而登位，在位期也继承成吉思汗所集中的权力，但底子仍是 Ulus 之一，大汗或共主的统御力随其崩而消失，子嗣回复同于诸王也平等的窝阔台汗国地位，与最初氏、部时代蒙古部汗并无二致。虽然汗所遗命继承人，于次代汗位选举中占有优势的游牧传统仍旧，然而，此项遗命并无绝对约束力，大会毋须定必遵从同样也是游牧传统。蒙古帝国成立未几汗位便起纠纷，损害帝国团结而裂痕初现，都导源于此。

太宗之崩，预定的嗣位人选，乃最宠爱而殁于出征时的第三子之子，其孙失烈门（Shiramun），随从拔都西征的少壮王、将外留于国内的老辈，则属意察合台，依游牧习惯摄政当国的太宗可敦乃马真氏（非失烈门祖母），又拟立己身所出的太宗长子贵由。察合台翌年去世可敦以失烈门尚未成年为理由而改立贵由的意见，乃获得支持。但是由于参与拔都西征期间，却与拔都发生冲突，被太宗斥责而先期召回，归途中先闻其父噩耗驰返。待贵由得母提名并拥戴大势在内已定，消息续向外西传时，严重对立形成，乃演出前述术赤（拔都）系诸王、将中止东归参与选汗大集会事件，拖雷系也以太宗在位曾为自己的窝阔台系侵夺其兵额而表示缄默。所以，大汗选举大集会连续召开两次（纪元 1244—1245 年）均以拔都持人选非太宗预定为藉口，拒绝出席而流会，再翌年的纪元一二四六年，亦即大汗缺位已第六年的月儿灭怯土第三次大集会上，终于拔都系缺席状态下，拥戴贵由为第三代可汗，是为元朝追尊的定宗。定宗汗位稳定后，纪元一二四八年，托词西向自国也迷里（叶密立）河方面，决意发兵讨伐拔都，而崩于途中。在位仅三年，年四十三岁。

拔都预得定宗秘密图己的情报，也已陈兵东境 Alā - kur 河畔相待，讣报至，虽避免了两军冲突，拔都已断然以当代辈份最高者身份通告各王族，翌年纪元一二四九年于其地召开大集会。会中大会召开时，窝阔台系、与其携手者察合台系主流诸王均未参加，仅定宗摄政可敦派遣代表，会中，术赤系拒绝可敦重立失烈门建议，指责窝阔台系先已自毁太宗遗命。推选次代可汗候补者的结果，术赤系、拖雷系、成吉思汗诸侄系统，以及定宗在位时干预察合台汗国后继者的察合台系失意诸王，共以四十岁的拔都乃成吉思汗长房长孙而予拥戴，拔都不接受，授权拔都提名而一致无异议通过的继位人选，是同年四十岁的拖雷系长子蒙哥。已无可挽回局势发展的可敦代表，只能以大会在蒙古本土以外召开为违法的理由抗议，与会者因而决议翌年春在克鲁连河上流阔迭兀阿剌儿之地再集会。会后，拔都命弟统兵护卫蒙哥东向，而本人归回窝勒伽（伏尔加）河本据。但翌年（纪元 1250 年）开会时反对派拒绝出席，流会，再翌年纪元一二五一年斡难河源第三度集会，已不理会窝阔台系继续缺席，蒙哥于实力派拔都的强力支持下，正式登位为第四代可汗与元朝所追尊宪宗。窝阔台系暗杀宪宗阴谋暴露，包括失烈门的在和林诸王均被诛杀或处流刑。却是，蒙古帝国的汗位固然由是自窝阔台系移转至拖雷系，两系间的对立则已尖锐化。

宪宗即位，对太宗晚年以来约十年间，宗族、大臣贪污、暴敛与受派系之争影响，政府纪纲弛缓，属领政治尤其紊乱至几乎陷于无秩序的状态，努力刷新。属领的西方中亚细亚方面设别失八里等处行尚书省，西亚细亚方面设阿姆河等处行尚书省，东方汉地于旧金朝中都（燕京）设燕京等处行尚书省，各地方政治监督达鲁花赤的设置普遍化，并踏实进行户口调查。对于原金朝领地内，太宗时代的纪元一二三五年（乙未）已具大规模括户成果（乙未年籍），纪元一二五二年（壬子）第二次调查（壬子年籍）与改正税制，蒙古国家财政的汉地属领经济依存度，至宪宗时代而愈紧密为显见。

对外政策，西方立于肃清伊朗域内恼人的木剌夷（Murahida）的需要与企求更大征服，宪宗三年（纪元 1253 年）大集会通过再征西亚细亚①。异母弟旭烈兀受命为总指挥官，将一万二千骑出天山北麓，纪元一二五五年抵达散麻

① 旭烈兀西征记事，取材自冯承钧译《多桑蒙古史》下册，第四卷第四、五、六章。

耳干（撒马尔罕），受蒙古的当地驻在长官与齐集于此的波斯诸侯欢迎后，翌年（纪元1256年）初，渡阿姆河指向木剌夷。木剌夷系回教一派Ismail教团所衍化，以里海之南Elburz山区为根据地的暗杀恐怖集团，于伊朗北部拥有庞大势力。蒙古军前此屡次西征期间，均以率先输款得避锐锋，而大军撤离后凶暴骚扰如故，所以宪宗决加夷灭。木剌夷顽抗失败，进逼其本据巢穴，年末荡平。翌年（纪元1257年），大军以八吉打（报达、巴格达，Bagdad）为目标进发，先谕哈里发（Kaliph）Mustasim降，不应，乃三道入侵。纪元一二五八年一月包围报达，第二月哈里发投降，蒙古军入城大杀戮，七日间八十万人被屠（包括哈里发父子），金银珍宝掠夺一空，纪元七五〇年以来，存立五百余年的回教萨拉森帝国Abbas朝，可悲如是灭亡（Abbas系宗族继在埃及续称哈里发）。旭烈兀乃北莅Tabriz，受西亚细亚诸王侯入朝。叙利亚侯未亲自赴会被引为罪状，纪元一二五九年，西自美索不达米亚（伊拉克）陷Aleppo，另一军南陷Damascous（大马士革），叙利亚被征服。而拔都西征历史重演，适于其时，宪宗讣报到达，旭烈兀留兵镇守Tabriz而准备自返蒙古，却以稍早应叙利亚侯请来援的埃及军已到达，图自蒙古军夺还侵地，旭烈兀须留此善后，继又传来东方大汗之位纷争消息，乃取消归意，也因是君临伊朗、小亚细亚，建设伊儿汗国，大征服战的结果也如同拔都。

对于南方，与南宋间战事也自宪宗时代而加剧。金朝的讨灭，名义上军事同盟协力者南宋，实质无大助力，因而仅分得陈州（今河南省淮阳）与蔡州东南之地。南宋却趁蒙古大军北撤的河南空虚时刻，作军事上投机，袭入汴京又图进取洛阳，闻蒙古军重返才急遽退归，太宗遣使责宋违约，战衅开启。但交战只在南宋域内四川以至江淮间进退，大体呈现胶着，以后数年，战争性质且转变蒙古军的劫掠式蹂躏，攻略城市得手，杀俘居民与掠夺战利品便退却。宪宗即位六年，授权其弟忽必烈（Khubilai）统辖漠南汉地军、民、政三权，前代以来停滞的南宋领土侵略开始恶化，另一弟旭烈兀出征哈里发政权上一年的纪元一二五二年，南宋经略的准备工作先已着手，忽必烈受命截切南宋四川西部之地南下，平定唐朝南诏国后身的云南大理国，以及招降吐蕃成功。纪元一二五七年忽必烈奉召返蒙古本土，副统帅兀良哈台（Ouriangcadai，速不台之子）续又进出中南半岛，翌年征服交趾地方南宋属国，替代李氏大越未久的陈氏安南国，从南宋北、西、南三方面大包围作战部署完成。

惟其如此，便于同年纪元一二五八年，计划下本格化南宋征服战展开，宪宗末弟阿里不哥（ACkbukha）留守和林，军分三道，合四万人号称十万，左翼军忽必烈自河南南下，以长江中流域的鄂州（武昌）为攻略目标，右翼军兀良哈台由交趾北上，向湖广方面会合，宪宗亲自统率的中军，以甘肃省六盘山（即成吉思汗崩驾所在）为前进基地，指向四川合州（重庆市以北合川县），准备夺取长江上流域之地而沿江东进。不幸，纪元一二五九年夏秋之间，蒙古军抵达四川时军中痢疫大流行，宪宗也被传染不治，崩于合州前线钓鱼山营中，年五十二岁，在位九年。南伐诸军，乃全面北撤，也因猝然发生的宪宗崩驾大变故，汗位争夺再升高层次，爆发同系拖雷位下的亲兄弟阋墙。

宪宗讣报到达时的忽必烈，指挥左翼军也已推进到预定的鄂州战线，至是中止攻略北归，但于抵达燕京时便停留不进，而且立与宗族、重臣协议召开选汗大集会。宪宗出征中去世的情况颇似其祖成吉思汗，成吉思汗遗命拖雷监国，所以其后选汗大会由拖雷召集。宪宗亲征已命阿里不哥留守和林，宪宗、忽必烈、阿里不哥又各别为同母四兄弟中的长、次、末三人，理无嫌隙，也理应由召开选汗大会。却被忽必烈抢先于第二年春，在燕京北方内蒙古开平（今多伦）实现大集会的召开，于旭烈兀与成吉思汗四大分家的术赤、察合台两系诸王俱缺，拖雷本系与窝阔台系都只部分，主要是成吉思汗弟侄与非术赤等同母的成吉思汗庶支，受封于东部蒙古、内蒙古的所谓左翼诸王，以及从征在外诸王、将参与的状况下，忽必烈被推戴为第五代可汗，急遽宣告即位，是即元朝第一代皇帝世祖，时年四十六岁（纪元1260年，宋理宗景定元年）。大集会地点虽在内蒙古，却非传统的原蒙古部本据，出席诸王的代表性又不周全，消息传至和林时，阿里不哥当然愤怒而指责为违法，追随在和林召开另一次，却注定同样是不周全的大集会，受在内与非成吉思汗直系的右翼诸王，以及非忽必烈派，推戴为与忽必烈对立的大汗。蒙古帝国领导阶层的分裂表面化。而当汉地（燕京等处行尚书省）已系补给蒙古本土粮食与所有必需物资最重要基地的形势铸定，汉地统治的根本燕京又掌握于世祖之手时，等于已对蒙古本土加以致命的经济封锁，断绝财赋所出之源，阿里不哥的不利显然判定。南、北逆方向相对进军，翌年（纪元 1261 年，中统二年）冬，开平北方戈壁沙漠边缘昔木土（SimouUat）脑儿（Nor，湖）之地世祖军予阿里不哥军彻底打击，后者军事上势力也已无可挽回。和林转移世祖支配，阿里不哥西遁期间，原受阿里不哥提携引为人力、财力支援的察合台汗国嗣王又倒向了世祖。三年后的纪元一二六四年（世祖至元元年），阿里不哥力屈诣其兄军门请降，继且郁郁病死，前后五个年头骨肉相残的悲剧落幕，世祖的蒙古帝国宗主资格确立，但团结力更大创伤的后遗影响已无可弥补。

《元史》《新元史》中的世祖资料，太祖十年生，太祖成吉思汗死时十三岁，伯父太宗窝阔台死时二十七岁，创业重臣耶律楚材死时三十岁，其父拖雷尤受成吉思汗熏陶最深，于父辈中以信望最受成吉思汗部众爱戴，其母克烈氏的贤明又得世祖同辈拔都等共同敬爱。这些立国伟人的事迹与言行，自世祖青少年时代都曾耳濡目睹亲历或亲熏，祖父成吉思汗以来三代伟业于其手集大成，非无个人阅历的优厚条件。两书世祖纪记述其事业起点："岁甲辰（太宗崩后第四年空位期，耶律楚材去世之年，纪元 1244 年）帝在潜邸，征名儒窦默、姚枢、许衡等，询以治道，思大有为于天下。蒙古兴垂六十年，至帝，始延揽文学之士，待以殊礼焉。岁辛亥六月宪宗即位，属以漠南汉地军国庶事，悉听帝裁决，开府于金莲川，得专封拜"，尤其说明其异于前代诸汗的龙飞一大特征，潜龙时期已自固有刚健的蒙古人性格之上，加染了汉人知识分子的修养，富于包容力无疑系世祖最大长处。自潜龙时代以至雄才大略初展时金莲川（今内蒙古独石口外河源县北境，多伦之南）幕府中不断吸收侍伺左右的汉人儒学者，非只辅导世祖学德与帝王学（所谓"治道"）的磨练，也是实际翼赞创业的智囊型人才。由鄂州前线退兵，世祖亲自前导，赶在阿里不哥前控制燕京，立即登位于开平，便出自幕僚之一的郝经献策。世祖登位成功，迥异前代的本格化汉式立国规模展开，气象一新的中国朝代元朝建立，以此辈儒家教养为根柢的汉人顾问团环伺与被重用，势所必然，堪谓预已注定。

所以，蒙古帝国取入汉制支配要素，最早固自太祖成吉思汗时代，便以汉地经略缘由授权木华黎始，封国王，授太师，但只是个例。制度上汉地汉式中央集权统治的基点，必须置诸太宗时代耶律楚材的拜命内阁总理意味的中书令，以及十路征收课税使的设置，耶律楚材且已具儒家名学者资望。然而，仍只中央集权雏型的粗糙架构，以及权宜措置，凭恃的又只耶律楚材个人博大汗亲信（所以中书令之副的左右丞相仍与汉人无缘）。由汉人，而且是儒者集团，以群力推动汉式中央集权制政府组织全面整备，便续待延至世祖登位为划期。明朝初年编纂《元史》，太宗纪评语是“华夏富庶”，世祖纪则“度量弘广，知人善任使，信用儒术，用能以夏变夷。立经陈纪，所以为一代之制者，规模宏远矣”，可代表推翻元朝后汉人儒者对世祖的定论。

“以夏变夷”的一代之制成立，关联一位情况如同耶律楚材之于太宗，与世祖存在特殊信望关系的灵魂人物。此一世祖侧近顾问团领袖，乃是世祖三十岁时，最早结交较之年少一岁的僧人学者刘秉忠（即位后命还俗），姚枢、许衡等多因用其言而招聘入幕府。自其二十九岁初事潜龙时代的世祖，南宋灭亡前五年的至元十一年（纪元1274年）五十九岁卒，《元史》刘秉忠传录其世祖发达前洋洋数千言，以“典章、礼乐，法度，三纲五常”之教，“马上取天下，不可以马上治”之理为重心的立国蓝图，以及世祖即位后，“秉忠采祖宗旧典，参以古制之宜于今者，条列以闻。于是下诏建元纪岁，立中书省、宣抚司。朝廷旧臣、山林遗逸之士，咸见录用，文物粲然一新。秉忠虽居左右，而犹不改旧服，时人称之为总书记”。至元元年命其回俗，位太保（世祖一代，最高位阶三公的惟一任命者），参领中书省事，“秉忠既受命，以天下为己任，事无巨细，凡有关于国家大体者，知无不言，言无不听”的记事，性质几乎便是世祖纪所载届至刘秉忠去世前，世祖对内治绩的总括。

得力于汉人翼赞与转换以儒者为中核的世祖政治，其脱离前此诸代可汗轨道的表征，明显表现于登位后不求外征急功，对宋总攻击已推进到长江中流域而放弃的战果未亟亟图接续。阿里不哥事件着重于制造压力，毋宁期待其悔悟归顺的成份居多，用兵也只是辅助。中统为年号的四个年头，所以南方、北方都比较安谧，专注的是黄河流域与东北地方民政方面，回复金末以来严重混乱的秩序，以及诸产业的保护奖励。此一期间，也是经国方略的起步——

庚申年（纪元1260年）三月即位，四月，颁发天下的即位诏中，开始用

“皇帝”尊号（是月，阿里不哥也在和林登位）；五月，又诏天下初次建元表岁，采用年号便是中统。即位诏、建元诏的发布，与至尊天子定称皇帝，都代表从来简朴的蒙古主义政法，已转换轨道进入汉族意识之境，兼及内、外的大一统帝王政治思想建立。

即位次月的四月，立中书省于开平，统六部，执行国政的中央机关成立，又次月五月，汉地统治最高地方行政机构整备，分别设立燕京等十路宣抚司。同年稍后，燕京、京兆两宣抚司先后改名燕京行中书省与秦蜀行中书省，又是元朝行省制度滥觞。金朝末期社会陷入混乱时，各地基于团结自卫之需，结集自卫军而山西、河北、山东诸省境内凝固的各个大小地方势力军阀化，蒙古军占领汉地之际投降，权宜委以地盘内军、民、财三权，世祖中央集权化政策展开，汉人军阀的存在也着着加以否定。反抗姿态最强的专制山东三十余年者益都李璮，与内应者其婿中书省平章政事王文统中统三年反乱镇压为契机，汉人地方军阀特权被剥夺，地方官制的正常州县体制运行也告回复。

阿里不哥投降，内部大体安定的中统五年八月，改元至元元年（纪元1264年）。改元诏发布前二日另一大事件，燕京定都。世祖即位之地开平，于金朝乃桓州，蒙古部初兴期并入后废为游牧地，世祖开府金莲川时命刘秉忠监督筑城。遗迹残存于今内蒙古境界的多伦诺尔（达里泊）附近，从所出土大规模的宫殿遗构与华丽的波斯绀青瓦片，当时上都充满丰美的国际性可见①。世祖便于此城登位，命名开平府，开平也从而成立为新的国都。阿里不哥退出后的和林终未回复国都地位，中统四年起开平府且定名上都。至元元年，燕京大兴府也升格与上都对立的中都，四年，中都于金朝破残的旧都城东北侧另筑新城完成，国号制定后翌年的至元九年（纪元1272年）二月，中都终再改大都而确定建都，上都则避暑地。国家政治中心自发祥地外蒙古南移内蒙古，南方重心的走向已至明显，断然再改建到汉地大都原金朝国都所在地，金朝后续者的中国朝代性格成熟，尤属显见。今日北京市的大都，上承辽、金，下迄明、清，自是固定为中国国都。辽朝南京析津府城周围三十六里，金朝燕京于

① 人物往来社版《东洋史》7. 大蒙古帝国，第279页。

辽朝原址为中心，四面扩大至周围七十五里。元朝大都新城六十里，明朝北京内城四十里，外城二十八里，大都约略与明朝北京内城相当，而北面城壁续向北推展。清朝北京与明朝同，今日北京市也仍清朝北京之旧。

成吉思汗不喜文字用浮华词藻，轻视君主所习用的尊号，认为无谓而诫后裔勿加采用（见《多桑蒙古史》第一卷第十章），所以继承人仅称汗，恢复可汗大位加附尊号乃自世祖的薛祥（Setsen）汗始。但也自世祖大元帝国建设，天子威灵的汉族意识高昂，而至元元年始立太庙祭享之礼，奉安祖宗神主，二年十月已尊皇祖（成吉思汗）圣武皇帝，庙号太祖，皇考（拖雷）英武皇帝，庙号睿宗。三年（纪元 1266 年）十月，再以太庙八室成，而追尊皇曾祖也速该，以及皇伯窝阔台至皇兄蒙哥皇帝尊号与庙号，又已异于游牧国家的支配理念。

蒙古游牧国家时代，系借用回纥（畏兀儿）文字以记蒙古语，至元六年（纪元 1269 年），命中统元年奉为帝师，掌释教的西藏佛教（喇嘛教）萨迦派五世高僧八思巴（Phagspa）仿吐蕃文字制定纵行而自左进右，扁方形音标文字的蒙古文字，所谓蒙古新字或八思巴文字。字母共四十一（依《元史》释老传八思巴条，学界考定其数，四十二、四十三不等），使用法于《元史》八思巴的传记中有扼要说明。但新字制定后，通元朝一代仅用于公文书的正式场合，民间以字形复杂与书写不便，使用范围不广。而且，类此文字形体的先天性限制，公开的文例加添汉字并用的情况，以及元朝灭亡便成死字的命运，与辽朝契丹文字、金朝女真文字，全然相同。其后的蒙古文字，依然是同样自上而下，自左而右书写的回纥文字，而仅稍加变更。十七世纪清朝在东北地方兴起，再由此种回纥（畏兀儿）式的蒙古文字，移用变化为最早的满洲文字，而畏兀儿（维吾尔）文字母体，却已以人民信奉回教的原因，反而转变为阿拉伯化如今日所见。

成吉思汗以来，蒙古以部族名称为国号，至世祖而制定汉式国号，俨然以中国正统朝代自任，与契丹—辽、女真—金的历史轨迹又相同。然而，中国的朝代名与国号，从来都以建国者或其祖先封地，抑或其始兴地之名为名，至元八年（纪元 1271 年）世祖制定国号“元”却第一次取用抽象名词，出典且是儒家最深奥经典《易经》（第一乾）的“大哉乾元，万物资始”句，是年十一月乙酉建国号诏曾明言其义。世祖的元朝政治抱负遵循《易经》大道，而且早自即位之初，中统建元诏“法《春秋》之正始，体大《易》之乾元”之语便已见出。则“元”字的出现，无疑是中国朝代名（国号）制定法上一大划期，因文义而制朝代名词之例开创，以后明朝、清朝均行追随模仿。

至元八年堪引为元朝历史具有特殊意义的年份，非仅新定国号，《元史》礼乐志、祭祀志、舆服志所记元朝礼仪、服饰等制度，大抵也都自其年制定，以及刘秉忠、姚枢、许衡等所规划。汉族文明优点既经领悟，中国帝王宇内统御思想既经建立，汉族中国全域领有要求便非只必然，也已是必然，而南宋的大限到临。

南宋存立于长江以南，所拥有人力，以及丰富资源与海上贸易的莫大利润，原都具有堪以抗拒元朝的有利条件。山东李璮之叛，背后也连结南宋为精神奥援。所以南、北两大势力对立，意义上非单纯军事，而是政治的、经济的，抑且意识的复杂形态作战，金朝灭亡，而南宋仍然健在三十余年的主要凭藉在此。却是，蒙古帝国宪宗以来南宋长时期由懦弱又奸伪的宰相贾似道专权，面对世祖时元朝万象更新，政治上胜负乃牵动全局。当蒙古军一变世祖初年宁愿采取守势，相反还是宋军蠢蠢欲动的形势时，任何对抗资本都已无可恃。至元五年（1268 年）对长江中流域古来便是有名战略要地的襄阳发动攻击，南宋不祥信号升起。襄阳被包围五年，于至元十年陷落，翌年，中断十五年的宪宗未完成遗志接续，大将伯颜（Bayan）统率下，蒙古人、西域人、汉人以及南宋投降军团的混成大军，自襄阳沿汉水顺流扑向长江心脏部，强行渡江，取鄂州，岸上、江上水陆两军并行东指，克建康，南下陷南宋国都临安（杭州），六岁的南宋恭帝与太皇太后以下降，宋亡，时为至元十三年，纪元一二七六年（南宋德佑二年）正月。惟敌忾同仇的宋朝忠贞之士勤王师，拥戴皇室前后转战福建、广东，继续抵抗元军，尚须延续三年，至元十六年（纪元 1279 年）二月厓山岛（澳门附近，属新会县）最后一战搏斗失败，陆秀夫负九岁幼主卫王昺投海死，南宋命运遂绝。

中国五代时，朝鲜半岛王建高丽国之兴，消灭衰残的新罗后，传至第二十三代高宗治世，已系金朝末期。辽东混乱局势波及朝鲜半岛，授予追击的蒙古军侵略高丽藉口，高丽原与金朝间交涉关系转换为对蒙古，成吉思汗时代的太祖十三年（纪元 1218 年），高丽都城开京（开城，汉城以北今三十八度线板门店附近）陷落，而最早向蒙古屈服称臣。其后蒙古军频频入侵纵掠，高丽高宗被迫派出太子为人质。高宗死，蒙古于世祖即位的同一年（中统元年）护送其太子返国登位为元宗，至元十一年（纪元 1274 年）元宗又死，子忠烈王嗣，已立元朝国号的世祖嫁女为其王妃。自是高丽王例娶元朝皇族之女为正妃，加蒙古名，改蒙古服装、辫发，成立“一家”关系，并去庙号，仅称王，与太子改称的世子往返入侍大都，大都常置府邸于国内，臣下对王均称陪臣，开京与全国要地皆设元朝监督官指导政治，国家自主性完全丧失。高丽被彻底征服又牢固束缚后，再跨出的一大步，是以朝鲜半岛为跳板，渡海东征镰仓幕府时代的日本。但前后两次侵伐（第一次至元十一年，纪元 1274 年，日本文永十一年；第二次至元十八年，纪元 1281 年，日本弘安四年），由于元军对较之江上战全不相同的海上战毫无经验，对日本近海气象条件又一无所知，两次都遭遇大台风，舰队全军覆没，日本方面所谓“神风”、“天佑”而铩羽。

元朝与高丽关系特须说明的，其一，关于征东行省问题，《元史》对此记载颇为矛盾，地理志列入而百官志否，所以前者记行省十一，而后者仅“十”数，且都缺存废明晰记事。今日中国方面著作采入此项资料时，因之也往往只能暧昧交待，或含糊谓之时置时废。于此，补充说明便须求诸韩国方面，其一例“东征时，元于开京曾设‘征东行中书省’，以掌理有关征伐日本事宜；及罢征后，尚续留‘征东行省’（后缩小为“征东行省理问所”），驻有元的官员，以监视与干涉高丽的一切政治”①。则可明了，元朝以高丽为基地，实行日本侵伐计划为目的征东行省始终存立，元朝的高丽驻在官员便隶属此一系统。也从而得知高丽的元朝支配系复合的或双重的，一方面是虚级的行省制，一方面又是实体而仅具不完整自治权的“国家”。

---

① 韩国许客成译，李丙焘《国史大观》，第 231 页。241 页又说明，元末中国变乱，高丽亦趁此时机，于纪元一三五六年（元顺帝至正十六年），废征东行省理问所。

其二，元朝直辖领土伸入半岛的范围问题。省区与高丽国境合一的征东行省北面，已连接元朝接收原金朝始源地设立的辽阳行省，异于征东行省的实质行省之一。辽阳行省辖领诸路之中，开元路的南部是今日朝鲜半岛东北境，东宁路则全系鸭绿江以南的朝鲜半岛西北境。说明的前提性了解，虽然高丽国境仍非与今日朝鲜半岛地理名词相当，但自十世纪前半建国，百年间奋力驱逐盘据北方的女真人，开拓国境，十一世纪中国金朝兴起的时代，西北隅已从历史上最早推展到鸭绿江下游义州方面，自此斜向下切至东海岸，以今日咸镜南道定平（当时定州）一线为界①，半岛其余北方地域仍由概括统称女真人的通古斯种族分布。元初，东北面占领区虽曾到达江原道边界的铁岭，开元路南界则设定于定州与铁岭中间位置的双城（和州，今日永兴），以迄元末②。以平壤（当时高丽国西京）为治所的东宁路，或者说，半岛西北面的元朝统治，则中国史料又是残缺的——

《元史》的三则记录："高丽都统领崔坦等……絜西京五十余城来附"（世祖纪至元六年十一月条）；"诏高丽西京内属，改东宁府，划慈悲岭（今黄海道北部）为界"（同，七年正月条）；"李延龄、崔坦、玄元烈等以府、州、县、镇六十城来归，八年改西京为东宁府，十三年升东宁路总管府"（地理志东宁府条），与韩国史料《高丽史》（十五世纪中李朝撰）世家元宗十年十月条："崔坦杀西京留守及龙、灵、铁、宣、慈五州守……执义州副使金孝巨等二十二人，归于蒙古"；十二月条："静州别将康元佐等三人来传蒙古帝诏曰：谕高丽国，亀州都领崔坦等洎西京五十四城，西海（道）六城军民等……"；翌十一年二月条"诏令内阁，改号东宁府，划慈悲岭为界"，记载为相符合。却是，《高丽史》世家次代忠烈王十六年（元世祖至元二七年）三月条："帝谕罢东宁府，复归我西北诸城"③ 的记载，不见于中国文献，则容易误解，东宁路如同开元路南境的原高丽领土，须元末大陆革命，才追随发生变化，事实

---

① 参阅《津田左右吉全集》第十一卷满鲜历史地理研究（1），高丽东北境的开拓篇、尹瓘征略地域考篇。

② 参阅上书，元代高丽的东北境篇。

③ 引文取材自上书，元代高丽西北境的混乱篇。

却是慈悲岭以北之地属东宁路管下仅二十年，便归回为高丽领土，东宁路也已撤消。元朝慷慨答允归回领土的要求，原因又堪理解，东宁路成立原系高丽自身内部反叛行为的结果，与开元路南境情况全然有异。

相对，元丽一家意识下，元朝也容纳高丽人民接踵移住东北地域，安置于沈阳、辽阳附近，而于辽阳行省沈阳路置安抚高丽军民总督府。《元史》地理志二记其钱粮户数为至五千一百八十二。人数推算，须在十万内外①。

东南亚与南亚方面，迄于至元二十三年（纪元1286年），印度半岛东、西海岸诸王国、南海中印度尼西亚及苏门答腊等岛屿散在诸小国，与中南半岛泰国 Sukhothai 朝，都在元朝使节招谕下，向元朝入贡来属。用兵的场合，安南之南的占城（Champa）于至元二十一年征服，缅甸 Pagan 朝于至元二十四年（纪元1287年）灭亡，惟有至元二十九至三十年渡海攻略爪哇为失败。元朝爪哇远征早被岛上反政变集团利用，扑灭政变势力建立 Majapahit 朝成功，被驱逐退出，反而促成爪哇此朝代接替已衰微的苏门答腊室利佛逝（三佛齐，Sri Vijaya），发达为支配南海方面的强盛国家。

自太祖成吉思汗崛起以至世祖其时，父、子、孙三世七十余年，从蒙古帝国到大元帝国，所征服横跨欧亚的广大土地，除西欧、印度、埃及的大陆边缘与日本、爪哇海岛之外，殆已对当时所知的世界以大统一，人类历史空前绝后大帝国的建设。但一贯伟业的创缔阶段分划，自世祖治世而蒙古帝国过渡到大元帝国，则非只儒家建国思想取入与意象的汉制支配方式整备而已，广域支配形态与性格，前后也都已变化——

从支配形态而言，成吉思汗以来游牧国家的传统理念，系以蒙古本土为主体，汉地与西亚细亚城市人民所居住领域，仅以附随的属领形态而受支配，修正此项传统主义理念者便是世祖。与阿里不哥汗位之争的意义，因之已不单是政权争夺，乃是蒙古本地主义的传统保守势力，以其代表者阿里不哥被压倒，障碍排除，而世祖以内蒙古（上都）与黄河流域（大都）为中枢地方，北方包含纯粹游牧社会，南方连结纯粹农业定居社会，一体化而名实相符的世界大

① 平凡社版《世界历史大系》11. 朝鲜满洲史，第123页。

帝国建设意愿得以展开。

从支配性格而言，惟其世祖汉地重心主义实现，陪伴也是必然的汉人重用，游牧国家的蒙古帝国，乃向中国征服朝代的大元帝国（元朝）转化，农业地带为重心的国家政治经济体制，都自伟大的蒙古帝国建设者成吉思汗去世约半个世纪后，转换完成。再十多年，汉族中国从历史上第一次全域立于征服朝代支配之下。

却是，世祖大气魄改造蒙古国家，究非蒙古统治阶层全体一致意见。太宗窝阔台系统对元朝帝室的拖雷子孙仍残存不平分子，也是破绽，阿里不哥与世祖汗位纷争期，太宗系诸王便分隶对立双方。阿里不哥失败，其支持者之一、太宗之孙与定宗之侄的海都，以典型的游牧英雄姿貌，接续于阿尔泰山以西，西北蒙古的窝阔台汗国封地矗起叛旗。海都叛乱的年次，至元二年、三年、五年、十一年、十二年等诸说无定，大体所采乃至元五年（纪元1268年）或至元三年（纪元1266年）说。理由是海都以前曾从拔都欧洲远征，与钦察汗国后王存有渊源，而其时钦察后王又以与伊儿汗国旭烈兀间不和，连带对世祖无好感，海都割让自国的西北一部分领土为代价，煽动钦察后王，并得其助力，击破察合台汗国后王加以胁从，乃引发至元六年答剌速（怛罗斯、塔拉斯Talas）草原大集会，三汗国共同推戴海都为大汗的事态严重性升高。阿里不哥—世祖南北两汗对立，转变为海都世祖东西两汗的形势而再现，且续发展为蒙古历史上最大内乱与分裂，一度卷入成吉思汗分封诸弟后裔，哈赤温（Khachighun）系的合丹（Khadan）与末弟斡赤斤系的乃颜（Nayan）领导下，东方兴安岭北段左翼诸王的呼应性变乱（至元二十四年，纪元1287年起，翌年平定），而大反乱舞台波及蒙古本土全域。进进退退的战事持续至世祖崩，次代定宗继位的大德五年（纪元1301年），海都袭击和林负伤，归途病死，子察八儿（Chapar）嗣，携手对抗元室的另两汗国又已转变态度，局势才急转直下。大德七年（纪元1303年），察八儿向成宗降伏，要求停战，承认窝阔台汗国的元朝主权。海都之国，亦即太宗封地窝阔台汗国，与宗家间三十多年的长期战争固已告一总结，对察合台汗国的反目却予致命，冲突失败，察八儿于成宗次代武宗至大三年（纪元1310年）入朝大都，其领地全被察合台汗国并吞，宗家的元朝未加干预，窝阔台汗国于四大汗国中最早灭亡。

以如上事态演出为背景，自蒙古帝国到大元帝国，其全领土统治的区分大汗直辖领与诸汗国，形貌相一贯，但也可知，结合的实质已大显差异。成吉思汗以来，大汗一人的权威下所构成联邦或国家体制，以及划一的主权统治，元朝成立，诸汗国分离独立的倾向强化，世祖以大都为国都，统辖蒙古本土、东北地方、汉族中国、西藏，以及朝鲜、安南，仅保留宗家名义，维持对诸汗国的松懈宗主权。事实上已是同格的“忽必烈汗国”意味。其变化，犹之二次世界大战前的大不列颠（大英帝国）与战后不列颠国协，约相仿佛，此其一。

其二，元朝诸汗国，仍不能比拟今日不列颠国协诸会员国。后者自大英帝国时期，一概都已受英国本国有条理的文化指导，转变各国政治上独立的国协时代，仍然与文化的母国与指导民族连结同一的文化纽带。元朝治下诸汗国则否，各别所统辖民族的固有文化多数高过蒙古自身，蒙古的武力至上主义也注定不足以稳定统治被征服民族，而结局倒反同化于在地民族文化。元朝诸汗国对宗家的独立倾向，以政治之外添加文化的隔离因素而愈明朗。

其三，惟其诸汗国的分离宗家元朝，元朝的汉族中国征服朝代性格，因而也是单独显现。阿里不哥与海都事件，对汗（皇帝）位相续投下莫大不利影响的另一面，背后所代表巨大的蒙古本地主义势力，却监督元朝避免蹈入先行征服朝代辽、金的同一汉化覆辙，汉地重心、汉人重用、汉式国家体制整备，一概都以尊重蒙古游牧民族利益为前提。蒙古至上主义是汉族支配、汉地支配的不容动摇大原则。同时，同系游牧民族所形成征服朝代辽朝的经验，其二重体制支配，以大规模向本据实行移民政策，游牧地内因大量农业生产人口强制移住，混在州县制，而抗拒汉化的效能被抵销。元朝吸取其教训，于所统辖领土上，乃是强力的个别分割统治，汉族中国域内实行州县政治，蒙古本土概行封建制度，宣政院掌早年大吐蕃之境，喇嘛教弘布的西藏、青海、西康域内僧、俗两界之事，而边境又领以宣慰使、宣抚使、长官司等名目的土官。适应复杂民族、复合社会（征服者与被征服者）而推行复式政治，毋宁便堪引为征服朝代元朝的统治特色。

## | 元朝身份制社会与蒙古至上主义

历史上亚洲大陆诸游牧民族的移动与相逐嬗代，以及对农耕世界间的抗争，届至蒙古族兴起，征服汉族中国，统合游牧、定居两地带而成立元朝，已系历史的总决算意味。

低文明游牧民族恃其武力，由征服而支配人口稠密、生产力丰沛又文化程度为高的农业定居人民社会，习得高度政治技术，经济力增大的结果，必须修正原支配体制乃历史通则，无论中国、中亚细亚、伊朗均然，中国的场合，便是辽朝以来的征服朝代支配。征服朝代一方面汉化，一方面又须保持征服者固有的游牧性，而铸定其支配的二元性，与其朝代基盘的必然出诸复合性社会形态。在于元朝，蒙古至上主义支柱的身份制秩序，尤系特色。

元朝身份制分类法，征服者蒙古系游牧民族称“国族”，其余依征服时间先后与地域区分。原位蒙古高原以西准噶尔、中亚细亚、西亚细亚、欧洲的突厥系（包括畏兀儿人、乃蛮人等）、伊朗系、欧洲系人渡来者为色目人，原金朝治下的汉人与原契丹人、女真人、渤海人、高丽人等汉人（金朝女真人名副其实都已是汉人，从明初陶宗仪《辍耕录》记“完颜氏汉姓曰王，乌古论曰商，乞石烈曰高，徒单曰杜，……”等三十氏族均已改汉姓可知），原南宋治下长江流域以南的汉人另称呼为南人。言语、习俗、生活式样各异，人口比率又悬殊的四种类社会，国族蒙古人系支配民族，社会密度小而社会比重特大。移住者色目人集团附着于蒙古人社会，以寄生姿态存在。汉人与南人实质为二而一，被征服、被支配的主体，乃是人口占压倒多数（特别又是南人社会，世祖至元八年阅实户口 < 原金朝治下，汉人 >，得一九四万户，至元十三年灭南宋，得九三七万户 < 南人 >），文化高，生产力强的汉族文化社会。

以支配被支配关系连结的身份制下四种类复合社会，法律的蒙古至上主义色调，可自《元史》刑法志的明文强烈见出。志一职制上：“诸蒙古人居官犯法，论罪既定，必择蒙古官断之”；志二职制下：“诸正蒙古人，除犯死罪监禁如常法，有司毋得拷掠，仍日给饮食，犯真奸盗者，解束带佩囊散收。余犯轻重者，以理对证，有司勿执拘之。逃逸者监收”；志四斗殴：“诸蒙古人与汉人争，殴汉人，汉人勿还报，许诉于有司”；“诸蒙古人斫伤他人奴，知罪愿休和者听”；志四杀伤：“诸蒙古人因争及乘醉殴死汉人者，断罚出征，并全征烧埋银”，都是与汉人对比下的不平等优位。抑且，“诸汉人持兵器者，禁之；汉人为军者，不禁”；“诸民间有藏铁尺、铁骨朵，及含刀铁柱杖者，禁之”（均志四禁令），以及“至元二十三年六月戊申，括诸路马，凡色目人有马者，三取其二，汉民悉入官，敢匿与互市者，罪之”（《元史》世祖纪十一），与较前“至元九年五月，禁汉人聚众与蒙古人斗殴”（《元史》世祖纪四）勅令发布，都已系彻底的汉人弹压。

社会地位不平等反映到政治上，便是《元史》百官志序所记：“官有常职，位有常员，其长则蒙古人为之，而汉人、南人贰焉”。然而，大元帝国如何与其前身蒙古帝国区分，蒙古帝国时代于汉地的属领统治如何提升为元朝集权政治体制，也自此方面为变化最是分明，而堪凭以了解。蒙古帝国时代，身份制复合社会形态未成熟的阶段，南方农耕、沃洲地带系与游牧本国相异的属领体制统治，所谓汉地的汉族中国部分，尚限原金朝领土。其地，于金朝崩坏前后的混乱社会中，崛起甚多地域性割据的土著军阀，各自划定势力范围，垄断军、民、财诸权，而且父兄死，子弟继，俨然一国君主。河北省保定的张柔、真定的史天泽，山东东平的严实、益都的李璮，山西大同的刘黑马等，都于当时著名。对此等网状密布汉地的有力汉人军阀，蒙古政权凭恃统制与加以监视的，便是所分设达鲁花赤，但权力范围惟在命令汉人军阀提出管内户籍簿，依而定额征税，以及非常之际强制分配所需征发兵员。简言之，当时蒙古人的汉地统治，乃是领主式的间接统治，存有其政治力的限界。蒙古帝国中央权力予汉地属领以包括统治，完成政治上的一体性与统一性，第一步是太宗分割汉人军阀所有地，名目上分封宗室诸王、公主、驸马、功臣为领地，收取定数的年贡，而实质于达鲁花赤监督下仍维持州县制原状的折衷案提出。第二步又是宪宗时代中央政府分支机构意味，汉语所谓行尚书省的汉地（燕京等处）

大单元划一统制成立。第三步终由太宗即位之初最早所采汉军三万户之一的史天泽（另二人则刘伯林、张柔，史天泽系继自其兄史天倪），世祖初以平李璮总帅率先解除所拥地方军权，《元史》本传述其事："至是（中统三年），言者或谓李璮之变，由诸侯权太重。天泽遂奏，兵民之权，不可并于一门，行之请自臣家始。于是史氏子侄即日解兵符者十七人"，而汉人军阀的封建或支配体制与其领主地位撤废，转换为与蒙古人诸王、勋臣一体的名目上封邑。从未间接统治的汉地属领政治，至是以蒙古人政治势力完全浸透而告一总结，汉式集权政治的中央—地方孔道直接贯通。追随，便是自我意识上也已与蒙古帝国区分前后期的汉式朝代名"大元"制定。

须理解的是蒙古帝国届至后身元朝，支配者层依然，只是披了新外衣的旧游牧领主层。蒙古国家建设当初，立有功业者的蒙古人勋臣系谱，元朝沿续其特定身份，汉语称之"有根脚的"或"有由绪的"，便以"根脚"有无决定其具有加入帝国支配者层资格与否最大的社会要件。又包括了对世祖政权成立建有功勋汉人，以及切离了特权的原汉人军阀根脚身份，一体承认吸收入元朝支配层，以强化蒙古支配阶级与元朝政权基盘。参与决定国策的中央高级官僚，除了如上有根脚的蒙古人与汉人子孙以外，一概不可得。所以，元朝身份制存在双重意义：纵→社会的，横→政治的，但后者仍避免不了前者影响，随国家制度整备而汉人世臣被排除于丞相级最高位。《廿二史劄记》元制百官皆蒙古人为之长篇："中书省为政本之地，太祖、太宗时，以契丹人耶律楚材为中书令，弘州人杨惟中继之，楚材子铸亦为左丞相（原注：元制尚右），此在未定制以前。至世祖时，惟史天泽以元勋宿望，为中书右丞相。仁宗时，欲以回回人哈散为相，哈散以故事丞相必用蒙古勋旧，故力辞，帝乃以伯答沙为右丞相，哈散为左丞相。太平本姓贺，名惟一，顺帝欲以为御史大夫，故事台端非国姓不授，惟一固辞，帝乃改其姓名曰太平，后仕至中书左丞相。终元之世，非蒙古而为丞相者，止此三人"，可以概括说明。

进而言之，天下大政所出的中书省，《新元史》宰相年表序叙其沿革："太宗立中书省，以耶律楚材为令，粘合重山、镇海为左右丞相。楚材卒，杨惟中代之。惟中卒，不复置令。宪宗又罢左右丞相，不置。至世祖始立行中书省于燕京，旋改中书省，置左右丞相、平章政事、左右丞，参知政事凡四等，……为八府”；同书百官志中书省项：“中书令，世祖以后为皇太子兼官。……右丞相、左丞相，居令之次，令缺则总省事，佐天子理万机”。可以了解，蒙古帝国时代的中书省，只以耶律楚材个人原因而设立，令与其副手左右丞相两等级长官，也便以元朝准则下的“汉人”（事实上，耶律楚材也已是标准汉人）重心为特色。杨惟中尽管较耶律楚材的汉人成分更纯正（弘州人），背景与耶律楚材儒者全然相异，《元史》本传指其“金末以孤童子事太宗”的出身，知系僮仆博主上宠信而当大任，仅耶律楚材余绪。备此一格的意味，因而非只中书令职制即位罢废，左、右丞相亦然。世祖的元朝制度整备，中书省恢复其政治中枢机能，中书令已由皇太子兼领，而四等级宰臣定案，汉人任最高位丞相职的，仍先后有史天泽与耶律铸。抑且，国家最高荣誉官位三公，太祖时代仅木华黎一人（太师），太宗以来无，世祖时代也仅刘秉忠一人（太保），刘秉忠又是汉人。世祖次代成宗以后，汉人乃绝缘于三公与中书左、右丞相职位，如上引《廿二史劄记》所言。达鲁花赤也是，逐级地方政府与其官吏的监督者达鲁花赤，最初同样曾参用汉人（参阅《廿二史劄记》蒙古官名篇达鲁花赤条所列举）。所以，一概都待征服朝代统治架构稳固，架构的筑成者汉人却自支配层顶端被淘汰，而无论中央或地方，均行设定《元史》百官志序的官制中汉人法定地位。

元朝官制，《元史》百官志序有总括介绍：“元太祖起自朔土，国俗淳厚，非有庶事之繁，惟以万户统军旅，以断事官治政刑，任用者不过一二亲贵重臣耳。及取中原，太宗始立十路宣课司，选儒臣用之。金人来归者，因其故官，若行省、若元帅，则以行省、元帅授之。草创之初，固未暇为经久之规矣。世祖即位，登用老成，大新制作，立朝仪，造都邑，遂命刘秉忠、许衡酌古今之宜，定内外之官。其总政务者曰中书省，秉兵柄者曰枢密院，司黜陟者曰御史台。体统既立，其次在内者，则有寺、有监、有卫、有府，在外者则有行省，有行台、有宣慰司、有廉访司。其牧民者则曰路、曰府、曰州、曰县。”续文又言：“元之建官，繁简因乎时”。所以，百官志八篇，授人的综合印象是职制杂乱而设官冗多，此其一；工匠之官与理财之官最是复杂，此又其二，世祖至元三年所创设财政总提调性质的制国用使司，且曾短时间升格为与中书省对立的尚书省。

特堪重视是关于元朝地方制度，世祖至元二年（纪元1265年），十路宣抚司改称的十路宣慰司再行扩大，改组为诸路总管府。“路”立于中书省之下统辖州、县，于中央地方行政系统中形成中书省→路→府、州、县的中间性结节点，固仍蹈袭宋朝原则，但元朝独特体制，便以此基础而展开，见诸《元史》诸纪录是——

“唐以前，以郡领县而已。元则有路、府、州、县四等。大率以路领州、领县，而腹里或有以路领府，府领州，州领县者。其府与州，又有不隶路而直隶省者”。(地理志序)

“中书省，统山东西、河北之地，谓之腹里”。(同志→中书省项)

“行中书省凡十，掌国庶务，统郡县，镇边鄙，与都省为表里。国初，有征伐之役，分任军民之事，皆称行省，未有定制。中统、至元间，始分立行中书省”。(百官志七行中书省项)

“宣慰司，掌军民之务，分道以总郡县，行省有政令则布于下，郡县有请则为达于省。有边陲军旅之事，则兼都元帅府，其次则止为元帅府。其在远服，又有招讨、安抚、宣抚等使”。(百官志七宣慰司项)

“散府，所在有隶诸路及宣慰司、行省者，有直隶省部者，有统州县者，有不统州县者，其制各有差等”。(百官志七散府项)

“录事司，儿路府所治置一司，以掌城中户民之事，……若城市民少则不置司，归之倚郭县。在两京则为警巡院”。(百官志七诸路总管府项录事司条)

如上综合，才构成元朝地方行政系统的总体。以及路以下层层达鲁花赤统制，即使正八品录事司也不例外的彻底化监督政治下而其最大特色的显现，便又在于复杂，如下页表。

但此制度与其机能的营运，却重大影响后世，为具有历史意义：

第一，如《元史》地理志序所言：“盖岭北、辽阳与甘肃、四川、云南、湖广之边，唐所谓羁縻之州，往往在是，今皆赋役之，比之内地”。从来郡县制所代表的汉族中国地域范围，便自元朝而决定性实现扩大。今日中国全领土

元朝地方行政系统

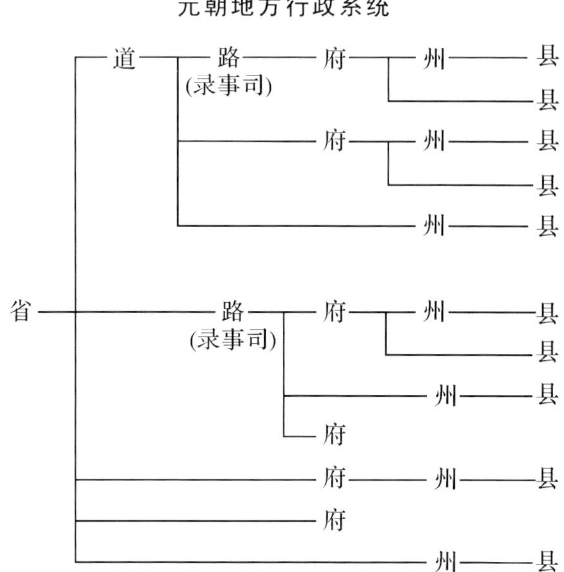


与团结汉、满、蒙、回、藏五族的中华民族分布原型，直接承自清朝，间接也由元朝铸定。

第二，宋朝府、州并行，元朝府已可辖州，复杂化郡县制地方行政系统，由后续朝代明、清蹈袭。今日中国才回复省、县两级制的唐朝以前原制。

第三，中书省（都省）直辖地区的大都，大都为枢纽的今日河北、山东、山西三省与内蒙古地域所谓腹里，以及十一行中书省（依《元史》地理志，百官志删除与高丽国合体的征东行省计数为十）中的岭北（治所和宁<和林>路，也止统此一路，且无州县，本质系监督蒙古本土诸王的专治官厅。行省全名衔为岭北等处行中书省，其带“等处”字样，所有行省均同）、征东（治所高丽国都开城，专统高丽国）两行省以外，其余辽阳（治所辽阳路，今辽宁省辽阳）、河南江北（治所汴梁路，今河南省开封）、陕西（治所奉元路，今西安市）、四川（治所成都路，今四川省成都）、甘肃（治所甘州路，今甘肃省张掖）、云南（治所中庆路，今云南省昆明）、江浙（治所杭州路，今浙江省杭州）、江西（治所隆兴路，今江西省南昌）、湖广（治所武昌路，今湖北省武昌），与分省意味的诸“道”宣慰使司：腹里山东东西道（治所益都路，今山东省益都）、河东山西道（治所大同路，今山西省大同），外地浙东道（治所庆元路，今浙江省宁波）、福建道（治所福州路，今福建省福州）〔以上江浙行省〕、湖南道（治所天临路，今湖南省长沙）、广西两江道（治所静江路，今广西桂林）、海北海南道（治所雷州路，今广东省雷州）〔以上湖广行省〕、淮东道（治所扬州路，今江苏省扬州）、荆湖北道（治所中兴路，今湖北省江陵）〔以上河南江北行省〕、四川南道（治所重庆路，今重庆市）〔四川行省〕、广东道（治所广州路，今广州市）〔江西行省〕等，大行政区划、名称、治所，多数已与今日省区、省名、省会相符合。而行中书省略称行省，今日中国地方大单位"省"的名词，又自元朝"行省"直接起源，明朝撤废中央的中书省后所续存留。

第四，宣慰司非所有行省皆设，也非省境的全域分割，腹里在左、右两翼，行省都在省境缘边。诸行省的整体形势，东面已临海洋，西面却连接大陆内陆，已是汉族分布范围尽头，而与种类众多的异民族混在，惟其如此，上引《元史》宣慰司项所谓"边陲"部分的宣慰司，便非分省意味，乃同一官称而异其性质，不统州县，带都元帅衔，与同项记录下文"远服"官的宣抚司、安抚司、招讨使，以及同志接续的长官司项所记："诸蛮夷长官司。西南夷诸溪洞各置长官司，多用土人为之"，抑或另一统辖系统宣政院隶下青、康、藏方面诸宣慰司、招讨司、安抚司为同格，都是异民族的特别支配形式，任命土人酋长世袭官职，自理其民。这些远至缅甸（邦牙等处宣慰司都元帅府），元朝分属陕西、四川、云南、湖广四行省所统，却立于正轨汉式官制之外的特殊制度，遗留后世续被采用，便是明清两朝代所发展，民国以来仍然存在的土司制度母胎。

第五，地方上胥吏政治活跃。"吏"与"官"，意义原为相通，所以六部尚书之首名吏部，政治也称吏道、吏治。但魏晋六朝，九品官人法制度化时代，庶人任令史以上官已感困难，宋朝近代化文官制度确立，又依是否经由吏部铨选、朝廷任命的差异，"官"与"吏"之间乃存在了意识上区别。给役衙门，从洒扫清洁工作到簿帐登录、仓库管理，便自宋朝而主要都赖不给俸给，义务征发的庶民番替担当。其中职务性质较高级也较复杂，具有专门化知识倾向如司理租税、诉讼等文书之事的，乃循“胥”字给役之义，谓之“胥吏”，并开始支付俸给。至元朝，蒙古人长官不明汉式政治实务，言语也不通，于鄙视或不信任汉人同僚官员的心理下，便惟有依赖胥吏为耳目爪牙。胥吏自是出现为通达地方实情，又习知本衙门传承的专家姿态，向徒弟制度的实地知识与技术传授途径发展，代代相承，无任期，以地方土著之民一生服务同一官厅。地方政治实际掌握于此辈之手的习惯形成，也是届明清两朝代仍牢不可破。

社会政治地位蒙古人均高一等，非只反映的是蒙古至上主义，且从意识上便是蒙古人优越感。《廿二史劄记》整理《元史》有关资料的两篇文字，对此尤堪明示，元诸帝多不习汉文篇指出，自以汉制建国的世祖便不习汉文，诸帝皆然，“是凡（汉臣）进呈文字，必皆译以国书，可知诸帝皆不习汉文也”，“不惟帝王不习汉文，即（蒙古）大臣中习汉文者亦少也”，止于出现世祖时江淮行省宰臣无一人通文墨的情事。元汉人多作蒙古名篇又说明，元朝本有赐名之例，“汉人皆以蒙古名为荣，故虽非赐者，亦多仿之”，抑且，“有元一代诸君，惟知以蒙古文字为重，直欲令天下臣民皆习蒙古语，通蒙古文，然后便于奏对，故人多学之”。其情况，与辽、金等朝帝王带动取用汉名，精通汉文的风气，全然异趣。元朝征服者的优越感，由此表露无遗。

色目人社会则大为异趣，无论官吏、将校抑或商人、工匠，其自大都或江南诸港口广泛向各地汉人社会间散住杂居，非只乐于汉土生活，如《廿二史劄记》色目人随便居住篇所指，与汉人为姻，在外省参加乡试，天禀才学者的汉化程度，且已堪与汉、南人学者比肩驰骋学界。陈垣《元西域人华化考》分儒学（三十人）、佛老、文学（四十四人）、美术、礼俗、女学等六篇，列举至一百三十二人之数，内原籍帕米尔以东五十六人，帕米尔以西七十六人（《燕京学报》第二期）。特为有名的两位诗人萨都剌（字天锡）、丁鹤年，便是回回人。元朝以前已来中国如同以诗人闻名的蒲寿庚之兄寿晟（字心泉）等尚未在统计中。

与色目人仰慕儒学与汉族诗文事象形成讽刺对照，汉族社会传统尊重的读书人，宋朝以来通俗所谓士大夫阶级的被冷漠，又是元朝复合社会特征。一项元朝汉人社会十阶级身份标准，郑思肖于元初最早所列举的“一官、二吏、三僧、四道、五医、六工、七猎、八民、九儒、十丐”（《郑所南集》），记述元朝历史的著作几乎无例外都痛心疾首加以引用。“儒”通过科举考试固可直升第一级“官”，郑思肖系南宋遗民而为蒙古人极端憎恶论者，其言也无妨指嫌夸张，然而，批判系具有依据。蒙古人支配者的社会价值观念，宗教与实用技术从事者的社会地位毋宁都须超过农耕人民“民”，未登仕途前读书人“儒”的不事生产，状况又近似无业游民“丐”，以“十”数等级区分社会身份时，社会寄生者定必落至最后为当然。元朝须第四代仁宗始开科举，科举考试又时行时辍，便由于如上观念冲突，又无意调整相互间差距的结果，“九儒十丐”乃铸定相提并论。也从而可知，世祖重用儒者建设元朝国家，并非以其系为“儒者”，只是利用儒家政治理念与榨取儒者建国技能，与压榨汉人生产力而非尊重，初无二致。无视于损伤汉人社会传统，藐视汉族精神面蒙受绝大打击，正又是元朝蒙古至上主义支配的优越感表现。

身份上与一般民众判然具良、贱之别的奴婢，元朝治下，比较中国历史上任何朝代均为膨胀。游牧民族掠俘敌人为奴隶，原系传统，对汉族中国的征服战自不例外。而《廿二史劄记》元初诸将多掠人为私户篇所指出，更踰越了俘虏限度：“耶律楚材当国时，将相大臣有所驱获，往往寄留诸郡。楚材因括户口，并令为民，匿占者死。立法未尝不严，然诸将恃功牟利，迄不衰止。而尤莫甚于阿里海牙豪占之多。张雄飞传：阿里海牙行省荆湖，以降民三千八百户没入为家奴，自置吏治之，岁收其租赋，有司莫敢问。雄飞为宣抚司，奏之，乃诏还籍为民。……（世祖本纪）至元十九年，御史台又言阿里海牙占降民为奴，而以为征讨所得。有旨，降民还之有司，征讨所得，籍其数赐臣下。”阿里海牙等失足之例毕竟是少数，幸获解放的奴婢也只是少数“强籍新民以为奴隶”（《元史》雷膺传语）已系既成事实，包括赏赐所得，都已是诸王、公主、功臣的私奴婢，以俘虏为最大来源，在宫中与中央、地方诸官厅操杂役，上都、大都与各大都市毡帐、织染、纹锦、陶窑、皮革、金属等官营工场供酷役的官奴婢，元朝通谓之驱口、驱奴的，今日研究上不明之处固尚多，但其质的多种多样性，量的庞大化，从如上引文，以及《元史》刑法志累见有关记录，惊人程度为已可以想定。而奴隶中的绝大多数，又便全是汉人。

《新元史》食货志以下列文字为序言："元中叶以后，课税所入，视世祖时增二十余倍，即包银之赋亦增至十余倍，其取于民者，可谓悉矣。而国用日患其不足，盖糜（縻）于佛事与诸王、贵戚之赐赉，无岁无之，而滥恩幸赏，溢出于岁例之外者为尤甚。（武宗）至大二年（纪元1309年）中书省臣言：常赋岁钞四百万锭，入京师者二百八十万锭，常年所支止二百七十万锭，今已支四百二十万锭，又应支而未给者尚百余万锭。臣等虑财用不继，敢以上闻。及（两年后的至大四年与纪元1311年）仁宗即位，中书平章政事李孟言：每岁应支六百万余锭，又土木营缮之费数百万锭，内降旨是赐复用三百万余锭，北边军饷又六七百万锭。今帑藏裁余十一万锭，安能周给，不急之费亟应停罢。夫承平无事之日，而出入之悬（县）绝如此，若饥馑荐臻，盗贼猝发，何以应之"。《元史》食货志序又溯及武宗上代成宗大德年间，"（丞相）完泽对曰：岁入之数，金一万九千两，银十万两，钞三百六十万锭，然犹不足于用，又于至元钞本中借二十万锭矣，自今敢以节用为请"，以及续记："世称元之治，以（世祖）至元、（成宗）大德为首者，盖以此。自时厥后，国用寖广，除税粮、科差二者之外，凡课之入，日增月益。至于（明宗）天历之际（纪元1328、1329年），视至元、大德之数，盖增二十倍矣，而朝廷未尝有一日之蓄，则以其不能量入为出故也。"蒙古人支配者如何以挥霍无度，而自被支配者汉族人民之身酷烈榨取的形象，已可概见。引文所须补充说明的：

元朝财政收支实数，世祖初即位的中统年间，商税四万五千锭，专卖收入盐课三万锭，合其他共只十万锭内外。南宋并合后的至元二十二年左右，商税增至较前约十倍的四五万锭，盐课收入尤达六十倍的一八〇万锭，茶课四万锭，酒醋课三六万锭，财政收入总额二百六七十万锭，则世祖在位的前后期对照，十余倍之势猛涨，不必待至元朝中期武宗时的四百万锭。更严重系《新元史》所指武宗时，国家财政赤字年达二百万锭或二分之一岁收的巨额，爆炸性的财政危机明显形成，而其时，上距元朝初建尚不满半个世纪，武宗也仅只元朝第三代皇帝而已。

上述以锭（钞）计准的岁入税目全貌，包括金、银、珠、玉、铜、铁、铅、锡、矾、硝、竹、木等取天地自然之利的岁课，专卖品的盐课、茶课与酒醋课，商税、市舶、额外课（历本、契本、河泊、山场、窑冶、房地租、门摊、池塘、蒲苇、食羊、煤炭、鱼、漆、羊皮、白药、乳牛、柳、柴等三十二种，以“岁课皆有额，而此课不在其中”而名额外课，见《元史》食货志二额外课项，乃元朝的特别税，也从其名目可知多数系苛捐杂税）。另外两大系统——

其一，传统主要财源的税粮，天下总计一二一一万石余，江南三行省（江浙、江西、湖广）两税法中秋税现物征收已通入上数外，夏税计钞的天历元年数字约中统钞十五万锭。

其二，户为课征单位，附加税意味的科差，种目有二，一为丝料，二为包银。关于丝料，又是元朝特有的苛税，再分两类，普遍的，每二户出丝一斤，输于官，诸王、后妃、驸马、功臣名位下的分封地，又每五户出丝一斤，由官输于本位（参阅后文）。关于包银，原则上每户纳银四两，内中二两输银，二两折收丝绢等物，但也以官户、交参户等户的性质不同而缴纳额见高下，且“银”也折钞交纳。两类科差稽征总额，至元三年丝一〇五万余斤，包银等钞近六万锭，半个世纪后明宗天历元年之数，已是包银差发钞九八九万锭，䝙一一三万余索，丝一〇九万余斤，绢三五万余匹，绵七万余斤，布二〇万余匹。

则可了然，元朝财政重心，已由传统的一般税法体系收入移至专卖、官营收入，特别对于民生必需品盐的税课数字，固定化占达岁入总额三分之二以上。抑且，领有汉族中国全域后税收急激增大的倾向，又说明旧南宋领地江南的负担为特重，半世纪间以二十多倍速度上升的岁入，主要来源在此。却是，暴发户似浪费与因而财政赤字的惊人，也从前引《元史》《新元史》食货志文字显见。财政赤字所以造成，《新元史》食货志序已指出，糜费大漏洞之一在于佛事，另一最大原因，则在夸耀蒙古至上主义，《元史》食货志五篇之一，《新元史》食货志十三篇中占其二，报导份量特重的“岁赐”或“赐赉”。

《新元史》食货志十赐赉项上说明：“赐赉之类有三，一曰五户丝。太宗八年以真定路民户奉太后汤沐，中原诸路民户分赐诸王、外戚、功臣。耶律楚材言其非便，乃命本位止设达鲁花赤，其赋则五户出丝一斤，并随路丝线颜色，皆输于有司，如其额以界之。宪宗二年至五、六年，均续有分摊。一曰江南户钞。世祖平江南，分民户以赐诸王、后妃、（功臣），每户折支中统钞五钱，至成宗复益以官帑为中统钞二贯。一曰岁赐。诸王、后妃、（功臣）金银钞币，始于世祖中统元年，自是岁以为常，所谓岁例也。而岁例之外，诸王、后妃、（功臣）又时有赐与，縻款巨万。廷臣屡言之，虽曰笃亲亲之义，然亦滥矣。”五户丝便是前述科差之一，诸王、功臣除蒙古本土与其周围的分地之外，太宗以来加赐汉地领地，非本土游牧封建制同一形态，有领主权（所谓“位下”）而土地非封地，仍然编入州、县体制，领主（“本位”）的权利，世祖时代定制，便是自位下民户收取一定的年贡“五户丝”，由当地政府的州县转纳，全数共七五万户。南宋征服后，至元十九年至二十七年间陆续再以江南各地一二〇〇万余户分配诸王、功臣的“江南户钞”，原所定额，性质如同旧金朝领地五户丝，均系加重人民负担的附加税，世祖次代成宗时代开始的增额部分，便转嫁国库支给。纯由国库支出，系莫大数量的定例岁赐与临时赐与。《元史》至元二十六年（纪元 1289 年）岁赐的标准，合计金二〇〇〇两，银二五二六三〇两，钞一二〇二九〇锭，币帛一二二八〇〇匹。临时赐与方面，又是每年金银、币帛、米粟、交钞等价值数万至十数万不等，且年年增额，世祖次代成宗贞元元年（纪元 1295 年）之例，实给价值合计一五五万锭，对照前引《元史》食货志序成交时岁入总额，所占比例之钜可见。

元朝货币政策，尤以敏感反映财政经济界而堪注目。元朝仿宋、金之法，通货发行权收归政府，专用称之“交钞”的纸币为法定货币，此制由世祖政权建立时中统交钞的印造而确定。中统钞每二贯文＝银一两（金一两＝二〇贯），面额自十文至二贯文分九等，发行额最初七万余锭，增至约十万锭，价值约略与当时一年的岁入额相等，大都与地方诸主要城市均设置平准库随时备银、钞兑换。但其后纸币数量急激增多，南宋平定的至元十三年以降，且以从前十倍以上之势增加，发行额超过百万锭，库存准备银的兑换事实上成为不可能，而终以停止兑换为结局。中统交钞发行数字猛增，价格相对暴落，物价高涨，而至元二十四年（纪元 1287 年）不得不以宣布中统钞贬值，另发行新的至元宝钞，二贯文准银一两，一贯文与中统钞五贯文相价，换言之，中统钞贬低币值至从前五分之一的价格，才稳定国家财政，兑换制纸币却也变化为不换制。元朝第三代武宗在位前后仅五个年头，却是更大滥赏与滥发纸币极峰的开始，《元史》武宗纪自其大德十一年（纪元 1307 年）即位，通篇触目均是巨额恩赐的记录，至于如"以金二千七百五十两，银十二万九千二百两，钞万锭，币帛二万二千二百八十匹奉兴圣宫，赐皇太子亦如之"；"豳王出伯进玉六百一十五斤，赐金千五百两，银二万两，钞万锭，从人四万锭。宽阔也先字可等金二千三百两，银一万七百两，钞三万九千一百锭"之数，次代仁宗于至大四年（纪元 1311 年）即位，也出现"以诸王朝会，普赐金三万九千六百五十两，银百八十四万九千五十两，钞二十二万三千二百七十九锭，币帛四十七万二千四百八十八匹"的阔绰手笔。增发纸币，武宗至大四个年头，计至元钞五六〇万锭，中统钞十五万锭，仁宗皇庆三年、延佑七年合十个年头，计至元钞一三四六万锭，中统钞一一〇万锭（《新元史》食货志七钞法项）。前后十四年间逾二千万锭纸币增发，尚不能挹注财政赤字，徒然刺激物价制造社会波动。武宗仿照中统钞贬价而采行至元钞贬价政策，发行与银两等价的新纸币至大银钞，一贯文兑换至元钞五贯或中统钞二十五贯，试图解消赤字又彻底失败，经济界混乱反而愈形不可收拾。所以武宗死，至大银钞即行废止，迄元朝之亡，仍然使用至元钞与中统钞。

《廿二史劄记》元代专用交钞篇历数滥发交钞的并发症，又是篇可珍贵的文献："其后监烧昏钞（破烂字迹模糊的旧钞）者欲取能名，率以应烧昏钞指为伪钞，使管库官吏诬服（原注：见许有壬、韩若愚传），由是回易库不敢以新钞易昏钞（原注：张养浩传，民持昏钞赴库倒换者，易十与五，累日不可得）。而民间所存昏钞又不能纳赋税、易货物，于是遂成废纸矣。且板纸印造，尤易滋伪。铅山多造伪钞者，有豪民吴友文为之魁，远至江淮、燕蓟，莫不行使，遂致大富。是利权且归于奸民矣（原注林兴祖传）。又奸民以伪钞钩结党羽，胁人财物，官吏听其谋，株连者数千百家（原注：黄潜传），是刑罚亦由此日繁矣。"连锁性弊害从而层出不穷，愈增人心浮动。仁宗崩后仅隔八年便接明宗天历年间，再五年又已是元朝末代顺帝继位，不负责任的纸币发行态度发展至顺帝时末期症状，正是《新元史》食货志七钞法项总结报导："又值军兴，粮储赏犒，每日印造不计其数。京师钞十锭易斗粟不可得，所在郡县皆以物货相易，公私之钞积压不行，人视之如废楮焉。”

元朝政权压榨汉人以肥己的恶政，随其朝代倾覆而结束，惟一留下痕迹，且可誉为对中国历史重大贡献的，乃是关系财政、经济、交通多方面效用的南北大运河开通，今日北起通县，南至杭州，纵贯河北、山东、江苏、浙江四省，全长一四四〇公里的运河大干线最早成型。隋唐时代，南方江浙行省方面物资补给京师，特别是粮食供应的重要性，已渐增强，也基于此目的而运河逐段开凿，但当时目标指向长安、洛阳，至元朝定都大都北京市，西与北的大方向相异，原已利用的运河自南段江南运河（隔长江）、扬州运河（隔淮水，其时黄河下流汇合淮河出海），续经济州运河（隔大清河为断，清朝黄河下流第六次改道即通过大清河出海如今日现状）时，其北段因之存有改开新道必要。世祖至元二十六年（纪元 1289 年），乃以成<形的济州运河（隋朝通济渠）与御河（隋朝永济渠，古卫河），截其角，直线连结历城（济南）——临清，开新运河名会通河，由是入御河抵直沽（今天津市）时，转溯白河到达通州。此一大事业成功后，至元二十九年（纪元 1292 年）再利用南流的白河之水，西向增开自通州延长至大都的通惠河，江南米谷得全经水道船程的输送路，直接储入京师太仓，避免水陆交替之烦与车骑的劳顿。只是，大运河北段会通河初开，河道岸狭水浅，不堪负重，所以元朝运粮，主要全恃海运，自长江口附近沿海岸北航，迂回山东半岛以达直沽。大运河利用价值充分发挥，须明朝废止风浪之险甚大的海运而宽浚运河河道以来。

蒙古至上主义下，抑压的汉人社会·政治不平情绪，以外经济原因的反感，已如火山底层潜伏的熊熊岩浆，骄横的元朝支配阶层却全无所觉，也不曾觉察，反而争权夺利的内部互斗愈演愈烈。征服统驭衰兆，且自世祖之崩，因皇太子先薨而孙成宗继位为元朝第二代皇帝，成宗又崩时无子，便行展现。自是，从外立的第三代武宗以迄元朝最后皇帝顺帝即位，仅仅二十六年间有九代帝王交替，由第五代英宗起算且是十二年间变换七帝，政权的不稳定可见。

帝位频繁交迭事象的背景，所交织便是宗派倾轧、权臣跋扈，与皇室自残的丑恶画面。成宗以后，权臣各各自真金太子的子孙中，凭个人爱好选择对象，结党互争拥立。成宗庶兄之子，以晋王身份镇守和林方面的武宗，是第一

**元朝世系图(括号内为蒙古尊号)**

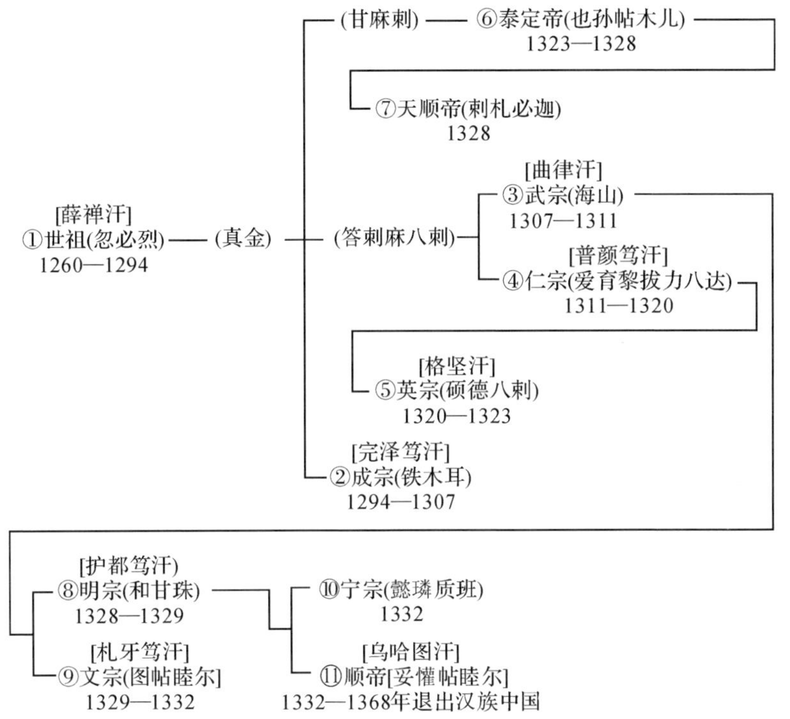


个于此情况下的登位者，成宗崩后天子空位期左、右丞相斗争中的获利者，得对立一方所支持又镇守地较近，先期赴大都的其弟（未即位的仁宗）让位而继帝统。仅三年，武宗以三十一岁崩，仁宗乃继立。仁宗嗣位之子英宗被弑，阴谋者拥立仍系和林镇守者成宗庶长兄之子泰定帝。泰定帝死于上都驻在期间，其子九岁的天顺帝在上都即位，原被斗倒的武宗、仁宗系统宗族与大臣趁机抬头，于大都另行推出武宗之子文宗与之对抗，上都派与大都派兵戎相见的结果，上都派失败，天顺帝不知去向。文宗形式上以帝位让与尚在北方的其兄明宗，往迎明宗的权臣却于迎归接近大都的途中弑明宗，复位的文宗也受掣肘，二十七岁便死，无子。明宗七岁之子宁宗嗣立，两个月短命死去，由其兄十三岁的顺帝继位。武宗以来连续的帝位波动，届此为止，诸帝寿命最高只是仁宗的三十六岁。呻吟于元朝高压支配下的汉族民众间，反元朝空气弥漫，结集的民族运动意志随支配层自毁性政治不安定而日益高扬，便于顺帝之世，元朝政权终于崩溃于澎湃的汉族民众蜂起面前。

世祖时八思巴被尊奉为帝师以来，喇嘛教以蒙古人支配阶层盲信而地位之隆、待遇之优，非仅耗损国家财政之巨，至如《新元史》食货志序与诸王恩赏相提并论的程度，元朝中期以降，汉地喇嘛僧极度发展的专横行为，也于汉族民众敌忾同仇的火山爆发。《元史》释老传西藏特殊制度与喇嘛僧人嚣张气焰的记述是——

世祖（……因其俗而柔其人，乃郡县吐（土）蕃之地，设官分职而领之于帝师，乃立宣政院。其为使位居第二者，必以僧为之，出帝师所辟举而总其政于内外者，帅臣以下，亦必僧俗并用，而军民通摄。于是帝师之命，与诏勅并行于西土，百年之间，朝廷所以敬礼而尊信之者，无所不用其至。

为其徒者，怙势恣睢，日新月盛，气焰薰灼，延于四方，为害不可胜言。有杨琏真加者，世祖用为江南释教总统，发掘故宋赵氏诸陵之在钱唐、绍兴者，及其大臣冢墓，凡一百一所。攘夺盗取财物计……，田二万三千亩，私庇平民不输公赋者二万三千户。他所藏匿未露者不论也。

又（武宗）至大元年，上都开元寺西僧强市民薪，民诉诸留守李璧。璧方询问其由，僧已率其党持白梃突入公府，隔案引璧发，捽诸地，棰扑交下，拽之以归，闭诸空室，久乃得脱。

（仁宗）延祐四年，宣徽使会每岁内廷佛事所供，其费以斤数者，用面四十三万九千五百，油七万九千，酥二万一千八百七十，蜜二万七千三百。自至元三十年间醮祠佛事之目，仅百有二，大德七年再立功德司，遂增至五百有余。僧徒贪利无已，营结近侍，欺昧奏请，布施莽斋，所需非一，岁费千万。较之大德，不知几倍。

（泰定帝）泰定二年，西台御史李昌言，尝经平凉府静会、定西等州，见西番僧佩金字圆符，络绎道途，驰骑累百，传舍至不能容，则假馆民舍，因迫逐男子，奸污女妇。奉元一路，自正月至七月，往返者百八十五次，用马至八百四十余匹，较之诸王、行省之使，十多六、七。驿户无所控诉，台察莫得谁何。且国家之制圆符，本为边防警报之虞，僧人何事而辄佩之？乞更正僧人给驿法，且令台宪得以纠察。不报。

顺帝治世三六年（退出大都后续两年），是元朝仅次于世祖的第二享国长久天子，其“元统”“至正”年号且似于世祖“中统”“至元”，却是，元朝征服朝代国祚自其手绝灭，也与世祖建立征服朝代，遥遥相对。反元朝低气压已经覆盖，顺帝即位以来，频频天灾的范围与规模续续增大，至如登位当月(元统元年六月）的一个月六次：“大雷雨，京畿水平地丈余，饥民四十余万，诏以钞四万锭赈之。泾河溢，关中水灾；黄河大溢；河南水灾；两淮旱，民大饥”（《元史》顺帝纪一），动摇元朝政权基础的时机肯定成熟。耳语、谣言不断扩散是社会不稳的前兆，农民暴动星星之火，自至元三年也在南方沿海与四川等处开始点燃，翌年至正四年（纪元 1344 年）夏河南豪雨二十多天，黄河河水暴涨决堤，大泛滥连续数年，灾民数累积至数百万人，同时期的江南又是饥馑旱魃，局势乃不可收拾。黄河整治工事虽于至正十一年，由优秀的治水专家贾鲁发动民夫十五万、兵工二万人，紧急进行并且成功，爆炸性事态已经形成，《元史》河渠志三黄河项报导：“先是，岁庚寅，河南北童谣云：‘石人一只眼，挑动黄河天下反’。及鲁治河，果于黄陵冈得石人一眼，而汝颍之妖寇乘时而起”。动工治河在四月，大反叛旗帜次月便矗起，而指导者白莲教教主韩山童与其秘密的宗教结社，所用以号召的弥勒佛信仰，堪注意正是元朝支配者特加敬礼的喇嘛教佛教意识。《元史》顺帝纪五至正十一年五月条记其事：“颍州妖人刘福通为乱，以红巾为号，陷颍州。初，栾城人韩山童，祖、父以白莲会烧香惑众，谪徙广平永平县。至山童，倡言天下大乱，弥勒佛下生。河南及江淮愚民皆翕然信之。福通与杜遵道、罗文素、盛文郁、王显忠、韩咬儿，复鼓妖言，谓山童实宋徽宗八世孙，当为中国主”。

突发的大规模反政府运动，以事前准备的不充分而立即被弹压，韩山童处刑。但群众心理既经煽动，反乱之火火种既已燃起，发展如同枯叶堆中火势的不可遏止。流民、贫穷农民、大量的失业者，纷纷投入红巾旗下，起义或相对意义暴动的主流仍在刘福通拥立韩山童遗儿韩林儿名义下健在，而且至元十一年刘福通家乡安徽省颍州的本据地反乱烈焰，已蔓延河南省全土，建立以北宋旧都开封为中心的大势力。各地与刘福通呼应的红巾军分派，势力足与主流抗衡的湖北省赣州（今蕲春）人缯布行商徐寿辉，同年（至正十一年）在家乡响应，溯江占领汉阳、武昌后攻略湖北、湖南各地，分兵入江西（陈友谅，其后取代徐寿辉者）、四川（明玉珍）。至正十二年在安徽省濠州举兵的郭子兴，又是接受刘福通领导的另一支强力红巾军。非红巾系统的两股代表势力，一是早自红巾以前的至正八年已在浙江省沿海倡乱的方国珍，一是至正十三年在江苏省方面矗起叛旗的张士诚，各以抑阻元朝海运、压迫朝廷屈从而授两人高官，两人却愈因之蔑视朝廷，扮演时叛时顺的两面人姿貌。再一表面服从元朝号令的独立势力，则福建地方陈友定。以迄至元二十八年元朝灭亡的十余年间，已全然天下鼎沸的无政府状态。

面对纷纷脱离元朝政权的江南群雄蜂起之势，元朝权臣政治下的镇压军，却仍是内部权力斗争不已，反乱声势利用朝廷此致命弱点而益发壮大。然而，蜂起者虽都称帝称王，定国号建元，性质始终不脱掠夺、破坏、无秩序的流寇或群雄境域。昏暗的四分五裂大骚动中光明透露，系以郭子兴死而继统其众的部将朱元璋登场，得有能力、具政治理想的同志协力，南京（金陵，元朝集庆路）为中心所结合乡土防卫团的独立势力茁壮。先后破灭劲敌陈友谅（江州，今江西省九江）、张士诚（平江，今江苏省苏州）后的至正二十七年，大军堂堂北上，目标指向元朝大都进击。翌年（至正二十八年，明朝洪武元年，纪元 1368 年），朱元璋在金陵，自吴国王登位皇帝，明朝成立。同年，北伐军攻陷大都东方的通州时，东南物资久已以动乱中断供应，粮尽食绝的元朝朝廷，已不得不放弃大都，向北方内蒙古撤退，元朝的汉族中国统治结束。自太祖成吉思汗即位届至其时，通蒙古帝国、大元帝国，传世共十四代，存续一六二年；定都中原，建设元朝，立中国式皇帝尊号的世祖即位迄此，传十代约百年，以灭亡宋朝计列则八十九年，而此中国历史上规模最宏大的征服朝代被推翻。

只是，元朝的汉族中国征服朝代虽然终结，朝代命脉并未斩绝。北走的顺帝，滞留内蒙古西夏之都上都至翌年，明军续至，再北退应昌府（内蒙古的达里泊 Taai – nor 西南岸），而第二年（纪元 1370 年，明朝洪武三年）病死，庙号惠宗（顺帝系明朝给予的谥号）。皇太子爱猷识理达腊（Ayur – Shridara）继位，年号宣光，应昌又受明军攻击溃退，残余的元朝支配者集团，乃完全北撤和林为结集中心的外蒙古本土，其后爱猷识理达腊死，也仍由继位之弟脱古思帖木儿（Tokus－Timus）上庙号昭宗，以及改元天元。所以，“元朝”为于和林实质存在，与已削平割据群雄，完成汉族中国全土支配的明朝，南、北对峙，仅自顺帝大都脱出划期，其后的元朝已不被承认为中国正统朝代，改依明朝立场别予“北元”的称谓。

元—明的朝代交代，于中国历史具有多方面特殊意义——

元末社会混乱中蜂起群雄，首举叛旗的刘福通、徐寿辉出身资料已见前述外，陈友谅湖北省沔阳渔夫，明玉珍湖北省随州游侠，方国珍浙江省黄岩（台州）私盐商兼海贼团首魁，张士诚江苏省泰州的运盐舟夫，陈友定佣工，关键性人物郭子兴乃入赘安徽省定远富家的曹州人卜者之子，其继承人明朝建国者朱元璋安徽省濠州（凤阳）人，十七岁时父兄以饥馑与疫病死亡，母又故世，孤苦无依而落发为僧，是个沿门托钵的四方游食者，朱元璋事业最主要两员大将徐达与常遇春，前者农夫，后者盗贼。这些风云际会的英雄好汉，多由下层社会产生，人物成份颇似汉朝建国。元朝严禁汉人携带武器与畋猎，战乱中“耕牛剥皮作战具，锄犁化尽刀剑锋”（明朝开国功臣刘基《夏夜台州城中作》诗句），也似秦末揭竿而起。但是——

第一，元末蜂起群雄籍贯与起义地无不在长江流域或所谓江南之地。此一事象，一方面正是说明元朝异族统治下，平素极端受歧视的被压迫者是南人；另一方面，对压制者反抗斗争由南方主导，而且成功，却是中国历史上第一次南方压倒北方。

第二，驱逐蒙古人的力量泉源，最早固自弥勒佛下世信仰激发，“宋徽宗八世孙”的民族思想却也最早已明白揭橥。反元朝运动与汉族民族运动合而为一，推翻元朝，又是中国历史上第一次民族主义革命成功。

相对而言，元朝式的朝代落幕也于中国历史为第一次。历代朝代崩坏，如非悲壮的玉石俱焚，便是屈辱的降伏，征服朝代的场合，且是原支配民族实体的消失。而惟元朝蒙古人系异例，朝代初建时移住汉族中国的，朝代结束又整族退出汉族中国（包括自愿随行的汉人官员与家属）。东起辽东、西及甘肃的数十万人民族壮观移动，北上复归而且确保原住地蒙古高原。

元朝命运得以异于从来所有君临汉族中国的民族，端以抗拒汉族文明态度的傲岸不屈。人数为少的异民族凭恃武力君临拥有庞大人口数与高度生产力的优秀民族文化社会，而建立征服朝代支配体制，本质必然具有二重性。二重性于征服朝代乃最主要，却也是所面临最困难的课题，被支配民族高度文化的眩惑系最容易不自主坠入的陷阱，而惟蒙古人元朝例外。其原因，一是可敬的民族自觉，坚守蒙古至上主义，二便由于元朝统治汉族中国年代究竟较短，回避强力的汉族文明同化力才得以可能。

## 东西交通·文化交流最盛期

蒙古帝国与元朝的出现，于蒙古人势力大伞下，自然撤废国界的地域范围，较大唐帝国尤为广大，东西交通无论陆上或海上，于中国史上，因之也到达空前的极盛期。大规模东西文化交流、人物相互往来，以及西方诸宗教、诸文化广泛向东亚传入，十三、四世纪间蔚为时潮，亦堪誉为蒙古民族对世界历史的不朽功绩。

陆上交通四通八达的盛况，所谓“站赤”的驿站制度发达可以充分反映，《元史》兵志四篇中为之专列站赤一篇。“站赤”乃蒙古语 Jam（站）加接尾语以表驿传之意①。太祖成吉思汗时已以汉族中国（金、宋）驿法扩大应用，至第二代太宗而驿传制度确定，连结中亚、西亚以至更西方的欧洲地中海诸地域。世祖再进一步厘正秩序，严密组织，汉地总辖于中书兵部，余外则通政院。从而《元史》兵志站赤序有言：“于是四方往来之使，止则有馆舍，顿则有供帐，饥渴则有饮食，而梯航毕达，海宇会同。元之天下，视前代所以为极盛也”。史前时代已由南俄与北亚游牧民族所开辟最早东西交通路，以通过欧

① 平凡社版《世界历史大系》7. 东洋中世史第四篇，第 202 页。

亚大陆北方草原地带而名的“草原之道”，以及自古东方经新疆、中亚通往西亚、希腊、罗马方面，依古代中国特负盛名的输出品丝而成立专门名词，欧美历史学者与地理学者间著称的“丝道”，同时并行，都已予最大利用。

草原之道由黑海东北隅支海亚速（Azov）海，渡顿河口与伏尔加河，过乌拉山，从里海、咸海北方的吉尔吉斯草原（哈萨克斯坦）东行，于巴尔喀什湖之北穿越阿尔泰山脉，入外蒙古，继续南下便至汉族中国。或者，通过阿尔泰山之北，以抵叶尼塞河上流的明奴辛斯克，已系南西伯利亚。蒙古帝国时代建都和林，利用草原之道乃是连结北欧、东欧方面距离最短的一道。拔都西征，便沿草原之道而进军，欧洲征伐前，自和林经窝阔台汗国境而至伏尔加河（以后拔都钦察汗国建都地）的驿传且已整备。所以，蒙古帝国统制下草原之道标准线即：和林→叶密里（窝阔台汗国国都）→巴尔喀什湖北岸→咸海北方→里海北岸→萨来（钦察汗国国都）。萨来以西，则以目的地的不同而各各分道。利用最多的是自萨来通过高加索山脉，由亚美尼亚出伊儿汗国国都大不里士（Tabriz），南下旧 Abbas 朝首都巴格达与叙利亚方面；或者，由萨来经海路斜贯黑海抵君士坦丁堡，出地中海往意大利诸都市。这些行程，西方旅行家的记录中留有大量资料供获明晰印象。

十三、四世纪间所利用的丝道，系自东方中国的大都（北京），沿阴山长城地带西行，于宁夏出河西道至甘州、肃州、沙州（敦煌）。敦煌以西已入新疆，仍如古来分南、北两道，南道行程沿昆仑山脉北麓，北道沿天山山脉南麓，而在喀什噶尔（疏勒）会合，然后经帕米尔高原至中亚细亚撒马尔罕。隋朝开拓的另一道第三道，系自敦煌出天山山脉北方，由巴尔喀什湖之南，通过伊犁河流域而至撒马尔罕，沿途经由哈密、吐鲁番（高昌）、别失八里、阿力麻里（察合台汗国国都）、怛罗斯、塔什干等地。第三道上任何一处继续北行，都可与草原之道连络。撒马尔罕以西，经布哈拉（Bokhara），渡阿姆河，自木鹿（Merv）赴 Nishapur，沿里海之南至大不里士。续自大不里士出发，便是西入叙利亚而浮地中海，或者折向小亚细亚，由君士坦丁堡出地中海。由大不里士而下，则向巴格达。

由于如上草原之道与丝道干线，以及蒙古帝国或元朝广大领土内健全完备的驿传制度展布，蒙古远至地中海世界与北欧、东欧的当时全世界各地直接携手。此虽以政治军事的目的为基点，但经济贸易以及一般旅行者同获往返便利的鼓励，而陆上交通呈现前所未见的活跃。

元朝治下，同一时期与西方间海上交通，至于唐宋的发达基础上，异常繁荣的景象尤超过陆上交通，西洋人著作提供资料的丰富而精确，也与陆上相埒。以马哥孛罗（Marco Polo）记录其归国行程为中心，而参照其他诸人，了解十三四世纪左右“海之道”自东而西的航路，自中国南部广州、泉州等海港出航后，浮南海沿中南半岛南下，普通均于当时马来半岛东海岸吉兰丹（Kelantan）寄港，而过马六甲海峡，以达锡兰岛，然后循印度东南岸当时的马八儿（Maabar）地方，折沿印度西岸北上，从其时塔纳（Tana）横渡阿拉伯海，直航伊朗或当时伊儿汗国忽鲁模子（Hormuz）港，入波斯湾（或沿印度西海岸更北行，于抵印度河口喀拉蚩 Karachi 时，续沿伊朗海岸西行至忽鲁模子）。自此通过波斯湾登陆，可抵巴格达、大不里士，或利用丝道以达地中海世界意大利诸都市。由忽鲁模子港也可续由海道，绕阿拉伯半岛入红海，由埃及的亚历山大（Alexndria）港浮地中海，以至意大利诸都市。

元朝监督外蕃自海上来往中国的官厅，蹈袭唐宋为市舶司，广州、泉州、温州、庆元（明州，以后的宁波）、杭州、澉浦、上海等沿海港口，均有设置。主其事的最有名人物，乃宋末以巨商提举泉州市舶司三十年，官至福建、广东招抚使、总海舶，南宋灭亡降元，行省福建（泉州）的归化阿剌伯人蒲寿庚①。今日中国最大都市上海，最早具名亦自元朝，世祖至元十四年（纪元1277年）设市舶司，十三年后的至元二十七年（纪元1290年）划松江府华亭县地初置上海县。西方人旅行家特具印象的元朝中国贸易该是——

泉州，于前后所有旅行家记事，都被称之为 Zaitun 或 Zeytoun，因何而有此名，是颇有兴味的考证，诸说论评也多。于今日，认其系“刺桐”对音②。

---

① 蒲寿庚事迹，以桑原骘藏专文介绍而引起学界注意。但其出身，据宋末元初郑所南《心史》载：“蒲受耕，祖南蕃人，富甲两广，据泉州叛”，否定其系西域大食人，主张系南蕃占城人的异说，也因之而兴。

② A. J. H. Charignon 注《马可波罗行纪》，冯承钧译本，第612页注一第一段。

大体已是定论，如《辞源》子集第三三六页刺桐条所说明：“福建晋江县（泉州府治），唐时环城皆植刺桐，故号桐城”。此港自宋末以来便以对外贸易港而盛大繁荣，《元史》外夷传的爪哇、马八儿等条均记泉州乃南海交通的关门，Ibn Batuta 推许为当时世界最大贸易港①，海道而来中国的外国旅行家大抵由此港登陆。马哥孛罗谓印度一切船货咸会此港，以及引亚历山大港等胡椒输出的比率为例，运往所有基督教国家合计一船，运至此港则百余船舶②，说明刺桐贸易数额的惊人庞大。

杭州，其地以系南宋旧都，所以外人旅行记以 Khansa、Kinsay、Quisai 等为名，考定都是“京师”或依南宋时一般习惯所称“行在”的对音③（“行在”之词，见《宋会要》、《宋史》地理志等）。马哥孛罗笔下，此都市居住人口达一百六十万户④，城壁周围百里，殷实富足，男女都是教养中人，文雅有礼，是全世界最大、最富丽名贵之城，前朝皇帝遗留的也是全世界最大之宫⑤。Ibn Batuta 相同的誉杭州为世界最大都市，富裕华美，各种游乐设施俱备的消费大都市面影浮绘也相同，且记述市内分六区。第一区是十二万驻防兵居所，第二区是犹太人、基督教徒、土耳其人居所，第三区是回教徒居所，第四区是官员与官设工场职工居所，第五区最大之区是商人居所，第六区则海上生活者居所⑥。南宋时代南方天国的杭州，于元朝如何全盛转变以国际都市性格持续其殷富，以及居留杭州外国人之数，于全城人口中占如何之大的比例，都可以想像。只是，其海港钱塘湾风浪嫌大，外国船舶直接驶入者因之为少，而须利用澉浦（Gampo）为外港。澉浦地名自唐朝始，但宋朝尚无地位，便自元朝而急速发展。

关于广州（Canfu、Khanfu，“广府”之义），唐宋时代特盛，宋末贸易中

---

① 《马可波罗行纪》，冯承钧译本，第 614 页注一第八段。
② 同上，第 609 页。
③ 同上，第 574—575 页。
④ 同上，第 588 页。
⑤ 同上，第 570 页、573 页、591 页注一末段。
⑥ 平凡社版《世界历史大系》7. 东洋中世史第四篇，第 207 页。

心北移，地位明显由泉州取代以来，元朝的广州渐已衰退而形落寞。但外船出入仍然不绝，外人记录中的此处地名为Sin Kalan或Sin ul Sin①，城中回教徒也仍多。另一唐朝隆盛的大都市扬州，尤其盛况全失，惟人口据西方旅行家之言，仍维持在四十万户至五十二万之间②。马哥孛罗曾在此任官。

海上贸易的非常发展，船舶构造法与航海技术进步，必然相与存在互为因果关系。关于此方面，元朝系上承唐、宋而下续明朝的中间环节，凭恃的毋宁是汉族智慧（见次篇）。堪加特笔的，乃无论马哥孛罗或其余西方旅行家，对往来印度洋中的船舶以中国籍者为大且多，已引为共同印象。马哥孛罗记其自身归国时所率十四艘大小船舶所编成的船队，船材均系白松（枞），每船四幅主帆与二幅补助帆，船底装涂由石灰、大麻、油脂所炼的合成颜料，每船依大小配有水手自三〇〇人至一五〇人③。Ibn Batuta且详记："去中国者，多乘中国船。中国船有三种，大者曰Junk，次曰Zao，小者曰Kakam。大者张三帆，至十二幅，载水手千人，其中六百为篙师，四百为兵勇。且有小船三随行，为Half、Third、Quarte，兼以示其大小。……船上有私人及公共房厅，以居商人。……大船所用之橹似桅樯，每橹须用十人至三十人牵引"④。由于当时这些西方人旅行著述的评估，非只中国海港泉州、杭州等盛大繁富足夸世界第一，大为耸动来航西人耳目，造船航海术发达，中国船舶均于世界为优秀中之优秀者⑤，也自其时被西方人所了解，以及因这些旅行记的遗留后世而为今日所认识。

十三世纪蒙古勃兴，威名慑西欧，一方面随其西征而敞开东西交通坦途，另一方面，也以西欧正值累次十字军出征回教徒劳而无功，蒙古人震荡下愈兴恐惧心理，而对之强烈萌生凭藉基督徒信仰疏解黄祸的希望。所以，现代以前，连结东西方的记录以此时期最为丰富与翔实，而第一，这些亲身旅行见闻

① 平凡社版《世界历史大系》7. 东洋中世史第四篇，第208页。

② 冯承钧译《马可波罗行纪》，第543页注三引Odoric旅行记语。

③ 人物往来社版《东洋史》7. 大蒙古帝国，第270—271页。

④ 方豪《中西交通史》第二册，第25页引H. Yule "Cathay and the Way Thither" Vol. 4pp. 25—26注。

⑤ 和田清《中国史概说》下卷，第229页之语。

录以中国出发西行的中国人为前导，第二，逆方向西洋人热衷东来的浪潮，又由传教士官方使节带动。

耶律楚材以成吉思汗（太祖）十三年（纪元1218年）扈从西征，系十三世纪之际，可考订最早的西方国家风土民情与地理形势资料收集，只是其《西游录》一卷成书，则须西征归来后成吉思汗次代窝阔汗（太宗）元年（纪元1229年）。行程终站记载系寻思干（《元史》太祖纪薛迷思干、撒马尔罕）、蒲华（不花剌、布哈拉）。其书国内原本已佚，仅若干著作中残留引文或据以辑集的节本，反而在日本尚存有完本。

全真教主长春真人丘处机奉成吉思汗恳召，率弟子十八人，自山东省登州从事万里山河之旅，与西征期的伟大世界性征服者会见记，乃脍炙人口故事。真人于成吉思汗十五年（纪元1220年）首途，经燕京（以后的大都）北行入外蒙古，沿陆局河（胪朐河、克鲁伦河）南岸抵和林，沿途受外蒙古留守者成吉思汗末弟斡赤斤欢待，护送循天山之北，经别失八里、阿里马城（阿力麻里）渡伊犁河，西南至达失干（塔什干），续渡锡尔河达目的地邪迷思干城（撒马尔罕）时，已系翌年。时成吉思汗正追击花剌子模残势至印度河方面，又翌年，遣使迎真人至大雪山（兴都库什山，Hindu－Kouch）南行在所，展开已七十四岁高龄而精神矍铄的神仙中人，与五十五岁的大征服者同欢晤，说成吉思汗以敬天爱民为本，清心寡欲乃是长生久视之道的一幕。战争续兴，又翌年，再度畅谈于阿姆河南方的巴耳克（巴里黑，Balkh）后，先成吉思汗一步东归。归程由吹河之南渡伊犁河，东过阿尔泰山而自科布多转向东南行，经内蒙古归化城，过燕京返山东，前后往返四年，历数十国。成吉思汗二十二年（纪元1227年）真人羽化之年或翌年，随行弟子之一李志常（浩然）以万里经历撰成《长春真人西游记》二卷，详记西域道里风俗，今日已系闻名世界学界，明了十三世纪初东西交涉的贵重文献。尤堪重视系书中所记汉人之事，谓西辽国“汉民工匠，络绎来迎，悉皆欢呼归礼”；撒马尔罕城“汉人工匠，杂处城中”（均上卷）；高昌之西葡萄园边“侏儒伎乐，皆中州人士”（下卷)①，又是汉族的域外殖民史上好资料。

另一部时代稍后的常德《西使记》一卷，系其于蒙哥汗（宪宗）九年（纪元1259年）奉使离和林，赴西亚细亚觐见出征中的旭烈兀，以Mazanderan为记录终站。世祖中统四年（纪元1263年）归国，同年著书，笔录人刘郁。内容也记有新疆与中亚细亚汉人移殖之事。

十一世纪终末以来持续约二个世纪的十字军远征活动，背后固也存在罗马教会企图利用以压倒希腊教会而向东方伸张其势力的野心，以及兼具解决中世基督教欧洲世界内部教皇权与皇帝权对立、意大利为中心的南欧诸都市经济势力藉此向东方进出等多重性格，但本质之为欧洲基督教徒的耶路撒冷圣地回复运动，宗教热情为出发点的宗教运动，则可以确认。待亚洲大半与欧洲一部分立于世界史上空前的大蒙古帝国支配之下，拔都大军且已攻入波兰、匈牙利后，以逃亡的匈牙利王于蒙古军撤回时归国，呼吁罗马教皇援助防卫蒙古军再度侵入为契机，欧洲立场的东西接触、交涉乃行展开。

欧洲的蒙古恐怖症弥漫声中，纪元一二四五年，教皇Innocentius四世在里昂（Ryon）召集宗教会议，决议由教皇派遣正式使节东行，求谒蒙古大汗，试探劝导改宗基督教的可能性，并窥测究竟有无再侵欧洲迹象的实情。此一重大使命落于主持西班牙教区意大利籍的Jean du Plan de Carpini（与另一教士）身上，以其西班牙奉职期间，多有接触东方人机会，所以无论地位、声望、经验，都是出使东方异域蒙古的最适当人选，Carpini因之也是蒙古帝国时代最早到达和林的欧洲人。奉命后，当年（纪元1245年）四月自里昂出发，北上通过德国、波兰、俄罗斯，翌年二月莅伏尔加河畔的钦察汗国国都萨来参谒拔都，初审教皇书后就得许可，循草原之道驿传，历三个半月，以是年七月到达和林，觐见贵由汗定宗。滞在和林四个月，获贵由汗复教皇书，十一月西归，劝说改宗目的失败，翌年纪元一二四七年六月返抵里昂，全程费时三年余。Carpini曾留有《东方旅行记》，内一条专叙“契丹”（指中国），特为贵重的资料，系其报导与俄罗斯诸侯交往与会见基辅的蒙古军驻屯部队，拜谒拔都等

① 转引自平凡社版《世界历史大系》7. 东洋中世史第四篇，第205页。

当时钦察汗国的内部状态①也据而了解，钦察汗国适用的国际间正式语文，蒙古文之外，系俄文与萨拉逊文。于和林，由仕于大汗朝廷的俄罗斯人、匈牙利人翻译拉丁语与法语，贵由汗复书，则作成分别使用蒙古语、拉丁语、萨拉逊语（波斯语）的三份。三份国书中，前两份今已行方不明，仅波斯文于纪元一九二〇年在梵蒂冈的档案库中发现，长一·一二公尺，宽二〇公分，由三纸合成，内文起首敷语为突厥语，以下便是波斯语，文中两处加用畏兀儿字蒙古语的方形印押捺②。

纪元一二四八年，法兰西王路易九世（圣路易，Saint - Louis）发动第七次十字军，驻在塞浦路斯（Cyprus）岛期间，有自称蒙古使节者来访，告以蒙古人间颇有基督教徒在，大汗母后也是基督教信者。圣路易因之兴起与蒙古人携手，东西夹击基督教徒之敌国教徒的想望，而有随军教士 Ardres（与另二教士）派遣，晚于 Carpini 之返两年，纪元一二四九年出发访问和林，抵达时适值定宗崩，后继大汗未定，不得要领而返。继乃有第二次圣路易随行教士 G. de Rubrouck（与另一修士）受命，携国书从事东方之旅。纪元一二五三年五月自君士坦丁堡出发，北航黑海，通过萨来先谒拔都，同样蒙准利用驿传横断大草原，当年年底抵目的地和林，翌年正月朝见蒙哥汗宪宗，五月获颁内容傲慢态度犹在 Carpini 所携返的复书而归国，圣路易意图完全失败。归途 Rubrouck 循来路再经萨来，转沿里海西岸南下，经由亚美尼亚入地中海，纪元一二五五年六月返抵塞浦路斯岛，但圣路易已回归本国，乃以书面提出报告。

Rubrouck 报告书，形式固系对法王圣路易的复命书，内容便是旅行记，较 Carpini 的见闻记尤为详细而正确，于蒙古人的风俗、习惯、其领内通行诸文字（畏兀儿、西夏、西藏、汉字等），诸宗教（景教、佛教、回教等），以及蒙哥汗幕庭（斡耳朵）等，均有详述，特别关于首都和林的介绍，几乎已系今日蒙古史著述所定必参考与取材。和林在住甚多西欧人，亦系其报告书中堪注目的说明，谓有巴黎的金錭工师、德国人的坑夫、能熟练使用数国语言的英

---

① Carpini 与 Rubrouch 事迹，取材自人物往来社版《东洋史》7. 大蒙古帝国，来自欧洲的使者章，二人的宣教师节。

② 贵由汗复书，参阅前引大蒙古帝国，第 265—266 页。

国人通译、在蒙古嫁与俄罗斯人建筑师的法国梅兹（Metz）妇人等，东欧人更多。报告书叙有契丹（中国）专章，以及强调多遇往返草原之都和林的西方各国使节与商人，又与 Carpini 记录相同。所以，Rubrouck 报告书遗留至今日，乃是报导十三世纪中蒙古帝国实态极为贵重的资料，对当时欧洲而言，也以其旅行的结果，判明当时欧洲喧传蒙古军将再度来侵之说，实际系其对西亚回教国讨伐计划的误传，等于服食了定心丸。

十三四世纪自欧洲东来诸旅行家中最有名，以及元朝时代前来中国的欧洲人代表，乃事迹为众所熟知的意大利威尼斯（Venice）人马哥孛罗。意大利东部港湾都市威尼斯于十三世纪之半，系以繁荣夸傲，与比萨（Pisa）、热那亚（Ginoa）同列意大利三大商港之一。利用十字军远征机会掌握当时东部地中海霸权，东方贸易活跃，孛罗家又是此都市的商业世家与宝石巨商。元世祖治世初期，马哥孛罗父、叔以经商中亚细亚，已得机缘抵大都拜谒，并蒙厚遇，马哥孛罗系父、叔第二次赴中国时随行，时为纪元一二七一年，年十七岁。来程系自波斯经阿富汗斯坦，过帕米尔高原，由疏勒沿南道至沙州（敦煌），于纪元一二七五年（至元十二年）到达世祖夏都上都开平。马哥孛罗年轻而达观，语言学习能力甚强，蒙古语、汉语、畏兀儿语等无不流畅，甚得世祖宠爱，而成近臣之一。世祖风范与大都（马哥孛罗旅行记中作“汗八里”Cambaluc、Khan－baligh，意谓“汗之城”，蒙古语 can、khan 与 balgha、balgat、balik 之合语①）宫廷生活，因之也是马哥孛罗其后美好的回忆。马哥孛罗十七年滞在中国期间，累奉勅命出使国内各地颁命，或受任地方行政官。纪元一二九二年（至元二十九年）获得世祖许可，藉护送公主降嫁伊儿汗国第四代阿鲁浑（Arghun）汗之便，孛罗家父、子、叔三人同时归去。大船队自泉州出帆，循海道于翌年到达波斯湾登陆，扈卫公主入伊儿汗国国都后，经君士坦丁堡。纪元一二九五年归抵意大利故乡，前后在外已二十五年。

马哥孛罗著盛誉于世界史地学界的旅行记《东方见闻录》，纪元一二九八年最早口述笔录完成，迄于今日，包括原写本、改订本、合订本，已有一百四

① 冯承钧译《马可波罗行纪》，第335页注二。

十三种版本[①]，世界各国均有翻译，本世纪中，伯希和（Pelliot）的审订最是权威，H. Yule and I. Cordier 注译书以详备被推重。前后时间内研究者的风靡，以及此读物流传以来，如何在欧洲引起巨大影响，可以全知。十五世纪末、十六世纪初，欧洲人激烈竞赛海上冒险，所谓地理上大发现时代来临，动机便出自马哥孛罗之书描绘东方（中国）富庶至令人目炫，直似人间天堂的刺激与追求，又为今日所周知。原籍热那亚的哥伦布，航海所持马哥孛罗书拉丁语译本现尚存在，书中四五空白处且有其所手书的批注[②]，本世纪最大探险家斯坦因与斯文·赫定，其旅行亚洲腹地时，也都携有此圣书《东方见闻录》[③]。

接续马哥孛罗一家归国，并循其逆方向由意大利从海道来中国的旅行家[④]，最早系基督教教士 Jean de Monte Corvino，纪元一二八九年奉教皇 Nicolas 四世命来中国，先结束其波斯方面传教的领导工作后，纪元一二九一年自大不里士再出发。由忽里模子乘船浮印度洋，于马哥孛罗启程西返翌年的纪元一二九四年（至元三十一年）入大都。成宗时代准许建立教会，以迄纪元一三二八年没于当地，约三十四年间滞在大都传教，受洗的信者六千人，纪元一三〇七年（大德十一年）奉教皇 Clementus 五世祖圣为大都（汗八里）教区总主教，并派 Ardres de Perugia 等三教士至中国协助，立泉州（刺桐）主教区。纪元一三一二年，教廷再加派三教士前来。

随后，另一教士旅行家 Odori de Pordenone，纪元一三一一年左右自海道印度经苏门答腊、爪哇、婆罗洲岛，于 Corvino 晚年抵达中国，历诸沿岸港口，自杭州利用大运河至大都。在 Corvino 处居三年，纪元一三二八年（元明宗天历元年）由陆路归去，未几即去世，卒前经人笔录其口授游记，后世抄本亦多。元朝由教皇派遣的压轴教士 Giovani de Marignolli，系纪元一三三八年（顺帝后至元四年）抵达大都，纪元一三五四年（至正十四年）由海道归去时，

---

① 据方豪《中西交通史》第三册第 78 页提示，1938 年慕尔、伯希和的《马可波罗游记》合订本所述版本对照表统计数。

②③ 人物往来社版《东洋史》7. 大蒙古帝国，第 292 页。

④ 马哥孛罗以后西方东来代表性旅行家事迹，取材自有高岩《概观东洋通史》第 380 页；人物往来社版《东洋历史》7. 大蒙古帝国第 304—205 页；平凡社版《世界历史大系》7. 东洋中世史第四篇第 173—174 页。

已是天下大乱之际。

元朝最长距离旅行者，乃非洲摩洛哥人回教徒 Ibn Batuta。其人二十一岁开始步上世界旅行之途，自埃及北部先后游历巴勒斯坦、叙利亚、伊拉克、美索不达米亚，以及俄罗斯、阿拉伯、伊朗、印度，然后经锡兰岛、苏门答腊岛、爪哇岛等，由柬埔寨（真腊）入中国，历访泉州、杭州等地。时距马哥孛罗后约半个世纪，已当元朝覆亡前二十二年的纪元一三四六年（顺帝至元六年），翌年便自泉州西归，续赴阿拉伯、西班牙、非洲。至五十一岁终止行程，专念于撰写其三十年间，周游七万五千里的世界旅行记，又是部不朽名著。但有关中国大陆方面的记述，今日学界的评价则指为颇存疑问①。毕竟其逗留时间太短，又足迹所涉地区较狭也。同系元朝末年，意大利人 Balducci Pegolotti 的《商业指导书》（*Pratica della Mercatura*，纪元 1340 年左右成书②），原系为当时欧洲，特别是意大利商人东方贸易参考需要而编著的指南书，详记欧亚各地方主要都市与海港彼此间通路、物产与其用途、货币、关税、度量衡等种种事项，因之也对中国、印度以及中亚，提供了相关知识。

这些文献，包括《商业指导书》大要与大旅行家 Ibn Batuta 书的中国记载，以及上述基督教诸传教士的旅行记、见闻录，马哥孛罗行纪的现代著名研究者 Yule，著作《契丹（中国）与通往之道》（“*Cathay and the way thither*”）时，大抵都已包含③。诸书记事都足与马哥孛罗书相与表里，只是，马哥孛罗称中国北部为 Cathay（契丹，Catai、Khatai，指原金朝领域），中国南部为 Mangi（蛮子，Manzy、Manzi，指原南宋领域），而 Ibn Batuta 仅称中国南部为 a1 - Sin，以与中国北部的 a1 - Khita 相对称，若干著作家则以 al - Sin 统称中南半岛、马来半岛、南洋群岛，而名汉族中国为 Masin④。

与西方人海上往返而著为中国记录的相对，元朝中国人记录海上各国事

① 人物往来社版《东洋历史》7. 大蒙古帝国，第 305 页。

② 同上，第 301 页注。

③ 平凡社版《世界历史大系》7. 东洋中世史第四篇，第 214 页。

④ 冯承钧译 Rene Grousset《远东史》（*Historie de l' Exreme Orient*）蒙古篇单行本《蒙古史略》，第 86 页注 62 引 Aurousseaw 说明。

情，遗留今日以招谕真腊使者随员之一，周达观著《真腊风土记》[①]。成宗元贞二年（纪元1296年）自明州经温州放洋，翌年返，记当时高棉风土国事至为精密，但不言及他国。条列多国，则汪大渊《岛夷志略》为有名，吴鉴序言说明著者常搭商船浮海，诸方游历，足迹履数十国，而著为此见闻录，序文纪年顺帝至元己丑（纪元1349年），其书约略同时完成，较Ibn Batuta旅行中国的时代为稍早。全书载列岛夷数至九十九条，估定范围已包含南海、印度洋全域以及于东非洲沿海[②]。此书可与其前后时代的下述诸书比较参照：前百余年南宋周去非《岭外代答》（孝宗淳熙戊戌，纪元1178年）与赵汝适《诸蕃志》（理宗宝庆元年，纪元1225年），特别关于后者，著者虽未亲历所记各地，只是任职提举福建路（泉州）市舶司时据航海者言，参证与整理前人记录而成，尤其便以采用《岭外代答》的记载为最多，但于今日史地学界评价甚高，认其记事颇多堪以信凭，可补阿拉伯人记录之缺[③]。后于汪大渊时代半个多世纪的明朝初年，纪元一四〇五年以来，三宝太监郑和历次率海军大舰队遍历印度洋时的随从二人所撰短篇见闻录，马欢《瀛涯胜览》与费信《星槎胜览》。此两文献的完成，后于Ibn Batuta旅行中国约六十年，再隔约八十年，葡萄牙人达迦马（Vasco de Gama）已绕道好望角抵达印度，西洋史的东方新航路与地理上大发现时代来临。

以如上为主，东西双方人士旅行记、见闻录的丰富资料相互参照，十三、四世纪间，连结当时世界全域的陆上、海上交通动脉固据以明了，蒙古世界大帝国威容，东半球各地区人类接触与文化交流经纬，也都因而充实，由历史界加以整理，昔时面貌重现于今日人眼前。纪元一二四六年Carpini抵达和林期间，亲睹隆重而庄严的大集会推选定宗贵由为大汗一幕，莅会者诸王、将，汉

---

① 柬埔寨，Kambboja，《元史》别名干不昔、干不察，周达观书序言称其国自称甘孛智，均同音异译。

② 冯承钧《中国南洋交通史》第86—89页，曾据沈曾植《岛夷志略广证》、日人藤田丰八《岛夷志略校注》、美人Rockhill译注，选录此书“今地之可考者”53条，其“层摇罗”谓应经“广证”之说改为“层拔罗”，即《诸蕃志》之层拔国，今非洲桑吉巴（Zanzibar）岛。

③ 沙畹《中国之旅行家》言，冯承钧中译本第53页。

地、中亚、波斯诸长官之外，史家笔下远地而来参与盛会的藩王题名便是：以后为 Rum 王的 Rokn a1 – Din Kilij Arslan 四世、斡罗思大公 Yaroslaw、谷儿只（Ceorgie）的两位 David 王、小亚美尼亚王 Hethum 之弟 Sempad，以及报达（巴格达）哈里发的代表、Alamout 的 Ismailiyen 派（《元史》木剌夷）教主代表与波斯诸侯们的代表[①]，夹在这些煊赫华贵人物中的仅有朴素人士，便是此位罗马教皇使节与其同行修士 Benoit。纪元一二五四年，法王圣路易使节 Rubrouch 自和林西归，再谒拔都汗帐时，也正值小亚美尼亚王 Hethum 一世入朝蒙哥汗宪宗在途[②]。

成吉思汗与拔都两度西征，欧洲人蒙古恐惧症的极端，转变为幻想蒙古人也是基督教徒，侵略波斯与大事杀戮回教徒，正与十字军期望符合。传自回教洪流中的亚洲基督教徒，谓蒙古基督教国王大维德（David，指成吉思汗）准备援助十字军讨伐叙利亚、埃及突厥人的谣言[③]，且在西欧不胫而走。圣路易两次遣使东来动机，便建立于此假想之上。此一幻想基础的传说，虽以 Rubrouck 出使与复命，判明全非事实，却也不能谓为纯系空穴来风，被罗马教廷宣布为基督教异端教派的聂思脱里派（Nestorian），中国文献中的景教，则颇流行。唐朝会昌废佛，同以外来宗教被弹压的三夷教，不能如佛教在中国的具有历史基础迅速复原，而均已衰微。但蒙古帝国成立，服属诸民族中如克烈部、汪古部的多数人民，天山方面部分畏兀儿人，都是唐朝所谓三夷教中的景教信仰者，景教也因而得在蒙古支配圈大为扩张其教线。Carpini 访问和林时直接接触的三名大汗亲幸大臣中，两人都是景教徒（其一且便是克烈部人）。蒙哥汗宪宗之母（拖雷之妻）也是[④]。但大汗的宗教态度，Rubrouck 曾记蒙哥汗与皇族，对基督教（景教）、回教、佛教任何典礼，不分厚薄，一概参加，诸宗教僧侣与教士也平等受优遇，理由则蒙哥汗告 Rubrouck：这些宗教犹如一

---

① 冯承钧译《蒙古史略》第 44 页；冯承钧译；《多桑蒙古史》上册第 274 页。

② 同上《蒙古史略》第 49 页；《多桑蒙古史》上册第 281 页。

③ 冯承钧译《多桑蒙古史》上册第 259 页。同书二卷又以 Eccard 书（Corpust Hist. meclii Oevi，vol. Ⅱ p. 1451）所采录东方基督教徒关于成吉思汗的传说，列为附录三。

④ 冯承钧译《蒙古史略》第 45 页、48 页。

手之五指①。如此同等待遇，无所偏袒的宗教信仰或宗教政策，自成吉思汗时代已然，至元朝世祖一贯蹈袭，马哥孛罗记载世祖之言是："基督教徒谓其天主是耶稣基督，回教徒谓是摩诃末，犹太教徒谓是摩西（Moise），偶像教（指佛教）徒谓其第一神是释迦牟尼。我对于兹四人，皆致敬礼。"② 同一旅行记中，又记录沙州、肃州、甘州、宁夏、西宁等方面，居民非仅信仰佛教、回教而已，景教教会同样活跃，甘州、宁夏且各建有教堂至三所的景教教会传播成绩为背景，大帝国也已包容亚美尼亚等拉丁教会基督徒，大汗虽非任何一种宗教的笃信者，却对任何宗教都加尊重，都予同情，都是保护者，所以，拉丁教会的正统基督教（今日一般所称的天主教）领域东方拓境，前途仍然光明。马哥孛罗记其伯、父第一次谒世祖西归，且便是衔世祖命，出使罗马谒见教皇，第二次东行（即马哥孛罗同行此次），又是携回教皇 Gregoire 复书报命，以世祖喜爱马哥孛罗而长期留住中国。这些有利因素的推动，乃鼓励罗马教廷再接再厉，努力发展东方教线。

Corvino 是十三世纪末至十四世纪前半，付出心力最大也最有成就的基督教中国传教最早播种者，Odori 由海道续循大运河入大都，沿途目睹所经过广州、泉州、杭州、扬州诸大都市的蓬勃教务，都已有颇多基督教徒与建立教堂，泉州且存在修道院两所③，Corvino 去世后，教皇 Jean 二二世曾于纪元一三三三年派遣 Nicolas 偕教士二十六人继其任，但以均未能到达中国，途中失去音讯。纪元一三七〇年时，教皇 Urbain 五世续又任命巴黎大学神学教授 Guillaume de Prato 为大都总主教④，教士十二人随行。却是，纪元一三六八年（明朝洪武元年）已届元亡明兴，汉族民族革命，排击外族的影响所及，以及直结东西方通道封闭，元朝一代基督教于中国园圃，辛勤灌溉的已开花朵，也被根拔废绝。基督教（Christianism，天主教）教士再度前来中国，须在布教事业中断约两个世纪之后，西洋史上所谓地理上新发现以来，十六世纪的中国明

① 冯承钧译《蒙古史略》，第 48 页。

② 冯承钧译《马可波罗行纪》上，第 35 页。

③ 冯承钧译《蒙古史略》，第 89 页。

④ 冯承钧译《多桑蒙古史》上册，第 381—382 页。

朝中期之后。

蒙古政权时代奉罗马教皇派遣前来中国传道的教士，除少数属多明我（Dominican）会以外，多数属方济各（Franciscan）会。元朝不能以之与景教区别，一概以十字架为表征而称之十字教，教堂谓十字寺，教士与教会执役人员于《元史》或当时一般史籍中的名词，则为“也里可温”，叙利亚语形的蒙古语 Erekhawian、Areckawiun 汉字对音，与唐朝景教碑所见“阿罗诃”同字异译[①]，所以，也是原指景教僧侣而后扩大包括一般基督敬的圣职者。所受蠲免租役又除军籍的待遇，与回教、佛教僧侣与寺院同，道教亦然。

回教自唐朝开始传来中国，宋朝陪伴活泼的海上商业活动，沿海诸都市外国人居留圈内教务已渐渐开展，但信者似乎均限西方渡来人士，便由宗教范畴内法官意味的 Kadi，在居留地自律的管理一切事务，当时汉族谓之蕃长。蒙古混一宇内，中亚、西亚方面回教徒从陆、海两道盛大移住中国，大元帝国有力国民“色目人”的主流便是回教徒，性格已非从来的化外之人。回教势力也于其时急遽增大，元朝记录中，信者被称“菩萨蛮”、“不速蛮”（波斯语 Musulman）[②]，传教士则“答失蛮”（波斯语 Danishmand）[③]，多居住中国东南海港都市广州、泉州、杭州、澉浦、扬州等地，以及大都、上都与甘肃、陕西方面陆上的西方交通门户地区。汉族民间的回教信仰，应即于此潮流下受感化而建立根基，回教寺院以清真寺、清净寺为名亦自其时，乃形成中国一大宗教。于今日，中国回教徒的分布地域，维吾尔（畏兀儿）人为主要民族的新疆省自系最大密度地区，其余便是元朝基础的延续发展，多数集中于西北各省与福建、广东方面，以及云南。云南省回教徒所以于南方为尤多，又以元朝成立，开始便由世祖宠臣回回人赛典赤（Saiyid - i Ejell）经营其地的原因[④]。

诸宗教无差别的信仰自由与礼遇平等，世祖在位开始倾斜，偏重于其中之

---

① 人物往来社版《东洋历史》7. 大蒙古帝国，第 36 页；平凡社版《世界历史大系》7. 东洋中世史第四篇，第 174 页。

② 人物往来社版《东洋历史》7. 大蒙古帝国，第 36 页注。

③ 同上，第 37 页注。

④ 和田清《中国史概说》（上卷），第 232 页。

一的佛教。蒙古政权与佛教最早发生关系，时代与道教的场合约略相同，《佛祖历代通载》禅僧海云传的记录①，太祖成吉思汗兴起之时，年仅十三岁的海云已往面谒，太宗即位受赐“寂照英悟大师”名号，再授“光天镇国大士”尊称，历定宗至宪宗均掌释教事。世祖在潜邸，师事之，海云向其推荐的僧人子聪，便是世祖事业展开时，前后帷幄密谋参画，受信任至建言一概采行的政治灵魂人物刘秉忠。同时，八思巴也已登场，世祖以来代代帝后妃主皇族皈依喇嘛教，元朝与喇嘛教政略上的接近，哄抬喇嘛教为中心的佛教形成升天之势。但《元史》释老传佛教（八思巴）条的结论：“若夫天下寺院之领于内外宣政院，曰禅、曰教、曰律，则固各守其业。惟所谓白云、白莲宗者，亦或颇通奸利云”，结局领先燃起焚毁元朝政权之火的，正便是特受元朝朝廷尊崇的佛教宗派中独被视为异端而取缔，弥勒教为信仰基础的非法秘密教团白莲宗。

蒙古—元朝征服领土的主要内涵，西面是回教世界，东面是中国世界，此两不同形态的文明地域，便以元朝统一支配与东西交通距离的缩短，而密接关联。回教文化本质，其独自的教义、思想基调上，思辨形式、理论构成等，原已系蒙受外来文化的结果，广域文化圈成立与展开，尤其是综合摄取伊朗、希腊、印度诸学问后继发展与改良的意味，简言之，总括的代表了西方文化全体。所以，元朝几乎统一欧亚大陆，意义也代表了东方文明世界与西方文明世界全面展开交涉，以及展开交涉的最盛大期，而相互刺激彼此文明的再发展也达最高潮。站于中国立场的了解，此时期西方军人、学者、技术家，甚或职工的前来中国，性质所触及的面既广，人数又多，时间尤为持续，从《元史》诸传记，记载所谓西域出身，自中亚、波斯、阿拉伯方面来仕元朝的知名人士份量之广，为可显见。西方科学技术以及建筑术、工艺等传来中国的线索，因之也以此时期为明晰，相对，中国文明结晶的科学技术与发明传往西方，同样以此时代为高潮期。

回教系天文历法传来中国，系最容易提出的举证。天文学者札马鲁丁

① 资料转采自平凡社版《世界历史大系》7. 东洋中世史第四篇，第164页引岩村忍《元初帝室和禅僧的关系》。

(Jamal－ud Din）乃入元回教科学家中第一人物，世祖至元四年（纪元1267年）制作完成的七种天体观测仪器，《元史》天文志一西域仪象项，便是其阿拉伯化新波斯语名称与器状的专项记录，又大部分立于传承自希腊的西洋天文学传统。其中“兀速都儿剌不定”（《元史》原文说明：汉言昼夜时刻之器也），乃是西洋自古有名的圆盘形观测仪，另外包含二种水平日时计、一种天球仪，以及木制圆球状地球仪（《元史》记其名作“苦来亦阿儿子”。说明：汉言地理志也），水、陆以绿、白二色区别，全表面详细刻划经纬度，系最早予中国以地球球形说实证的主要纪念物[①]。同一年份，札马鲁丁的万年历也已制定，万年历非纯粹回历，以并用了春分为岁首的波斯太阳历而具有其独自性，月名与曜名也均新波斯语[②]。回教式天文器械既于元朝大受欢迎，以及天文学者被重用，至元八年以来乃有回回司天台的设立，与中国固有传统的天文台，两系统并存。

郭守敬受世祖命编制，至元十八年（纪元1280年）颁行的优秀历法授时历，至明朝仍蹈袭为大明历蓝本。其定一年之长为三六五又二四二五日[③]，推算精确度极当，向被认受回教天文学的影响，今日学界则已予否定，研究判明仍立于中国自身传统之上[④]。然而，自元朝而中国天文历法界得程度上利用回教方法参证，双方学问交流，刺激中国此方面优秀人才辈出，以及中国传统的独自历法再进步，回教式天文观测器械曾经提供贡献，当都可以认定。便是郭守敬所制作，迄今遗留河南省洛阳附近的圭表的残存部分，计准冬至、夏至日时所用垂直地上的棒，仍高九点四五公尺，南北向的圭（测定用尺）长三十公尺，其原理固系古代以来一贯的中国传统，观测仪器建筑物似巨大化，却是回教天文学的传统[⑤]。而器械愈大，观测精度愈高，观测数值愈正确，是为一定之理。

---

① 诚文堂新光社版《世界史大系》8. 东亚Ⅱ，第171页。
② 同上，同页。
③ 世界文化社版《世界历史丛书》12. 蒙古帝国卷末附录事项事典授时历条。
④ 上书，第196页。
⑤ 世界平凡社版《世界历史丛书》12. 蒙古帝国卷，第194—195页。

今日东西文化交流史的记事，多认为希腊数学系统的欧几里得（Euclides）《几何原本》，元朝之世也已介绍至中国。但此仅依欧几里得著作当时已具波斯语译本，可能由西域科学家携来中国的推测，尚无输入实证。

中国科学技术传入西方而发生的反影响，灭宋之役，至元十年（纪元1273年）襄阳攻略战，波斯籍工程师阿剌卜丹（Ala al - Din）与伊斯玛音（Ismail）改良中国原型所制造回回炮，系著名实例。但此尚系以灼热金属或巨大岩石投射的投石机之一，非今日发射炮弹的火炮。以今日意味的火炮或铳炮姿态出现，尚待其后时间的欧洲。

火药开始实用化为战争武器，便在火药发明故乡的中国，为世所周知，但向来所使用只是今日手榴弹性质，仍非铳炮，铳炮发明地也非中国而系其后欧洲。然而，原先全无所知的欧洲人最早接触火药、火器契机仍由十三世纪前半蒙古军侵入西方时携往。[①] 由是有今日型式的枪、炮出现，巨大转变传统战术，在于欧洲自身，自此风行的骑士没落，诸国家纷纷集权化，对于世界的影响，便促进了欧洲国家的海外殖民地进出。

中国制纸技术，八世纪中唐朝玄宗时代传入回教世界后，撒马尔罕一时以独占制纸法而成为西方制纸中心，纸系其最重要的有力输出品。以后，纪元七九三年巴格达，九〇〇年埃及，一一八九年以来诸基督教国家[②]，均已传入制纸知识，书写材料的纸乃普及西方。中国继纸而发明的印刷术，自西亚、北非续传入西欧，时代考定也都在元朝[③]，其时中国高度印刷技术所系的木版、铜版交钞、叶子（游戏或赌博用具）等流通，具有媒介作用[④]。至十五世纪之半，欧洲终也知晓金属活字印刷，尽管西洋的跨出此一大步，也有意见以与西洋自身十一世纪用模子（Stamp）组合文字的游戏相结合，而认东、西方印刷术的发明关系为不明[⑤]。但发明时间，中国毕竟早得多，其前提必要的纸的发

① 晓教育图书版《现代教导百科事典》7. 历史，第221页火药与铳炮条。

②⑤ 年代依世界文化社版《世界历史丛书》12. 蒙古帝国，第207页。

③ 人物往来社版《东洋历史》7. 大蒙古帝国，第310页。

④ 平凡社版《世界历史大系》7. 东洋中世史第四篇，第210页。

明，也明白传自中国。

中国于水面浮磁针以测知方向的方法，十一世纪左右的宋朝已掌握，十二世纪时，其技术经过实用化改良，而罗盘原型（水针盘）成立。由是海上航行，突破天测法阶段，于无星光的黑夜航海乃成为可能。乘载数十人乃至数百人的客货两用大船，货物深积船底舱内，乘客安置上层，驶向目的地的旅程安全性与确实性，都赖磁针而保持。便以海上航行时与西方回教徒商船接触，罗盘知识传授阿拉伯人，利用地域由印度洋扩大到地中海，续传入欧洲，则其时间又在元朝①。十四世纪的意大利人对罗盘加以再改良（旱针盘）②，乃得迎接地理上大发现时代的来临。

高度发达的中国陶瓷器制作技术，唐朝以来接替原先丝的风靡西方之势，瓷器已系中国输出品大宗，技法追随传向回教世界，宋元时代塞尔柱期至伊儿汗期的波斯，施加釉药以高温处理的瓷器也已模仿自制③。但受西方人狂热欢迎的，毋宁仍是宋元舶来品，今日西亚细亚众多遗迹中均有中国瓷器碎片被搜集，可说明当时爱好的一般，特别是宋朝所完成，配合青色与白色之美而衬托人物等画面，富于魅力的全新技术瓷器。十七世纪波斯曾自中国招聘三百名工人前往，试行模制，大量由进出亚洲的荷兰东印度公司经手销往欧洲，博取巨利。但届至其时，波斯产制能力限于陶瓷，瓷器品质仍劣，与中国标准存有甚大距离④，中国陶瓷器制作技术因而愈在西亚与欧洲盛博高评价，受大欢迎。

绘画同样由中国给予西方莫大影响。西亚细亚回教世界禁止偶像崇拜，原不许描绘人物与鸟兽，仅止于以几何学图案装饰。塞尔柱突厥族与蒙古族进出西亚细亚，促使阿剌伯支配时代式微的波斯绘画艺术复兴。中国宋元山水、花鸟、人物画的技法飞跃发展，便于此复兴浪潮下由蒙古人传入，且于

---

① 人物往来社版《东洋历史》7. 大蒙古帝国，第311页。

② 晓教育图书版《现代教导百科事典》7. 历史，第222页罗针盘的改良条。

③ 人物往来社版《东洋历史》7. 大蒙古帝国，第312页。

④ 世界文化社版《世界历史丛书》12. 蒙古帝国，第206页。

伊儿汗国治下飞跃发达为细致画特征，其后由帖木儿朝与印度莫卧儿朝继承①。

中国医学诊断所重视的脉法，早自蒙古人政权成立以前的宋朝已传向西方，因而西方医学中开始也注意到脉。回教世界最大医学者 Ibn Sina 十一世纪前半撰定的《医学正典》，予欧洲医学界莫大影响，届十七世纪仍被奉为医学的金科玉律②，而此巨擘的经典著作所列举四十八种脉型，其中三十五种便都是中国式③。中国产药物，大黄也已世界性闻名，成为元朝中国贵重输出品。马哥孛罗通过肃州时，记录谓："如是诸州之山中，均产大黄甚富，商人来此购买，贩售世界"④。

所以，元朝为中心的前后时代，上达宋朝，下及明朝，乃是欧亚大陆东西科学技术，抑且日常用品丰富交流的伟大时代，播下了蒙受东方文明刺激后，未来西洋文明的发达种子。中国人于其间的贡献，以及蒙古西征的历史评估，法国学者阿贝尔·雷米萨 Abel Remusat 如下之言，虽非完全正确，也已可供为结论：

"其结果如何重大，观于科伦布为欲至马哥孛罗所言之大汗国，不期而得美洲新世界者，即可知矣。中国人发明之航海罗盘针，亦由蒙古人而输入欧洲。中国人及印度人用火药由来已久，而欧洲人则于蒙古西征后，始得知之。其为蒙古人输入，毫无疑义。钞币亦为中国人之发明，由蒙古人而输入波斯。……戏赌纸牌，中国人于一千一百二十年（宋徽宗宣和二年）时已发明之。最初皆以木版印成。欧洲人最初所玩之纸牌，其形状、图式、大小及数目，皆与中国人所用者相同，或亦为蒙古人输入欧洲者也。活字版印刷术，同时亦由远东而输入欧洲。中国人之算盘，亦由蒙古输入欧洲东部，至今俄国及波兰两地不识字之妇女，尚用以计算钱财帐目也。东西两文明策源地之思想制

① 参阅人物往来社版《东洋历史》7. 大蒙古帝国，第 311 页。

② 参阅小川影三《医学的历史》，第 38—39 页。

③ 世界文化社版《世界历史丛书》12. 蒙古帝国，第 199 页。

④ 冯承钧译《马可波罗行纪》，第 204 页。

造，由鞑靼人互相交换，至为有益。中世纪满天黑云，使人不得望见天日。至是乃因蒙古远征而重现光明。当时战争杀人，盈野盈城，似为人间惨祸，而不知实如空天霹雳，将几百年之酣睡懒病（指欧洲黑暗时代），自梦中惊醒。二十帝国之灭亡，乃上帝自欧洲所取之代价，为今世人享受灿烂文明之福也。”①

## 北元以来草原封建制的成熟

占有欧亚大陆广大部分的蒙古政权下诸国，十四世纪时，多半已形衰退。自此而此等地域内诸政权互争展开，强力指导者的出现多只昙花一现，不能产生长久的稳定统一权力。另一方面，分析虽尚不充分的史料，也已明白显示，此时代的草原社会与沃洲社会，于此数世纪间，领主隶属民小集团分立支配关系，为已普遍化与固定化，所说明正是封建社会的步上成熟之途。封建势力之争僵持的结局，再统一力量只有求诸混乱的大漩涡之外，新的事态确立，便是清朝与俄罗斯掌握了历史命运。俄罗斯的中亚细亚进出为无论，清朝则蒙古、新疆支配接续，已须迎接近代世界的全般动向发展了。

自纪元一三六八年（明洪武元年，元至正二十八年）元顺帝退出汉族中国，以后三代约二十年的时代，中国史上谓之北元，已失去汉族中国的元朝仅保有蒙古本土或北方草原的时期。

元顺帝在明朝大军压力下，自大都退至滦河上流域的内蒙古之地上都，再向东北退抵巴林方面的应昌府，经过两年逃亡生涯，五十一岁崩于应昌府。继位之子昭宗续遭明军攻击，乃以外蒙古旧都和林为撤退终站，其时，原尚在山

① 译文转引自白寿彝《中国交通史》，第193—194页录《中西交通史料汇编》第二册引 Memoire French Academy，Vii 409—419。

西、甘肃方面英勇抵抗明军的元朝军团，也以奋战失败转移，北归和林集中，与昭宗协力图复兴元室。纪元一三七二年（明洪武五年）最大规模一次反攻覆灭，自是北元注定再无能力积极进出汉族中国，而专念于自保。

严重的是，支配汉族中国百年而复归蒙古本土的元朝宗王、高官，多少已感染汉族定居文化的生活习惯，而非从来长期住居蒙古高原的蒙古人，固有草原地带自然集团的游牧生活已不能完全适应，物质享受欠缺系最大苦恼，尤其汉族民族主义声势正盛的明朝，大军屡出，频频趁胜北上追击期间，元朝领导阶层既迫于战局不利，又受汉地物资的诱惑，颇多立场动摇，战争中，抑或便在平时，宗室、大将率部数万人投降明朝的场面屡见。明朝经营东北地方据点的洮南附近泰宁卫、齐齐哈尔（Chichikhar）方面福余（福裕）卫、洮儿（Taur）河上游朵颜（Doyan）卫，著名的兀良合（Urianghai）三卫（《新元史》氏族志乌梁里特氏条原注："亦作乌梁海氏，又作兀良合氏"，蒙古族本支的黑塔塔儿系谱，与贝加尔湖西野塔塔儿系的"林木中乌梁海氏"有别），便于此情况下设置，均任用元朝投降宗王、大臣为其长官指挥使，西方的哈密（Hami）卫也是。同时，海都以来蒙古本土潜在敌视元朝帝室的暗流，经过元朝第六代泰定帝继立与死后的武装纷争，又加制帝室自身间北方派与南方派对立，而蒙古本土不平分子异心势力愈形扩大。所以，元室向蒙古本土移动，原住蒙古同族多存有反抗意识，北元朝廷形式的支配权仍在，号令却发生阻力，盖其英雄成吉思汗后正统的民族主权者立场，已不容易保持。明朝武力压迫，内部又人心离散抑且背叛，内外交迫的压力下，元朝推移为北元所遭遇，正是最恶劣际遇。

昭宗于动荡不安形势中，规复元朝雄图赍志而逝（纪元1378年），其弟脱古思帖木儿承袭亡兄志业为北元第三代主，勉力振兴已衰颓的朝威，于明朝席卷东北地方时东来呼伦贝尔（Hulun－Buir）救援，翌年的纪元一三八八年与其登位第十一年（明洪武二十一年），反被自热河出发的明军袭溃于捕鱼儿海（今贝尔泊，Buir－nor），十万众包括皇子、妃嫔尽被俘虏，仅自身与皇太子、亲臣等数十骑脱逃，西奔和林本据，却于归抵土拉河畔被叛臣弑害。北元历史自是已从事实上终结，《明史》外国传八（鞑靼）记述："自脱古思帖木儿后，部帅纷拏，五传至坤帖木儿（Gun Timur），咸被弑，不复知帝号。有鬼力赤（Kuilichi）者篡立（十五世纪初明成祖永乐初），称可汗，去帝号，遂称鞑靼云”。[①]（十多年间帝位或汗位五传，于蒙古文《蒙古源流》记录中仅谓三次更迭，脱古思帖木兒后历长子、次子，次子之子即坤帖木儿，但结局均系遇害则相同[②]）蒙古的明朝投降潮虽自洪武末年，经历二十多年后渐渐平息，内部波动与皇帝或可汗权威的下坠愈剧可见。以鬼力赤篡立为标志，明朝文献舍“北元”之名所改称“鞑靼”（塔塔儿，Tatar），原便是蒙古族初兴期的广义称谓，而今回复。非元朝帝室后裔的鬼立赤可汗短暂在位，纪元一四〇二年（明永乐四年），又被另外的野心家阿速（阿苏特，Asud）部领袖阿鲁台（Aroktai）杀害，而奉坤帖木儿弟本雅失里（Benyashri）为傀儡可汗，可汗大位表面回复元裔传统，实权已转移入自任太师的权臣阿鲁台之手。

明人变换北元称谓非只依于上述背景，另一理由也以适应西部蒙古巨大新兴势力升起的事实。大势力自成吉思汗蒙古帝国时代牧地原在贝加尔湖西南的斡亦剌（斡亦剌惕、卫拉特，Oirat）部导源，《新元史》氏族志卫拉特氏条原注：“亦作外剌氏，又曰斡亦剌氏”，与东部蒙古塔塔儿同属非蒙古本支（黑塔塔儿）的白塔塔儿范畴，渐渐移向阿尔泰方面，元朝全盛时代系右翼诸部之一。北元颠沛期，卫拉特部为中心所形成联合势力，急速以反传统轻视元室势力代表者姿态而崛起，明朝建文永乐之际，部名且已发展为科布多（Kobdo）—阿尔泰山—准噶尔（zungar）盆地的西部蒙古全域的概称，记入明朝笔下，乃是卫拉特或斡亦剌的同音异译转“瓦剌”。所以，是整体蒙古（鞑靼）地域中存在特殊化的西部强大势力集团（瓦剌），而非政治上实质的两立与分割之谓，但明朝取消北元称谓时，却有意制造两分蒙古的意识：东—鞑靼，西—瓦剌，如清朝初年据以撰定的《明史》，鞑靼、瓦剌便分列外国传八与外国传九。其缘由，则基于明太祖历建文帝至成祖即位，永乐年间的对蒙古分化政策，利用既已出现的对立形势，加大破坏其团结力而予操纵。

---

① 蒙古小撤辰萨囊台吉原著，清朝乾隆四十二年勅命汉译，共八十八卷，叙北元事迹。

② 转引自平凡社版《世界历史大系》7. 东洋中世史第四篇第458页引《蒙古源流》资料。

蒙古本土主流（鞑靼）与瓦剌以外的第三势力，乃成吉思汗疏族后裔统一中、西亚细亚所建立的帖木儿（Timur）朝或帖木儿帝国。纪元一三六九年（明太祖洪武二年）自西察合台汗国产生新政权以来，原蒙古三分派政权并合其二：察合台汗国与伊儿汗国。又趁钦察汗国内乱，自纪元一三八〇年至一三九五年（洪武二十八年）间，连番进军俄罗斯大肆蹂躏，声威震慑西北之余，继于纪元一三九八年（洪武三十一年）东南侵入北印度，陷屠德里（Delhi）。纪元一四〇二年（明建文帝建文四年），西破灭亡东罗马帝国的小亚细亚奥斯曼土耳其（Osmanli Turk），安哥拉（Angora）之战，捕虏其皇帝 Bajazid 一世。领有旧蒙古帝国西半部的大帝国建设完成，转向企求再统一东方已失领导重心而混乱的蒙古本土，回复成吉思汗伟业。为达成此目的，第一步须是讨伐推翻元朝的新兴明朝。不幸，便于纪元一四〇五年（永乐三年），大帝国创缔者帖木儿登上明朝征途，到达锡尔河畔的 Otrar 时，以七十高龄殁于热病，宿志未酬。已呈优势的蒙古系第三势力，其后继者也从此断绝进出蒙古故土之念。

帖木儿雄图幻灭，蒙古本土正值鬼力赤篡立又被推翻，以及此一动荡时机为明朝所掌握，利用分化手段从蒙古内部制造相互间牵制力量成功之际。入十五世纪，介入明朝，且便由明朝主导的蒙古局势三角关系，以瓦剌三部领袖于成祖登位之初，各受明朝册封王爵而加怀柔为起点，明人夸耀“五出（塞北）三犁（虏庭）”的成祖五次大北伐为发展主轴，波涛壮阔起伏。永乐八年（纪元 1410 年）第一次亲征的对鞑靼战争中，明军推进至饮马河（成祖所予克鲁伦 Kerulen 河，古胪朐河的新名）西折鞑靼本据，溃破阿鲁台主力，本雅失里可汗狼狈奔瓦剌，依受封明朝顺宁王的瓦剌大酋马哈木（Mahamud）死，马哈木拥立其子答里巴（德勒伯克，Delbek）为汗①，和林转入马哈木控制之下。待退向东蒙古的阿鲁台以腹背遇敌被迫降服明朝，受册封和宁王时，原明朝庇护下的瓦剌马哈木已势力坐大，倒反成为明朝边境侵掠者。所以永乐十二年（纪元 1414 年）成祖第二次亲征，兵锋转指瓦剌，外蒙古腹地的大决战，马哈

---

① 《明史》谓马哈木弑本雅失里而改立其子，乃依阿鲁台归顺明朝时的诬告，依《蒙古源流》记录为善终，见王桐龄《新著东洋史》第三篇近古史第 327 页注。“德勒伯克”亦《蒙古源流》所载之名。

木纠合诸部的联军被重创，向明朝谢罪。瓦剌兴隆之势于明军威力下遭挫，阿鲁台又趁马哈木的大打击，雪上加霜似击破之，马哈木忧死，子脱欢（Toghon）嗣封顺宁王，再遭阿鲁台攻击大败。瓦剌势力顿陷低潮，相对阿鲁台所代表的鞑靼势力回复抬头，永乐二〇、二一、二二年连续三年三次亲征，因之又是针对鞑靼。可以认识，成祖无愧雄才大略，认清重返北方草原的蒙古民族仍系汉族大敌，制定的对策，因而便是自蒙古内部培育其相互竞争的对立势力，又制止某一方过分强大，适时干预与制压，以保持双方平衡均势。政策为绝对成功。成祖之后，明朝对北方的方针虽已转变改采不干涉政策，立定于长城防卫线，以保境不受侵犯为满足，但蒙古历史的未来走向，却自帖木儿的第二成吉思汗志望化为遗恨，追随已由明朝成祖代为铸定，从此无确定性再统一的希望与其条件。

成祖之后的蒙古形势，脱欢势力快速强盛，并合瓦剌诸部，而优势又归于瓦剌。纪元一四三四年（明朝隔仁宗的第五代宣宗宣德九年），劲敌的鞑靼方面阿鲁台乃被攻灭，继又胁服鞑靼另一新兴势力科尔沁（Khorchin）部。脱欢之父马哈木所立德勒伯克可汗先马哈木已死①，其后十余年均可汗空位期，脱欢破灭阿鲁台太师前一年（纪元1433年），又拥戴元朝子孙脱脱不花（Tokta－bukha）为可汗（即《蒙古源流》所谓故额勒伯克汗之弟哈尔古楚克鸿台吉Kharghotsok khungtaiji遗子阿赛台吉Ajai Taili之长子岱总Taisong汗②，元朝凡皇子均称“太子”，储君则“皇太子”，蒙古语“台吉”“鸿台吉”意义的一般考定，即借用此二汉语发音），藉以号令鞑靼方面原阿鲁台太师所部阿苏特部，以及与之并为大部的哈剌嗔（喀喇沁Kharachin）部等，而自任太师以收实权。明朝第六代英宗正统五、六年之交（纪元1439—1440年）脱欢死，子也先（Esen）继任太师，封淮王，于父所筑事业基础上更大跃进，西侵中亚细亚方面，东破已衰微的兀良合三卫而胁朝鲜，北薄南西伯利亚，南逼明朝北

① 王桐龄《新著东洋史》第三篇近古代第228页引《蒙古源流》，卒年乃明成祖第二次亲征翌年的永乐十三年。

② 年代依平凡社版《世界历史大系》7. 东洋中世史第四篇第474页引朝鲜记录，并谓其年号颇为特奇，可能当“纪元韵鉴”中所见北元年号“可用”、“万乘”之一。

边，蒙古混乱期展开以来最大与最早统一势力正形成长。正统十四年（纪元1449年）也先、脱脱不花可汗、阿剌（Arak）知院与另一军，四道并出，大举侵入明边之役，且酿成“土木之变”明朝大耻辱。英宗亲征时的急功轻举，出大同塞外后，暴进又暴退，于土木堡（今河北怀来县）中敌计全军覆没，英宗被俘北去，与西洋史上其后纪元一八七〇年普法战争，法国皇帝拿破仑三世（Charles Louis Napoleon Bonaparte）色当（Sedan）之役同一际遇。然而，也先究未具备成吉思汗（元太祖）、薛禅汗（元世祖）的威德，其权势的全恃武力，一时屈服者的反抗力量仍然潜在，瓦剌内部不满也先骄恣的情绪也正滋长，蒙古局势呈现外弛内张。纪元一四五一年（明朝景帝景泰二年）末，领有鞑靼之众的也先姊夫脱脱不花可汗，与也先太师间斗争表面化结局的被也先发兵攻杀，以及也先太师自登可汗大位，号大元大圣可汗（“大圣”的明朝记录汉字音译原系“田盛”，今日史书多依发音辨正），年号添元。此一也先威福腾升的最高点，却也是其下降点，仅隔两年余的纪元一四五四年（明景泰五年），便以内讧被其大势力部下阿剌知院袭杀，阿剌又为鞑靼方面势力所击灭，由哈剌嗔（喀喇沁）部、翁牛特（Ongnighud）部大酋共同拥立脱脱不花可汗遗儿马可吉儿（Makhagurkis）为名义上可汗。以汗登位时年尚幼小，而明人著作中谓之小王子，以后也代代可汗统以“小王子”为称。

却是，自是瓦剌固已衰退，蒙古政治回复鞑靼主导的形势，鞑靼则权臣弑逆互杀连续不断，《明史》鞑靼传总述：“自是，鞑靼部长益各专擅。小王子稀通中国，传世次，多莫可考。”参酌蒙古自身记录则马可吉儿汗被弑后，继立的异母兄又被弑，再传位脱脱不花汗异母弟（马可吉儿汗之叔）又被弑，蒙古内部四分五裂，纷争不已，鞑靼也是须纷乱二十余年后，第三次改立的脱脱不花汗弟阿噶巴尔济济农（Akbarji Jinong，蒙古语“济农”<吉囊>意为“副位可汗”，明人译作“太子”）之子哈尔古楚克（Kharghotsok，也先之婿）之子孛罗忽（Bolkho）济农之子[①]，有名的达延（Dayan）立，阴霾才行驱散，而强烈阳光照射，重写蒙古史继往开来的新页。

---

① 世系依平凡社版《东洋中世史》第四篇第480—481页。

达延汗以顺帝八世孙，于纪元一四八〇年（明宪宗成化十六年），年十余岁时，被拥立嗣可汗位，迄纪元一五二二年左右（明朝世宗嘉靖之初）殁。治世四十余年间，抑制权臣，芟除异己分子，稍早由原住哈密附近所谓野乜克力（Mekrin）的蒙古系集团东迁前导，一波波蒙古人移动占住的明朝河套（鄂尔多斯，Ordos）之地，也自其手完成征服所有先住同族。今日内蒙古全域与外蒙古东隅，或者说，地理范畴的蒙古高原东、南部系达延汗时代而建立巩固的统一秩序，达延汗以今察哈尔方面为支配圈中心的强力统制，于是晚年实行左、右翼六土们（万户、部）的分封，今锡林郭勒盟的察哈尔（Chakhar，明人资料中的插汉儿）部、今昭乌达盟的乌梁海（明人资料中的兀良哈）部、今呼伦贝尔方面的喀尔喀（Khalkha）部乃左翼三部；今伊克昭盟的鄂尔多斯部、乌兰察布盟的土默特（Tumed）部、今河北省长城外西面的永谢布（Jungshiyabo）部乃右翼三部。达延汗诸子，长子图噜博罗特（Toro Bolod）早死，次子于鄂尔多斯征服战中阵亡，汗位传由长子之子嫡孙博廸阿拉克（Bodi Arak）继承，直辖察哈尔部而统率左翼三部，三子巴尔斯博罗特（Bars，Bolod）受父封济农（明人别译又是"吉囊"），为鄂尔多斯部领主而统右翼三部，四子格勒森札札赉尔珲（Gere Sanja Jalair Khung）则以台吉为喀尔喀部领主。

然而，自达延汗之殁，以后代代可汗嫡传系统虽在察哈尔，蒙古主导权却自右翼巴尔斯博罗特死而长子嗣济农位领鄂尔多斯（河套），移向分封领有土默特（套外归化城方面）的次子阿勒坦（Altan，"俺答"乃明人对"阿勒坦"的别译）。十六世纪中以来阿勒坦或俺答势力的强盛，从嫡统可汗许与索多（Sutu）汗、昆仑（Kundulen）汗的汗号荣誉①，已可十分明白。明朝自世宗嘉靖二十一年至四十五年（纪元1542—1566年）二十余年间，河北、山西、陕西沿边连连遭俺答汗兵祸寇掠，深入时一度且或陷山西全省，又一度直薄北京城，明廷震骇戒严。迨俺答汗渐渐厌倦侵寇手段，转变态度向明朝要求通好，纪元一五七一年（世宗次代穆宗隆庆五年）受明朝封爵顺义王以来，对

① 平凡社版《东洋中世史》第四篇，第486页。

汉族生活圈固以和平的入贡、互市方式收通商之利替代武力掠夺，其北征与西方事业又已兴起①。

俺答北征的最初年代系纪元一五五二年（明嘉靖三十一年）的亲讨四卫拉特（瓦剌四部，Dorben < 四 > Oyirad）明朝永乐年间以来久已没入瓦剌之手的外蒙古中心和宁（和林），其时乃被夺还。以后，纪元一五五七、一五六二年（明嘉靖三十六、四十一年）也均留下征伐外蒙古记录，非只以辉特（Khoit）部与绰罗斯（Tsoros，杜尔伯特 Durbet）部降伏或被驱逐，而从哈尔爱（杭爱，Khanghai）山南方以至图巴罕（Toba－khan）或都播山脉所在的今日唐努乌梁海（Tannu－Uriangkhai）地方掠境的外蒙古西部，瓦剌势力全被肃清，且越过阿尔泰山，平定额尔济斯（Irtys）河畔的土尔危特部。由此通道，纪元一五七二——一五七三年（明隆庆六年、神宗万历元年）兵锋直逼察合台汗国故土中亚细亚，新兴势力哈萨克支配下的托克摩克（今日托克马克，Togmak）。瓦剌残势被压迫，仅余与杜尔伯特部同属绰罗斯族系的准噶尔（Zungar）部得保全，蛰居天山以北准噶尔盆地。另一方面，达延汗分封第四子外蒙古偏东的喀尔喀部，却以参与俺答汗北征为前锋的诱导，而西进扩散分布外蒙古全域，成立后日外蒙古便是“喀尔喀蒙古”的名词。

瓦剌或四卫拉特征伐期间，达延汗平定绥远全省时由河套经河西（西套蒙古或今日宁夏北部）进入当时称之西海的青海方面，并益益增大蒙古人移住势力，也于纪元一五五九——一五六〇年（明嘉靖三十八至三十九年）以俺答汗的彻底征服而接收。原系藏族居住地的青海地方，至是以接续的短暂时间内，诸图伯特（Tubet）诸藏人集团相继降伏，而全立于蒙古支配之下。入十六世纪七十年代的明朝万历初年，俺答与其镇守青海全域之子宾兔（Bingtu）所代表蒙古势力，且已突破此地理范围，最早向西藏地方进出。今日自青海以至西藏北部羌塘地方颇多蒙古人居住的形势铸定，便由此一因缘。

俺答汗迄于纪元一五八一年（明万历九年）老迈去世，约半个世纪的隆

① 俺答汗征战与其后事迹的《蒙古源流》资料，转引自平凡社版《东洋中世史》第四篇，第486—500页。

盛，外蒙古收复，西蒙古讨平，其伯父达延汗遗业乃得完全遂行。但是，也便以俺答势力的四方大发展，而全蒙古共主的成吉思汗嫡统的左翼本宗，于博特阿拉克汗之子第三代可汗（达廷汗曾孙）达赍逊库登（Daraisun Kudang）时，不得不避其咄咄逼人气势，向东迁居兴安岭以东的今日昭乌达盟东境（时约明朝嘉靖二十五六年的纪元十六世纪中）而带动东方局势发生变化。察哈尔汗故地便曾由强宗俺答长子移住，今滦河上流，故元上都开平附近的乌梁海（兀良合）族系哈剌嗔（喀喇沁）部，则俺答之弟领有，西北邻部阿速（阿苏特）原系达延汗第十子分封地，也以无后嗣而归俺答另一弟接收，与原隶右翼的永谢布部相连，土默特部势力因之自察哈尔省延伸热河省方面如现状。瓦剌强大期被逼南下热河东南境的兀良合三卫愈形衰退，替代的势力便是西邻同族喀喇沁部，以及未迁外蒙古又相反自北向南移，由达延汗第六子所领的内喀尔喀。

俺答强光度照射下黯然失色的宗汗居地东移，倒反的意义也是加固了东方支配力。达赍逊汗殁而其子图们札萨克图（Tumen Jasaktu）汗或明人文献中的土蛮嗣位，俺答也殁，宗汗被覆掩的声光回复，威制东邻东北地方女真诸部，约束成吉思汗次弟术赤哈萨儿（Djoutchi Cassr）后裔科尔沁系诸部，成吉思汗同母末弟铁木哥斡赤斤（Temougon Utc - huguen）后裔翁牛特部等所代表的东蒙古诸部，达延汗左、右翼六部（万户）的原领导形态也已回复，而如《蒙古源流》所述全蒙古宗汗察哈尔汗土蛮（图们汗）的内蒙古统治：“（汗）聚集六万人（户），传示大政令，左翼三万人（其一直隶可汗）内，察哈尔（故地）之阿穆岱鸿台吉（Amtai Khungtaiji，可汗再从弟，即第二代博廸阿拉克汗之孙）、喀尔喀之卫征索博该（Oisang Subukhan，上述达延汗第六子之子，内喀尔喀诸部之祖）。右翼三万人内，鄂尔多斯之库图克台彻君鸿台吉（Khutuktai Setsen Khungtaiji，助俺答汗事业的四方征战最大功劳者之一，俺答从孙，继父为右翼济农的俺答长兄之孙，便是《蒙古源流》著者萨囊彻辰鸿台吉 Sanang Setsen Khungtaiji 曾祖父）、阿苏特之诺木达喇古拉齐诺延（Nomdara Khulachi Noyan，俺答之侄）、土默特之楚噜克鸿台吉（俺答嫡孙，承袭明朝顺义王爵位第三代的 Tsuluge Khungtaiji，明人记载中的扯力克黄台吉），执政理事。遂称为札萨克图汗，共致大国治统太平”，此一配置形势，已是今日伊克昭盟、乌兰察布盟、锡林郭勒盟、昭乌达盟（翁牛特部在此盟），以及喀喇沁、土默特部的卓索图盟、科尔沁系诸部的哲里木盟（东北地方）、内蒙古六盟的起源（锡林郭勒盟以南察哈尔部、与今东北地方原喀尔喀部封地呼伦贝尔部并其东布特哈部等三部，以及黑龙江省伊克明安、内蒙古归化城土默特等两特别族，则清朝均系朝廷直辖。地理上系内蒙古，政治上非盟族制度的“内札萨克”范围）。

所以，十五世纪末以来约一个世纪，于蒙古史是个划期性时代，新的住民分布形势调整，内、外蒙古完成了成吉思汗十五世孙达延汗后裔的全域领导，已如现代情况。续入十七世纪，原由俺答西征导引东方成吉思汗次弟术赤哈萨儿系向西移动的一支，出阿尔泰山后又折回的新兴强盛势力和硕特（Khoshod）部，替代俺答后裔定住西套蒙古（宁夏）与青海地方。瓦剌后身的四卫拉特所含四部，解释上向非一致，全指非成吉思汗系谱领导的蒙古部则可断言，惟其如此而西方“瓦剌”才得与东方“鞑靼”区别。也自其时，以和硕特部介入概念中的“西方”地理范畴，四“卫拉特”转变为四额鲁特（厄鲁特，Erut）的称谓，所指除和硕特部之外，仍是瓦剌时代的土尔扈特部与绰罗斯部所分化，也先长子系统的杜尔伯特部、次子系统的准噶尔部。今日准噶尔盆地之名，便以伊犁（Ili）为本据而渐渐强大化的准噶尔部扩散全域住居地为四京，其北阿尔泰山以西额尔济斯河流域乃土尔扈特部，隔阿尔泰山的东面，外蒙古地域范畴的科布多地方系杜尔伯特部，再以北唐努乌梁海地方则传统的“林木中乌梁海”人住居地。届此蒙古诸部配置新形势完成阶段，“鞑靼”“瓦剌”的历史名词，终也隐灭而阿尔泰山以西与天山以北，确定其统一“蒙古”一部分的形象，或者说，西部蒙古。西洋史地学界著作中，也对此扩大了的蒙古人天地，便以阿尔泰山为界，西方包含外天山（新疆外侧色斯色克库尔 Issyk－kul 以至锡尔河源）方面赋予与蒙古高原被称蒙古利亚对称的蒙古利斯坦 Moghulistan 新名词（清朝新疆或西蒙古盟旗，与外蒙古盟旗、地理范畴内蒙古的宁夏、青海盟旗，均称“外札萨克”）。

尤堪注视，达延汗以来，以蒙古诸部内部统一为基盘的大活跃，包括对外发展与察哈尔汗东迁前后诸部相互竞争，通此十六世纪间诸势力兴亡、分裂的过程中，蒙古游牧社会的封建关系也正大幅发展。蒙古草原封建制，自十三世纪初成吉思汗肇端，十四世纪后半元朝退回草原纷乱期开始酝酿昂进，入十六世纪已系封建制度成熟期。早期封建制构造的基本“千户”划分制已全行废弃[①]，“万户”（Tumen）名词仍被保留，却与早期“国家”（以及人民）之义的 Ulus（兀噜思）合为二而一的意味，所以汉字 Ulus 的意译直截谓之“部”。左、右翼六万户＝六部＝六个国家，已是实质的政治统一体限界，“蒙古”于此时期不过独立六“部”的意识上总括，大汗名位因之也仅“蒙古”六“部”统合象征，而其直接的统御力惟在六部中所自领一“部”（察哈尔部）。Ulus（部）内的分割状态，乃是替代千户制而以“斡图克”（Otog）为名的新的结合体，由集合不同数字的游牧区单位 Ail 而成[②]。因而 Ulus（Tumen）—Otog 的性格，便是社会集团与政治个体的双重组合，Ulus 系大单元统一体，Otog 则构成基本单位。但 Otog（斡图克）称谓，通常所反映系其社会。经济机能、政治军事组织也另赋有 Hosho 或 Hoshun 的名词，汉译谓之“旗”[③]，札萨克（Jasag，由原意“政治”转借为统治者之义）的称谓自是出现。同时，Ulus 内地缘的斡图克区域分割之外，习惯上又依血缘关系，并存埃马克（Ayimag）亲族集团的区分（清朝于 Ulus 消灭后，埃马克的汉译便替代而谓之“部”，但仍循传统为非政治的、制度的名称）。

以达延汗分封为标志，蒙古社会封建制度成熟期的封建关系，领主均称额真（Egin），汗乃最大部与领有最多斡图克的额真，其他诸部与其下斡图克领主也一概是额真，最小的领主便是 Ail 的额真。上下层层相统，次层领主于所领范围是额真，同时自身又隶属上位额真，不论身份系皇子（台吉与鸿台吉，鸿台吉已消失储位者“皇太子”意味而与台吉即太子同格，均世袭其号）、贵人（撒亦惕，Sayid），如同一般平民（阿日达，Arad），对额真而言，一概都

① 俄人 B. Y. Wladimirtov 符拉基米尔佐夫《蒙古社会制度史》，张兴唐、乌占坤据日本外务省调查部译文转译中文本，第 123 页。

② 《蒙古社会制度史》中译本，第 123 页。

③ 同上，第 124 页。

是依于 Alba（贡纳）关系的 Albata（贡纳的义务者），Alba 义务之为蒙古封建社会层层架构的纽带，可比拟中世欧洲封建社会的 Hominum et ficlelitas（服从与忠诚）誓约①。

然而，同系 Albata，封建领主的 Albe 与平民的 Albe，毕竟存有莫大区别。平民对其额真提供家畜与畜产品的现物税、运输赋税、燃料、军役、劳役与其他杂役，是全面的，也是绝对的；相对方面，额真却得以平民的家畜等自由处分，转让或赠与，而且严罚逃亡者。关于这些，今日都从当时发达的成文法典规定，明晰了解，也确知额真对其领内平民，基本上已是领主对农奴隶属者关系的确立②。领主对于自己的额真（包括大汗），隶属度则异，而且愈向上位，隶属关系愈脆弱而独立性格愈明显。诸“部”领主于可汗，通常维系的惟系一是辅佐的义务（Auxilium），主要便是贡纳，战时供给兵员已非义务性而须出诸自发的效忠，相对方面，可汗也赐予包括封号等为酬庸；二是参议的义务（Consilium），主要系参与盟会（Cigulugan 或 Chigolgan）③，便如前引《蒙古源流》所述十六世纪后半图们汗统治形式。额真世袭准则，则蒙古早期末子承袭其父基本遗产的习惯，至元朝建立已不存在，改行长子嗣位法是受汉族文化影响。

连续数世纪的草原历史，虽也出现一时的霸权，却不具备充分安定的统一权力，政治分裂时期为多。草原上呈现一个个分散而一般规模都小的世袭势力，系此时代特色。而此现象持续化，宗教因素介入的刺激作用又特大，便是蒙古游牧社会的喇嘛教信仰普遍，以及喇嘛教传统势力与草原封建关系相结合。

喇嘛教于元朝已传来蒙古人间，但惟移住汉族中国的中央蒙古人上流社会尊奉，草原住民间一般尚未普及。仅约一个世纪，北元退回漠北后，战乱纷争相续，明朝天顺、成化之际的十五世纪后半，蒙古社会间的喇嘛教形迹已难辨

---

① 参阅《蒙古社会制度史》中译本第 151 页。

② 江上波夫《北亚洲史》，第 133 页。

③ 参阅《蒙古社会制度史》中译本第 171—281 页。

认，所显现只是其固有的萨满信仰①。须俺答西海（青海）、西藏经略为契机，西藏喇嘛教再输入以来，才全面流布蒙古草原，而且，输入已非原八思巴所代表的红教（萨迦派），而系大改革家宗喀巴创始的新宗派格鲁派或今日通称的黄教。记录中俺答西征最早接触喇嘛教，系其图伯特征伐指挥官撤辰鸿台吉于纪元一五六六年（明嘉靖四十五年）与喇嘛僧的谈话，也以撤辰鸿台吉首蒙喇嘛教义感化，劝说俺答遣使往迎乌斯藏活佛索诺木札木苏（Sodnam rGjamtso，明人记载译为锁南坚错），亦即第三代达赖。纪元一五七八年（明万历六年）索诺木札木苏应邀访问俺答西征驻在地西宁相会，俺答（时年已七十八岁?）以下蒙古首长皆灌顶受戒。札木苏（坚错，rGjamtso）于西藏语乃大海之义，形容大喇嘛的功德，至是，由俺答换为蒙古语的“达赖”（Dalai），达赖之名自此始。翌年，俺答东归本据绥远归化城（呼和浩特，Khukhe Khota）“归化”城名系万历三年（纪元 1575 年）俺答表请明廷颁赐，皈依喇嘛教过程中，万历五年先于青海察卜齐雅勒所建寺院乞得“仰华”寺名，返归化城时再建新寺，又蒙勅赐寺额为弘慈寺。

万历九年（纪元 1581 年）俺答殁后，长子辛爱（Sengge）黄台吉与长孙、玄孙代代袭顺义王之位，全是喇嘛教笃信者。辛爱且居张家口以北察哈尔汗故地，热心传播黄教，而纪元一五八七年（明万历十五年）②，蒙古共主左翼察哈尔汗土蛮（图们汗）的使节与外蒙古喀尔喀部指导者之一阿巴岱（Abatai）等，也都已参晤续应右翼诸部邀迎巡锡的达赖喇嘛，喇嘛教黄教弘通全蒙古的基础奠立。翌年达赖殁于内蒙古，转生俺答之孙松木儿（Summur）之子虎督度（Khutuktu）为第四代达赖喇嘛，是为活佛的呼毕勒罕（Khubilghan）递嬗方式之始。第四代达赖年十四岁自蒙古入西藏坐床（明万历三十年，纪元

① 旧说，喇嘛教旧派或红教，俺答以前仍然流行于蒙古，尤其是外蒙古方面。然而，腐化后红教的巫术原易与萨满信仰混淆，今日已加明辨。

② 年代依平凡社版《世界历史大系》7. 东洋中世史第四篇第 496—497 页。关于阿巴岱初次遣使谒第三代达赖的年代与地点，记录颇为含糊，诸说不一，通说系据但焘译稻叶岩吉《清朝全史》（第 148 页）所谓“1577 年渡沙漠而抵归化城”，但与翌年（纪元 1578 年，明万历六年）第三代达赖始自西藏抵达青海，与俺答汗最早会晤的史实，前后颠倒。《清朝全史》续言“阿巴岱后更入西藏，谒达赖”，也与达赖卒年之在纪元 1585—1586 年（万历十三至十四年）冲突。

1602 年），随之外蒙古也开始了第一位大喇嘛，自西藏本土敦请的迈达哩呼图克图（Maidari Khutuktu）驻锡。其殁，呼毕勒罕转生地便在蒙古，而且如同第四代达赖之后俺答曾孙，便是以弘教外蒙古最有力，参谒第三代达赖后续又亲朝圣地西藏求法取经，达延汗四子格勒森札（又译札埒森札）之孙阿巴岱的曾孙（阿巴岱之孙喀尔喀第一代土谢图汗之子），纪元一六三五年（明崇祯八年）诞生的外蒙古第一代（蒙古人传记中被称的第十六代）哲布尊丹巴（Djibtzundamba）呼图克图，上距阿巴岱弘法时代约半个世纪。

惟其如此，喇嘛教再传播蒙古，以及黄教时代喇嘛教发达为全蒙古与蒙古全社会信仰，自始与政治或支配阶层直结，而其后愈益紧密。第二代哲布尊丹巴仍出土谢图汗家系（第一代哲布尊丹巴侄曾孙辈），迄于第八代或最后一代（蒙古人传统的二十三代）呼图克图，多数出自贵胄①。哲布尊丹巴寺院建筑地库伦，非只宗教中心，也形政治中心的外蒙古首府。十七世纪初以来，额鲁特蒙追随兴起黄教皈依热潮时，诸部领袖的台吉各以一子为喇嘛，无子者亦领同族子为养子充喇嘛，十七世纪后半几乎统一全蒙古，势力一时巨大到匹敌清朝的准噶尔汗噶尔丹（Galdan），便是当时入藏受教，父死而国中内讧时归来的喇嘛，此其一。其二，清朝张穆撰、何秋涛补《蒙古游牧记》卷七注引《平定朔漠方略》康熙二十六年（纪元 1686 年）次代土谢图汗（第一代哲布尊丹巴呼图克图之兄）表文："国中向无佛教，自我曾祖（阿巴岱）往谒达赖喇嘛，得蒙优礼，加以瓦察喇赛音（Vajra Sain）汗之号，于是我地佛法，炳如日月"；同书同卷注："初，喀尔喀无汗号，格埒森札第三子诺诺和掌左翼，号伟征诺颜。子五，长阿巴岱赴唐古特谒达赖喇嘛，迎经典归，为众所归，始称汗"。格根（埒）森札台吉的喀尔喀部迁外蒙古后，分部众为左、右翼七斡图克（旗）；由七子分领，七子中阿巴岱最早拥有汗号，而汗号获得，可了解

① 李毓澍《外蒙政教制度考》喇嘛教在外蒙古的发展和地位篇，介绍哲布尊丹巴呼图克图世系：第一代、第二代均出外蒙古土谢图汗家（一为汗之子，一为亲王子），第三代蛮塘巨族第巴之子，母为西藏噶布伦之女，第四代父为第八代达赖之伯父，第五代（开始实行乾隆时制定的金瓶掣签制，严禁在王公子侄内指认呼毕勒罕）西藏官家子，第六代赶驴脚夫之子，喀尔喀人谓为最不幸之呼毕勒罕，第七代西藏平民之子，第八代西藏富家子，其父曾任达赖会计，帝俄与俄帝煽动外蒙古独立时的傀儡皇帝与元首，民国十三年（纪元 1924 年）殁，呼毕勒罕绝。

便由喇嘛教关系。待蒙古最后一代大汗于明清之际覆灭（见后述），外蒙古喀尔喀七旗自相统合为三部时，除阿巴岱后裔续袭汗号的土谢图（Tushetu）汗部外，余两部乃也分别是札萨克图（Jasaktu）汗部与车臣（Setsen）汗部。非只外蒙古，西方噶尔丹狂潮前导意味，青海和硕特部固始（Gushi）汗进出西藏的强大势力同已兴起。而固始汗与噶尔丹汗位，又都得西藏达赖喇嘛承认，抑或加赐。

蒙古封建制社会基盘的凝固，宗教（喇嘛教黄教）权威与世俗领主的权力，因之乃是两支相互提携又互利的支柱力量，教权—政治间关系密不可分。喇嘛教巨大寺院的建立，虽无斡图克或埃马克之名，却相同的拥有广大的土地与隶民，以及奴隶，而且享有免除 Alba 一切赋役的特权。十六世纪后半以后，蒙古社会间喇嘛教团尊崇与喇嘛僧侣活跃的意义，也因之全同于同一时期的中亚细亚回教。塔里木盆地原佛教徒的畏兀儿（回纥）人，同样以立于回教政权下而已完全回教化，入清朝，乃以回部或回疆的名词，称呼新疆南部或天山南路。

草原上蒙古游牧民族社会以西，草原或沃洲的突厥，回教系游牧民族、农耕民族社会间，同样的宗教—政治关系，也同一潮流，以相当于斡图克的埃马克为基本单位封建支配而普遍化。汗为中心，具有世袭身份的大小领主，对汗仅依潜在的君主权展开臣从关系，维持其封建秩序。从而大小领主反目不和而战的场合频频，朝代离合随汗位更替而多变化，也与蒙古方面相仿佛——

与东方呼应的西方新情势，随蒙古帝国分支或后继者意味的帖木儿帝国兴起又衰落，而波浪追逐的展开。原钦察汗国隶下一部的突厥系乌孜别克族，由拔都之弟系子孙领导，于十四世纪后半帖木儿帝国建设期，已移住锡尔河下流北方草原，十五世纪一跃形成草原大势力而继帖木儿称汗（纪元 1428 年）。自是，乌孜别克汗国频频压迫南方衰颓中的帖木儿朝，拓地从巴尔喀什湖到乌拉河，又完成全哈萨克斯坦支配，其兴隆与东方瓦剌相并行，也已是瓦剌西方邻人，两者乃十五世纪之半平分欧亚草原世界的二大势力。却是，两者也同时没落，乌孜别克被瓦剌攻略锡尔河中流以北之地，急速趋向瓦解，瓦剌自身也以也先被暗杀，一时建立的广大支配权崩坏。

乌孜别克汗国以受瓦剌致命一击，而十五世纪后半开始呈现衰势，以其所统治东边突厥系吉尔吉斯诸部纷纷自立而渐崩析。自立诸集团其时总称哈萨克，哈萨克结合旧蒙古系察合台汗国余众，以十六世纪初已奄有自东部哈萨克斯坦西至 Irtysh 河上流方面。其后，部族集团称谓此方面北西草原的地域全体，而今日哈萨克斯坦的名词成立。

关于帖木儿帝国，入十五世纪时，中亚细亚系其后裔一门纷争场合，其东部伊斯色克湖方面蒙古利斯坦，以及塔里木盆地西部的“六城之地”（疏勒为中心），则旧察合台汗国后裔割据吐鲁番为中心的天山东部又是畏兀儿人之地或畏兀儿斯坦，分割诸势力圈。帖木儿帝国西部领土伊朗方面，十六世纪初，也趁其衰势已有 Safavi 朝的独立。

一五〇〇年左右，帖木儿朝已完全没落，解体过程中的乌孜别克国人也放弃草原南下，接收帖木儿末裔领地，改以中亚细亚定着居民姿态再兴，新建设布哈尔（Bokhara）汗国。但便在十六世纪前半，布哈尔国分裂，同族人在阿姆河下流左岸位置另建基发（Khiva）汗国，以及在锡尔河上流的浩罕（Khokand）汗国。哈萨克诸部分立形势益益扩大，蒙古利斯坦旧察合台汗家支配下也已波及而出现吉尔吉斯族独立势力，连续的新支配形势下，小势力兴亡新事态不断演出，通十六世纪间，帕米尔东、西两侧各地，察合台蒙古与突厥系统的各个回教政权分立又互争不已。原先君临黄尔干（Ferghana）地方的帖木儿六世孙 Baber 领导的一支，纷乱中被迫向南移动，十六世纪初定着阿富汗斯坦后，纪元一五二六年（明朝嘉靖五年）侵入印度五河地方，灭亡德里（Delhi）为中心的回教系诸朝代最后一朝 Lodi 朝，建设著名的莫卧儿（蒙兀尔，Mughal、Moghul）帝国。至其孙 Akbar 大帝（纪元 1556—1605 年在位），且完成包含了阿富汗斯坦的印度大部分地域统一大帝国，印度史上最雄大的回教帝国。蒙古人本据北方草原势力分散之际，却移转至南方次大陆经营庞大统一国家，帝国名义且存续至十九世纪中，才以英领印度成立而灭亡，毋宁是颇具兴味之事。

草原蒙古社会间，游牧封建领主分立激争态势的持续，至十七世纪东北地区满洲族勃兴，终于授予机会服属以分散而势力削弱的蒙古诸部，也导致蒙古政治、社会组织如今日现状的总结意味定型变化。

## 十七世纪后的清朝蒙古

达延汗统一，倾全心力于内部的廓清，未多事包括了东北地区的对外发展。反而大汗东迁以后，图们汗（土蛮）东蒙古大活跃时代，通古斯种族系统满洲族所出的女真诸部乃蒙受影响。当时女真诸部的分布，东方最远处乃野人女真诸部，海西女真则居住今日长春、哈尔滨方面为中心的东北地区中部沃土，向南延伸其势力至今日吉林省邻接辽北省的开原塞上。海西女真中，哈达（Hada）部据开原之东城关外哈达河上，叶赫（Yehe）部在开原之北城关外叶赫河畔，明人依此两部同在而相邻的形势，分别称南关（哈达）、北关（叶赫）。另外，乌拉（Ula）部以今永吉之北乌拉街为本据，辉发（Huifa）部又在乌拉部之南，哈达、叶赫两部之东，松花江上流的辉发河上，与三部合称扈伦（Hulun）四部。再南方已是毗邻汉族生活圈的建州女真，以今沈阳东边山地为住居地，海西女真、建州女真于明朝同服属明廷，建州女真尤因地理关系，如同蒙古兀良合三卫的受强固统制，于浑河（佟佾江）流域一带，分立为建州本卫与左、右卫，共三卫。明朝中期以来支配力衰退，又值蒙古察哈尔大汗势力东移，成吉思汗直系后裔最后荣光闪烁的十六世纪后半，图们札萨克图汗（土蛮）时代，清朝曾留有其亲自攻略辉发部的记录①，远向位于海西女真最东方的辉发河方面用兵，路程所必经海西女真的大部分地域都先已屈服，为可想见。却得此机缘，女真诸部摆脱明朝羁绊，其后蒙古颓势走向铸定，海西女真南、北关（哈达部、叶赫部）先后崛起抗争，建州女真继趁两部相争之隙而兴，局势乃全面改观。

明朝神宗万历中图们汗之殁，子布延彻辰（Buyan Setsen）汗嗣（明朝记

① 平凡社版《世界历史大系》7. 东洋中世史第四篇第501页，引《清太祖实录》。

载中的卜言召周)，渐已不能承父余威，万历三十一年（纪元1603年）其殁，长子莽和克（Mang Khun）早卒，汗位乃传三岁的幼孙陵丹库图克图（Lidan Khutuktu）汗（明朝记录称民丹或虎墪兔憨儿，清朝记录上所见是林丹汗）。幼汗在位，骄横的蒙古诸部贰心明朗化，团结力损坏又招致蒙古声威急激下坠。而其时，东边女真诸部中建州左卫于努儿哈赤（Nurhachi）指导下，龙兴之势却已不可遏止。

建州女真抬头，互斗争霸的海西女真叶赫、哈达两部被迫和好，改定联合阵线，共同对抗努儿哈赤。努儿哈赤二十五岁起兵（明万历十一年，纪元1583年）后未满十年的纪元一五九一年或明万历十九年，浑河畔古勒山之战，叶赫、哈达纠合扈伦四部全兵力，又邀得东蒙古最强一部科尔沁部助攻军的联军，被努儿哈赤粉粹，奠立建州女真或满洲族清朝的发达基础，也因是役而满洲族最早与蒙古部政治上接触。自是，努儿哈赤并哈达，亡辉发，灭乌拉，自长白山出东海，北及松花江、牡丹江流域的女真族住地概归努儿哈赤领有，仅余叶赫部恃明军奥援，以及与蒙古共主察哈尔林丹汗婚姻关系而存立。纪元一六一六年（明万历四四年），五十八岁的努儿哈赤乃登汗位，国号便是女真族复兴金朝意味的“金”（后金），建元天命，是为清朝太祖。天命四年，后金国对明军有名的萨尔浒（Sarhu）大会战展开，明朝倾全国之军数十万被歼灭殆尽，开原、铁岭连续易手，陷于孤立无援的叶赫部终由后金并吞。后两年的天命六年，后金续陷明朝辽东的辽阳而建都（十年陷沈阳再迁都，是为清朝盛京），征服国不断扩大，与蒙古间注定以势力的直接冲突而开衅。

科尔沁部立场转变系导火线，蒙古诸部背叛大汗林丹汗的独立倾向，东蒙古最为显著，科尔沁部参与扈伦四部抗阻努儿哈赤得志战后三十多年间，始终未受报复，相反与自族大汗的矛盾却日益激化，天命九年（纪元1624年，明熹宗天启四年），乃决然投诚宽大为怀而已发展为大势力的后金求保护。翌年，林丹汗追兵惩罚科尔沁部反叛，反被后金救援军击败。于是内蒙古迤东诸部追随科尔沁部，相率投入后金势力圈，但更大的蒙古部归附浪潮兴起，后金完成内蒙古经略，尚都须待太祖崩（天命十一年，纪元1626年，明天启六年）而太宗继位时代。

《明史》鞑靼传的记录，天启末至次代思宗崇祯初之交（纪元 1627—1628 年），察哈尔部以东方局势不稳，再又迁回故地，西迁行动却引起哈喇嗔部不安，与西方诸部合组联军阻挡，结局，一战而哈喇嗔部被灭，土默特部众多遭并合，林丹汗军势一时如回光返照似兴盛。太宗天聪三年（纪元 1629 年，明崇祯二年），哈喇嗔部余众改组的喀喇沁部与土默特残部穷迫投顺后金，自此数年间，林丹汗兵威下惴惴不安的蒙古诸部纷纷倒向后金，或则投奔漠北喀尔喀收容。天聪五年（纪元 1631 年，明崇祯四年）林丹汗移兵兴安岭东的西拉木轮（Sira－muren）地方，翌年，太宗也兴亲征林丹汗之师，接战下蒙古军溃败。天聪八年，经河套、河西，远遁青海方面的林丹汗死于痉症，时与太宗同年为三十四岁。翌年天聪八年，后金大军西征，深入河套之地，俘虏林丹汗遗子额尔克孔果尔额真（Erk Khonghor Eze）与其母，尽降察哈尔部众，达延汗以来元朝嫡统至是亡。九年，漠南蒙古部几已全数降服，又于林丹汗故地得元朝传国玉玺。十年（纪元 1636 年，明崇祯九年），太宗正式自汗位尊称皇帝，改定国号曰“清”，改元崇德，全体投顺的内蒙古十六部领袖也召开大集会，推戴太宗继承蒙古可汗大统，上“博克达彻辰汗”（Bogda Sechin Khan）尊号。逃避入外蒙古的原漠南诸部因是相续归来，加入归服清朝行列，额哲则妻太祖之女，察哈尔部给与立于达延汗以来并合、分封后再编成的二十四部之上的特别地位，却移住到义州边外。但明朝已倾覆的十七世纪后半圣祖康熙时，察哈尔部叛乱而一败涂地的结果，自治权丧失，部众再被移回原住地，而系今日察哈尔地名的缘起。

外蒙古喀尔喀诸部自察哈尔部降服后，已相续向清朝纳贡，表示服从，但归隶清朝主权统治，则后内蒙古诸部半个多世纪，而以额鲁特蒙古动向为契机。换言之，东、南蒙古入于清朝支配之下具一体性，北、西蒙古间的关系也相关连。十七世纪初，阿尔泰山以西，清人所谓天山北路的四额鲁特或额鲁特蒙古，伊犁方面准噶尔部渐渐强大，最邻近的土尔扈特部首遭压迫，大部分部众被驱逐北经西伯利亚移住南俄伏尔加河流域（纪元 1616—1630 年）。十七世纪五十年代以来鸿台吉领导波动期，以纪元一六七六年（清康熙十五年）噶尔丹杀其侄自立而结束，也自是准噶尔部飞黄腾达时代展现。胁服额鲁特诸部，纪元一六七九年称汗，压制吐鲁番、哈密，八十年代，天山南路塔里木盆地的清人所谓回部征服。西藏方面，噶尔丹的保护者态势也已确立。噶尔丹统一亚洲内陆世界雄图，至纪元一六八八年（康熙二十七年）而达最高峰，大军出杭爱山侵入外蒙古腹地，喀尔喀三汗部难持锐锋，土拉河畔主力决战大败，数十万部众溃奔漠南，求清朝庇护。圣祖受纳数字如此庞大的亡命者，悉数恩养于内蒙古界内，外蒙古全域沦陷，噶尔丹东起克鲁伦河，南迄喜马拉雅山的大支配圈展开。翌年，清朝出面，交涉噶尔丹自外蒙古和平撤退被拒，反而招致又翌年（纪元1690年）噶尔丹的进出内蒙古，向热河方面进击，受清军严重打击而退却。纪元一六九一年（康熙三十年），圣祖在内蒙古多伦诺尔接受避难漠南的全喀尔喀诸部领袖朝贺，被奉戴为外蒙古主权者，僵持局面乃于纪元一六九六年（康熙三十五年）急转直下，圣祖亲征漠北，彻底毁败敌军于克鲁伦河、土拉河方面，压迫噶尔丹向西撤退，收复外蒙古全土。外蒙古诸部全数经放逐别离已八年的故乡，与内蒙古诸部成立同一支配形态，漠南北蒙古高原，由是全域归入清朝领土。

但准噶尔抑或额鲁特问题，仍未解决，也因牵涉的青海、西藏方面关系愈形复杂，而波澜愈益广阔兴起。噶尔丹退出外蒙古的同时，自族内部矛盾也被清朝掌握，当年噶尔丹篡立时逃亡至吐鲁番的准噶尔前领导者之弟，噶尔丹另一侄策妄阿拉布坦（Tsewan Araptan）已受清朝扶植，潜回噶尔丹久离的伊犁本据，接收旧部，对其仇人之叔采敌峙态势，噶尔丹进退失据，翌年（纪元1697年），仰药自杀于河西（西套，今宁夏）沙漠中。准噶尔部人在新领袖策妄阿拉布坦指导下，迅速再兴，西方活动力且超过其前，巴尔喀什湖以西的哈萨克、伊斯色克湖一带的吉尔吉斯，均屈从于其兵威。东方野心亦益益回复，四额鲁特统一领导之势再现，纪元1715年（康熙五十四年），策妄阿拉布坦称汗，一变对清朝恭顺态度而冲突激化。两年后的纪元一七一七年，西藏事件爆发——

黄教发展史上，第五代达赖事迹最充实，也最重要。外蒙古第一代哲布尊丹巴呼图克图呼毕勒罕转生即于其世，清朝部族名词以“满洲”自称的起源，通说也便谓采纳达赖通过有力的黄教保护者青海蒙古和硕特部固始汗中介，遣使于崇德七年（纪元 1642 年）抵达盛京，向清太宗所上表文的“曼殊师利（Manjusri，文殊菩萨）皇帝”尊称，曼殊→满珠→满洲的转音。清朝次代世祖倾覆明朝又迁都北京后的顺治九年（纪元 1652 年），第五代达赖且曾亲访北京受殊礼。黄教的发达，系先完成弘布蒙古全域信仰大势力，然后恃蒙古政治力扶掖，而倒反在西藏本土成立其政教合一的法王支配形态，其发端，也便自第五代达赖。黄教敌对者红教势力，十七世纪前半严重压力自后藏（西藏史的西西藏）伸向前藏（西藏史的中央西藏），达赖求救于强大至已分左、右翼八部的青海固始汗，便自纪元一六四二年其年而和硕特部大军平定全藏。武力肃清红教诸宗派势力后，固始汗以青海与西康（喀木，西藏史的东西藏）为自己的直辖领地，协助达赖受领西藏政权，西藏史的法王支配时代由是开端。前藏直隶达赖，后藏占领地善后系固始汗以支配权奉献班禅，又是达赖法王之下前、后藏分治形态最早成立，固始汗两子则分别驻在前、后藏监理。迄于固始汗殁（纪元 1656 年，顺治十三年），第五代达赖去世（纪元 1682 年，康熙二十一年），青海—西藏间如上的政治结合关系，约半个世纪不变。

却自第五代达赖之死，次代达赖尚未坐床前，“第巴”（Sde pa，执政）掌权期间，西藏政局再因导入蒙古势力而剧烈波动。第巴不耐于固始汗后裔和硕特部干涉，而前得第五代达赖许可回俗，归准噶尔得志的噶尔丹，西藏喇嘛生涯时又早相交结，乃嗾与和硕特部构兵。和硕特部惨败，势力一时从西藏撤退，噶尔丹接替为西藏保护者。噶尔丹强势瓦解身死，青海和硕特部得清朝提携，袭拉萨杀当权第巴，重建其西藏控制力。策妄阿拉布坦支配准噶尔而建设与噶尔丹时代相匹敌的大统制圈时，西藏工作也再积极化，乃有康熙五十六年或纪元一七一七年，准噶尔军第二度入藏驱逐和硕特部势力之举。清廷不容坐视前次西藏配合噶尔丹反清行动相与表里的事件再演，同年，断然直接干预，兵临拉萨，扫荡策妄阿拉布坦在藏军队。第五代达赖圆寂后三十多年间，西藏政情始终动荡的现象解消，回复安定秩序。

六年后的纪元一七二三年（清朝世宗雍正元年），康熙中继西套蒙古（宁夏）固始汗后裔首先降清，也自康熙二十八年（纪元 1689 年）八部台吉同在宁夏朝觐圣祖，归顺清朝的青海和硕特部固始汗之孙罗卜藏丹津（Lobtsang

Tanjin），以西藏领导问题，转变态度叛清。翌年，被清军讨平，清廷于西宁加置蒙古主权统治表征的大臣同时，拉萨也开始设置驻藏大臣。驻藏大臣尤较一般蒙古族地域大臣强烈显现清朝皇帝代理人性格，系其地位与达赖喇嘛对等，赋有人事同意权，严格置西藏政府于其指导与监督之下，西藏独立权由是全失。

其时，准噶尔的策妄阿拉布坦死，子噶尔丹策零（Galdan Tseren）继立，再度侵入外蒙古，纪元一七三一至一七三二年（雍正九至十年）两次在土谢图汗一族的策凌（Tseren）迎击下挫败，侵入军撤退。唐努乌梁海地区与科布多，反而因此被切离准噶尔支配，转移入清朝领土范围。大战役中，策凌以功受分土谢图汗之地为独立的赛音诺颜（Sain Noyan）部，是为外蒙古喀尔喀，三部变易为四部之始。

战争末期，清廷接纳准噶尔以阿尔泰山为界的停战提议，维持和平。纪元一七四五年（清朝高宗乾隆十年）噶尔丹策零死，领导层内部争执激发，而决定性的西蒙古局势变化，以及准噶尔历史悲运来临。游牧地在塔城方面，率领杜尔伯特部所附属辉特部的噶尔丹策零外孙阿睦尔撒特（Amursana），内讧中亡命清朝，以其向导而纪元一七五五年（乾隆二十年）的清朝大攻略下，准噶尔支配网坏灭，旧四额鲁特权力划分中，剔废土尔扈特部地位，由辉特部代替。但阿睦尔撒特企图清廷授予全额鲁特之汗的希望落空时，反而转变以后继的准噶尔领导人姿态，叛变独立。纪元一七五七年，清朝乃兴第二次准噶尔征伐，阿睦尔撒特大败，自哈萨克逃奔俄境患痘死。其后三年内，已是陪伴准噶尔全土平定，根绝大敌祸源的彻底毁灭准噶尔政策断行，准噶尔六十余万人口中，死于清军大杀戮的殆半数，残存半数又多死于当时流行的天然痘传染病，加以逃亡，准噶尔全人口幸存活命的不满十分之一比率。从而铸定今日准噶尔盆地已非准噶尔人天地，同系蒙古族分布地，却多自外地移入，留住的额鲁特系蒙古族，反而已以土尔扈特部为主体，包括准噶尔部发迹期委屈留在未迁，以及迁后一个多世纪又是一部分留住俄境，一部分在故乡压力消灭后再自伏尔加河方面迁回（纪元 1771 年，乾隆三十六年左右）的“新”“旧”两土尔扈特部。

准噶尔被征服，噶尔丹以来便受准噶尔支配的新疆南部回部，必然也是清朝加兵目标。十七世纪清朝初年，天山南路回部各地，群小君主散在的分裂状态系其特征。各各以苏丹或汗为称的察合台汗家后裔，喀什噶尔汗、哈密汗、吐鲁番汗等同族兄弟间互斗，另一方面又同受隔天山的北方准噶尔部压迫。其时，诸汗政治权力均已弱化而仅存名义，相对势力伸张者则是谓之“和卓”（Khoja，和卓木 Khojam）的回教贵族。和卓原是波斯语官职名之一，十五、六世纪以来，于中亚细亚转化形成一定家系所秉持的宗教圣职。回部最早的和卓系约略十六世纪之半，自撒马尔罕到达喀什噶尔，以得民众尊信，因而也博汗的殊遇，开始参画政治，至其子孙，渐渐转移回部政权于手中，噶尔丹征服回部，察合台汗家后裔一概被俘往伊犁，汗统绝灭，回部也自此无“汗”的称谓，准噶尔保护下回部以和卓神权政治当内政之任。策妄阿拉布坦强化回部统制，和卓一族也被逮往伊犁，回部诸城分散的各由伯克（Hakim - Beg，土著地方长官）统治，清军讨伐准噶尔期间，被拘禁的和卓家被准噶尔方面释回，准噶尔平定，和卓家已以喀什噶尔、叶尔羌为中心，团结回部诸城的反清运动兴起。所谓“大、小和卓木之乱”，由两兄弟指导，新疆回教徒全面性对入讨清军的顽强抵抗，纪元一七五九年（乾隆二十四年）粉碎，大体便与准噶尔歼灭同一时间。支配方式同样惩于征服时曾遭激烈反抗，任命土著伯克各别实行城市自治之上，层层大臣监督为特征。

至此阶段，大清帝国领地已俨然恢复元朝直辖领地的范围。却也可以发觉，相续加入清朝版图而统归中央理藩院监督的蒙古、新疆、西藏等当时所谓“藩部”，主体便是蒙古，清朝建设大帝国的起点也是与蒙古携手，理藩院前身，太宗崇德初最早成立的也便以“蒙古衙门”为名。清朝与蒙古的结合形态近似同君联合（Personal union），尤其异于对汉、回、藏的支配方式，满洲皇帝与蒙古大汗两位一体，关系为特殊密切。满族文字使用，原便是先以满洲语翻译蒙古语，再以蒙古文字表达①。但不方便也为可知，所以太祖努儿哈赤势力开始抬头，乃有满洲自身文字的创制（明万历二十七年，纪元 1599 年），

① 诚文堂新光社版《世界史大系》8. 东亚Ⅱ，第 244 页。

方法却仍系借用蒙古字，只直接以之书写满洲语而已，太宗时代才加改良，字旁加点或圈的满洲字特征出现。崇德元年（天聪十年改元）国号由“金”改“清”，虽然“清”字采用，官文书有其堂皇理由说明，但“金”“清”是否便是汉字同音异书的研究者意见，迄今正、反主张参半，为何必须改定的原因也具异说，然而，从大清国号制定时起，极力隐避以前所用国号“金”，所有文书记录，包括碑文，一概注意拭抹，女真民族系谱也自此诡称“满洲”的事实，以及舍“金”改“清”与内蒙古全体部族长恭上太宗汗号为同时的时间上配合，则猜测之一非无理由，便是说，仍与蒙古（抑且扩大包括了汉族）有关。基于调和民族感情需要，避免蒙古人与汉人回忆从前女真族金朝历史前事，惮忌招致蔑视（蒙古人立场）与憎恶（汉人立场）印象①。

清朝得以结合蒙古关系，毋须是足以自傲的，而自其勃兴约二十年而内蒙古服属，其后约六十年而外蒙古服属，再约六十年而额鲁特蒙古服属，前后经历六代皇帝一个半世纪时间，始完成全蒙古支配，艰难也堪想象。已日益陷入分裂不相团结的蒙古政治社会组织，乃以清朝满蒙一体美丽外衣所包藏警惕蒙古族再兴的私心而再变化，蒙古社会最后型态的蒙旗或盟旗制，于满族自身八旗制度外貌的引诱下，由清朝政治力推动成立。

清朝有名的自族八旗制度，系其部落部族狩猎或战争时行动单位的再编成，是军事制度，也是行政制度，可能仍系蒙古斡图克军事面 Hoshun 的模仿导源。努儿哈赤初起，以旗色分黄、白、红、蓝四色为标志而便名之为“旗”，后金国成立，加镶边增四方为八旗。续随势力发展而变化，非仅早期的满洲人满洲八旗，住地错入的蒙古人已以之编组蒙古八旗，以及投降的明朝军队编组为汉军八旗，待遇相等，惟仍为盛京时代之事。

便以蒙古八旗为中介的连系，清朝蒙古的游牧封建社会构造上，顺随一个个分裂的政治经济单位所形成封建结合体历史方向深进一层，终于产生了盟旗或与八旗区别而称的蒙旗制度。封建制根底无变动，平民仍是领主的阿勒巴塔，只是政治统一体 Ulus 被切除，大汗名位也被取消（意义上变易为清朝皇

① 参阅和田清《中国史概况》（下卷）第 275—276 页。

帝或转换推戴了满洲人大汗）。原社会政治基本集团的斡图克以上层架构撤消，乃各各独立，却是斡图克之名由原系斡图克军制的 Hoshun 替代，汉译为“旗”的 Hoshun 其名一般化，理由便以与八旗制对应，也相联系。旗的首长札萨克，仍是原领主与其子孙，以及依然世袭的领有其旗①，旗内分牧单位谓之“苏木”（Somo）。

清朝满蒙一家意识的表现，系赋予此等蒙古贵族间于皇族的亲王以下六等封爵（另外一等至四等台吉则皇族所无）、年俸与所有特典，以及与皇族间互通婚姻。爵位且非限札萨克的领主，也及于一般贵族，所谓闲散王公。喇嘛教高级僧侣虽非爵位对象，却另赐授宗教称号，同于王公为特殊化贵族。相对，中央设理藩院，热河、张家口、归化城、乌里雅苏台、科布多、库伦等分别驻在都统、将军，或者大臣，其强力监临意味又容易测定。

大集会系蒙古社会的政治传统，Ulus 虽取消而机能仍须保留，所以集合“旗”而有“盟”（Chigolgan）的非实体上级设置。盟非封建架构中的领地意味，性格全如其名，仅三年一次在指定地点会盟。甲盟与乙盟，参与“旗”数也非划一，却固定盟长自所属各旗札萨克与闲散王公互选交代。简言之，由盟象征性代表了原 Ulus 的痕迹。另一方面，游牧封建的原斡图克地域集团同时，也存在依血缘基准组合的埃马克，汉译与 Ulus 同名“部”，如喀尔喀“部”乃 Ulus，所分土谢图汗“部”便是埃马克，固始汗和硕特“部”是 Ulus，其青海方面再分八“部”也是埃马克。Ulus 消灭后的“部”惟指埃马克，介在“盟”与“旗”之间，却是实质机能也已丧失，由“旗”分割其地而空存“部”的传统名目。

所以，十七世纪以来蒙古近代社会的成型，封建制“旗”的细分化独立性发挥，系其主柱。后金国时代之末的太宗天聪八年（纪元 1634 年），地理位置与满洲族最接近，感情上也最早与满洲族携手的科尔沁部最先设旗，自是由东而西，盟旗制度随全蒙古的服属而分布蒙古人全领域。是行政组织基本单

---

① 取材自俄文《蒙古社会制度史》中译本第 192—196 页；江上波夫《北亚洲史》第 142—144 页。

位，同时也是社会集团中核单位的“旗”。清朝加以修正旧制最堪注目处，系人为的设定了牧地限界，使各族疆域固定化，禁止旗与旗之间相互越出界限游牧，侵犯者王公、平民一概严罚①。“旗”制于如上彼此都是平等的，却也是分散的、各别的，以及隔断的原则下成立，重大作用须在防止任何一旗中发生统一权力的可能性，限定其只是地方行政组织一环的性格，此其一；其二，游牧民族强大威力的泉源在于移动力，移动半径愈大，威力也愈强，能率被固定限制在小范围“旗”内，注定萎缩而弱小化，满清朝廷的思虑，堪谓精密与深沉。黄教诚信，喇嘛僧尊崇观念下出家为荣，民族人口又无由繁衍，历史上制霸世界的蒙古民族，沦为清朝臣民乃成必然结局。然而，授予满清可乘之机，还是蒙古封建制自身的弱点，导致蒙古强大势力从削弱到瓦解，还是其自身的分裂。

相同的下场，也见于早过东方满清方面一二百年，西方俄罗斯方面蒙古四大汗国中最后存在的钦察汗国。

降伏于蒙古政权下二百余年的俄罗斯诸侯，也以钦察汗国诸势力分裂与十四世纪后半帖木儿连番侵入后的虚弱，纪元一四八〇年（明朝中期）被莫斯科大公 Ivan 三世推翻，俄罗斯独立。其孙 Ivan 四世于纪元一五四七年开始用 Czar 尊称，汉译所谓沙皇（实则 Czar 字音译“沙”已是“皇帝”之义），纪元一五七一年蒙古族首领 Dawlat Giray 率十二万众攻略莫斯科被击退，是蒙古族最后奋斗②，反抗俄境斯拉夫族反统制的失败。自是俄罗斯势力迅速越过乌拉（Ural）山脉向东伸张，纪元一五九八年征服鄂毕（Ob）河流域，自钦察汗国分立 Sibir 汗国，西伯利亚西部归属俄罗斯领有，也便是西伯利亚（Siberin）的地理名词的由来。纪元一六一九年建设叶尼塞市（Eniseisk），明朝灭亡前数年的纪年一六三九年，俄罗斯势力已到达西伯利亚东边尽头的太平洋岸，面临鄂霍次克（Okhotsk）海③。

① 取材自俄文《蒙古社会制度史》中译本，江上波夫《北亚洲史》。

② 平凡社版《世界历史大系》10. 中亚史，第 233 页；第 235 页注。

③ 取材自文艺春秋社《大世界史》15. 斯拉夫的发展，第 240—242 页；有高岩《概观东洋通史》，第 507—508 页。

俄罗斯西伯利亚经营过程中，足迹所及的叶尼塞河中、下游，已近蒙古北边，续向东，便是成吉思汗大蒙古帝国中，贝加尔湖东的布里雅特（Buryat）蒙古地区。十七世纪二十年代开始被侵略，一六五八年（清世祖顺治十五年）于其域内建设尼布楚（Nerchinsk）城，六十年代而此一广大蒙古族居住区由俄罗斯人完全征服。稍前，黑龙江（阿穆尔 Amur 河）边通古斯诸部既于清太宗时归属满清，世祖时俄人东侵之势也已到达，纪元一六六三年（清圣祖康熙二年）于濒临黑龙江北岸雅克萨（Yaksa）之地筑 Albazin（清朝文献便名之雅克萨）城。圣祖敉平三藩之乱后，兵力北移，纪元一六八五年（康熙二十四年）清军攻陷雅克萨城，自是清俄双方武装冲突不已。纪元一六八九年或康熙二十八年双方代表于尼布楚会晤谈判，清朝内大臣索额图（Songtu）与俄皇彼得（Petero）大帝使臣 Feodor Alexeuiiuch Golovin 订约，冲突才告一总结。划定外兴安岭（Stanovoi Mts.）至黑龙江外支流格尔必齐（Gorbitsa）河与额尔古纳（Argun）河一线为两国国界，外兴安岭以南之地让予清朝，俄人禁止航行黑龙江。是即著名的《尼布楚条约》，中国与西方国家缔结的第一个“条约”。此一条约之为帝俄屈辱的条约，中国军事压力下的外交全胜，自其经过的系俄力求和，清朝代表率领近万名护卫赴会，尼布楚屠城威胁下签订，以及条约内容又出清方草稿而尽占优势，自此一百七十年内黑龙江无俄人踪迹，为今日东洋史学界所周知①。俄人也因此大挫折，南下之势阻止，被迫转向北东的堪察加（Kamchatka）半岛方面进出②。纪元一七二七年（清世宗雍正五年）《恰克图（Kiakhta）条约》，又被认系挫折俄罗斯东略之锋的另一次，条约确认西迄沙弼奈岭（沙宾达巴哈，Chabinai Dabagan）的萨彦岭（Sauan Mts.）为外蒙古今西伯利亚境界，俄人积极进出叶尼塞河上流域，觊觎唐努乌梁海之志未逞。

所以，今日中国近代史著作往往指《尼布楚条约》放弃布里雅特蒙古，

---

① 尼布楚条约签订经过，参阅但焘译稻叶君山《清朝全史》第三十四章《清俄关系之始》上卷三，第 105—134 页。

② 和田清《中国史概说》（下卷）第 283 页。

系清朝第一次丧失领土的不平等条约，《尼布楚条约》实在不能也无从负起此一责任。外蒙古其时且尚非清朝主权所及（外蒙古合并入清朝领土须康熙三十五年，见前述），更北方间隔外蒙古的南西伯利亚布里雅特蒙古，清朝尤无权提出主权主张，至易明了。抑且，布里雅特蒙古与外蒙古（喀尔喀蒙古）有别而非一体。只是，布里雅特蒙古毕竟于《尼布楚条约》以前已转移帝俄之手。今日系苏联俄罗斯苏维埃社会主义联邦共和国（Rossiiskaya SFSR）中，西接唐努乌梁海而包围贝加尔湖南、东、北三方面的布里雅特自治共和国（Buryatskaya ASSR）。

而且，俄罗斯野心，形体固被制压，阴魂仍然挥之不去，准噶尔抗清运动，背后今知曾见其踪影附体①。外蒙古于噶尔丹攻略前大溃退，喀尔喀诸部大集会紧急商议的，便是投俄抑投清抉择，最后是哲布尊丹巴“与清宗教相同而俄则异教”的理由发生决定性分量，以及因此哲布尊丹巴于自后外蒙古社会政治奠立特隆地位。

《尼布楚条约》的成果结局终也未能维持，十九世纪中期以来西方帝国主义者竞相侵略弱体化的满清，纪元一八五四年（清朝文宗咸丰四年）俄皇尼古拉（Nicholas）一世时，黑龙江以北之地尽被俄罗斯占领，四年后迫清签订《瑷珲条约》承认侵夺土地的主权归属，而且乌苏里（Ussuri）江以东之地共管。纪元一八六〇年（咸丰十年）《中俄北京条约》中，乌苏里江以东之地又让与俄罗斯，两地区各别是今日苏联俄罗斯联邦共和国中的黑龙江（阿穆尔）州与沿海州。今日著名的海参崴（浦盐斯德，Vladivostok），便是乌苏里江南端港口。

中亚细亚方面，也随俄人侵略势力进出哈萨克斯坦而不断南下，自一七三二年哈萨克西方诸部服属俄罗斯开始，入十九世纪，哈萨克斯坦全域征服，帖木儿帝国崩坏后中亚细亚布哈尔、基发、浩罕三汗国先后被并合。此一期间，清朝原沿巴尔喀什湖转折为天然国界标志的西北领土，也已恣意由俄罗斯大片

① 参阅江上波夫《北亚洲史》，第150—151页。

侵剥。纪元一八七四年（清朝穆宗同治三年）塔城（塔尔巴哈台，Tarbagatai）界和与一八八一年（清朝德宗光绪七年）两次条约签订，清朝国境内缩到霍城（霍尔果斯）西边，伊犁河支流霍尔果斯（Kourgos）河一线，如今日新疆现状。被划割领土的自南至北，伊斯色克湖周围、巴尔喀什湖以东与斋桑泊（Zaisan Nor）方面，今日各别是苏联中亚细亚五个加盟共和国中，吉尔吉斯苏维埃社会主义共和国（Kirgizskaya SSR）与哈萨克苏维埃社会主义共和国（Kazakhskaya SSR）的东面境域。沙宾山口以西，科布多大臣所管辖阿尔泰诺尔（Altai Nor）乌梁海地方，（东面唐努乌梁海与西南阿尔泰乌梁海≤新疆阿尔泰）的联接地区，则今日是苏联俄罗斯联邦共和国中的戈尔诺阿尔泰自治州（Gorno－Altai Ao）。

帝制俄罗斯时代原图染指而以《恰克图条约》缔结一时断念的唐努乌梁海地方，最后也于共产主义苏维埃政府时代如愿。于外蒙古制造蒙古人民共和国时，此一地区便自外蒙古地理范畴切离，另制造土文自治共和国（Tuvinskaya ASSR），并入俄罗斯联邦共和国内。纪元一九四八年以来，自治共和国且已直截改为自治州，与阿尔泰诺尔乌梁海同一地位。

蒙古历史的近代抑且现代篇，可以了然，与俄罗斯的关系，视之满清为几乎相等。

# 汉族中国的近代化

# 绝对主义的时代

## 宋朝历史的近代要素

宋太祖结束五代离乱统一天下，系纪元九六〇年（建隆元年），其后两年的九六二年，欧洲神圣罗马帝国创立，西洋史进入中世封建社会的发展时代，中国则以宋朝的天下再统一而也步上新时代之途，意义却已是近代社会。

中国史的时代区分，迄于唐朝乃中古、中世抑或古代？宋以后乃近代、近世抑或中世，甚或近古？由于历史观与立场而意见不一。但经过唐末五代时代转换的过渡期，唐与宋之间，时代式样已相迥异，则历史界意见为一致。

唐宋间的时代变貌，非似汉朝向唐朝转换以系社会、经济总崩坏又重建，而其历程延长至四个世纪。五代离乱仅约五十年，推前至黄巢之乱仍只约一个世纪过渡期，乃以社会、经济基盘未受摧毁，相反，新时代、新社会种子且早自唐朝中期以来便已萌芽，经过五代所代表武人军阀势力抬头的政治力冲击最猛烈期，隋唐已加剥夺政治、经济、军事诸方面特权，惟留最后与形成根本的世族社会底子也被根拔，而一个全新的时代乃于宋朝宣告完成。对照唐朝中期以前，两个时代完全明朗化了的差异，所表现是：

——世族残余历史影子消灭，庶民法律的私权、公权范围扩大，法理上且均已平等与天子直结，相对，天子至尊的意识也从而彻底确立。学德才能者脱颖为官吏的机会也相均等。因之，于社会方面，一类职业化了的读书人，以经国济世为己任，所谓士大夫或士人的社会层面新形成；政治方面，读书人学而优则仕，天子左右手便都是如此通过科举考试选拔的才俊之士，也已规制化，文治主义的君主专制政治由是成立。中国历史上，绝对主义的君主专制制度也便自宋朝起始，以后的朝代只是其扩大强大过程。却是，尚文的相对定必偃武，汉族重文轻武观念由是铸定。

——役使部曲经营庄园已系历史陈迹，地方上独立的自耕农之外，新兴地主层依凭系其乡党声望，也以此资望而愈拥有广大庄园，从事耕作者则一概都已是佃户。农村支配者→地主・实际生产者→佃户的新的生产关系结合下，生产跃进，商工业发达，纯系货币经济的时代展现，非只铜钱，银的使用与纸币利用习惯，也已在民间普及。唐朝发生简单的商业组织，陪伴社会生活进化而向复杂化进步，类似今日银行性质的钱庄也已自都市出现。海外贸易非限广东，各个国际港口益益向东南沿海伸展，商税与海关税岁入，发展为国家大税源之一。

——商工业活跃的结果，都市繁荣，市镇兴起，都市住民游兴、娱乐的消费生活向上，以汴京为背景，有名的《清明上河图》是现实写照。便以社会经济发展基础的变异，特别是江南开发奋进，国际性的唐朝文化一变而为国粹的。也自唐朝已兴起的白话文学、通俗文学基盘，文学革命意味，庶民的代表都市文明的新的文化展开。

——社会政治指导原则的儒学，自枯燥无味的经书训诂研究，倾向于注重思索功夫的、哲学的、心理学的宋学或理学、道学，乃宋朝学问方面一大转变。而同时所加味，其一是对应辽、金征服朝代兴起，汉族已各别生活于自身宋朝与征服朝代两个环境的形势，乃有朝代正统论的开始被提出。其二则呼应绝对主义的君主政治，忠君思想发扬。宋朝以前的中国政治道德所重视，毋宁在“义”，后汉气节之风系其最高表现。从未提倡“忠”，“忠”被鼓吹便始自宋朝读书人。其三，忠臣与烈妇同称，所谓忠臣不事二主，烈妇不嫁二夫，男、女的社会主从地位肯定，程颢“失节事大，饿死事小”之语也可亘于君臣与男女关系双方面解释。社会意识的重男轻女，因之与重文轻武配当成立。

——宋朝成立，汉族中国正值外族入侵而历史上征服朝代最早出现。中国前此朝代均属国际性格，历史主役的汉族又自最初形成便具开放性，无歧视的欢迎外族同化加入，汉族范畴乃得不断扩大，血统成分不断更新，民族生命力也因而始终保持旺盛，文明创造力续续升高。宋朝以来，汉族朝代与征服朝代两相对立，抑且是汉族屈辱，汉族严重被压迫的刺激下，正面作用是激发汉族的民族意识，鲜明划清汉族与异民族侵略者的界线。负面意义，则自此关闭了心胸的开放之门，汉族不再是历史的民族大熔炉，停止再成长后的民族性格也渐渐倾向于保守。

由是经过北方民族发展最高潮，蒙古人蒙古至上主义元朝征服朝代约百年的汉族中国统治，十四世纪后半明朝回复汉族主权。而明朝鼓吹民族主义，重建汉族中国传统，中央集权的君主专制政治强化，庄园佃户制下佃户身份确认与一般农民受同等法律保护，以及社会、思想文化诸形态，莫非都以宋朝传统为基盘而再发展。明朝的后续朝代清朝又是个征服朝代，对诸民族各别的支配方式，于汉族便是蹈袭明朝原型。所以，清朝覆亡以前中国政治、社会、经济、文化各方面所有面影，上溯至七、八个世纪前的宋朝，都已存立。须待西洋势力强力介入，历史的旧中国基盘全面动摇而现代中国成立，其间并无根柢变化的改革。依此了解，则十世纪后半至十三世纪后半的宋朝，应得认定中国近代化诸要素均已具备。简言之，宋朝已系近代中国的起端，特别是届抵后半期南宋时代，近代社会组织已形固定。

枢轴大转变的原动力，乃是追随宋朝成立便由开国名相，以“半部论语治天下”著誉的赵普献策，戏剧性上演杯酒释兵权的一幕，《宋史》记其事：“建隆二年，（石守信）移镇郓州，兼侍卫亲军马步都指挥使。乾德初，帝因晚朝与守信等饮酒。酒酣，帝曰：吾非尔曹不及此，然吾为天子，殊不若为节度使之乐。吾终夕未尝安枕而卧。守信等顿首曰：今天命已定，谁复敢有异心，陛下何为出此言耶？帝曰：人孰不欲富贵，一旦有以黄袍加汝之身，虽欲不为，其可得乎？守信等谢曰：臣愚不及此，惟陛下哀矜之。帝曰：人生驹过隙尔，不如多积金，市田宅，以遗子孙，歌儿舞女，以终天年。君臣之间，无所猜嫌，不亦善乎？守信谢曰：陛下念及此，所谓生死而肉骨也。明日，皆称病，乞解兵权。帝从之，皆以散官就第，赏赉甚厚”。太祖自身践祚之阶归德军节度使、殿前都检点，系以掌握近卫军大兵力，所谓天子“禁军”的统帅，而陈桥之变得轻易转移后周朝代，所以后继者宿望重臣兵权首在如上措手不及，却是极度优礼的亲善气氛中被解除，替代以资浅人物。继之，又是《宋史》职官志七所特笔大书：“宋初革五季之患，召诸镇节度会于京师，赐第以留之，分命朝臣出守列郡，号权知军州事。军谓兵，州谓民政焉。诸府置知府事一人，州、军、监亦如之”；（府州军监条）“宋初惩五代藩镇之弊，乾德初

（纪元963年，建隆四年改元乾德元年）下湖南，始置诸州通判。建隆四年，诏知府公事并须长吏、通判签议连书，方许行下”。（通判条）节度使的行政权被限制只在治所之州一州，余外之州（支郡）一概直接收归中央管辖，派遣文人知事，以及加置通判，增固朝廷控制力。武人节度使出缺，也由朝廷选派文臣继任。藩镇以握刑法权而枉法杀人之弊，也以“自今诸州决大辟，录案闻奏，付刑部覆视，著为令”（《宋史》太祖纪三）而革除。又于州之上以“路”为大行政区划而置转运使，专有财政权，原由节度使侵占的征税权限又被解除。以上一系列处置，自太祖时代断行，次代太祖之弟太宗时代完成，唐末五代藩镇割据畸形体制终于粉碎，中央集权制回复成功。过程中，非只民政、司法、征税等方面，节度使权力根源的军事力方面，其势力触角与藩镇体制强力要素镇将，且系最早（建隆三年，纪元962年）被罢省所拥警察、治安等一切权限均移归为县的事务，由朝廷派出文人县尉替代镇将。镇惟择人口众多而商业繁盛的重要所在，改以经济上理由部分存置，设监镇官。节度使隶下军队，随驻在地各地而切离，改隶国家为州兵，而藩镇军事力基盘瓦解，军阀傲慢跋扈气焰被彻底压制。

太宗继位，另一方向的建设性努力，乃科举制度增大营运，而为中国历史继往开来新的政治架构奠基。科举用人法自隋朝创始，至唐已盛，但唐朝每年一次开科，每次录取（所谓及第）通常不过一二十人，最多亦仅五十人左右。五代更少，宋太祖时虽已出现开宝六年录取一百多人（包括进士、五经、开元礼、三礼、三傅、三史、学究<专研一经>、明法等诸科目通计，主流仍如唐朝为进士科）的记录，但系礼部被检举考试“用情取舍”而天子亲加复试增额的异例，仍非为常。太宗以来的录取人数，却提升至国初数倍、十数倍的比例，自是科举之门大开。马端临《文献通考》选举三太宗太平兴国二年条引石林叶氏的评论：“国初取进士，循唐故事，每岁多不过三十人。太宗初即位，天下已定，有意于修文。……是岁御试题，以训兵练将为赋，主圣臣贤为诗，盖示以参用之意，特取一百九人，自唐以来，未之有也。遂得吕文穆公为状头，李参政至第二人，张仆射齐贤、王参政化基等数人，皆在其间。自是连放五榜，通取八百一人，一时名臣，悉自兹出矣”。（同书选举五宋登科记总目，“太宗太平兴国二年：进士一百九人，省元，状元吕蒙正，诸科二百七人，十五举以上一百八十四，凡五百余人”）所述含有重要意义处：

第一，吕文穆公即吕蒙正，宋朝以及中国历史上第一位博得读书人最大光彩，也惟读书人享有，最令人艳羡的“状元”（礼部试第一名称“会元”，吕蒙正系连中两元，太祖时尚无此名，仅称“榜首”），通过科举考试后第十一年便登位宰相。名臣辈出，又堪指示科举（尤其进士科）已是人才储备吸收之源的最早成立。

第二，科举所谓殿前试士的殿试或天子亲试，虽自唐朝则天武后创始，但如《文献通考》选举三所说明：“唐制以考功员外郎任取士之责，后不过下行其事，以取士誉，非于考功已试之后再试之也”（太祖开宝八年条按语）。也须宋太祖开宝六年御出试题，在宫中殿上亲加复试，次届开宝八年又御试，再次届太宗太平兴国二年（太平兴国元年即开宝九年，太宗嗣位当年改元）又是天子亲临殿试（便是录取额最早大幅突破，包括吕蒙正等成进士的一次），预备试验合格者意味的诸道举人或诸道贡士会集京师，礼部考试后，续由殿试决定录取等第，自此固定为科举永制。唐朝科举习惯，录取者对主考官以感知遇之恩而均连结师生关系，宋朝开创天子亲自决定科举成绩之例，录取士人因之感情上都已是天子门生，愈增添了知识分子，抑且是读书人全体的荣耀。

如此形式的结合决非勉强——

在于天子方面，诚如《文献通考》选举三太宗太平兴国二年条的记录：“上初即位，思振淹滞，顾谓侍臣曰：朕欲博求俊彦于科场中，非敢望拔十得五，止得一二，亦可为致治之具矣”。

在于士人方面，公开考试的公平竞争与机会均等，已是鼓励，应试及格立竿见影的荣华富贵，更是鼓励。太平兴国二年科举应试者（诸道举人）五千二百余人，十多年后仍系太宗时代的淳化三年已是一万七千余人参加。神宗废诸科独存进士科以来，录取额每届约四五百人之时为多，上下浮动颇大（参阅《文献通考》选举五宋登科记总目）。

结束武人专横局面，回复汉族中国统一与重建中央集权制时，所替代便是如上以各等文官考试意味的科举为通道，庶民直结天子关系的新形态。于社会间，读书登仕受鼓励，知识分子士人发达为专业化的，也最被尊重的一层面；于政治上，文人主轴形成而文治主义走向铸定。抑且，通过殿试登用的文臣，意义都系沐恩受知遇的天子亲密关系者，具有公的（臣僚）、私的（门生）双重忠诚义务，所以统一国家与集权政治再现，中国已是君主的绝对主义时代。

——宋朝此一新面貌塑造以来，迄于西方资本主义冲击下已入二十世纪的清朝末年不变，为堪正视。

## 外侮最剧的汉族朝代

《宋史》太祖纪赞曰："五季乱极，宋太祖起介胄之中，践九五之位，原其得国，视晋汉周，亦岂甚相绝哉？及其发号施令，名藩大将，俯首听命，四方列国，次第削平，此非人力所易致也。建隆以来，释藩镇兵权，绳赃吏重法，以塞浊乱之源，州郡司牧，下至令僚幕职，躬自引对。务农兴学，慎罚薄敛，与世休息。迄于丕平，治定功成，制礼作乐。在位十有七年之间，而三百余载之基传之子孙"，非溢美之词，但其政治方针的专注于内治也属明显。赵匡胤推翻后周，登位为宋太祖的建隆元年（纪元960年），北方大敌辽朝正值隆盛期的太宗次代穆宗时代。宋太祖谨慎避免与之冲突，乃得于在位十七年间完成绝大部分的国内统合事业，仅余南方吴越与北方北汉两国续由继位之弟太宗并灭，前后二十年而分裂的汉族中国回复完全统一。

太祖三十四岁登帝位，仍都开封，以节度使时代驻在地宋州的地名为国号，五十岁崩而帝位归其弟太宗（原封晋王）。传弟而非传子为异例，"烛影斧声"的弑篡疑窦由是流传后世，继位当年改元与逼死太祖之子燕王德昭，都引为佐证。但今日所重视，毋宁须是太祖—太宗事业的一贯性，尤其国际关系丧失改变可能性，惟有立定在太祖制订的基准，也自太宗之世而铸定。

太宗太平兴国四年（纪元979年），割据山西省中部，以辽朝附庸国背景而倔强健在的北汉政权，终也于宋朝统一运动中最后倒塌。国内完成统合，宋朝尝试国际局势的突破，图一举收复五代混乱期割让契丹（辽朝），届此已约五十年的燕云十六州失地，便是并合北汉当年，太宗亲率大军北伐，宋初以来二十年国际和平关系破坏。结局却是燕京（今北京市）北方高梁河的溃败，太宗化装苦力才逃脱危境，但已股中两矢（后日死因，即以此役旧创复发）。翌年，辽方报复南侵，太宗再度亲征抗拒，又败于瓦桥关。辽景宗崩而十二岁之子圣宗嗣，宋朝趁丧再兴北伐之师，所遭受仍是岐沟关大败的打击（雍熙三年，纪元 986 年）。自此宋朝对外不得不退回防守立场，而且落入要求议和也不可得的窘境（淳化五年，纪元 994 年）。太宗次代真宗治世的景德元年（纪元 1004 年），辽军突破宋朝国境防御线大举入侵，以破竹之势直达黄河岸澶州（澶渊），仅隔黄河的宋朝国都开封大震动。幸宰相寇准果断拒斥同僚的迁都避难论，坚决到几乎强迫地步，请真宗亲征，稳定人心。虽然其决战主张仍被否决，但至少已争取到辽方允许议和的条件，乃有是年澶渊之盟缔结，于宋朝承诺每年给付定额绢银，辽方罢兵。

则已十分明白，是太宗冒进，暴露了宋朝军事力的弱点。再回到太祖对外政策的立场时，已是被动的，而且是以屈辱的和约为基础才稳定局面，此其一。其二，为防止已矫正的军阀势力再抬头，以及权力下移事态再现，抑制武将原则仍被坚持，召募职业兵又往往收容流民、无赖，此对缓和社会不安自有其功能，兵士素质却因之恶劣，而西夏问题接续发生——

介在宋、辽西边的西夏于宋朝第四代仁宗时勃兴，对宋朝威胁性非如辽朝之大，几乎无一年不攻击宋朝的困扰程度反而较辽朝严重。辽朝图趁宋朝狼狈失措勒索增加岁币（庆历二年），两年后的庆历四年（纪元 1044 年），宋朝终也只能同以给付岁币方式，换取西夏名义上的称臣，中止连年的西北地区局部战争。同年稍前重臣富弼奏论边事之言为堪注意："真宗嗣位之始，专用文德。于时旧兵宿将，往往沦没，敌骑深入，直抵澶渊，于是讲金帛陷之之术，以结欢好。自此河湟百姓，几四十年不识干戈。当国大臣论和之后，武备皆废，以边臣用心者，谓之引惹生事，以缙绅虑患者，谓之迂阔背时。大率忌人谈兵，幸时无事，谓敌不敢背约，谓边不必预防，谓事长安，谓兵永息，恬然自处，都不为忧。元昊（西夏）窃登，用兵数载，契丹观衅而动，嫚书上闻，中外仓皇，莫之为计”。（李焘《续资治通鉴长编》卷一五〇）可知宋朝立国届此八十余年间，原系政策上的尚文卑武，已如何形成时代风气，无论朝野均向讳言兵事的鸵鸟意识发展，弱兵倾斜度，便惟有听任愈益恶化。

宋朝三百多年历史，政治上大事，因之惟表现于外侮频仍。

宋朝约略均分全年代而区别北宋、南宋，正值北宋中期的仁宗无嗣，第五代英宗系以太宗旁系继位，其子神宗时王安石变法，以及因而勃发、迄北宋之亡始平息的新法党、旧法党之争，也向由历史界引为通北宋后期一大事。然而，变法与党争，背景仍都是外侮。十一世纪后半仁宗四十二年治世，于宋朝诸帝在位期为最久，也是伟大的独裁君主。太祖、太宗以来宋朝最充实期，贤能人物富弼、文彦博、韩琦、范仲淹、欧阳修等名臣在朝，司马光也渐露头角，周敦颐、邵雍、张载、程颢、程颐等名儒辈出，文人苏洵、苏轼、曾巩等均活跃于此时期，文运昌隆，文治之盛到达极峰。国家财政收入也随经济面的繁荣丰裕，较太宗之世呈现一与三的比例（详次条），却是，出乎常理的，英宗时代已系赤字财政。根本原因之一便是基于辽、西夏的紧张关系，兵不堪用而数额不能不年年增加，庞大的军事费形同浪费而不得不仍漫无止境地加大。英宗在位仅四年，继位长子二十岁青年天子神宗，奋发图振国威，乃决意擢用博学富经纶之才，自信心强又具大魄力的王安石，断行富国强兵新法。王安石自神宗即位第三年的熙宁二年（纪元 1069 年）为相，托名周官复古，注入进步而予新解释（所著《周官新义》十六卷，明初编纂《永乐大典》时辑录留存今日），彻底的改革运动推行，其内涵诸法：

——富国方面：1. 均输法物资调节法，由政府控制物资来源，合理化调达其需要补给，矫正中间商人暴利，利润归官。2. 青苗法、市易法均低利（二分息）资金融通法，前者对农民，后者行之于商人与手工业者，贫农与中小商工业者保护法的意味，防止国家基础自耕农没落，解除都市中高利贷资本六、七分息的榨取，期商品流通活泼而振兴产业。3. 募役法，对中产农民征收免役钱，以替代烦杂的力役（差役、职役），向来免役的官户、寺观、商人也征收助役钱，对应当时渐渐发达的自由劳动雇佣形态，以此等费用，由政府雇工充役，又以解决社会失业问题。4. 方田均税法乃宗旨在平衡形势户与一般农民间赋税负担的土地整理法，称东、南、西、北四面各一千步的田土为一方，每年由县调查测量，依土色、地味肥瘠分五等，同一面积每户负担不同税额。

——强兵方面：1. 保甲法寓兵于农，提高兵士素质，节省国家蓄养有增无减劣弱募集兵冗费的直截对策，也是适应正面改革佣兵制度为不可能，却从实质上回复唐朝以前国民皆兵主义的变通方案。其法，十家组合为保，五十家一大保，十大保为一都保，每户两丁中一人为保丁，农闲期施以军事训练，平时当村落地方团体警察事务，战时补充兵员的不足。2. 保马法，与保甲法相与表里，由农民饲养官马，平时供农耕用，战时征发为战马。

新政策、新体制的本质与时潮完全相背。宋朝隔五代上承唐朝，唐朝政治的特色，政治家均立于现实原则而无任何学术思想背景，唐初一度回复儒家的政治指导理念，只是昙花一现。宋初以来高唱文治主义，奖励学术，对应新兴地主与资本主义化商业发达的社会再编成形态，政治上重建儒学指导权威，士大夫层崛起为新形态社会代言人而学优则仕的固定法则树立。王安石国家社会主义色调的新法，尽管也披了儒家的复古理论外衣，其以政治力强力干预为手段，已全与自由主义大地主、大商人的利益冲突，处于当时流行的儒学者时论相悖的立场。所以变法被抨击破坏祖宗完备制度而系乱法，政府与民争利又扰民，老成的政治家无不强烈反对，推动新政因之也惟有登用新进人物吕惠卿、章惇、邓绾、曾布等。宋朝朝臣朋党之风，陪伴国初士大夫地位抬高已盛，只也追随唐朝风气属于意气之争，神宗时代介入大改革运动理论，以国家更生为口号的新法集团新兴，党争性质乃向主义与政策方面巨幅转变，新法党、旧法党壁垒分明的尖锐对立，近代政党色调最早出现，又系宋朝政治史散发的一大异彩。

神宗在位十八个年头，元丰八年崩，新法党支柱倒塌，司马光、范纯仁（范仲淹之子）、吕大防等新法反对派的旧法党回复得志（元祐时代）。其后，又是一时受挫折的新法党再起，如此新法党、旧法党交迭执政，也于半个多世纪的北宋后期不断互斗。而北宋之亡正值蔡京为代表的新法党势力最盛期，新法最后命运因之注定失败，变法发动者王安石的恶评也自南宋已予决定。元朝编纂的《宋史》王安石传论，便引朱熹之言谓：“（安石）文章节行高一世，而尤以道德经纶为己任。被遇神宗，致位宰相，世方仰其有为，庶其复见二帝三王之盛。而安石乃汲汲以财利兵革为先务，引用凶邪，排摈忠直，躁迫强戾，使天下之人，嚣然丧其乐生之心。卒之群奸嗣虐，流毒四海，至于崇宁、宣和之际，而祸乱极矣’。此天下之公言也”。神宗纪赞指“安石为人，悻悻自信，知神宗志在幽蓟灵武，而数败兵，帝奋然将雪数世之耻，未有所当，遂以偏见曲学，起而乘之。青苗、保甲、均输、市易、水利之法既立，而天下汹汹骚动，恸哭流涕者接踵而至，帝终不觉悟。方断然废逐元老，摈斥谏士，行之不疑。卒致祖宗之良法美意，变坏殆尽。自是邪佞日进，人心日离，祸乱日起”，更是露骨的严厉批判。

神宗无保留坚决支持新法，系图雪涤宋初立国百年以来，对外军事弱势下屈辱外交之耻，但治世中国际局势未见开朗却是沉重打击。西夏关系领先恶化，仁宗讲和后西陲安定二十余年，此时边衅再起，自熙宁至元丰年间战争不绝，元丰五年（纪元 1082 年）灵州永乐之役，宋朝官军、熟羌、义保死者且至六十万人之数。辽朝（道宗在位）胁迫下熙宁八年（纪元 1075 年）更定国界，改以蔚、朔、应三州分水岭为国境，宋朝损失土地非多，国家颜面仍是有亏。南方兴起的越南事件更是意外失败。越南自宋朝初建而结束五代十国分裂局面末期，南汉治下驩州刺史丁部领并合越南史上割据的所谓“十二使君”的十二土豪。纪元九六八年（宋太祖开宝元年）自立，国号大瞿越，子丁琏向宋入贡，太祖封之为交趾郡王，秦汉以来中国领土的越南，自是脱离中国郡县支配独立，与中国改建宗主—属国关系，仍然鲜明的中国文化系统，用中国文字，采中国姓名，王受中国封爵，而国内自称皇帝，建年号，定庙号。自主性格超过了东方朝鲜。纪元九八〇年（宋太宗太平兴国五年），丁朝改建黎朝，纪元一〇一〇年（宋真宗大中祥符三年），又以李公蕴夺国而黎朝改建李朝，并定都大罗改名升龙的今日河内，第三代时国号改称大越（纪元 1054 年，宋仁宗至和元年）。再次代李朝德在位，宋朝已系神宗时代，熙宁八年越军寇陷钦、廉两州（广东省），翌年再陷邕州（广西），虽然仍由宋朝发兵攻入其国，回复朝贡关系罢兵，越南已大困宋军。

北宋国际关系的推移，前后大体可分五阶段，第一期太祖时代，宋朝掌握主动的对辽和平对立，东亚关系也惟宋、辽两大中心。第二期自太宗至英宗，国际形势已以西夏崛起而复杂化，宋朝落入频频受侵而被迫屈从的苦境，此段时间也最久，约占北宋全年代之半。第三期便是神宗奋起变法，也变更长久的消极外交方针，积极企求突破而失败的时期。第四期神宗次代哲宗以至亡国期徽宗治世之半，辽、夏气势渐衰，与宋朝间三角关系因之反能以军事力平衡而大致维持和平苟安的局面。第五期徽宗重和元年至钦宗二年（建炎元年）的十年间（纪元1118—1127年），女真族金朝已自东北域内兴起，国际关系发生巨大波澜，辽、宋朝代相续倾覆的大事件演出，北宋由是过渡为南宋。

纪元一一一三年，辽朝支配下女真族完颜部部长阿骨打趁辽之衰，举兵反叛，领导族人击破辽军，两年后的纪元一一一五年（宋徽宗政和五年）正式脱离辽朝独立，建都今宁（吉林），国号“金”。暴雷似勃兴的金朝势力迅速膨胀，连陷辽朝东京辽阳、上京临潢，情报传入宋朝，激起朝廷显然的冲动，也由此冲动招来宋朝国运的大不幸冲击——

宋徽宗是民国以前旧社会富贵公子败家子的典型，资质绝佳，天分绝高，工诗文，中国书画史上第一流名手，书法的瘦金体予后世莫大影响，花鸟画也独步画坛。同时，又是古物爱好家与收藏家，全国性收集古今书、画、骨董置宫中供鉴赏，画院大量集中并养成著名画家，经其全力奖励，宣和（纪元1119—1125年）为年号的期间出现宋朝艺术史黄金时代。宫廷生活的豪侈享乐，又表现此风流天子性格的另一面，宴游不辍系其余事，宫中模拟市场，宫女设肆而天子装扮乞丐挨摊乞讨，满座喝采鼓掌，相对方面，人臣脸涂朱、青作伶优状入谒，上奏用下流社会语言，以博天子欢笑，以及肌肤刺青布花纹，也由徽宗提倡，近臣谀媚而形成风气，都是南朝与五代十国江南朝廷翻版。非只宫中，天子且时时微服出宫偕臣下同逛开封市街，夜幸名妓李师师家等韵事，乃由闻名的《宣和遗事》记载而流传后世。此等豪华生活必须无休止财力支持，王安石以来新法财政所积余，徽宗二十余年中挥霍已尽尚不敷，而有蔡京之类人物夤缘登场。

蔡京即王安石婿蔡卞之兄，口才至健，书法亦佳，兄弟同于神宗熙宁三年科举合格，同系王安石拔擢的新法党干部。神宗少子徽宗继兄哲宗（无嗣）位第三年崇宁元年（纪元1102年），前被弹劾左迁杭州的蔡京，以交结正为徽宗在杭州访求书画骨董的宠信宦官童贯，得重返中央接近年轻天子，并于年近六旬的是年登位宰相。徽宗沉湎享受，崇迷道教，对政治全不热心，授予蔡京专权最好机会。一方面，彻底的弹压旧法党人，“时元祐群臣贬窜死徙略尽，京犹未惬意，命等其罪状，首以司马光，目曰奸党，刻石文德殿门，又自书为大碑，偏颁（班）郡国”（《宋史》奸臣传蔡京条）。便是有名的元祐奸党碑，题名者先是一二〇人，再增至三九〇人，子孙均禁锢不得任官于京师，或与皇族联姻。另一方面，不惜重压人民，出诸如免役钱增至神宗时代七十倍的榨取手段，弥补财政赤字，取媚徽宗以支应豪奢宫廷生活，稳固自身权力。特别是所谓花石纲，搜括江南珍木奇石，由大运河运搬移植御苑，民间多因而倾家荡产。新法精神全行变质，已无视被牺牲人民的怨苦与愤怒，激发民变至是无可避免。

睦州（浙江）经营漆园的中产家庭出身者方腊，宣和二年（纪元1120年），趁花石纲征发而江南大骚动之际，煽起暴动，群盗与贫民呼应下急速发展，数日间聚众至十万人。杀戮官吏、富豪、焚烧官衙，叛乱之火以浙江为中心，杭州陷落，波及江西、安徽，国家重要财源之地被蹂躏的至六州、五十二县范围。镇压大军由全国军事首长宦者童贯亲率，陆海并进南下，宣和四年（纪元1122年）敉平，但民众死于反乱军之祸的已二百万人。方腊事件爆发同年稍早，《水浒传》主角宋江等三十六人首领的盗贼集团，先已自淮河方面转入山东，建立梁山泊为根据地而“横行天下”，以后受朝廷招安编入正规军，参与方腊征伐。宋江等三十六豪侠反抗贪官污吏苛敛诛求，高举“替天行道”旗帜的轰轰烈烈事迹，南宋时代便广泛流传民间，故事被录入宋、元之交佚名作者的《宣和遗事》，乃于元朝由此原型发展为中国最有名的长篇小说之一《水浒传》。而堪注目，方腊反乱与平定的同一时期，宋朝北方国际关系大变局也已展现。

大变局也是宋朝的投机大赌博，却未料已以国运为筹码，而且结局成为大输家，下赌注者便是童贯与蔡京。炙手可热的徽宗宠爱者童贯，以宦官而任大臣，而全权掌握国家兵权（枢密使），于宋朝都是异例。其与蔡京两人包揽权势，时人以蔡京为公相，童贯为媪相，两相对称。纪元一一一八年（重和元年）辽朝于新兴金朝攻击下连连丧师失地的情报到达汴京（开封），公相、媪相大兴奋，认为一个半世纪来对辽屈辱关系，将可趁此大好机会回转，而有当年派出使者，自登州（山东）渡海入东北。向金朝方面建议夹击辽朝之举。建议由金朝方面接纳，方腊乱起的同年（宣和二年，纪元1120年），双方乃正式缔结军事同盟，条约主要内容：1. 宋自南向北逼燕京，金自临潢南向，助宋取燕京；2. 成功后，五代后晋割让与辽的北边十六州由宋收回，余地尽归金方；3. 宋以原赠辽朝同额岁币移付金朝，即每年银二十万两，绢三十万匹。此约成立，下距北宋灭亡仅余七年。

转换国际局势非凭实力而仅恃侥幸心理，残酷的现实后果随同盟履约，立即展现。方腊平定时，金军已连破辽之中京、西京，宋朝军事统帅童贯自南方还师，也北上攻辽南京（燕京），战果却与金方倒反，累被辽军击败。同年，燕京仍系金军独力攻破，宋军虚弱无用乃尽被金朝所知，也因之直截以宋方无力践约为理由，否定宋、金同盟条约效力。反复交涉的结果，由宋加纳代税钱百万缗与金军南京攻略的军粮二十万石，换得燕京与其附近六州之地的空城，城中财物全归金方掠去，居民也悉数强迫北移（宣和四年，纪元1122年），此又系迫近至北宋灭亡前五年之事。

宣和七年（纪元1125年）二月，金灭辽，八月动员，十月，金朝果然大举伐宋。迄十二月中，已席卷黄河以北之地。仅隔黄河之南的汴京开封陷入大混乱，徽宗惊惶中急下罪己诏，禅位太子钦宗，布告全国征勤王军。次月靖康元年（纪元1126年）正月金兵渡河，团团包围汴京，军情紧急以来摇摆不定的朝廷和战政策，至是求和声浪压倒主战派领袖李纲决死防御的意见。李纲被黜，接受金方如下极端苛刻的条件：1. 割让中山、太原、河间三镇之地；2. 纳岁币钱五百万缗（贯）与犒师黄金五百万两，银五千万两，帛百万匹，牛马万头；3. 尊金帝为伯；4. 派遣亲王、宰相为人质，城下之盟成立，二月，金军解三十二日开封城之围北去。却是，短暂苟安已不能挽回北宋风中之烛的命运，其灭亡，且便是迫在眉睫的第二年。

屈辱之甚的和约折冲时，京师已是群情愤慨，知识分子太学生带头，热血沸腾的数十万民众怒呼声震天地，要求恢复李纲领导，处决国难祸首，大示威中又与当权派主和分子流血冲突，八十高龄的蔡京因是贬死，童贯也于放逐途中被斩。和约既立，金兵已退，朝廷也反悔承诺，吝割第二燕云十六州三镇领土。推延半年多后，同年（靖康元年）九月，愤怒宋朝背约的金朝大军，再度长驱南犯，十一月，开封听任再完成合围。宋朝自毁和平，战又不能，战火重燃时，强硬的主战论只是情绪冲动下的发泄，决心牺牲而无御敌策略，勤王军也不过乌合之众，全无战斗力。和战两派互争空言，互加牵制，被围四十天的开封于年末陷落，重开和平谈判已是宋朝的无条件投降，割地系划黄河为界，给付金军赔偿费骇人数字至金一千万锭（一锭五十两），银二千万锭，缣帛一千万匹。次月（靖康二年正月），钦宗被扣留金营充履约人质；二月，太上皇徽宗与后、妃、诸王等宫廷人员一千二百余，被逮捕加送金军。而大搜括京城官民金、银结果，总数尚不足须交付额的十分之一；三月，二帝连同皇族、贵戚、宫人、朝臣等三千余人，乃均以金军俘虏被胁北去，安置东北五国城（今日哈尔滨以东，松花江南岸的黑龙江省依兰县，原辽朝女真族五国部之地）自养生活。史书称此事变为靖康之变，帝王末路至是，诚为大悲剧之一，北宋亡国，传世九代一百六十七年。

金朝的中原征服统治方式，采取间接支配，上年金军第一次攻击开封议和条件之一，出为人质住燕京的宋朝宰相张邦昌，被金军送回开封，受命登位为汉人傀儡国家皇帝，国名楚。金军部署完成撤退时，府库蓄积、宫廷宝物、器用、书籍、车舆，劫掠一空，连同京城技术者居民、伶优等，均行北移。惟张邦昌即帝位，非自愿而全受金军胁迫，待金军于四月间撤退，因之一方面立即迎奉哲宗孟皇后，以元祐皇太后名义垂帘听政，回复宋朝，自退帝位改居临时宰相之任。孟皇后当徽宗新法党气焰汹汹期被废为尼，从皇族除籍，乃得幸免金军指名流配而留住京城，此时由张邦昌拥戴，奉还政权，组织看守政府，金人所立楚国三十三天而消失。另一方面，张邦昌请皇太后诏告天下，立其时正在南京应天府（今河南省商丘）的钦宗之弟康王为天子。康王系当初与张邦昌同入金的亲王人质，被金朝怀疑其身份，释回另易肃王；战衅再起时脱出开封，以招募勤王军名目去东方。及是，张邦昌又率百官抵南京劝进，康王乃于五月一日登皇帝位，改元靖康二年为建炎元年（纪元1127年），是为史家所称南宋的第一代高宗，元佑皇太后撤帘。所以宋朝复活，张邦昌贡献非小，但结局仍以其曾僭天子之名，而被正统的宋朝赐死。

南宋初建，北宋之末新法党、旧法党之争转变对金和平论、战争论激烈辩争，天子庸阍无定见的现象，仍然持续。高宗甫即位，顺应激发于北宋亡国之痛的敌忾同仇民情，以及太学生集团为前卫的强硬舆论，登用李纲为宰相，宗泽留守汴京，决心抗战雪涤国耻，一时人心极度振奋。当金兵以中原变局发生而重燃战火南侵时，汴京开封中流砥柱，各地勤王救国军蜂起响应，云集宗泽麾下，学者胡铨、赵鼎、张九成、曾开等济济多士主战论澎湃，出现前所未见抗拒外侮的有利形势。却是，和平论势力也随金军压境而抬头，主脑人物汪伯彦、黄潜善又是已如惊弓之鸟、素性懦怯的高宗侧近亲信，李纲因之在位仅七十五日便罢相，太学生领袖陈东被杀，宗泽连上二十余表请还都汴京，鼓舞全国军民规模斗志的建议，又被拒绝，翌年愤死，和平论巨大压力下，积极的抗战意志陷入低沉。汴京便自宗泽继任者之手失陷，北宋末年以来炽盛未戢的群盗也多与金军合流，愈增金朝侵略军凶焰。高宗预已南退长江下流安全地带扬州，中原战事恶化，主和派画策求和未获对方反应，金军突破南宋自陕西至河南的防线，从山东向南疾进。建炎三年（纪元1129年）初几乎重演靖康之变，扬州陷落，混乱中高宗狼狈渡长江，在追兵前转辗江南各地，建康又陷，杭州又陷，向东续退，所至皆陷。翌年初，由明州（今浙江省宁波）逃难入海，远航温州，金军才中止追击引还。九年后的绍兴八年（纪元1138年），高宗返至改名临安府的杭州定都，自此临安府永为南宋国都。虽然名义上以须回复北方旧都汴京开封府，而临安府仅称“行在”，却已北归无时，开封归金所有，终宋之世未能夺回。南宋自北宋区别，历史界便以朝廷南渡（长江），自旧都改建国都至钱塘江岸的临安为标志，移都临安建设南宋，宋朝寿命得续延长七代一百五十年，史家乃亦因之谓高宗中兴。

高宗中兴，不无侥幸成分存在，却也非全出意外。宋朝兵弱程度，于前后朝代为稀见，立国至此，对外战争几乎无胜利纪录。但面临国家存亡一息之际，刚强不屈的忠义人士奋起争赴国难，亦为历史之最，而此辈多属读书人知识分子，则堪注目。文人统帅如“先天下之忧而忧，后天下之乐而乐”名言所自的范仲淹西夏守御建大功，北宋已然，外侮剧烈，宗泽、张浚文臣而为名将尤非异例。据此愈堪重视的一大转折，重文轻武意识凝固，向被鄙视而自卑的武人，国难期受积极派文人高昂战斗意志激励，于和平论压制主战论，又以求和未成转变纯粹的逃避主义时，已接替知识分子御侮主导的位置，懦怯气质向英勇变化。也惟其职业军人自发的认清自身对国家责任，奋身予打击者以打击，文人主战情绪发泄升进至实力阶段，中兴事业乃得实现。建炎四年（纪元1130年）高宗明州入海，金军追之不及，北归途中，黄天荡之役韩世忠以八千人部队邀击，阻拒金方十万大军于京口（润州，今江苏省镇江）与建康（江宁府，今南京）间长江上，前后一个半月之久，虽然众寡悬殊形势下结局仍被金军通过长江，无疑已是一大胜利，也是南宋对金战争第一次决定性胜仗，培育了宋军敢与敌人决死，不畏敌人的勇气与战力。张俊、刘锜、吴玠、吴璘、杨存中等将领也纷建功业，稳定战局，强固的防卫体系于数年内完成，而临安得自绍兴八年安全建都。

金兵南侵渡江，行军与补给线太长具有危险性，也自建炎四年获得教训，因而便于同年，循张邦昌楚国前例，再立汉人傀儡国家统治新征服地，以及间接指导侵宋，金朝前方卫星子国的意味。国名“齐”，国都仍在开封，由金朝划山东、河南、陕西之地为其支配范围，宋朝投降者刘豫被册立为皇帝。宋朝对名实均系金朝制造的齐国政权，采低姿态加以承认，国书抬头对称刘豫“大齐皇帝”。但伪齐介在宋、金之间，宋朝立场已系缓冲国形态，反而形成有利条件，所保全长江南、北领域，北宋混乱期以来蜂起群盗，得以伪齐屏障而于此期间肃清，确保国内治安，攘外力量也因安内成功愈形增大。

另一方面，金朝交付齐国的攻击任务，以及金朝主力侵宋的配合行动，都无力达成，倒反事事依赖金朝支持，金朝渐感不耐，而于宋朝绍兴七年（纪元1137年）决然废除齐国，领地改由金朝直接支配。同时放出可允宋朝缔和的空气，翌年宋朝定都临安，由是主和派与主战派间，再起严重磨擦。建炎年间求和未被气焰极盛期金朝接纳而一时低沉的和平论，调子回复高唱，鼓吹及时与金讲和共存。主战派也认定机不可失，却是针锋相对的强硬主张，趁伪齐之废进军，规复失土。彗星似光芒四射，少壮军人领袖岳飞的大反攻且已奏功，《宋史》岳飞传记录绍兴十年（纪元1140年）人心振奋至极度的郾城——朱仙镇（开封西南）大捷：

“（金朝最高统帅）兀术怒，合龙虎大王、盖天大王与韩常之兵逼郾城。飞遣子云领骑兵直贯其阵，戒之曰：‘不胜，先斩汝！’鏖战数十合，贼尸布野。初，兀术有劲军，皆重铠，贯以韦索，三人为联，号‘拐子马’，官军不能当。是役也，以万五千骑来，飞戒步卒以麻札刀入阵，勿仰视，第斫马足。拐子马相连，一马仆，二马不能行，官军奋击，遂大败之。兀术大恸曰：‘自海上起兵，皆以此胜，今已矣！’兀术益兵来，部将王刚以五十骑觇敌，遇之，奋斩其将。飞时出视战地，望见黄尘蔽天，自以四十骑突战，败之。方郾城再捷，飞谓云曰：‘贼屡败，必还攻颍昌，汝宜速援王贵。’既而兀术果至，贵将游奕，云将背嵬（岳飞精锐亲卫军）战于城西。云以骑兵八百挺前决战，步军张左右翼继之，杀兀术婿夏金吾、副统军粘罕索孛堇，兀术遁去。梁兴会太行忠义及两河豪杰等，累战皆捷，中原大震。飞奏：兴等过河，人心愿归朝廷。金兵累败，兀术等皆令老少北去，正中兴之机。飞进军朱仙镇，距汴京四十五里，与兀术对垒而阵，遣骁将以背嵬骑五百奋击，大破之，兀术遁还汴京。飞檄陵台令行视诸陵，葺治之。先是，绍兴五年飞遣梁兴等布德意，招待两河豪杰，山砦韦铨、孙谋等敛兵固堡，以待王师，李通、胡清、李宝、李兴、张恩、孙琪等举众来归。金人动息，山川险要，一时皆得其实。尽磁、相、开德、泽、潞、晋、绛、汾、隰之境，皆期日兴兵，与官军会。其所揭旗以‘岳’为号，父老百姓争挽车牵牛，载糗粮以馈义军，顶盆焚香迎候者，充满道路。自燕以南，金人号令不行，兀术欲签军以抗飞，河北无一人从者。乃叹曰：自我起北方以来，未有如今日之挫衄。金帅乌陵思谋素号桀黠，亦不能制其下，但谕之曰：毋轻动，俟岳家军来即降。金统制王镇、统领崔庆、将官李觊、崔虎、华旺等皆率所部降，以至禁卫龙虎大王下仡查千户高勇之属，皆密受飞旗榜，自北方来降。金将军韩常欲以五万众内附。飞大喜，语其下曰：直抵黄龙府，与诸君痛饮尔。方指日渡河，”而一日十二道金字牌，紧急命令班师的扼腕憾事已经发生。更令读史者同声一叹，系翌年之末，召回朝廷被剥夺兵权的中国历史最伟大英雄之一岳飞，竟在宰相秦桧授意下宛死狱中。局势乃急激向和平论倾斜，主战派的努力化为泡影。

宋朝中兴四名将，《宋史》张俊传以张俊、韩世忠、刘锜、岳飞并列。四人中前三人年事均较岳飞长十余至二十岁；事业起步自亦早过甚久，韩世忠于方腊征讨时已系闻名将领，但最早的方面大将则是张俊。南宋高宗登位，张俊、韩世忠均已系观察使，刘锜则都护，惟有岳飞于方腊之乱敉平，宋金同盟克辽燕京的宣和四年，才以二十岁的青年从军，开始战场生涯。南宋初建，隶宗泽麾下为小校，以后张所、张俊、张浚均曾是其直属长官，大撤退期转战江淮地区，抵抗南侵金军，凭卓越的军事领导能力与无比的胆识、勇气，扶摇直上。三十岁时，已脱离任何前辈大将系统，跃登独立兵团指挥官位置，平定江西、湖南、湖北、长江中、下游群盗。三十二岁（纪元 1134 年，绍兴四年）以后北方攻略，自齐国转移湖北襄阳以至河南信阳方面地域入宋朝支配。自此岳飞非只确定其中兴四名将声望，彪炳功勋且已遥遥领先所有前辈，宋朝军事上易守为攻形势，以这位最年轻统帅指挥下庞大军团前进目标已指向河南心脏地区，而最早展现。齐国解体第三年时岳飞三十八岁，敌后策应部署完成，从最突出前线上再推进，如《宋史》所记载的一幕终于实现。巨星殒落，又是年仅三十九岁。然而，岳飞的受后世尊敬，非全凭其熠熠战功，而系以伟大人格。其“金人不可信，和奴不可恃”坚定信念，裂裳示深刻背肌“尽忠报国”四大字以明志的故事，答“何时太平”之问的“文官不爱钱，武臣不惜死，天下太平矣”名言，以及书迹“还我河山”、悲壮词作《满江红》，阅读者莫不人人感动，无愧最标准的军人典范。明朝汉族民族主义高扬，乃先关羽而由朝廷封大帝，尊崇为武神，与武圣关羽分别代表“忠”“义”武德。

岳飞悲剧制造，系高宗时代和平论完全压制主战论的信号。其时的和平论舵手秦桧，北宋徽宗时代科举与制举双双及第，金军入侵期主战派佼佼者之一。北宋末金军第一次南侵，宋朝被迫订约又悔约，秦桧即坚主拒绝如约割让三镇土地者之一。靖康之变已酿成，金军立张邦昌为楚帝而形式上表演系宋朝臣下的推戴，当时大多数官员均迎合金军之意，于推戴书上署名，官位已至监察机关长官御史中丞的秦桧又是少数拒绝人士之一，因此激怒金军，而秦桧等随同徽、钦二帝俘去北方。未料建炎四年（纪元1130年，刘豫被立为齐帝之年）秦桧自金南归，得闻其后宋金讲和机缘，态度一百八十度转变为和平论主张者首脑，未始非历史上奇事之一。惟其如此，如《宋史》奸臣传三秦桧条记载："桧与妻王氏及婢仆一家，自军中取涟水军砦航海归行在"，而桧"自言杀金人监己者夺（奔）舟而来"，其归来暧昧过程的背后，隐藏秦桧被俘期间，金方曾以释回为饵，与之秘密进行和平交涉并获承诺，高宗又素性怯弱，畏惧战争，因而有绍兴十年以后之事发生，向来历史界的推测如此。然而，也须注意，秦桧系归国翌年（绍兴元年）即登相位，果尔金宋间存在以秦桧中介的秘密交涉，为何中间相隔十年之久始表面化？时间的疑问之外，客观情势方面，秦桧归国正值宋朝连连败退，高宗颠沛逃难，才是投降派或和平派最适当的活跃时间，绍兴年间已系主战派优势期，将士用命，战局渐渐稳定，为何秦桧反在局势好转透露曙光之际始显原形，更是疑问。所以，向来的推测立场甚为脆弱，实际背景单纯基于内政因素——

宋朝集中事权于中央而文治主义指导政治，所以君权发达，权力下移之弊得以矫正，武臣抑压，因之也是宋朝立国以来国策。却是，反作用的过度中央集权，尚文卑武育成社会风气，则造成宋朝亡国的原因。南宋国运中兴自不可能而可能，堪注目所恃便是上项轨迹的逆方向营运。舆论所支持主战论主导由文人转移到职业军人，武臣将领们强烈萌生国家责任感的原动力下，弱兵现象渐渐改变。而过程中，以战时生产关系破坏而酿成的大量流民投入诸将麾下，武臣力量不断扩张，战斗意志与军事能力循环向上，足以抗御侵略者金军的态势乃得成立。待分别削平群盗，数字庞大的群盗余党被吸收改编官军，诸大将兵力雄厚愈可想像。而维持如此大规模的各个军团，其给养与装备，均无从依赖国库支出，必须各于驻地自开财收之道，由是军方掌握了征税权。同时，接战地区府、州、军守臣，也以现实形势须由各级武将兼任，军方又掌握了民政权。如此现象，无疑对当时国家体制尽行扰乱，其已动摇中央权力、威胁君权，还原形成唐末以来强力军阀的迹象渐渐滋生，战争时间愈延长，武臣权力、势力都愈增大为意料中事，态度跋扈者的忠诚问题便不能保证，重现五代局面非不可能，则危险之至。马端临《文献通考》兵考六南宋兵制，所引高宗次代孝宗时代叶适的议论。代表南渡五十年后士人共同心声，已非昔日极端的对金强硬论，转变的主要原因，便是警惕绍兴年间武人势力过度膨胀，骄恣不听命令现象已成，向军阀途径发展之虞初现：

“当是时（绍兴年间）也，廪梢惟其（指将帅）所赋，功勋惟其所奏，将校之禄，多于兵卒之数。朝廷以转运使主馈饷，随意诛剥，无复顾惜。志意盛满，仇疾互生，而上下同以为患矣。……其后，秦桧虑不及远，急于求和，以屈辱为安者，盖忧诸将之兵未易收，浸成疽赘，则非特北方不可取，而南方亦未易定也”。所以，当金朝废除齐国而愿意与宋议和，宋朝赖诸将之力也已具备和谈资本时，在于高宗与当国宰相秦桧方面，既是实现和平的有利机会，更授予铲除向藩镇之祸演变后患的大好机会，和议成立，且必须以压制武臣为前提。叶适议论下文，续言朝廷收回兵权诸措置，正便是一切回复正常化：“故约诸军支遣之数，分天下之财，特命朝臣以总领之，以为喉舌出纳之要。诸将之兵，尽隶御前，将帅虽出于军中，而易置皆由于人主，以示臂指相使之势。向之大将，或杀或废，惕息俟命，而后江左得以少安。”

可以了解，南宋的武臣抑压，迟早必然，却于历史事实发生之际断行，岳飞的被牺牲也已必然。理由十分明白，其一，反攻新形势果尔全面展开，无论成败，都促成武臣气焰再升高为可预料，则非常期便是南宋朝廷的危险期，必须当机立断，而形势前导者岳飞乃被弹压。其二，主战阵线诸将帅原非团结，反而相互间忌功倾轧。岳飞崛起最快速，战志最旺盛又事业最成功。诸将胜利纪录均守势的击退敌人，惟独岳飞趋前反攻制胜，个人节操与部队纪律严正，如拒绝张俊建议侵分韩世忠亲卫军，行军“冻死不拆屋，饿死不虏掠”，又于中兴诸名将中为特立独行，遭嫉、遭忌因之为尤甚。武臣自身间共同排挤的对象，便是秦桧树威示警选择最方便、下手最容易的对象，岳飞又注定须被牺牲。

将帅失协，总反攻即使实现，成功并无把握，战争又不能无休止持续，因之，和平论非绝对错误，赵翼《廿二史劄记》和议篇已堪循参考，适当时机的和平争取，也是当国者责任。却是，筹划和平以牺牲汉族自身的民族英雄岳飞为手段，则代价未免太过巨大。岳飞冤狱发生，韩世忠虽曾诘问秦桧“莫须有三字何以服天下”，仅系自己兔死狐悲感的发泄而无救援行动，张俊且附和秦桧，便是冤狱制造的帮凶，自私将帅的冷漠与冷酷，又堪浩叹。事过境迁，高宗次代孝宗时代而冤狱立加平反，更堪说明高宗时系纯粹有意的无辜牺牲岳飞，古今同悲岳飞，痛恨秦桧，乃从心理上深烙不可磨灭的印象。

岳飞遇害前后，奏斩秦桧的朝廷主战派领袖胡铨遭贬谪，赵鼎罢相，军人诸巨头刘锜、韩世忠等去职，宫廷支持的和平论完全胜利，而有绍兴十二年（纪元1142年）的宋金和平条约谈判成立，其条件：1. 宋向金称臣；2. 金归还高宗之父徽宗梓宫（绍兴元年崩，年五十四岁）与高宗生母韦皇后（高宗之兄钦宗以下则续被扣留，钦宗至绍兴三十一年崩终未放还）；3. 宋岁贡银、绢各二十五万两、匹；4. 两国东以淮水、西以大散关（今陕西省宝鸡县）为界，较北宋时代领土损失已五分之二（徽宗宣和时代一千二百三十四县，和约签定时保全仅七百零三县）。和约的最大屈辱系对金朝称臣，也是向来中国主轴的国际秩序一大变化。向来汉族天子君临天下，视所有异民族均为臣，五代石晋虽然最早臣事异民族的辽朝，但尚可解释之为石晋建国者自身同系异民族而为特殊事态。宋辽约为兄弟之国，汉族已与异民族变化改立于平等关系，只仍是宋“兄”为长。至是，尊卑关系乃完全颠倒，汉族中国竟已屈从服事夷狄。屈辱的臣事金朝，主战论者意气虽衰，仍然猛烈反对，秦桧第二阶段的压制，一方面是尽行解除宿将兵权，一方面又严禁政治批评，处罪反和议诸学者，主战论乃被彻底弹压而失却发言力。秦桧死后，绍兴三十一年（纪元1161年）金朝废帝海陵王一度破坏和平，号称百万雄师南侵时长江沿岸采石矶（北南京而南芜湖，今安徽省当涂县）之役，胜利的宋朝方面指挥官便已回复为文臣，虞允文一战成名。

宋金和平关系缔结，宋朝尽管屈辱与领域减削，究竟以领土疆界决定与干戈化消，而得步入正轨的内政整备时期，南宋国础渐渐安定。金朝方面海陵王紧张局势再制造也违背国内舆情，将士厌战情绪下侵略失败，立即遇弑，继位者乃金朝名君世宗。同一期间，南宋也已是同以贤明善誉的第二代孝宗在位。双方和平共存形势继续好转，不难自孝宗乾道元年（纪元1165年）修正绍兴年间条约窥测：1. 君臣关系改金为叔、宋为侄；2. 岁“贡”改称岁币，银、绢数额也各减五万为二十万两、匹（国界依旧），南宋朝廷精神、物质压力都倾向缓和，叔侄固仍系尊卑关系，却拉近了感情。南宋的繁荣期，便自孝宗之世来临，北宋时代盛况重现，而重文轻武的社会意识、弱兵的国家体制，以及对外和、战问题不再存在时的士大夫间党争，却也一切都已回复了北宋时代旧观。

高宗与孝宗间，乃血统的远缘相续，原因系以高宗无嗣，近缘的太宗子孙又均已被金朝俘去北方扣留，年迈筹划储位，便只有自太祖系谱的后裔中求取，而绍兴三十二年（纪元 1162 年）立太祖七世孙为皇太子，同年禅位为南宋第二代天子孝宗。所以传统的历史界流行因果报应说，谓太宗夺兄太祖子孙之位，帝统终复回复太祖后嗣。孝宗淳熙十四年，太上皇的高宗以八十二高龄崩，第三年淳熙十六年（纪元 1189 年），也已六十三岁的孝宗仿高宗例，禅位其子光宗。绍熙五年（纪元 1194 年）太上皇孝宗崩，同年光宗又禅位其子宁宗。

南宋承平日久的宁宗之世，党争再兴巨大风波。宋朝党争，北宋时代已加味士大夫间学派之争，新法党与旧法党的对立，同时也是王安石之学与思辨的理学间之争，而迄于北宋末，大体均新法党学者占优势。南宋之初一度提倡理学，秦桧政治的推动，王安石学派回复得志，理学被排斥为曲学而学说禁止。但于民间，理学仍然提倡，特别是孝宗时朱熹学说兴起的受欢迎，而廷臣也至以朱子之学为主要攻击目标。光宗宰相赵守愚支持理学势力向朝中伸张，朱熹与其友人被引入中央供职。宁宗继立，韩侂胄斗倒赵守愚专权当国，党争波及学界之势乃急遽发展，理学被直截指系伪学，禁绝著书立说。伪学一党题名五十九人，自政界被放逐（庆元三年，纪元 1197 年），是谓伪学党禁或庆元党禁，北宋蔡京的元祐党人之祸再现，朱熹便系党禁期间郁郁去世。

对外方面，金朝衰象已退，韩侂胄图乘其弱，轻启战衅（开禧二年，纪元 1206 年），却于大败之下，招致金兵的大入侵报复，宋朝北方国境全线溃退。宁宗斩韩侂胄首送金求和，嘉定元年（纪元 1208 年），绍兴和约第二度修正：1. 金宋关系升高为伯侄称谓；2. 宋朝岁币增额至银、绢各三十万两、匹，另加犒师费银三百万两，国界如前，以自取其辱结束这场国事儿戏。

便于其时，蒙古族已如旭日之升，连连压迫西夏与金朝。南宋第五代理宗以下，以宁宗又无子嗣而再转入太祖另一支系谱。北宋亡国的一幕也正重现。理宗宰相史弥远投机连结蒙古灭金于前，弱宋与强大蒙古接壤后，度宗宰相贾似道续演订约又背盟的国事儿戏于后，南宋末代恭帝德佑二年（纪元1276年，蒙古改建元朝的世祖至元十三年），元军陷临安，俘虏恭帝、皇太后、皇族、百官、宫人北去，南宋七代一百五十年而亡。宋朝全历史三百十七年，两度倾覆于异民族的轨迹相同，以弱兵而不能抗御外侮的原因也相一致。北宋覆亡，尚得偏安为南宋，南宋覆亡，已无机缘再兴。由遗臣保护沿东南海岸退却的度宗两幼子，帝昰（端宗）即位于福州而败死广东，帝昺续于崖山（广东省新会海中）即位又败死，流亡政府存立仅前后三年，纪元一二七九年南宋朝命脉绝灭。

南宋亡国，死节之士特多，文天祥勤王兵败，被俘不屈所赋“人生自古谁无死，留取丹心照汗青”著名诗句。以及死难前幽囚大都狱中作《正气歌》长诗，均系千古流传，感人肺腑。张世杰所拥系流亡政府播迁奔波期仅有的武力，最后与负帝昺投海的陆秀夫，先后殉国，共宋祚同亡，合文天祥被称三忠。谢枋得、陈宜中等，也都是同时期同等忠烈的人物，《宋史》忠义传八篇，收录传记至二百七十四人。宋末如此之多的忠节之士出现，较唐朝覆亡时的现象完全相异，学界向来重视，推崇为宋儒理学的义理学风教养影响，砥砺汉族民族思想发扬至沸点。

然而，宋亡三忠，除张世杰系小校出身的职业军人外，文天祥、陆秀夫固均科举甲人，文天祥且是第一名进士及第的状元，其余死事国家也多是读圣贤书的士大夫。相反，南宋朝臣降仕元廷者却同样非少，文天祥之弟文璧便是，临安陷落后追击流亡南宋朝廷的元朝大将张弘范，又正是立场与之针锋相对的张世杰从兄弟。事元朝世祖，以书、画、诗文、理财之术见长的赵孟頫（子昂），更系宋朝皇族身份，此其一。其二，南宋中期以后几乎相续盘据相位，揽权误国的韩侂胄、史弥远、贾似道三奸臣，韩侂胄之母系高宗皇后之妹，光宗皇后又其侄女，贾似道之姊则理宗宠妃，政治多少加涂了外戚色调，但三人同样都是进士出身，与忠臣无异。换言之，士大夫间自分忠、奸，又相对立的形势，南宋与北宋一脉相承，韩侂胄且便是北宋名臣韩琦的曾孙。所以，理学培育忠臣爱国气节与激发民族意识为诚然，却非连结绝对的，以及必然的关系。

所堪注目，毋宁须在宋朝社会士大夫层面构成后，庞大政治影响力的潜在。通过科举考试之门直接参与政治为无论，在学期的“士人”阶段已具发言力，则迥非历代所可比拟。尤其接受国家教育，知识分子前列位置的最高学府太学学生数字，北宋徽宗时代由蔡京扩充至三千人之多，其时以来，太学生政治批判风潮兴起，形成左右朝政的盛大舆论。这股潮流，自宣和七年（纪元1125年）太学生运动领袖陈东最早上书请斩蔡京、童贯等以来，蔚为北宋—南宋转移阶段主战论最有力的支援（秦桧也是靖康元年和约反对运动领导人之一，其时正任职太学司业）。北宋亡国，太学生多陷敌手，得以追随南渡的人数非多，又经秦桧弹压主战论而学生运动一度退潮。高宗末恢复太学生数定额一千人，宁宗时禁锢朱子之学，太学生却再增至一千七百余人，发言力开始回升，伪学五十九人中便列有太学生六人。党禁解除以至理宗治世，理学集大成的朱子学已发达拥有学界压倒势力，确立其儒学正统地位，学生政治活动高姿态陪伴重现北宋旧观。而同一时期，蒙古之兴，金朝替代辽朝位置的国际三角关系，也已重现北宋翻版。十分明白，抗拒外侮不能单恃精神而毋须凭实力，爱国运动情绪的激昂虽可喜，威武不能屈的慷慨赴死精神虽可敬，却都对救扶大厦倾倒无实益，临安之陷，太学、宗学生数百人便束手就缚，随皇族、朝臣被蒙古兵俘虏北去。北宋亡国，系赖武人奋起才得中兴南宋，南宋亡国，便只有听任复国绝望。则与其傲岸于亡国时的死节，不如惋惜亡国原因的重文轻武矫枉过正，以及幸有挽回机会，又于南渡立国初稳之际，立即在毋须考虑武人之弊，是否也可循疏导原理化治的文人独断理念下，退回北宋立场。宋朝最终命运因而全行丧失战斗力，自是的汉族，也以三百年宋朝为关键，而铸定其民族性格。

宋朝世系图

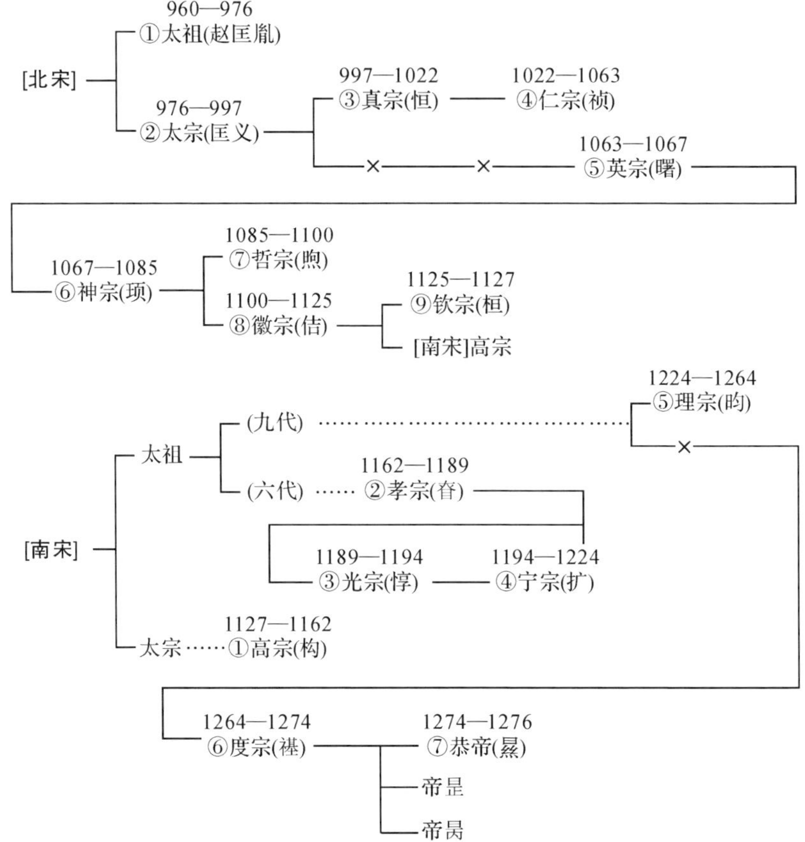


## 文治主义与君主专制绝对化

宋朝乃中国史上经由唐末五代酝酿而完成的重要变革期。变革背景的分裂时期权力者主体节度使没落，藩镇支配体制解体，而近代中国的君主专制政治展现，起点便置诸宋朝诸制度的建设与发展。

《宋史》职官志序总述宋朝政治制度："三师三公不常置，宰相不专任。三省长官，尚书、门下并列于外，又别置中书禁中，是为政事堂，与枢密对掌大政。天下财赋，内廷诸司，中外筦库，悉隶三司。中书省但掌册文、覆奏、考帐；门下省主乘舆八宝，朝会板位，流外考较，诸司附奏挟名而已。台、省、寺、监，官无定员，无专职，悉皆出入分莅庶务。故三省、六曹、二十四司，类以他官主判，虽有正官，非别敕不治本司事，事之所寄，十亡二三。故中书令、侍中、尚书令不预朝政，侍郎、给事中不领省职，谏议无言责，起居不记注；中书常阙舍人，门下罕除常侍，司谏、正言非特旨供职，亦不任谏诤。至于仆射、尚书、丞、郎、员外，居其官不知其职者，十常八九。其官人受授之别，则有官、有职、有差遣。官以寓禄秩、叙位著，职以待文学之选，而别为差遣以治内外之事。其次又有阶、有勋、有爵。故仕人以登台阁、升禁从为显宦，而不以官之迟速为荣滞；以差遣要剧为贵途，而不以阶、勋、爵邑有无为轻重。”“外官则惩五代藩镇专恣，颇用文臣知州，复设通判以贰之。阶官未行之先，州县守令，多带中朝职官外补；阶官既行之后，或带或否，视是为优劣。”与唐朝制度比较，变革方向鲜明可见。

于唐朝，宰相职能虽已分散数人（同中书门下平章事或简称的同平章事），各别的意见由天子决裁，但天子对政治问题的决策，所连结仍惟单独为宰相，国家政治也名实均集中由宰相负责。类似委员制的宰相合议场所政事堂，其直接下达所谓“堂帖”的命令，较之天子名义的敕令，效力非只相等，且以直结现实问题与其时效而犹被重视。诏书于立法手续完备（中书拟定，门下同意）后，天子必须签署（用玺）颁布。宋朝则一变旧貌——

蹈袭复数同平章事合而为宰相的原则之外，加置同系复数的参知政事，同于同平章事权能，同系宰相而仅官位稍低，资历较浅。同平章事、参知政事依合议为政务审议，然后天子最后决裁，宰相职权再被细分与掣肘。堂帖已被取消，制定诏书也必须“面取进止”，由宰相先具札子由天子核定，然后依天子意志正式拟旨，宰相权限且已缩小，由君权大幅吸收。

同平章事与参知政事均系“职”而非“官”，《宋史》职官志一宰相条所称“以丞、郎以上至三师为之”，固沿续唐制，但唐朝惟宰相与新置临时性质诸“使”职为官、职分离。宋朝则制度中全部的官，都已与所掌管的职抖乱关系，而且“职”专用于狭义接近天子的文学侍从之选，广义的“职”则以

"差遣"或"差"称谓，如职官志序所说明。所以，"官"单纯以示阶级或"位"的意味，名、实已不相符，有官无差，便无实职。吏部尚书应系握有人事权势的吏部首脑，宋朝则形成加诸宰相的阶位，三省长官中书令、侍中、尚书令尤已转变与三师同性质专示尊荣的官位。门下省蒙受影响最大，非只失却唐制与中书省辅成意义，机关自内廷外迁，改立到尚书省相似位置。抑且，门下系统的各级谏官，责任原系诤谏天子，平衡天子—政府权力，宰相凭以限制天子专制的有力机能，却也因官、职分离，非天子特命不任其职，而机能丧失。至此，政府空具人事权，用人实际全移入天子之手，又已不受制度上的监督，君权集中与膨胀再升高一层。所以，十世纪宋朝状态，与西洋史上近代之初，自教皇权威下解放的十六世纪欧洲绝对君主制（Abs - Olutism），两者间具有颇为相似之点，这又是意味宋朝所赋近代特色。

宋朝政治组织一变唐制的另一特色，系执行总机关尚书省六部之上，各别设立其监督机关：吏部→审官院、户部→三司、礼部→礼院、兵部→枢密院、刑部→审刑院、工部→文思院。诸监督机关性质的便是六部重叠差遣为可知，新设原因，也可据而了解，其一，便是掣肘执行机关，防范专权；其二，诸监督单位官位虽有高低，直属天子上奏政情的关系则一。天子与政府的连系，由此改变为多线发展，总由宰相代表政府的传统打破，又是近代史上君主专制政治的一大跃进。

对应六部的六机关中，其回复宋朝创置，惟最重要、地位最高的枢密院与三司，系上承先行朝代而于宋朝注入新机能。关于枢密院，《宋史》职官志二枢密院条说明："与中书对持文、武二柄，号为二府"，也自门下省移出宫内，与三省中独存内廷的中书省，一主行政，一主军事，同系处于宫内的国家最高机务机关。与之相关联，乃对应前代军阀所遗留私兵处分问题而断行兵制改革。《宋史》兵志序介绍宋朝的新兵制："宋之兵制，大概有三：天子之卫兵，以守京师，备征戍，曰禁军；诸州之镇兵，以分给役使，曰厢军；选于户籍或应募，使之团结训练，以为在所防守，则曰乡兵。"乡兵系地方自卫队意味，备警察任务的义勇组织，军事上正式编制，因之惟是禁军（中央军）与厢军（州兵），役者便是前代节度使军队切断其私兵关系加以分散后的系谱，两者补充时兵源合而为一与国家统筹，乃变化的根本所在——

第一，宋朝军队仍系出自募集方式的职业兵，兵员召募时，由地方选强健者送中央编入禁军，选剩者才留各州为厢军。所以，禁军素质基本上已超过厢军，成军后又续不断以厢军中所发掘干练者升入禁军，相对则禁军中无能者淘汰降入厢军，而厢军益益与禁军的强化拉大距离。加之厢军平时不施军事训练，主要系从事州城河川与其他工事的营缮，所以，厢军或州兵，事实上成为集合无能不成材者、失业分子、饥民、犯罪处刑的囚徒等大杂烩收容所（见《宋史》兵志七召募之制）。厢军即空具其名，全无战斗能力，国防凭恃的武力，便惟有中央禁军。

第二，正规作战部队也从制度上便设定于惟有天子亲卫军意味的中央禁军，自《宋史》兵志序前引记载可明白见出。殿前司、侍卫司（又分马军、步军）三系统禁军，平时约半数警卫京师与宿卫宫廷，另半数于更戍法下番替分戍国境线与国内战略要地，战时则调遣出征，担当了国防、卫戍、征伐重任的全体。宋朝抑压前代军阀，收夺地方兵权，兵力的集结中央乃是必然结果，地方军队弱体化也成为当然现象。

第三，禁军指挥权又非统一而系三分，三军司令官（都指挥使）各别直隶天子，均指挥兵马而无统帅权。统帅权归参赞机务，参谋本部意味的枢密院通过天子而领有，虽一兵一马移动，必须出自枢密院命令。简言之，兵权二分为统帅权与指挥权，而其上集中由天子总辖。抑且，指挥系统的武官与部下间，私的亲密关系形成可能性也被切割，更戍换防时将、兵因之非偕同派遣交代，所谓“师无常帅，帅无常师”。内外用兵，将帅的临时差遣，事毕而罢，理由相同。

军事制度的强干弱枝而又权力分散，系宋朝一大特色，但也是回复中央集权时全体制度的共同特色。另一共同特色，文治主义下军事方面的文官优位体制尤堪注目：

——出征由文臣统率军人的原则建立，仁宗时对西北西夏战争期间，总司令范仲淹、韩琦均当时有名的政治家，系其著例。

——枢密院长官枢密使或知院事的任命，也以文臣为主。仁宗时名将狄青任枢密使，以文臣间流言，指其得士卒之心，“人情颇疑”而罢职。另一例狄青之前，同系仁宗时代的武人枢密使王德用，且以其貌似太祖为具危险性而被排斥（均见《宋史》本传），《宋史》职官志二枢密院因之谓“（长官）或以武人为之，亦异典也”。

——唐朝文选吏部主之，武选兵部主之的制度，宋朝已全变，兵部无人事权，止掌武举、仪仗、器械等事，无论文、武官的任用、考绩、升迁，概由吏部统一掌理（《宋史》职官志三吏部、兵部条），又是配合枢密院取代为最高军政机关地位，文官优位的坚实立脚基石。

如上政治准则下，军人士气无由激励已可估测，禁军理论上固必较厢军精锐，结局仍以来源相同，素质从不稳定而与厢军合流。宋朝立国百年的仁宗末嘉祐年间，已有言官沉痛指出“比岁筹募禁军，多小弱不胜铠甲”（《宋史》兵志七召募之制）。再隔英宗至神宗初《文献通考》兵考五（兵制）元丰二年条引王安石说神宗行保甲法，减募兵数而移其经费训练民兵之言又是：“太祖时接五代，百姓困极，公侯多自军起，故豪杰以从军为利。……今百姓安业乐生，而军中不复有如向时拔起为公侯者，即豪杰不复在军，而应募者大抵皆偷惰不能自振之人而已。”以后续半个多世纪而北宋亡，此期间禁军愈向无力化堕落，《文献通考》兵考五政和五年条按语尤有明晰说明：“自元丰而后，（新法保甲法下）民兵日盛，募兵日衰。其募兵阙额，则收其廪给，以为民兵教阅之费。元祐（神宗次代哲宗年号）以降，民兵亦衰。崇宁、大观（哲宗之弟徽宗年号）以来，蔡京用事，兵弊日滋，至于受逃亡，收配隶，犹恐不足。政和之后，久废蒐补，军士死亡之余，老病者徒费金谷，少健者又多冗占，阶级既坏，纪律遂亡。童贯握兵，势倾内外，凡遇阵败，耻于人言，第言逃窜。……靖康之初，召募益急，多市井亡赖及操瓢行乞之人。”宋朝规定募兵的退伍年龄足六十一岁，平时已多老弱残兵，有事时增募又多无斗志的社会渣滓与蠢虫，弱兵乃为必然，国家兵数愈养愈多，而仍难抗外侮，也为必然。

财务行政发达，又系宋朝制度一大特征。唐朝中期以来，以专卖收入与商税之兴新置盐铁使，又为适应财政复杂化的整理需要而增度支使，原财政主管尚书省户部权限被分割。宋朝，即并列的户部、盐铁、度支的财政三司加以统一监督，合为“三司”，长官称三司使，职权之重与宰相相埒，当时号“计相”。唐朝税收的上供、留使、留州三分配制，宋朝也已废止，由三司统筹，财政面又完成中央集权化。

惟其如此，宋朝国政推行原则，系行政、军事、理财三权或三职能的分立，各别统辖此等职能的中央三大机关，便是二府（中书省、枢密院）加三司。与之对立，唐末已赋“内相”之称的翰林学士，宋朝陪伴君主专制政治成立，职位愈益重要，也以其最为接近天子而最以清贵被艳羡。同时，又自唐朝弘文馆（属门下省，宋朝避讳改昭文馆），集贤殿，史馆（均属中书省）三馆与内廷侍读、侍讲制度的基盘飞跃扩大。除三馆仍隶两省，由宰相兼大学士外，大量成立无职位，也无所属的殿（观文殿等）、阁（龙图阁等）学士独立系统诸官，供出入内廷，备天子顾问、谈论学问。宋朝文人政治与文治主义，以历史上初见如许的文学侍从之臣出现，与其环绕天子为中核之势形成，而加涂其不褪的浓烈色调。

地方制度，宋朝蹈袭唐朝的州县两级制形式。唐末、五代节度使治下拥有大势力的地方长官州刺史，瓦解藩镇体制时，由于中央直接任命文官莅任，以及加派文官通判治事（大州且是二人）的双重处置，而朝廷收回行政权。只于相同的地方行政系统位置上，发展为府、州、军、监四种形态，前两类沿自唐制，后两类乃新制。“军”侧重军事需要，隶一至三县；“监”系国营工场所在，仅辖当地一县，但主体仍系“州”。藩镇时代职能被州侵夺，任轻位卑又多无能者担当的县令，同样派中央官员接充，矫正不振弊风，以收牧民实绩。地方幕职、佐理官，包括县丞、主簿与新设的县尉，也一概由朝廷任命。如上大幅度改革，目的固系回复被藩镇变制破坏的地方行政正常机能，却已寓有历史的划期意义：

——州、县长官“刺史”等固有地方系统官名，自此取消，一律以中央政府官衔与身份“知”其州事、“知”某县事，开创后续朝代知府、知州、知县，以迄民国初年仍然以县知事为称谓的制度。一方面，代表州、县向中央归属，已概由朝廷直接支配，天子与人民间，不允许再如昔日分几阶段行政统辖事态的存在。另一方面，“知”系权宜或临时性代理治理的意味，其权力由中央加以限制，不允许独断专行。刑狱复审制与犯罪须报中央定谳，便自宋朝始。地方长官的身份与职务，均已由朝廷紧缚。

——地方系统得与中央对立，其意识根源阶段性统治，系地方长官在于任地，赋有自由任命属官的人事权。此一历史传统，也自宋朝，隶属地方长官的辅助官员如同长官，均由朝廷直接任命而全变。无论州、县间或长官、属员间，意义谓惟在职务上才存在管辖关系，身份则同等出自朝廷任用，同沐天子之恩。

——地方一级行政区州的长官，知州之外加置通判，两者关系如同中央政府同平章事与参知政事。通判乃知州之副，而非属官，仅地位稍低，职权同于知州，作用也便在掣肘知州权力。

州、县数字，各时代自非固定不变，神宗元丰时全国共京府四、府十、州二百四十二、军二十七、监四、县一千一百三十五。

州级区划繁细，可以防止地方势力强大化，但反面的烦恼也是监督不易周全。立于行政灵活与便利的需要，而州以上介在朝廷之间，乃有“路”的虚级大行政区陪伴所谓监司的设置而成立。《文献通考》职官考十五转运使条引东莱吕氏曰：“国初，未尝有监司之目。其始除转运使，止因军兴，专主粮饷，至班师即停罢。”太宗时最后完成藩镇武臣的压制，分全国为十五路，转运使才全面以及固定设置，除掌一路的财赋外，也委兼所收夺节度使刑狱与边防之事，一时握有非常的权力。旋又以转运使权力过重，次代真宗时割裂其一部分职任分置“提点刑狱”，真宗、仁宗时陆续置安抚使，神宗时罢诸路安抚使而再分转运使之权置“提举常平”，徽宗时又恢复安抚使。至是，东莱吕氏指出：“监司之官既众，所领之职又分，诸路复以知州带一路安抚、钤辖等名目，自领军事，而转运司所职，催科征赋、出纳金谷、应办上供、漕挈纲运数事而已。”所以，“路”的性格便似汉朝的“州”或唐朝的“道”，却也已变形，职务非汉、唐之制的单纯而及于多方面系其一，多方面职务的权力分散，监司由最早的转运使一化为四，又系其二。“路”的析置数字，仁宗时增为十八，神宗时二十三，徽宗时再增为二十六（《宋史》地理志序）。

从如上宋朝统治形态，可以见出，无论中央或地方，均系否定武臣权力，文人政治却又权力细分化为特征，而支配系统顶点集中到天子。也惟其立脚于摧毁藩镇畸形体制为基盘的宋朝中央集权制，把握的是重文轻武原则与官、职分离，全凭天子亲裁的方针，中国历史上君主专制体制乃行最初成熟。

神宗时代，复古精神为骨子的大改革运动兴起，新政治制度也于此风潮中，自元丰三年（纪元 1080 年）展开，是即有名的元丰新官制。并合重叠衙门，官职回复一致，平章、参政的宰相职衔改以尚书左仆射兼门下侍郎行侍中事，尚书右仆射兼中书侍郎行令事实任，三司取消而其职务分别吸收入户部、工部、刑部与其他官厅，都是显例，大体上乃依唐朝"六典"制度为准则。然而，也适应新的时代而非全系唐制复活，枢密院仍与三省对立为国家决议机关，以牵制大政专断，保持专制君主权的基本方针不变，武官任用非由兵部而系吏部统有文、武官任命权，文官优位制也仍是大异唐制的宋朝特色。地方制度原较单纯，监司四分之制成立且在神宗以后，所以元丰改革官制，地方方面的改变影响非如中央强烈显现，但官无虚职，名实相当的原则则一，"知"字衔名与其含意不变，非全盘唐制复活意义也相同。替代"官"以系禄秩，乃新制定"阶"制，所谓以阶易官的元丰寄禄格，供内、外回转。

元丰新官制实行，距北宋之亡已不满五十年，须由南宋继承，而新、旧官制的阶段性才明显。惟南宋制度于元丰基盘上也续有修正，左右仆射宰相官名，自第二代孝宗时改左、右丞相，且虽分左、右而一人独相之时为多，枢密院长官又是军兴与宰相兼任，兵罢则免兼，中期以后且是固定例兼。三省分立与二府对掌机务之制，渐向丞相统辖旧传统回复，此其一。其二，北宋之末四分地方监司后，领土减缩到仅有淮水、汉水以南十六路，山南西路一府（凤翔）、陕西路四州（阶、成、和，凤）的南宋，确定其重要性基准的四司排列顺序为帅、漕、宪、仓。帅即经略安抚使，漕即转运使，宪即提点刑狱（按察官吏），仓即提举常平、茶、盐。帅司经略安抚使势力抬头为一大转变，由原掌一路兵马之事，渐以兼任重要州、军守臣，权力扩及民政，而《宋史》职官志七说明，南宋时终至"掌一路兵民之事，皆帅其属而听其狱讼，颁其禁令，定其赏罚，稽其钱谷、甲械出纳之名籍而行以法"。简言之，帅臣虽仍是文臣，却渐渐已向前代节度使之势回复，府、州、军、监之上虚级的"路"

也转变为实质大行政区，原二级制地方制度完成三级制面貌。到元朝，路领府而府又领州，地方制度便愈形复杂化。

可以了解，纪元一二〇〇年左右南宋中期（宁宗时代，蒙古成吉思汗登位稍前）以后，宋朝君主专制体制已发生动摇，权臣政治仍然有隙可乘。吸取经验，杜绝此弊端而君主权力发达至极致，须经过蒙古人元朝征服统治，回复汉族政权的明朝。

明朝政治重建，形貌蹈袭元朝制度，根底便隔代受继宋朝制度精神。尚未完全倾覆元朝势力的明太祖洪武十三年（纪元1380年），藉口胡惟庸之变，决然废止独存的政务中枢中书省，革罢丞相之位，六部各自独立而直属天子，左、右侍郎系尚书之副而非属官，同系长官级的所谓“堂官”，各别为天子负责。枢密院更名的大都督府仿“六”部分割为五军都督府（各置左、右都督、都督同知），御史台更名都察院，也是左、右都御史，左、右副都御史四堂官。国家机能分立行政、统帅、监察三权，三权各自内部又相掣肘，而一概向天子集中。惟一的、绝对的天子权威观念，推展已达顶峰，再无对抗或掣肘天子权力的势力可能产生。地方制度，元朝各行省（行中书省）的架构仍旧，从来中央官厅的“省”，由是确定转乎地方大行政区。省的统治方式则移用宋朝“路”的原制，对应三权分立原则，分设都指挥使（军事）、布政使（行政）、按察使（监察、司法）三司，相互地位平等而各别直隶朝廷。其下府、州、县复式体制，长官逐级仍以“知”为称，却均已非差遣而改品官。省与府、直隶州之间，又介在元朝制度中已缩小宋制辖区与降低其地位的“路”所改设，布政、按察两司分司意味的虚级的“道”。全国区划，分两京（太祖、建文帝的惟以今日南京的应天府为京师，成祖改北京布政使司为京师，原京师改南京，而两京制度成立。即：应天府为中心的南京或南直隶、顺天府为中心的京师<北京>或北直隶，均系大辖区如布政使司）、十三承宣布政使司（提刑按察使司同）山东、山西、陕西、河南、江西、湖广、四川、浙江、福建、广东、广西、云南、贵州，除湖广外已全是今日省名。

兵制更新，矫除宋朝弱兵之弊，系明朝一大进步。区分天下黎民为民户与军户二大别，自民户区划具有军籍的人户非隶州、县而隶卫、所，以卫所为对象拨给田土，免赋课，平时屯田受训，有事出征。兵员不退伍而以家内丁男递补，父子相继，专门的、世袭的服兵役，得保持职业兵素质与役龄的一定水准，兼具募兵与征兵优点，国家又节省养兵之费。军户以每户出一兵为原则，百十二人设一百户所，百户所十为一千户所，千户所五为一卫，卫之上便是简称都司的都指挥使司，长城以内都司依布政使司辖区设置，卫所也错杂于州县间，长城以外撤销民政建置而单独成立万全、辽东、大宁三都指挥使司（所辖便是替代州县的所谓“实土卫所”），共十六都司，另外五行都指挥使司，均由中央五军都督府分统（两京卫所则非隶都司而由都督府直辖）。其制可知系自元朝的汉人兵制创意，卫相当于元朝万户府，都司又是都元帅府。与元制的基本差异，五军都督府无直辖部队，京城卫戍，乃诸卫兵番上编成中央禁军而担当（今日“调查局”性质的锦衣卫名为“卫”而非军队，成员也例外出自募选），已系独立部队而非五军都督府管辖系统。长城外国境线上的边防部队亦然，由总兵官（以后又有提督）统率，与出征时相同。所以，卫所初制的完备，足可媲美唐朝府兵制，而渐渐制度的堕坏，也全如府兵，抑且，成祖末已见其端倪。《续文献通考》田赋考五屯田门记载：（永乐）二十二年（纪元 1424 年）十一月（时仁宗已即位），禁所司擅役屯田军士：“谕户部尚书夏原吉曰：……先帝立屯种，用心甚至。迨后所司以征扰之，既违农时，遂鲜收获，以致储蓄不充，未免转运。其令天下卫所，凡屯田军士自今不许擅差妨其农务，违者处以重法。”自是漏洞愈裂愈大——

《明会要》兵二屯田卒项记“宣宗（仁宗次代，仁宗在位仅一年）之世，屡核各屯，以征戍罢耕及官豪势要占匿者，减余粮之半”的后一事态恶化，景帝景泰三年（纪元 1452 年）已如学士商辂奏言：“边外田地极广，先因在京功臣等，将附近各城堡膏腴之产，占作庄田，其余闲田，又为镇守总兵、参将等占为己业，以致军士无田可耕”（《续文献通考》田赋五屯田门，又引《明史》食货志：“自正统 <景帝之兄英宗年号> 后，屯政稍弛，而屯粮犹存三之二。其后屯田多为内监、军官占夺，法尽坏。宪宗 <英宗子> 之世颇议釐复，而视旧所入，不能什一矣”）。便是说，卫所长官、权贵、宦官的占役与占田，军士既不堪役使，又无田可耕，惟有逃亡，而有《续文献通考》兵考九宪宗次代孝宗弘治十三年（纪元1477年）条“臣等谨按”之言：“明代军卫，遍于天下，逃亡占役，至于无兵可用。于是行召募之令，军苦于役而令民为军，又使世及，其谁愿之。”上距前记永乐二十二年仅五十多年，仍然返还募兵之途，而且以非民所愿而已出诸强迫抽选。

卫所体系瘫痪期间，政治架构的上层也在变化。中央方面，天子亲裁万机的谘商组织，自成祖时代选拔翰林院中有能学者，开始形成所谓内阁，兼具秘书与顾问机能。但官位初尚非高，以后从加官高品位殿阁大学士，终至四殿、二阁的内阁大学士位列六部尚书之上，形貌上已似合议制的宰相，而今日便以“内阁”一词翻译英国系政治制度的inner cabinet。然而，明朝内阁仅只天子顾问与秘书性格，不具有统率行政机关权力，较之今日“内阁”的实质，全然非是。

地方方面，十五世纪前半宣宗宣德年间以来，原临时性差遣，事毕即罢的巡抚，普遍于各省交代，次代英宗正统时又以军兴的原因，开始派出总督，其后两者差遣资格且固定为都察院、兵部正副长官。地方分立的三权之上，由是出现统合机关，惟与布政司、按察司、都司的三司，仍非建立直接的统属关系，如同中央内阁之于六部。此等中央与地方关系，再变化与再调整为中国君主专制时代最后的政治形态，乃待清朝受承之后。

明朝变更历史上建元传统，确立一世一元之制，一代天子，一个年号，治世期间不改元的原则，也由清朝所蹈袭。

十七世纪清朝灭亡明朝建立的征服朝代，对汉人政策是高压与怀柔手段并用，也必须借汉人之力统治汉族中国。所以，于明朝制度，无论中央或地方，一概忠实继承，差异惟在运营。中央高等官员数必成偶数，满洲人与汉人各一，如六部堂官，每一部均增至六人。此于表面固似公平，但按满洲人与汉人悬殊的人口比例，已显见征服者优势，抑且，同一官位的满、汉权力也非平等。地方官一职一人，任用不分满、汉，满人优位尤易明白。

立于明朝制度上的变化，内阁大学士品位仍然崇高，职权却退回到纯然天子秘书处性质，顾问权移至十八世纪前半世宗雍正以来差遣复数的军机处大臣。明制出自差遣的总督、巡抚，清朝实任为地方长官，巡抚掌一省行政的最高权力，总督与之辖区重叠，却超越一省且总统军、政，两者间相互牵制如中央六部的尚书、侍郎关系。布、按二司官位不变，权限则由是转变为今日地方制度“厅”的意味，明朝地方三司中都司随已有名无实的卫、所之废，清朝制度中已无，中央的五军都督府亦然，军事权完成与行政权的合一。兵制便以征服者自身原有的八旗兵为主力，汉人“绿营”辅佐。绿营仍系世兵，但非令屯田维生而改给月饷，以及提督、总兵、副将、参将以下统率，蹈袭的是明朝战斗部队编制。

清朝地方大行政区划，自明朝南、北直隶与十三布政使司基础上再调整，南直隶分江苏、安徽两省（明朝南京废），北直隶仍称直隶而同入省列，湖广分湖北、湖南，析陕西恢复元朝甘肃省，代表汉族中国的所谓“本部十八省”完全设定。仅余秦、汉最早统一国家成立以前便是汉族中国传统领土一环节，明朝孤悬关外的辽东都司实土卫所辖区与东北辽河流域，以系清朝龙兴之地而建设盛京奉天府（沈阳），与北京顺天府相对立，也因而切离汉族中国本部十八省。须西方列强帝国主义瓜分中国野心已明日张胆揭露的清朝末年，关外才建制奉天、吉林、黑龙江三省，与同样在列强领土侵略背景下成立的新疆省、台湾省，十九世纪末与二十世纪初，新增五省。台湾省仍被日本并吞，二十二省合内、外蒙古、西藏，乃于推翻清朝时铸定为中华民国的领土范畴。

总结中华民国革命成功以前旧中国政治形态，关系到的一大课题，系外戚与宦官。汉朝外戚形成最大政治问题，却也惟是君主权威尚非绝对化的汉朝，其后毋宁已系与权臣结合为二而一的问题，外戚身份也由权臣所掩盖，独自的外戚问题，历史上汉朝以后诸朝代未曾再现，此其一。其二，君权着着强化，权臣弄权机会日减，外戚影响力愈受限制。宋朝仁宗、英宗、哲宗、徽宗四代，嗣位之初均以年幼而母后称制，却从未发生如汉朝外戚干预政治现象。明朝天子、亲王后妃宫嫔，例选自民间（所谓“选秀女”），且从制度上切断了勋、戚关系。所以，遗留强烈特性的，只有宦官，汉朝固然，唐朝仍兴起轩然大波。原因系以宦官权力根源，较之权臣或外戚都迥异，附着的便是天子权力。只是，君主专制绝对权力初展期的宋朝，宦官性格也较前代收敛。徽宗时童贯威势倾天下，乃单纯限于个人得天子宠信，背后并无似唐朝般彼等自身所发展特殊组织的势力支撑，内侍省官位于宋朝且被抑低至正六品。

宦官滔滔浊流回升，系在明朝，却也是完全倒反了太祖初衷的发展结果。明朝宦官，如何自严厉取缔与压制遽然解放，而且一发不可收拾，《明史》宦官传的综合说明是："明太祖既定江左，鉴前代之失，置宦者不及百人。迨末年颁《祖训》，乃定制为十有二监及各司局，稍称备员矣。然定制，不得兼外臣文武衔，不得御外臣冠服，官无过四品，月米一石，衣食于内庭。尝镌铁牌置宫门曰：'内臣不得干预政事，预者斩。'敕诸司不得与文移往来。……建文帝（惠帝）嗣位，御内臣益严，诏出外稍不法，许有司械闻。及燕师逼江北，内臣多逃入其军，漏朝廷虚实。文皇（成祖）以为忠于己，而狗儿辈复以军功得幸，即位后遂多所委任。永乐元年，内官监李兴奉勅往劳暹罗国王。三年，遣太监郑和帅舟师下西洋。八年，都督谭青营有内官王安等。又命马靖镇甘肃，马骐镇交趾。十八年置东厂，令刺事。盖明世宦官出使、专征、监军、分镇、刺臣民隐事诸大权，皆自永乐间始。初，太祖制，内臣不许读书识字。后宣宗设内书堂，选小内侍，令大学士陈山教习之，遂为定制。用是多通文墨，晓古今，逞其智巧，逢君作奸。数传之后，势成积重，始于王振，卒于魏忠贤。考其祸败，其去汉、唐何远哉。"可知晓距太祖之崩不过廿余年，永乐十九年（纪元 1421 年）迁都北京以前，太祖筑起抑制宦官的堤防已全面决溃。

成祖修正国家百年大计，重心之一便是宦官重用。秘密警察特务机关东厂自成祖之世诞生，上直卫之首，专治诏狱，侦察、逮捕重罪犯的锦衣卫将校受其指挥，乃是明朝政治的特产品，而东厂委任者便是宦官（司礼监秉笔太监之一总其事）。宦官代表天子与国家出使外国，也自明朝习以为常。所以，十二监、四司、八局，总称二十四衙门庞大构成体的明朝宦官大涨潮时，所与任务范围之广，于中国宦官史上为空前未见，系堪注目事象之一。

之二，成祖之孙宣宗（其父仁宗继位翌年即殁，因之等于祖、孙间传承）嗣立，又继宦官任务扩张而素质提高。从根本破坏太祖禁止宦官读书接受教育的祖训，于宫中设立宦官学校内书堂，多选小内侍从十岁上下开始攻读经书，由翰林官教导。宣宗宦官教育热的结果：其一，促成宦官也是知识分子，明朝宦官专权之始的宣宗之子英宗时代王振，便是内书堂初期出身者之中的著名人物。英宗九岁登位，自皇太子时代，王振已受宣宗托付指导这位储君读书、习字，英宗继位后仍以严师态度对待，且奉称制摄政的太皇太后命照料小皇帝起居生活，所以英宗自始便在王振教育下成长。迨正统中太皇太后殁，成祖以来历仁、宣两代元老重臣又均相继谢世或退隐，王振专断时代，乃凭其长期养成的特殊条件而成立。也惟其年轻天子英宗对王振已系惯性依赖，才可以不顾王公大臣一致反对，独听王振意见亲征北虏，激发土木之变兵败被俘的巨祸。其二，也以宦官学识水准提高，而内阁之上，再一内阁隐然于内廷成长其驾凌之势。内阁的顾问职司，宣宗时对内、外奏文，制定由大学士书面签注意见，拟具批答草稿的处事方式，所谓“票拟”（亦称调旨、条旨、票旨），系此一变化的起步。变化经纬，清朝乾隆时勅撰《续文献通考》职官考二宰相项内阁大学士条，引廖道南《殿阁词林记》有简明记事：“至宣德时，始令内阁于中外章奏，许用小票墨书，贴各疏面以进，谓之条旨，中易红书批出。及遇大事，犹命大臣面议，议既定，传旨处分，不待批答。自后，始专命内阁条旨，然中每依违，或迳由中出。”侧近政治形成，与君主空间距离之差便是侧近者之间权力之差，阁臣失却与天子直接接触机会，宦官的居间分量顿形加重。抑且，每日所有臣僚章奏，天子亲自决裁的已仅少数，其余均交专掌文墨的内侍十二监之首司礼监，依阁臣票拟用天子名义批答，所谓“批硃”，司礼监掌印太监之下的若干秉笔太监，便专以代笔为职务。掌印太监又得对阁票内容提出补充意见或异论，另具文书附入，谓之“搭票”，且可趁御前伺候之便加以说明。所以搭票的场合，往往推翻阁票原案或予变更，而如前引廖文最末两句所述，也因而内阁隐然已具明、暗二重组织，或者说，存在了表、里双重内阁。附属司礼监而职司公文书收发整理的文书房，性格也已等于翰林院之于内阁，升任宦官影子内阁成员司礼监太监的阶梯（《明史》职官志三宦官条文书房原注）。

文献中如下几则记录，堪供为事态发展的时间参照：

《续文献通考》职官考二宰相项内阁大学士条，引孝宗弘治时大学士刘健票拟宣密疏言，明制天子“凡有咨访论议，或亲临幸，或召见面谕，或遣司礼监太监到阁计议”，于孝宗之父，亦即宣宗之孙的宪宗时代犹然，所以“此臣等耳闻目见者也”。而“因循至今，事体渐异，朝参讲读之外，不得复奉天颜，维司礼监太监，亦少至内阁。朝廷有命令，必传之太监，太监传之管文书官，管文书官方传至臣。内阁有陈说，必达之管文书官，管文书官达之太监，太监乃达至御前”——自宣宗票拟之制设定，仅约半个多世纪，已以天子政务怠惰，而宦官政治之途渐渐开启。

《明会要》职官二宰辅杂录项：“世宗初，职方主事霍韬上言：阁臣职参机务，今止票拟，而裁决归近习，辅臣失参赞之权，近习启干政之渐”——续自孝宗历武宗，至再次代世宗嘉靖年间，宦官便是君主专制权力代行者的面目，朝臣所见已是公然的肆无忌惮。

《廿二史劄记》卷三五明代宦官篇：“何元朗云：嘉靖中有内官语朱象元云：昔日张先生（璁）进朝，我们要打恭。后夏先生（言），我们平眼看他。今严先生（嵩），与我们拱手始进去。按世宗驭内侍最严，四十余年间未尝任以事，故嘉靖中内官最敛戢，然（对待阁臣态度）已先后不同如此，何况正德、天启等朝乎？稗史载，永乐中，差内官到五府、六部，俱离府部官一丈作揖。途遇公侯驸马，皆下马旁立。今则呼唤府部官如属吏，公侯驸马途遇内官，反回避之，且称以翁父，至大臣则并叩头跪拜矣。此可见有明一代宦官权势之大概也。”——嘉靖以后，经历百年已届明末，明朝宦官权势层层翻高，也以无耻的臣僚、士人，熹宗光启末疯狂似制造全国性不可思议的魏忠贤崇拜热，而向变态的末期症状恶化。

但也堪注意，宦官弄权先进的英宗正统时代王振以来，尽管宦官气焰日升，而两大顶峰期武宗正德、熹宗光启时代各别的代表性巨阉，正德时刘瑾于武宗当代便受诛，魏忠贤也自熹宗之崩，毅宗继位的崇祯之初立即伏法，而且都是轻易加以制裁。原因则非不容易理解，宦官权力原无独立性格，乃是寄生的，批硃代笔只是权力代行而非权力让渡意味，仍维持决定权在天子的精神。也凭天子对特定个人宠信决定此人物的权威，失却信任便是失势，特别当君主专制权益益强化的明朝。同一理由的扩大，惟其君主绝对权力确立，无论大臣或宦官的废立、弑逆，自宋朝便已绝迹不复见，明朝同样不发生宫廷政变与臣下篡夺情事。

灭亡明朝的清朝，如同元朝又是征服朝代，宦官也如同在于元朝，惟是皇帝的忠实奴仆。二十世纪初，中国最后的君主政体清朝倾覆，随附宫廷的宦官也从此废绝成历史名词，整部中国宦官史告一总结。

## | 科举·学校·士大夫

政府扱引人才，相对也是人才参与政府的通道，汉朝由乡举里选，魏晋六朝乃九品中正之制，隋唐系门荫与科举双轨，宋朝已以科举为常态采用的方法，而由明、清蹈袭。未变质以前的汉朝选举，向被历史界赞美符合平民政治的公开、公平原则，经历魏晋以来九品官人法所依附变态的门阀政治，科举制度成立，代表的便是反动时潮平息，回复平民政治意味，却也非全然历史的循环。唐末五代武人势力粉碎门阀世族最后保有的社会基盘，宋朝又终结武人割据支配体系，文治主义为动力的中央集权政治再展开时，文官制度的出发点则科举用人，然而，便以科举与选举的差别，宋朝平民政治已视汉朝异质。申言之，汉朝选举，系自平民间直接“选”拔“举”人，是全面的、无层次的，选举类别（科目）最广泛的也是不附着专门知识，人人均具希望符合资格，以德行为要件的“孝”“廉”。科举于理论上平民权利平等，机会均等的公开、公平原则都不变，欠缺惟在一体参与的实质可能性，而向层次化间接参与变化。天子以文治统御天下的治道基调，科举选拔人才方法出自通过考试，考试无由依德行衡量，技术上得凭比较而认定录取标准的，惟一又是文理或文词，跻身科举途径乃限制以知书能文为条件。但是，第一，必须行有余力始得学文；第二，读书教养人非一蹴可以育成，于是读书从事实上向专业化发展，且便以志愿参与政治为前提，却也因此排斥了“耕”而无暇与无力“读”的绝大多数平民于科举用人门外。知识分子文化人、教养人自战国以来便谓之

“士”，印刷术发达，出版业普及为社会背景的宋朝，而固定为“仕”的准备者称谓，通已仕与准备者合称，则是“士大夫”。堪注意的，“士”或“士大夫”尽管独占政治地位，其拥有佃户的土地所有者，宋朝所谓“形势户”为母胎的社会地位却非独立。所以，宋朝平民政治，严格而言，已系向层次化间接参与变化了的士人政治，但“士”的浮动于平民间而系平民浓缩、过滤的性格，立脚仍然不能游离平民，迥异魏晋南北朝与平民相对立的世族。抑且，宋朝政治破旧换新境界中，唐朝尚兴盛的荫任，仕进法，制度上已大幅度缩小适用范围与降低任用标准，官宦子弟毋宁也不加重视，而以科举出身为荣。宋朝士大夫层面由是愈形增广，以及加固，其与科举的息息相关也从而明了。

科举登场，原便是隋唐君主压制门阀世族的手段，从此一意义，可了解“士”的再发生，本质上已系君所扶植，而与君主权力相结合。待收拾世族余势的最后清理完成，绝对性君主专制政治自宋朝建立，与科举密着的“士”的历史新形态，乃告鲜明确立，一方面恃其修己、治人的学问，发挥君主专制的细胞机能；一方面以其天子天下统御协力者姿态，受天子分予富贵享受。这层性格，由宋制科举考用合一，通过考试便任官，完全变更唐制礼部考试合格后，再须经过人事主管吏部任用考试的程序，而强烈显现。殿试制度化，非只形式上固定取代吏部的第二次考试意义，也以理论上天子亲自决定成绩，天子门生意味而授官，最是表现亲密关系的恩惠。

宋朝开国八十年左右的十一世纪中第四代仁宗治世，无论于科举或士的历史，都是个划期性时代。宋朝科举的代表性科目进士科年平均录取人数，自太祖时九名，太宗时一跃而五十名，真宗时七十八名，仁宗时，再向百十三名之数猛升①。另一项统计数字尤为具体：“仁宗之朝十有三举，进士四千五百七十人；其甲第之三人凡三十有九，其后不至于公卿者，五人而已。”（《宋史》选举志一）便顺随科举堂堂登入全盛期，官员充分补给之源开辟，而庆历（仁宗年号）士风树立了今日印象中中国士大夫的典范。

庆历士风兴起，内涵的意义，等于一项新“士”成形的大改革运动，所

① 宋初进士科取人年平均数，依筑摩版《世界历史》6. 东亚世界的变貌，第120页。

谓庆历改革。擎大旗的主导者范仲淹，读书应举便“以天下为己任”，其“士当先天下之忧而忧，后天下之乐而乐”名言流传千古，士大夫奉为立身处世准绳。《宋史》其传记特笔“一时士大夫矫厉尚风节，自仲淹倡之”，从入仕与旧势力搏斗而登位宰相的过程中，这位士风先驱与领袖人物卓然屹立，建立政治人格独立，意见发表自由，人事公开，政策公正的风范，欧阳修等同调唱和，天下翕然景附，蔚为风潮。确认知识教养，筑成于儒家经典为中心的经世济民实用性体系教学，其实践，又具有诚意、正心、修身、齐家、治国、平天下的阶梯。所以，正学必须便是道德教育，士的激励忠、孝、节、义而建立政治责任，以自觉的、自发的个人道德诚心为第一义，国家秩序基础也须是道德秩序起点的诚心①。于此，师道乃决然重要，仁宗时由范仲淹引荐白衣召对的大儒胡瑗，“既居太学，其徒益众，太学至不能容，取旁官舍处之。礼部所得士，瑗弟子十常居四五”（《宋史》儒林传二胡瑗条），德隆望重名师影响之巨足征，“明体达用”的士大夫教育大目标，也便由胡瑗提出。师弟关系，因之也提升与君臣关系、父子关系相等，而“天、地，君、亲、师”名分论的伦常观念成立。新意识下士的构成诸要素，乃可归纳为：

人伦主义——→名分论

国家主义——→正统论

现世主义——→实践论

而其修、齐、治、平志向与伦理、名份的约束，又铸定“士”自甘于佐理而非统御的本质。

庆历士风动力对中国文化不可磨灭的贡献，带动了巨大思想新潮的完成，儒家哲学登入最高境界。自《宋元学案》开卷第一人胡瑗先导意味的学风，周敦颐、张载、二程，下逮南宋朱熹，约一五〇年间，新儒学或理学、性理学的哲学思潮澎湃，深渊广博的思辨体系予先行文化以全面的新展开，为中国学术大放光明。相对应的意义，也建立了庆历士风所肇始，近代中国近一千年士

① 西顺藏《宋代的士，它的思想史》（收录为筑摩版上书第四篇），对宋朝士的性格说明颇详，可供参考，但其余部分无可取。

大夫学问的理论基盘，此其一。

其二，自由化的古文运动由唐朝提倡后，历五代至宋初又是四六骈体文流行再校正的文体改革运动提出，同系庆历改革一环节，欧阳修系其宗师。唐宋八大家中宋朝六人，曾巩、王安石、苏氏父子兄弟，莫非欧阳修后辈，都以受欧阳修奖掖延誉，而文章最早驰名。

《宋史》欧阳修传的一段文字："初，范仲淹之贬饶州也，修与尹洙、余靖皆以直仲淹见逐，目之曰党人，自是朋党之论起。修乃为《朋党论》以进，其略曰：'君子以同道为朋，小人以同利为朋，此自然之理也。臣谓小人无朋，惟君子则有之。小人所好者利禄，所贪者财货，当其同利之时，暂相党引以为朋者，伪也。及其见利而争先，或利尽而反相贼害，虽兄弟亲戚，不能相保，故曰小人无朋。君子则不然，所守者道义，所行者忠信，所惜者名节。以之修身，则同道而相益，以之事国，则同心而共济，终始如一，故曰：惟君子则有朋。……故为君但当退小人之伪朋，用君子之真朋，则天下治矣'。"不啻是庆历之士的堂堂定义宣告，也是政治群力要素的坦率承认，以及中国的政党政治意义最早认识。宋朝士大夫同道或今日名词的同志争为国事发言，靖康之难前后且大规模形成太学生群轰轰烈烈爱国运动，传为历史美谈，在于当时，正是激发于天下为己任的责任心自觉。

庆历改革运动的重大意义与其垂久影响，堪比拟民国的新文化运动，却是，副作用或负面影响于宋朝也已立见。自仁宗仅隔英宗一代的神宗以来，新法党、旧法党之争未始非由政治理想与政治抱负，偏激化各走极端，结果徒然损害国家利益的整体。尊重反对意见反复辩论，超越充分限界变质为过分，神宗再隔哲宗的徽、钦二宗父子之世，所演出则是议论未定，金兵已渡河的国运大悲剧。文官制度入仕之门的改革，本身且便以失败终场，《宋史》选举志一的记事："时范仲淹参知政事，意欲复古劝学，数言兴学校，本行实。诏近臣议，于是（翰林学士）宋祁等奏：'教不本于学校，士不察于乡里，则不能核名实。有司束以声病，学者专于记诵，则不足尽人材。参考众说，择其便于今者，莫若使士皆土著，而教之于学校，然后州县察其履行，则学者修饬矣。'乃诏州县立学，士须在学三百日，乃听预秋赋，旧尝充赋者百日而止。试于州者，令相保任，有匿服、犯刑、亏行、冒名等禁。三场：先策，次论，次诗赋，通考为去取，而罢帖经、墨义，士通经术愿对大义者，试十道。仲淹既去，而执政意皆异。是冬，诏罢入学日限。言初令不便者甚众，以为诗赋声病易考，而策论汗漫难知；祖宗以来，莫之有改，且得人尝多矣。天子下其议，有司请如旧法。乃诏曰：'科举旧条，皆先朝所定也。宜一切如故，前所更定令悉罢。'"约三十年后，相同的兴学校、黜词赋，由学校"养"士替代科举"取"士的政策，神宗熙宁变法（王安石新法）中再被提出又再遭阻力，着眼于长远的、有计划的培植人才方案，于宋朝乃告确定的否决。形成巨大阻力的反对意见，神宗时著名文豪苏轼熙宁二年的论奏可引为代表：

"得人之道在于知人，知人之法在于责实。使君相有知人之明，朝廷有责实之政，则胥吏、皂隶，未尝无人，而况于学校贡举乎？虽用今之法，臣以为有余。使君相无知人之明，朝廷无责实之政，则公卿侍从，常患无人，况学校贡举乎？虽复古之制，臣以为不足矣。夫时有可否，物有兴废，使三代圣人复生于今，其选举亦必有道，何必由学乎？且庆历间尝立学矣，天下以为太平可待，至于今，惟空名仅存"。"至于贡举，或曰乡举德行而略文章，或曰专取策论而罢诗赋，或欲举唐故事，兼采誉望而罢封弥，或欲变（罢）经生朴学，不用帖墨而考大义。此皆知其一未知其二者也。夫欲兴德行，在于君人者修身以格物，审好恶以表俗。若欲设科立名以取之，则是教天下相率以为伪也。上以孝取人，则勇者割股，怯者庐墓；上以廉取人，则敝车羸马，恶衣非食，凡可以申上意者，无所不至，德行之弊，一至于此。自文章言之，则策论为有用，诗赋为无益；自政事言之，则诗赋论策均为无用矣。虽知其无用，然自祖宗以来莫之废者，以为设法取士，不过如此也。……矧自唐至今，以诗赋为名臣者，不可胜数，何负于天下而必欲废之？"苏轼此一卷文，与其所师尊，受赏识而崭露头角的欧阳修庆历时同一政策性建言（前引宋祁意见的扩大版），《文献通考》选举考四收录之为双璧，立场却全然倒反。而视苏轼之文，以反对学校教育得逞的结果，倒转用为支持学校无用论的理由，肯定想当然式伪德行架空虚拟为事实而立证，以及诗赋便在"时有可否"例外而非重视不可的蛮横又矛盾论事态度，通篇无非强词夺理，夸夸而言。则新"士"或士大夫以治国平天下自许，迂阔习气自宋朝当时便已密着发生也已可见。一时的进步感，立被导引自士大夫由天子提携，荣华富贵由天子赏赐的根源所铸定的保守性压倒。苏轼所言“祖宗”成法，乃是不可动摇铁则，自此以来士大夫规避革新、进步的护符与咒语。

复古的学校教养与道德、学问并重取才方针，宋朝已惟范仲淹初置，胡瑗立定基础，王安石完备制度的京师太学（宋初仅设名义上供官宦子弟入学的国子监），得维持形制。州县学均已所谓“空名仅存”，作用不过循例贡举，通过“解试”选拔合格参加科举考试者，所谓“取解”（或名“拔解”，解试录取者保送入京则谓“发解”）。《古文真宝前集》录仁宗上代真宗御制歌词：“富家不用买良田，书中自有千钟粟；安居不用架高空，书中自有黄金屋；出门莫恨无人随，书中车马多如簇；娶妻莫恨无良媒，书中有女颜如玉；男儿欲遂平生志，六经勤向窗前读。”①，乃强有力又富诱惑性的天子鼓励庶民读书名言。劝学而淡然于学校教育，未免令人诧异，无视于“养”士，却注重“取”士，尤系矛盾。但如果把握文治原系抑制武事手段，士又是天子遂行文治主义御用统治工具的宋朝政治本质，答案都非难获致。所以仅从既有人才中采取已经足够，而积极培养更多人才可能发生反作用的危险必须避免。同时，既有人才原则上必须博采无遗，原因之一固佐理统治之需，原因之二又是减少人才非为朝廷所用的后遗症，达成此目的的手段，便是广开科举之门。科举盛而学校衰的矛盾现象，任令存在，黠慧的士大夫又对此矛盾现象制造辩护藉口，莫不基于这层只能意会，不可道破的理由。至于士大夫间朋党之争，派系倾轧毋宁反为豢养者天子所乐用，今日是大团体事业所有者惯常统御属下的手法。

明太祖是位中国历史上有数的政治家君主，也鉴于自身少时孤苦失学，壮年才由文盲发奋苦学有成的经验，明初学校教育呈现非常发展，证明学校兴废决定于有无决心与诚意。其时，自中央国子监至府、州、县各设儒学，下逮乡里也置简易学校社学，而且，儒学生员各治一经，以礼、乐、射、御、书、数设科，洪武三年再颁诏国子生与郡县学生员皆习射。同年最初开科取士，京师

① 转引自宫崎市定《科举》，第16—17页。

与各省乡试及格者，且便须加试骑、射、书、算、律五事（见《续文献通考》学校四、学校一、选举二有关诸条）。但明太祖毕竟是雄杰，立刻警觉后果，领悟宋朝葫芦中的奥妙，而抑制热忱，洪武十七年颁布科举定式时，因之已废五事“实事”，后代学校也回复瘫痪旧态，惟办理科举前的准备考试。续经清朝虚应明朝故事，各级教官（学官）殆确定其官制中的冗官性质，学校纯然化为装饰门面的空壳。

**科举年表**

| （隋文帝开皇七年 <587 >左右，废九品官人法，始行科举制度） | |
|---|---|
| 宋太祖建隆元（960） | 宋兴，始开科取士 |
| 开宝八（975） | 殿试定制 |
| 太宗淳化三（992） | 殿试初用弥封法，试卷糊名 |
| 真宗景德四（1007） | 礼部试定制糊名 |
| 大中祥符八（1015） | 礼部试加用誊录法，重抄每份试卷隐没应试者笔迹 |
| 仁宗嘉佑二（1057） | 定制殿试不淘汰，仅定名次 |
| 英宗治平四（1067） | 神宗即位后是年科举以后，定制三年一届 |
| 神宗熙宁二（1069） | 科目独留进士，惟加试所废明经科的经义 |
| 明太祖洪武三（1370） | 明朝始开科取士； |
| 洪武一八（1385） | 始选进士入翰林院 |
| 仁宗洪熙元（1425） | 定会试（宋朝礼部试）南北卷分取制（以后加分中卷），保障北方士人录取比率 |
| （明朝建国约百年的宪宗成化以后，采用八股取士） | |
| 清世祖顺治三（1646） | 清朝始开科取士 |
| 德宗光绪三〇（1904） | 最后的科举考试举行 |

（取材自《文献通考》、《续文献通考》、《皇朝（清）文献通考》、《皇朝续文献通考》选举考）

科举盛期自宋朝展开，第二代太宗时应试士人突破性增加以来，开始严密试场防弊制度。科举史划期性大事，原每年或每二年一届繁烦程序的科举考试改每三年一届，原明经等诸科目尽罢而划一惟留最热门的进士科取士，也都于宋朝立国约百年，十一世纪中的第六代神宗之世确立。所以科举制度的本体架构，宋朝都已完成，明朝续予附加于科举前（学校）、后（翰林院）的延长形制固定化，而如《续文献通考》选举二（举士）明朝总叙按语所述的全貌铸定：

“其法，专取四子书及易、书、诗，春秋、礼记命题。其文略仿宋经义，然代古人语气为之，使用排偶，谓之八股，通谓之制义①。三年大比，以诸生试之直省，曰乡试，中式者为举人②。次年，以举人试之京师，曰会试。中式者天子亲策于廷，曰廷试，亦曰殿试，分一、二、三甲以为名第之次。一甲止三人，曰状元、榜眼、探花，赐进士及第；二甲若干人，赐进士出身；三甲若干人，赐同进士出身。乡试直隶于京府，各省于布政司，会试于礼部。举子则国子生及府、州、县学生之学成者，（同书学校一太学明太祖洪武元年条按语：“其后入国学者，通谓之监生，举人曰举监，生员曰贡监，品官子弟曰荫监，捐赀曰例监。贡监内又分岁贡、选贡、恩贡、纳贡，荫监内又分官生、恩生”。关于生员，同书选举四郡国乡党之学明宣宗宣德元年条按语说明：洪武时初设定额食廪者谓之廪膳生员或廪生，宣宗宣德时增广同额者谓之增广生员或增生，英宗正统时于额外增取，附于诸生之末而无定额者，谓之附学生员或附生。凡初入学者皆谓之附学，廪膳、增广则以岁、科两试等第高者补充之。

① 顾炎武《日知录》卷十六试文格式篇：“经义之文，流俗谓之八股，盖始于成化以后。股者，对偶之名也。天顺以前，经义之文不过敷演传注，或对或散，初无定式，其单句题亦甚少。成化二十三年会试‘乐天者保天下’文，起讲先提三句，即讲‘乐天’，四股，中间过接四句，复讲‘保天下’，四股，复收四句，再作大结。弘治九年会试‘责难于君谓之恭’文，起讲先提三句，即讲‘责难于君’，四股，中间过接二句，复讲‘谓之恭’，四股，复收二句，再作大结。每四股之中，一正一反，一虚一实，一浅一深。其两扇立格（原注：谓题本两对，文亦两大对），则每扇之中各有四股，其次第文法亦复如之。故今人相传，谓之‘八股’。若长题则不拘此。嘉靖以后，文体日变，而问之儒生，皆不知八股之何谓矣。孟子曰：‘大匠诲人，必以规矩。’今之为时文者，岂必立裂规偭矩矣乎？

“发端二句或三、四句，谓之破题，大抵对句为多，此宋人相传之格；下申其意，作四、五句，谓之承题；然后提出夫子（原注：曾子、子思、孟子皆然）为何而发此言，谓之原起。至万历中，破止二句，承止三句，不用原起。篇末敷演圣人言毕，自摅所见，或数十字，或百余字，谓之大结。明初之制，可及本朝时事。以后功令益密，恐有藉以自炫者，但许言前代，不及本朝。至万历中，大结止三、四句。于是国家之事罔始罔终，在位之臣畏首畏尾，其象已见于应举之文矣。”

② 顾炎武《日知录》卷十六举人篇：“举人者，举到之人。……不若今人以举人为一定之名也。进士乃诸科目中之一科，而传中有言举进士者，有言举进士不第者，但云举进士，则第不第未可知之辞，不若今人已登科而后谓之进士也。自本人言之，谓之举进士，自朝廷言之，谓之举人。进士即是举人，不若今人以乡试榜谓之举人，会试榜谓之进士也。”又：同卷秀才篇：“《唐登科记》，武德至永徽，每年进士或至二十余人，而秀才止一人，二人；杜氏《通典》云：初，秀才科第最高，试方略策五条……今以生员而冒呼此名，何也？”

非廪生久次者不得充岁贡，廪膳缺继定于增广内考补。其未入学者，通谓之童生。又：英宗正统元年条按语：“初，生员入学，从巡按御史、布按两司及府州县官选取。及是，提学官在任三岁，两试诸生。先以六等试诸生优劣。谓之岁考，继取一二等为科举生员，俾应乡试，谓之科考”，儒生之未仕者，官之未入流者，皆由有司申举应之。状元授修撰，榜眼、探花授编修，二、三甲选用庶吉士者，皆为翰林官，其他或授给事、御史、主事、中书、行人、评事、太常国子博士，或授府推官、知州、知县等官（进士选翰林院庶吉士，选举二成祖永乐二年条按语：“其与选者谓之馆选，以翰、詹官高资深者一人课之，谓之教习。三年学成，优者留翰林院为编修、检讨，次者出为给事、御史，谓之教馆，与常调官待选者，体格殊异”。）届至清末原则不变的科举考试全流程，乃架叠如今日所残留印象——

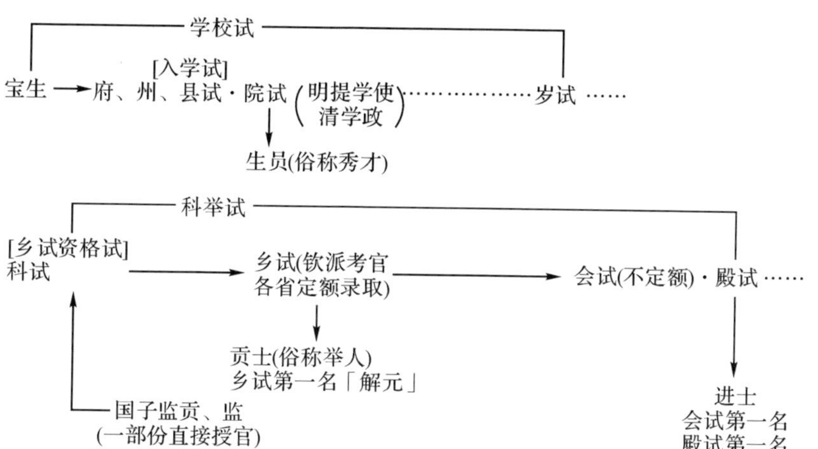


科举立法是正确的、进步的，但独存“进士”一科，已失“科”“目”初意，进士科所凭却是文词决优劣，方向偏差乃大。宋朝先是讲究诗赋，兼试经义的结果又发展为试题裂句断章，答案揣拟套类，明、清再以八股取士，尽人皆知系格律拘束，体裁拘束（必须分破题、承起、起讲、提比、虚比、中比、后比、大结的八“股”），字数拘束（限制一定字数，只每一时代不同，清朝康熙年间为五百五十字，超过规定字数便是不及格，破题又必限为两句），题材拘束（限为《四书》内取材）。以文字公式化代入，思想既无由发挥，内容又以顾及形式而必然空虚，似同字句游戏。至此阶段，追随学校僵化，科举终也形骸化，顾炎武且曾慨乎言之：“八股之害，等于焚书，坏人材有甚于咸阳之郊所坑者但四百六十余人。”（《日知录》卷十六拟题篇）

相对方面的士人读书风气与其态度，须加特笔系私立学校意味的书院兴起。书院自唐末五代离乱期，于学校（官学）全坠状态下，由私人讲学母胎成长，至宋朝陪伴印刷、出版业发达而异常发展，理学以诸大儒主讲为结合中心，乃得发扬光大。明、清仍一脉相承，维持儒学的正规教学与学术自由精神，与官学的暮气形成鲜明对照。却也惟其如此，宋朝先已党争由政治波及学术，南宋时二程、朱子之学曾遭党禁，明朝中期嘉靖，尤其万历以后，东林党士人反抗魏忠贤阉党期间，书院且在“倡邪学”，“聚生徒供亿科扰”（见《续文献通考》学校四明世宗嘉靖十七年条按语）的藉口下，被勒令全毁。清朝书院虽如官学的受有廪饩而性质转变为官办①，但反八股传统依旧保持，所以科举时潮中，书院士人因缘为淡薄。热衷科举，也推动科举热潮愈演愈烈，系本末倒置，读书的目的便是参加科举考试，经由今日熟知所谓家馆、私塾教导的多数家庭子弟。出发于“为考试而读书”心理的读书、应试、登第，顾炎武《日知录》卷一六条有两段代表性说明：

> 今日科场之病，莫甚乎拟题。且以经文言之，初场试所习本经义四道，而本经之中，场屋可出之题不过数十。富家巨族延请名士馆于家塾，将此数十题各撰一篇，计篇酬价，令其子弟及僮奴之俊慧者记诵熟习。入场命题，十符八九，即以所记之文抄誊上卷，校之风檐结构，难易迥殊。《四书》亦然。发榜之后，此曹便为贵人，年少貌美者多得馆选。天下之士，靡然从风，而本经亦可以不读矣。……昔人所须十年而成者，以一年毕之。昔人所待一年而习者，以一月毕之。成于抄袭，得于假倩，卒而问未所未读之经，有茫然不知为何书者。（拟题篇）
>
> 今制：会试用考试官二员为总裁，同考试官十八员分阅五经，谓之十八房。……坊刻有四种，曰程墨，则三场主司及士子之文；曰房稿，则十

① 钱穆《国史大纲》下册，第617页。

八房进士之作；曰行卷，则举人之作；曰社稿，则诸生会课之作。至一科房稿之刻有数百部，皆出于苏、杭，而中原北方之贾人市买以去。天下之人惟知此物可以取科名、享富贵，此之谓学问，此之谓士人，而他书一切不观。昔丘文庄当天顺、成化之盛，去宋、元未远，已谓士子有登名前列，不知史册名目、朝代先后、字书偏旁者。举天下而惟十八房之读，读之三年五年，而一幸登第，则无知之童子俨然与公卿相揖让，而文武之道弃若弁髦。(十八房篇)

顾炎武举例尚系殷富之家子弟，尚系投机的成功者，清朝社会间更多的是。而侥幸登第者究属有限，得具应试资格者也仍有限，更多的是被排斥于科举起步的入学门外。科举三年一次，一批批失意者的累积，自宋朝历元朝而明朝、而清朝，浮起社会上的虚脱层面，一千年间愈扩散愈大。清末城市或乡间所见，触目多已是家无恒产、落第以终的穷秀才，或者白首不遇老童生。此辈手不能提，肩不能挑，“百无一用是书生”而尚自命读圣贤书者，非变质文氓（循捐监之途，纳赀取得国子监监生资格，不必读书，也已是乡绅身份），包揽诉讼，便迂腐潦倒毕生，能以塾师餬口已属幸运。形形色色，都是清朝著名讽刺小说《儒林外史》的题材。应试科举失败又生计断绝者之间，尽管可能产生冤愤的不满分子，却是《水浒传》梁山泊旧首领王伦固只小说中人物，清末太平天国洪秀全则全然现实事例。“秀才造反，三年不成”谚语，乃是即使真正读书，十年寒窗，所养成也不过佐理而非领导人才的注脚。抑且，名份意识束缚与清朝残酷的文字狱高压，绝大多数的落魄者，反抗心理既不敢又无由存在。学童启蒙诗文之一《神童诗》：“天子重英豪，文章教尔曹。万般皆下品，惟有读书高。”大量制造士人顺民，却也是大量伪士人与腐酸之士。遗留至民国，仍于鲁迅笔下出现“孔乙己”的人物造型。

清末朝廷，于革命浪潮与立宪运动两面压力下，光绪二十七年（纪元 1901 年）下诏改革科举内容之言：“科举为抡才大典，我朝沿用前明旧制，以八股文取士，名臣硕儒，多出其中。其好学者，皆潜心经史文义。将其绪裔，乃行之二百余年，流弊日深。士子但视为弋取科名之具，剿袭庸滥，于经史大义，毫无发明，急宜讲求实学，挽回积习”（《皇朝续文献通考》选举四光绪二十七年条），终不得不承认八股无用。而堪注意，《日知录》卷十六经义论策篇已记述前此四百余年，尚非八股时期的明初永乐二十二年，明成祖已曰：“朝廷所重安百姓，而百姓不得蒙福者，繇牧守匪人。牧守匪人，繇学校失教。故岁贡中愚不肖十率七八。古事不通，道理不明，此可任安民之寄。”尤堪重视，再前此三百余年，与明成祖相同的感触，且早由宋朝王安石提出：“少壮时正当讲求天下正理，乃闭门学作诗赋，及其入官，世事皆所不习。”[①] 士人原以治国平天下自任，便以科举仅凭文词，而且是公式化文词外壳评决人才，即使不能谓经世济民实学的理想全化空想，通过科举考试登用为官员，对吏道毫无经验而茫然却是必然，此其一。其二，宋朝以来，无论内、外、大、小官员统归吏部铨选，地方长官原具就地自用属官权力被剥夺，所有地方官乃一概对当地情况隔阂。其三，通过科举考试且多出诸投机方式，如前引顾炎武所述，则官的素质便已存在不学无术成分。政治制度的又一大变形因是陪伴出现，胥吏制度发生，非遵守一定规律由朝廷任命的非为“官”，而官、吏截然分途。

胥吏，异称也是司吏、书吏、书办、吏员等，性质类似今日政府机关中雇员意味，而其不受官员更动影响，终身永保地位又形同世袭则迥异。于历史上为其他国家所未见，惟中国近代史出现，抑且，演变为政治的主导。而近代中国政治变质为胥吏政治，缘由所自，便是宋朝以来学校僵化、科举形骸化、士人腐酸化的恶性连锁循环结果。

胥吏原始面影，由土著人民番上衙门的职役变化而发端，义务征发，服役衙门从事劳心、劳力诸杂务。宋朝地方小官也出朝命，限定员额，衙门职役胥吏的重要性骤增，文书、簿籍、仓库、诉讼等多方面都已接触，也因而番替执役必须改变固定化。但此阶段的胥吏仍无俸给，政府也无支付经费，胥吏生活系于人民缴纳租税与受理诉讼时加取手续费维持，而手续费与贿赂并无严格区别，弊害乃不断滋生。王安石新法之一，便是在新财源转变风气，《文献通考》职役考一宋神宗熙宁四年条记其事：“颁募役法于天下。内外胥吏素不赋

① 转引自张金鉴《中国文官制度史》，第76页。

禄，惟以受赇为生，至是，用免役钱禄之，有禄而赃者，用仓法重其坐。初时，京师赋吏禄，岁仅四千缗，至八年，计缗钱三十八万有奇，京师吏旧有禄及外路吏禄，尚在数外。又诏：凡县皆以免役剩钱，用常平法给散收息，添支吏人餐钱，仍立为法。”胥吏由是开始同于官员受有政府俸给，却是，较之所谓“主流”的士大夫，待遇依然判然有异，《文献通考》选举八吏道项的两段记录为堪注目：

其一，“诏自今中书、枢密、宣徽、学士院、京百司、诸州系职人吏，不得离局应举”（宋太宗端拱二年条）。

其二，“盖祖宗时，省院要路之吏，可以年劳出官，而州县小吏，则未有入仕之法”（神宗熙宁三年条按语）。其后吏道开放，接续上引按语，仍有“哲宗元祐元年，监察御史上官均言：百司胥吏，大率积累及二十余年，方得出官”的记事。

明、清胥吏，已系制度确立时期，非只蹈袭宋朝轨迹峻拒于科举正途之外，明定“倡优、胥吏与父母丧者俱不得入试”（《明史》选举志）。而且胥吏办事年数也已设限，所谓“役满考职”（转任佐杂小官，如《皇朝（清）文献通考》选举八吏道项所述：“至康熙三年，分为四等。一等以正八品经历用，二等以正九品主簿用，三等以从九品用，四等以未入流杂职用，分班铨选。”相对方面，胥吏政治却也于此背景下形成。科举正途产生的官员，对实际政治缺乏肆应能力又不明了地方实情，必须依赖胥吏，而权力转移，特别于八股取士以后。如下两段都是引人注目的文字——

谢肇淛《五杂俎》：“大抵官不留意政事，一切付之胥曹，又胥曹之所奉者，不过已往之旧牍，历年之成规，不敢分毫逾越。而上之人既以是责下，则下之人亦不得下以故事虚文应之。一有不应，则上之胥曹又乘隙而绳以法矣。故郡县之吏，宵旦竭蹷，惟日不足，而吏治卒以不振者，职此之由也。”（《续文献通考》选举十一吏道项明神宗万历七年条引文）

黄宗羲《明夷待访录》胥吏篇：“吏胥之害天下，不可枚举。而大要有四。其一，今之胥吏，以徒隶为之，所谓皇皇求利者。而当可以为利之处，则亦何所不至？创为文网，以济其私。凡今之所设施之科条，皆出于吏。是以天下有吏之法，无朝廷之法。其二，天下吏既为无赖子所据，而佐贰又为吏之出身，士人目为异途，羞与为伍也。其三，各衙门之佐贰不自其长辟召，一一铨之吏部，即其名姓，且不能遍知，况其人之贤不肖乎？故铨部化为签部，贻笑千古。其四，京师权要之吏，顶首皆数千金。父传之子，兄传之弟，其一人丽于法后，而继一人焉，则其子若弟也。不然，则其传衣钵者也。是以今天下无封建之国，有封建之吏。”①

“吏”而允许入仕任“官”，实质的意味系防弊作用超过奖励，非此辈所愿也为可知。乃至清朝，世宗谕旨仍是：“各衙门募设书办，不过令其缮写文书、收贮档案，但书办五年方满，为日已久，熟于作弊。甚至已经考满，复改换姓名，窜入别部，奸弊丛生。更有一等缺主名色，子孙世业，遂成积蠹。自后书办五年考满之后，各部院堂司宜查明，勒令回籍听选，如有逗留不归者，饬令五城司坊官，稽查遣逐。”（《皇朝文献通考》选举八吏道项雍正元年条）中央如此，地方尤然。尾大不掉的胥吏政治弊病已束手无策，必须待其依附体科举制度废止而民国成立，全新的政府机关公职人员系统整备，此类中国近代史的特产物胥吏才从根本上消灭，总结近千年畸形政治形貌。

## 汉族光辉的明暗

宋朝乃是中国历史上“中国人”与“汉族”截然区别的起点，前此的时代，入于中国则中国之，尽管“中国”所指仍是汉族中国，汉族却具有豁达的容含外来民族胸襟。惟其如此，汉族历史两大巅峰期的汉唐，汉族血统并非全行一致，也因而与其狭窄的谓为汉族，不如称之中国人为恰切。以外侮最剧期的宋朝为划期，汉族于元朝征服统治与种族差别支配为顶点的痛苦压迫下，

① 转引自周谷城《中国通史》下册，第872页。

被动的、也是自动的停止历史性外族同化机能，“汉族”意识才被固定化，自此的历史才真正堪谓汉族历史。明朝推翻元朝，便是汉族强化民族意识后，名实相符的汉族民族革命。

明朝革命成功，激发的已是新的“汉族”精神，“中国人”还原“汉族”四百年，已在萎退中活力回复鼓舞的一次强心针。汉族反抗元朝的民族运动之始，以浙东沿海盐商方国珍举兵之年起算，系元顺帝至正八年或纪元一三四八年，势如燎原的全面性白莲教徒═红巾军之乱兴起，则至正十一年或纪元一三五一年，红巾革命军后期转移由分支之一郭子兴部将，新崛起贫民出身的朱元璋指导，而回复中国全域的汉族统一政权。朱元璋二十五岁投身郭子兴军中（纪元1353年），四十岁在金陵建明朝，登位皇帝为太祖（纪元1368年，洪武元年），七十一岁崩。在位三十一年间，对外，明朝威光加诸四方；对内，努力于汉族文明的振作与复兴，改革官制，刷新军制，更定律令，恢复科举，整饬吏治，实测户口田土，定里甲之制，均赋役，兴学校，奖励儒学与学问，推广全民道德教育，国运如朝阳之升，充满光明的一片新气象展现。明太祖朱元璋少年时目不识丁，以后治学甚勤，其人于清朝赵翼笔下，是“一人而圣贤、豪杰、盗贼之性兼而有之者也”（《廿二史劄记》明祖以不嗜杀得天下篇），其领导汉族矫除宋朝以来疲态，无愧中国史最伟大君主之一，第一流的军事家、政治家，以及组织家。明朝中期以后君主几乎都不成材，而能享国近三百年，须便赖太祖初制之善。

**明朝年表**

| | | |
|---|---|---|
| 太祖 | | 明朝建立（—1644灭亡） |
| 洪武 | 元（1368） | 明兵入大都，元主退漠北 |
| | 六（1373） | 大明律令制定 |
| | 一三（1380） | 胡惟庸之变，废中书省 |
| | 二一（1388） | 捕鱼儿海之役，北元势力倾覆 |
| | | 里甲制实施，制定赋役贵册 |
| | 二六（1393） | 丈量天下田土 |
| | | 勅许取代王氏高丽的李氏朝鲜国改名 |
| | 二八（1395） | 颁皇明祖训 |
| | 三〇（1397） | 六谕发布 |

续表

惠帝建文元(1399)靖难之变起

四(1402)册封日本室町幕府足利义满将军为日本国王

燕王自立(成祖)

义满上表称臣

成祖永乐三(1405)宦官郑和下南洋(第一次)

四(1406)征安南,翌年置交趾布政司(宣宗宣德二年 <1427 > 罢)

六(1408)永乐大典成

八(1410)亲征漠北(第一次)

一一(1413)置贵州布政司

一九(1421)迁都北京

二二(1424)第五次亲征漠北,汉中崩(年六六岁)

宣宗宣德五(1430)开平卫移独石口

郑和最后一次下南洋(第七次)

英宗正统一四(1439)土木之变,英宗被俘。

景帝即位(天顺元年 <1457 > 英宗复辟)

(1453 年,东罗马帝国灭亡)

(1480 年,莫斯科大公国伊凡三世脱离蒙古人支配独立,1547 年伊凡四世称沙皇)

(1486 年,葡人发现好望角,1498 年,续发现续连好望角至印度的东方新航路)

(1492 年,哥伦布发现新大陆)

孝宗弘治一五(1502)大明会典成

(1517 年,马丁路德宗教改革)

武宗正德 五(1517) 葡人至广东(世宗嘉靖一四年 <1535 >,始租澳门为通商地)

世宗嘉靖 二(1523) 日本贡使大侵宁波沿海

四二(1563) 平东南倭寇

[嘉靖年间,北虏、南倭最剧期]

穆宗隆庆 五(1571) 俺答和明,封顺义王

神宗万历 二(1574) 海贼林凤袭吕宋(万历三一年 <1603 >,马尼拉西班牙人虐杀明人,毅宗崇祯一二年 <1639 > 又屠杀明人)

六(1578) 量天下户口田土(张居正的改革,一条鞭法赋役)

八(1580) 耶稣会利玛窦抵中国(万历二五年入南京,万历二八年 <1600 > 入北京)

(1581 年,俄人开始进出西伯利亚,清兵入关同一年的 1644 年,抵黑龙江)

一一(1583) 努尔哈赤起兵(万历四四年 <1616 > 登后金汗位,四十六年与明开战,四十七年,萨尔浒之役)

二〇(1592) 朝鲜之役(万历二六 <1598 >)

续表

| |
|---|
| 〔万历三大征，与日本的朝鲜之役系其一。余二为万历二〇年宁夏哱拜之叛，万历二五年至三〇年播州杨应龙之乱〕 |
| 〔万历四〇（1612）年后，东林党与非东林党之争激化〕 |
| 熹宗天启六（1626）清太祖努尔哈赤崩，子太宗继（毅宗崇祯九年 <1636>，后金改国号为清，一四年 <1641>，辽西松山之役） |
| 毅宗崇祯四(1631）李自成乱起 |
| 一七（1644）李自成入北京，清兵进关，明亡 |
| 〔清世祖顺治二年（1645），清兵陷南京，南明福王死；三年取福建，唐王死，一六年清兵入云南，桂王走缅甸。一八年（1661）世祖崩而圣祖嗣立，缅甸人献桂王，南明又亡〕 |

明太祖嫡长子懿文皇太子，洪武二十五年以三十八岁盛年先殁，太祖崩而继位者乃儒学教养深厚的二十二岁皇太孙惠帝。年轻锐进的天子，与同一刚强性格的野心家叔父燕王相不忍让，嗣位翌年便激发清君侧为口实的靖难之变。自洪武十三年二十三岁起长年镇守北京，拥有重兵的燕王，恃其老练的政治、军事经验，以及前后自南京逃出苦于惠帝严肃管束的宦官们供应情报，成为三年多大内战的胜利者。惠帝于南京城破时系引火自焚，抑先已脱逃，永远是谜（建文四年，纪元1402年）。四十三岁的燕王自立为明朝第三代成祖，明朝自是移都北京。汉族对外事业，乃以内战结束而再加恢弘，明朝国都自成祖永乐时代移建北京，正是强力的前进态势有力指标，减消金、元建立国都以来北京浓烈胡化影响，以及平衡经济（南）、政治（北）倾斜形势的原因，可能兼而有之。

初，退入沙漠而历史界改称的北元，势力依然强大，明朝从正面短期决战为不可能。太祖的方略，乃对其两翼着手，先平定辽东，转移朝鲜半岛高丽国归属，继进出青海（洪武十二年，纪元1379年），切断漠北与西藏交通路，继经略云南，粉碎与北元强固呼应的大西南蒙古人残余势力（洪武十四年，纪元1381年）。东、北、西三方面大包围压迫明朝的形势解除，蒙古高原的北元势力陷入孤立，而洪武二十一年（纪元1388年）捕鱼儿海之役，蒙受明朝远征军毁灭性打击。明朝东北兼理民政特殊军管区意味所谓实土卫所的定辽卫（改辽东都司，原元朝辽阳路）、大宁卫（改都司，原元朝大宁路）、开平卫

(原元朝上都路) 外缘，兴安岭以东泰宁、福余、朵颜等蒙古人兀良哈 (Ufiangkhai) 三卫，西北青海方面安定、阿端、曲先、罕东等撒里畏兀儿 (Sarigh Uighur) 四卫，都于其时以掌握胜利成果而设置。成祖即位，立于此胜利基础，于是有明人所夸傲的“五出三犁”五度亲征漠北 (永乐八年、十二年、二十年、二十一年、二十二年)，虽对征服纯属奢望，却已是历史上惟一亲自策马逐北朔漠的汉族天子。河西方面哈密、沙州、赤斤蒙古诸卫的加置亦系其时，但自此以东，已列内地的内蒙古东胜 (绥远)、开平 (察哈尔)、大宁 (热河) 连锁诸卫所中，密接辽东的大宁卫独以酬庸参与靖难之役勇敢善战的兀良哈三卫，解除其直接的强固约束而撤废，分地于三卫，大宁都司也内移，侨治保定府。

十四世纪后半至次一世纪前半的明朝初期半个多世纪，汉族由雄略的太祖、成祖父子两代指导，非只挫屈世界史最大征服者蒙古人气势成功，压迫其局促于北方草原本据，转换入分裂、衰退的后期历史过程，而且，同一期间，便是向四方齐头大发展的时代：

关于东方，十二世纪建立金朝的女真人，移住中原的已与汉族合一，蒙古人征服时代，残留东北的女真人系由元朝辽阳行中书省统制，包括同种族移住东北域内的朝鲜半岛高丽人。明太祖汉族革命，基于切断蒙古高原北元势力续与朝鲜半岛连络的目的，立即进出辽东，加以军事占领，乃属必要。也惟其军事色调为浓，接收当地元朝原制后的再整备，同一直辖领或所谓内地的地方制度，却较其余诸省存在区别，系以都指挥使司 (简称都司) 兼当布政使司的民政之任，所谓实土卫所系统初立，是明初东方事业特征——

今日印象中的“东北”，系指东北九省，但地形与人文地理，九省西半部的辽北省以北都须与蒙古高原结合，历史上因而也称东蒙古。元朝对此一地区的统治，便以此蒙古延长部分设定左手 (左翼) 诸王的分地，中部松花江以南与其东部沿海，才置辽阳行省分七路统辖，大宁路与广宁府路在辽河以西，其余五路均在辽河以东。其中合兰府水达达路别于隶下依兰 (三姓) 附近，设立五处万户府以统治女真人 (后裁减为三万户府)。黑龙江下流又置征东元帅府统治当地土人。明太祖洪武年间，东北经营尚限今日辽北省南境开原以南，狭义的辽东，于元朝制度下圈入汉族中国的领土范围是：

| 元辽阳行省七路 | 辖　境* | 洪武建制 | 备注 |
|---|---|---|---|
| 大宁路 | 热河省东南部 | 大宁都司（北平行者司） | 成祖废 |
| 广宁府路 | 辽宁省西部、热河省东北部 | 辽东都司二十五卫二州（治所辽阳） | 放弃*** |
| 辽阳路 | 辽宁省辽阳以南、安东省南部 | | |
| 沈阳路 | 辽北省开原以南、安东省北部 | | |
| 开元路** | 吉林省、松江省、苏俄沿海州南部、朝鲜咸镜南、北道（朝鲜人民民主共和国另分划两江道） | | |
| 东宁路 | 朝鲜半岛平安南、北道（朝鲜另分划慈江道） | | |
| 合兰府水达达路 | 合江省、黑龙江下流（与松花江合流后异名混同江）苏俄沿海州大部分地 | | 永乐时经营 |

* 依及川仪右卫门《满洲通史》第208—209页，伪满洲国时代行政区划名改定。

** 关于元朝开元路，歧见最多也最不容易推定的，系其治所所在地。稻叶岩吉的意见可能接近事实，却也只称“间岛方面”，见所著《满洲发达史》第124页（“间岛”系伪满省名，今松江省南部，隔图们江与朝鲜接境），而不能确指其位置。一般著作所称治所在今开原，乃元朝最后并置之地，稻叶岩吉同书附录一《满洲史体系的再认识》第十五节，有详细说明。

*** 韩国史书的记录，元世祖置东宁府（治所平壤）仅二十年，便已以领地归还王氏高丽。

靖难之役，东北女真兵曾追随兀良哈三卫参加奋战（明朝记录“女真”多转音作“女直”），成祖即位后永乐之初，女真人仿兀良哈蒙古人之例，正式编入唐朝羁縻府州同一意味，部族平位的羁縻卫所制度，依兰方面为建州卫，其西哈尔滨方面为兀考卫。建州卫旋南移吉林市附近，又以元末乱中附向高丽（隶朝鲜建国祖李成桂麾下）的女真部族归顺，于图们江右岸朝鲜咸镜北道会宁地方增设建州左卫，统属辽东都司。文献中的说明是：“本朝永乐元年，遣行人邢枢偕知县张斌，往谕奴儿干，至吉烈迷诸部落，招谕之。于是海西女直、建州女直、野人女直诸酋长，悉境来附。……乃诏自开原东北至松花江以西，置卫一百八十四（曰建州、曰必里、曰毛邻等名）、所二十，为站、为地面者各七，选其酋及族目，授以指挥、千百户、镇抚等职，俾仍旧传，各统其属，以时朝贡。寻复建奴儿干都司于黑龙江之地，设都督、指挥等官，与各卫所不相辖属。其有愿居中国者，安乐州于开原，自在州在辽阳以处之，量授以官，任其耕猎。”① 以后建州卫、建州左卫受野人女真压迫，宣德、正统间先后又移住浑河（佟佳江）上流，今日安东省新宾县（清朝兴京）一带，左卫复由朝廷析置右卫。建州三卫，于是与开原以北的海西四卫（扈伦四卫）两相对称，以迄明末。

于辽东都司之外自成系统，以黑龙江下流右岸一带奴儿干（弩儿哥、尼噜罕，Nur－kan）为名的奴儿干都司，便是元朝征东元帅府后身。于稍后于建州卫的永乐二年设尼噜罕卫，七年（纪元1409年）改都指挥使司②，支配当地吉烈迷（吉里迷，Gilimi，野人女真）诸部、库页岛（土人便称苦夷、骨嵬，Kugi），以及北海道方面虾夷人③。明朝此一极东北前进基地开设的事实，十九世纪中，经俄国人向学界介绍永乐十一年（纪元1413年）建立于黑龙江河口附近特林（Tyr）地方的永宁寺碑，而为世界所共知④。纪念石碑正面汉文，背面女真文，两侧面汉文、蒙古文、女真文、西藏文四体书刻⑤。其汉文刻文：“永乐九年春，亦赤哈等官军一千余人，巨船二十余艘，……自海西抵奴儿干及海外苦夷。诸民男妇，赐以衣服器用，给以谷米”，文末具名邢枢书丹。成祖隔短暂仁宗至宣宗宣德八年（纪元1433年）建立的第二碑，即重建永宁寺碑，碑文又称：“宣德初，复遣亦赤哈部众再至。七年，亦赤哈同都指挥康政率官军二千，巨船五十至”。奉命经略黑龙江下流的亦赤哈（亦失哈，Ishiha）系归化女真人宦官，受任奴儿干都指挥的归化蒙古人康旺，则由辽东都司隶下三万卫长官调升，宣德时始离职，《皇明实录》宣德六年条记其事：

---

① 稻叶岩吉《满洲发展史》第53页引《殊域周咨录》（二四）女直条。

② 及川仪右卫门《满洲通史》，第237页。

③ 文艺春秋版《大世界史》11. 紫禁城的荣光，第152页。

④ 永宁寺碑文的本格化研究，系纪元一九〇〇年内藤湖南《明东北疆域辨误》开始。也由此碑文而确认广泛东北地域，明初以来便是中国领土，民国二十年九一八事变，日本占领东北翌年国际联盟李顿（Lytton）调查团调查报告肯定此一事实时，中国方面所提出证明，便包括引用敌方人士如内藤论文等资料，参阅三田村泰助《宦官》，第181页。

⑤ 诚文堂新光社版《世界史大系》8. 东亚Ⅱ，第187页图版说明。

“冬十月乙未，命奴儿干都司都指挥康旺致仕，以其子福住为本司都指挥同知。旺本鞑靼人，洪武间以父荫为三万卫千户。”① 奴儿干都司管辖范围的明定，也见诸同书记录：宣德五年（纪元1430年）八月庚午，“又勅谕奴儿干，海东、囊河、吉列迷、恨古河、黑龙江、松花江、阿速江等处野人头目哥奉阿、囊奴等，令皆受节制”②。

辽东、奴儿干两都司为枢轴的明朝大东北统制网，松花江系其连结大动脉，运兵、运粮、输送物资，均顺江直达黑龙江河口。启程地的今日吉林市，为此专门设有大造船厂，担当的是后勤的基地位置。今日发现与永宁寺碑同等闻名，吉林城东十二华里松花江上流江边阿什哈达（Ashihada）的宣德七年（纪元1432年）摩崖碑，可资参照，碑文：“钦委造船总兵官骠骑将军辽东都司指挥使刘清，永乐十八年领军至此，洪熙元年领军至此，宣德七年领军至此，□□设立龙王庙宇□□□年□□，宣德七年重建，宣德七年二月吉日。”② 明朝初年，汉族东方支配力的强劲可知，也因而原先二百内外女真卫所最早之数，以后累加至三百八十四卫、二十四所、七所、七地面③。

女真自其前身靺鞨时代以来，与同种族的朝鲜民族间，问题始终纠缠不清。王氏高丽北境开拓的事业基础，已系建立于征服半岛北部的女真人，倒反自身又服属女真人金朝，又转移为灭亡金朝的蒙古人元朝控制。十四世纪大陆汉族革命全面爆发的影响波及半岛，也带动高丽抗元规复运动成功。却是，受元朝严密约束而无力化的高丽王，也由是轻易被指导规复事业的军事统帅李成桂篡位，高丽传世二四代四七五年而亡，时为明太祖洪武二五年，纪元一三九二年。丽末中国元、明交代，高丽已向明朝称臣，回复对汉族中国的宗主—属国关系，李成桂对明朝执“事大之礼”愈谨④，登位请求上国明朝册封时，拟上“朝鲜”、“和宁”两名词，并请决择更改国号，而经明太祖勅定前者⑤

① 转引自稻叶岩吉《满洲发达史》，第139页引文。

②同上，第139页。

③ 稻叶岩吉《满洲发达史》，第509页引万历重修《大明会典》统计。

④ 金达寿《朝鲜》，第79页。

⑤ 平凡社版《世界历史大系》11. 朝鲜满洲史，第148页。

(《明史》记事系“高丽李成桂幽其主瑶而自立，以国人表来请命，诏听之，更其国号曰朝鲜”，太祖纪洪武二五年九月条；“冬，成桂……并请更国号。帝命仍古号曰朝鲜”，朝鲜传；翌年乃正式启用“朝鲜”新国号，续又迁都汉城。今日学界解释半岛国家史无前例的请天子之国颁赐国号，意义已越出单纯政治的事大主义，且是出发于儒家名份意识的“君臣父子之礼”，宗主国与属国的明、鲜关系，加附了“朝鲜”便是中华分身，东华或小华的东方礼仪之国意味①。另一方面，朝鲜开国者太祖王李成桂出身地双城（今永兴）或咸州（今咸兴）虽有异说，但均系咸镜南道，高丽夺自女真人的土地而又转移为元朝开元路南部，所以与女真族关系为深，学界抑且曾有其父便是参加高丽军女真人的考定②。由于此一渊源，朝鲜立国百年间，得顺利扩大经营北方女真人住地圈，十五世纪前半世宗王时代而完全占领图们、鸭绿二江南岸，最早开创今日朝鲜政治地域与半岛地理名词合一的局面。韩国或朝鲜史分期，因之便以王氏高丽灭亡结束其中世史，李氏朝鲜或李朝的历史已系近代史。建立清朝的女真族满洲人，兴起之初回旋于鸭绿江内外的态势下，一度因之也服属朝鲜，而其最早曾受李朝鄙视。李朝传世二七代五一九年，纪元一九一〇年或中国清朝宣统元年，被日本并合。

明初汉族笼罩东方世界的威光下，东洋史学者形容东方诸国对明朝的态度，朝鲜是恭事，日本则媚事③。日本方面的记事④：合一南北朝，确立室町幕府支配体制的独裁者与太上天皇足利义满，明惠帝建文三年（纪元1401年，日本复小松天皇应永八年），以“日本准三后道义”名义而敬称“大明皇帝陛下”抬头，向明朝呈上国书。翌年（纪元1402年），明朝复使到达日本，义满盛大欢迎，礼拜受领载有“尔日本国王源道义”文字，正式册封国王意味的勅书，以及颁下奉正朔所需的大统历。同年明朝成祖登位，义满再上书时，

---

① 参阅人物往来社版《东洋历史》8. 明帝国与倭寇，第138页。

② 文艺春秋版《大世界史》11. 紫禁城的荣光，第124页。

③ 和田清《中国史概说》（上卷）第244，242页，

④ 取材自人物往来社版《东洋史》8. 明帝国和倭寇，第200—203页；文艺春秋版《大世界史》11. 紫禁城的荣光，第27—28页；读卖新闻版《日本史》6. 群雄之争，第13—17、33页。

署名已是“日本国王臣源”，自承于明朝属国之列。由是每年彼此使者往复，成祖且以封日本“寿安镇国之山”而颁御制碑文。日本对明蜜月外交或相对意义的屈辱外交，迄足利义满死后（明朝赐谥恭献王），其子执政期的纪元一四一一年（明朝永乐九年，日本应永十八年），幕府突然的“国交断绝”行动而中止，原因据推测，便是简单的国体耻辱有损颜面。

东海诸国明初多已通贡，《明史》吕宋（Luzon，菲律宾）传：“洪武五年正月，遣使偕琐里诸国来贡”等，都是说明。特具意义，系琉球的自明朝而从历史上开始列入中国朝贡国，于中国世界的一角登场。琉球民族从民俗、语言与形质人类学的研究，被强调系日本民族的地方群一支，以民族移动而分离的学说兴起，乃日本明治维新并灭琉球以来之事。历史上所见，十一世纪末以前，则琉球长时期都滞留在蒙昧时期，十二世纪才最早发生按司（领主）部落政治。[①] 而且，文献上“琉球”之名，七世纪隋炀帝“流求”征伐固已始见，所指却非琉球而系台湾。按司时代向高层次发展，完成初步统合的中山、山南、山北三个小“国家”分立的三山时代来临，已系中国元、明交替的十四世纪中。明太祖洪武五年（纪元1372年），中山王察度率先受明朝招谕，开始以“琉球”之名朝贡，受册封为藩属，山南、山北追随仿行。中山国察度王统存续二代约六十年，被山南一按司尚巴志推翻（明永乐二十年，纪元1422年），约略十五年内三山并合，琉球诸岛于本岛首里树立中山国的统一政权，对明朝也自此由惟一的中山王为琉球国代表。尚巴志王统传六代约五十年，明宪宗成化六年或纪元一四七〇年，臣下尚圆篡立，尚圆原非“尚”姓，后以篡位而沿用，俾易获得宗主国明朝承认。抑且，尚姓可能亦非前朝固有，而系汉人代拟，但无文献上确证。惟其前后朝无血统关系，所以琉球史以前此称“第一尚氏”，尚圆王为始祖则“第二尚氏”。第二尚氏时代，琉球王国已突破旧时琉球诸岛范围，发达为北起奄美大岛以北，南及宫古、八重山诸岛，全有今日地理上所指琉球列岛的形势（地理名词的琉球列岛，包含的便是奄美诸岛、琉球诸岛、宫古诸岛、八重山诸岛等四组群岛，但奄美大岛为主岛的奄美诸岛，已随其北吐噶喇诸岛被日本划入鹿儿岛县辖境）。可了解琉球的历

① 比嘉春潮等合著《冲绳》，第63页。

史时代开始，便与中国相结，朝代先后变易，尤不影响与明朝间益益亲密的关系。三王时代已各别派遣留学生入明朝国子监，中山国且是“一岁常再贡、三贡”（《明史》琉球传），琉球史上特为炫耀的大事，系洪武二十五年（纪元1392年）明朝三十六姓计划性移民，指导航海与文书制作（《明史》琉球传作“嘉其〈中山王〉修职勤，赐闽中舟工三十六户，以便贡使往来”），琉球史其后著名的政治主导人物多出此三十六姓后裔。非官方特遣的移住者，且早自明朝成立以前已有到达，察度王所以立即响应明朝招抚，原因便以其侧近已存在两位汉人政治顾问朱复与王茂，朱复于永乐九年年逾八十，居住中山国辅政也超过四十年，奉准致仕返回江西饶州故乡，而王茂留任国相，似乎非是当时孤例①。琉球勤奋的向文化母国明朝学习，对天子克尽藩职，神宗万历七年（纪元1579年）以获颁“守礼之邦”嘉额，而特于首里王城入口镌建的守礼门，迄今被指定为国宝文化财。但历明而清忠诚不渝的情势，结局终于中断，光绪五年或日本明治十二年（纪元1879年），琉球被日本侵略势力强改冲绳县，第二尚氏历十九代四〇九年而亡。

西南方面，西康、西藏于太祖洪武时都已服属，修正元朝制度设置朵甘（Mdo—Khams）、乌斯藏（dBus - gTsan）行都司，内侧苗、瑶、泰系、藏系、缅系诸少数民族住地的开发，尤系成祖治世一大业绩。唐朝南诏国、宋朝大理国的范围，元朝已置云南行中书省直接支配，明朝汉族势力愈益深殖，而努力加以内地化，继承元制的云南布政司北部，永乐时代独立置行政单位贵州布政司，是指标之一。之二，稍前，又以南方毗邻属国越南内乱，强臣黎季犛篡陈朝自立，影响中国宗主权尊严的理由，并合越南改置交阯布政司，宋朝初年以来脱离中国独立的越南，至是重入中国领域。

明初本格化开发西南地区，余绪延及今日的土司制度陪伴成立。《明史》土司传序的几段记载：“迨有明踵元故事，大为恢拓，分别司郡州县，额以赋役，听我驱调，而法始备矣”；“考洪武初，西南夷来归者，即用原官授之。其土官衔号曰宣慰司，曰宣抚司，曰招讨司，曰安抚司，曰长官司。以劳绩之多寡，分尊卑之等差，而府州县之名亦往往有之”；“府州县等官隶验封，宣

① 琉球简史，取材自东恩纳宽惇《琉球的历史》，第33—57页。

慰、招讨等官隶武选。隶验封者，布政司领之；隶武选者，都指挥领之。于是文武相维，比于中土矣”，可知便是明朝直辖领土上的自治体意味。土司分布地域之广，设置单位之众，又自《明史》土司传分湖广、四川、云南、贵州、广西共十篇之多得见，特别是贵州划出后的云南土司，仍然独占三篇的分量。有名的“西南十慰”中，老挝（Leo）宣慰司、八百（泰国北部景迈 Chieng-mai）宣慰司、缅甸（唐朝骠国，宋朝以来称缅 Mien）宣慰司、古喇（缅甸南都白古 Pegu）宣慰司等，越南以外大部分中南半岛地域，洪武至永乐年间，都已建立云南土司网的隶属。

成祖永乐时四方经略的一大特征：“当成祖时，锐意通四夷，奉使多用中贵。西洋则（郑）和、（王）景弘，西域则李达，迤北则海童，而西番则率使侯显”（《明史》宦官传郑和条）。西藏诸法王自洪武时开始受封通贡，强化西藏域内四分五裂诸势力内属，完成尼八剌（尼泊尔，Nepal）到北印度沼纳朴儿（Jaunpur）诸国对明朝朝贡关系的连结，功劳者都是《明史》郑和传附记，赞扬“五使绝域，劳绩与郑和亚”的侯显。另一知名宦官之例，便是前述东北方面的亦赤哈。

明朝最博声誉的宦官军事家、外交家，以及中国史上最伟大的航海家之一，自系郑和。于明朝宦官原籍广泛（亦赤哈→女真，海童→蒙古，以及颇多朝鲜、安南人）的特色下，郑和系西域归化者后裔的云南人回教徒，其前后七次盛大航行南方海洋的“三宝太监下西洋”壮举，今日以于世界史具有重大意义而东、西方共同闻名。七次航行时间①：

| 次　数 | 出发年份 | 返回年份 |
|---|---|---|
| ① | 成祖永乐　三（1405） | 永乐　五 |
| ② | 永乐　五（1407） | 永乐　七 |
| ③ | 永乐　七（1409） | 永乐　九 |
| ④ | 永乐　一一（1413） | 永乐　一三 |
| ⑤ | 永乐　一五（1417） | 永乐　一七 |
| ⑥ | 永乐　一九（1421） | 永乐　二〇 |
| ⑦ | 宣宗宣德　六（1431） | 宣德　八 |

① 依冯承钧《中国南洋交通史》第92—101页考订（主要凭证《南山寺碑》）。

海上大远征规模之巨，声势之宏，《明史》宦官传郑和条第一次奉使时特笔："六月，命和及其侪王景弘等通使西洋。将士卒二万七千八百余人，多赍金币。造大船，修四十四丈，广十八丈者六十二。自苏州刘家河泛海至福建，复自福建五虎门扬帆，首达占城，以次遍历诸番国，宣天子诏，因给赐其君长，不服则以武慑之。"郑和自身未留有旅行记，但缺憾由随行者中三人的著作弥补，三书之一巩珍《西洋番国记》已佚，马欢《瀛涯胜览》与黄信《星槎胜览》则完整流传迄今。同性质而出诸当时要约的碑文形式，也有娄东刘家港天妃宫石刻《通番事迹记》，特别是一九三一年福建长乐三峰塔寺石碑《天妃之神灵应记》（以三峰塔寺一名南山塔寺而此碑又名《南山寺碑》）发现，尤系七次往返年月的研究上特为珍贵资料。郑和历次出海，多数选择长乐为启航港口，碑文之言"余（指郑和）由舟师累驻于斯，伺风开洋"，而官军驻在的长乐南山行宫右侧，便是南山塔寺，"是用著神之德于石，并记诸番往回之岁月，以贻永久焉"，乃有此碑之立。碑末记"宣德六年岁次辛亥仲冬吉日，正使太监郑和、王景弘，副使太监李兴、朱良、周满、洪保、杨真、张达、吴忠，都指挥朱真、王衡等立，正一住侍杨一清稽首请立石"[①]，正是前后三十年，七次下西洋的最末一次航行途中，恰具总结意味。从统率者群的署名，以及文献记事如永乐五年"九月乙卯，命都指挥汪浩改造海运船二百四十九艘，备使西洋诸国"[②] 等（《明史》郑和传记所载第一次出航时船数，仅指"大船"而未计列附属的中船以下），均堪供为说明大舰队阵容之盛的注脚。

平均每艘载四五百人的巨舰六十余艘为主体，大编组舰队周航西洋，招抚向明朝朝贡的三十余国，占城（Champa）、真腊（Cambodia）、暹罗（Siam）、满剌加（马六甲，Malacca）、浡泥（Brunei，婆罗洲，Borneo）、爪哇（Java）、三佛齐（Palembang）与苏门答剌（苏门答腊 Sumatra 东、西部），均今日南海或南洋地域范围。榜葛剌（Bengal）、锡仑（锡兰，Ceylon）、古里（Calicut）、

---

① 碑文引文均采自冯承钧《中国南洋交通史》，第 104—106 页注七录《南山寺碑》全文。

② 转引自冯承钧上书，第 94 页《皇明实录》卷七一。

柯枝（Cochin）、葛兰（Quilon）等均印度诸国，从而远越印度洋，自波斯湾头的忽鲁漠斯（霍尔木兹 Ormuz），沿阿拉伯半岛南海岸至红海口阿丹（亚丁，Aden），抵达非洲东岸的木骨都束（Mogadishu）、卜刺哇（Brava）、竹步（Jub）、麻林（Malinde）等。十五世纪明朝初郑和下西洋，因之足堪与纪元前二世纪汉朝张骞使西域，光辉前后交映，郑和亲自指导“大艅宝船”的航程之外，又部署其所率领大舰队散布“分艅”招谕线，也与张骞正使的于西域分散“副使”经营网，方式如出一辙，两位巨人一循丝道，一在海域，各各在历史上代表汉族，向西方世界宣扬如虹威势，无愧民族之光。郑和第一次航海年代，较十五世纪末欧洲人最早的东方新航路发现（纪元 1498 年葡萄牙人伽马 Gama 绕非洲南端好望角，渡印度洋到达印度），几乎早过整个一世纪，郑和的世界史位置也由是铸定。如下，都是今日东洋史学者对郑和的评价：

——如此伟业，实系为全体东洋人扬眉吐气①。

——当时与回教世界合一的海上圈，已完全被这位宦官统帅的威风压服②。

——雄大舰队纵横印度洋，其规模之伟，为太平洋战争以前，人类历史所未曾见③。

惟其如此，如谓汉族民族革命，驱逐蒙古人时所建明朝，领土较之蒙古人元朝已缩小甚多，可知乃是错觉。明初较之元朝，声威未遑逊色，自东北库页岛，西南越大洋到非洲大陆东岸的大势力圈成立，为空前所见。东方从未来入贡的吕宋、琉球，以及倭国时代以后的日本，也都自其时朝贡，隆盛殆与前此的汉族朝代汉、唐齐驾并驱。

然而，明朝国威四播，非唐朝以前世界帝国复活的意味为堪注意，汉族于民族主义本位下也再无凭藉回复旧观。海禁断行，私的国际交通全面关闭，公式朝贡又固定在天朝声威的敬畏基点，乃是国家闭锁性较之宋朝犹烈的最直接说明。而待之小中核的政治指导力松弛，鼓舞汉族奋起的活力激素立形消失，

① 有高岩《概观东洋通史》，第 398 页。

② 植村清二《作为教养的中国史》，第 103 页。

③ 和田清《中国史概说》（上卷），第 240 页。

封闭性格限制国力的弱点也立刻暴露，乃为必然，伟大的永乐时代由宣德时代接替时，衰兆由是初见。征候之一，越南回复汉族中国领土统治后二十年的宣德二年（纪元1427年），废交阯布政司，承认越南民族运动领袖黎利政权，重建宗主、属国秩序。之二，太祖以来收为内地的开平卫，原设于今内蒙古多伦，宣德五年以唇齿相依的大宁卫废弃，战略形势上太过突出的理由，而也南移独石口（今河北省沽源），并与原正北边所有同由后军都督府直辖的实土卫所，改隶同年新设置于宣府卫的万令都司。再次代英宗正统年间，隶山西行都司（治大同府）的东胜卫（今内蒙古黄河外侧东端托克托县），继永乐时废弃复置又确定废弃。经过土木之变，明朝对外已不得不改采消极政策。所以，土木之变以前，河套北、东的明朝内蒙古直属领土，几乎已全行放弃。土木之变，表象是英宗急躁行军的结果，实质已是汉族元末以来回升的冲力退潮，前进高姿态重向保守化逆转时，弱势于外力考验下的明显表现。自此，太祖、成祖时代意气高扬的蒙古高原进出断念，从现实变化为政策上的守势，以及事象上的步步后退，如一部教科书的简约说明：“大宁废（成祖分与兀良哈部）、开平弃（宣宗时）而辽东、蓟州、宣府之备多，河套失（世宗时）而太原、大同、榆林、固原、宁夏之患急，哈密弃（亦世宗时）而甘肃、西宁、洮河、松茂之寇滋”①，汉族已以北方全边境线处处挨打为结局。

自东而西，辽东、蓟州、宣府、太原、大同、榆林、固原、宁夏、甘肃的明朝沿长城线“九边”，正是与北方蒙古人势力消长判明后，明朝中期以来被迫出现的产物。明朝建国恰值百年，北边保守方策已形固定的英宗复辟次代宪宗，成化十年（纪元1474年）兴筑榆林（陕西）至宁夏间一千七百七十里的长城（明朝所谓“边墙”）开始，历孝宗、武宗而十六世纪前半世宗嘉靖年间，山西边界以迄甘肃兰州的现状长城中段新筑部分为基线，明初以来已顺地势陆续筑成局部的东、西两方面城墙、关口、堡垒，也已完成修补与连结，而如今日所见姿貌，东起山海关，西迄嘉峪关，全长五千余里（二千三百余公里）的万里长城或大长城，全线巍然呈现于世人眼前。九边，便是设定于长

① 罗元鲲开明版《高中本国史》第二册，第126页按语。

城防御线上，分担防卫的九个军管区。大长城与大运河，都是汉族智慧、毅力、技术的结晶，世界级雄阔壮观，代表人定胜天的伟大人力创造。却是，与长城原型或汉朝攻势长城相较，明朝长城已全然变形，位置大幅向南移动，铸定其非对蒙古出击的体制，而系屏固为目的，性格是被动的、内缩的与退守的。汉族活动的伸展抑撤退，长城线进退是支量尺，就长城的历史而言，明朝长城因之不是光荣的，而系苦恼的。长城划定汉族立场的敌我限界，能够固守长城已称满足。

大长城必须修筑，也以卫所制度已形败坏，而不得不依赖此防御工事。《续文献通考》兵考九郡国兵（边防）篇明英宗正统初之条，已引《明史》："兵志曰，永乐间始命内地军番戍，谓之边班。其后占役，逃亡之数多，乃有召募、有改拨、有修守民兵、土兵，而边防日益坏"，神宗万历四十七年条尤以"臣等谨按，明之边备，至是益弱，守且不能，何有于战？凡军士之逃亡占役，将帅之偷惰刻核，无弊不生。迨流贼炽，而秦晋之边胥破坏，明祚遂因是不延"。颇为明白，明朝全成显现宋朝原形的影子。

正面北方局势的变化，连锁反应带动汉族势力从四面八方退却。宣德时尚系直接支配体制的东北奴儿干方面，正统以后已放弃，奴儿干都指挥使司废止。汉族势力着着向辽河下流域后退，明朝后期的国防第一线已置诸开原、沈阳。接替明朝的清朝始祖努儿哈赤，便于此一情势形成之际，由沈阳以东佟佳江方面女真人建州三卫中的建州左卫崛起。而大长城以山海关为起点或终点，吸收州县制机能的辽东都司辖区孤立于关外的形势，以及沈阳被建设为关外时期清朝国都盛京的原因，清朝入关，辽东汉族聚居地因而被列东北龙兴之地，单独划出于汉族中国的本部十八省之外。

明朝暮运，与南宋十分相似。军事上回复仰仗募兵，重文轻武社会意识却愈益根深柢固，一方面是军人的士气低落而军纪废弛，一方面士大夫相互间激烈党争倾轧，文臣不度时势，徒逞意见。情况的与南宋如出一辙，《廿二史劄记》明末书生误国篇曾概乎言之。抑且，失败因素还较南宋复杂，绝对君主专制政治的君主个人明断，重要性也为绝对，南宋只多庸君，明朝多的却是武宗以来昏君，世宗、神宗且均二十余年不视事的隔绝臣僚。昏君在位，诱发的各地民变，明朝中期以来几乎未间断，内部疾恙并发症的外部打击，北虏、南倭之患幸得平息，而万历三大征接踵。政治瘫痪，又加兵力、财力大量消耗，人民负担极度沉重的结局，十七世纪三十年代激起根据地流动不固定的盗贼集团，所谓流寇的最大波，自陕西北部而长江流域以北全域蔓延。流寇群中与张献忠分系声势特盛两主流的李自成陷北京，毅宗自缢，明朝灭亡（崇祯十七年，纪元 1644 年）。清军趁此汉族中国大变乱，长驱进山海关，占领北京，消灭流寇与转辗流亡的南明抵抗势力，汉族中国全土征服。于此，明朝最后命运又是南宋重演，差异是从逻辑上说，明朝正统命脉的斩绝系由流寇，以及清朝君临汉族中国，天下乃得自流寇之手，汉族自身内溃时外来的得利者。

**清朝年表**

| | | |
|---|---|---|
| 〔太祖天命元年，明神宗四四年（1616）〕 | | |
| 〔太宗天聪元年，明熹宗天启七年（1627） | | |
| 崇德元年，明毅宗崇祯九年（1636）〕 | | |
| 世祖顺治 | 元（1644） | 李自成亡明，清军入北京，清朝中国支配开始 |
| | 二（1645） | 薙发令发布 |
| | 九（1652） | 颁天下学校卧碑，其第八条：“禁立盟结社” |
| | 一八（1661） | 南明灭，中国统一完成，郑成功在台湾继续抗清复明（康熙二二 <1683 >郑氏灭） |
| 圣祖康熙 | 一二（1673） | 三藩之乱（－1651，汉族反抗完全敉平） |
| | 二一（1682） | 顾炎武卒 |
| | 二八（1659） | 尼布楚条约缔结 |
| | 三五（1696） | 外蒙古领土并合 |
| | 五五（1716） | 康熙字典成 |
| 世宗雍正 | 元（1723） | 严禁天主教 |
| 高宗乾隆 | 二二（1757） | 欧洲贸易限制在广东一港 |
| | 二四（1759） | 回部平定，清朝达最大版图 |
| （1760 年代—1830 年代，英国产业革命进展） | | |
| （1776 年，美国独立） | | |
| | 四七（1782） | 四库全书成 |
| （1889 年，法国大革命，《人权宣言》） | | |
| 仁宗嘉庆 | 元（1796） | 高宗内禅为太上皇 |
| | ——以下略 | |

清朝于中国史的意义，第一，已是最后的专制朝代，中国近代史以此朝代为断，十九世纪西洋文明冲击中国加剧，而推动中国向现代史移行。第二，现代史的中华民族与五族共和为基石的中华民国立场，中国史朝代建设者，汉、满、蒙、回、藏应无民族歧异，但自历史的主要舞台面汉族中国与历史主役者汉族而言，清朝则是最后一个征服朝代，中国历史也以征服朝代型态结束旧中国与近代史。第三，清朝征服朝代以元朝式汉族中国全域支配始，而辽、金式征服者自族变质为汉族终，塑定旧中国的历史总结，仍然回到中国→汉族中国，中国人→汉族的主从立场。第四，无论汉族朝代或清朝以前任何一征服朝代，对长城内外两个世界的稳定调和均为无为，系清朝而结束历史性抗争，立于汉族中国立场，古代以来最大威胁的北方游牧民族，也因满清以第三者姿态介入，以及双方加以征服的共同君临者权力成立，而压力最终的解除，长城内外两个世界自是统一，则又是清朝遗赠现代中国的最大献礼。

清朝属国朝贡网的完成，东方最亲密的朝鲜（李朝）、琉球（尚朝）、安南（阮朝）之外：

——十八世纪五〇年代，天山南、北均已归属清朝领土，清朝国威风靡帕米尔西方。自《大清一统志》与《西域图志》等所见，霍罕（Khokaand）、布哈尔（Bukhara）、爱乌罕（Afghanistan，阿富汗斯坦）、痕都斯坦（Hindustan）等来朝，十年一贡。

缅甸遭元朝蹂躏后，久久陷入支离破碎状态，明时分散为众多受明朝羁縻的土司。清朝乾隆时代，木疏（Shwebo）酋长雍籍牙（Alaung Paya）崛起，建洞吾（Toungoo）朝，全缅甸统一。其子孟驳施（Hsi－nbyushin）侵逼云南，清朝反击下，雍籍牙季子孟云（Bodaw Paya）时，惧而降清，乾隆五十五年（纪元 1790 年）受清册封缅甸国王。

暹原系今日云南方面的掸（Shan）族，受元朝讨伐影响而南窜，驱逐原住的孟·吉蔑（Mon－Khmer）种族，据湄南河流域。元末，其领袖 Rama Tibodi 都 Ayuthia，平定附近诸邦，建立暹罗国，汉人于此期间，流寓甚众。清乾隆时，暹罗累被新兴缅甸侵入，国都失陷，移住的汉族福建人郑信（郑昭，Piya Taksin）经拥戴为暹罗王，驱逐缅人复国，乾隆四十三年（纪元 1778 年）

定都曼谷（Bangkok）。郑信后发狂而死，部将郑华（Piya Chakri）继承郑信伟业，开新朝代，于乾隆五十一年（纪元 1786 年）向清入贡，受封暹罗国王，是为今日泰国王统的始祖 Rama I。

版图如此广大，声威如此煊赫的东亚大帝国清朝，却堪注意，也便自乾隆时代，而对外贸易限制仅广东（广州）一港，所形成仍如明朝系闭锁体制。

清朝寿命超过明朝，更超过历史上所有的征服朝代，堪加特笔的是其汉族中国统治方策，较之任何征服朝代均为成功。与元朝相对照，元朝蒙古人至上主义下，系完全以汉族为隶属者，但其向来的屠城政策自蒙古大帝国建设过程中已予放弃，即使南宋征服战争也未再出现大杀戮人间地狱的场面。清朝征服汉族，则薙发令强行，“留头不留发，留发不留头”的全民大弹压，支解南明最后挣扎时扬州十日、嘉定三屠、江阴血洗，均于史书留下不可磨灭的恐怖之页。史可法死节的扬州大屠杀一幕，且是创下汉族平民无辜死者至少八十余万人的血腥纪录①。大杀戮震慑的同时，以全盘蹈袭明制，开放政治权利为饵，为士大夫划出一条顺我者生的协力者道路，众所周知累累兴起的文字之狱，又是对企图越出此一轨道者立即的、严厉的制裁。抑且，明伦堂前置卧碑，镌勒学校生员禁例之制，固始自明朝洪武十五年，八条中最严厉的一条系：“一切军民利病，农工商贾皆可言之，惟生员不许建言。”清初颁行的卧碑八条禁例，却已赫然增列“生员不许纠党多人、立盟结社、把持官府、武断乡曲。所作文字，不可妄行刊刻，违者听提调官治罪”条文。前引明朝条文也变换更严厉语句为：“军民一切利病，不许生员上书陈言。如有一言建白，以违制论，黜革治罪。”（《皇朝文献通考》学校考七直省乡党之学顺治九年条）统治手段的高压—怀柔，安抚—打击，双线交替换用，完全瓦解汉族，尤其士大夫的反抗意志，只有服从，只已都是善良顺民。宋元明以来已益益保守化的汉族，于清朝三百年异族支配之下，也因而愈流向自保、自私，一盘散沙的奴化、弱化性格，此于清朝征服统治，乃是绝对成功，统治汉族年代超过元朝一倍以上的原因也由此。

---

① 据萧一山《清代通史》(一)，第 31 页引《焚尸录》统计。

而清朝结局，统治者自身固以优裕的汉式生活诱惑而向汉族同化，外来帝国主义侵略势力加压时，原来得意的统治成功因素，又全化为痛苦负数，复式支配的领地与民族隔离体制，徒然方便于列强分割中国领土，占全人口绝大多数的汉族人民，却正陷落民族运动的最低潮，而无从要求其团结御侮。但清朝非被列强帝国主义者瓜分，而仍系由汉族民族运动所推翻。堪注意，推翻清朝的原动力泉源却非旧传统汉族，乃是：第一，清末接受西洋现代文明洗礼的新生一代；第二，清初便以自拔于顺民之外而转入地下，反清复明组织洪门①为主流的秘密结社帮会；第三，更早远播海外，仍然心系母体的汉族，三方面力量结合所推动。特别关于第三者的海外移住汉族，或今日所称的华侨（Chinese abroad、Over - sea Chinese），也为渐渐老化的汉族开创另一发展新途，于中国近代史抑且现代史，又或世界史，都已占有刮目相视的位置。

---

① a）朱琳《洪门志》序："洪门组织，自明末清初，于今三百余年，历史悠久，势力庞大，人多称为"秘密社会"，忠国勤民，卓具功绩。原本天赋人权，倡导"民族革命"，并以"反清复明"运动，建立"民国"基础。"

b）陶成章《教会源流》考："所谓洪门，因明太祖年号洪武，故取以为名。指天为父，指地为母，故又名天地会。始倡者为郑成功，继续而修整之者则陈近南（郑氏谋主陈永华）也。"又："洪门兄弟，投降于湘军以引导之，后又避去三合、三点之名称，因会党首领有老大哥之别号，遂易其名曰哥老会。凡湘军所到之处，无不有哥老会之传布。是故三点会也、三合会也、哥老会也，无非出于天地会，故皆号洪门，别称洪帮。"所以，洪门的传布，由福建传入浙江、江西，均称天地会，或三点会，续往广东方面活动时，称三合会，支流蔓衍，遍及南洋、美洲。四川洪门"汉留"称袍哥，长江中流则较晚起的哥老会。

c）徐珂：《清稗类钞》会党类天地会："择甲寅（康熙十三年七月二十五日，以红花亭为兄弟盟誓之地，各会员即以其日为诞日，称为洪家大会。"甲寅年于诸著作中虽也有设定于雍正十二年的，但大都主张乃前一甲子的康熙十三年 < 1674 >。温雄飞《南洋华侨通史》："天地会起源之时代，自当以康熙甲寅年为可信。查康熙甲寅即康熙十三年，上距其入据北京，共三十一年，其酝酿时代，未必有三十一年之久。大抵酝酿于永历帝及郑成功既死之后，即康熙元年，而成立于康熙十三年者也。"

d）国父《三民主义》民族主义第三讲："华侨在海外的会党极多，有洪门三合会，即致公堂，他们原来的宗旨，本是反清复明，抱有种族主义的。""到了清朝中叶以后，会党中有民族思想的，只有洪门会党。"（按：其余会党指白莲教等）国父《建国方略》尤有系统性说明："洪门者，创设于明朝遗老，起于康熙时代。盖康熙以前，明朝之忠臣烈士，多欲力图恢复，誓不臣清，舍生赴义，屡起屡蹶，然卒不救明朝之亡。迨至康熙之世，清朝之势已盛，而明朝之忠烈，亦死亡殆尽。二三遗老，见大势已去，无可挽回，乃欲以民族主义之根苗，流传后代，故以'反清复明'为宗旨，结成团体，以待后有起者可藉为资助也。此殆洪门创始之本意也。"

非中国领土上汉族的海外移民历史，推定最早须上溯至九世纪唐朝后半，且系建筑于贸易关系。唐朝始置市舶司以来，历宋、元两朝代，经济上均以海上贸易兴盛为特色，自中国南部沿海诸港口出海经商，已多留住通商地不归的汉人。从元朝过渡到明初，史料中已多类似如下的记录供了解：

——《明史》外国传五三佛齐传：“（洪武三十年，纪元1397年），时爪哇已破三佛齐，据其国，改其名曰旧港，三佛齐遂亡。国中大乱，爪哇亦不能尽有其地，华人流寓者往往起而据之。有梁道明者，广州南海县人，久居其国。闽粤军民泛海从之者数千家，推道明为首，雄视一方。”（《瀛涯胜览》旧港条，亦记，“国人多是广东、漳、泉州人逃居此地”。）

——《明史》爪哇传：“（其国）人有三种，华人流寓者，服食鲜华；他国贾人居久者，亦尚雅洁；其本国人最污秽……。其国有新村，最号饶富。中华及诸番商舶，辐辏其地，宝货填溢。其村主即广东人，永乐九年自遣使表贡方物。”（《瀛涯胜览》爪哇国条，也记其通商港口杜板，番名赌斑，“其间多有中国广东及漳州人流居其地”。）

可知郑和出使以前，华侨以南洋为最大汇集地的形势已初见。但如今日南洋各地华侨的大势力分布，反而续待实行海禁期的明、清时代。明朝建立，太祖时代已完全变更宋、元自由贸易经济政策，对外国仅许可以藩属国家身份，依“朝贡”方式，附着定期的勘合制度官贸易，对本国人民自由渡航海外尤其严加禁止。但成祖时宣扬大明威德，拓展海外朝贡网的郑和大远征结果，反而以南洋地方富庶实情的判明，给予中国南部沿海居民莫大商利憧憬，反抗朝廷海禁政策，“私通下海”的走私贸易开始活跃，此其一因。第二层原因，欧洲人的东方新航路发现，葡萄牙人率先抵印度，十六世纪一〇年代已建立澳门（Macao，葡萄牙人称谓，由来可能系其地祀海神妈祖而名阿妈澳的转音）的中国通商据点，西班牙人、荷兰人跟踪进出南洋，益益刺激汉族的南洋淘金者，下海禁令空成具文。第三层原因，系日本东洋史研究者向来所强调，这些沿海的汉族武装走私集团与倭寇合流，而十六世纪时明人以“南倭”相称，与同时期声势转盛的蒙古人“北虏”并列，共同达于猖獗高峰。勾搭倭寇，是海贼也是贸易商人的汉族伪倭寇，也于此大骚扰形势中，愈得机缘加密交通吕宋、马来半岛与爪哇、苏门答腊的今日印尼方面①。

“倭寇”于日本方面著作中的说明，系十三至十六世纪间，由贸易变形而侵寇朝鲜半岛、中国大陆沿海岸的全时期日本人海贼统称，活动时期区分前期与后期。前期倭寇自元末至明初，朝鲜与中国北方沿岸为主要侵扰场所，以足利义满对明外交开始而衰退。十五世纪后半日本国内应仁之乱的结果，室町幕府权威失坠而入战国时代，倭寇于十六世纪的明朝嘉靖年间，转移以中国东南海岸地方为掠夺中心再起，为祸程度与地域范围都超过明初，是为后期。而后期倭寇祸患所以显著剧烈的原因，便以兴起后汉族海贼与日本人海贼携手。所以，后期倭寇固以时间上与北虏同时而对称“南倭”，性格上已是倭寇与汉族海贼的合称，也较前期有别，抑且，南倭人数比例日本人已落少数，汉族反占为主体，更是特征②。如上后期倭寇的解说为可以接受，《明史》日本传的有关记录可供参证：“当是时（嘉靖二十七年）日本王虽入贡，其各岛诸倭岁常侵掠，滨海奸民又往往勾之。（巡抚朱）纨乃严为申禁，获交通者，不俟命辄以便宜斩之。由是，浙闽大姓素为倭内主者，失利而怨。……而大奸若汪直、徐海、陈东、麻叶辈，悉逸海岛为主谋。倭听指挥，诱之入寇。海中巨盗，遂袭倭服饰，旂号，并分艘掠内地，无不大利，故倭患日剧”“（嘉靖三十三年）大抵真倭十之三，从倭者十之七”。

一五六〇年代，名将俞大猷、戚继光击破福建的倭寇巢穴，倭患才于大打击下被镇压。日本方面，接续也以丰臣秀吉的统一，下达海贼船禁止令，严厉约束活动，而倭寇绝灭。便以中国东南沿海倭寇终熄，明初以来实施已二百年的海禁终得转机，自隆庆元年（纪元 1567 年）解除禁令，开放民间向海外出航贸易。福建漳州原系走私根据地，一变而为公开出入门户，自此汉族的海外渡航与贸易，乃呈飞跃发展之势。《明史》中称之鸡笼的台湾历史，也自此形势中开始，鸡笼传的记事：“嘉靖末，倭寇扰闽，大将戚继光败之。倭遁居于此，其党林道乾从之。已，道乾惧为倭所并，又惧官军追击，扬帆直抵浡泥，

① 参阅日本昭和十八年版大东亚省《南方年鉴》上篇，《南方华侨现势》第 5—7 页第二章《南洋华侨发展史》第一节“中国华侨移住史”。明末中国南部走私集团利用倭寇壮大声势的理论，上引太平洋战争期间官方资料如此主张，今日学界的著作中，仍均如此主张。

② 据晓教育图书版《现代教养百科事典》7. 历史，第 264 页南倭条，第 269 页倭寇条解说。

攘其边地以居，号道乾港。而鸡笼遭倭焚掠，国遂残破。初悉居海滨，既遭倭难，稍稍避居山后。忽中国渔舟从魍港飘至，遂往来通贩，以为常。至万历末，红毛番泊舟于此，因事耕凿，设阛阓，称台湾焉。”明人所称红毛番系荷兰人，佛郎机则葡萄牙人，也兼指西班牙人。

《明史》鸡笼传接续收录的一篇文献为堪重视：“崇祯八年，给事中何楷陈靖海之策，言：自袁进、李忠、杨禄、杨策、郑芝龙、李魁奇、钟斌、刘香相继为乱，海上岁无宁息。今欲靖寇氛，非墟其窟不可。其窟维何？台湾是也。台湾在澎湖岛外，距漳、泉止两日夜程，地广而腴。初，贫民时至其地，规鱼盐之利，后见兵威不及，往往聚而为盗。近则红毛筑城其中，与奸民互市，屹然一大部落。墟之之计，非可干戈从事，必严通海之禁，俾红毛无从谋利，奸民无从得食，出兵四犯，我师乘其虚而击之，可大得志。”著名的郑芝龙、郑成功父子事迹由是相继上演，郑芝龙原系倭寇残党，以纳日本女子而生郑成功，也为众所周知。

林道乾的名字又曾出现于《明史》吕宋传：“（永乐）八年与冯嘉施兰入贡，自后久不至。万历四年，官军追海寇林道乾至其国，国人助讨有功，复朝贡。时佛郎机……袭杀其王，逐其人民，而据其国”。西班牙方面的记录，纪元一五七一年（明隆庆五年）立马尼拉（Manila）首府经营菲律宾之初，纪元一五七四——一五七五年（明万历二、三年），击退袭来吕宋岛的中国海贼林凤，当时林凤一党的阵容，系船舰六二艘，水夫二千人，兵士二千人，妇女一千五百人①（Lim－a－hon 的正确译音须为“林阿凤”，部下仍包括了日本人）。攻略的海贼首领与年代较《明史》稍有出入，其系同一事件为可判定，自台湾侵吕宋失败，林凤或林道乾才续通过 Palawan 群岛转往浡泥（北婆罗洲），经由路程，正是自北而南一直线上的连锁岛屿。

《明史》吕宋传续记：“先是，闽人以其地近且饶富，商贩者至数万人，往往久居不返，至长子孙。佛郎机既夺其国，其王遣一酋来镇，虑华人为变，多逐之归，留者悉被其侵辱。”而终爆发同传所详记万历三十一年（纪元 1603

① 平凡社版《世界历史大系》7. 东洋中世史第四篇，第 568 页。

年）马尼拉大虐杀展开，汉族侨民惨死于西班牙人屠刀下的及于二万五千人之数。明朝覆亡稍前，因之《明史》已不载而见于西班牙人记录的，崇祯十二年（纪元1637年），第二度大屠杀再起，续往定居的汉族商人又被杀害二万二千人①。

同样的悲剧，也发生于对葡萄牙人、西班牙人东方事业急起直追的荷兰人之手。纪元一六一九年，荷兰人在爪哇建设吧城（巴达维亚，Batavia，今雅加达 Jakarta 原名）为其东印度群岛统治的起步后，间隔纪元一六二四年（明天启四年）占据台湾筑赤嵌城（Zeelandia），而纪元一六六一年（清顺治十八年）又被郑成功逐出台湾，中国已系清朝盛世的纪元一七四〇年（乾隆五年），爆发吧城大杀戮，超过一万人的汉族侨民丧失生命②。

汉族或广义所称中国人的南洋旅居者华侨，开拓生存新环境时，恰值西方帝国主义侵略势力汹涌东来，悲惨际遇由是层出不穷。明朝暮运期无力加以支援固无论，令人惊异是已系中国朝代的清朝，对中国人汉族被迫害，态度竟然冷淡到酷薄的程度。而相对，华侨于得不到母国政府保护、形同遗弃的恶劣命运下，却愈受打击愈勇敢奋斗，凭毅力、忍耐力，终于开创如今日所见南洋的广大汉族势力分布形势。华侨第二"中国人世界"缔造，其精神的可敬，可以比拟二次世界大战前无祖国而散布欧洲各国的犹太民族，由强烈的民族意识维系其精神力也相同。汉族民族意识的强化，固以保守的、拘谨的民族性格固定化为条件，但不屈不挠、坚韧挺拔的优秀传统一面也增大发扬，代表者正是华侨。

* * *

总结本章，十世纪中国，是个历史的大转折时代。一方面，中国历史上最早的征服朝代出现，自此，汉族朝代与征服朝代并行或交替存立，一方面，中国近代社会以宋朝建立为标志而设定，以迄十九世纪清朝末年的迎接现代化。

---

① 平凡社版《世界历史大系》7. 东洋中世史，第570页。

② 植村清二《作为教养的中国史》，第135页。

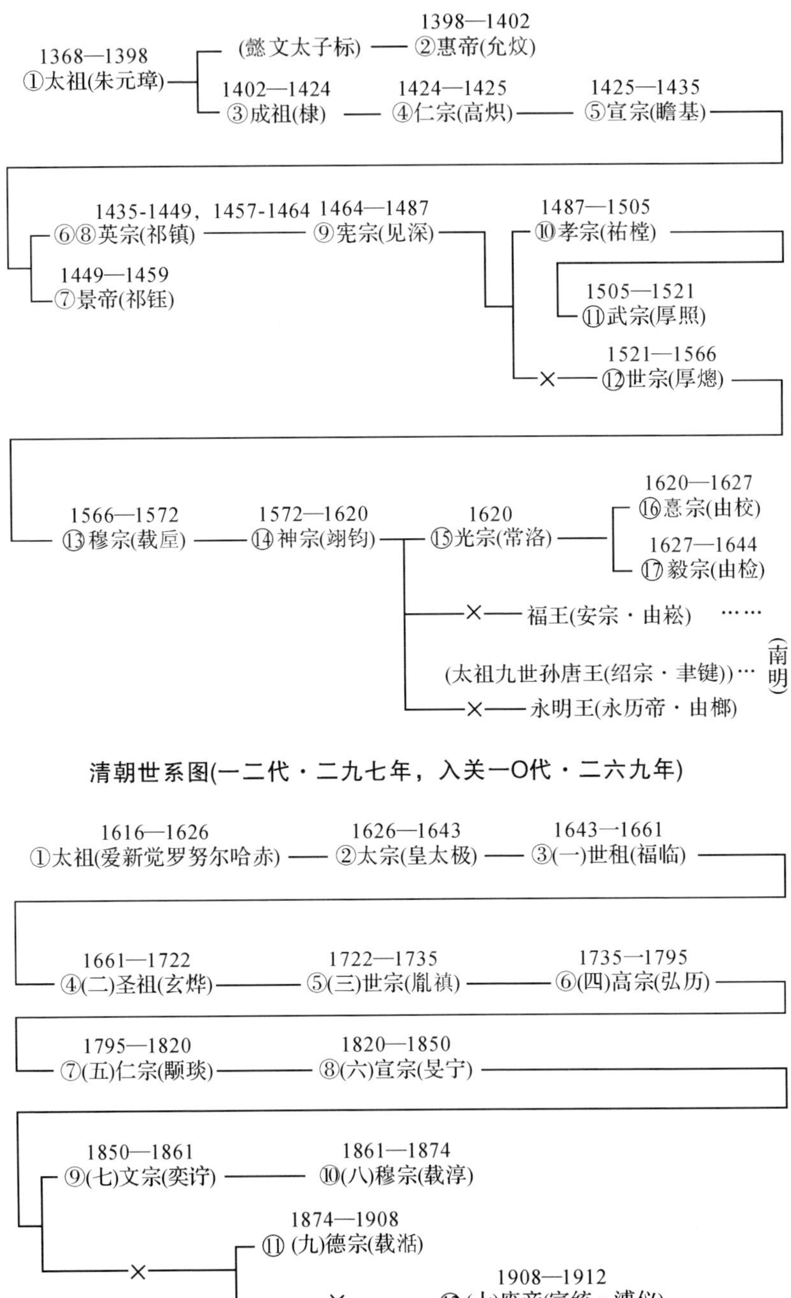
明朝世系图(一七代・二七七年)
1368—1398
①太祖(朱元璋)
(懿文太子标)
1398—1402
②惠帝(允炆)
1402—1424
③成祖(棣)
1424—1425
④仁宗(高炽)
1425—1435
⑤宣宗(瞻基)
1435-1449，1457-1464
⑥⑧英宗(祁镇)
1464—1487
⑨宪宗(见深)
1487—1505
⑩孝宗(祐樘)
1449—1459
⑦景帝(祁钰)
1505—1521
⑪武宗(厚照)
1521—1566
⑫世宗(厚熜)
1566—1572
⑬穆宗(载垕)
1572—1620
⑭神宗(翊钧)
1620
⑮光宗(常洛)
1620—1627
⑯熹宗(由校)
1627—1644
⑰毅宗(由检)
福王(安宗・由崧) ……
(太祖九世孙唐王(绍宗・聿键))…
永明王(永历帝・由榔)
(南明)
清朝世系图(一二代・二九七年，入关一O代・二六九年)
1616—1626
①太祖(爱新觉罗努尔哈赤)
1626—1643
②太宗(皇太极)
1643—1661
③(一)世祖(福临)
1661—1722
④(二)圣祖(玄烨)
1722—1735
⑤(三)世宗(胤禛)
1735—1795
⑥(四)高宗(弘历)
1795—1820
⑦(五)仁宗(颙琰)
1820—1850
⑧(六)宣宗(旻宁)
1850—1861
⑨(七)文宗(奕詝)
1861—1874
⑩(八)穆宗(载淳)
1874—1908
⑪(九)德宗(载湉)
1908—1912
⑫(十)废帝(宣统・溥仪)

近代中国的成立，同时也是汉族民族国家形态的明显转变完成期，中世以前汉族中国═世界帝国的时代终结，国家性格以宋朝为断，前后时代的对比分明。而国家性格转换，又以历史主役者汉族性格的变化为背景。汉族的形成，开放性原系其特质，恃此特质而吸收、混合异民族成分，一方面是推滚雪球似不断扩大汉族范畴，另一方面，阶段式更新血统，注入新的活力，而持续保持其旺盛的创造力与生命力，朝代的世界帝国性格乃陪伴汉族此一开放性而铸定。宋朝立国期间，辽、金、元征服朝代相续登场，压力愈施加愈沉重，外在形势已逼迫国家性格转向内缩，宋儒强调大义名分而明华夷之别，内面又强烈的汉族民族意识激发。汉族民族性格的前、后期区分由是渐渐明显，固有的前期汉族开放性丧失，转向排外的、封闭的后期汉族变化。

宋朝终于被元朝灭亡，元朝乃是第一个支配汉族中国全域的征服朝代，其蒙古人至上主义，悲愤的被压迫者汉族惟有愈强固其自身族性，明朝推翻元朝所凭恃便是汉族民族主义大纛。却是，宋朝对外关闭尚只正面敌人的北方陆上，南方盛大海外贸易倒反建立其中国历史上特殊的朝代地位，明朝则是对外的全面关闭。后期汉族拘谨的、保守的民族性愈凝固一层，汉族再无机会回复前期原形象，也确定中止其再成长与再壮大，接续又正是第二个全面征服汉族的朝代清朝君临。

后期汉族仍然是个大熔炉，征服朝代统治者除了蒙古人例外，也仍然都以熔入汉族为结局，历史路线的外貌似乎与前期汉族时代无异，实质则全非。后期汉族代表的已是守旧与衰退，征服者便以向汉族学习腐化面的享受主义而不自觉同化，熔入汉族，转变汉族的意义，只是加深汉族暮气，迥非前期似的增大汉族朝气与进取精神。简言之，扩大汉族的现象相同，对汉族素质变换的正、负面已全行倒易，辽朝契丹人，金朝女真人、清朝满洲人的轨迹，如出一辙。特别关于最后全面征服汉族的满清征服朝代，加诸汉族的高压统治与弱化、奴化政策的双重打击，于自身无力拒绝汉式社会生活诱惑，终也变化汉族的命运，毋宁为一大讽刺。

辛亥革命成功是振颓起衰，汉族回复活力与再强壮一新起点，旧中国也由是向新中国脱胎换骨，则中国历史的再创新，也有待对应中华民国国号而成立的中华民族，完成实质的、单一的民族内涵，而非形式的汉、满、蒙、回、藏“五族共和”复合体。于此，重要的是：

——帝国主义者侵略中国期有意分割中国领土，切断“内地”或“本部”所制造而仍残留迄今的“边疆”意识，必须清除。中国便是中国，可以区分东、南、西、北、中部方位别，领土性质却是统一的。

——汉族本位的历史叙述传统必须修正，中华民族内诸分子民族站立的地位是平等的，各别存立于中国历史的位置因之也是同等的。历史活动遗留资料的丰瘠固影响记录分量，尊重的态度则须同一。

# 南方优位下的社会·经济

## 丨 诸产业的分化开发

五代十国分立抗争半个多世纪，是离乱极点，却也是回复安定秩序的起点。各国均于其土地上奖励产业，各地个别发展特产物的倾向加大。例如四川、江南制茶业发达，至现代社会仍是重要产业之一，制纸业、陶瓷业特殊工业也是。到宋朝统一，和平实现，经济界前途乃呈现一片好景。其社会、经济再编成，中世自给自足的庄园经济时代退潮，五代时分裂的中国国内市场，以国界阻碍与关税障壁破除，自由交易的贩路拓广而商业发达，消费增大。消费增大又刺激产业再向上，生产力强化，非只量的提升与质的进步，价格也以大量生产而降低，流通圆滑的商品经济时代成形，旧中国发展最后阶段的近代社会、经济形态便自宋朝而铸定。

宋朝是中国历史的关键性朝代之一，却也是最特殊的朝代，军事力的脆弱于所有长期朝代中为罕见，但文化、经济的异常发达又站立到历史的最高点。经济界生产力的所以自宋朝而大幅增强，其基本原因：

其一，便是五代十国分立期分业形势，于宋朝加大发展。经济界产业部门非只地域的分业，生产过程同样分业发达，企业化、专门化大规模生产下能率增高，生产品商品化得以实现。具有世界意义的中国瓷器，于此时运销西亚、欧洲博最高名誉，China 成为“中国”与“瓷器”同义词，便以瓷器生产已脱却家内工业阶段，改以近代企业的形式经营，制成非单纯的个人技术，而后从采土、造形、敷彩、施釉，以至烧成，全部作业流程已几阶段分业，各各由专门化技术工人从事而制成。纺织业、茶业等亦然，均已如同今日工厂作业程序。福建山地从未见茶的生产，也自五代而宋，以土质与气候适合，而中国特别品质茶的栽培兴起。商业部门分业，资本与经营自宋朝已行分离为堪注目[①]。都市消费生活日盛，妇女入大户人家帮佣，以及裁缝、厨司、洗染等都已是男子维生赡家的职业。各人适应个性分野，依于技能自由发挥原则的各色各样社会分业展开，乃有宋朝近代社会的发展成立。

其二，科学、技术升级，火力革命煤的使用普及系其具体指标。煤自二千年前汉朝已知使用[②]，惟其时观念，利用山林资源毋宁为方便，既无煤的燃烧时恶臭，又免开采，煤的燃料价值因之尚未确认。燃煤习惯普遍化须唐末开始，宋初而飞跃发展[③]，煤资源丰富的北方，火力大又耐燃的煤被广泛利用。陆游《老学庵笔记》（卷一）说明民间燃料，已明记北方用煤，南方用木炭，四川则用竹炭。火力为必要的工业，因燃料使用煤而获大刺激，最长足进步阶段展现。中国陶瓷业质、量均立于世界前端，以及宋朝铜、铁制炼额空前增大，缘由都在此。铁的强力生产力乃近代产业革命基盘系众所周知，铜产量增加，又收铜钱顺利铸造与安定通货之效，也容易了解。宋朝诸种文化于此时期完全压倒古代以来向以影响诸先进文明国文化闻名的西亚细亚，今日研究结论，关键同样便在宋朝火力革命实现[④]。三四千年间西亚的世界文化先进性成立，原与中国同系收夺自然力的结果，待西亚森林资源萎枯，火力支配不能继续把握，向具高名声的金属与其加工品受阻，产业不振，文化陪伴衰退。相对方面，宋朝中国独以煤资源利用而燃料问题解决，诸产业加快步伐跃进，于此基盘上展开的新文化，其驾凌西亚文化自为必然。

其三，又是江南开发，中国经济生命线转移南方，历史性南北倾斜变易完成时，长江下游三角洲地带水田稻作为基干，诸产业潜在富力的以惊人速度上扬。“稻”字于殷墟甲骨文中，已见其原形“舀”字[⑤]，可想像水稻栽培历史之早，只是最初长期滞留畑作形式的天水田境域。自战国至秦汉，铁制农具普及的发展基础上，随汉族不断移住江南地区，北方先进产业技术、文化移植南

① 人物往来社版《东洋历史》6. 宋代的新文化，第148页。

②③ 人物往来版《东洋历史》6. 宋代的新文化，第150页。

④ 同上，第151页。

⑤ 诚文堂新光社版《世界史大系》8. 东亚Ⅱ，第43页。

方，特别是六朝江南政权建立，江南开发层面也不断升高，火耕水耨的阶段早已过去，换入灌溉农业的坡、堤时代。自唐朝田植（插秧）技术兴起，至宋，秧马（田植用具）发明，水田耕作利用牛力的耖与苗的移植法普及，以及播种、除草、收获等高集约度技术与农机具，都自此时代出现①，集约农业的能率再度创新。真宗大中祥符五年（纪元1012年）；粒大、色柔的占城米早熟新品种自越南南方引进，江南、淮南一带开始种植，成熟期快则六十天，迟到一百天②。自唐朝黄河平原二年三期作的成绩续迈一大步，宋朝南方以此早稻种的栽培，而一年二期作成功，中、晚稻也同时依地势、气候、土质的适合性，分化的改良品种。施肥与病虫害防治方法，宋朝都已十分讲究③，肥料除烧藁叶根株之外，利用人粪、胡麻粕等制作厩肥、堆肥，增加深耕养分又改良土壤，以及散布石灰防杜螟虫之患等技术，均行成立。

所以，整部江南开发史，等于便是中国经济形势演变史。六朝是一分界线，江南实质开发之境本格化展开，南、北经济与人口比率于此期间，由均衡而开始逆转，南方优位态势初现。隋唐完成经济支配大动脉的大运河，北方开始吸收南方物资，以致均田制崩坏，对土地所有的拘束解除，又是一大划期，北方的南方物资依存程度愈演愈烈，相对，江南资源以新的消费市场刺激而突破性开发。经五代入宋朝，江南乃确立其国家基本经济地带的地位，迄于明、清不变。

江南自宋朝铸定中国经济心脏的多方面表征，除了进步的水稻农法于此阶段完成，已如今日长江三角洲地区所见之外，发达的治水灌溉事业为基础，农业大发展堪注目之一，治水知识体系化而水利之学诞生。长江下游三角洲上，太湖放水路吴淞江（松江、吴江、苏州河，均其别名）以排水机能为弱，太湖之水溢出周围低四区一带而泛滥成灾，立于此项处理需要，仁宗时代政治革新家苏州范仲淹提案以吴淞江之水北向长江、南东向海疏导，供排泄太湖溢水，乃是江南水利之学的先导，自是续有郏亶（苏州昆山）、单锷（常州宜

① 社会思想社版《教养人的东洋史》（上），第184页。

② 文艺春秋版《大世界史》8. 苍狼之国，第85页。

③ 诚文堂新光社版《世界史大系》8. 东亚Ⅱ，第43页。

兴）等诸系统水学方案的提出[①]，以及立于此一基调的政府江南水利政策踏实施行。同一期间，生产指导面的农书又在江南开始普及刊行，隐居太湖中西山的苏州陈旉《农书》其包含粪屋设置的施肥运作技术等内容，系与从来旱地农法相对，最早予江南水稻农法以定型化整理成功[②]。《四时纂要》（韩鄂）、《禾谱》（曾安之）、《农器谱》（曾士谨）等，都是同类的民间体验活用书籍[③]。江南水学与农书发达，对扩大发挥江南沃田功能与农业生产飞跃开展，同系科学精神理论与现实结合的实践意味。

堪注目之二，系太湖周围与江南广泛沼泽地的大规模新田开发，便是江南特为有名的圩田（或名围田、湖田）。《文献通考》田赋考六水利田门圩田水利项的说明："江东水乡隄河两涯，田其中，谓之圩。农家云：圩者，围也，内以围田，外以围水。盖河高而田在水下，沿隄通斗门，每门疏港以溉田，故有丰年而无水患。""按圩田、湖田，多起于政和以来。……大概今之田，昔之湖。"（三项同义字，大体系地方别的不同称谓，明、越湖田，江东西圩田，苏、秀围田，见《文献通考》田赋考六湖田围田门载李光之言。但今日也另有解释：围田指于河川、渚水、水荡筑堤围以形成的田地，湖中的围田别名之湖田，围田规模广大者则谓圩田。）[④] 于湖边或河岸水泽低湿之地，外缘围筑堤防，任令堤外水位高过堤内，而设闸门相通，堤岸所保护的内侧因而获得大面积新农地，其间又纵横浚土深掘水沟（小型用水路），以供排水，以及利用龙骨车引水灌溉。此等由干拓水湿地技术成立的圩田构筑，可了解也便是当已存在的筑堤护岸技术、调节水势的闸门技术，以及唐朝已盛行新的强力灌溉用具龙骨车（翻车）、筒车汲水技术，三者一括的综合土木工程学的发展成果[⑤]。其重要性，非仅表示唐朝以来灌溉排水设备与技术更上层楼的进步而已，也以所有开发的新田原系湖床或河床地，富含有机质与无机质，表面均肥沃泥土，

---

① 斯波义信《江南——发展的历史》，筑摩版《世界历史》6. 东亚世界的变貌，第88页。
② 同上，第93页、95页。
③ 同上，第94页。
④ 平凡社版《世界历史大系》6. 东洋中世史第三篇，第296页。
⑤ 每日新闻版《世界历史》（东洋），第175页。

本质便已铸定其安定生产性为高的丰稔农业性格。江南民间与经由官方之手的此等圩田═干拓地，从北宋末徽宗时代至南宋，开发范围于江苏、浙江、安徽一带都已普及。官圩开发规模之大，徽宗政和五年（纪元1115年）围湖成田，先后赐蔡京、韩世忠、秦桧，秦桧死后收回的建康永丰圩，面积千顷（十万亩），建康另一新丰圩也留有“四至相去皆五六十里，有田九百五十余顷”的记录（均见《文献通考》田赋考六水利田门圩田水利项），私圩每处以在周围十五六里，面积二三十顷以下为普遍①，也显见非为小。私圩以所有主之姓称呼的“某家圩”、“某家庄”，以及所开用水沟渠名的“某家泾”、“某家浜”，都自此期间发生，如今日称谓。

如上背景下，劳动集约的江南沃土所发挥高度生产性，两项事象可以明示：

——唐朝中期从当时江南、淮南米产地所征起的上供米，经由大运河运向北方的数额，每年百万至二百万石，北宋时代同样由江南、淮南所北运，激增至每年六百万石上下。另再须自江南米商每年购买约二百万石补充支应的不足，徽宗宣和七年（纪元1125年）且达三百五十余万石②，则私采尚未列在内，北宋末政府自江南吸收的米谷数，已系近一千万石的惊人巨额。运米官船、商船抵达首都开封盛况，《清明上河图》有逼真描绘。

——此一阶段，米的商品化，非只助长了苏州为中心的米产地品质分化与向上，苏州已以每亩二三石至五六石的高收谷率傲视天下。绍兴、徽州以及福建方面，每亩也是二至三石，以后届明、清时代，江南且普遍都到达同一标准③。

惟其如此，宋朝的江南“天下谷仓”之誉，至迟十一世纪已成立。十二世纪以后南宋时代，流诵广泛的有名谚语“苏常熟，天下足”、“苏湖熟，天下足”之句，范成大《吴郡志》、陆游《渭南文集》中且都已加以引用，全如后世所见。

---

① 斯波义信《江南——发展的历史》（筑摩版《世界历史》6. 东亚世界的变貌，第91页）。

② 平凡社版《世界历史大系》6. 东洋中世史第三篇，第100页。

③ 斯波义信《江南——发展的历史》（筑摩版《世界历史》6. 东亚世界的变貌，第96页）。

生产技术、可耕地面积、单位收谷量、农业集约性、商品化率等全面向上，实证江南形成天下谷仓的另一面，适应自然的、社会的条件，产业界所成立分业关系，或者说，特殊产业的地域性分业化，也便自宋朝江南而特明朗。出现于记录中，便是所谓地方名产。长江三角洲为中心的南方农产物适地适作，以及经过加工的各类别手工业制品，其专业化一般——

江苏、安徽、江西的米，沿长江所有水泽地与福建的养鱼，江苏、浙江、福建、广东海岸的盐与海产物，广东的真珠，江西的畜牛，安徽、浙江、江西、福建、广东西的木材，福建、江西、浙江、江苏的果实，江苏、浙江、安徽、江西、福建、湖南、湖北的茶，福建、广东的砂糖，浙江、福建，湖南的桐油，江苏、浙江、安徽、江西的丝织品，浙江、江西、福建、广东西的麻织品，江苏、浙江、湖南的铜钿工，湖南的银钿工，浙江、福建、广西的铁钿工，江苏、浙江、安徽的漆器，浙江、江西、福建的陶瓷器，浙江、广东的藤器，江苏、浙江、福建的竹纸，安徽、江西的楮纸，福建、广东西的棉，江苏、福建的席，江西、浙江、福建的造船等[①]（矿物资源略）。

南方资源的齐头开发，一方面以商业、交通发达，南方生产而北方消费的倾向加大；另一方面，北方非单纯南方物产的广大消费市场意味而已，当时北方物产于南方产业也相对发生支援关系，南方丝织业、麻织业、陶瓷业等所需染色原料，便须北方供给。北方若干特产药物如人参，尤非热带的南方能想望出产。所以，南、北经济空间的紧密互存，固强烈表现于北方消费生活，抑且国家财政的南方依赖程度愈到后来愈剧，同时也说明南方资源并非完全具有自给性，宋朝以来的中国社会，从大方向已注定必然也必须是商业经济时代。

宋朝全经济领域的产业状况，谷物种植的地域性大分化倾向，南方米作而北方麦作，粟亦产自北方，自后世所周知。余外的代表性例证：

桑树的栽培较具全国普遍性，丝织业也是中国古代已发达的工业之一。唐朝织物生产系河南占第一位，包括河北、山东，以中国北方为中心，以及四

① 依斯波义信上文（第96—100页）整理资料的再整理。

川。北宋产地已南移向江南地方扩展，两浙方面无论高级品或低品质的绢、紬，均跃登继承唐朝形势的蜀地与河北、京东、京西诸路同等主要供给源地位，纱产额尤便以两浙特多闻名。庶民生活水准向上，高级品也于此时期渐渐大众化，古来著誉的蜀锦，河北路与两浙路都已盛产优秀品。丝织品种类非只绵、绣、罗、绫、縠、纱、绢、紬缣、缎、绸、绮、絁、缟、缚、纨、缯、帛等分化多色多样，同一品目再细分，如《宋史》地理志载各府州贡物中列有“绫”的品目者，有方纹绫、仙纹绫、大花绫、双丝绫、越绫、樗蒲绫、莲绫等不同名色。丝织品的全产额虽不明，但自真宗大中祥符九年（纪元1016年）京东路（山东）绢紬价跌落，商工业者困苦，政府以绢一疋千文（一贯），紬一疋八百文的价格收购（当时标准价绢一疋一千二百文，紬千文，暴跌至绢一疋八百文，紬六百文），共支出费用二千万贯，即收购总额超过二千万疋，以此推算，全国丝织品总产额可知须达亿数①，也全国商品目的而生产。如此大规模生产的丝织品，除了供应国内消费市场外，又系对外贸易主要输出品，绢一疋国内市价千二百文，此时期与契丹交易的价格约二千五百文②，可博一倍以上的巨利。至南宋，中国丝织品产地决定性集中江南两浙路的形势尤已铸定。

另外系统的织物，自古便与丝织品并为日常衣料，民间广泛使用的麻织品纻布，葛布、焦布，焦布产地福建、广东，范围较小，余自成都府路至两浙路的全长江流域，以及焦布特产区均行栽培，纻又特以荆湖南、北路与江南西路为中心，葛则蜀与淮南西路为中心。商品的重要性似于丝织品，种类细分趋向亦同，纻布高级品的细纻便又有白纻、青纻之别。棉布于宋朝正渐普及阶段，惟非常发展态势，尚须续待明朝呈现。

中国发达的陶瓷器制造业，宋朝乃是青瓷、白瓷完成期，器形、纹样、制作方法，均以煤使用为燃料的高热而成立划期性革命，作品依用途区分壶、盘、钵、碗、水注、枕、瓶、水盘、花生、香炉等形。这些质量俱丰的瓷器，

① 平凡社版《世界历史大系》6. 东洋中世史第三篇，第103页。

② 诚文堂新光社版《世界史大系》8. 东亚Ⅱ，第49页。

宋朝与茶、丝织品同系盛向海外输出的主要商品，贩路除东洋诸线外，远至非洲、欧洲。北宋时，首都开封官窑、河北典阳县定州窑、浙江龙泉县（处州）哥窑、河南临汝县汝州窑，并称四大名窑。明朝拥有五十万人的窑业之都江西省浮梁县景德镇，窑业也自宋朝开始兴盛，镇名由来便采真宗景德（纪元1004—1007年）年号。入南宋，景德镇且替代定州窑称“南定”，与南宋官窑龙泉窑分别代表白瓷、青瓷技术的最高造诣。

漆器制作的精美绝伦，也于宋朝到达顶点，剔红、堆红、雕红、攒犀、戗金、螺钿等精制技法都已成立。金、银素地而涂红漆，雕绘山水人物的高级逸品，往往得见。中心产地，系两浙路的浙江方面。

制纸业以两浙、江南东、河东等路与蜀地为主产地，制纸原料则麻（蜀）、嫩竹（福建）、桑皮（北方各地）、麦秆、稻秆（两浙）、茧（两浙、淮南）、楮（湖南北）、藤（两浙）等植物。品质绝顶的名纸，成都竹系纸、池州（安徽）澄心纸、越州（浙江）竹纸、常州（浙西）云母纸等，都是。

现代化资本主义社会机械生产以前，无论东洋或西洋，工业生产式样均立于手工业的时代。宋朝手工业各部门均以惊人速度推向发达巅峰，官营工场与家内手工业之外，所说明事实系前代从所末见的一大新兴势力参加，都市内外大规模雇用职工的企业化商品生产工厂，已新自民间勃兴。也惟其庞大的民间手工业大势力兴起以及延续，而十三世纪末马哥孛罗旅行中国返归欧洲，所著闻名世界的游记中，盛道中国手工业发达程度，遥远领先其家乡，当时执欧洲商工业牛耳的意大利诸著名中心工业都市威尼斯、米兰等地①。也由马哥孛罗此一比较，可明了导引现代世界机械工业发生的产业革命前夕，中国与欧洲间的工业发达水平。

中国饮茶风习，自南朝开始流行，入唐渐一般化。于宋朝，都市中已是茶馆林立，意味了茶业的非常隆昌，品种多种多样分化，摘叶、焙制等技术连锁性改进。宋朝茶业特征，乃于唐末开始税茶的基础上，蹈袭盐钞（盐引）方

① 转引自王志瑞《宋元经济史》第25页引俄国拉狄克 Ladek《中国革命史》中译本第21页。

式发行茶引（茶钞），限制为专卖品，专卖形态的发展成立，指示的便是茶已追随盐而完全商品化，以及茶业至宋朝而飞跃成长的倾向。产地分布则蹈袭唐朝形势偏向南方，只是，唐朝系荆湖路为主，宋初已东移江南路与淮南路，江南路的一〇二七万余斤尤于诸茶地为最高额（以下产茶数字均依《宋史》食货志下五、六“茶”项）。再以南的福建路于国初年产三九万斤，仁宗至和年间（纪元 1054—1055 年）七九万余斤，仅隔约三十年的神宗元丰年间（纪元 1078—1085 年），又跃增至三百余万斤，产茶区域东进续南下之势至为明显。南宋两浙路也急起直追时，全领域增产的确切数字虽不可得，但依北宋川陕四路产茶额合计不及东南十分之一（《文献通考》征榷考五“榷茶”项神宗熙宁七年条引知彭州吕陶言），而南宋光宗绍熙元年（纪元 1190 年）四川仅成都府路与利州路已二千一百余万斤的比率推算，茶的全产量殆将达数亿斤巨额。只是，茶商仅准在国内自由运输贩卖，严禁输出国外，茶的外国贸易乃政府专利（与北方民族间易马）。

盐于中国，系专卖历史最古的一种，宋朝收拾五代不统一的盐法，回复规制化而成立国家重要税源。沈括《梦溪笔谈》记载当时盐的种类至数十种之多，但大别则海盐、井盐、池盐三种，前二者乃末盐（粉末状），民产而受政府严密监督，池盐乃颗盐（固体形），政府官营。海盐产自京东、河北、淮南、两浙、福建、广南等沿海各路，井盐以四川益、梓、利、夔四州路为产地，池盐惟陕西路生产。末盐生产额依《宋史》食货志下四盐中（海盐）、下五盐下（井盐）诸盐、场分散的记录合计，海盐约三四二万石（每石一一〇斤），内淮南盐又独占二六〇石；井盐三二万石，但系年都不明。惟池盐于食货志下三盐上明载产量，太宗末年的至道二年（纪元 996 年）八七席（每席一一六石），仁宗天圣年间（纪元 1023—1031 年）以来六五万余席。末盐产销流程的定式：盐户生产→政府统一收购→政府卖予商人（商人在京缴纳盐价，凭政府所给盐钞，或称盐引，于产地领盐）→商人在规定行盐区内自由运输贩卖，毋须另行纳税。盐于政府中介专卖的利得为特巨大，《文献通考》征榷考三盐铁类宋朝东南盐项明言：“东京盐利，视天下为最厚。盐之入官，淮南、福建斤为钱四，两浙、杭、秀为钱六，温、台、明亦为钱四，广南为钱五。其出，视去盐道里远近而上下，其估利有至十倍者。”惟其如此而盐商必以拥有大资本为条件，却是行盐博得利润也最厚。

酒，也以爱饮形成社会上下的共通习俗，各地独特风味的佳品竞争酿造，而谓之榷酤的酒的专卖法并其利得，与榷盐、榷茶同列宋朝主要专卖财源。大体都市附近实行官酿官卖法，广泛的余外地域则民酿民卖法，征收酒课而付以一定区域内酿造贩卖的独占权。较茶、盐不同处，茶乃全国性自由运销，盐所规定行盐的地域范围也广大，惟酒曲贩卖区均系小面积分划，所以一方面是严禁私酿，另一方面私酿也不可能。

矿业方面，宋朝于中国前此所有朝代中，乃是最尽其力的时代。特别关于铁矿业的展开，秦汉乃第一次飞跃发展期，宋朝便是第二次发展期。开采矿物的种类，也已普遍及于金、银、玉、铜、铁、水银、朱砂、铅、锡、矾、硝石等多方面，其中铜、铁产额，较唐朝猛增数倍以至十数倍（如下页表）：

汉朝盐、铁专卖以来，矿业向由官营，五代部分开放民营乃此时代特征，宋朝蹈袭此政策。但在抽分（以抽成方式所课矿税，抽分率依金属不同而有差等，大体金、银为产额的二成，铜、铁则一成）、和买（对允许抽分“自便货卖”以外的产额，强制以一定价格由政府收买）规范下，民间的自由矿业仍然不能充分发展。但炼铁技术，以燃料用煤而普遍登入渗炭制钢法、酸化制钢法阶段①。利用铁片自胆水收取胆铜的湿式收铜法发明，也是技术一大进步，如《文献通考》征榷考五坑冶条所记载：“又：信（州）之铅山与处（州）之铜廊，皆是胆水，春夏如汤。以铁投之，铜色立变。”原注：“浸铜以生铁炼成薄片，置胆水槽中，浸渍数日，上生赤煤，取刮入炉，三炼成铜。大率用铁二斤四两，得铜一斤。”

矾乃染色原料，捺染工业因以兴起的重要商品，分绿、白两种。主要产地系河东路晋州、慈州、汾州、隰州，陕西路坊州，以及南方淮南西路无为军、江南东路池州，产品除慈州、池州为绿矾外，余均白矾。惟其矾产地少而用途广，所以也被置诸专卖法的统制之下，原如铜、铁经营的官、民营兼备，后废

① 诚文堂新光社版《世界史大系》8. 东亚Ⅱ，第53页。

官营全移为民营，而所采矾尽由政府收买，转卖矾商，规定一定的行销地域，均如盐法。也如盐的禁断私采、私卖，取缔至严。

| 年代 | | 金（两） | 银（两） | 铜（斤） | 铁（斤） | 铅（斤） | 锡（斤） | 水银（斤） | 朱砂（斤） |
|---|---|---|---|---|---|---|---|---|---|
| 唐 | 宪宗元和年间（806－820） | | 12,000 | 260,000 | 2,070,000 | | 50,000 | | |
| | 宣宗大中年间（847－859） | | 25,000 | 655,000 | 532,000 | 114,000 | 17,000 | | |
| | 北太宗至道末（997） | | 14,500 | 4,122,000 | 5,748,000 | 793,000 | 269,000 | | |
| 北 | 英宗天禧末（1011） | 14,000 | 88,300 | 2,675,000 | 6,293,000 | 447,000 | 291,000 | 2,000 | 5,000 |
| | 仁宗皇祐年间（1049－1053） | 15,095 | 219,829 | 5,100,834 | 7,241;000 | 98,151 | 330,695 | 2,200 | |
| 宋 | 宋英宗治平年间（1064－1067） | 5,439 | 315,213 | 6,970,834 | 8,241,000 | 2,098,151 | 1,330,695 | 2,200 | 8,200 |
| | 神宗元丰元年（1078） | 10,710 | 215,385 | 14,605,969 | 5,501,097 | 9,197,335 | 2,321,898 | 3,356 | 3,646 |

**资料来源**：《文献通考》征榷考五“坑冶”项

诸产业地方专门化的结果，各产地相互间交换生产物的需要关系发生，也以产物的投入交换行程而各产地间相互形成市场。相对，交换发达又对产业逆向产生反作用，促令性质多转以市场为目的而生产。商业机能便因产业结构中生产物位置的变化，非只加大，且已必须，尤其当谷物也形成市场生产物，商业化农业显著成长之际。商品流通的环节构成体：坐贾、客商、牙侩三者，都非宋朝才出现，但客商数字与其势力的增大，宋朝却是商业史的关键时代。客商与坐贾，也简称之为“商”（行者）、“贾”（居者），《文献通考》征榷考一征商类说明其性质与纳税税率：“行者赍货谓之过税，每千钱算二十；居者市鬻，谓之住税，每千钱算三十。”此等分则有“过税”、“住税”称谓之别，合则通名“关市之税”的商税，乃政府一大财源。与客商存在密接关系的牙侩，因之并行发达而占商业组织中重要地位，又是宋朝一大突出现象。此等商人的机能：

——坐贾，在都市或市镇定着开设店铺，以等待顾客来店为贩卖商品方式，亦即直接以消费者为交易对象的土著商人。大都市的坐贾，拥有大资本而经营大规模店铺者非少，特别是金银铺、绢布铺、质铺，以及金融业的交引铺，都是坐贾中的代表者。

——客商的名词，客人、客旅、商客、商旅均同义异名，或单称“客”，指由舟车马匹积载物品，往来于生产地与商业地之间，或商业地相互间的旅行商人。坐为“贾”，行为“商”，自古乃是商人类别的对称，但交易的地域范围与交易金额，两者却大有区分，所以商业主业向来是“商”。即使唐朝大都市兴起，抑且都市中“市”制废止，宋朝商业都市普遍化而“贾”的势力也开始抬头时代，“商”以交易对象便是坐贾而非一般消费者。资本与商业势力的巨大，仍然驾凌坐贾，而且遥远超过。客商物资运输途中行列之盛，规模之大，随从仆役之众，都可想见，所以货畅其流的机能，主要系掌握于客商，谷物商、茶商、盐商等，都是客商中最具势力者，织物商、香药商、矾商等也是明示当时客商势力的代表者。

但如上客商之外，也另存在一类型商人，旅行各地而只小资本经营，且系直接向消费者销售货物，已如今日所见的颇多所谓行商，外地而来兜售的小零趸商。也惟今日坐贾与客商合一，都市商人直接与生产者连结，中间批发商意味的客商需要消失，“贾”转称“商”而商业固定化经营为主体的时代，无能力成立商店，仅流动性贩卖以博微利者，才名以为“行商”。而在宋朝，此等旅行小商人“客”的意味固相同，却非“客商”，当时一般称之“负贩人”。

——牙侩，即立于生产者或坐贾与客商间，受买、卖当事人委托为媒介交易的中介人，兼须协助评定货物价格。牙侩以通晓当地商场习惯、供需景况，与凭信用博买卖双方信任为要件，于当时商业行为乃必不可缺，今日经纪人也仍是相同的意味。古称驵侩，唐朝而此类专门职业开始发达，以牙郎、牙人、牙侩或单称“侩”等种种称谓活跃于文籍中。至五代，同业组合的牙行也已发生，明朝以后，牙侩机能便转用牙行名义接替。

所以，宋朝时代，商品乃生产者或商品集积者（富民、农民的揽户、政府等）经由牙侩媒介，移入客商之手，也经由牙侩而自客商继续转入坐贾之手，最后由坐贾落着到消费者之手。此一经过，系当时商品流通的代表性形式，也依此组织的运行而宋朝商业大繁荣。

外国贸易方面，陆上向对北方民族以“互市”方式进行。唐朝以缣易马，宋朝自神宗熙宁年间（纪元1068—1077年）以来，主要已转变茶作马匹的易货交易，谓之茶马市。关于海上，自八世纪初以迄十五世纪末欧洲人东洋来航，前后约八百年间，系阿拉伯人立于世界性通商贸易舞台的活跃时代，回教商人以海上盛大通商路，从波斯湾经印度洋，迂回马来半岛而到达今日广东。唐朝后半的九世纪之半，阿拉伯地理学者 Ibn Khordadben 著书记录唐朝中国以与阿拉伯人通商所开贸易港，自南向北顺数，乃 Lonkin（al Wakin）、Khanfou（Khanfu）、Djanfou、Kantou（Kansu）①，依序分别是龙编（岭南交州外港）、广府（岭南广州）、泉府（福建泉州）、江都（江南扬州）的对音。特别是其中广州，系当时第一大商埠，繁昌之极。诸港口征收关税与管理贸易事务所特设市舶司，也自八世纪前半唐朝玄宗开元初创始［《唐会要》卷六二：“开元二年十二月，岭南（广州）市舶司右威卫中郎将周庆立、波斯僧及烈等，广造奇器异巧以进”，］但详细为不可知。

迨宋朝，阿拉伯人对中国通商愈益频密，相关系的中国方面文献资料也形完备，可了解其系市舶制的完成期，今日研究市舶制度与机能，便多依凭宋朝资料。交州所在的越南方面，宋初已承认其自建国家，设置市舶司，指定为外国贸易港的，最初系广州与两浙路的明州（宁波）、杭州。哲宗元祐二年（纪元1087年）福建路泉州增置市舶司，翌年再增京东路密州（板桥镇，今青岛市）市舶司，徽宗政和三年（纪元1113年），两浙路秀州（华亭县，今松江县）又置市舶务。南宋时，东南沿岸的温州、江阴、澉浦，以及秀州除华亭县以外的青浦镇（明朝以来置县）都已开放为贸易港，镇江、苏州、漳州、福州等虽无市舶官，也是蕃舶的停泊口岸（散见《宋会要》记录）。因而关于

① 转引自平凡社版《世界历史大系》6. 东洋中世史第三篇，第230页。

关税收入，北宋初太宗时年凡三十万缗（贯），其后平均年约五十万缗，南宋时代乃激增至年约二百万缗。南宋初高宗绍兴年间（纪元1131—1162年）的政府全岁入约在四千万缗内外，内中二十分之一便由市舶贸易所得①，此系北、南宋大变化之一。大变化之二，北宋时代关税收入仍蹈袭唐朝形势，广州一港独占十分之九。而泉州自南渡前约四十年开港，南宋时以较广州接近行在（杭州或临安府，阿拉伯人文献依“行在”发音称Khinzai、Khanzai）的贸易地理位置，年复一年长足发展，由与广州相颉颃，至宋末元初，终于发达驾凌广州而迫其最大贸易港让位。如马哥孛罗、Ibn Batuta等西方旅行家所见，自海外前来中国的商船皆辐辏泉州，推崇之为当时世界无与匹敌的大贸易港（见本书前一节）。吴自牧《梦粱录》：“若欲船泛外国买卖，则是泉州便可出洋”，从相对的中国商船出航说明同一事实。

宋时，旅居中国诸开港埠的回教世界商人，颇多与城内汉人杂居，但原则则划定其一定的居留地，谓之蕃坊，意即专供蕃人居住的坊市。由宋朝政府择侨居蕃客中具德望者，任命为都蕃长或蕃长，管理一切侨民事务，向当地市舶司负责。因蕃商被准偕眷同来，所以长住蕃坊五年、十年，甚或不再归去，毕生永居当地的，为数非少（与汉籍女子成婚也是原因之一）。《宋会要》记北宋徽宗政和四年（纪元1114年）定诸外国人居住中国已历五世者的遗产处分法之例，可见且有蕃商世代侨居时间已近百年。

泉州、广州等商港，遥远与南洋、印度、波斯、阿拉伯半岛方面贸易，政府所收取乃双重利得②，一是关税收入，税率随时代而有不同，大抵收取输入品的一成或二成，所谓抽解；二则南宋时代对外国输入的某些香料、药物的高贵品，以及象牙、犀角等宝货（种类亦随时代而不同）的和买，列为“禁榷”专卖品的一类而扩其独占权，由政府加以收购后再行转卖，从中博得相当利益。《文献通考》市籴考一市舶互市项宋高宗绍兴十七年条：“上因问御史台

① 有高岩《概观东洋通史》第306页引桑原隲藏研究之说。

② 双重利得，依平凡社版《世界历史大系》6. 东洋中世史第三篇第235—236页，第129页引桑原隲藏《宋末提举市舶西域人蒲寿庚事迹考》资料。又：蒲寿庚“蒲”姓，亦据桑原隲藏考定，乃阿拉伯名所常见Abu－Abou的音译。

检法张阐舶岁入几何？阐奏：抽解与和买，岁计之约得二百万缗”的数字，正与前述南宋初岁入总数比率相呼应。

市舶司管理入港蕃舶、蕃货的另一方面，也是中国商船出海放洋的给证机关。《文献通考》市籴考一市舶互市项隆兴二年条：“召保给据，起发回日，各于发舶处抽解”，且知启锭、返航必须同一港口。堪重视系宋朝中国往东南海与印度洋方面商船的规模：“且如海商之舰，大小不等，大者五千料（1料=1石粮的货物载重），可载五六百人；中等二千料至一千料，亦可载二三百人”（吴自牧《梦粱录》卷一二）。航行日本、高丽方面的宋朝贸易船，则止于“可载二千斛（石）粟”，“大樯高十丈，头樯高八丈，风正则张布帆五十幅”（徐兢《宣和奉使高丽图经》卷三四），相当印度洋中等程度商船而无大型。出航时的形制①：1. 纲首（船长）、副纲首与杂事等员的组织均已如今日商船，出港航海途中的船长权威亦如今日；2. 船上杂役多用黑奴；3. 船的上层载客（商人），下层贮货，货舱以坚壁分隔数区，以免一区受损不致波及全部；4. 船上配备武装，防范海盗袭击，包括人数相当多的射手、盾手，以及发射火器的弩手；5. 每一商船必随带若干小船，专备泊岸时输水取燃料等用；6. 每船有八橹至二十橹，橹极大，每橹须四人至三十人操作；7. 航行中，测定海洋深度采下垂铅锤法，测定方位采钩泥法，亦即朱彧《萍洲可谈》（卷二）所记：“舟师识地理，夜则观星，昼则观日，阴晦观指南针，或以十丈绳钩取海底泥嗅之，便知所至。”

阿拉伯人关于中国贸易船舶的印象，Ibn Batuta 旅行记谓：“去中国者，多乘中国船。中国船有三种，大者曰 Junk，次曰 Zao，小者曰 Kakam。大者张三帆，至十二幅，载水手千人，其中六百为篙师，四百为兵勇。且有小船三随行，为 Half、Third、Quarter，兼以示其大小”；“船上有私人及公共房厅，以居商人”；“大船所用之橹似桅樯，每橹须用十人至三十人牵引”②。与中国自身方面的记载相参照，说明堪谓极为相似。

---

① 依桑原隲藏研究意见。

② 转引自方豪《中西交通史》第二册第24—25页，H. Yule 著 Cathayand Way Thither，vol. 4，pp. 25—6 注。

宋朝对海外输出品大宗，杂色帛、瓷器之类以外，铜钱亦其一项，为堪注目。流出数量既多，久而形成宋钱非只于宋朝的中国域内流通，也已是南洋方面与日本的通货①。所以，宋朝虽然累累增铸铜货，需要量仍感显著不足，发生钱荒。政府三申五令严禁铜钱输出国外，奸巧商人仍然甘犯禁令携出，而如今日南洋一带与日本多见宋钱散布，抑且远及波斯、非洲的现象③。特别是日本各地均有宋钱被发掘，存在寺院废墟中的尤为多量，昭和五年，镰仓大町第一小学校一次便曾发现古钱八五九八个，内北宋铜钱七五三一个，南宋钱二四一个④。日本学界此一问题的研究意见，认系日本金、银对铜钱比价偏低的缘由，当时日本多产河中采淘而得的砂金，金价每两三贯文，宋朝则每两须四〇贯文，金价较日本高约六倍，所以宋朝商人多量输出铜钱，交换金银，以博莫大利益⑤。颇有兴味的相似现象，宋朝已盛用银，国内积极开采尚不敷支应，须自国外日本等地输入补充。银一两＝一贯文的标准价，仁宗时且一度暴腾至二贯文上下。而宋朝一对五的金、银比价，比较西亚与欧洲金一对银一〇或一三，毋宁又悬殊太巨，所以阿拉伯商人每每大量携银前来中国，购金回国⑥，形成金的日本→中国→西亚旅行状态。

中国古来盛行的非金属货币绢帛，中世的唐朝后半以后流通渐衰，所替代使用便是金、银，宋朝而金、银势力大伸张系时代特征，只是，通唐宋时代，主货币都仍是钱货。宋朝立国之初铸造“宋元通宝”，质量全蹈袭唐朝“开元通宝”（每枚之重二铢四累），每千文的铸造成分铜三斤十两，铅一斤八两，锡八两⑦（一斤＝十六两）。以后历年所铸同一标准的铜钱，开始以“元宝”称呼货币而加冠年号，谓之小平钱。又曾试铸当十铜钱，以实质价值过分低于使用价值而私铸颇多，乃改当三，再改当二，由于轻重得宜博民间好评，所以神宗熙宁四年（纪元 1071 年）“熙宁重宝”铸造后，当二钱（或称折二钱）

① ③人物往来社版《东洋历史》6. 宋代的新文化，第 156 页。

④ 同上，第 321 页注。

⑤ 同上，第 156 页并注。

⑥ 同上，第 157 页。

⑦ 平凡社版《世界历史大系》6. 东洋中世史第三篇，第 147 页。

确定与小平钱并为铸货主要形式。但四川地方承五代孟蜀割据时代旧制，继续铸造铁钱，通用地区也限于此（陕西、河东两路仁宗时代以后并用铜、铁钱）全国绝大部分仍是流通铜货。惟其如此，铜钱需要量陪伴一般的经济组织发达趋向而不断增大，铸造额宋初太宗至道年间（纪元 995—997 年）八〇万贯，自是每年均百余万贯，神宗熙宁末年（纪元 1077 年）增至三七三万贯以来，每年维持三百万贯至五百万贯的铸造额，神宗元丰三年（纪元 1080 年）的特高额为五六〇万贯（系年详数均依《宋史》食货志下二钱币）。北宋一代铜钱铸造总数推定逾二亿贯①。然而，尽管政府巨额增铸铜钱，铜钱却不断向国外流失，南洋、日本方面已如上述，陆上尤变态为北方辽、金、西夏的共通货币。国内的情况，又是用以熔销改制器物，或私家大量现钱贮藏。《文献通考》钱币考二，对此记载颇多：

“外则泄于四夷，内则纵行销毁。鼓铸有限，坏散无节，钱不可得，谷帛益贱。”（神宗，熙宁四年条引判应天府张方平上言）

“是中国货宝，与四夷共用之也。”（哲宗元祐六年条引言者谓）

“北界别无钱币，公私交易，并使本朝铜钱。沿边禁钱，条法虽极深重，而利之所在，势无由止。本朝每岁铸钱以百万计，而所在常患钱少，盖散入四夷，势当尔也。”（同上引户部侍郎苏辙言）

南渡后的南宋，铜钱铸造额急遽减少为特异现象，除了少数特殊年份为高额之外，常年所铸都只十万贯至二十万贯的小额，不足北宋十分之一的比率。而铜钱走私出海之势仍然猖獗，自《文献通考》钱币考二孝宗淳熙二年（纪元 1175 年）条已明言：“自国家置市舶于浙、于闽、于广，舶商往来，钱宝所由以泄。是以自临安出门有禁，下江有禁，入海有禁。凡舶船之方发也，官必点视，及遣巡捕官监送放洋。然商人先期以小舟载钱离岸，及官司之点，巡捕之送，一为虚文。”上代高宗绍兴二九年（纪元 1159 年），朝廷解除市场钱荒的下策，发布限制私藏现钱数额禁令：“命官之家存留见钱二万贯，民庶半之。余限二年，听变转金银，算请茶、盐、香、矾钞引之类”（《文献通考》

---

① 文艺春秋版《大世界史》8. 苍狼之国，第 87 页。

钱币考二)，实行也完全失效。迫不得已，消极方面，惟有加大北宋缓和钱荒所采方法之一的省陌比率（“省陌”系与“足钱”对称的用词，垫陌、除陌、短钱等均同一意味，指现钱未满百文而用为百文，此风习起自唐朝后半）。宋朝省陌原以七十七文定制，北宋末已降低为七十二文，南宋便只有益益跌至以五十六文为陌的地步。南宋因应钱荒社会现象，积极方面货币政策的转变，乃具重大意义的中国货币史一大划期，银与纸币流通盛畅，填补铜钱减少流通时的经济、金融机能，货币史从来的铜钱中心时代向银与纸币中心时代移行完成。银原系西亚细亚波斯最早使用为通货，中国南北朝时流通于西北地方与岭南地方（大庾岭山脉以南的广东、广西)，五代而风习渐渐普及全国。且以中国银产地多在南方，南宋损失汉族中国北方领土而产额无大影响，银乃于北宋的使用习惯基盘上，确立其自此以后中国诸朝代的法定货币地位。

金、银自唐朝已替代绢帛的流通机能，宋朝益益发达，私经济用于遗赠、布施、谢礼、悬赏、赌博、举债、偿回、蓄藏等，以及大价格的支付与远方输财时方便携带，公经济则赋税折纳、专卖、上供、进献、军费、赏赐、纸币回收等（钱一贯=银一两，四贯=金一两）。但金尚限上流社会流行，银的流通面较金愈广，庶民层同样盛用，特别自北宋末而入南宋的时代。银流通的发达倾向，从国家财政银收入的增加可明示：北宋真宗天禧末（纪元 1021 年）八八万余两，神宗熙宁八年（纪元 1075 年）三百万余两，南宋孝宗淳熙八年（纪元 1180 年）左右超过一千万两，已占达钱货收入中的半数①。金、银的使用单位均以两计，形制有锭（艇、挺、定均同义字）饼、牌、叶子、马蹄等。银锭分大、中、小三种规格，各别为五十两、二五两、一二两五钱，金锭的大小重量不明。银饼等重量亦不明，较锭为轻则可想像，可能依十两、五两、一两区别其铸造标准。

宋朝纸币普及的时期，乃南宋高宗绍兴三十年（纪元 1160 年）以后，但纸币制度的完备，则年代须上推以北宋仁宗天圣元年（纪元 1023 年）为始，纸币源流所由，尚再远溯唐朝与飞钱相连结。唐朝飞钱，宋朝继续其制而谓之

① 平凡社版《世界历史大系》6. 东洋中世史第三篇，第 160 页。

便钱或便换，也蹈袭飞钱性格系汇兑制度，仍非纸币意义。却是，纸币原型自宋朝四川区域性发生，全同于唐朝飞钱避免累赘，以及由民营移为官营的轨迹。四川使用铁钱，重量为甚，所以开始有富户若干合斥资本，发行名为“交子”的私券，随所交钱填额给券，也凭券额取钱（创设期据《宋史》食货志下三会子项系十一世纪初真宗时代）。后以兑换争讼，仁宗天圣元年由当地政府收回官办，并改不定额临时填券为发行固定面额的交子流通，而如同今日银行所发行的世界最早纸币自四川诞生①。官交发行制度，以交子系纸质，纹样又复杂，流通稍久易招污损磨坏，或文字、纹样模糊，规定三年一期（所谓“一界”），旧交子换新交子，发行额一界一、二五六、三百贯，兑换准备金三六万贯。面额单位初均大数字，自一贯至十贯分数等，神宗熙宁元年（纪元1068年）后仅分一贯文与五百文两种发行，前者占总额六成而后者四成。同属铁钱流通地域的追随一度也曾发行纸币而名“钱引”，迨四川交子至徽宗时代无“界”限滥发，以价值暴落沦于不能兑换，大观元年（纪元1107年）被迫更张时所改名便也是“钱引”。

纸币制度由四川向全国陆续普及，系丧失北方领土，铜钱益益匮乏的南宋立国以来，府（杭州）造“会子”开始，非统一性而并行发行一定流通地域的各别纸币，仍是特征，惟高宗绍兴三十年行在临安府（杭州）开始印造的会子使用范围为最广，《文献通考》钱币考二会子项绍兴二十一年（纪元1162年）条：“会子初止行于两浙，后又诏通行于淮、浙、湖北、京西。除亭户盐本并用见钱外，其不通水路去处上供等钱，许尽用会子解发；其沿流州军，钱、会中半。民间典卖田宅、牛畜、车船等如之，或全用会子者听。”（单位面额初分一贯、二贯、三贯等三等，后增造二百文、三百文、五百文三等小额会子）。其余诸名目与发行地：钱引（川引）——四川、淮西关子——淮西、淮东公据——淮东、淮交——两淮、湖会——湖广。诸种纸币自绍兴迄理宗嘉熙年间（纪元1237—1240年），约百年间的推定总发行额遥遥突破四亿贯之

① 晓教育图书版《现代教养百科事典》7. 历史，第199页交子条语。

数，每年的平均增加率约三百万贯[①]。此外，盐钞（亦称盐引）、茶引（亦称茶钞）、矾引、香药钞等专卖品缴款取货凭证，也都在宋朝货币史上占重要位置，以有价证券姿态与纸币同时流通，以及发挥纸币同等作用，盛行为交换工具。抑且，纸币发行准备金也每每以此等有价证券抵充，如会子的开办："（绍兴）三十年，户部侍郎钱端礼被旨造会子，椿见钱，于（行在）城内外流转。其合发官钱，并许兑会子，赴左藏库送纳。明年……，以客旅算请茶、盐、香、矾等，岁以一千万贯，可以阴助称提，不独恃见钱以为本。"（《文献通考》钱币二会子项）

宋朝诸产业开发的基盘上，以后朝代的变化：

——明朝主谷生产，北方仍是小麦为主，但高粱、玉蜀黍等高干深根作物，已与黍、粟等低干浅根作物轮作，以保持土地生产力。长江以南，水稻耕作施肥普及率达顶点，明末以至清朝，糯、粳合计的各种品种及于一千种以上。

——江南三角洲地带"天下谷仓"的位置，由于商工业积极发展，非农业人口大量增加，明朝中期以来渐渐移向江西、湖广。续至明末而"湖广熟，天下足"的形势，与"江南熟，天下足"交替完成。

——明末，马铃薯、烟草，以及美洲原产的落花生等新传入中国的[②]作物，栽植普遍，甘薯且发达为农民主食作物[③]。

——棉布于明朝已系一般庶民衣料，河南、山东等地供应的原料棉花，于松江府诸县（以及其后上海市）为中心的江南农村与都市，盛行轧绵、纺绩、织布等流程分业化的商品生产，划期性新商品向全国市场普及。

——酒的专卖制，自明初颁禁酒令又解除之后，已予开放，酒课与茶课同系商税之一。茶除四川、陕西持续设引行茶外，余地也便自明朝产、销自由化，抑且栽培业（农业）、制茶业（手工业）两者间经营的分化成立。食盐专卖，矿冶官开、民采兼行，则迄于清朝如旧。

---

① 平凡社版《世界历史大系》6. 东洋中世史第三篇，第172页。

② 诚文堂新光社版《世界史大系》8. 东亚Ⅱ，第196页。

③ 同上，第197页；人文书院版《世界历史》9. 东亚世界，第二部《中国经济》第287页。

——货币的银两压迫纸币（明朝承元朝谓之“钞”）态势，明朝益益增大。洪武七年（纪元1376年）已全民以银、钞、钱、绢代输天下税粮（米、麦为本色，诸折纳税粮者为折色），自英宗正统元年（纪元1436年）江南田赋全行纳银（米、麦一石折银二钱五分，粮四石折银一两解京）开始，而全国性普及。明清朝代转换，钞法乃完全不行，银（银锭、银元）在都市、农村并行流通发达的结果，终于取代铜钱占有正货地位，而铜钱（制钱）退居辅助之用。被淘汰的纸币于清末再出现时，便已是以今日面貌发行的钞票。

——最大变化，明朝严格实施海禁，禁止商人渡航海外。太祖洪武年间累颁濒海居民私通海外诸国、私下诸番互市禁令，视《皇明世法录》所载明文为至严：“凡沿海去处，下海船只，除有号票文引许令出洋外，若奸豪势要及军民人等，擅造三桅以上违式大船，将带违禁货物下海，前往番国买卖，通海贼，同谋结聚，及为向导劫掠良民者，正犯比照谋叛已行律处斩，仍枭首示众，全家发边卫充军”，外国商船渡来也同时禁绝。宋朝自由化重商主义全行被扬弃，回复固守儒家传统的重农指导原理，以扶植农村安定繁荣为国家财政基点的政策立场。成祖永乐以来，人民出海仍加严禁，外国船只渡来已予变通，非全面禁止而改为统制，通过定期朝贡关系，对诸国进贡物还赐的延长而实行朝贡贸易。开放广东广州、福建泉州、浙江宁波三港，各设市舶司，许可随同朝贡船前来的附属商船交易。输入品均采专卖制，概由市舶司买入，再转卖于一般商人。但十五世纪中期后，中国商人无视海禁令进出海外，菲律宾、南洋方面走私贸易猖獗，入十六世纪而民间反海禁运动推向高潮。穆宗隆庆元年（纪元1567年），明初以来的海禁政策废止，海外渡航获得准许。清初恢复海禁，圣祖康熙二十三年（纪元1684年）海禁令一度解除，与外国通商限制也告松弛，指定澳门、漳州、宁波、云台山、厦门、定海等为开港场所。但世宗雍正二年（纪元1724年）广东（广州）续准开港后三十多年，高宗乾隆二十二年（纪元1757年）以来，非只海禁令再颁，且愈严峻，外国贸易便被限定在广东一港，以迄南京条约签订，广东乃是清朝中国的惟一贸易港。

——国内商业方面，新安为中心的安徽徽州商人活跃盐业界与典当业，与经营票号、控制金融业的山西商人，自明末至清朝中期，系经济界南北对立两大势力。但届十九世纪上海开港，代之而兴的，便已是今日尚留有深刻印象，被目为浙江财阀的宁波（宋元庆元府、路）商人。

## | 财政与社会结构再调整

宋朝正税，蹈袭唐朝遗制为两税法，但堪注视，相同的只是分夏税、秋税两次征收的方式，以及谷、帛、货币与其他物产的不同品目，本质为已相异。唐朝两税法创始，立法宗旨系整理均田制崩坏以来渐渐繁杂的税制，一括合入，改采单一税法。决定两税征收量的基准，又置诸民户资产多寡而区分等级赋课。然而，资产测定存有技术上困难，于当时已形成受攻击的理由，加以唐末财政穷乏，两税以外的新税目仍是不断增加，单税制度精神全失。宋朝承如上变化之后，所以两税征收确定移转以土地为基准，依所拥有垦田面积多寡决定税额，易言之，两税已纯然回复两税法所合并税目之一的地租性质。其垦田数：

**宋朝垦田数表**

| | |
|---|---|
| 太祖开宝末（975） | 2，953，320 顷 |
| 太宗至道二年（996） | 3，125，251 顷 |
| 真宗天禧五年（1021） | 5，247，584 顷 |
| 仁宗皇佑中（1051 左右） | 2，280，000 顷 |
| 英宗治平中（1065 左右） | 4，400，000 顷 |
| 神宗元丰五年（1082） | 4，616，556 顷 |
| （以后无正式统计） | 内民田 4，553，163 顷<br>官 田 63，393 顷 |

《文献通考》田赋考四历代田赋之制门条列如上统计的同时，如下几项记载为值得注目：

——“自祖宗承五代之乱，……田制不立，甽亩转易，丁口隐漏，兼并伪冒者未尝考按。故赋入之利，视古为薄，丁谓尝曰：二十而税一者有之，三十而税一者有之，盖谓此也。”（天禧统计后按语）

——“（郭）谘首括（蔡州）一县，得田二万六千九百三十余顷，均其赋于民。既而谘言州县多逃田，未可尽括，朝廷亦重劳人，遂罢。”（治平统计后按语）

——“按前代混一之时，汉元始定垦田八百二十七万五百余顷，隋开皇时垦田一千九百四十万四千余顷，唐天宝时应受田一千四百三十万八千余顷。其数比之宋朝，或一倍，或三倍，或四倍有余。虽曰宋之土宇，北不得幽、蓟，西不得灵、夏，南不得交趾，然三方之在版图，亦半为边障屯戍之地，垦田未必多，未应倍蓰于中州之地。然则其故何也？按《治平会计录》谓田数特计其赋租以知其顷亩，而赋租所不加者，十居其七。”（元丰统计后按语）

便是说，税籍以基盘的田籍隐漏而不正确，也因系人为隐脱而非实际增减，乃出现如前列图表，太宗—真宗—仁宗五十多年中三项垦田数字大幅升降的现象，此其一。其二，隐田的严重程度，自国初纳税田地仅及全体二十甚或三十分之一的骇人地步，虽经括田（但也不能彻底如蔡州之例）等手段，至北宋中期稍为缓和，却仍仅十分之三左右田地纳税，国家于此等情况下征起的税粮，宋朝中期时数额：

**两税收入税粮额表①**

| | |
|---|---|
| 仁宗嘉祐八年（1063） | 1，928 余万石 |
| 英宗治平二年（1065） | 2，039 余万石 |
| 英宗治平三年（1066） | 2，052 余万石 |

上表数字，系以受纳米、麦与其他杂谷额，所谓“税粮”计列，两税中所包含银钱，绢布等数额在外。

税粮之外，国家财政另一项岁入大宗的钱币数额：

① 原载平凡社版《世界历史大系》6. 东洋中世史第三篇，第 246 页。

**国家岁入钱额表①**

| | |
|---|---|
| 太宗至道末（997） | 2，220万贯 |
| 真宗天禧末（1021） | 2，650万贯 |
| 仁宗嘉祐年间（1060左右） | 3，680万贯 |
| 神宗熙、丰间（1075左右） | 6，000万贯 |
| 哲宗元祐初（1086左右） | 4，800万贯 |
| 高宗南渡时（1127左右） | 1，000万贯未满 |
| 孝宗淳熙末（1189） | 6，530万贯 |

以唐、宋财政收入比较，唐玄宗天宝年间（两税法以前）乃粮千九百八十余万石，钱二百余万贯，宋仁宗嘉祐末年税粮之数，已与之约略相当，而钱货收入三千六百八十余万贯，却是天宝时的十八倍。此项比数所指示事实：

第一，天宝时田土数乃宋朝的三倍（见前引《文献通考》资料），而宋朝税粮额与之相等，相对意义，便是单以税粮的谷类现物缴纳为基准，宋朝须是唐朝的三倍。视《文献通考》田赋考四历代田赋之制门详载神宗熙宁十年（纪元1077年）两税额详数：（夏税）银三一九四〇两，钱三八五二八一七贯，斛斗三四三五七八五石，匹帛二五四一三四〇匹，丝绢五八四四八六一两，与杂色等；（秋税）银二八一九七两，钱一七三三〇〇二贯，斛斗一四四五一四七二石，匹帛一三一〇二三匹，绵五四九五两，草一六七五四八四四束与杂色等；农民负担，显然宋朝重过唐朝甚多。而宋朝农民得以承担如此沉重税负，相对也说明当时产业的发达景况，农民且尚有剩余生产品转变为商品。

第二，宋朝财政上，可知两税法税粮收入且非占绝对地位，货币收入比重更较唐朝急激增大，特别便是北宋中期仁宗嘉祐以后的发展，如前表数字所示。南渡之初货币收入曾一时锐减，但孝宗淳熙末年，非只回复抑且超过北宋神宗熙宁、元丰年间六千万贯的巨额，而南宋系已沦失汉族中国北半领土的时代尤堪注目。表列统计又均“钱”数，南宋货币制度特色的纸币发行额尚非计列在内，金、银货币收入也未在内。

① 原载平凡社版《世界历史大系》6. 东洋中世史第三篇，第248页。

宋朝钱货收入主要财源的“征榷”，“榷”指专卖收益的榷利，包括盐铁、榷酤（酒）、榷茶、坑冶（矿产）等，尤其以盐利与酒利为大宗；“征”指征商，所谓关市之税的商税，课征对象广泛及于“布帛、什器、香药、宝货、羊彘，民间典卖庄田、店宅、马牛、驴骡、橐驼”，（《文献通考》征榷考一征商门），依船只载运量另纳“方胜钱人商”。贩卖米、粟、钱货岁入额增长趋势：

**榷利、商税额表** *

| 年代 | 榷利 | | 征商 |
|---|---|---|---|
| | 盐利 | 酒利 | |
| 太宗至道末（997） | 235 万贯 | 326 万贯 | 400 万贯 |
| 真宗景德年间（1005 左右） | 355 万贯 | 482 万贯 | 450 万贯 |
| 真宗天禧末（1021） | | 1，270 万贯 | 1，200 万贯 |
| 仁宗庆历五年（1045） | 715 万贯 | 1，710 万贯 | 1，975 万贯 |
| 仁宗皇祐年间（1050 左右） | | 1，498 万贯 | |
| 英宗治平年间（1065 左右） | | 1，280 万贯 | |
| 神宗熙宁十年（1077） | 952 万贯 | 1，228 万贯 | |
| 神宗元丰三年（1080） | 892 万贯 | | |
| （南宋）高宗绍兴年间 | 2，100 万贯 | 400 万贯 | |

说明：1. 榷利部门，北宋熙宁以后盐利不包括四川四路，合计当超过一千万贯，酒利的减少也只表象，实际以并用银纳而更形增加。则盐、酒之利，自国初之后约八十年间，增收约已四倍，茶利等亦可据以推算。

2. 商税自国初约五十年间，成长倾向高达五倍左右（庆历后数额不明）。

3. 榷利岁入总额，仅遗留至道末一千一百二十三万贯的记录，其后均不明。则当年的岁入结构，专卖榷利占钱货总额（见前表）之半，盐，酒之半又占榷利总额之半。

不含银（以及钱）、绢等在内的税粮收入与不含金、银在内的货币收入，狭义的粮与钱收入对比，后者于宋朝呈现如何飞跃成长之势可见。《文献通考》市籴考二常平义仓租税门记神宗熙宁二年（纪元 1069 年）讨论“以诸军余粮愿粜入官者，计价支钱，复储其米于仓”的“坐仓”事宜，吕惠卿发言：

---

* 原载平凡社版《世界历史大系》6. 东洋中世史第三篇，第 249—250 附表资料并本文改制。

“诸军粜石米止得八百，募其愿以一千粜之”，如果便以此抛高一千文（一贯）一石的米价为货币价值作换算额，则熙、丰年间钱货总岁入六千万贯与熙宁十年税粮额（均见前引）换算的不足一千八百万贯对照，货币收入在国家财政上超过三分之二的比重，印象更是明晰。此一事实，毋宁正是宋朝货币资本资本增大，商品·货币经济发达倾向的对应，以及说明宋朝财税方针，已自从来土地—地租中心主义向征收消费税以强化财收的政策变化，税负主体由农易为商，现物受纳的方式转换货币吸收。

如上倾向，北宋已经铸定。南宋财政，有关研究文献颇不具备，但两税收入以领土范围缩小只有减少，而货币收入继续增加，以及货币收入中专卖，商税继续占绝对位置，则从残缺资料中仍可窥知，特别是货币收入中的再开新税源。《文献通考》征榷考六山泽津渡门记载南宋立国之初便已开拓的新税，其一系予北宋末徽宗宣和年间，对一般民间田宅、舟车、牛马等交易所征收牙契税（印契税）以及卖酒、鬻糟等的临时附加税经制钱，加以固定化；其二则经制钱外的再附加部分，所谓总制钱；其三月椿钱，乃补助军事费不足而成立的摊派性新税，名目甚多，曲引钱、纳醋钱、卖纸钱、户长甲帖钱、保正牌银钱、折纳牛皮筋角钱、罚钱（败讼时）、欢喜钱（胜讼时）等，都是。如上三种，均已包含入南渡次代孝宗便超过北宋岁入钱货最高额的前引淳熙钱额内，不见于其中，性质也不明，适用范围似乎与月椿钱重复且更广泛的是其四，板张钱。《文献通考》征榷考六板张钱条下的说明是：“纳斛斗（米谷）则增收耗剩，交钱帛则多收糜费，……其他如罚酒、科醋、卖纸、税酱、下拳钱之类，殆不可以遍举，亦不能遍知。”而届南宋末理宗淳祐三年（纪元1252年），上距孝宗淳熙只八十年，乃出现如《续文献通考》征榷考二盐铁门所统计，仅茶、盐专卖收入已近淳熙时一倍的一一、八一五万余贯。此数连同商税，外加经、总制钱等，钱货总收入当不下于二亿贯，较国初二百五十年间，系以十倍之势增加为显见。

宋朝产业尽管富裕，经济尽管发达，平民愈到后来愈加重的税负终不堪支持，所以赵翼《廿二史劄记》卷二五历历举证撰定的长文南宋取民无艺，有“民之生于是时者，不知何以为生也”的沉痛结语。所以然的原因，徽宗奢靡浪费的个例为无论，外侮压迫下，北宋中期以来益益严重的庞大军事费负担（包括累进的兵员维持数），以及历史上官界待遇最优厚朝代，科举制度下不断增长的官员养成压力，所谓冗兵与冗官，向被历史界认知系宋朝丰润财政愈向搜括、榨取泥沼陷入而不能自拔，抑且滥发纸币也是南宋末期有力财源之一，乃是致命绝症。但绝症的根源，乃是军费膨胀也须辨明，百官俸禄与宋朝特例的三年一次郊祀百官特别赏賚等，数额虽递增，较财政支出中最大部分兵费非堪相提并论，只于财政已形困难时才产生雪上加霜的感觉。这层了解，如下两项统计系其前提：

其一，宋朝国家岁出入统计，固以系现物收入、支出加货币收入、支出合计，数字按斤、两、贯、石、匹等各别单位合算而表现为复合单位，不能明了岁出入的实际价值，或者说，此等数字不能据以衡量财政的实质增减的规准，但供为指示增减的指数，价值仍然存在，则：

| 真宗天禧末（1021） | 岁入 15，085 万 | 岁出 12，677 万 | 入超 2，407 万 |
|---|---|---|---|
| 仁宗庆历八（1048） | 12，219 万 | 11，178 万 | 1，040 万 |
| 仁宗皇祐元（1049） | 12，625 万 | “所出无余” | |
| 英宗治平二（1065） | 11，663 万 | 13，186 万 | 出超 1，522 万 |
| 单位：复合单位　资料来源：《宋史》食货志下一（会计） | | | |

十分明白，宋朝立国半个世纪后的真宗时代，财政尚颇充裕，次代仁宗治世已渐渐出现破绽，再次代英宗之际便赫然呈现赤字财政。

其二，《文献通考》国用考二（历代国用）引曾巩议经费（同书职官考一宋内外百官数同）：真宗景德末官一万余员（同书宋内外百官数条引《朝野杂记》：“祖宗时：内外文武官通一万三千余员”），仁宗皇祐二万余员，英宗治平并幕职州县官三千三百余，其总三万四千员；又“景德郊费六百万，皇祐一千二百万，治平一千三百万。以二者较之，官之众一倍于景德，郊之费亦一倍于景德”。无论官员数字（亦即俸禄支出数字）或郊祀恩赏给付数字，可了解仁宗时代与英宗时代无何差异，英宗时代财政状况却已是出超。则又十分明白，造成入超现象，而且愈陷愈深，主要原因非在官员冗数的增加。

于此，便在国家财收上“所出无余”后八年，《文献通考》兵考四（兵制）仁宗末嘉祐二年（纪元1057年）条的一段记载为重要："三司使程琳上疏，论兵在精不在众，河北、陕西军储数匮，而招募不已。且住营一兵之费，可给屯驻三兵，昔养万兵者，今三万兵矣。河北岁费刍粮千二十万，其赋入支十之三；陕西岁费千五百万，其赋入支十之五。自余悉仰给京师。自咸平（仁宗上代真宗初）逮今，二边所增马步军指挥百六十。计骑兵一指挥所给，岁约费缗钱四万三千，步兵所给，岁约费缗钱三万二千，他给赐不预。合新旧兵所费，不啻千万缗。天地生财有限，而用无纪极，此国用所以日屈也。"又续记枢密院奏兵数不断上升之势：开宝（太祖）时三十七万八千，而禁军十九万三千；至道（太宗）时六十六万六千，而禁军马步三五万八千；天禧（真宗）时九十一万二千，而禁军四三万二千；庆历（仁宗）时一二五万九千，而禁军八二万六千（以后，英宗治平时一一六万二千，内禁军六六万三千；神宗熙宁时禁军五六万八千，元丰时禁军六一万二千）。

募兵不已，于宋朝为不得不然，兵弱必须由量补救。辽朝威胁未除，西夏又崛起，黑字财政以"所出无余"过渡而向赤字财政逆转注定不可避免。关键性仁宗时代的两份参考资料：

——庆历七年（纪元1047年）三司使张方平的调查，为防御西夏侵寇而陕西路增置禁军四十万人，其平时养兵费①：

| | | |
|---|---|---|
| （一）俸料 | 240万贯 | |
| （二）衣料 | 䌷绢 | 240万匹（每匹时价约一贯） |
| | 绵 | 480万两 |
| | 随意钱 | 120万贯 |
| （三）食料 | 人粮 | 1，200万石（每石时价约六百文） |
| | 马粮 | 150万石 |
| | 饲草 | 1，512万束（每束时价约五十文） |
| （四）南郊赏给 | | 600万贯（三年一次） |

上表为方便合算，表明绢、粮的时价缗钱换算数，则岁费需钱共约一千六

① 平凡社《世界历史大系》6. 东洋中世史第三篇，第257页。

七百万，加物资的运输费与其他杂费，实际支出费用自为更高。以此数除以四十万人，则国家对当时每一兵丁所负担，每年约为五六十贯。庆历年间兵数近百二十六万人，一兵五十贯计，养兵费总额须六千三百万贯，其系财政上重担不难想见。

——巨额的兵费经常支出压力已令国库喘息不止，果届战争勃发，军事行动如何更令财政膨胀，又可由庆历之前的宝元二年（纪元 1039 年）西夏入侵前后，三司使王尧臣所调查沿边三路财政收支可知（统计系含贯、石、匹、斤、两等诸单位的复合单位计准）：

| 宝元元年用兵前 | | | 宝元二年用兵后 | |
|---|---|---|---|---|
| 陕西路 | 岁入　1，978 万 · | 岁出　1，551 万 | 岁入　3，390 万 · | 岁出　3，365 万 |
| 河北路 | 2，014 万 | 1，823 万 | 2，745 万 | 2，552 万 |
| 河东路 | 1，038 万 | 859 万 | 1，176 万 | 1，303 万 |

《文献通考》国用考二记载其数后的说明：“元昊请臣，西兵既解，而调用无所减，即下诏切责边臣及转运司趣议蠲除科率，稍徙屯兵还内地，汰其老弱，官属羡溢则并省之。”而其接续，却如前引庆历张方平、嘉祐程琳报告内容所示，兵数仍然未能裁减，至次代英宗仍然背负维持百余万军队的财政包袱，以致益益蹈入出超困境。再次代神宗时代，乃有王安石领导新法党的断然改革实现，其直接动机便是兵费负担问题，自第一目标置诸富国（充实财政，求新财源以增收入）、强兵（建立民兵主义的经济兵制，求取减少国费又同时增强战力的方法），为可明了。然而，重文轻武的社会心理，以及社会身份平等与户籍整备的条件两皆欠缺，民兵制度于王安石后继者新法党手中仍然失败，国防仍依赖募兵，而靖康之变勃发。

南渡非只未能改变颓势，出现的且已是宁宗开禧元年（纪元 1205 年）兴元都统秦世辅所述：“本司……所差发出戍官占实一万一百四十三人，点阅所部，堪披带者仅六百四十七人”（《文献通考》兵考六兵制）的可悲情状，又转嫁平民为被苛税盘剥的牺牲品。所以亲历宋朝覆亡噩运的马端临于元初完成其名著《文献通考》兵考六（兵制）的结论，感慨而言：“及其末也，夏贵之于汉口，贾似道之于鲁港，皆以数十万之众，不战自溃，于是卖降效用者，非民也，皆宋之将也；先驱倒戈者，亦非民也，皆宋之兵也。夫兵既不出于民，故兵愈多而国愈危，民未叛而国已亡”。“未有以兵多而亡者”是惟宋朝为独特的历史异例，见证的马端临理由说明，也还是：“自募兵之法行，于是择其愿应募者。而所谓愿应募者，非游手无藉之徒，则负罪亡命之辈耳，良民不为兵也。故世之詈人者，曰黥卒，曰老兵，盖言其贱而可羞”。

宋朝冗官问题，自非财政上全非累赘之谓，赵翼《廿二史劄记》卷二五且连续撰有宋制禄之厚、宋祠禄之制、宋恩荫之滥、宋恩赏之厚、宋冗官冗费等五篇之多，加以指摘。但其后果非如冗兵直接存在严重性，为可理解，抑且，与其强调其财政上影响，毋宁与士大夫意识相结而正视其社会关系。也惟有注视宋朝社会组织与宋朝财源地带确定移向南方，南方的中国全域经济、文化心脏位置成立，“官”在宋朝财政上的负面影响如何巨大，才得正确评估，初非表象的俸禄与恩赏而已。

宋朝农村社会的构成，北宋蹈袭五代，系分乡与里，神宗之世保甲法施行，乡之下改编都、保。南宋乡、里或乡、都、保之制兼行。同时，以土地加大开垦，村落增多，张家村、李家庄等名称上多冠姓氏的习惯，乃自唐末以来庄园佃客住居所而发生，与欧洲村落 village 之名起源于贵族别庄 villa 的附属集团，由来正复相同。此等村或庄，便编入都、保间。

农民生活，则以商品作物自宋朝而栽培发达，货币经济向农村渗透。同时，农民家族的家内工业盛行，产物出售市场，形成宋朝产业蓬勃向上的一面。然而，农村手工业资本非必农民自身售卖剩余农作物的蓄积，也往往出自借贷，愈增强了高利贷与商人的农村社会支配力，这是宋朝社会与生产发展堪注目现象之一。

注目现象之二，称之“揽户”的特殊身份者产生。揽户顾名思义，系包揽农村内事务的中介或代理人，却也因而于农村中拥有势力。此等人的手段之一，结托官府中征税与职司出纳的胥吏，迫害亲赴官府输纳租税的农民，如：税粮以量目不足、品质不良等名义拒收，税绢时更在丈尺不足、品质恶劣的口实下，于绢上加盖退印，则退回后绢已不能使用，损失甚大，迫令惟有由揽户中介转纳，乃令揽户得藉口贿赂官府而向农民强索大额手续费，与官府经手人朋分渔利。手段之二，揽户以由是蓄积的财富，再转用为高利贷，于灾荒时贷放贫农或平时代缴滞纳租税，均加高利才收回限期偿还，到期无力偿还的农民只有听任利上加利，最终以田宅抵偿为结局。手段之三，商品流通量增大，农村中分散的生产品出售前，有必要先自生产者之手集中，所以，非惟贫困农民受揽户操纵，一般农家的剩余农作物或家内手工业产品，也须以其生产额的一部分为手续费，由揽户集中，由政府于租税外另加采购，或卖予商人投入流通界。如上，都是宋朝结束五代离乱时代，社会再编成时发生的变化。而最大变化，另系唐朝两税法施行以来届至宋朝，土地私有形态的庄园发展，以及佃户制定着。

唐朝的四制崩坏，两税法下土地私有获得承认，佃农发生而地主庄园经营成形。抑且，以庄园大土地拥有者须受同时期成立的藩镇武人政治庇护，军阀的变相地方割据也须赖大地主所代表在地势力支持，而相互结合。通过唐末五代混乱期，宋朝回复天下统一，这些大地主的藩镇保护伞虽然撤消，地方势力已系根深柢固，也惟其如此而于宋朝社会名之为形势户。虽其缴纳租税与履行力役义务与一般自耕农不具区别，并无特权，但一方面，征税与维持治安的重心便置诸此等大户，此等大户已是国家的农村支配有力一翼地位确定；另一方面，五代军阀割据期后遗症的严重隐田弊患也已确定，而隐田主体便是此等形势户，国家为之束手无策，如本节文字之初所述，影响财政收入的程度可以想见。

宋朝文治主义，鼓励平民读书通过科举，由士而仕，士大夫特殊身份于是在此全过程中成立。士人一登官位，其家便名之为官户，与一般包括了形势户的民户有别，而具免役特权。两税虽同于民户加以征收，但变更民户两税正常缴纳场合与品目的所谓“支移”、“折变”，则官户均予免除。于此须加诠释的——

关于力役，唐朝创始两税法时，系并合均田制税法的租（地租，以田计）、调（户税，以户计）、庸（力役，以丁计，后服役改折绢布），以后新税仍然层出之际，州县的力役也加恢复而名差役。宋朝亦然，法令定男夫二十岁为丁，六十岁为老，此期间均服差役（亦谓职役，衙门当差之意），《文献通考》职役考一历代乡党版籍职役门宋太祖建隆三年条按语，说明差役内含系：主官物、督赋税、逐捕盗贼、供官驱使，“各以乡户等第差充”。王安石变法要目之一的募役法，改由乡户按等第输免役钱，而官给酬招雇志愿者应役，免除职役的官户也令纳助役钱，但以后助役钱法案立即被推翻，差役法也仍然恢复，而惟部分保留募法。《宋史》食货志上五役法上所谓：“惟该募者得募，余悉定差”，以及“寻以衙前不皆有值，遂改雇募为招募”。南方且同时适用五代江南政权原行役法，征收丁米或丁钱（抑且有米、钱并征者，参阅《文献通考》户口考二历代户口丁中赋役门引神宗元丰二年刘谊之言。丁钱之额，广西一路户口二十万，而民出役钱至十九万缗〔贯〕）的双重力役。

关于支移与折变，实质都是两税的附加税。两税岁赋，原则均向本地衙门缴纳，但为了各州县间的有余补不足，往往以税物移此输彼，移近输远，便是“支移”，而支移时纳税人须负担移往其他州县的运输费，谓之脚钱。结果，在调度远方国境驻屯军队粮食的理由下，脚钱愈收愈多，而且不支移时也收脚钱成为陋规。《文献通考》田赋考五历代田赋之制门宋朝部分所载：哲宗时陕西路已令农户输脚钱十八而“百姓苦之”，次代徽宗时京西路更是“脚钱之费，斗为钱五十六，比（哲宗上代神宗）元丰既当正岁之数，而反复纽折，数倍于昔，农民至鬻牛易产，犹不能继。”便是说，仅支移已困农民，再加折变，更是重压。“折变”谓基于国家需要，临时变更税物品目，折输与原规定税额同等价值的其他品目。折变品目换算时，名义上以时价为准而实际高过时价，抑且如上述“反复纽折”。如四川方面，绢每匹值三百文，草每围值二文，输绢一匹的，于是初改输草一百五十围，后以草改估每围一百五十文，而再令改输钱，所输便是钱二万二千五百文了①，增加几乎七十五倍。所以《文献通考》历代田赋之制（田赋考五）续载臣僚之言：“岳州……种一石作七亩科敷，而反复纽折，有至数十倍者”；“今一倍折而为钱，再倍折而为银，银愈贵，钱愈难得，谷愈不可售，使民贱粜而贵折，则大熟之岁，反为民害”。

① 转引自王志瑞《宋元经济史》，第144页注一。

而如上困扰与损失，官户均可避免。

值得注意是官户的形成，科举之门理论上对任何人都敞开，无论贫富都一律。然而，现实的问题，须先经过长期苦读的阶段，科举考试流程又非短，中途随时可能遭受挫折而必须再接再厉。全盘言之，在幸运及第以前，始终以无间断的安心接受教育为必要，而这段期间，又以经济力支持为前提。所以，十年寒窗，一举成名的贫家子弟具有毅力者固亦非少，但条件的有利于地主层富裕家庭子弟则无可讳言。惟其如此，士大夫每与地主身份合一，官户每以形势户为底子，也由于此一体关系的存立，而官户、形势户一般合称之为形势官户，此其一。

堪注意之二，官户既随官的身份而认定，世代都是官户，也同族都是官户，同具免役与免除支移、折变的特权，这些特权的付与又广泛适用，对土地集积都发生引诱抑且鼓励的作用，于原便是形势户者的土地集积，以及集积时脱漏田籍，逃避租税，更是有利。则较之形势户，官户对国家财政的侵蚀影响愈为严重，尤可想见，以及明了隐田问题为何通宋朝无从解决的原因所在。仁宗乾兴元年（纪元 1022 年）曾为防止土地再集积而颁布限田令，限制官户、形势户拥有的田地以三十顷为上限，因遭反对而不能实施，即使神宗时王安石变法所推行方田法，只求正确测量田地以期纳税公平合理，并非限制田数，也仍是失败。相反，可能便因政府稍微表示积极态度，而官户势力领导的阻力增大抗拒，即使不正确的垦田调查数，自神宗元丰以后，尤其南宋时代，已全然不见文献资料。

与土地存有密接关系的户口数字，调查统计的发表虽届至南宋宁宗嘉定十六年（纪元 1223 年）始中断，但与神宗以前垦田数的同样不可信赖为确实，《文献通考》户口考二历代户口丁中赋役门详载神宗元丰三年（纪年 1080 年）天下诸路户口细数后按语，已有“以史传考之，则古今户口之盛，无如崇宁、大观之间。然观当时诸人所言，则版籍殊欠核实，所纪似难凭”的明言。所引例证：“（徽宗）政和三年（纪元 1113 年）详定九域图志，蔡攸、何志同言：本所取合天下户口数，类多不实。且以河北二州言之，德州主客户五万二千五百九十九，而口才六万九千三百八十五；霸州主客户二万二千四百七十七，而口才三万四千七百一十六。通二州之数，率三户四口，则户版刓隐，不待校而知之”；又引《建炎以来朝野杂记》：“唐人户口至盛之时，率以十户为五十八口有奇。……本朝元丰至绍兴，户口率以十户为二十一口，以一家止于两口，则无是理，盖诡名子户漏口者众也。然今浙中户口率以十户为十五口有奇，蜀中户口率以十户为二十口弱，蜀人生齿非盛于东南，意者，蜀中无丁赋，于漏口少尔”。

然而，宋朝户口统计虽不能代表其确数，以元丰三年东京开封府与天下一十八路户口详数调查报告，对照唐朝玄宗天宝元年诸道户口数（依《新唐书》地理志载府、州户口数加计），于指示自唐迄宋三百多年间，汉族中国地域的户口增减倾向，仍具价值。附表存“户”略“口”。

| 北宋（元丰三年 1080） | | | 唐（天宝元年 742） | | |
|---|---|---|---|---|---|
| 顺位 | 路别 | 户数 | 顺位 | 道别 | 户数 |
| | 东京开封府 | 171，324 | 1 | 河南道 | 1，853，539 |
| 2 | 京东路 | 1，370，800 | | | |
| 11 | 京西路 | 651，742 | | | |
| 7 | 河北路 | 984，195 | 3 | 河北道 | 1，487，493 |
| 14 | 河东路 | 450，869 | 6 | 河东道 | 615，705 |
| 8 | 陕西路 | 962，318 | 5 | 关内道陇右道 | 880，680 |
| 4 | 淮南路 | 1，079，054 | 7 | 淮南道 | 390，582 |
| 1 | 两浙路 | 1，830，096 | 2 | 江南道 | 1，756，132 |
| 5 | 江南东路 | 1，073，760 | | | |
| 3 | 江南西路 | 1，365，533 | | | |
| 6 | 福建路 | 992，087 | | | |
| 9 | 荆湖南路 | 811，057 | | | |
| 12 | 荆湖北路 | 589，302 | 9 | 山南东道 | 324，844 |
| 10 | 成都府路 | 771，533 | 4 | 山南西道<br>剑南道 | 1，139，231 |
| 16 | 梓州路 | 261，585 | | | |
| 15 | 利州路 | 301，991 | | | |
| 18 | 夔州路 | 68，375 | | | |
| 13 | 广南东路 | 565，534 | 8 | 岭南道 | 388，981 |
| 17 | 广南西路 | 242，109 | | | |

上表唐朝的河北、河东、河南、关内、陇右诸道，北宋的京东西、河北东、陕西诸路均代表北方，余则南方。可以发现，第一，南、北方户数比例，唐朝已系45%（南）对55%（北），北宋尤跃进为63%（南）对32%（北），南方于全国户数中呈现超过三分之二比例的压倒态势。第二，北宋十八路中，户数最多的前十位，除京东路（今日山东者）仍占第二位外，余均落在南方，全已打破唐朝诸道北、南方分占一、三位与二、四位的均势。尤其唐朝占第二位的江南道，北宋分析达五路而仍分居第一、三、五、六、九的高位，以多过唐朝户数三、四倍的趋势增长，第一位的两浙路（今日江苏省南部与浙江省）且独占北宋当时全国总户数一四八五万的十分之一以上。

物力增大，与户口增加同一倾向，北宋时代主要物产米、绢、茶、盐、布等，尽以南方为主产地。江淮地方淮南、两浙、江南东西、荆湖南北诸路，每年通过大运河向北方输送的上供米，《文献通考》国用考三漕运门统计：太宗太平兴国六年（纪元981年）三〇〇万石，至道初（纪元995年）五八〇万石，真宗景德年间（纪元1005年左右）四五〇万石，继增至六〇〇万石，大中祥符二年（纪元1009年）再增至七〇〇万石，仁宗庆历以后每岁维持六〇〇万石左右之数（同书国用考一历代国用门则谓："太平兴国六年制岁运三百五十万石，景德四年〔纪元1007年〕诏，淮南、江、浙、荆湖南北路以至道二年至景德二年，终十年酌中之数定为年额，上供六百万石，米纲立额始于此"。)

税粮以外，地方各路向中央发送的金银钱帛等所谓上供钱物，数字均含贯、匹、两等不同单位合算，仅系指数而不易测定其精确的实质价值，但各路上供负担力的大概仍可明了，提供的仍是上好资料。徽宗宣和元年（纪元1119年）的调查（见《文献通考》国用考一历代国用）——

| 8 荆湖南路 | 42万 | 3 京东路 | 177万 |
|---|---|---|---|
| 17 利州路 | 3万 | 9 广南东路 | 18万 |
| 7 荆湖北路 | 42万 | 11 陕西路 | 15万 |
| 12 夔州路 | 12万 | 4 江南西路 | 127万 |
| 2 江南东路 | 392万 | 16 成都路 | 4万 |

续表

| 6 福建路 | 72 万 | 15 潼川路 | 5 万 |
|---|---|---|---|
| 13 京西路 | 9 万 | 1 两浙路 | 443 万 |
| 10 河北路 | 17 万 | 5 淮南路 | 111 万 |
| 14 广西路 | 9 万 | 河东路 | 缺 |
| 路名上数字：数额多寡顺位 单位：复合单位 | | | |

上表的突出印象，仅京东一路为例外，几乎全部由南方诸路占顺次高位，正与户数分布的形势相对应。也由上供负担力比较，推知向中央集积的榷利、商税等货币数额，大部分均系自南方吸收。届抵北宋时代，南方已是国家主要财源地带的历史位置，全行铸定。

立于户口、经济基盘上的政治、文化，现象自系相同。宋朝继五代后周树立政权，然后平定江南与四川，而天下统一，所以宋初官界尚全系北方势力。国初大臣如赵普、曹彬等为无论，自太祖至真宗时代仍均北方出身的大臣为多，但北宋中期仁宗以后，南方出身大臣比重显著增大，同平章事、参知政事的执政地位者加多，神宗至徽宗时代而南方势力终已强大到压倒北方，自如下执政出身表①可见——

| | 太祖 | 太宗 | 真宗 | 仁宗 | 英宗 | 神宗 | 哲宗 | 徽宗 | 钦宗 |
|---|---|---|---|---|---|---|---|---|---|
| 北方 | 10 | 28 | 21 | 38 | 2 | 9 | 18 | 18 | 11 |
| 南方 | | 2 | 5 | 21 | 2 | 17 | 12 | 27 | 9 |
| 不明 | | | | | | | | | 1 |

南方势力伸长系政治上全新的形貌，其兴起与现实的政治革新运动合一，为尤堪注目。仁宗时代第一名臣与庆历改革指导者范仲淹（苏州吴县人），便是宋朝最早开创政治、文化新气运的南方人，同时期大臣寇准（下邽人）、晏殊（抚州临川人）、吕夷简（寿州人）、欧阳修（广陵人）等，都是南方出身的闻名人物，但北方出身者富弼、韩琦、文彦博等政界分量相埒，而且政治上两者间为相互携手。神宗时代系一大转折期。变法的最高决策人王安石是南方

① 依诚文堂新光社《世界史大系》8. 东亚Ⅱ，第 55 页北宋宰相执政表数字改制。

人（抚州临川人），结集于其左右的大改革推行者蔡瑁、吕惠卿（均泉州晋江人）、章惇（建州浦城人）、曾布（南丰人）等也都是南方人，而南方势力急激向顶峰推进，新法党也与旧法党以各别代表南方——革新、北方——守旧路线姿态，政治上壁垒分明的互斗激化。经过司马光领导的旧法党得志时代，北宋后期蔡京（兴化仙游人）为中心的新法党掌握政治权力，南方势力乃确定性占据政界优位。南宋尤其形成南方官界天下的态势为愈易明了，北—南宋交替与南渡之初的著名大臣，便除赵鼎系北方人外，宗泽（婺州义乌人）、李纲（邵武人）、张浚（汉州绵竹人），以及秦桧（江宁人），已都是南方人。南方资源跃进式开发，社会富裕，文运昌隆，通过科举考试进出官界，以人才辈出而政治势力抬头，自属当然。抑且，学术、文学中枢领域也自宋朝而渐渐向南方移殖完成，唐宋八大家中北宋六家，列名的欧阳修、王安石之外，曾巩（建州南丰人）与苏洵父子三人（眉州人）同均南方人，苏舜钦（梓州人）、黄庭坚（洪州人）、周邦彦（钱塘人）等第一流诗文家也是。南宋时代，更是无待赘言。

所以，汉族中国经济、文化心脏位置，由历史上的北方向南方反倾斜转换，其形势自唐朝后期开始展现，宋朝已是交替的决定时期。特别关于朝廷南渡而南宋成立，意义便是终点线前的最后冲刺，于中国政治史、经济史、文化史，都是非常大事件。

对于宋朝的朝代自身而言，南宋丧失北方领土，诚然是大不幸，但相对方面，毋宁也反而存在大幸的心理。主要生活资料既已几乎全自南方生产，政治支配圈与富庶财源地带合一，每年巨额上供米谷、财物的运输费至少都已撙节，北方的行政费支出又已剔除，因之舍弃早须依赖南方与受南方补给的北方，惮尽心力确保南方，版图虽缩小，财政反而得充裕。和平论者不吝抛却北方，可以觉察，经济见地未始非其主张的立脚点，另一因素，便是不能排除政治控制权已由南方出身臣僚掌握时的自私意愿。

宋朝形势官户蹈袭五代地主层所凝固经济地盘的庄园经营，地主庄园土地的耕作者系佃户，社会身份谓佃农，宋朝有客户、租户、佃客、地客、庄客、浮客等称谓。土地、居屋，以及耕作所需耕牛、农具、种子等，均由主家供给，地租缴纳则分多类方式，按收获量成数缴纳者为分益租，每年以固定数额缴纳者为定额租，定额租依时价折算钱数缴纳者为代金纳，契约订定直截便以一定钱数缴纳者为金纳①。江南水田以分益租与定额为多，代金纳亦相当普遍，惟植桑的畑地，以及山地，系采金纳。分益租通常以收获量的五成归主家，佃户自留五成，或主家六成，佃户四成。定额租实质也以成数为基础而订定，江南水田每亩大体收获二石或三石，所以通常每亩以一石或一石半计准，而契约规定又分两种方式：其一，"一亩租米若干"，系按亩计算；其二，"田一丘，若干亩，租米若干"，系总计②。均田制崩坏后的土地私有形态，便以庄园制与佃户制的编成为基本，自唐朝后期历五代而新社会、新经济胎动，宋朝土地私有的发展加剧，庄园扩大，特别是朝廷播迁南方富裕地带的南宋，终于近代社会的新面貌转换完成。

南宋大土地所有再发展，最广阔方向便是圩田、围田、湖田的加大成长，抑且已猖獗成患。《文献通考》田赋考六湖田围田门与《续文献通考》田赋考三水利田门的若干记录：

"（高宗）绍兴五年（纪元1135年）春二月，宝文阁待制李光言：明、越之境，皆有陂湖，大抵湖高于田，田又高于江海，旱则放湖水溉田，涝则决田水入海，故不为灾。本朝（仁宗）庆历、嘉祐间，始有盗湖为田者，三司使切责漕臣甚严，（徽宗）政和以来创为应奉，始废湖为田，自是两州之民岁被水旱之患。壬子岁尝取会稽余姚、上虞两邑利害，自废湖以来，每县所得租课不过数千斛，而所失民田常赋动以万计，遂先罢两邑湖田。其会稽之鉴湖、鄞之广德湖、萧山之湘湖等处尚多，望诏漕臣访问。"（又高宗、孝宗之际王十朋《鉴湖说》，说明绍兴府会稽、山阴两县之界的鉴湖，周围三万里，溉田九千顷。宋初湖田者十七户，庆历时湖田之数过四顷，治平至熙宁英宗至神宗时中八十余户、七百余顷，自政和至南宋，权势之家、豪强之族争相强占，所谓

① 诚文堂新光社《世界史大系》8. 东亚Ⅱ，第59页。

② 平凡社版《世界历史大系》6. 东洋中世史第三篇，第310页。

鉴湖已空存其名，水旱灾伤无岁无之。孝宗淳熙〈纪元 1174—1189 年〉中实得湖田二千三百余顷[①]。)

“宁宗嘉定（纪元 1208—1224 年）御史中丞签书枢密院李卫泾奏曰……（孝宗）隆兴、乾道之后，豪家大姓，相继迭出，广包强占，无岁无之。陂湖之利，日朘月削。以臣耳目所接，三十年间，昔之曰江、曰湖、曰草荡者，今皆田也。形势之家，其语言气力，足以凌驾官府，而在位者每重举事而乐因循，上下因循，恬不知怪。议者又曰园田既广，则增租亦多，其于邦计，不为无补。殊不知缘江并湖，民间良田何啻数千百顷，皆异时之无水旱者，围田一兴，修筑塍岸，水所由出入之路，顿至隔绝。稍觉旱干，则占据上流，独揽灌溉之利，民田坐视，无从取水。逮至水溢，则顺流疏决，复以民田为壑。围田侥幸一稔，增租有几，而岁岁倍收之田，小有水旱，反为荒土，常赋所提可胜计哉。……臣伏见乾道间（纪元 1165—1173 年），孝宗宣谕辅臣曰：闻浙西自有围田，即有水患，屡有人理会，多为权威所梗。已而令漕臣王炎相视，有张子益围田九千余亩，湮壅水势，立命开掘，仍戒饬不得再犯。淳熙中（纪元 1174—1189 年）因姚述尧言，寺僧请佃明州定海县凤浦、沈窖两湖八百亩，可溉田二万六千余亩，即令仍废为湖。英断如此，谁不悚惧。乞下令户部……

“（同嘉定年间）臣僚言：越之鉴湖，溉田几半。会稽、兴化之间木兰陂，民田万顷，岁饮其泽，官豪侵占，填淤益狭。

“（同嘉定年间汪纲知绍兴府），属邑诸县濒海，而诸暨十六乡濒湖荡泺，灌溉之利甚溥。势家巨室，率私植埂岸，围以成田，湖流既东，水不得去，雨稍多则溢入邑室，田间寝荡。濒海藉塘为固，堤岸易弛，咸卤害稼，岁损动数十万亩，蠲租亦万计。”

而严禁增广围田、严禁侵占水利的命令，累累发布，终归无效。

形势官户对自耕农田地的巧取豪夺，也于南宋为愈盛，买卖之外，流行的是放债（以其时俗称所谓本钱，借贷而取高利）乘民之危。年息可达五分，朝廷虽禁止却不能遵行。高利贷盘剥而无力偿债的农民，典质抵押的田产、房

① 平凡社版《世界历史大系》6. 东洋中世史，第 296—297 页。

舍便轻易被转易。垦田也是当时土地私有的有力手段，南宋初期受金军侵入破坏，肥沃田地多形荒废，两淮地方尤盛，所以朝廷奖励垦田，结果多由品官或形势之家占佃。甚且便如《文献通考》所累记“臣僚言：人户广占官田”（田赋考五历代田赋之制，孝宗淳熙间）；户部言：“官户势家，坐占官田”（田赋考七官田门，高宗绍兴二十九年）。另一形态，则“州县卖官田”（同上，同年）。

南宋庄园土地得如上途径不断扩大的显例，如名将张俊所拥有，遍布当时浙西、江东、西、淮东等四路九府、州、军，计：浙西路湖州乌程县乌镇庄、思溪庄，秀州嘉兴县百步桥庄，平江府长洲县尹山庄、东庄，吴县横金庄、儒教庄，常州无锡县新安庄，宜兴县善计庄，晋陵县庄，武进县石桥庄、宜黄庄，镇江府丹徒县乐营庄、新丰庄，江东路太平州芜湖县逸泰庄等十五庄，江西路江州与淮东路其州、盱眙军亦有数庄，租入每年六十万石①。非只高官，地方的低级官人之家亦然。其例，自度宗咸淳七年（纪元1271年）知抚州黄震为救济饥民，曾命乐安县愧仁官户周叔可卖出其坪上庄、回背庄、竹园里庄、上巴庄、东坑庄、陈城渡庄、黄细乙家庄、饶辰家庄、南犍庄、焦坑庄、丁陂庄、康材庄等十一庄储米②。此类庄园土地的分布状况，集中或分散不一。前者的场合，内中可以包含数村，惟仍以一庄一村为多，后者则分散数村为必然。

庄园管理，一般均有主家派驻的管庄、监庄、干人、干仆等，对佃户又编组为甲，而置甲头或甲首为佃户的代表者。管理人便以甲头的协助而管理庄园，向佃户征收佃租。佃租缴纳政府租税的剩余部分，由管理人储存庄园任管，供主家支用或变换货币，多角再投资。

官田多在专置的官庄监督下，招募佃农耕种，惟也有不置官庄，直接由州县官府招佃者。官田经承佃后，佃权被确认，可永远耕作，如同永业，只佃权不能买卖而已。所以南宋官田常被形势官户占佃，由其所拥佃户耕作，官田佃

① 引自诚文堂新光社版《世界史大系》8. 东亚Ⅱ，第57页。

② 引自同上，第58页。

租甚低，平江府（今日苏州）官田之例，每亩纳租三斗三升六合（《文献通考》田赋考七屯田门），豪强包揽可博厚利。

地主—佃户制租佃关系下的佃户，虽以契约束缚而无移转自由，人格上仍是良民，法律上也是自由民。且佃户非必全是他乡流民，颇多丧失田地的在地农民，抑且便是土地的典卖人，随土地变换身份为佃户，而继续耕作原属自己的土地。庄园地主既不负担佃户生计的责任，也不具有如对奴仆似的人身处分权力，所以，法律于佃户对主家的犯罪与主家对佃户的犯罪，固以主从地位而轻重有别，佃户的主家的隶属关系，存在而非强烈，这是佃户制发展的基础了解之一。

基础了解之二，文献中强调土地兼并弊患的言论之一，理宗淳祐六年（纪元1246年）殿中侍御史谢方叔言："今百姓膏腴，皆归贵势之家，租米有及百万石者。小民百亩之田，频年差充保役，官吏诛求百端，不得已则献其产于巨室，以规免役。小民田日减，而保役不休，大家田自增，而保役不及。"（《续文献通考》田赋考一历代田赋之制）可以发觉，佃户对主家的租米负担固重，但职役已除，南方特有的丁税（丁钱、丁米）原则虽仍须缴纳，南宋每多蠲免，非无有利的一面。

惟其如此，南宋末浙西（江南长江三角洲），集约经营的佃制新变化发生，业主—佃主—种户关系成立。业主指地主；佃主原系佃户，以渐渐富裕而所佃土地转佃予自己领有的佃户，自己改立在地主与佃户的中间位置，换言之，虽非地的主家，却已是佃户的主家，所以谓之佃主；种户则实际耕作者的佃农，佃户的具名①。便以佃主发生与介在，从来的庄园支配关系乃形复杂化。复杂化的倾向，也见于同时期的地主（业主）直营地。唐朝庄园制展开，直营地耕作者系部曲（贱民）与奴隶，部曲自唐末五代混乱期均已解放，奴隶的使用，宋朝也较唐朝愈为减少，庄园直营地上耕作者，谓之佃仆，一部分则雇佣人。雇佣人以劳力换取主家所负担的生计，非奴隶而存在主仆之分，此种身份关系，与西欧自由人与农奴关系，抑或中国传统的良民与贱民间关系，

① 平凡社版《世界历史大系》6. 东洋中世史第三篇，第319页。

都相迥异，乃是尊卑、上下、长幼、亲疏之分[①]，简言之，良民中主家与雇佣人间个人关系的身份差别，性格与佃户相通而隶属性为强。雇佣劳动制于南宋益益发达，而与转变了的新佃制，共同延续为后代大土地经营的基干形态。

宋朝近代社会的构筑，农村中自发的互助救济，以及生活自律，陪伴便由形势官户指导，而强固为社会秩序的规律。具体的事例——

其一，北宋范仲淹在家乡苏州创设义庄，置义田十顷，“义”含公共利益的意味，所以义庄便是为同族保障而设定的庄园。收租供应宗族中贫困者衣食，支给婚嫁丧葬无力者的所需费用，《宋史》其传记谓：“置义庄里中，以赡族人，泛爱乐善。”南宋各地多已仿行广设，发挥强化同族结合的机能，义庄田产供为族中公共财产，且多附设子弟教育的义塾，或资助读书膏火。

其二，乡约乃以维护道德的善良风俗为目的，同乡之人共同遵守的规约，北宋神宗时代吕大防于其乡里蓝田（陕西）创始。《宋史》其传记谓：“（大防）与（兄）大忠及弟大临同居，相切磋论道考礼，冠婚（昏）丧祭一本于古，关中言礼学者推吕氏。尝为乡约曰：凡同约者，德业相劝，过失相规，礼俗相交，患难相恤。”也是自此而各地一般性盛行，朱熹且曾敷演其说。

其三，南宋朱熹，非单单是伟大的思想家，孝宗时代浙东居官时，于崇宁府崇安县（福建）开耀乡倡行的农民救济法社会法，也被立为模式普及各乡村。《文献通考》市籴考二社仓门的说明：“熹请于府，得常平米六百石，……夏受粟于仓，冬则加二计息以偿。自后逐年敛散。或遇少歉，即蠲其息之半，大饥即尽蠲之。凡十有四年，得息米造成仓廒，及以元数六百石还府。见管米三千一百石，以为社仓，不复收息，每石只收耗米三升。以故一乡四十五里间，虽遇凶年，人不阙食。”

如上宋朝基础上的社会组织，明、清都已只是修正而非根本变异。地主与官之间的结合关系如旧，官户优免（免除徭役）特权也仍在，且扩大到监生以上身份（举人、生员）也免一部分徭役。以下同样都是对宋朝以来大土地

① 崛敏一《唐帝国的崩坏》，学生社版《古代史讲座》第十卷《世界帝国诸问题》，第266页。

所有的再变化：

——地主向地方政治的实质参画实现，连结在乡官人之家与举人、生员、监生，形成地域自立性的乡绅层社会支配身份。乡绅势力的发展，地方官如无视此等人意向，地方政治便无由圆滑运行，也至清朝已是政权支配的社会支持。

——在于南方，以佃主出现的契机，佃户的田面权（佃权）确立为前提，一田两主制惯行。即：所有权与用益权分离，土地的二重权益关系固定化。田面权存立，系保障不受土地处分权影响的现实机能，佃户地位成长的表现。同时，对应货币经济时代成立，从来不同的佃租缴纳方式，已统一向定额地租移行。

——田面权被承认，也以商业资本投入土地倾向增大，土地所有的商人非在现地而居都市，所谓不在地主形成的原因。在地地主中，也多图生活上的方便与享受，移住都市，再加大不在地主比率。土地所有者系都市中的不在地主（城居地主），而土地由佃户经营，又是农村生产关系新貌。

——在地地主（乡居地主）富农土地经营，方向系循雇佣劳动关系发展，佣工使用盛行。佣工依长期契约（年雇、季节雇）者为长工，临时雇用则短工。长工须负农隙在主家供杂务使唤的义务，惟虽结主从关系而身份仍系良民。

——与乡绅所代表的大土地所有进展相对应，农业耕作技术的进步，特别是江南为中心，农村手工业生产广范围商品化，生产力再向上。自耕农的自立性也已增大，小农经营安定化，乃是近代社会基盘得以稳固的一大要因。

过程中的注目现象，系宋朝所确立江南为基本经济地带的地位，明清时代愈益强固。十五世纪前半明朝英宗正统年间邱濬《大学衍义补》之言："韩愈谓赋出天下，而江南居十九。以今观之，浙东西又居江南十九，而苏、松、常、嘉、湖又居两浙十九也。考洪武中天下夏税秋粮，以石计者总二千九百四十三万余，而浙江布政司二百七十五万二千余，苏州府二百八十万九千余，松江府一百二十万九千余，常州府五十五万二千余，是此一藩三府之地，其田租比天下为重，其粮额比天下为多。今国家都燕，岁漕江南米四百余万石，以实京师，而此五府者，几居江西、湖广、南直隶之半”（《续文献通考》田赋考二历代田赋之制）；“初，运粮京师，未有定额。至是（正统以后二十年左右的宪宗成化七年，纪元1471年），始定北粮七十五万五千六百石，南粮三百二十四万四千四百石。其内兑运者三百三十万石，由支运改兑者七十万石，兑运之中，湖广、山东、河南折色十七万七千七百石。通计兑运、改兑，加以耗米，入京通两仓者凡五百十八万九千七百石，而南直隶正粮独百八十万石，苏州一府七十万，加耗在外。浙赋视苏减数万，江西、湖广又杀焉”（《续文献通考》国用考二漕运），指示江南赋入所占国家财政经济比重的倾向相同。

户口分布形势亦同，《明史》地理志载洪武二六年（纪元1393年）的统计，北京（后改京师）、山东、山西、河南、陕西等五布政司隶下民人数一千五百四十八万余，京师（后改南京）与浙江、江西、湖广、福建、广东、广西、四川、云南等八布政司（贵州尚未建置）隶下民人数四千五百零八万余，北方仅26%而南方74%的百分比分配，印象至为鲜明。分据第一、二位的京师与浙江人口，前者一千零七十五万余，后者一千零四十八万余，合计已系南方的近二分之一与全国超过三分之一。而京师的苏州（二百三十五万人）、松江（一百二十二万人）、常州（七十七万人）三府共四百三十五万人，又占南京40%，与全国百分之七的比率。

推翻蒙古人元朝统治的明朝初年，太祖洪武十四年（纪元1381年）制定里甲法，系汉族意志与社会约束力、组织力从宋朝低潮回升到高峰期的表征，明朝社会显著的近代特色，自此以迄清朝初年约三百年间汉族中国乡村组织的基调。设定单位便是里与甲，由所有土地相互邻接的地主与自耕农一一〇户编成，内以人丁数与税额负担数多的富裕之户十户为里长户，其余一〇〇户分成十甲为甲首户。每年由里长一人、甲首十人轮番掌里甲内赋役催征等政府诸末端事务，以及劝农、劝学、治安、祭祀、婚丧病患扶助、里老民事诉讼裁决等自治事宜。里内税额不足、滞纳与逃亡户租税，也责成里长有赔纳的义务。

里甲制核实户籍，较宋朝已强烈把握户口正确度，自半壁天下的南宋最后户口统计，景定五年（理宗崩而度宗已即位）五百二十九万余户、一千三百零二万余口（每户平均2.5口），转变为明朝军、民户分途制度下，不计卫所军户，专以里甲制的州县民户为调查对象。洪武二十六年天下户一千零六十五万余户、六千零五十四万余口（每户平均5.5口）的数字，为可了然。明朝里甲制户籍整备乃以配合租税政策为目的，洪武十四年与里甲制同时设定的赋役黄册，洪武二十年（纪元1387年）编造的鱼鳞图册，都是支柱，而三位一体展开。清高宗勅撰《续文献通考》对此两类图簿的说明：

（赋役黄册）“每里编为—册，册之首总为一图。其里中鳏寡孤独不任役者，附十甲后为畸零户。每十年有司更定其册，以丁、粮增减而升降之。册凡四，一上户部，其三则布政司、府、县各存一焉，上户部者册面黄纸，故谓之黄册”；“如丁口有增减者，即为收除；田地有买卖者，即令过割，务在不亏原额。其上中下三等人户，亦依原定编类，不许更改、分丁、析户以避差徭，庶几无移易倚托之患”（户口考二户口丁中门）；“明初因赋定役，丁夫出于田亩。迨黄册成，……以上中下为三等，五岁均役，十岁一更造。一岁中诸色杂目，应役者编第均之曰均徭，他杂役曰杂泛”。

（鱼鳞图册）“量度田亩方圆，次以字号，悉书主名及田之丈尺，编类为册，状如鱼鳞，号曰鱼鳞图册。先是，诏天下编黄册，以户为主，详具旧管新收，开除实在之数，为四柱式。而鱼鳞图册以土田为主，诸原坂坟衍下泾沃瘠沙卤之别毕具。鱼鳞册为经，土田之讼质焉；黄册为纬，赋役之法定焉。凡质卖田土，备书税粮科则，官为籍记之。”（田赋考二历代田赋之制）

所以，一方面是详载农村中每一户的家族数、田土、房屋、租税负担额与应服徭役；一方面是精密的土地登录，以地图区画每笔土地的地号、所在地、地目、面积、形状、土地所有者与耕作者（佃户）姓名，均以里甲制为枢纽而发挥其机能。里甲制非依自然村落形势，纯粹系人为的构成，便以国家行政力回复强力渗透社会，地方自治制回复坚实推行，一扫宋朝地籍混乱弊相，而洪武二十六年明朝第一次如前引户口数，以及田土总数八百五十万余顷（卫所屯田的军田数在外）调查结果公布。

对照间断元朝的前后两个汉族朝代户口、田数调查态度的不同，可以觉察，以及宋朝所以存在核实阻拒力的缘由，非宋朝不能行，而是不肯行的成分为大。宋朝蹈袭五代背景，建国者节度使的军阀底子，与地主利益原相一致，明太祖站立的却是贫农、小农立场。中国有史以来均北方向南方移民，自明朝而出现反倾向，国初太祖、成祖时代所谓移徙的强制移住，均衡人口稠密度固系理由，而《续文献通考》户口考二所记录“（太祖）立法多右贫抑富，令户部籍浙江等九布政司、应天十八府州富民万四千三百余户，以次召见，徙其家以实京师，谓之富户。至成祖时，复选应天、浙江富民三千户，附籍北京”，被迁徙者明示“富户”，系堪注视事态之一。之二，江南特为富庶之地而赋税特重，《续文献通考》田赋考二记事：“惟苏、松、嘉、湖，（太祖）怒其为张士诚守，乃籍诸豪族及富民田以为官田，按私租簿为税额。而司农卿杨宪又以浙西地膏腴，增其赋，亩加二倍。故浙西官民田视地方倍蓰，亩税有二、三石者。大抵苏、松最重，嘉、湖次之，杭又次之”，以后虽减而仍重。之三，又是上节所指出，经济政策较之宋朝抑或元朝，都已完全倒反，回复农本基准，租税结构退回到田土赋入为重心。商税、钞关税、门摊税、契税、茶课、矿课、渔课等，一概都已是杂税。之四，抑制地主、商人的同一意义，官吏俸给之低，明朝于史上也是罕见，最高一品月米八十石，最低仅月五石。公定米每石银一两，明朝中期米的市价最廉之时，八、九石才值银一两，铜钱购货时每石一二〇文。则八十石米只值银十两，五石不满铜钱五百文。比较俸给最厚朝代的宋朝，最高月俸钱三百贯与米一百石，又支给冬、夏服各绫二十匹、绢三十匹、绵一百两，以及莫大的职务给付与职田，此外，“茶酒厨料”“薪蒿炭盐”、“米面羊口”等实物，仆役亦官给“随（随身）、使人衣粮”（最高额七十人，给钱五十贯）。明朝视之，堪谓天壤之别。

君主专制绝对化的时代，国势盛衰已全系于君主个人英明抑昏庸的关系，明朝自中期以来因是颓势日甚，北方外侮日增。国初尽褪旧时宋朝支移、折变等痕迹的两税、力役简明赋役法也渐渐变质，烦杂新税与附加税不断增多，乃有明朝后期税法的一条鞭法断行。一条鞭法系以杂多项目之税，连同力役亦银纳化，共同与田赋合并，以防杜各别名目下税收因滞纳、脱漏而不能控制之弊，以及赋役一元，征税事务简便化为目的的技术面改革，纳付手段也划一为银两。神宗万历九年（纪元 1581 年）于江南实行，十六世纪末全国性普及。而里甲制在农民负担续续加重期间，机能原已只能萎缩，一条鞭法实施，租税任务单位由里上移至县，里的重要性愈减。明清交代，乃有社会组织与租税结构的再修正。

《皇朝（清朝）文献通考》职役考二：圣祖康熙“四七年（纪元1708年）申行保甲之法。先是，顺治元年即议力行保甲，至是，以有司奉行不力，言者请加申饬，部臣议奏：弭盗良法，无如保甲”，清初蹈袭明朝的里甲制社会组织，由是被保甲制替代。其十户一牌立牌头，十牌一甲立甲长（原称甲头），十甲一保立保正（原称牌头，改保长再改）的制度，仍以户数为编成单位，与里甲制同样非自然村落而应地理条件按配。但从来里长制赋役征收单位性格已明白除去，责任规定中已无租税完纳一项。主要机能转移为管辖区域内的治安维持，保甲构成员对犯罪发生负连带责任。

一条鞭法乃唐朝两税法以来税法的大改革，改革性质与改革结局却都是两税法翻版，明末仍然差徭繁烦，苛税迭出。清初厘正明末之弊时，一条鞭法下的地租称地粮（地银），力役称丁银。康熙五十一年（纪元1712年）诏“据康熙五十年征粮丁册，定为常额。其新增者谓之盛世滋生人丁，永不加赋”；以及《皇朝文献通考》户口考一如上记录之后，另条续载丁银摊入地银；合并设定地丁银的税制变化，自康熙末与次代世宗雍正以后，陆续全国性施行，如“臣等谨按”所说明：“丁随地起之例，广东、四川等省先已行之，至雍正元年（纪元1723年）准抚臣之请，行于畿辅，而各省亦多效之。惟奉天府以民人入籍增减无定，仍旧分征，而山西省至（高宗）乾隆十年始议参用摊征、分征之法。”而此变化，实质便是两税法、一条鞭法的再一次旧瓶新酒，也可明了。

地丁银乃五口通商前清朝税收的大宗，占全额八成左右。其次则盐课与常关税（国内关税，自通过各地诸关的商品所征收之税，明朝中期创设，当时称钞关）。此外的茶课、矿课、渔课、芦课、酒税、落地税（运入都市商品的入市税）、契税、牙税、当税等，如明朝都称杂税，种目甚多，但所有杂税合计仅占全税收的百分之五①。可指示历明至清，财政，经济政策的保守性与退

① 诚文堂新光社版《世界史大系》8. 东亚Ⅱ，第291页统计。

回到田土基础，国家财税实向传统田土赋课最终回复，届抵如何程度。《皇朝文献通考》（田赋考、户口考）提供清朝盛世高宗时代的两项参考数字：

——乾隆三十一年（纪元1766年），天下土田四十一亿四千四百九十五万五十亩有奇，赋银二千九百九十一万七千七百六十一两，粮八百三十一万七千七百三十五石。

——乾隆四十一年（纪元1776年），总计直省人丁共二亿六千八百二十三万八千一百八十一。

## 商品·货币经济时代的都市

宋朝产业发达，生产力增大，商人活跃，各地产物竞相流入都市，刺激都市消费生活向上。都市消费力又倒转鼓励商工业发展，制品回流农村。循环反复影响下，物资移动率频繁，都市立于活泼的经济界中核位置，财富因此益益向都市集中。此一现象，和平日久的十一世纪初宋朝第三代天子真宗时代已至为明显。

都市富力的代表者，便是流通经济最前端的商人，以及农村地主寄留都市者的所谓不在地主、同具地主身份的在职或退职官界人士，与各类大工场经营者。另一方面，农村剩余人口抑或丧失了土地的农民，同样选择都市为谋生计之途。持有小资本者从事商品零售、小手工业、与都市消费生活面周延的种种职业；贫困者则以劳力换取生活资料，宋朝以来奴隶使用已渐式微到仅残存其痕迹，所以，富贵之家维持享受生活所需佣口、各行业雇工与从业员、杂工，都是糊口手段，街头叫卖者也是自食其力；好吃懒做的无赖汉，便游手好闲而形成都市社会的寄生者，形态不同，流入都市则一。于是陪伴财富集中都市，人口集中都市的现象又堪注目，而都市形制不断扩大，都市从来未曾有的繁荣面貌出现，都市生活者的文化水准，也随财富与人口的增长而正比例跃升。

都市的发展，传统均系政治都市性质的，唐朝已在逐渐变化，但尚限若干大都市。宋朝以来，财富、人口，以及文化层面的加速向都市堆积，所有都市都已完成近代商工业都市的转换，为划期的一大征象。

中国都市，一般所指系围以城郭，州县之治的城市。但唐朝城郭之外，农村中临时交易场所的定期市集也已发达，所谓草市，草草粗糙规模而流动的“市”意味。唐末五代，草市随州县治内“市”制破坏渐渐固定化，商人定着筑房舍开设店肆而成街道，市集活动范围也扩大，小型都市格局展现。宋朝产业跃进开发，货币经济加大渗透农村而地方性物资交换流通兴盛，草市与同以人口聚集而固定成立的虚市、亥市、子午市等小规模都市，愈于城郭附近、水陆要冲、寺院门前，盐与陶瓷器等生产要地诸处成形，河川、湖泊沿岸船只装卸货物场所，又称“埠”或“步”。惟其“草”“虚”以及“亥”“子午”等代表时刻的名词，仍都遗留其系传统的城内之“市”延长，以及临时性的本来性格。只是，宋朝这些小型都市分布尚多限江南地方，北方与长江流域之南的农村，须自明末、清初才普遍，与宋朝当时的经济发达情势正相配当。从另一方向殊途同归，系宋朝撤废五代镇将驻屯制度，但原驻屯地而当交通要冲、人口众多的商业地区，仍保留“镇”的名词，性格与“市”相同，所以也称“镇市”，以与“草市”相对，规模则较草市亦即一般之市为大，置有监官维持治安与征收商税。宋朝镇与市的发展，堪注意系：

——宋初的地理书《太平寰宇记》（太宗太平兴国年间完成）县以下仅叙乡，北宋中期之末的神宗元丰时代之书《元丰九域志》已乡、镇名并举，可了解十一世纪以来，县的下级乡、镇同等地位已行确立，市街地的镇，与乡并行为行政上的区划。

——镇的繁荣，若干场合且驾凌县，《宋会要》食货一五商税项神宗熙宁十年（纪元1077年）条统计：京东路莱州州治税额六千余文，属县最高额系胶水县五千文，州下海仓镇却达一万二千余文。同路密州信阳镇也是超过一万文，而属县最高额仅安邱县六千余文。

——同书同项同年条资料的提示，市也已自十一世纪开始加冠地名，如王家市、高店市等称谓，虽然尚非普遍。抑且，颇多如同镇的成立征税处（所谓“务”）。

——至南宋，镇大于市的格局仍然不变，但“镇”“市”以同一性质，诸地方志中并称的习惯成立。《建康志》（十三世纪中理宗时代著作）卷一六便已专列镇市目，列举淳化镇以下十四镇，汤泉市以下二十余市，汤泉市之例，注明在上元县神泉乡，去城六十里。

唐时，市集原已系乡人经济生活与外界的连结点，以及诸村落于乡间相互结合的原动力。宋朝镇、市本格化成立，农民的剩余农产物（抑或便是商品作物）以及家内手工业产品，其交换货币，以及农村日常所用必需品与家内手工业原料的供给，抑或借贷等金融关系，乃规制化通过镇、市。另一方面，镇、市商人背后便是城市商人，镇、市吸收的农民生产物转输州县，州县又是乡土资本发生的据点，而连结金融上支配关系，镇、市的县与村落经济上媒介功能铸定。今日中国最大都市上海市，原系华亭县辖地，名华亭海，《元史》、《新元史》地理志的介绍，便以宋时商贩云集，发达为镇市，最初以“上海”为名。以后元初世祖至元十四年（纪元 1277 年）华亭县升府，又改松江府，上海也自至元二十八年以户口繁多置县，属松江府。

经济基盘上，以非农业人口急增而形成的城市大都市，第一形象系牙侩（牙行）、坐贾、客商相与结合的商人层，以及工场手工业发达。客商全国性活跃，都市中住宿的旅馆，宋朝称停客之家或居停之家，储存货物又便利移动的仓库设备称邸、店、堆垛场、塌坊、楼等，且往往由居停之家附设。名词的变化，至清朝，仓库谓之行店、行栈、栈房、堆栈等，旅宿业谓之客栈，多已由卖者与买者间的商谈中介人牙行经营。明末至清初，全国各大都市且多会馆（同乡团体）与公所（同业团体）设立，强力发挥方便外地前来同乡或同业的排他性机能（以后会馆、公所的性格混合）。

唐朝开始出现具有组合员保护与独占的意味的商人同业组合“行”，宋朝愈强化组织，向近代欧洲都市商人 guild 的形态发达，田豪为商行首、行头而代表商人同业自治组织比较唐朝的变化之一，城内的“市”，原指市场全体，而今称谓由唐时所形成同业商店相聚成街（行）替代，肉市、米市等已转化为同业商店街意味①。之二，同业商店相“列”的组织形态也正在打破，一方面同一“行”的商店街允准其他营业参加设立商店，一方面自身的设店地点也向外发展，各业商店都已全都市普遍化。同时，欧洲十四世纪起源的，都市中各业手工业者基于共同利益所成立同业组合，欧洲十四世纪以后的 craft guild，宋朝也早已发生而名为“作”。见诸宋人文献的油作、木作、石作、竹作、漆作等都是。

也自宋朝以来，以货币流通加速而都市中金融机构发达为一大特色。遗憾是有关此等研究资料，今日尚不充分。以下是仅知的部分——②

一是质铺。质于中国起源甚早，但向系官厅、寺院、大族等货殖手段之一，以独立营业的姿态出现而且发达，则须中唐以后交换经济成长与借贷关系盛行，而质业的庶民金融机构面貌益益加浓。宋朝对此类行为的用语，“质”以外也称“典”，因质物不单限金银、绢帛、器物等动产，以不动产入质同样流行，“典”字通常便用于后者的场合，而且质铺营业项目多系动产，田畑入质多见于豪民与贫农间。动产营业者均备有保管用仓库的质库，质铺经营者称质（解）户，但入质利率不明。

二是放债家。质、典的同时，存在所谓“出举”的放债家，专门经营出贷财物以收利息的营业，又谓称贷、出贷、举债、放债，均同义异称。出举利率颇高，谓之“倍称之息”，意指自春季播种时迄秋季收获时的贷付期间，须加十成利息。

三是钱铺、兑房。宋人文献中的钱铺或钱户，组织、机能都不能明了，可能系中国式银行，今日仍留有深刻印象的清朝钱庄前身。清朝钱庄业务以汇兑为主，大资本者的金融业务经营范围已全如银行，宋朝钱铺的性质推测也相类似。但另外顾名思义，专门化汇兑营业的兑房也累见诸记录，且至为发达，只其详情同样不了解。

其四是金银铺。宋朝金银货币与金银器饰使用盛行，所以金银铺以及同一

① 孙怀仁译森谷克己《中国社会经济史》，第 239 页。

② 取材自平凡社版《世界历史大系》6. 东洋中世史第三篇，第 175—180 页。

性质的金铺、银铺，也占有了社会经济上的重要位置。所经营业务，主要乃金银器饰的买卖、金银器饰与地金的铸造（所以金银铺也附设金银工场）与鉴定。同时，从金银铺又名金银交引铺或金银钞引交易铺，得知交引类的盐钞、茶引等有价证券买卖，以及纸币与金银货币间的汇兑业务，亦其经营范围。

其五是柜坊、寄附铺。两者系一业异名，主要业务乃收取保管费而供储存钱货、金银与其他财宝，牛、马、绢帛也列寄附品目，且接受储存者委托变卖宝重品换取现金，以及运用钱货金银转贷他人。此业发生时代可上溯至唐朝，但唐朝尚限长安等大都市，入宋，随商品、货币经济的发展而普及各地都市，所发行储入凭证也似票据的与现钱同样流通于市场。换言之，柜坊与寄附铺于宋朝，已由保管业向金融业转进，为金融机构开拓一新方向。

其六是交引铺。谓设于京师，经户部核准并在其监督之下，经营诸交引（有价证券）资本融通业务的特定坐贾。北宋时代，政府所发行交引类如粮草交引、见钱公据、见钱关子，以及茶交引、盐交钞、矾交引等，均以京师为流通核心，所以交引铺于北宋系雄视财界的金融商人。南宋时代虽仍存续，势力则大为逊色。

宋朝近代商工业都市变化完成，从来划辟一定区域与日中为“市”的空间、时间限制两皆取消，商业自由化，都市全体都已是“市”的性格。依日出与日没击鼓开闭栅门的城内坊制陪伴崩坏，坊名渐渐向街、巷名变换，原惟高位高官者宅门得面对大街，如今一般庶民也已相同。都市卫生，也以人口密集，防范传染病流行，而宋时颇为讲究。北宋首都开封街道敷设下水道，下水道则见于南宋首都临安，导引城外西湖之水，于城内开掘若干贮水池，送水设备系直接露出地面的沟式与埋入地下两类型俱备①。

宋朝时代的都市生活，北宋开封与南宋临安便是代表——

汴京（也称东京）开封，历史上原无地位，最早系唐朝安史乱后的八世纪后半德宗建中年间，宣武军节度使李勉经营的治所小城，唐末五代以位当大运河南北要冲，商业兴盛，而急速发达为一新兴大都市，所以不论其政治性，

① 世界文化社《世界历史丛书》12. 蒙古帝国，第199页。

也是宋朝全国典型充满活力的商工业大都市。庶民层由运河以及四通八达的交通，从全国大量集中各种物资，而消费生活空前繁荣，包容丰富的庶民文化也于此繁华面的基础上展开。此北宋都城，以皇城（宫城）为中心而环围三重城壁，《宋史》地理志一的记载：宫城周回五里，外圈外城（旧城）周回二〇里一五五步，再外圈真宗大中祥符九年（纪元1016年）增筑的新城周回五〇里一六〇步（折算公制每一边约六公里）。人口据北宋末徽宗崇宁年间（十二世纪初）统计系户二六万余而口四四万余（地理志），平均每户不满二口，显然有误，或口数调查不实。

开封的繁华，徽宗时代到达顶点。非只解除了坊制与市制的城内，商店街店肆林立，也以人口增加而城外同样发展为市街区。夜间通行禁令取消，开封城入夜灯火明亮，照耀如白昼，夜间营业与市民夜间欢娱生活可以通宵达旦，予中国历史添加了前所未有的新的光辉。驰名后世的张泽端描绘《清明上河图》长篇图卷，便是开封清明节仕女杂沓，熙熙攘攘的都城内外繁荣相最直接、最忠实写真。文字记录方面，孟元老《东京梦华录》（十卷）生动、详尽的介绍，又令后人对北宋都城的都市生活历历如在眼前。更堪重视，此情此景，彷佛也是民国成立前后时代的预报，换言之，中国十一二世纪的宋朝都市，与二十世纪初的近代都市，已无太多差异。

《东京梦华录》的描写：黎明，处处寺院中木鱼与梵钟声报晓，开始新的一天。城门齐开，店铺准备营业，街头已有小贩挽车高声叫卖，堆积城外的鱼肉蔬菜纷纷由车马运入市场。自此，都市的嘈杂由清晨至深夜不绝。如下，乃是报导中授人深刻印象的若干片断——

第一是夜市："以东街北曰潘楼酒店，其下每日自五更市合。买卖衣物、书画、珍玩、犀玉"（卷二东角楼街巷条）；"又东十字大街，曰从行裹角，茶坊，每五更点灯，博易卖买衣物、图画，花环、领抹之类，至晓即散，谓之鬼市子"；"直南抵太庙街，高阳正店，夜市尤盛"（均卷二潘楼东街巷条）；"夜市比州桥又盛百倍，车马阗拥，不可驻足，都人谓之裹头"；"北食则矾楼前李四家、段家爊物、石逢巴子。南食则寺桥金家、九曲子周家，最为屈指。夜市直至三更尽，才五更又复开张。如要闹去处，通晓不绝。寻常四梢远静去处，夜市亦有燋酸赚、猪胰胡饼”（均卷三马行街条）。夜间茶室亦行开业，殊为出乎想像：“街北山子茶坊，内有仙洞、仙桥，仕女往往夜游，吃茶于彼。”（卷二潘楼东街巷条）

城内外饭馆充斥，饮食业兴盛，又系瞩目景象，供应仅果子品目之繁多，已如下引：“又有小儿子着白虔布衫，青花手巾，挟白磁缸子，卖辣菜。又有托小盘卖干果子，乃旋炒银杏、栗子、河北鹅梨、梨条、梨干、梨肉、胶枣、枣圈、梨圈、桃圈、核桃、肉牙枣、海红、嘉庆子、林擒旋、乌李、李子旋、樱桃煎、西京雪梨、夫梨、甘棠梨、凤栖梨、镇府浊梨、河阴石榴、河阳查子、查条、沙苑榅桲、回马孛萄、西川乳糖，狮子糖、霜蜂儿、橄榄、温柑、绵枨金橘、龙眼、荔枝、召白藕、甘蔗，漉梨、林擒干、枝头干、芭蕉干、人面子、巴览子、榛子、榧子、虾具之类；诸般蜜煎香药、果子罐子、党梅、柿膏儿、香药、小元儿、小腊茶、鹏沙元之类。”（卷二饮食果子条）

大众化游兴娱乐场所蓬勃兴起，又自开封时代可以见出。当时集合多彩多姿各类演艺的游乐场所，通称瓦子，又名瓦市、瓦肆、瓦舍，或单称“瓦”，名词的由来，《东京梦华录》的解说是：“瓦舍者，谓其来时瓦合，去时瓦解之义，易聚易散也。”（卷二瓦子条）演出种类有嘌唱帅、傀儡子、悬丝傀儡、药发傀儡、踏索上竿、倒吃冷淘、吞铁剑、吐五色水、烧炼药方、弄虫蚁、影戏、商谜、说诨话、讲史、小说、小儿相扑等。桑家瓦子、新门瓦子、朱家桥瓦子、州西瓦子、保家门瓦子、州北瓦子等，均为有名。其中最大者桑家瓦子，又分中瓦、里瓦，“桑家瓦子，近北则中瓦，次里瓦。其中大小勾栏（又名拘栏，剧场之意）五十余座。内中瓦子莲花棚、牡丹棚；里瓦子夜叉棚、象棚，最大，可容数千人。自丁先现、王团子、张七圣辈，后来可有人于此作场。瓦中多有货药、卖卦、喝故衣、探搏、饮食、剃剪纸、画令曲之类。终日居此，不觉抵暮”（卷二东角楼街巷条）。游人之盛，游兴之浓，以及众多艺人社会声誉之隆，均可概见。

享乐另一面的酒楼（亦名酒店）、妓馆：“土市北去，乃马行街也，人烟浩闹，先至十字街，曰鹌儿市，向东曰东鸡儿巷，向西曰西鸡儿巷，皆妓馆所居。近北街曰杨楼，东曰花楼，今改作和乐楼，……近北曰任店，今改作欣乐楼，对门马铛家羹店。……北去杨楼以北穿马行街，东西两巷谓之大小货行，皆工作伎巧所居。小货行通鸡儿巷妓馆，大货行通笺纸店、白矾楼后改为丰乐楼，宣和间更修三层相高，五楼相向，各有飞桥栏槛，明暗相通，珠帘绣额，灯烛晃耀"；"朱家桥瓦子，下桥南斜街、北斜街，内有泰山庙，两街有妓馆，桥头人烟市井，不下州南。以东牛行街，下马刘家药铺，看牛楼酒店，亦有妓馆，一直抵新城。自土市子南去，铁屑楼酒店，皇建院街。得胜桥郑家油饼店，动二十余炉"（卷二潘楼东街巷条，潘楼，亦酒店名）。有名的一、二流酒楼，丰乐楼之外，仁和酒店等列名至七十二家之数。

南宋首都临安府（杭州，南宋名义上所谓"京师"的首都仍是东京开封府，所以临安只称"行在所"而不冠"京"名），人口的殷盛程度与庶民物质生活水准，都较开封府尤为超过。《宋史》地理志四记其户二十万余而口二十九万余，平均每户一口余的比例，较前述开封口数愈不堪信凭为可想见，抑且，《宋史》地理志府州户口数，均北宋末崇宁时统计，并非南宋首都时代的调查结果。马哥孛罗游记称杭州人户有一百六十万家之数，又嫌夸张，惟其惊叹杭州为全世界最大又最名贵的都市，与另一西方旅行家 Ibn Batuta 概乎言之的用词相同，则被蒙古人破坏后的杭州人口数尚比拟今日大都市，也可肯定。描述南宋临安繁华的自由都市生活，吴自牧《梦粱录》（二十卷）、周密《武林旧事》（十卷），所具高价值与《东京梦华录》反映北宋开封面影相埒。而前一书便谓："驻跸几近二百余年，户口蕃息，近百万余家"（卷十九塌房条），后一书又总言其纸醉金迷之状："贵珰要地，大贾豪民，买笑千金，呼卢百万，以至痴儿騃子，密约幽期，靡不在焉。日糜千金，靡有纪极。故杭谚有'销金锅儿'之号。"（卷三）

临安瓦子、勾栏的豪华、杂多目迷五色的演艺种类与卖艺名人、酒楼、妓馆的奢靡，以及社会百业众生相，《梦粱录》卷二十妓乐、百戏伎艺、角觝等条，《武林旧事》卷六酒楼、瓦子勾栏、骄民、游手、诸色酒名、诸色伎艺人等条，均多趣味性记事。诸色伎艺人题下，所见南宋末一流艺人姓名且达数百之数，瓦子也发达至二十四五处。富裕与闲暇为基调的南宋都市消费生活记载中，值得注意部分系饮食业：

——酒楼于南宋已非仅民间经营，也特多官营。官营的中和楼、春风楼、丰乐楼等，民营中沈家的武林园与其支店嘉庆楼、贤景楼，王家的熙春楼等，均系饮食业中第一流，而且佼佼者不少，可见社交、宴会风气的炽热，支店经营也自南宋而兴。

——第二流的分茶，非藉酒色而以正宗菜肴号召，规模较酒楼虽小，却于餐馆为最大，当时此类知名的分茶颇多。对应荤食，专门的精美素分茶同时出现。三四流以下，一般性餐馆的川饭店、鬻羊面、白肉、胡饼等的瓠羹店等，营业皆隆。

——脚店也属二三流，售卖药酒、铭酒、葡萄酒等美酒为主，佐以菜肴，而分隔各个客室，由浓妆佳丽伴座，媚客劝饮，唱流行歌，来客余兴可携女同宿，已全如今日台湾“美女如云，亲切接待”的酒家情调。花茶坊同一风情，又似于今日的花茶室。

——厨系供今日用语的外烩，也以备富贵之家市人宅内宴会，有专门的帐设司、茶酒司、台盘司、果子局、油烛局等供应所需。

类似帐设司等社会小商人分业，《武林旧事》卷六小经纪条（经纪系唐朝以来对商人的总称，今日才专用为旧时牙侩的称呼），曾列举班朝录、写牌额、裁板尺、纸画儿、帽儿、牙梳、胶纸、膏药等百七十种名称，双陆局、棋局等赌博性营业在外。《梦粱录》的行、作题名，又是明了十三世纪社会史的上好资料——

“市肆谓之团行者，盖因官府回买而立此名。不以物之大小，皆置为团行，虽医卜工役，亦有差使，则与当行同也。……其中亦有不当行者，如酒行、食饭行，而借此名。有名为团者，如城西花团、泥路青果团、后市街柑子团、浑水闸鲞团。又有名为行者，如官巷方梳行、销金行、冠子行、城北鱼行、城东蟹行、姜行、菱行、北猪行、候潮门外南猪行、南土北土门菜行、坝子桥鲜鱼行、横河头布行、鸡鹅行。更有名为市者，如炭桥药市、官巷花市、融和市南坊珠子市、修义坊肉市、城北米布”；“又有异名行者，如买卖七宝者谓之骨董行，钻珠子者名曰散儿行，做靴鞋者名双线行，开浴堂者名曰香水行。

“或名为作分者，如碾玉作、钻卷作、篦刀作、腰带作、金银打钑作、裹贴作、铺翠作、裱褙作、装銮作、油作、木作、砖瓦作、泥水作、石作、竹作、漆作、钉铰作、箍桶作、裁缝作、修香浇烛作、打纸作、冥器等作分”。

民间种种结社团体的发达为社会风气，系南宋都市一大注目现象。西湖等诗社乃缙绅之士与文人的雅集，其他多方面广泛伸展的，一类是如同诗社的同好社集：绯绿社（杂剧）、齐云社（蹴毬）、射弓踏弩社（武艺）、灵宝会（奉道者）；另两类是所谓“诸寨建立圣殿者，俱有社会；诸行亦有献供之社”（《梦粱录》社会条），前者具有社区意味，后者系行业别的共同生活组织，如清音社（清乐业）、雄辩社（小说业）、净发社（梳剃业）等，且均带祭祀性质。《梦粱录》叙述：“诸行市户，俱有社会迎献不一。如府第内官以马为社，七宝行献七宝玩具为社，又有锦体社、台阁社、穷富赌钱社、遏云社、女童清音社、苏家巷傀儡社、青果行献时果社、东西马塍献异松怪桧奇花社”，可知各业的祖师供奉意识，南宋时代也已形成。

临安的社会救济事业，唐朝原系委由寺院办理，宋朝已系地方官厅业务。病坊改为养济院安置老疾孤寡；慈功局收容弃婴与失母乳儿，养育至成人听自理生计，民间愿予收养，三年内官府给钱、米津贴；贫病由施药局义诊给药，米场储米、钱备火警时赈济灾民。

诧异系社会风气的女子缠足，向来相信五代时南唐已发端，却自前引北、南宋三著作中，均无流行印象。则缠足的五代起源说可以接受，推定立即传染病似蔓延便非适切。于此，清朝俞正燮《癸巳类稿》书旧唐书舆服志后篇之语可供参考：“《辍耕录》云：元丰以前犹少裹足，宋末遂以大足为耻，此南宋时事。而《岭外代答》云：安南国妇人足加鞋袜，游于衢路，与吾人无异，所谓吾人，今广西人，是宋时岭外皆不弓足。《辍耕录》云：程鹏举宋末被掳，配一宦家女，以所穿鞋易程一履，是其时宦家亦有不弓足者。……而元时南人亦有不弓足者，湛渊静语云：伊川先生后人居池阳，其族妇人不缠足，盖言其族女子不肯随流俗缠足也”。抑且，即使缠足风气最盛时代的清朝与最烈地区之一的苏州，流行仍限城内，乡间农妇以田间操作的不适宜而未染此俗。换言之，不能一概而论。

儒家伦理的妇人贞操观念，以守节与守志相提并论，敝视再嫁，所谓忠臣不事二主，烈女不嫁二夫，众所周知系起自宋朝理学家提倡。但至少此在北宋当时，尚未赋有道德律的绝对性。范仲淹以母改嫁朱氏而少时随从姓朱，以后才复原姓，其媳亦改嫁王陶，固可解释为理学兴起以前之事，但高唱“饿死事小，失节事大”乃理学大家明道先生程颢，其媳却同样改嫁王某，另一理学大家邵雍，其母也是先嫁江邻畿后再嫁邵氏。所以，风气之扇，社会习俗的养成，不能早过南宋时代。

居处椅坐，出行乘舆（轿）的近代风习，均已自宋朝转变完成。关于前者，赵翼《陔余丛考》的说明：“古人席地而坐（同书引朱子跪坐拜说，谓古者坐与跪相类，所谓坐，皆跪也。盖以膝隐地，伸腰及股，危而不安者，跪也；以膝隐地，以尻著蹠，而体便安者，坐也。又：伸两脚而坐，谓之箕坐：佛家盘膝而坐，谓之趺坐)，其凭则有几，寝则有床。赵武灵王好胡服，作胡床，此为后世高坐之始。然汉时犹皆席地，至东汉末始斫木为坐具，其名仍谓之床，又谓之榻。其名之曰椅子，则自宋初始”。关于后者，俞正燮《癸巳类稿》引《却扫篇》云：汴京皆乘马，建炎初驻跸扬州，特诏百官悉用肩舆出入；《朝野杂记》：故事，百官乘马，建炎初，以维扬砖滑，特许乘轿：演繁露云：廪京乘轿，自扬州始，其后不复乘马”，也知移风易俗均自都城始。

都市生活习俗与繁华面，宋朝自首都向各府州波及，平江府、绍兴府、庆元府（明州，明朝宁波府)、嘉兴府（秀州)、湖州、常州、扬州等，都已同一面貌。这些南宋的代表性大都市，明清时代愈发达为结合形成的全国最精华地区，特别是宋朝平江府的明清苏州府。

苏州濒太湖之东，当大运河之冲贯通南北，南抵杭州，北由镇江隔长江连接扬州，东自苏州河经黄浦江出海。江苏省、浙江省的长江三角洲物资多数集中苏州，而循水路向四方贩卖，其繁荣，宋朝已有“天上天堂，地下苏杭”(范成大《吴郡志》)、“上界有天堂，下界有苏杭”（曹勋《松隐文集》）的谚语。明朝称“上说天堂，下说苏杭”，清朝称“上有天堂，下有苏杭”。北宋崇宁官方户口报告，苏州（平江府）户一五万余，口近四五万（户少于杭州五万而口多过杭州一五万)，仅依此数字，已系东南人口第一密集之地。元朝（《元史》地理志）的统计，苏州（平江路）户四六万余，口二四三万余。尤其遥遥压倒杭州（路）的户二六万余，口一八三万余。通明朝以迄清朝晚期的苏州，今日的东洋史界介绍语乃“最大之都，奢侈之都”①。对照当时欧洲都市大者以十万人口为限度，而苏州人口城内加速接掠城郭外的市街地，推定不下一百万人，非只于中国为最大，同时也是世界最大都市的意味②。其人文渊薮的地位，又展现文化程度断然的压倒性差别，清朝俗以状元、美女、乞丐，举为苏州三大特产，所说明正是苏州的都市性格。乞丐之多，又指示苏州人口增长非全因自然繁殖，也是外部移住民不断受入，其中颇多断绝生计者试试机运而选择此繁华之都的结果。

苏州富裕大都市形成背景，系其雄厚的产业背景。明太祖朱元璋开国基础的稳固建立，关键在于明朝前身吴国时代压制另一吴国张士诚政权成功，而张政权所以于群雄割据形势中势力最为强大，便以据有长江三角洲富庶地带，由中心都市苏州的大地主、大商人支持的理由。因之，朱元璋、张士诚之战，性质乃是朴素而勤勉的农村与奢侈而骄惰的都市间矛盾相克，后者落败的历史意义，也等于古代项羽、刘邦楚汉相争。明初严厉处分江南（尤其苏州）张政权协力者，所有大土地一概视同敌产没收，赋税又特重，初非太祖憎恶当时反抗的个人心理因素而已，也是警惕成败一发，防范反抗再起的政策上惩罚。但遭受大打击的苏州，其经济潜力终非政治手段可以抑阻而仍迅速复活，成祖以后国都移往北京，北京系政治的、军事的都市，经济的、文化的中心，则仍然是苏州此一大产业都市。至清朝，苏州且随人口占全国都市第一位的态势，而于全国独吴府城内三县治分立。宋朝平江府时代的苏州，府城内（所谓卫郭或附郭）原设吴县与长洲两县治（南宋国都临安府亦分钱塘、仁和两县）；明、清国都北京的顺天府城内，同样依东、西半分为大兴、宛平两县，苏州倚郭于明朝仍蹈袭两县行政制度，清朝雍正二年（纪元 1724 年）以来，却以元和县的增设（析长洲县置），形成一城三县仅见异例。

密集如此庞大人口的苏州，最著名产业乃丝织业，原料除治下直接所产生

---

① 人物往来社版《东洋历史》9. 清帝国的繁荣所用章节题。

② 上书，第 320 页。

丝外，西南方湖州（今吴兴）产丝也是供应来源，十七世纪明末苏州的专业机织工人与专业染色工人，各达数千人之数。清朝苏州丝织业机房林立之势继续加大，再增棉布工业大资本经营，原棉主产地系东南方松江，加工则在苏州，十八世纪初雍正时，集中苏州城西阊门外的棉布作业场踹布坊至四五〇家，合计一万九千余人参加劳动[①]。生产棉布的采购行商，南由福建，北自陕西、山西，均有前来[②]，苏州为中心的贩卖网之广可见。苏州的繁华与奢侈，特征系情趣的高级，美食、优雅生活、学问发达均其代表。考证学便以苏州为大据点，学者、艺术家辈出，自然的湖光山色之外，人工构筑的众多名园驰誉天下。明朝苏州府下昆山县发源的新音曲昆曲，也随苏州文化影响力而传播各地，清朝乾隆时代达全盛期的昆曲，一时尽占剧坛主流位置，以后才受新兴的京戏（京剧）压迫，渐渐衰退，但京剧中仍包容了昆腔唱词。

十八世纪乾隆时代扬州，繁华以另一形态的盐商背景大放异彩。其时最盛大盐产地乃江苏省自北部淮河口以至南部长江口的淮南海岸，淮南盐长江大平野全体的行盐区也于所有行盐区中为最广大，而产盐一应须在位置当长江北岸的大运河连结点扬州，接受检查与捆包，才自长江向内地运送。此一形势，以及身份非普通商人，专卖制度下受政府保护，代代相续具此权利博有巨利的盐商云集扬州，扬州乃于盐商雄厚富力的基盘上而发达，扬州盐商多出身于安徽省徽州，掌握淮南盐业大半势力，也以大资本徽州商人为中心，盐业本业外，各别的当铺、药店、贸易、矿业等多角经营。所以，乾隆时代财力达千万两的盐商，已非罕见，数百万两的富豪之家尤多[③]。盐商的多种面貌，又表现为文化人、藏书家、书画古董收藏家，文化生活与私邸园林之胜彷佛苏州。抑且，乾隆之世，正值考证学最盛期，堪注意学者多受扬州盐商资助，人物迎送频繁。扬州的繁荣，乾隆时因之寖寖乎驾凌苏州。

然而，乾隆之后的十八世纪末以来，徽州商人随其投资中心的淮盐衰微，商业界支配地位动摇，扬州的繁华也走向下坡。十九世纪中期上海开港，苏州

---

① 人物往来版《东洋史》9. 清帝国的繁荣，第313页。

② 同上，同页。

③ 文艺春秋版《大世界史》11. 紫禁城的荣光，第306页。

商工业地位又被上海新都市替代。现代化潮流下都市的新兴起，已迥非宋朝所塑定模式，历史的再一次大转变发生。

*　*　*

宋朝社会、经济型态，如前各节所述，可见明白已具十八世纪欧洲产业革命发生的条件，今日所了解产业近代化的要素均行成立。诸如：

1. 货币已非中世社会的集中于特定富豪收藏，而圆滑流通；

2. 分业发达与科学技术进步的基础上，刺激产业界景气，各地域间以相互产品竞争而品质向上，生产力强化；

3. 燃料革命煤的使用普及，金属品生产激增；

4. 交通网开拓，商品广范围自由流通。国内贸易盛行，物资大量输出实现；

5. 经济都市抬头，都市中商工业活泼。

如上，莫不立于欧洲产业革命前夕的同一状态。然而，产业革命不能于宋朝或其以后的中国发生，为什么？乃是值得探讨，而且颇有兴味的问题。宋朝以来君主权力集中化与绝对化，向被评估为妨碍中国现代化的阻力，但十八世纪欧洲正复相同，所以原因不能从政治的理由推断，而仍在社会、经济本体。换言之，宋朝所形成如此的中国近代社会与其文化，存有其自身的限界，才是再发展的阻碍力。加以鉴别，便是：

第一，工业机械化以劳动节约与具有其必要的感觉为前提，中国却是低廉的劳动力绰然有余。工业虽具低度劳动力充分提供的有利环境，自无庸追求机械化的再进步科学理论，追求的需要也从基本上不成立。

第二，社会，文化前导者的士大夫，自成学优则仕的君主权力烘托者专业层面，而游离了立脚所自，包括农、工、商的“民”，满足于其政治，经济优位，本质已系保守的。也以士、民相通又对立的意识矛盾，士之于民，只是消极的保护，失却了积极的一体进取立场，抑且，倒反形成反动力量。

第三，较之近代初期欧洲诸都市，市民强烈的政治要求，不惜对封建诸侯或专制君主诉之武力的情态，宋朝尽管都市发达，市民自身的政治欲望便低，于政治上呈现为无力，乃大相径庭。为何有此差别的原因不易确切判明，或者传统强固的重农卑商社会观念，即使宋朝商工业自由化时代仍然牢不可破，为具有关系。所以商工业资本家虽持经济势力，也仅求生活上享受优裕，政治上缺乏自觉，“行”“作”从未组织，也从未设想组织自己的政治权力，因之也不易领导市民发展为独立的、推动社会转变的巨大力量。

第四，中国法律，保障人民权利的私法从不发达，也从未被重视，对市民社会层面的不易育成，又是一大原因。法源的以唐律为典范，以后朝代且已固定化。宋朝迎接近代新社会而仍尊重法律旧习惯，其保守性抑且停滞性，终于扼杀市民层的成长。明律是中国法制史一划期，以后清律所蹈袭，仍只形式的对应六部修正为六律，加名例律为七律。虽其规定官吏利用职权，不法逮捕、监禁的行为治罪，对个人身体自由权多少加以保障，为近代特色，但也仅此而已，余外的实质内容多是唐律的承继而无改定。

尤其重要的，宋朝覆亡，历元朝而明朝经济政策一百八十度转变，政治因素于此阶段产生决定性作用，正面回复抑末（商）厚本（农）中世以前立场，重建儒家传统思想“不患寡而患不均”的政治道德权威。限制大资本过份累积，自由经济的发展蒙受大打击，停滞性明朗化，而再经清朝蹈袭此一轨迹，欧洲产业革命乃永无机会移来中国实现。

# 新文化的展开

## 士人·庶民文化结合

唐末五代分裂时代告终而宋朝统一，国内和平来临，思想、学艺诸分野莫不盛开文化之光，以社会与经济的新展开为基盘，打破古来文化传统的文化新生面形成。

文体变化是最容易觉察的一面。早自南朝完成而至唐朝一贯流行，由四字、六字对句构成，讲究雕琢，注重文章形式美，所谓骈俪体的韵文或散文“骈文”，以太过偏向技巧与修饰，真实感的达意能力丧失，唐朝中期以后，已有韩愈、柳宗元提倡古文复兴运动，鼓吹回复汉朝古文的明快简素。但唐末五代文章界风尚，仍然是华丽韵文。宋朝新时代展现之初的柳开为先驱，欧阳修再立文体复古大旗，曾巩、王安石、苏洵、苏轼、苏辙诸名文家继起响应，共同保固古文大道，扭转颓风的成果乃得自宋朝而稳定，垂及后世的明意通达文章标准确立。明朝以来，韩、柳加欧阳、曾、王、三苏而合为唐宋八大家的称呼，也因而被认定并受崇敬。

文体航道向自由化古文调整成功，动力系新兴士大夫层成立凭藉的个性自觉，由于自我个性发现与自觉的同一理由，艺术面也发生变化。书法于唐朝以前与宋朝以后便存在甚大差异，唐以前尊重传统，所以虽多楷、行、草各体名手，却几乎概以王羲之、颜真卿墨迹为范式，千篇一律，缺乏律动变化。宋朝倾向一变，书法融入了个人性向爱好，志趣已全在流露个性，代表作家苏轼、黄庭坚、米芾，前两人乃当代一流诗人，后者则水墨山水画名家，书法均表现了各自诗、画的艺术意识。出自供练习的需要，收集古今名家墨迹，摹刻上石、木而拓印为范本的“法帖”也已盛行，然后破壳开创自己的新笔意。书法由“法”入而终脱“法”，注重自由的、灵活的、自我的意境，其法则便自宋朝树立。至明末，一度流行狂草，清朝康熙以来则均整的行书为中心。

与书法相仿佛，宋朝于中国绘画史形成一大分水岭①：其一，唐朝绘画类别，乃释道画以及人物画、美人画、名马或楼阁山水画，五代时已出现花鸟画名手后蜀黄筌与南唐徐熙，前者乃钩勒画法（用线条勾画轮廓），后者则没骨法（不用线条）。宋朝著名的宫廷画院，徽宗时代发达至顶点，浓厚华丽彩色而多样化的写实花鸟画已代表画院精粹，而宫廷画风的院体成立。徽宗勒辑《宣和画谱》，含画院所搜集六朝以迄宋朝画家二三一人的珍品六三九六件，系绘画艺术一大贡献。其道释、人物、宫室、蕃族、龙鱼、山水、鸟兽、花木、墨竹、蔬果的十门分类，又指示决定性的绘画题材范畴。徽宗自身艺术造诣便达极品，花鸟画固堪誉独步当时画坛，书法的瘦金体也是一绝而为后世爱好模摹。其二，院体画的画院专门画家之外，宋朝士大夫层同多擅长绘画，却也因而摆脱专门的职业画家构图技术传统，立于其学问教养根柢，讲求画面气韵，所谓文人画或士大夫画的水墨山水画自宋朝勃兴，也续扩及人物、花鸟为题材。单色而以墨色浓淡显其立体感，写意为主旨的水墨画，随兴作画，也率意作画，强烈发挥个性，表现自由开放的自然观照丰富诗情，“胸中丘壑”之意，乃是自己心中映出水山景致，注入了自己精神的描绘。简言之，水墨画系主观的、个性的、抽象的，与画院为中心的写实主义恰成对照。其三，禅僧活跃于宋朝书画界为堪注目，此等僧人以澄明心境与洗练笔墨所作禅画，充分表现了自然主体的水墨画神髓。

元朝蒙古人支配下画风不衰，书画双绝的赵孟頫撑住大伞系功劳者，江南士大夫层洁身自好者拒仕异于元廷，以绘画自娱，也是元朝绘画发达的原因，而且为明朝文人画开拓了新的坦途。至明朝，转变以雄浑笔致为特征的新的文人画，因之以苏州为中心，沈周与其门下文征明等为巨子，而波澜汹涌展开。同系沈周门下的唐寅，予无束缚的自由化山水画，精神注入院体画，系在野画家革新院派的代表者。十五、六世纪之交与唐寅同时期享大名的仇英，集正统院体画大成，而开风俗人物画新生面，创立清朝一贯蹈袭的仕女、色彩本位人

① 宋、元、明、清书法与绘画解说，取材自小学馆版《世界文化》，《原色世界百科事典》别册，第104—146页；小学馆版《世界美术》（古典篇），第328—332页；晓教育图书版《现代教养百科事典》7. 历史，第200、226页院体画，水墨画等有关各条。

物画规范。沈周系谱文人画届万历以后达空前盛况，指导大家董其昌声望一世，其南、北画论确立南、北画名称与区别，以及南画正统艺术之基，但南画经此全盘期，渐渐导向空疏的形式主义，也已不可否认。惟明末徐渭独特的奔放画风，清初杰出天才八大山人、石涛的印象表现，以及继起郑燮等作品，博得高评价。与书法传统相关联的“四君子”（梅、兰，竹、菊）构成基本画法，也便在明清时代。

书、画、诗、文所用文具，通称“文房四宝”的由单纯实用转向注重雅致，也自唐末五代风气已盛，而宋朝开始生产湖州的笔、徽州的墨，至今尚系名品。砚于唐朝以歙州所产为有名，宋朝广东高要县的东南烂柯山西麓深处端溪所采挖砚石，呈现紫色的端砚，为士大夫爱好的风气也起于宋朝。惟其文具乃士大夫生活所不可缺，且愈向普遍与高级发展，有关文具的著述，如苏易简《文房四谱》，米芾《砚史》、晁说之《墨经》等，都已自宋朝出现。

士大夫日常生活所需的文房四宝已呈珍玩倾向，爱好古物之习愈著。搜集古玉、古铜器等以饰书斋，从事研究为乐，目的都非限趣味面，同时也具学问意味。宋朝吕大防《考古图》、徽宗勅撰《博古图》等，乃是中国考古学、金石学的发端。

关于庭园，自六朝隐逸山水之间的自然主义流行，唐朝中期，大诗人白居易自江南采集名石运往洛阳造园，创始文人学士邸宅的自然主义庭园设计①。风气之开，迄于唐朝仍是庭石施加华丽彩色尽人工之美的庭园布置习惯，宋朝已全向庭园求取原野情趣变化②。北宋招致倾覆于北方金朝的悲运，导因又便是徽宗无休止搜罗江南巨险太湖石，征发人民自运河输送开封经营庞大宫廷庭园，引发“花石纲”江浙大骚乱所予北宋政权决定性打击，为众所周知。但此大逆流所反映，正是宋朝王公贵戚与士大夫间的造园风尚。江南饶富自然景观，尤其便利取得珍木奇石，苏州与扬州因之以多私宅名园名闻天下。

造园艺术发达的反面，造形艺术自宋朝以来，却始终平庸无起色，无论雕

① 小学馆版《世界文化》，《原色世界百科事典》别册，第146页。

② 人物往来社版《东洋历史》6. 宋代的新文化，第380页。

刻与塑像，施工均呈表面的、平板的，欠缺量感，尤其是个性感。即使以刻梵、汉、吐蕃、蒙古、西夏六体文字而中外闻名，元朝末年至正三年（纪元1343年）建筑的北京北方八达岭居庸关过街楼刻画亦然，门广二四尺，深四九尺，壁画高三一尺，中央龙女捉金翅鸟图加纤巧唐草，左右壁面乃喇嘛教手法的坐佛、四天王与曼陀罗浮雕，雕刻技术便公认卑俗[①]。惟其如此，近代中国艺术史上，雕刻于艺术诸分野为独落寞。

建筑技术于宋朝也是一大整理时代。北宋李诫奉勅撰《营造法式》（三十卷，包括图样六卷），系现存中国最古建筑书，自此书了解东亚特色的楣式木造式样，其时已精密完成[②]。元朝《经世大典》工典分别工艺门类为宫苑、官府、仓库、城郭、桥梁、河渠、郊庙、僧寺、道宫、庐帐、兵器、卤簿、玉工、金工、木工、砖埴之工、石工、丝枲之工、皮工、毡罽之工、画塑之工、诸匠等二十二目，专业的精细也从而可见。

宋朝文化与唐朝文化对照，已全然相异，唐朝文化乃国际化的，宋朝非世界性格的国家与朝代，其文化所以是内缩的、国粹的。另一方面，也因适应士大夫层勃兴，以及产业流通发达，社会经济繁荣，商工业势力为中核而富力向都市集中，都市中庶民的文化水准上升，蓬勃成长的新文化特征，乃以士人层的文化与庶民文化为代表。而士人层基盘便是一般人民的构筑形态，也明了两者间文化非分散的，而是协同的。同一事象的说明，又了解庶民文化勃兴，非全任人民浸沐于此文化之谓，而系与都市发达具有关系的一部分人民，这部分人民于历史的中国社会、都市形态下，称之“市民”，可能与西洋准则的今日印象中市民相混，以“庶民”名词指与都市消费生活急速发展关系密切，而未赋有西洋史上市民权利的此类人民，似较妥当。宋朝新兴庶民的文化，与新兴士人的文化相通，十一世纪北宋哲宗年间金陵或今日南京诗社多于当铺、酒家等处结成[③]的现象，可以说明。市井的剧场系士、庶共同娱乐场所，可以说明。士大夫的词，普遍流传民间而为庶民所爱唱，更可以说明。

---

① 平凡社版《世界历史大系》7. 东洋中世史第四篇，第161页。

② 诚文堂新光社版《世界史大系》8. 东亚Ⅱ，第77页。

③ 人物往来社版《东洋历史》6. 宋代的新文化，第387页。

汉文、唐诗、宋词、元曲，并列为中国代表性文学。词自唐朝中期以原歌谣性质，平俗为本旨的民间文艺，渐渐被知识分子爱好而兴起[①]，延长诗的创作兴趣，调子抑扬缓急均有各种一定的谱式，按谱填字。所谓“长短其句以就曲折者，为填词”（《全唐诗》注），所以词也名之“诗余”或“长短句”，而作词谓之填词。五代十国时代已“家工户习”（《全唐诗》注），帝王自唐朝亡国之君昭宗（作品见《全唐诗》）以来，如后唐庄宗、前蜀后主（王衍）、后蜀主（孟昶）、南唐二主（中主李璟、后主李煜）也均词的名家，词乃特以蜀与南唐为中心地大流行，后蜀赵崇祚编集《花间集》，系届至当时词家作品的拔萃，中国第一部词集。入宋，词续呈飞跃发展（南唐后主的中国文学史登峰造极词作亦降宋后完成），上自皇室、士大夫，下逮匹夫、释道、市侩、优伶、妓女，莫不朗朗上口，歌唱文学的词发达至顶点。而其作家，已全属自我感情外铄的最高知识人，因之词的俗语尽被驱逐，婉丽流畅的艳句，又富音乐声韵之美，惟其如此，回馈庶民时博热烈欢迎，社会上下同声一唱，仍然不脱庶民文化性格，宴席间尤系侍酒女所必歌。无数大词人、小词人的最有名者，晏殊父子、欧阳修、柳永、苏轼、秦观、黄庭坚、周邦彦、徽宗、李清照等都是。《四库提要》说明宋词流变：“词自晚唐五代以来，以清切婉丽为宗，至柳永而一变，如诗家之有白居易；至轼而又一变，如诗家之有韩愈，遂开南宋辛弃疾等一派。寻源溯流，不能不谓之别格，然谓之不工，则不可，故至今日尚与‘花间’一派，并行不能偏废。”[②] 南宋于金朝压迫下，诗（词）人多慷慨豪放之作，辛弃疾与陆游，乃此时代中唤起爱国精神呼声最炽热的两位代表者。但南宋词坛一般倾向，却已以过分偏重音律美辞句雕琢，生气渐渐丧失而呈现衰微走向。民间文艺的主流，至元朝不得不由戏曲（元曲）取代。诗在宋朝抑或其后，虽已不具备时代性格，却始终稳定延绵以迄今日，宋诗意境的清新，较之唐诗且是独自的特色，诗人也多便是词人。

唐朝宫廷与王公贵戚层娱乐，人形扮演的傀儡戏与伶优演出的滑稽剧、参

---

① 参阅拙著《中国世界的全盛》，学问、科学与文学平民化节。

② 转引自平凡社版《世界历史大系》6. 东洋中世史第三篇，第394页。

军戏、管弦舞蹈、歌曲，宋朝已总名之为“杂剧”而向民间开放完成，都市中出现“勾栏”名词的舞台面游乐场所，扮装上演的且已非单纯的调笑讽刺或音乐歌舞，而系内容充实，脚色复杂的故事，琵琶、琴、三弦、锣鼓等乐器，为士庶共同激赏。北宋末汴京陷落，伶官、乐器被金朝北移，而杂剧于中国南北并行大流行。直接都已是中国真正戏剧的滥觞。南宋杂剧剧名与演出盛况，于《武林旧事》《梦粱录》等当时人的著作中多有记载，但脚本迄今无一残存。杂剧于金朝治下称“院本”，其中以唐朝文豪元稹叙说体《会真记》的材料，加以变化而成的董解元《西厢掐弹词》幸独流传后世特享大名，又构成元曲《西厢记》的蓝本。

元曲便是元朝杂剧脚本，以词多俚语，向被认系卑俗，今日赋予的却已是文学价值最高位置，典型的白话文学，士大夫文化与庶民文化调和的另一表现。元曲立于金朝院本杂剧基础上发展成形，曲（唱）、白（述）、科（演）的体裁完备，伶优以大都（北京）一带语言发音，乃是音乐、唱词与自由化庶民日常语的进步性大结合。现今尚能得见的此等曲、白交互脚本，据王国维统计有一百十六种，明朝臧晋叔编集《元曲选》所收未超过百种，却都是元朝文学的精粹，研究者正愈益增多。一时辈出的元曲作家中著名人物，元初关汉卿、马致远、王实甫、白仁甫四人，与元朝中期的郑光祖、乔吉甫，合称六大家，关之《窦娥冤》、马之《汉宫秋》、白之《梧桐雨》、郑之《倩女离魂》等，均代表性杰作，特别是元曲中最大长篇王实甫《西厢记》为家喻户晓。元朝中期以后，江南地方以南方音演出的南宋系统杂剧抬头，与北方发音杂剧相抗衡，而对称北曲、南曲。两者的歧异发音与相关联，南音比之北音的豪快为呈娇妩态之外，北曲定有严格规则：1. 一本四折，即由四幕而成；2. 一折用一调一韵；3. 加入楔子；4. 仅一人独唱；5. 一本之末有题目正名。相对的南曲则自由化无此等规则，每本幕数无限制，有楔子，登场伶优皆可唱曲，一出不限一调且换韵，又无题目正名[①]。南曲另一特征，于元朝系以温州（永嘉）杂剧崛起，以后也保持各别的地方腔。南曲系统中，元末高明《琵琶记》

① 南、北曲歧异，依诚文堂新光社版《世界史大系》8. 东亚Ⅱ，第157页说明。

系代表作品，匹配《西厢记》为南、北曲双璧，但《元曲选》所录入仍皆北曲。明朝替代元朝，至中期南曲因采用昆腔（昆曲，江苏省昆山地方发音）而最盛期出现，明初尚呈压倒之势的北曲至是决定性衰微。《玉茗堂四梦》(别名《牡丹亭》的《还魂记》与《紫钗记》《南柯记》《邯郸记》）的作者汤显祖，其天才横溢，不拘泥于韵律固遭非难，今日的戏曲史位置却是明朝第一人，后世且也无人堪与比肩①。

文章明朗化趋向言、文一致的白话文体，便是宋朝新文化一大标志，古文回复之道的延长，以及庶民文化巨潮兴起的表征，与通俗文学抑或民间文艺为同义字。这些民间文艺原自唐末五代已盛行，敦煌发现的丰富文献中，俗曲、俚谣、俗文等形迹均见残存，堪注目系“俗文”与今日尤所著名的“变文”。“俗文”起源于佛教教团向民众宣传佛理的需要，文体由诗歌与散文合组而成，予艰深难懂的佛教经文以通俗化解说，适应民间知识程度为浅的一般对象，因是而产生新形式的文学作品，如“佛本行集经俗文”“维摩诘所说经俗文”“释迦八相成道经俗文”等，都是。“变文”便是“俗文”，同系介乎散文与韵文间的文体，同由佛教影响而产生，但所讲述则转向佛典中的故事。大变化便发生于此“变文”系谱，自“大目犍连冥间救母变文”等到“舜子至孝变文”“明妃曲”等，已转向以说民间故事、传说为题材，而且唐末便见其端倪，再一转，至宋朝而发展为民间娱乐性演艺种类之一，所谓“平话”“评话”或“小说讲经史”脚本的“话本”，自元至明，再进一步与唐朝“传奇”系统合流，中国最早的长篇小说成立。

五代与宋朝，“传奇”的志怪小说继承唐朝方向仍受欢迎，作品也仍多，但具有历史价值的，已非此唐朝引续的传统，而系上述的“评话”话本。宋朝民富物阜，游乐日盛，讲说故事风气自天子宫廷带头，弥漫井市间以所谓“瓦子”为演艺场所，便以讲说故事维生的专业发达，自见于吴自牧《梦粱录》与周密《武林旧事》大同小异的业者细密分类可知②：

---

① 诚文堂新光社版《世界史大系》8. 东亚Ⅱ，第231页。

② 依平凡社版《世界历史大系》6. 东洋中世史第三篇，第398—399页；铃木俊《唐宋时代的中国》第123页。

1. “说话”——又谓“舌辩”，逞言词之巧，分四家数，各有门庭。

2. “小说”——演说流行故事，分“银字儿”“说公案”“说铁骑儿”。

3. “谈经”——演说佛书，分“说参请”“说诨经”。

4. “讲史书”——讲说故事（《梦粱录》卷二〇原文：“讲史书者，谓讲说《通鉴》、汉、唐历代书史文传，兴废争战之事，有戴书生、周进士、张小娘子、宋小娘子、邱机山、徐宣教。又有王六大夫，元系御前供话，为幕士请给，讲诸史俱通，于咸淳间，敷演《复华篇》及中兴名将传，听者纷纷，盖讲得字真不俗，记问渊源甚广耳”①，可了解非仅讲古，且亦说南宋当朝事）。

“评话”所使用脚本“话本”，遗留今日均成无名氏作品，有名者有②：

——《大宋宣和遗事》，全卷四集，自尧舜说起，先略述历代兴亡后入正史，而以徽宗、钦宗时代为中心，述至高宗定都临安为止。文体非纯粹口语，系文言、白话混合，现存本以发现文中加入元朝语言，推测可能是南宋旧本而元人所增笔。此书众所周知便是《水浒传》蓝本。

——《京本通俗小说》，原书卷数不明，今所遗存，乃第十卷《碾玉观音》、第十一卷《菩萨蛮》、第十二卷《西山一窟鬼》、第十三卷《志诚张主管》、第十四卷《拗相公》、第十五卷《错斩崔宁》、第十六卷《冯玉梅团圆》与第二十一卷《金虏海陵王荒淫》等八卷。体裁乃本文前多以诗词为冒头，本文也随时插入诗词于说话中，以盛用当时流行的略字、俗字为特色。

——《新编五代史平话》，或单称《五代史平话》，自开天辟地说起而以五代兴亡为主体，正史俗说，荒唐无稽处甚少，全十卷，但今本梁、晋、汉史已多缺失部分。体裁乃各卷每以诗词始，也以诗词终，平易的叙述中往往附加具滑稽味的语句。此为其后历史小说的先驱。

——《大唐三藏取经诗话》，分上、中、下三卷，全部十七回，但现在第一回与第八回的部分已缺。著作年代约在宋末，抑或元初的南宋遗民所作，现行本已系元人拟作的可能性也大，文中杂入诗句，所以谓之诗话。此书便是后

① 转引自柳诒徵《中国文化史》（中），第301页。

② 说明依平凡社版《世界历史大系》6. 东洋中世史第三篇，第399—401页；铃木俊《唐宋时代的支那》第124—125页。

日《西游记》种本，但猪八戒尚未见，沙悟净亦系另一面目。

同系演出于“瓦子”，北宋盛世自评话业分出的通俗文学“陶真”（又名“淘真”），如《尧山堂外记》所说明：“杭州瞽女，唱古今小说评话之陶真”。是为七字一句的唱本，又分“唱赚”“小唱”“弹唱因缘”“唱京调”①，只是内容上如何分类，以底本现无一存在而已不容易想像。不论如何，时至今日仍是江南民间日常娱乐的弹词（或名“小书”，单人或双人演艺，带唱词，唱时单人用三弦，双人加琵琶）与“说书”（或名“大书”，单人演艺，不带唱词，不用乐器），便各别以宋朝陶真与评话为起源。

口语化“话本”为母胎，融合唐人传奇流畅的文章笔调，与元曲相续成长，而名之“章回小说”的长篇小说自元朝最早出现，明、清愈形蓬勃，而发展过程中前后成立的作品，迄今仍在广大流行。这些小说，均以“回”分段落，每回由“话说”开头，“且听下回分解”结尾，与定场诗的固定化，明白的都残存评话痕迹。《水浒传》系特殊著名的一部，作者施耐庵，完成乃在元朝，最初刊本则出自明初，小说以北宋末为写实时代背景，而暴露元朝当时政治腐败，对统治者横暴持极度的反抗精神。结构雄大，文辞豪宕，气氛悲壮，不单是中国口语文学中长篇小说的最大杰作，也驰世界性隆盛名声。元朝的另一部名著《演义三国志》，传为罗贯中之作，正史《三国志》的小说化，却已一反《三国志》著作精神，正统朝代由魏变易为蜀汉，曹操被描写成奸雄，又显然是宋儒正统论排外思想的反映，与《水浒传》同系元朝统治下汉族人民不满情绪的发泄。《水浒传》与此届至明朝特为盛行的历史小说代表作《演义三国志》，再加戏曲的《西厢记》《琵琶记》，中国文学史上系合称元朝四大奇书。

“四大奇书”另一称谓专指小说，对象系《演义三国志》《水浒传》《西游记》《金瓶梅》，后两书均明朝著作。嘉靖年间吴承恩以元末作品改作而成今本的《西游记》，由浓厚的佛、道思想织成，虽系远离史实的架空创作，相对也是民间特感兴味的神魔小说，明朝另一有名小说许仲琳的《封神演义》

① 转引自平凡社版《世界历史大系》6. 东洋中世史第三篇，第401页。

也属同一性质。《金瓶梅》于万历中成书，作者不明，割取《水浒传》一部分材料扩大衍化，表面描写主人公西门庆色欲的官能享乐主义日常生活，里面痛切批判权势寄生者社会的腐化与人间丑恶，以开中国文学的新分野，而今日于国际间博高评价，推为人情小说杰作。明末所成立短篇小说集《今古奇观》，也是篇篇精炼，系署名抱瓮老人者予冯梦龙编《喻世明言》《警世通言》《醒世恒言》，凌蒙初编《拍案惊奇》《二刻拍案惊奇》等诸书，拔萃四十篇而再编定，各篇年代与作者都不明，通含宋元时代为可推想。

清朝小说，乾隆年间曹雪芹原作而最后三分之一部分由高鹗续成的《红楼梦》特享盛誉，发展为国际性研究焦点的“红学”，并非偶然。描写没落的名门大家青年男女间哀、乐、离、合，特别关于女性复杂微妙心理的表达，非只单纯的一大悲恋小说，也是通过圆熟的写实手法，对十八世纪中国保守思想社会的反抗表现。乾隆时完成的另两部清朝代表性名著：吴敬梓《儒林外史》是长篇的社会讽刺小说，强烈刻划人间社会潜在的矛盾，批判科举制度，所谓“儒林”的读书人，与官吏们伪善、腐败生态，书中登场甚多当时风俗、习惯下实在人物的面影，所以小说的时代背景由作者推前，假借明朝名义作掩护。蒲松龄《聊斋志异》系短篇的怪异小说集，对观察社会矛盾特殊敏感的作者，站于民众心意代言人立场，借妖精以现人间百态，令读者深具亲近之感。

宋朝兴起的新文化潮流中，再两种新形式的文体发生又堪注目：其一是“语录”大盛，儒学者弟子记录师门教诲之言，多哲理意味而以口语表现为特色，但此系受佛教禅宗语录直接影响的模仿，非特创。其二则小品随笔文或所谓笔记体，宋朝笔记体的短文发达之极，甚多文豪均喜爱此随兴落笔，轻松而自由，毋须讲求格局的文式，不能无视系为文体改革史辟一新时代，也以多传当时社会风俗、制度文物，所以裨益后世学问界之处非浅。此等作品，周必大《玉堂杂记》、司马光《涑水纪闻》、宋敏求《春明退朝录》、朱彧《萍州可谈》、李心传《建炎以来朝野杂记》、周密《齐东野语》、洪迈《容斋随笔》、王应麟《困学纪闻》、沈括《梦溪笔谈》、陆游《老学庵笔记》等，都是宋人随笔文的著例。孟元老《东京梦华录》（南宋之初追记北宋），与前引吴自牧《梦粱录》（南宋末记事）、周密《武林旧事》（宋亡之初追记），性质亦属此类，但系专述都城之事，了解宋朝汴京以及繁华尤为超过的南宋临安两大都市的盛况，乃不可忽略的资料。

如许众多新文体自宋朝以来出现，可以明了，口语化的白话文普及，庶民文化发达，都具推动作用，也刺激著作数量的较以前朝代惊人增加。中国图书分类标准“经”（儒家经典）、“史”（历史、地理）、“子”（思想、技术）、“集”（文学诸分野）中，仅以“集”部衡量，两项统计的差距为堪注意：

——《唐书》经籍志，通以前朝代总列八百九十二部，一万二千零二十八卷。

——《宋史》艺文志，仅宋朝三百年已是二千二百六十九部，三万四千九百六十五卷。

便是说，前后数字呈一比二·五的倍数。

促成宋朝文化如此进步，其担当滑润剂功能的印刷术与印刷业突飞猛进，应不能忽视。印刷术于唐朝已具相当发展的程度，佛经、历本、字书等都已出自印刷，入五代，刊书范畴尤已昂然登向经书、文学部门，后唐冯道国子监官版《九经》（明宗长兴三年，纪元932年）系一里程碑。宋朝成立，印刷文化愈呈阶段性大跃进，一方面，学问兴隆，科举制度也已确立，书籍需要量自必不断上升；另一方面，手工业发达，书籍材料的纸、墨、板木等又能充分供应，适应商业活泼的一般经济界倾向，书籍出版业固独立为行业或企业之一，也由是铸定宋朝出版界的空前盛况，以及印刷技术的进步性。

宋朝印刷、出版界，毕升固于北宋仁宗庆历年间（纪元1041—1048年）使用胶泥制作活字成功，但流行仍是木刻版。官版区分中央与地方，中央出版物统一由国子监监刻经书、正史、医书等，所谓监本；地方则各地方官署自行刊行，特别以江浙地方为盛。私刻本也分家刻本与坊刻本，前者乃非营利的自费刊行，后者便是营业性的书籍出版业。于北宋，坊刻本除汴京外，蹈袭五代以来文化展布形势，南方的四川（蜀）、江浙（吴越）、福建（南唐）均为中心，特别是四川成都，汉朝便以染织、漆工、制纸等工艺文化闻名，宋初又特以纸的生产与印刷工业名冠全国。南宋时代，首都临安（杭州）书棚本品质最高，出版量以福建建宁府（今建瓯县）数第一。福建与四川，刊书版本利用柔木，雕版容易，所以得大量生产与连卖，贩售对象多系准备参加科举考试而购读的士人。虽然大量连卖，误刻或草率亦不可避免，错疏非少，福建建阳县麻沙镇出版的书籍（麻沙本）系周知的劣本代表①。但不论如何，其影响的巨大，其一，即印刷术的普及应用，全变原古书依赖缮写流传的传统，以及唐朝尚然的写本卷轴形式改易为装订成册，面目一新，都自宋朝而完成。其二，大量藏书已非政府专利，私人藏书家因书籍普及而开始颇多出现。藏书之富，又如宋敏求的三万卷，周密的四万余卷，以至叶梦得的逾十万卷②，对文化事业发展循环的发生互为因果关系。其三，大部书的大量出版也因之成为可能，宋太祖开宝四年（纪元971年）在蜀开版的《大藏经》刊行，版木便达十三万版之多③。

一千卷以上百科事典意味的大类书编纂，也自宋朝奖励文化制定为国策以来，由历朝朝廷所踏袭，象征太平盛世。宋太宗太平兴国年间，李昉奉勅编定《太平御览》时，采用迄于唐朝的经、史、子、集诸书，数字已至一千六百九十余种，同时以野史、传说、小说诸家另编《太平广记》，前者一千卷，后者五百卷，各分五十五部门，系中国最早的大规模类书编集事业。其后——

（明朝）《永乐大典》目录六〇卷，本文二千二百八十七卷，成祖永乐五年（纪元1047年）完成，系中国最大卷帙类书。特色系依韵顺排列，且非全如前此类书，以所集典籍割裂其原形的一部分，或以一字一句分韵，或析取一篇全文以篇分韵，或全录一书而以书名分韵，所以配列标准与内容详略殊不统一。相对而言，也因搜录范围广泛，颇多元朝以前佚文或私家秘藏的贵重文献，得全书、全篇收入与保有（清朝《四库全书》编纂时颇多辑入）。惟其大典篇幅太过浩繁，当初仅作成写本一部，世宗嘉靖四十一年（纪元1562年）始增缮正、副本两部，连原本共三部，明亡之际，南京所藏原本与北京正、副本中的副本，全数被毁于兵燹，正本劫余幸只残缺二千四百二十二卷（据《四库全书总目提要》说明）。但近代续因战灾与盗取，此仅存的珍贵写本又

---

① 诚文堂新光社版《世界史大系》8. 东亚Ⅱ，第67页。

② 据柳诒徵《中国文化史》（中）第201—202页，宋朝藏书家统计记录。

③ 小学馆版《世界文化》，《原色世界百科事典》别册，第140页。

已损失甚多，今日估计，分散世界各国的总数已不及原数三分之一①；另一统计，大典原分制一万一千零九十五册，中国今所残存尤落到不过四百余册之数②。

（清朝）《古今图书集成》一万卷，区分历象、方舆、明伦、博物，理学、经济六编，三十二典，六千一百零九部门，分装五千册，另目录四十卷，二十册。圣祖康熙中着手编纂，世宗雍正四年（纪元1726年）完成，以铜活版刊行，印刷部数不明。

清高宗治世，始自类书编纂再迈出一步，展开书籍部数为单位的《四库全书》大编纂事业，乾隆四十七年（纪元1782年）完成，依经、史、子、集四部区分，容纳书籍三千四百五十八种，共七万九千二百二十四卷，先后成立写本七套，每套装订三万六千三百八十三册。也选出其中一百三十余种，以木活字版印行三百部，便是有名的武英殿聚珍本，另撰《四库全书总目提要》，介绍所有经收录（所谓“著录”）之书的“存书”，加附未著录而“存目”（仅录书名）的另外六千七百六十六种，九万三千五百五十六卷，两共一万余部，十七万余卷。如此伟观的数字，堪谓自古以来图书的集大成，海内书籍空前大搜集的成果。然而，也须了解，此已非单纯的粉饰太平意味，大搜集便是彻底的大搜索（禁书），网罗全国学者长年耗磨精力于书堆，与文字狱乃是表里辅成的手段。《四库全书》编成，本质已系思想箝制至最高峰的产物。

## 理学——儒家思想再出发

宋朝自由思想下发达的新文化表现，尤堪特笔，系儒家哲学的大改革。汉

① 晓教育图书版《现代教养百科事典》7. 历史，第266页，永乐大典条。

② 小学馆版《世界文化》，《原色世界百科事典》别册，第143页。

朝以来已呈停滞状态的儒家思想，新兴士大夫层精神活动活泼化，性理学思辨的宇宙观儒家新哲学成立于中国精神文化面划定一新纪元。惟其如此，儒家思想发展的阶段性，孔子的最早儒家思想，于汉朝独专儒术时一变，宋朝理学成立而再变，理学巨潮兴起，乃是儒家哲学史划期的新出发意味。

汉朝以来儒学，向谓训诂之学，乃对儒家经典文学意义加以诠释的学问，政治也以此等学问下的儒学原理为指导理念。经过魏晋南北朝儒学低潮期而至唐朝，儒学著述更以解释经典注释的义疏为中心，原已嫌支离破碎的倾向愈形细割，读书人对之既苦繁琐，又感觉枯燥无味。宋朝的儒学改革与新儒学成立意义，便是断然扬弃以往一千多年经典的字义注释原则，摆脱训诂学者刻板而无自己学说提出的传统束缚，直接上承汉朝以前的古代儒家，以予知识合理化新阐演。换言之，古代儒学届至宋朝，已否定也拭抹其中间层的意识，还原到古代而展开宋朝学者自己的时代，加筑学理的新层面。复古思想下的儒学振兴精神，惟堪比拟欧洲文艺复兴譬喻①。新儒学以儒学根本义置于形而上的立脚点，由哲学的、心理学的方向，究明宇宙原理与人间本性为标的，自天理而明人性，所以称之性理学或理学；又以此时代学者遵循汉朝训诂学者以前本体论关系者曾子→子思→孟子系谱的传承，所谓道统，而谓之道学②，而蔚为巨潮。

理学从起源、成立、发展，到集大成，《宋史》道学传序的记录是："道学之名，古无是也。三代盛时，天子以是道为政教，大臣百官有司以是道为职业，党、庠、术、序师弟子以是道为讲习。四方百姓日用是道而不知。是故盈覆载之间，无一民一物不被是道之泽，以遂其性。于斯时也，道学之名，何自而立哉？文王、周公既没，孔子有德无位，既不能使是道之用渐被斯世，退而与其徒定礼乐，明宪章，删诗，修春秋，赞易象，讨论坟、典，期使五三圣人之道昭明于无穷。故曰：'夫子贤于尧舜远矣'。孔子没，曾子独得其传，传之子思，以及孟子，孟子没而无传。两汉而下，儒者之论大道，察焉而弗精，

---

① 人物往来社版《东洋历史》6. 宋代的新文化，第 376 页。

② 理学、道学名词说明，依有高岩《概说东洋通史》，第 283 页。

语焉而弗详。异端邪说，起而乘之，几至大坏。千有余载，至宋中叶周敦颐出于舂陵，乃得圣贤不传之学，作《太极图说》、《通书》，推明阴阳五行之理，命于天而性论人者，了若指掌。张载作《西铭》，又极言理一分殊之情，然后道之大原出于天者，灼然而无疑焉。仁宗明道初年，程颢及其弟颐实生，及长，受业周氏，已乃扩大其所闻，表章《大学》、《中庸》二篇，与语、孟并行。于是上自帝王传心之奥，下至初学入德之门，融会贯通，无复余蕴。迄宋南渡，新安朱熹得程氏正传，其学加亲切焉。大抵以格物致知为先，明善诚身为要。凡诗书六艺之文，与夫孔孟之遗言，颠错于秦火，支离于汉儒，幽沉于魏晋六朝者，至是皆焕然而大明，秩然而各得其所。此宋儒之学所以度越诸子，而上接孟子者欤。其于世代之污隆，气化之荣悴，有所关系也甚大。道学盛于宋，宋弗究于用，甚至有厉禁焉。后之时君世主，欲复天德王道之治，必来此取法矣”。可概知理学家如何自负，与理学由展开而发扬光大的重心人物所在。

所谓理学或道学的儒学新展开，不可能于宋朝中期突然发生，定必存有其渊源，也存有其展开与成长系在宋朝中期的背景。关于起因，一方面固以前代训诂学的反动，另一方面，也由于儒、佛、道三教思想冲突又趋融合的刺激，而源流须溯及唐朝。唐朝中期以来，儒、佛、道论争激化，为了论破对方，研究对方教义乃属必要，此尤以注重实践，原便欠缺宗教性理论面，又于训诂学下学理固定无弹性而沦入僵硬化的儒家与儒学为然，摄取宗教长处，于论争圈外自我更生立场的契机乃也渐渐成熟。《宋史》道学传序所提示道学始祖周敦颐之前约二百年时，中国最伟大文学家之一韩愈激烈排斥老庄与佛的名文《原道》发表，以文化主义对抗弃绝仁义礼法，谓圣人不死，大盗不止的道家理论，以政治主义、人伦主义对抗佛教弃君臣、去父子，逃避政治与家族相生相养之道而求个人寂灭的教义，系佛、道二教影响下，进步儒家最早的觉醒，与其跃出儒学旧规范的第一声号角。

《原道》之文：“古之时，人之害多矣。有圣人者立，然后教之以相生相养之道。为之君、为之师、驱其虫蛇禽兽而处之中土。寒然后为之衣，饥然后为之食。木处而颠，土处而病也，然后为之宫室。为之工以赡其器用，为之贾以通其有无，为之医药以济其夭死，为之葬埋祭祀以长其恩爱，为之礼以次其先后，为之乐以宣其湮郁，为之政以率其怠倦，为之刑以锄其强梗。相欺也，为之符玺、斗斛、权衡以信之，相夺也，为之城郭、甲兵以守之。害至而为之备，患生而为之防”；“然则古之所谓正心而诚意者，将以有为也。今也欲治其心，而外天下国家，灭其天常。子焉而不父其父，臣焉而不君其君”；“夫所谓先王之教者，何也？博爱之谓仁，行而宜之之谓义，由是而之焉之谓道，足乎己无待于外之谓德。其文诗书易春秋，其法礼乐刑政，其民士农工贾，其位君臣父子、师友宾主、昆弟夫妇。其服麻丝，其居宫室，其食粟米果蔬鱼肉。其为道易明，而其为教易行也。是故以之为己则顺而祥，以之为人则爱而公，以之为心则和而平，以之为天下国家，无所处而不当”；“斯道也，何道也？曰：斯吾所谓道也，非向所谓老与佛之道也。尧以是传之舜，舜以是传之禹，禹以是传之汤，汤以是传之文武周公，文武周公传之孔子，孔子传之孟轲，轲之死，不得其传焉”。学术界重视，此文推崇孟子，恪遵《礼记》中一篇《大学》的“明明德”、“正心”、“诚意”信念，提倡“道”（提出的道统，且便录入《宋史》道学传序为前段），另一篇名作《原性》，又自《礼记》另一篇《中庸》“天命之谓性，率性之谓道”发意阐演“性”说，都已系宋学或新儒学的理学中心学说，与所秉持展开的古典[①]文章内涵的正统主义（对佛、道）、道德主义（从诚意、正心而达修、齐、治、平的阶梯）、思辨主义（恃深度思索═实践求取知识），也全与宋朝理学三大特征符合[②]。所以，韩愈《原道》，实质已系理学的出发点，儒学史最具深长意义的宣言[③]，而确立韩愈的理学导师地位。其说续由高弟李翱发扬，《复性书》增加立脚于《易经》，而理气说、复性说原型初现，理学的形成基盘乃已完全设定。

新儒学胚胎初结的同时，也值三教融合的倾向渐渐明朗，韩愈《原性》末尾便已明白警告：“今之言性者，杂佛、老而言也”。隋、唐焕发异彩的佛学，会昌废佛后诸宗派多已凋零，而惟禅宗历唐、宋独盛，其存心养性、指心

① 参阅冯友兰著《中国哲学史》下册，第802—804页。

② 参阅平凡社版《思想的历史》6. 东洋封建社会的伦理道德，第23—27页。

③ 同上，第16页。

见性的“顿悟”“无念”修行方法，李翱《复性书》论修养成圣的方法：“方静之时，知心无思者，是斋戒也。知本无有思，动静皆离，寂然不动者，是至诚也”，正复相似。九世纪会昌废佛前圆寂的名僧宗密所著《原人论》，其会通本末章第四，且特笔自注“此下方是儒、道二教亦同所说”的部分，谓：“然所禀之气，展转推本，即混一之元气也；所起之心，展转穷源，即真一之灵心也。……据此，则心识所变之境，乃成二分，一分与心识和合成人，一分不与心识和合，即是天地、山河、域邑。三才中惟人灵者，由与心神合一”①，语调也是儒、道口吻。道教则其成立原便是道家思想加方士修炼方法，再加佛教教理与教团形貌的复合体性格，又以“三玄”中《易经》的沟通而与儒家思想相互进出，隋朝焚毁儒家的纬书，阴阳五行之说又流入道教。十世纪五代之末宋初，正面的三教融和思想宇宙观也已提出，倡导者又是道士的华山（陕西）隐逸修炼者陈抟（希夷先生）②。（《宋史》隐逸传上第一、二、三人，即范仲淹之师戚同文、陈抟、与陈抟门人种放）儒家以不断与佛、道冲突又调和而产生新活力、新生面，对于儒家新哲学体系胎动酝酿诞生，无殊原动力的累积加注，为可了然。

新儒学呱呱坠地的时机，终于收拾唐末五代离乱期的宋朝来临。唐末以来乱世，书院一肩担当教育之任，也以此民间学校兴起的机缘，得挣脱旧传统囚枷，继承韩愈一派学风，直接对古典加以主观的、批判的究明倾向扩大也着力。迨宋朝文治主义下奖励学术方针断行，科举整备，人人勉学，开国约八十年而人才辈出达无比盛况的仁宗庆历之治展现。清朝全祖望（谢山）《庆历五先生书院记》的记述：“有宋真、仁二宗之际，儒林之草昧也。当时濂、洛之徒方萌芽而未出，而睢阳戚氏在宋，泰山孙氏在齐，安定胡氏在吴，相与讲明正学，自拔于尘俗之中，亦会值贤者在朝，安阳韩忠献公，高平范文正公，乐安欧阳文忠公，皆卓然有见于道之大概，左提右挈。于是学校遍于四方，师儒

① 转引自冯著《中国哲学史》下册，第798页。

② 陈于其“木岩”文集中，明言三教调和的见解，参阅刘侃元译渡边秀方《中国哲学史概论》近世哲学编，第4页。

之道以立"①。文献公韩琦、文正公范仲淹、文忠公欧阳修，都是铸定宋朝士大夫典型的庆历士风首倡人，特别是主导者范仲淹。戚氏谓戚同文，孙氏谓孙复，胡氏谓胡瑗，均誉满天下的书院主讲大儒，范仲淹系戚同文（坚素先生）门人而孙复、胡瑗的知遇者，提拔掌国家最高学府国子监，以范仲淹为中心，师友四人与其中胡瑗（安定先生）所创安定学派，同一以"易"与"十庸"为根本②的思想潮流奔放发扬，已予革新儒学内容，思辨主义理学开花结果提供了坚实的地盘与背景，此其了解之一。

了解之二，《书院记》所言"濂"，指理学之祖周敦颐（湖南人），以世称濂溪先生而名此学派，"洛"指理学的展开者二程兄弟，以系河南洛阳人而名此学派，加范仲淹弟子张载（陕西═关中人）的关派，南宋朱熹（福建人）的闽派，是为著名的理学四派，以及前引《宋史》道学传序列名的五子。五子的四学派区分，也代表理学哲学体系成长的阶段意味，濂派、关派均系成立期，洛派代表发展期，闽派以已集大成而最后出，朱熹之卒，距离周敦颐去世已间隔近百三十年。

**理学关系人卒年表**

| 1052 年 | 范仲淹（64 岁） | 1085 年 | 程颢（54 岁） |
|---|---|---|---|
| 1059 年 | 胡瑗（66 岁） | 1086 年 | 司马光（68 岁）<br>王安石（66 岁） |
| 1072 年 | 欧阳修（66 岁） | 1107 年 | 程颐（75 岁） |
| 1073 年 | 周敦颐（57 岁） | 1192 年 | 陆九渊（54 岁） |
| 1077 年 | 张载（58 岁）<br>邵雍（67 岁） | 1200 年 | 朱熹（71 岁） |

理学通过准备期而登场，周敦颐文仅二五〇字左右的《太极图说》："无极而太极。太极动而生阳，动极而静，静而生阴。静极复动。一动一静，互为其根；分阴分阳，两仪立焉。阳变阴合而生水、火、木、金、土，五气顺布，

① 转引自平凡社版《世界历史大系》6. 东洋中世史第三篇，第 337—338 页。

② 同上，第 338 页。

四时行焉。五行一阴阳也，阴阳一太极也，太极本无极也。五行之生也，各一其性。无极之真，二、五之精，妙合而凝。‘乾道成男，坤道成女。’二气交感，化生万物，万物生生而变化无穷焉。惟人也，得其秀而最灵。形既生矣，神发知矣，五性感动而善恶分，万事出矣。圣人定之以中正仁义（自注：圣人之道，仁义中正而矣）而主静（自注：无欲故静），立人极焉。故圣人‘与天地合其德，日月合其明，四时合其序，神鬼合其吉凶’，君子修之吉，小人悖之凶。故曰：‘立天之道，曰阴与阳。立地之道，曰柔与刚。立人之道，曰仁与义。’又曰：‘原始反终，故知死生之说。’大哉《易》也，斯其至矣。”（全文）系学理全体系的枢轴，剖析宇宙生成的原理，说明惟万物（无极）乃为万物的根源（太极）。宇宙本体根源的太极，以与无极一体而无始无终，也以不停活动又静止的阴、阳二原则（二仪、《通书》谓二气），而生水、火、木，金、土五元素（五气或五行）。二（阴阳）五（五行）的妙合，便在“男”、“女”两性（乾道，坤道）形成，万物乃生生不息，变化无穷了。

如上组织化宇宙本体论的严密展开，虽然说明尚多直觉与暖昧处，但于中国思想史已系空前。而也可发现，“太极”固系儒家古典“易”的本来思想，但系辞传：“易有太极，是生两仪，两仪生四象，四象生八卦，八卦定吉凶，吉凶生大业”的后段“八卦”理论，已被汉朝以来儒家谶纬俗说而隋唐渗入了道教的五行之说替代。“无极”由来尤其明显导源于道家思想，老子“玄”的静寂无象思想移用，于如许思想系统的调和之上，而周敦颐的宇宙论成立。探索周敦颐学统渊源，因之是个颇有兴味，却也是个严肃的问题，于此，第一，如下官方史书或相同说明的私人著作所记录，所有中国哲学史、思想史几乎均加引述：“（朱）震经学深醇，有《汉上易解》云：陈搏以《先天图》传种放，放传穆修，穆修传李之才，之才传邵雍；放以河图洛书传李溉，溉传许坚，坚传范谔昌，谔昌传刘牧，穆修以《太极图》传周敦颐”（《宋史》儒林传朱震条），强调周敦颐受继陈搏太极图的加以再组织与新解释，乃开启理学大门。第二，后世私家著作中同多说明，周敦颐曾就学于润州鹤林寺僧寿涯，以及如同张载的受东林寺僧常总性理论之教。清朝毛奇龄《太极图说遗议》

的考证，且谓周敦颐《太极图说》含有依据宗密《原人论》的文句[1]。虽然多数学者意见，周敦颐学说中禅的影响仍为轻微，但其儒学基盘上，道、佛要素或多或少都曾摄入，则已是定论。

周敦颐的中国思想史上功绩，非只“无极—太极”的宇宙观，也在连结宇宙原理与人间原理，成立其心性论与道德论。依其“太极”学说，宇宙中男、女二气交合的结果，所生一切现象与万物中，人类最得气的秀灵而独具形与精神。便以持有宇宙本体（太极）精粹（精神或“神”），人类本性因之也是“纯粹至善，与太极之理相合”的，其准则：中、正、仁、义，其表率：圣人。而归结到天道→阴、阳，地道→柔、刚，人道→仁、义的《易经》系辞传学理。周敦颐对仁、义为根本的人间道德，也依循宇宙间调和原理推衍其说，由《太极图说》的“五性感动而善、恶分，万事出矣。圣人定之以中、正、仁、义而主静，立人极矣”，以及自注“无欲故静”，而过渡为另一具有重大分量，却也是小书的《通书》（原名《易通》）主要理论。阐明人性本善而所以为恶的源由，以及续自道德论延伸为其修养论。《通书》中心学说所在的资料：

“诚无为，几善恶（自注：几者，动之微，善、恶之所由分也）。德：爱曰仁、宜曰义、理曰礼、通曰智、守曰信。性焉安焉之谓圣，复焉执焉之谓贤。发微不可见、充周不可穷之谓神”（诚几德第三）（按：《太极图说》所言五性感动的五性，即谓仁、义、礼、智、信，亦即五常）；

“性者，刚柔善恶，中而已矣。……惟中也者，和也，中节也，天下之达道也，圣人之事也。故圣人主教，俾人自易其恶，自至其中而止矣”（师第七）；

“寂然不动者，诚也；感而遂通者，神也；动而未形、有无之间者，几也。诚精故明，神应故妙，几微故幽。诚、神、几曰圣人”（诚几德第四）；

“圣可学乎？曰：可。曰：有要乎？曰：有。请问焉，曰：一为要。一者，无欲也。无欲则静虚动直。静虚则明，明则通；动直则公，公则溥。明通公

① 见范寿康《中国哲学史纲要》，第309页。

溥，庶矣乎”（圣学第二十）；

“诚者，圣人之本。‘大哉乾元，万物资始’，诚之源也。‘乾道变化，各正性命’，诚斯立焉。纯粹至善者也。故曰：‘一阴一阳之谓道，继之者善也，成之者性也’”（诚第一）。

——“五性感动”而不合乎“中”（五常调和失协）乃生恶，与仁、义密着的中、正便具杠杆作用。后天性相航道把持的“圣人学”因之为必要。圣人学的基础修养是“静”，静而能“诚”，诚则道德与圣人之道的根底。如此的系统理论，学界认知系周敦颐的思想史一大贡献，从来儒学中无说①。而学说枢纽意味的“静”观，尤其所明言的“无欲故静”，其原型系自《礼记》乐记篇脱胎又堪注目。《乐记》：“人生而静，天之性也；感于物而动，性之欲也。物至知知，然后好恶形焉。好恶无节于内，知诱于外，不能反躬，天理灭矣。夫物之感人无穷，而人之好恶无节，即是物至而人化物也。人化物也者，灭天理而穷人欲者也。”学界的意见，“动·静”与“本·末”、“内·外”，虽同系中国哲学独特的范畴，但周敦颐“静”的理论导源于“内·静，性·天理”、“外·动·欲·物·人欲”整然序列的乐记之说，而乐记此部分却正又是道家思想的混入②。

较周敦颐稍年轻的张载（横渠先生）与稍年长而非四派五子中的邵雍（尧夫先生），都是继周敦颐而同自“易”的原理发源，却成立不同学说体系的主唱巨子——

对照周敦颐以重点置诸“易”的两仪，由阴阳五行化生万物之说，邵雍重视“易”的四象，于宇宙全现象与世间万事均以四数说明。《宋史》道学传一邵雍条记：“乃事（李）之才，受《河图》《洛书》宓羲八卦六十四卦图像”，传承传说同出自陈抟系统的学者。周子以太极图为学说根本，邵雍则先天图（图书先天象数图）。其由先天图展开的先天学，乃“易”的图象方法解释学，一种数理哲学，以数学原理建立其宇宙论为特色，依六十四卦图公式，

① 诚文堂新光社版《世界史大系》8. 东亚Ⅱ，第80页。

② 平凡社版《思想的历史》6. 东洋封建社会的道德，第34页。

设定三十年为一世，十二世为一运，三十运为一会，十二会十二万九千六百年为一元，天地一元一圆周一单元变化，循环无穷。著作的代表作品系《皇极经世书》十二篇，另《观物外篇》二篇（含于《经世书》的观物篇称内篇）则门人手录。其学说的再一特色纯粹的唯心论，所谓“道为太极”、“心为太极”（《观物外篇》）；所谓“先天学，心法也。图皆从中起，万化万物生于心”（先天卦位图说），认为一切现象、法则，包括宇宙本体，均出自我心。

范仲淹弟子，以《中庸》开导精湛学问闻名的张载，“气”的哲学系其思想中轴，倡说万物生成乃“气”，聚则有，散则无，气的本体则宇宙“太虚”，乃较周敦颐之说进一步的一元论宇宙观。说明：一气两性（阴、阳）形成万物，均系太虚所变化的客形，而万物变化又须回复归入本体的太虚，分散—复凝变化中间存有阴阳屈伸相感的活动性，此无限绝对的活动空间谓之“太和”（道），此活动谓之性，所遵循一定规律谓之“理”，研究这段中间道理的，乃是“易”（《正蒙》太和篇：“学“易”者见此，谓之见“易””）。因之天、物、人为合一，而“人本无心，因物为心”；“其视天下，非一物非我”（《正蒙》大心篇），也惟其纯一虚明的气，聚散变化时，原便存在一而二（阴、阳）、二而一的本质上矛盾，具有正、偏、清、浊之差，而虚明的“本然之性”也产生人“气质之性”的善、恶、贤、不肖之别，所以，人的气质之性非不可回复与天地之性合致的本性，（本然之性），所谓“反本”。反本的修养法，第一须守“礼”（合乎天秩、天序“理”的人间尊卑长幼规律），乃得“虚心”由诚入门。

张载著作中最有名系《正蒙》十篇，以及其后南宋朱子自《正蒙》抽出加以注释，而独立的《东铭》、《西铭》各一篇。《正蒙》的部分重要原文：

“太虚者，气之体。气有阴阳，屈伸相感之无穷，故神之应也无穷，其散无数，故神之应也无数。虽无穷，其实湛然；虽无数，其实一而已。”（乾称篇）

“神者，天德；化者，天道。德，其体，道，其用，一于气而已矣。”（神化篇）

“太虚无形，气之本体；其聚其散，变化之客形尔。至静无感，性之渊

源，有识有知，物交之客感尔。客感、客形与无感、无形，惟尽性者一之。”（太和篇）

“太和所谓道，中涵浮沉、升降、动静、相感之性。”（太和篇）

“由太虚，有天之名，由气化，有道之名，合虚与气，有性之名，合性与知觉，有心之名。”（太和篇）

“凡有皆象也，凡象皆气也。气之性本虚而神，则神与性乃气所固有。”（乾称篇）

“形而后有气质之性，善反之，则天地之性存焉。”（诚明篇）

“乾称父，坤称母。子兹藐焉，乃浑然中处。故天地之塞，吾其体；天地之帅，吾其性。民，吾同胞；物，吾与也”开端的《西铭》，全文章二五三字，又予儒家最高伦理“仁爱”精神的发挥至极点。我与宇宙同其体、性，宇宙间万民（不论贵贱）、万物（不论动植物）亦然，与我同一大父母，皆须存同胞之爱。指向如此我—民—物同一水平的平等主义，最足表现“万物一体之仁”（程颢之语，《宋史》道学传序“理一分殊”则程颐澄清弟子误解《西铭》主张同于墨子兼爱之语）的宇宙家族主义，宜乎后世学问界重视《西铭》如教科书意味，“民胞物与”也引为代表崇高仁道的惯用语。“为天地立心，为生民立命，为往圣继绝学，为万世开太平”（论语说）又是张载另一脍炙人口表达儒学圣洁、豪迈胸襟与志向的名言。

十一世纪中期理学初展的三大家中，惟张载哲学立脚于感觉、存在与经验，非形而上的与唯心论的。今日思想史学界的评价，张载“气”的哲学，尤已系立于中国唯物论哲学的最高峰①。张载哲学中的“气”，也被认知非单纯剖析物质与物质原理，且说明生命原理与生命原体，今日生气论的学理也已具被包括的意味②。然而，展开理学的三大家中，邵雍独断论倾向的学说于当时回响最弱，须南宋朱子学成立而采纳为“易”说基底，张载宇宙的一元解释与其性论等尽管遥遥领先周敦颐，又不幸门下欠缺高弟，未能于当时光大其

① 平凡社版《思想的历史》6.《东洋封建社会的道德》，第81页。

② 同上，第61页。

学说，实系理学发展的遗憾之事。惟独周敦颐系统立即有二大高弟，程颢、程颐兄弟继承师说再开展，而周敦颐的理学之祖地位确立。相对而言，周敦颐系统学理由三分鼎足的主流地位，系建立自二程，以及“程门立雪”故事所说明浩大再传高弟阵容分布全国的形势。二程思想于师门的基盘上，又以与邵雍为友，与张载为亲戚，不可能不受影响（相互间的），则理学成长，二程的关键意味，又为显见。

程颢（明道先生）、程颐（伊川先生）师承相同，学问的出发点相同，阐明问题的形式也似弟补充其兄，结论却大幅度相殊。分歧缘由，向来的说明是以兄弟性格不同，弟（颐）较兄（颢）仅年少一岁，去世却迟二十多年，换言之，增多二十余年研究功夫，应该才是差异形成的主要原因。弟颐其后入学太学，接受思想家与宋朝最著名大教育家胡瑗熏陶，又是独有的经历。抑且，兄弟两人学问、思想的态度也存有判然区别：程颢是浑一的、直觉的、心理的，程颐则分析的、思辨的、论理的，已系定评。

二程的著述，诗与杂文之外，多数系与弟子们问答记录的“语录”，代表其思想的作品也在于此。却便以过去向认兄弟同一学说，而《二程遗书》所收录语录，注明兄弟中何人所语与“二先生语”沉混，今日此困惑部分大体已经整理与判别，是研究者长期努力的结果。“理”（天理、义理）的思想乃完成期理学体系支柱，其构成思索中核，便由二程兄弟。他们的宇宙论纯粹立于“易”的哲学范畴，特征已是言“理”，《二程遗书》中“天者，理也”（卷一一）、“万物只是一个天理”（卷二上）、“天理云者，这一个道理，更有甚穷已，不为尧存，不为桀亡”（卷二上）等语，都是前儒所未道及，意味了真正的理学成立。但两人间思想区别或者说进步，也自下述引文而知（均见《二程遗书》）：

（程颢）“形而上为道，形而下为器，须著如此说。器亦道，道亦器。”（卷一）

“一阴一阳谓之道，（“易”系辞语），阴阳亦形而下也。”（卷一一）

“万物莫不有对，一阴一阳、一善一恶，阳长则阴消，善增则恶减。斯理也，推之其远乎。”（卷一一）

“事有善有恶，皆天理也。天理中物须有美恶，盖‘物之不齐，物之情也。’”（卷二上）

“盖上天之载，无声无臭。其体则谓之易，其理则谓之道，其用则谓之神。其命于人则谓之性。率性则谓之道，修道则谓之教。”（卷一）

“天地之大德曰生。天地絪缊，万物化醇。生之谓性。”（卷一一）

“生之谓性，性即气，气即性，生之谓也。人生气禀，理有善恶，然不是性中元有此两物相对而生也。有自动而善，有自动而恶，是气禀自然也。善固性也，然恶亦不可不谓之性也。盖生之谓性，人生而静以上不容说，才说性时，便已不是性也。凡人说性，只是说继之者善也，孟子言人性善，是也。”（卷一）

（程颐）“一阴一阳之谓道，道非阴阳也，所以一阴一阳者，道也。”（卷三）

“离了阴阳更无道，所以阴阳者，是道也。阴阳，气也。气是形而下者，道是形而上者。形而上者，则是密也。”（卷一五）

“寂然不动，感而遂通。此已言人分上事。若论道则万事理皆具，更不说感与未感。”（卷一五）

“天下物皆可以理照，有物必有则，一物须有一理。”（卷一八）

“一人之心，即天地之心；一物之理，即万物之理。”（卷二上）

“在天为命，在义为理，在人为性，主于身为心，其实一也。心本善，发于思虑则有善有不善。若既发则可谓之情，不可谓之心。”（卷一八）

“孟子言人性善是也。虽荀、杨亦不知性。孟子所以独出诸儒者，以能明性也。性无不善，而有不善者才也。性即是理，理则自尧舜至于途人，一也。才禀于气，气有清浊，禀其清者为贤，禀其浊者为愚。”（卷一八）

“性出于天，才出于气。才则有善不善，性则无不善。”（卷一九）

——兄弟二人解释宇宙[①]：程颢“道”、“器”一元═阴阳的理论；程颐已明白区别相互关系，“道”非“阴阳”而系“所成阴阳者”，乃特堪注目的新

① 二程思想解说，主要取材自平凡社《思想的历史》6. 东洋封建社会的道德，第36—59页。

定义，“理”（道）、“气”（器）具有多次元的区分。现象均起自“理”的作用，因之形成程颐哲学的根本。“理”的哲学与张载“气”的哲学，两大范畴由是分别成立。

思想史的程颐进一步功绩，系开“性即理”端绪。“性”的孟子“性善”、荀子“性恶”、告子“性无善恶”不同学说，自古持续是个讨论的课题，后两说通宋朝非儒家所接受，根本前提均果断的孟子性善说。程颢于此基点上，认气自己运动变化时，原系善的人间之性已善、恶相对存在，乃“理有善恶”以判别。程颐一方面对气禀之性，修正其兄判别善、恶由“理”的理论，一方面又提出“性出于天”的先天之性，即《中庸》“天命之谓性”的天命之性，与气禀之性（才）须加区别也相对立的新解释。程颐“天—性”“生—性”的思想固与张载本然（天地）之气与气质之性的对立相通，先天“性无不善”而“理则自尧舜至于涂人一也”，“性即理”的划期性学理唱出。

伦理观“仁”的定义再阐明与相关联的修养法，又是二程重要的学说领域。儒家的中心概念“仁”，自程颢“仁与天地一物也”（《二程遗书》卷一一）、“仁者，以天地万物为一体，莫非己也”（《遗书》卷二上）的新解释提出，与“易”系辞“天地之大德曰全”之意相呼应，以贯通天地——万物——人为定义特征，乃是思想史的道德原理一大突破。由此的理论延伸，“义、礼、智、信皆仁”，又是理学的论理形式重要契机之一创立。仁、义、礼、智、信“五常”，古来向系并列的人间德目，如今义、礼、智、信与仁之间已存次元之异，仁非与四者同格，以加入天地生生、万物一体意味，而单独提升为根本之德，道德的最本标准。仁乃仁之仁，义乃仁之义，礼乃仁之礼，智乃仁之智，信乃仁之信，“五常”由仁总括的定义立定。

《识仁篇》与《定性书》系程颢思想的代表文章，也是文字较长的作品。前者便是“仁”概括五常之说所出，约二四〇字，语录之一而收入《二程遗书》（《二程全书》则录于卷二），后者较长，也仅约四八〇字，乃与张载应答的书信，载《全书》卷五六，均系由道德之本“仁”说展开的修养方法论。其言：

“学者须先识仁。仁者，浑然与物同体：义、礼、智、信皆仁也。识得此理，以诚、敬存之而已，不须防检，不须穷索”；“盖良知良能，元不丧失，以昔日习心未除，却须存习此心，久则可夺旧习。此理至约，惟患不能守。既能体之而乐，亦不患不能守也”（识仁篇）。

“所谓定者，动亦定，静亦定，无将迎，无内外”；“夫天地之常，以其心普万物而无心，圣人之常，以其情顺万事而无情。故君子之学，莫若廓然而大公，物来而顺应”（定性书）。

程颢以前提置诸人人都能启发潜在的良知良能（先天人人具有的知、能泉源），所以“诚”“敬”而守，系其信念，而不主张思索研究。也惟其如此，其思想态度系主观唯心论。其弟程颐于兄轻视的经验性知识追求，倒反特加重视，法则是“格物致知”，要求是专一的集中精神下“穷理”。其言：

“或问：进修之术何先？曰：莫先于正心诚意。诚意在致知，致知在格物。格，至也，如祖考来格之格。凡一物上有一理，须是穷致其理。穷理亦多端，或读书讲明义理，或论古今人物，别其是非，或应事接物，而处其当，皆穷理也。”（《遗书》卷一八）

“知至则当至之，知终亦当遂终之，须以知为本。知之深，则行之必至，无有知而不能行者。知而不能行，只是知得浅。”（《遗书》卷一五）

“涵养须用敬，进学则在致知。”（《遗书》卷一八）

“敬”的内面原理之外，分析的、理论的学问研究同等重要，此于程颐的理念中如同车之两轮。

从如上二程哲学的内涵，可以了解，弟补充兄或学说异同，实质都是宏大的意味。则宋朝理学五子四学派，代表发展期的大小程子洛派或洛学，真正的完成者须是小程子程颐。

十一世纪系北宋学术全盛期，理学欣欣向荣成长的同时，另一发达方向，欧阳修倡导兴起与周—程学派哲学思索的、道德根本的解明古圣贤精神相异，予儒学经典以文献学的研究批判，企盼由历史意识革新政治道德的学风，周敦颐以下是哲学的，此派则历史的。欧阳修《易童子问》否定“易”十翼学术价值是有名的代表例，其问答：“曰：系辞非圣人之作乎？曰：何独系辞焉，文言说卦而下，皆非圣人之作。而众说淆乱，亦非一人之言也”。对《中庸》

与《周礼》的作者同样加以怀疑，对《左传》等《春秋》三传批判尤为严厉，指责多失孔子作《春秋》的正名分，别是非，明善恶本旨（《春秋论》）。其《新唐书》《新五代史》的撰述，又是正确基于“春秋”褒贬之义立场的表率作用发挥。欧阳修经书批判的一面由弟子苏轼、苏辙兄弟，刘敞、刘攽兄弟继承（但如苏辙批评司马迁“浅陋不学，疏略轻信”，亦未免过分）；历史家一面的延续，非门下的司马光编纂《资治通鉴》最堪代表，此一名著顾名思义便是供政治参考的实用主义史书，仿《春秋》编年史体裁，记事下限断于五代末而上承孔子《春秋》绝笔之年，贯通《春秋》思想依精神所寄可知，强烈表明其正统论与名分论的君臣之义立场。经书批评与历史著述两面，也以刘攽等都从事《资治通鉴》的编集而接触，所以今日名之为历史学派，又是宋朝儒学革新运动一潮流。

经典注释，也已加以更新而与汉、唐相异，由是唐以前称古注，宋朝则新注，胡瑗的《易传》《周易口义》《中庸义》，孙复的《易说》《春秋尊王发微》等，都堪代表。尤为有名系王安石《三经新义》（《周礼新义》《毛诗义》《尚书义》），新法推行而学制、科举制变革期颁布为经义统一解释的研读标准本，司马光等虽猛烈抨击其以一家之言尽掩先儒，但“新义”的新注中佼佼者地位，以及更新古注的立场，则予肯定①。出自文章一代宗师欧阳修门下的政治家、文章家王安石，也是出类拔萃的思想家之一，性、情一致的性论系其倡说。性论于当时学界，理论上与实际上都是大问题，宇宙论以之为预备概念，修养论由而推论实行方法，性论便立于研究的中心位置。佛教禅宗直指人心、见性成佛的影响，学界已得由直接的心出发而解决一切问题的关键②，把握了性的内观方向，周敦颐以下与王安石都在同一坦途上竞走。王安石批判从来所有的性说，强调不能直以善恶论性，性原无分善恶，善恶系性触外物，发而为情时才生（“原性论”）。由而成立其性与情关系的立论：“性者情之本，情者性之用，故曰：性、情一也。”（“性情论”）喜、怒、哀、乐、好、恶、

---

① 参阅钱穆《国史大纲》下册，第412—413页。

② 平凡社版《世界历史大系》6. 东洋中世史第三篇，第351页。

欲七情尽人皆有，只于接物而动时，当于理或不当于理，才区别系圣贤抑小人。所以，性善情恶论（李翱）以性求诸圣贤而情求诸小人乃片面的议论，废情而徒言性之善、恶（孟子、荀子），犹如以人比之无情的木石。如此超越性理论与人物，却未被列入理学发展的序列。

理学或道学代表宋朝学问，《宋史》道学传四篇，所指名却只是周敦颐、程颢、程颐、张载、邵雍，程氏门人，朱熹与朱氏门人。惟其如此，其后清朝的考证学界赋予与理学同义字的“宋学”名词，毋宁为具弹性，其涵义的“义理之学”，也堪与“汉学”之为“训诂之学”相对，而各别代表汉朝以来、宋朝以来的儒学特质。儒学发展两阶段的明显区别，一份教科书资料的分析可资参考①：

| 汉　　学 | 宋　　学 |
|---|---|
| (1) 最著者十四博士，郑康成集其大成 | 专著者宋五子，朱晦庵集其大成 |
| (2) 有今、古文两派 | 有朱、陆两派 |
| (3) 笃守家法，守规律以治经 | 专凭己见，舍规律而论学 |
| (4) 汉儒言理，主于分析 | 宋儒言理，以为浑然之物 |
| (5) 汉儒说经，但云去欲 | 宋儒说经，谓理欲不并立 |
| (6) 汉儒言仁，为相人偶之仁 | 朱儒言仁，云心之理，爱之理 |
| (7) 赵岐言无形而生有形 | 周子言无极而生太极 |
| (8) 汉儒言敬，皆就威仪容貌而言 | 程门言敬，则以为寂然不动 |
| (9) 汉儒兼言体用，由下学而进上达 | 宋儒舍用而言体，言上达鲜言下学 |
| (10) 以谶纬之说，与六经糅杂 | 以道家之说，与周易混合 |
| (11) 汉儒以通谶纬者为内学，兼言灾异五行 | 宋儒以通图、书者为道学，兼言皇极经世 |
| (12) 汉儒之学，好舍理言数，多荒渺不经之谈，如公玉带献明堂之图，栾大进封禅之说是 | 宋儒之学，则理、数并崇，多名言至论，如朱子有天有四游之言，程子有月受日光之说是 |
| (13) 汉尚考据，其弊也破碎，如秦近君说尧典篇目两字之义，至十数万言之类是 | 宋尚义理，其弊也空疏，如司马光谓新进后生，读春秋未知十二公，已谓三传可束诸高阁之类是 |
| (14) 轻信而寡疑，谲诈者好作伪经，如张霸伪作百两篇，刘歆增益周官经，王肃作伪孔传等皆是 | 轻疑而寡信，诸名家每多武断，如欧阳修之排系辞，苏轼之改洪范，司马光之疑孟子等皆是 |

① 罗元鲲开明版《高中本国史》第二册，第55—56页。

宋学大盛，与宋朝士人政治的鼓吹，互存因果关系。学术密接政治，学问界人士进出政界，自都必然。宋朝政治附着党争不断的现象，学界因之不可避免便是斗争圈内人物。新法党、旧法党之争启端，王安石、司马光系各别集团的领袖，众所周知。错综于此最大与最长时间政争中，又是分由程颢兄弟与苏轼兄弟为代表的洛党、蜀党，以及司马光弟子主导的朔党，相互间尖锐冲突。因人论事态度变质人身攻击，恣意污辱人格如苏轼的疏指程颐为奸邪，系君子之学的矛盾。党争与漫无标准的攻讦，非仅北宋，南宋且向学术压迫的高层次发展，理学二大划期标志，程颐之学高宗时遭禁，朱熹之学宁宗时遭禁。朱熹列名理学或道学被指伪学期的党锢，也如同北宋徽宗时程颐列名元祐党人碑，又是自由学风宋学发达之极的矛盾。

宋学蹈袭中唐之后儒学，一方面猛烈的、不断的抨击佛、道，一方面又于学问上始终不脱佛、道思想影响的特征。特别是宋学正统的理学，其形而上的、思辨的性格，累积佛教、道教要素。初未仅起源期而已，历开展期二程学说至南宋朱熹成立理学庞大理论体系，均相一贯。“无极”“无欲”“虚”“静”等表面字句，原均道教用语固一望而知，“天道”“造化”等思想也是，至朱熹“人人有一太极，物物有一太极”（《语录》卷九四），仍是借用的道教人心一小宇宙（天地）之理。关于佛教影响，“本然之性”与“气质之性”对立，《首楞严经》已明言本然性、和合性，道统意识与禅宗“嫡嫡相承，以心传心”理念也符合①。宋儒修养方法的静坐，尽管朱熹辩称非坐禅入定，实质上并无区别。思辨范畴的体、用理论，儒家本无，佛教书籍却多其例②，又是佛教哲学由来而宋儒摄取加以消化运用。自胡瑗首唱“明体达用”之学，悬为士大夫大理想，至朱熹《中庸章句》第一章：“大本者，道之体；达道者，道之用”《大学章句》（补格物篇），又提出有名的“全体大用”之说，已系哲学—政治相接的体、用理论完成阶段意味。

理学由中心概念“理”而成立“理”的哲学，其佛教关系尤堪注目。华

① 平凡社版《思想的历史》6. 东洋封建社会的道德，第3页。

② 参阅同上，第4—7页。

严宗的理、事法界观，认现象世界每一事物皆心所现，每一事物皆是理，每一事物却只是每一事物而各别存在。因此，心统万物，一物统万物又统每一事物所统万物，再还入一心“全理”，心系客观世界一切现象的根本。此项客观唯心论的教说：“一即一切，一切即一”；“理不碍事，纯恒杂也，事恒全理，杂恒纯也，由理事自在，纯杂无碍也”（《华严义格百门》）；“一一毛中，皆有无边师子，又复一一毛，带此无边师子，还入一毛中”；“金与师子，或隐或显，或一或多，各无自性，由心回转”（《金师子章》勒十玄门），前引程颐之语：“一物须有一理”、“一万之理，即万物之理”，可印证明白与之相通。朱熹的补充解说更清晰：

“无极而太极，只是说无形而有理”；“无极而太极，不是说有个物事，光辉辉地在那里，只是说，当初皆无一物，只有此理而已”；“惟其理有许多，故物有许多”（《语类》卷九四）。

“未有天地之先，毕竟也只是理，有此理便有此天地。若无此理，便亦无天地，无人无物，都无该载了。有理便有气，流行发育万物。”（《语类》卷一）

“未有这事，先有这理。如未有君臣，已先有君臣之理，未有父子，已先有父子之理。不成元无此理，直待有君臣父子，却旋将道理入在里面。”（《语类》卷九五）

“做出那事，便是这里有那理；凡天地生出那物，便是那里有那理。”（《语类》卷一〇一）

“事事物物，皆有个极，是道理极至。蒋元进曰：如君之仁，臣之敬，便是极？先生曰：此是一事一物之极，总天地万物之理，便是太极。”（《语类》卷九四）

朱熹（晦庵）于宋朝迁都南方的十二世纪南宋，以程颐四传弟子集前儒诸学说大成，建设理学首尾一贯的大体系，而成立中国思想史空前壮举的朱子学。其意义，已不单是中国的，也是东亚世界的共同大事件。朱子学广博内容，自朱熹著述的分类可以了解：1. 注释书：最重要的《四书集注》（大学、中庸章句，论语、孟子集注）外，于儒家古典有《周易本义》《易学启蒙》

《仪礼经传通解》《诗集传》《论、孟集义》《大学、中庸惑问》等，另外《太极图说解》《通书解》《西铭解》等。2. 编纂书有《程氏遗书》（又《外书》）、《伊洛渊源录》、《近思录》、《上蔡语录》、《延平问答》等。3. 历史书有《资治通鉴纲目》、《名臣言行录》（前、后）。4. 文学有《楚辞集注》（又《后语》）、《韩文考异》、《家礼》等。5. 篇幅最浩大乃门人编集的《语类》（一四〇卷）、《文集》（一二一卷）（《朱子全集》六四卷，则清朝予此两者的辑集）。

朱子学的思想概要①，大体可区分三方面，第一是存在论→理、气说；第二是伦理学或人间学→性即理之说（朱子学的中心）；第三是方法论→居敬、穷理之说——

朱熹存在论的理、气说与“理”的思辨根本，均自程颐学说导源，而加以论理化追求，前引《语类》之文以前，如下都是：“凡有形有象者，即器也。所以为是器之理者，道也”（《文集》与陆子静书）；“人之所以生，理与气合而已。天理固浩浩不穷，然非是气，则虽有是理而无所凑泊。故必二气交盛，凝结生聚，然后是理有所附者。凡人之能言语、动作、思虑、营为，皆气也，而理存焉”（《语类》卷四）；“太极，只是天地万物之理。在天地言，则天地中有太极；在万物言，则万物中各有太极，未有天地之先，毕竟是先有此理”（《语类》卷一）；“‘万一各正，小大有定’，言万物是一个，一个是万物。盖统体是一太极，然又一物各具一太极”（《语类》卷九四）等，又都是“理”是什么，以及道—理—太极与“气”间关系的再解明。

具体的“气”如何构成存在界？《语类》中的说明是：“有这动之理，便能动而生阳；有这静之理，便能静而生阴。既动，则理又在动之中；既静，则理又在静之中。曰：动、静是气也，有此理为气之主，气便能如此否？曰：是也”（卷九四）；“一动一静，互为其根。动而静，静而动，开合往来，更无休息。分阴分阳，两仪立焉。……阳变阴合，而生水、火、木、金、土。阴阳，

① 朱熹学说解说，主要取材自平凡社版《思想的历史》6.《东洋封建社会的道德》第71—94 页中国最大思想家朱熹节。

气也，生此五行之质，天地生物，五行独先，地即是土，土便包含许多金、木之类。天地之间，何事而非五行？五行阴阳七者滚合，便是生物的材料。五行顺布，四时行焉，金、木、水、火分属春、夏、秋、冬，土则寄旺四季”（卷九四）；“阴阳是气，五行是质。有这质，所以做得事物出来”（卷一）。上述理论，可了解立于周敦颐《太极图说》缘由而展开，其补充部分：一气→阴阳、阴阳→五行，各具次元的相异，五行之系“质”又已与“气”区别。气、质原理的阴阳五行七者，以动、静间不停旋转的自己运动而凝集组合，变化关系又无限复杂。世界由是生成，万物由是发生。气的哲学系张载唯物论哲学，“理”为本体的朱子学体系中也加以充分吸收，为堪注目。

朱熹伦理学的原理，基础立于程颐“性即理”之说，而构成朱子学最为重心所在。《语类》之言，卷五：“问：灵处是心抑是性？曰：灵处只是心，不是性。性只是理”；“性、情、心，惟孟子说得好，仁是性，恻隐是情，须从心上发出来。心，统性、情者也。心只是合如此底，非有个事物。若是有底物事，则既有善，必有恶。惟其无此物，只有理，故无不善”；“理者天之体，命者理之用，性是人之所受，情是性之用也”；（卷六：“仁、义、礼、智、信，性也。性无形象可以摸索，只是有这理耳。惟情乃可得而见，恻隐、羞恶、辞让、是非是也”。《孟子》公孙丑篇上以恻隐等各别为仁、义、礼、智之端，所谓“四端”）；“性者，心之理；情者，心之动，才便是那情之会恁地者”；“才是心之力，是有气力去做底。心，譬水也，性，水之理也，才者，水之气力，所以能流者。只有性是一定，情与心与才，便合着气了”。由是衔接其辨别“本然之性”与“气质之性”对立，所继承另一面的张载学说，以及向如何使气质之性与本然之性合致，人间的伦理课题归结。

于此，朱熹对“性”的内容已予明快的理论化与体系化，心于理“体”未发时为绝对静止状态，也无不善的性。既发（喜、怒、哀、乐）便是情，已以含着气而分善、恶，已系动的范畴的“用”。从而引申两段文字，其一：“夫谓人心之危者，人欲之蔽也；道心之微者，天理之奥也。心则一也，以正不正而异其名耳”（《文集》观心记）；其二：“孔子之所谓“克己复礼”，《中庸》所谓“致中和，尊德性，道学问”；《大学》所谓“明明德”，《书》曰：

“人心惟危，道心惟微，惟精惟一，允执厥中”。圣人千言万语，只是教人存天理，灭人欲”（《语类》卷一二）。则朱子学特有诸概念，可整理以其体、用一致的两范畴表示，虽然只是权宜，不能十分恰切①：

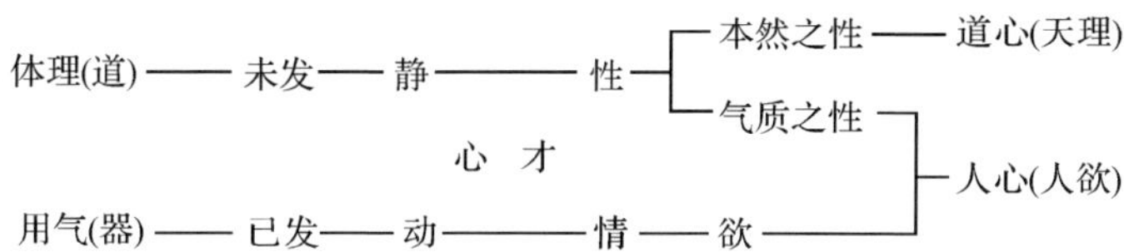


存天理、灭人欲的方法，朱子学踏袭主观（内面）方法与客观（外面）方法兼备的程颐定式，居敬与穷理。《语类》卷一二：“人性本明，如宝珠沉溷水中，明不可见，去了溷水则宝珠依旧自明。自家若得知是被人欲蔽了，便是明处。只是这上使紧着力主定，一面格物，今日格一物，明日格一物，正如游兵攻围拔守，人欲自销铄去。所以程先生说敬字，只是谓我自有一个明底物事在这里，把个敬字抵敌，常常存个敬字在这里，则人欲自然来不得”，是“敬”与“知”的关系最简赅说明。“穷理”学问研究态度的“格物致知”之语，出自《大学》。《大学》与《中庸》原各系《礼记》的一篇，程颐予以抽出，整理为单行本后，由朱熹续加再整理。定本的《大学》全体分“经”一章，解释部的“传”十章，“传”第五章原系经文“致知在格物，物格而后知至”的解释文，但已散失，经朱熹个人起稿补入，便是今日有名的《补格物传》，因而此传代表的是朱熹思想。

也惟其如此，朱子学的特征，与当时论敌陆九渊德性主义的学问对照，显著带有主知主义倾向为不可否定。而其居敬支柱下，循“大学”之义由格物致知出发，诚其意，正其心，而修、齐、治、平的理想主义，以及“理”系宇宙本体的哲学体系，视陆九渊之学相同的站于形而上学观点。只是，朱子学予理体的现象世界中一事一物，客观的均认定为实在，所以今日学界，对朱熹的哲学谓之“客观的观念论”，或者说，客观的唯心论。

陆九渊（象山）较朱熹年少九岁而早八年去世，殆完全同一时代。其思

① 下表依上引平凡社版《思想的历史》6. 东洋封建社会的道德，第87页附表改制。

想特征系惯用古书的“宇宙”名词，“道塞宇宙”“此理塞宇宙”等语，习见于其著述《遗书》《语录》中。《年谱》（与前两书合为《象山全集》三六卷）谓“宇宙便是吾心，吾心便是宇宙”与“此心同也，此理同也”（《全集》卷三六），乃陆九渊思想根本，由而唱出“心即理”的学说，便在此延长线上——《与曾宅之书》的内容系其全思想概要：“盖心一心也，理一理也。至当归一，精义无二，此心此理，实不容有二。故夫子曰：吾道一以贯之。孟子曰：夫道，一而已矣；又曰：道，仁与不仁而已矣。如是则为仁，反是则为不仁，仁即此心也，此理也。求则得之，得此理也；先知者，知此理也；先觉者，觉此理也。爱其亲者，此理也；敬其兄者，此理也；见孺子将入井而有怵惕恻隐之心者，此理也。”（《全集》卷一）

陆九渊学说系谱，与朱熹同出二程门下，却可辨认直接导源于大程子程颢。程颢是天理之说的最初提出者，由是分两方面分歧，一系程颐—朱熹的“性即理”，另一便是陆九渊的“心即理”。所以，朱子乃程颐系统，陆九渊则程颢系统的思想家，而朱、陆的思想分野差异铸定。“心即理”的学说，否定本然之性与气质之性、性与情、人心—人欲与道心—天理等一切区分与对立。总括的、单纯的主张理是惟一的，人心便是这惟一的理，而心不论圣人或凡人也只是一个。所以，理是宇宙本体，个人的心与本体同一，存在界全现象均由于心的作用，因心而产生现象，离开了心便无任何事物存在。如此浑一的理—心概念，今日学界认系“主观唯心论”的典型，唯心论中的唯心论①。

程颐—朱熹系统穷理主知的教养法，因之也被陆九渊反对。其自“愚不肖者，不及焉，则蔽于物欲而失其本心；贤者、知者过之，则蔽于意见而失其本心”（《全集》卷一，与赵监第一书）立论，主张“本心”自觉，启发人间固有的良知良能，便利排除蒙蔽，但能明理，便能达到性的至善（仁）境界，便能一切人间事顺乎自然的豁然开通，而成立其“学苟知本，六经皆我注脚”（《全集》卷三四《语录》）的名言。自己良心为本的道德法则，也便是陆九渊伦理学第一义，“收拾精神，自作主宰，万物皆备于我，有何见阙？当恻隐时

① 平凡社版《思想的历史》6. 东洋封建社会的道德，第104页。

自然恻隐，当羞恶时自然羞恶，当宽裕温柔时自然宽裕温柔，当发强刚毅时自然发强刚毅”（《全集》卷三五《语录》），是透彻的说明。著名道德中心的、直感的、实践的主观唯心论的陆九渊学问“心学”，由是展开。

朱子学广博，陆学简约，两大思想潮流，论理的特征呈现强烈对比，风靡学问界之势也呈现强烈对抗。但自元朝至明朝，思想界几乎已系清一色朱子学天下，陆九渊卒后约三个世纪的明朝中期，才以王守仁（阳明，1528 年卒，年五十七岁）阳明学一新思想界耳目，而复兴陆九渊学问意味的“陆王心学”再掀巨波。王守仁“心即理”的学说基盘，其遗书《王文成公全书》（三八卷），特别是前三卷《传习录》，说理甚明：“心之体，理也，物即理也。故有孝亲之心，即有孝之理；无孝亲之心，即无孝之理矣。有忠君之心，即有忠之理；无忠君之心，即无忠之理矣。理岂外于吾心耶？晦庵（朱熹）谓‘人之所以谓学者，心与理而已。心虽主乎一身，而实管乎天下之理。理虽散在万事，而实不外乎人之一心’。是其一分一合之间，而未免已启学者（指朱熹）心、理为二之弊。”（《全书》卷二，传习录中答顾东桥书）

王守仁的“心即理”便是陆九渊的“心即理”为固然，但其正当朱子学一面倒时代，也自朱子学出发而最初非陆学系统，为堪注目。《年谱》载其十八岁时：“过广信谒娄一斋谅，语格物之学，先生甚喜，以为圣人必可学而至也。后遍读考亭（朱熹）遗书，思诸儒谓众物有表里粗细，一草一木，皆具至理。因见竹，取而格之，沈思不得，遂被疾，”三十七岁谪贵州龙场驿，忽中夜大悟格物致知之旨，“始知圣人之道，吾性自足，向之求理于事物者，误也”（《阳明集要》）。《明史》王守仁传的后段记事尤详：“谪龙场，穷荒无书，日绎旧闻。忽悟格物致知，当自求诸心，不当求诸事物。喟然曰：道在是矣。遂笃信不疑。其为教，专以致良知为主。谓宋周、程二子后，惟象山陆氏简易直捷，有以接孟氏之传。而朱子《集注》《或问》之类，乃中年未定之说。学者翕然从之，世遂有阳明学云”。可了解其思想转变的原因，系由格竹而亲身体验朱子学“穷理主知”徒唱高调，无由现实化。阳明学创出，所以也便是对朱熹穷真理所残存的实践问题加以补正，而从方法上完成向陆九渊“心即理”原理的回归。

格物致知，从而形成王守仁思想发展的动力。当时学界通用，具压倒权威的《大学章句》，也于多已渗入朱熹自己学说而失《大学》本义的理由，被王守仁舍弃，退回到《礼记》所存，所谓“去分章而复旧”的原型，刊行《大学古本》与其《旁释》。《大学古本》序一则谓：“故至善也者，心之本体也，动而后有不善，而本体之知，未尝不知也。意者，其动也，物者，其事也，致其本体之知，而动无不善。然非即其事而格之，则亦无以致其知”；二则谓：“旧本析而圣人之意亡矣。是故不务于诚意而徒以格物者谓之支，不事于格物而徒以诚意者谓之虚，不本于致知而徒以格物诚意者，谓之妄。支与虚与妄，其于至善也远矣。合之以敬而益缀，补之以传而益离”（《全书》卷七），明白都是对新本《大学章句》补格物传，尤其“欲致吾之知，在即物而穷其理也”之文，以及新注以《大学》全体解释由“敬”的概念导入，表示反感。格物的“格”字，朱熹《大学章句》作“格，至也”的解释，系“穷至事物之理，欲其极处无不到也”，王守仁的新解释是“格者，正也，正其不正以归于正也。正其不正者，去恶之谓也；归于正者，为善之谓也”（《全集》卷二六大学问）。差异的更具体说明由王守仁自身所提出：“朱子所谓格物云者，在即物而穷其理也。即物穷理，是就事事物物上求其所谓定理者也，是以吾心而求理于事事物物之中，析心与之理而为二矣”；“若敝人所谓致知格物者，致吾心之良知于事事物物也。吾心之良知，即所谓天理也。致吾心良知之天理于事事物物，则事事物物皆得其理矣。致吾心之良知者，致知也。事事物物皆得其理者，格物也。是合心与理而为一者也”（《全书》卷二传习录中答顾东桥书）。

“良知”、“良能”系《孟子》之语，王守仁以与《大学》的“致知在格物”相结，而唱“致良知”学说。《大学古本》便以《大学》学理基盘置诸致良知，致良知也是阳明学根本“心即理”的中心思想，人间固有的道德直观力。如以阐明：“人的良知，就是草木瓦石的良知。若草木瓦石无人的良知，不可以为草木瓦石矣。岂惟草木瓦石为然？天地无人的良知，亦不可为天地矣。盖天地万物与人原是一体，其发窍之最精处，是人心一点灵明。”（《全书》卷三传习录下）“大学之道，在明明德，在亲民，在止于至善”的《大学》三纲领，王守仁《大学问》解释：“明明德者，立其天地万物一体之体也；亲民者，达其天地万物一体之用也。故明明德必在于亲民（包括君臣、夫妇、朋友、山川神鬼草木鸟兽），而亲民乃所以明其明德也”；“至善者，明德、亲民之极则也。天命之性，粹然至善，其灵昭不昧者，此其至善之发现。是乃明德之本体，而即所谓良知者也。(《全书》卷二六）良知═天理═至善，又系王守仁独创之说。

《大学问》系王守仁答门人“《大学》者，昔儒以为“大人之学矣”之问，去此前一年的记录，堪谓其全思想的决定版。其解释所以为“大人”之学：“大人者，以天地万物为一体者也，其视天下犹一家，中国犹一人焉。若夫间形骸而分尔我者，小人矣。大人之能以天地万物为一体也，非意之也，其心之仁本若是，其与天地万物而为一也。岂犹大人，虽小人之心，亦莫不然，彼顾自小之耳。是故见孺子之入井而必有怵惕恻隐之心焉，是其仁与孺子而为一体也。孺子犹同类者也，见鸟兽之哀鸣觳觫而必有不忍之心焉，是其仁之与鸟兽而为一体也。鸟兽犹有知觉者也，见草木之摧折而必有悯恤之心者，是其仁之与草木而为一体也。见瓦石之毁坏而必有顾惜之心焉，是其仁之与瓦石而为一体也。是其一体之仁也，虽小人之心亦必有之，是乃根于天命之性，而自然灵昭不昧者也。……是故苟无私欲之蔽，则虽小人之心，而其一体之仁犹大人也；一有私欲之蔽，则虽大人之心，而其分隔隘陋犹小人矣。故夫为大人之学者，亦惟去其私欲之蔽，以自明其明德，复其天地万物一体之本然而已耳”(《全书》卷二六)，圣人纯天理不杂人欲，凡人（大人、小人）存天理、去人欲的修养，实践原则又是“致良知”（前引“致吾心良知之天理于事事物物”）——万物一体之仁系程颢学说复活，天理、人欲思想同于朱熹而与否定两者区别的陆九渊异，仍可发现阳明学最早自朱子学出发的痕迹，但敬、知也恃他律的道德观，结局已是陆学内面主义的道德自律性，彻底的、主观的唯心论转向。

王守仁闻名的“知行合一”学说，最早已由程颐创意，朱熹修正为“先知后行”后，由王守仁再提出并完成其理论：“知是行的主意，行是知的工夫。知是行之始，行是知之成。若会得时，只说一个知，已自有行在。只说一个行，已自有知在”；“未有知而不行者，知而不行，只是未知”（《全书》卷一传习录上）。知、行的统一，发挥了推动致良知向天地万物一体之仁境界合体的燃料作用，反过来说，思索简单，惟凭良知直觉物理的阳明学必须的滑润剂。

近代中国哲学三大潮流，便是如上程颐—朱熹“性即理”的哲学→客观唯心论（客观的观念论）、陆九渊—王守仁“心即理”的哲学→主观唯心论（主观的观念论），以及张载与继承其思想的明末清初王夫之“气”的哲学→唯物论①。王夫之（船山，1693年卒，年七十五岁），其自撰墓志铭“希张横渠之正学”（见《船山先生传》，载《船山遗书》）之语，可见其志向与学统。其“盖言心、言性、言天、言理，俱必在气上说。若无气处，则俱无也”（《读四书大全》；以“洪荒无揖让之道，唐虞无吊伐之道”引证“无其器，则无其道”，强调“天下惟器而已矣。道者，器之道；器者，不可谓之道之器也”（《周易外传》，上文均载《船山遗书》），以及强力批判陆王心学，都是立场说明。

三大哲学系谱中，朱子学的后世影响为特大，《四书》的儒家经典比重，南宋以来已压倒《五经》。历元至明，成祖永乐时代结合多数学者编集科举、学校教科书意味的《四书大全》、《五经大全》、《性理大全》，基本方针均朱子学立场，朱子学获得官学待遇。以迄清朝的七八百年间，教育几乎由朱子学统一。朱熹集大成的理学，天道与人道（秩序）原理相通的天人合一思想，绝对遵从君臣、父子、长幼等社会道德，以及大义名分论的强烈忠臣意识，激发宋、明亡国之际士大夫“威武不能屈、富贵不能淫”志节而殉国者特多，固然向被传统历史界重视，然而，相对也对绝对君主专制政治扎下深厚的思想根柢，抑且，倒反便由征服朝代利用压迫被征服汉族服从的理论依凭。清朝文字狱高潮期，世宗雍正七年（纪元1729年）《大义觉迷录》颁示全国，卷首御制上谕：“我朝既仰承天命，为中外臣民之主，则所以蒙抚绥爱育者，何得以华夷而有殊视？而中外臣民既共奉我朝以为君，则所以归诚效顺，尽臣民之道

① 平凡社版《思想的历史》6. 东洋，第61页。

者，尤不得以华夷而有异心。此揆之天道，验之人理，海隅日出之乡，普天率土之众，莫不知大一统之在我朝，悉子悉臣罔敢越志者也”①，可注意其主张汉族中国支配的正统性、正当性，箝制反抗思想的藉口，正也是理学家所强调“天命”与君臣大义。

理学是纪元前二世纪末汉武帝独尊儒术，却意味儒家思想发展从此自我禁锢长达十二个世纪后，惟一次的自停滞中脱出的思想跃进。但至清朝，早已泉源枯竭而空残性理之学形骸。外在原因，征服朝廷惨酷文字狱下思想抑压的迫害，固属显然，内面没落因素早自兴起时期便已同在，为尤堪重视。十二世纪末朱熹在世前朱子学遭禁，“道学”被指伪学之际，南宋周密撰《齐东野语》的记述，当时假道学之风已盛行：“世又有一种浅陋之士，自视无堪以为进取之地，辄亦自附于道学之名。裒衣博带，危坐阔步，或抄节语录，以资高谈；或闭目合眼，号为默识。而扣击其所学，则于古今无所闻知；考验其所行，则于义利无所分别。此圣门之大罪人，吾道之大不幸，而遂使小人得以藉口为伪学之目，而君子受玉石俱焚之祸也”。阳明学闪耀理学压轴之光，原以弥补朱子学空理空论的缺陷而兴，风靡一时的结果，所产生是两种现象：其一，十六世纪后半明末李贽（卓吾）激烈的专制制度批判，唱“童心”之说，尊重个性，主张人欲乃出自天性，赞同男女平等与自由恋爱，而于惑乱人心风俗，侮辱圣人的罪名下，自杀狱中。其人于今日固被推为左派阳明学最大人物②，当时其说却视同洪水猛兽，而正是阳明学流风的一支。其二，阳明学本质乃是心学，实践仍然流入空谈，或吾言行愈向畸形变态，清朝张武承撰《王学质疑》笔下的明末伪君子面目：“高者脱略职业，歇睡名庵；卑者日沉迷于酒色名利。案有楞严、南华者为名士。挟妓呼卢，裸而夜饮者为高致。抗官犯上，群噪而不逊者为气节。矫诈嗜杀，侥幸苟利者为真经济。谨纲常、重廉隅者为宋头巾。举天下庠序之士，如沸如狂，入则诟于家，出则哗于朝，闯、献之形日积于学士大夫之心术，而天下不可为”③。情感内、外交熬的清朝儒者，学问

① 引文摘自但焘译稻叶岩吉《清朝全史》上卷四，第39页所录长文。

② 晓教育图书版《现代教养百科事典》7. 历史，第266页李贽条。

③ 转引自范寿康《中国哲学史纲要》，第373页。

方向便只有还返“去圣贤最近”的汉学基础上，从事资料整理专门研究的考证学，已非哲学范畴。中国哲学、思想届此阶段，呼吸全行窒息。自此迄于今日的中国，仅已是西洋新的文化与学问输入后，对西洋哲学、思想亦步亦趋的时代。

中国哲学、思想发展的再度停滞，乃是中国文化全面停滞一分野，而且还是中国固有文化最后脉搏停止跳动的意义。理学发达的全过程，系汉族创造力从长期领导世界文明，开始向衰退曲线下降，而近代西洋文明自长期停滞中渐渐苏甦，东西文明决定性呈现起伏反走向时期的一次东方文明最后冲刺，由是力竭瘫痪的意味。理学代表学问的朱子学，原如陆九渊诗句批判的“支离事业竟浮沉”，繁驳的缺陷下精神注定萎缩，朱子学官学统一教科书的实质却与秦始皇统一思想无异。中国文化以汉族素质停止再更新而活力衰退，变质僵硬的朱子学意识支配又强化了民族保守性格，等于对已形停滞的中国文化加大其发展阻碍，全行剥夺再发展可能性，包括自身。

然而，朱子学的另一方面意义，其结局固已系“保守”的代名词，但成立时期的十三世纪当时，却是世界的进步思想，后世对东亚抑或世界诸影响均为莫大。输出东方，朝鲜李朝凭以为政权的思想支柱。于日本，又已系其近代史不可缺少的一页，十六世纪末开启的江户幕府，其绝对王政与“德川国家”为表征的统制原理，也便是朱子学思想，明亡后朱舜水自中国流亡日本所展开水户学的动力作用，于日本史为周知的关键大事。明治维新前朱子学官学地位，大学、藩学概用四书教读，支配思想界与道德律都彷佛中国。对于西方，十八世纪西洋人又系以朱子学传入的鼓舞作用，而欧洲以法王路易十四（Louis XIV）宣言:“朕即国家”所铸定专制政治弊害的改革，得以实现①。十八世纪欧洲的广泛中国研究便以法国为中心，西洋史以此时代设定为启蒙思想期，福耳特耳（通译伏尔泰 Voltaire），孟德斯鸠（Montesquieu）等启蒙思想家的反宗教思想，系凭恃自中国所传入天的观念与朱子学②，今日学界都已贯通其

① 人物往来社版《东洋历史》8. 宋代的新文化，第 378 页。

② 晓教育图书版《现代教养百科事典》7. 历史，第 343 页中国文化的西渐条。

脉络。则朱子学于西方发挥了与东方倒反的效果，却是颇有兴味之事。日本著作爱用“孔子以来最大思想家”或“中国最大的思想家”称誉朱熹，虽系基于自国立场，谓朱熹的学问乃继孔子儒学传入后第二次儒学冲击日本而发，以视朱子学影响的广大与深远，则也堪承认为相当，非是偶然。

## 宗教思想·学问的进展与停滞

宋朝已非唐朝国际化的时代，唐朝传来诸外教，景教仅能在北方边缘地区维持其传统，摩尼教吸收佛、道二教民间迷信成分而变质残存，所以宋朝汉族国家的宗教已惟佛、道。元朝世界大帝国回复国际宗教橱窗壮观，又随蒙古人退出汉族中国立即结束其展示，天主教因之须待十六世纪末再传入，回教自唐末历宋至元虽已在汉族民间生根，却纯系外来信仰，对中国思想无何影响。明朝以来宗教思想的依附体，仍然只是佛、道二教。

隋唐百家争鸣的佛教奔放思潮，随诸宗派分立态势铸定而渐渐平息之际，经过唐武宗废佛大打击又次代宪宗复佛，断丧的元气复苏究已不易。教理由是进入衰颓期，从来理论的倾向转往实修方面，不立文字、教（经义）外别传的禅宗乃于此机运中决定性盛行。十世纪续经五代后周世宗（佛教史所谓“三武一宗”之祸的“一宗”）原因不明的佛教弹压，堕坏寺院，摧毁经典，再陷低潮的佛教幸以接续便是宋朝成立，自开国的太祖后代代帝室加以保护与奖励，而佛教复兴的新生机展现。

隋唐大乘八宗中，其言宗密教自别于所有诸宗派的显教，显教中律宗、禅宗均大、小乘共通基础上的独特实践发展，净土宗念佛修行方法另是特殊的实践宗派，三论宗（印度系空宗）、法相宗（印度系相宗）、天台宗、华严宗（中国系），是澎湃深邃哲学理论的渊源。

三论宗与天台宗，各别系隋唐佛教教理前导二大巨匠的吉藏（嘉祥大师）

与智𫖮（天台大师、智者大师）所开创：

——三论宗依凭“中论”、“十二门论”、“百论”的三论，阐明般若部诸经“空”观，由“真理是空”思想，达成发现真正自己的“中道”。

——天台宗以《法华经》为根本经典（以及《涅槃经》），所以也称法华宗。智𫖮主要著作天台三大部《法华玄义》、《法华文句》、《摩诃止观》，推展四论（三论加“大智度论”）“空”的理论。建立“一心三观”（空、假、中）、“三谛”（即空═真谛、即假═俗谛、即中═中谛。真谛、俗谛<世谛>亦吉藏“二谛章”主旨）“圆融”的哲学体系。

玄奘弟子窥基（慈恩大师）成立法相宗，又与法藏（贤首大师）的完成华严宗约略同时期：

——法相宗传唯识论教说以明诸法相体，中心思想一切唯识，识外无物，所以也名唯识宗。眼、耳、鼻、舌、身、意系前六识，第七识末那识，第八识阿赖耶识（意译“藏经”，含藏万法的无量种子），玄奘《成唯识论》说明：“第八名‘心’，集诸法种，起诸法故；第七名‘意’，缘藏识等，恒审思量为我等故；余六名‘识’，于六别境，粗动间断，了别转故”。

——华严宗以《华严经》为本经，基本教义系“一即一切，一切即一”，一一事理皆为真心全体所现。其事事无碍法界观的理论，谓本体之理与现象之事系不可分的一体两面，任何事物又包摄一切事物，由于一心法界缘起而圆融无碍。法藏《金师子章》系此绝对唯心论的代表作，也于中国佛教教理发达史上，与智𫖮并称承先启后的两大师[①]。

三论、天台两宗自隋至唐初大流行，但当唐朝政治、文化北方中心形势成立，天台宗以浙江天台山本据远离长安、洛阳，自太宗以来已形不振，所以当其他宗派光辉奇丽的黄金时代展现，天台宗却相对正是黑暗期。八世纪后半奇才杰僧湛然（荆溪大师）复兴台门，教学大盛，一时且具概括诸宗教义大成而兴佛教统一运动姿态。唐朝中期已衰颓的三论宗，便以教理接近，确定并入

① 佛教诸宗派教理，参阅拙著《南方的奋起》佛教·译经·中国佛教教义节、《中国世界的全盛》外来宗教与佛教思想的百花齐放节。

天台宗，太宗时代以来风靡的法相宗，也自唐朝中期后没落。华严宗则以高僧澄观（清凉大师）继起，光大宗学，与天台宗抗衡。澄观高弟宗密（圭峰大师），又是一位中国佛教史著名学僧，但已值禅风蒸蒸日上，与共通的教义宗派，所谓教界，对称“禅”、“教”或“宗”、“教”之势开始形成，而以禅、教双修驰誉，圆寂未几，会昌废佛一幕便行上演。

自是历唐亡后五代至宋朝，佛教复兴，通宋朝三百年间，官版与私版的《大藏经》五度开版，译经事业续开，《释氏要览》、《释门正统》《景德传灯录》、《僧史录》等，以及有名的《佛祖统记》（南宋天台僧宗磐撰），均于其时著作。北宋中期仁宗景祐元年（纪元 1234 年）天下出家人统计，回复僧三八万五千余人，尼四万八千余人的盛况，南渡后临安与附近天台、四明等地尤其寺院密集，僧侣众多。教团自宗教本务而唐朝经济团体化的形貌也已复现，拥有广大的花园、矿碨、仓库、店铺、园林，所谓“丛林”制发达。教团专职役僧管理寺产、佃户、寺库，司掌钱谷出入岁计，以及商业资本、高利贷资本的蓄积，由长生库（局）、无尽财之名可知①。然而，教理却只是唐朝教界的维持与继承，再无何高价值创新。注目倾向惟在禅宗浸浸乎驾凌所有宗派的独盛声势继续发展。

唐朝中期高僧圆寂年（据《宋高僧传》）

慧能（禅宗）玄宗先天二年（713）

神会（禅宗）肃宗上元元年（760）

湛然（天台宗）德宗建中三年（782）

澄观（华严宗）宪宗元和年间（806－820）

宗密（双修）武宗会昌元年（841）

与天台、华严等教理研究宗派特征相异，专念于解脱实践，“顿悟成佛”的禅宗，自达摩以迄六祖慧能（大鉴大师）而大成，以胡适研究而闻名，敦煌所发现《神会语录》的作者神会（荷泽大师）便是慧能高弟，神会又是双

① 参阅平凡社版《世界历史大系》8. 东洋中世史第三篇，第 364—365 页。

修的宗密所隶禅门系统①。以发展迅速，禅风互异发生的派别，唐末、五代（纪元907年唐亡，960年宋朝成立）已确定性成立临济宗、曹洞宗、沩仰宗（唐末）、法眼宗、云门宗（五代）的所谓“禅宗五家”。宋初，沩仰、法眼二宗盛极而衰，甚或中绝，云门宗大繁荣，北宋中期的仁宗时代以来，临济宗接踵抬头，再分派为黄龙派与杨岐派（所以也被称“五家七宗”）。届于南宋，临济宗发达至压倒性极盛期。但南宋末期，原属微弱的曹洞宗奇峰突起，取代抗衡临济宗的云门宗式微形势。宋朝之后，代表禅宗因之惟是临济、曹洞两宗。禅宗于宋朝传入日本，介绍的因之便是临济、曹洞两宗，以镰仓武士争相皈依而建立为镰仓精神文化基础②（禅宗流行高丽的则系稍早的法眼宗）。近代中国的佛教界，也便以禅宗发达为枢轴而再编成——

其一，融合佛教成立。唐朝中期以来至宋初，教、禅一致方向不断开朗，禅宗为中心而诸宗派融合、调和之风浓厚。从来以观心实践为旨的禅宗名僧，多修习、研学他宗思想，宋初圆寂的廷寿倡导“祖佛同铨、禅教一致”，主张以惟一真心折衷融合一切经教，集一切佛法于一身，而建立宋朝佛教界诸宗习合的基础。天台禅、华严禅盛行，以及兼参念佛净业的念佛禅，都蔚为风潮。佛教各宗派融合之势渐渐形成，历史的绚烂之光却也渐渐平淡。

其二，文字禅与居士禅勃兴。从来禅宗非赖经文的文字以求精深理论为必要，以文字不可能透彻无遗表达所须说明的本旨。但也非完全抛弃文字之谓，经如“楞严”、“维摩”，论如“起信”等，仍都研读。抑且，录颂师门古人参禅话头为公案，供于讽咏咀嚼中领悟禅机，所谓“待悟见性”为目的的所谓“颂古”（“看话”），唐末已发生，至宋朝而大盛，北南宋之交临济宗克勤《碧岩集》（载公案百则），系禅门颂古特为有名之作。颂古、语录等此类文学意味的禅书爱读之风高涨，巧逢宗师一语，可以参透心要得大自在。然而，文字禅简捷登入禅门之道，渐渐流于浮华冗漫的复杂化，问答间知见、思量、情识丧失，互争机锋，徒然玩弄空疏抽象的文字与理论，弊风也便自北宋末与南

① 见范寿康《中国哲学史纲要》，第284页附表。
② 社会思想社版《教养人的东洋史》（上），第213页。

宋而起。尽管文字禅僧俗共赏，特别被爱好理论的士大夫所喜，禅学或禅的知识因之得在知识人间普及，参禅于俗界形成学者、名士教养之一，居士禅又因之而自宋朝发达，对于禅的本旨，禅宗的本来面目，却都正渐渐离背而丧失①。

净土宗与禅宗，各别系各宗派间共通所实行念佛与参禅基盘上的独立成宗，其经说对应现实社会而加反省为出发点的末法佛教主张，阿弥陀佛一佛专修的念佛特征，也与禅同样离开理论而流传，惟以激化力的适应通俗化民间，社会普及方向系与禅宗—知识人相反的一般民众。宋朝禅宗中心的诸宗融合倾向下，禅、净习合自亦一大潮流，尤其北宋倾覆前后社会上下弥漫厌世感，净土思想的念佛宗获得机缘愈益盛行，迄南宋而此风不衰。也便以弥勒佛来生救世主净土信仰为基础，佛教别派的白莲宗自南宋初期兴起。宗派发生当初，系一种严守禁欲主义的净业团体，具半僧半俗性质，由于被一般佛教界视为异端，官吏心目中的邪教，被迫转变形成特殊化秘密教团组织。见于《佛祖统记》（卷四七）的此等教徒行径是：不杀生、不饮酒、避葱乳，依念佛功德求自现世污土直向极乐净土往生，诳诱愚夫愚妇盘据田里，风纪败坏，奸秽淫乱。类似的白云宗，同系起自宋朝的半僧半俗通俗化宗教团体，禁荤酒肉食，吃菜（素食之意）。残存长江中、下游与东南沿海民间已变质的摩尼教，与白莲宗、白云宗也具有亲密关系，《佛祖统记》记其名为摩尼、末尼、明教，吃菜事魔，卷四八引《夷坚志》："吃菜事魔，三山（福州）尤炽。为首者紫帽宽衫（卷四一，"其徒白衣白冠"），妇人黑冠白服，称为明教会，所事佛衣白，引经中所谓白佛"；注引宗鉴语："良渚曰：此三者（摩尼、白莲、白云）皆假名佛教以诳愚俗，犹五行之有沴气也，今摩尼尚扇于三山"；卷四二："其（末尼）徒以不茹荤饮酒，夜聚淫秽"。可明了三而一的性格合流，邪教恶名下遭禁的际遇也相同，导源于反抗心理，纠合不平分子益益脱线的行动，乃不可避免。自宋入元，末年翻天覆地红巾农民暴动指导者，便是自称弥勒佛

① 佛教融合倾向，文字禅、居士禅，主要取材自平凡社版《世界历史大系》6. 东洋中世史第三篇，第362—363、372—376页。

化身的被弹压秘密结社分子韩山童，继承之子韩林儿称号又是摩尼教色调的小明王（《明史》韩林儿传）。但待党徒一支朱元璋收取推翻元朝果实建立明朝，洪武三年（纪元1370年），仍如太祖实录[①]所载："及白莲社、明尊教、白云宗、巫觋、扶鸾、祷圣、书符、咒水诸术，并加禁止"。

另一方面，佛教的一般教团，自南北朝以至隋唐一贯存在的寺僧结托权贵现象，宋朝以来非只如旧，且以居士尊信，功德院的名目发生，士人止宿寺院读书风习也引为美谈，以及寺院经济发达，而僧侣世俗的名利惑溺愈益热衷。加以政府滥发度牒，僧尼素质日趋低下，佛教界固自别于邪教，自身的堕落大势同样注定。

与佛教并行发展的道教，北宋末一度以政治奥援气焰猛升，风流天子徽宗自称道君皇帝，天下佛寺均改道观，佛、菩萨、僧尼称谓也一概变换道教名词，教理却是停滞状态。仅仁宗前代真宗时，王钦若集结道书四三五九卷为《宝文统录》，张君房辑录道书四五六〇卷，主要内容为《云笈七签》，成立道教思想总汇一切经《道藏》原型。堪注目的道教革新运动，系起自南宋时代的金朝版图内，全真教（去妄幻而全其真为要谛）、真大教（苦节危行，俭素不受施与为主旨）、太一教（以传太一三元法箓之术而命名）三派分立。其中奉宋初吕洞宾（纯阳）为始祖，十一世纪在山东开宗全真教的王重阳，与朱熹同时代，著作颇多，摄取儒、佛实践道德，传道指导先读《孝经》与老子《道德经》，再授《般若心经》与《常清净经》，又循打坐（静坐＝禅定）求定心。提倡炼心缮性以证道，排除不老长生的现世升仙幻想，渊静绝虑、见性得真为本旨，所以全真教新道教的出现，堪誉已到达道教史登峰造极境界。其后应成吉思汗邀，以于中亚细亚战场为这位世界最大征服者讲养生之道驰名的长春真人丘处机，便是王重阳四位相续掌教的大弟子中最少者，第一次《道藏》正式开版，也追随便在蒙古灭金后的纪元一二三七年，以及由丘处机弟子主持。全真教一刷道教旧日道士素质低落如同佛教的腐化积弊，领导完成宗教改革，奠定了道教史的不朽地位。

---

① 转引自牟润荪《摩尼教入中国考》，《国学季刊》一卷二号。

元朝灭宋以前的蒙古帝国时代，系道教发展的隆盛期，初非只全真教得志而已，但迄统治汉族中国全域的元朝，真大教、太一教均已没落，全真教独盛于北方中国，而与旧南宋治下南方中国，汉朝五斗米道═天师道张道陵子孙在江西龙虎山所发展的正一教暨所代表符咒（符箓禁咒）、科教（经文讽诵）的旧传统，成立二分道教天下之势。然而，全真教势力急速伸张的结果是道士骄恣，教团堕落，金丹道思想复活，不老长生、炼丹成仙的要素仍然吸收入全真教教理，与正一教已无差别，革新精神与实质的独立性既都萎退，风靡一时的全真教，乃不得不向历史悠久的正一教低头合流。

所以，明朝以来的道教，大势上反而系全国性，也惟一仅张道陵自洪武元年（纪元1368年）受封正一嗣教真人，以及代代承袭，如《明史》方伎传张正常条所载："顾代相传袭，阅世既久，卒莫废去云。"佛教自明朝以来，也是各宗派褪脱独立色调，禅、净土二宗为中心而融合性形成统合佛教倾向，愈益增大。图画总绘佛陀所化身而加以人格化的诸佛、诸菩萨、诸金刚、诸天以表达曼荼罗境界膜拜，喇嘛教所隶系统的密教仪式规范，也于此佛教宗派统合阶段供为显教法事范式。密教根本教义"即事而真，即事成佛"[1]，指佛陀外向众生波及的作用为应身佛（释迦如来═释迦牟尼佛），其内证境界则法身佛（大日如来═毗卢遮那佛），前者所说种种经典称显教，后者所传秘奥真言便是密教（所以也谓真言宗），大日如来所表现，又便是相即相入，"轮圆具足"之义的曼荼罗。曼荼罗由自我的精神（心），主观的渐次扩大为宇宙全体，谓金刚界；从宇宙全体，客观的渐次内缩为自我肉圆心，谓胎藏界，一体两面互为表里的两境界中，物、心一切现象统归佛陀为本体，为真理。旧时已以实践特征的注重设坛，供养与诵咒等仪式，适合民间渡亡、祈醲迷信意识独自存在中国佛教发展的最后阶段，终也加入了融合序列，如今日所见。

也惟其如此，明朝以来，无论佛教或道教，分派都自思想的融合，续于形式上合一。其倾向，则是大众的、普及的，却也是平淡的、庸俗的。《大藏经》、《道藏》尽管续刊，佛、道著作尽管增出，已无何高深哲理可言，如同

① 参阅拙著《中国世界的全盛》，外来宗教与佛教思想的百花齐放节。

儒家思想的确定停滞，此其一。其二，儒、佛、道一面调和，一面论争的矛盾也完全化解。士大夫儒者固已转变态度，承认宗教信仰无碍于圣贤之道，佛、道传教的加味儒家化为尤堪注目，以视广泛流行民间，民众普遍多有阅读的“阴骘文”、“功过格”等（《太上感应篇》则书名始见《宋史》艺文志）道教通俗文献，性质毋宁都是儒家的伦理读本，而以宗教的因果报应说加强说服力。三教和平融合的结局是儒家最蒙其惠，当系原先猛烈排斥佛、道时代始料所未及。

思想、宗教、学术的精神文化面各分野，自宋朝以来，均须划定一新纪元。理学思辨的宇宙观由佛、道哲学的刺激而成立，对后世东亚文化圈诸国授以绝大影响，系十七世纪清朝而继佛、道二教思想呈现发展的停滞状态，已如前述，其他学术研究方面，历史学、地理学的发达尤须特笔。欧阳修所主持编纂与五代刘昫《唐书》（称《旧唐书》）对称的《新唐书》，与前出薛居正《五代史》（称《旧五代史》）对称的《新五代史》等正史，（元末官修《辽史》、《金史》、《宋史》，明初官修《元史》，柯维麒又撰《宋史新编》），以及编年史的《资治通鉴》（司马光）、《续资治通鉴长编》（李焘）、《通鉴外纪》（刘恕）、《大事记》（吕祖谦）、《建炎以来系年要录》（李心传）之外，记事本末体的《通鉴纪事本末》（袁枢）、《三朝北盟会编》（徐梦莘）、《左传事类始末》（章冲），乃是宋朝创意，依既已成立的纪传、编年史书，避免记事分散割裂而叙述首尾一贯的新体例（明朝陈邦瞻宋史、元史的纪事本末亦然，惟清初顺治年间，谷应泰《明史纪事本末》完成于乾隆时《明史》成立之前为例外），朱熹《资治通鉴纲目》亦此类杰作。

制度书一类别的会要书也始自宋朝，王溥《唐会要》《五代会要》，徐天麟《西汉会要》《东汉会要》，都是其例。郑樵《通志》、马端临《文献通考》尤系有名的制度书，《文献通考》上续唐朝杜佑《通典》迄于玄宗的记载年代，下以南宋宁宗嘉定时代为断。南宋末年与辽、金、元、明四朝代沿革，须待清朝高宗勅撰《续文献通考》一括补足，又另编集《皇朝文献通考》。

导引后代更多著作的宋朝地理书《太平寰宇记》（乐史）、《元丰九域志》（王存等）、《舆地广记》（欧阳忞）、《方舆胜览》（祝穆）等，乃广域的地志。

《长安志》（宋敏求）、《景定建康志》（周应合）、《吴郡志》（范成大）、《乾道临安志》（周淙）、《咸淳临安志》（潜说友）等均单一地域的地方志。《宣和奉使高丽图经》（徐兢）、《松汉纪闻》（洪皓）、《岭外代答》（周去非）、《诸蕃志》（赵汝适）等，又是博学界高评价的汉族中国周围地方介绍。

元朝灭宋后至元十七年（纪元1280年），派遣都实深入青海腹地，探求黄河河源，归朝后提出的实地位置勘测报告书，由翰林学士潘昂霄据以撰定《河源志》，又是科学调查黄河源流的最早正确记录遗留。

十七世纪中，明朝转换为清朝的中国支配，也开启学问新的转折时代，最早的代表人物黄宗羲（梨洲）、顾炎武（亭林）、王夫之（船山）三大家，都是明亡举义兵失败而誓死不屈的遗臣。三大家中黄宗羲年最长，生于明神宗万历三十七年（纪元1609年），卒于清圣祖康熙三十四年（纪元1695年），顾炎武较之晚四年生而早十三年卒，王夫之较黄宗羲晚十年生而早三年卒。黄宗羲之父系明末以反权臣、反宦官闻名的东林党有力人士，“东林党”乃由东林学派而起的名词。东林学派由江苏省无锡东林书院讲学导源，觉醒风靡的阳明学空谈无用，主张学问必须关心现实社会的政治、经济问题，而提倡“经世实学”，重视名教节义，轰然代表厌恶当时权臣、宦官横暴的一般士大夫舆论。其节义修养的实践，便是强烈的政治活动，不畏权势，奋身与之对抗搏斗，虽然效果只是破坏面，对挽回明朝腐败的覆亡命运无所裨益。黄宗羲继父浓厚的东林党遗风，其《明夷待访录》名著，痛击三千年来君主专制的弊害，以个人丰富的历史知识为根柢，对政治、财政、土地制度、教育等一应问题，逐项提出意见，全然东林学派经世之学展开，于其批判明朝缺失的背后鲜明表达汉族民族意识，进行反清斗争。《明儒学案》又是其不朽著作，中国第一部学术史与哲学史，另一未完成大作《宋元学案》，由弟子全祖望续成（经学家万斯大与史学家万斯同兄弟亦其门人）。顾炎武《天下郡国利病书》与《日知录》、《亭林遗书》中文集等诸篇，王夫之《黄书》、《宋论》、《读通鉴论》（均包括于今已残缺的《船山遗书》中），也均同类经世致用学问的著述，以史论方式抒发与清朝政治不相容的政治思想。顾、黄两家通清朝均具影响力，王夫之比较孤立：其思想至十九世纪中的道光、咸丰年间始受注目，特别至今日而其哲学思想的获得高评价。

清朝征服统治确立，文字狱的严厉大弹压，汉族士人反抗意识瓦解，乾隆时又颁禁书令，前后二十四次销毁犯禁书籍，书籍总数五百三十八种，一万三千八百六十二部[①]，于编纂《四库全书》时，编入副产物的《禁书总目》，一概销毁禁止刊行。经世实学被清朝狰狞扼杀，已屈服而又唾弃空疏宋学的汉族儒者惴惴不安于异族统治下文字之祸，被迫惟有回到与思想无涉的汉学基础上再出发，依循顾炎武所另辟的大道，如《禁书总目》中亭林遗书条所注明："查此书系昆山顾炎武所撰，以所著十书合为一篇。内除亭林文集、亭林诗集二种中，均有偏谬词句，应行销毁，又昌平山水记一种，亦有乖谬处，应行抽毁外，其左传杜解补正、九经误字、石经考、金石文字记、韵补正、谲觚十事、顾氏谱系考等七种，均系辨正经史之书，有裨考证，查无干碍，应请毋庸销毁"[②]，而《日知录》为基础，考证学发达为清朝代表性学问，顾炎武也被推定为清朝考证学之父。

考证学由顾炎武而确立其独自的学术精神，开拓其学问领域，关系三大家的两位康熙时代晚辈：

——阎若璩，所著《古文尚书疏证》的大胆、细心、广博立证，予朱熹以来已怀疑是否固有，而未敢肯定的柬言所出现《尚书》古文部分公案，经由自由、理性的解剖，断然裁决其系伪作（以及同出以孔安国"尚书序"）。从来被盲信的帝王学教科书，至是权威于当头棒喝下粉碎，而前儒却对此伪书经文郑重训诂、义疏以加征引、思量之余，未免令人兴滑稽之感。

——胡渭，所著《易图明辨》对学术界的冲击尤剧。"河图""洛书"——伏羲、文王、周公、孔子——《易经》的关系，乃宋儒组织理学的中核，"河图"、"洛书"在胡渭之书无情批判下知系全然无涉的著作，成立过程与出处也经暴露（谓即出自五代初、宋初的道士陈抟）法衣剥脱，理学哲学体系被发觉乃根据架空说而完成，可谓尬尴之至。同样，其另一著述《洪

① 稻叶岩吉《清朝全史》（第四七章）下卷一，第12页。

② 录自诚文堂新光社版《世界史大系》8. 东亚Ⅱ，第228页附《禁书总目》样页图版内文。

范正论》，予汉儒五行灾异说的矫诬以论破，而“阴阳五行”又正是宋儒理学的构成要素。

另一同时代的闻名学者颜元（习斋），则被评估为直承孔、孟学说而扬弃理想主义的笃行派，与考证学无关。

考证学自康熙时代兴起，可以了解，其自汉学立脚，却非汉学盲从者；与汉学同系思想停滞期产物，本质仅是文献学、资料学，治学的精密、实证、客观、正确，却已是今日科学的方法与态度。

前述清朝考证学诸代表人物，出生年代至迟均尚在明末崇祯间，迨乾隆—嘉庆之世考证学全盛期展开，代表者的生、长时代便都已系清朝，以及都已在考证学风中育成其学问。此一阶段，考证学明白分化两潮流发展，惠士奇、惠栋父子家学为典范的反动风潮，回归传统汉学路线的旗下学者，坚守训诂学（以及相关联的校勘学）基准不踰。蹈袭清初精神努力加以发扬光大，系筑于戴震（东原）与后起段玉裁、王念孙、王引之父子（所谓“戴、段、二王”）学问磐石上的考证学正统，“实事求是，无征不信”的科学研究方法，从经学广泛的，也专门的向史学、文学、语文学、地理学、金石学（考古学）、目录学，以及辑佚等各方面扩散，考证学的成果于此时期最为丰硕。

以考证方法应用到历史学，清初顾祖禹《读史方舆纪要》、马骕《绎史》已系名著，乾嘉时代高价值著作尤多，王鸣盛《十七史商榷》、钱大昕《廿二史考异》、赵翼《廿二史劄记》等都是。廿二史乃清朝官颁《明史》与加列《旧五代史》，合为“廿四史”前的中国正史总称（“廿五史”乃民国再加《新元史》而成，“十七史”则依宋朝标准，廿二史中减宋、辽、金、元四史与《旧唐书》），予全正史庞大史料中提示相互间的矛盾、错误，以及发为议论，系此等著作的共同点。重要发现的一例：唐朝记事中突厥族称谓“特勒”的名词，从来历史家向未注意其是否有误，钱大昕比较考证其他资料断案，判定须是“特勤”，此由今日研究所了解便是突厥语 Tegin 音译，证明完全正确[①]。崔述《考信录》衡量史料价值等级，自再现正确的古代史着眼，系另一方面的功绩。唐朝刘知几系统的史论家章学诚《文史通义》，也是此时代作品。

---

① 人物往来社版《东洋历史》9. 清帝国的繁荣，第218页。

考证学是思想被箝制时代无可奈何下的学问变形，极度发达的蔚然成风，相对也对原已停滞的中国思想愈益增加窒息作用。然而，具批斗、鉴别精神，辨正从来学术误传后世的妄说与错失，贡献为不可抹煞，对后学者学问研究的助力尤为莫大，正意味迎接西洋现代思潮前旧时代学问的一次大反省、大整理与大澄清，此其一。其二，考证学尽管外延广泛，本质的文献学已是限界，自由活动受掣肘，而套上无由阶段性自我飞跃的足枷。思想、学术停滞，注定考证学盛极必衰，而以清末沦向无力感的末梢研究结束，换言之，兴起与退潮与清朝全历史相当。却是，堪注意系考证学根柢在于合理主义为无疑，而适时输入的西洋思想、科学同由合理主义育成。清末吸收西洋文明的汉族知识青年所领导排满革命运动，考证学与其学者固都无关联，但合理主义意识以考证学风流布而普及社会，刺激年轻一代理解西洋思想、科学，则应非猜测。于此，考证学母胎清初三大家，特别是黄宗羲公开主张天下乃万民的天下而归君主一人所有论点，以及“凡天下之无地而得安宁者，为君也。是以，其未得之也，屠毒天下之肝脑，离散天下之子女，以博我一人之产业，曾不惨然，曰：我固为子孙创业也。其既得之也，敲剥天下之骨髓，离散天下之子女，以奉我一人之淫乐，视为当然，曰：此我产业之花息也。然则，为天下之大富者，君而已矣”（《明夷待访录》原君篇）的激烈攻击言辞，对于革命期革命思想鼓吹的绝对影响力，从《明夷待访录》由革命志士大量印发传播，为可了然。

## 高峰科学·技术的终页

西罗马帝国于第五世纪覆亡以来，被历史界称之黑暗时代的漫长欧洲中世，自十五世纪中文艺复兴运动而苏甦，脱出黑暗时代，十六世纪确定跃入充满活气的新时代。使用火药的火器一变欧洲战争技术，贵族与骑士身份崩坏，封建制度瓦解，意大利为中心的广大欧洲市民阶级开始抬头，欧洲社会发生根本的大变貌。原由一部分贵族与僧侣独占的学问，也以廉价的纸大量生产与印刷术流行，中世时代昂贵而须手抄的羊皮纸被淘汰，多种多样书籍出版，知识与教育向一般大众普及。纪元一五〇〇年地理上大发现，环航世界成功，敞开欧洲人海外进出与世界制霸之门，无限财富获得之梦实现，又藉助于罗盘。所以，迎接历史上欧洲最大的变革，持续十个世纪的中世欧洲一跃为近代，也带动全面变换世界历史，中国起源的纸与印刷、罗盘、火药四大发明系其原动力，于西洋历史界久为定评。也惟其如此，欧洲近代史开幕与欧洲近代文明发生，以及现代文明得由此基盘上再升进，均系拜中国人智慧之惠，乃是中国与中国人对欧洲、对世界文明的绝大贡献，又于东洋历史界已为定评。

中国纸的发明，现知系纪元前一世纪左右前汉时代，自二世纪后汉蔡伦时代以后，经过改良的廉价而良质纸大规模生产而普及。制造原料于麻屑、树皮、敝布等以外，四世纪东晋时代江南地方为始，又盛用湿润的暖地生育的竹制造纸。至唐朝，玄宗天宝十年（纪元 751 年）但罗斯之役对阿拉伯人战争为契机，中国制纸技术先已流传西方为今日所确认①。

纸的发明，中国已开启通往印刷术之道，木版印刷自六、七世纪隋唐之际起源②，八世纪唐朝已相当程度盛行，自穆宗长庆四年（纪元 824 年）元稹《白氏长庆集》序："缮写模勒，炫卖于市井"之句自注："扬越间多作书，模勒乐天及予杂诗，卖于市肆之中"等当时记录可知。近年新疆吐鲁番发现《妙法莲华经》分别品断片，推定乃则天武后时代之物③，又是七世纪末遗留印刷物的实证。但木版印刷本格化展开，由政府与民间普遍利用于书籍，写本完全转换入印刷时代，则续须经历三个世纪而至十世纪以后的宋朝，自纸的最早出现，中间相隔已一千年以上。

也便在木质雕版印刷实用化且已商业化的宋朝，活字印刷也经发明，十一

① 参阅拙著《黄河文明之光》，纪元前 200—200 年间的科学与技术节；《中国世界的全盛》有容乃大·东西吞吐节。

② 参阅拙著《中国世界的全盛》，学问、科学与文学平民化节。

③ 薮内清《中国古代科学》，第 161 页。

世纪末的著作沈括《梦溪笔谈》(卷一八)记有民间技术家毕昇所发明活字印刷的方法:“庆历中(十一世纪中)有布衣毕昇,又为活版。其法用胶泥刻字,薄如钱唇,每字为一印,火烧令坚。先设一铁板,其上以松脂腊和纸灰冒之,欲印则以一铁范置铁板上,乃密布字印满铁范为一板待就火炀之,药稍熔,则以平板按其面,而字平如砥”。十三世纪末元朝续有王桢操作木制活字成功,且创一个月利用六万余活字印书一百部的纪录,所制活字预经整理分类,配置旋转式大盘中以便利捡排的方法同时成立[1],金属活字(用锡块)追随也已试验出现。然而,便因汉字一字系一义一音,多种多样活字量需用太多,木活字或锡活字的高磨损率同于木版而方便反不如现雕,因而迄于明清,中国印刷术主流仍系应用木版雕字技术。

印刷术由中国流传域外,东方向朝鲜与日本,西方也及于中亚细亚,但信奉回教的阿拉伯人支配者以圣典《可兰经》而出之印刷为冒渎神圣的理由,持拒绝态度[2]。所以中国印刷术输入欧洲,非立于中国与欧洲间中介位置的回教徒,而须十三世纪元朝世界帝国建立,马哥孛罗与其他抵达中国的西方旅行家,注意到中国流行的木版印刷与已普遍流通的纸币,才以其技术携返欧洲,乃以意大利为中心,十四世纪末而欧洲开始木版印刷。欧洲活字刊行的印刷物,通说以纪元一四五四年(中国明朝景泰五年)德国人 Gutenberg 完成的“三十一行赎宥状”为最早,较毕升迟约四个世纪。此项欧洲的活字印刷术与中国间关系如何?现在固尚不明,但其木版印刷为受中国影响,则已系研究者一致的见解[3]。

磁石吸铁的事实,自纪元前数世纪间,无论东西洋均行知晓,但磁石指南性的发现,仍以东洋的中国为最早,汉朝文献已有明确的“司南之杓”(纪元83年王充《论衡》之言)记载,以及用磁石作为测定方位装置的说明[4],现

---

① 世界文化社版《世界历史丛书》12. 蒙古帝国,第207页。

② 薮内清《中国古代的科学》,第162页。

③ 薮内清、山田庆儿《中国固有科学技术》,人文书院版《世界历史》4. 东亚世界,第二部第322页。

④ 参阅拙著《黄河文明之光》纪元前200—200年间的科学与技术节。

代欧洲人须经漫长的岁月始向中国学习得此项知识①。但在中国，由“司南之杓（匙）”，通过六朝磁石磨制磁针开始实用化的阶段，而发明人工磁针，过程也非短，其完成时代，约略便在宋朝初年。十一世纪成立的两部有名著作记述：

——北宋仁宗庆历三年（纪元1043年）曾公亮、丁度等奉勅编纂的《武经总要》卷一五御导：“若遇天景曀霾，夜色暝黑，又不能辨方向，则当纵老马前行，令识道路。或出指南车及指南盘，以辨方向。指南车法世不传，实法用薄铁叶剪裁，长二寸，阔五分，首尾锐如鱼形，置炭火中烧之，候通赤，以铁钤钤鱼首出火，以尾正对子位，蘸水盆中，浸尾数分则止，以密器收之。用时，置水椀于无风处平放，鱼在水面令浮，其首常南向午也”。其人工制造所应用，便是近代磁化方法②堪注目，铁针烧至赤热，固定南、北方向时会急速冷却，对应地球磁场而磁化的今日科学原理，十一世纪中国人的理解全与相同③，尤令人惊叹。

——十一世纪后半神宗时代，参与王安石新法改革协力者沈括所著《梦溪笔谈》卷二四：“方家以磁石磨针锋，则能指南，然常微偏东，不全南也。水浮多荡摇，指爪及盌唇上，皆可为之，转运尤速，但坚滑易坠，不若缕悬为最善。其法，取新纩中独玺缕，以芥子榨蜡，缀于针腰，无风所悬之，则针常指南。其中有磨而指北者，予家指南、北者皆有之”。所介绍安置磁针以定方位（沈括系分四方为三十二方位）的三种方法；浮于水面，指甲上或碗缘，丝线悬空之外，值得重视处，系天文学所决定南北，与磁针南北非全一致，两者间存有物理学、磁气学上谓之偏角（declination）的偏差，简言之，磁针非完全正向南北，而中国人十一世纪时已确知其原理，所谓“不全南也”。欧洲知晓同一原理的时期，议论未定，但不能早过十五世纪，则较之沈括的偏角发现，又至少须落后四个世纪④。

---

① 采用薮内清《中国古代的科学》第168页之语。

② 人物往来社版《东洋历史》6. 宋代的新文化，第161页。

③ 薮内清《中国古代的科学》，第168页。

④ 偏角发现，取材自薮内清《中国古代的科学》，第172—173页。

从上引两书记载，可明了届至十一世纪，磁针指南用途尚均在陆上，军事上辨认方位，或者，所谓“方家”（今日的占师、地理师、阴阳师）观测风水之用。但接续，指南针由中国船舶利用之于航海的记载，也已出现于十二世纪初的文献，北宋徽宗宣和元年（纪元1119年）朱彧《萍洲可谈》（卷二），记述其父朱服于一一〇〇年前后任官广州时见闻：“舟师识地理，夜则观星，昼则观日，阴晦观指南针”，以及约略同一时期，宣和四年（纪元1122年）徐兢从海道出使高丽，归来所著《宣和奉使高丽图经》：“若晦冥，则用指南针以揆南北”，都颇明晰。当时船上所使用，都是沈括所述第一种方法而加改良的指南鱼，十三世纪元朝初年至元年间陈元靓《事林广记》（癸集）详记其制法：“以木刻鱼子一个，如母子大，开腹一窍，陷好磁石一块子，却以蜡填满。用针一半，金从鱼子口中钩入，令浸放水中，自然指南，以手拨转，又复如初”（另指南龟制法亦同，惟针通入尾部而指北），南宋末吴自牧《梦粱录》中则称“针盘”，通谓之水铁盘。今日所习用罗盘，也因之对称为旱铁盘。

十三世纪的阿拉伯文件中，航行印度洋上船只尚不见指南鱼记录，十四世纪才学得中国浮针方法的水针盘①。由阿拉伯人转输欧洲后，同系十四世纪，旱针盘开始在欧洲出现，十六世纪而中国也已普遍使用今日罗盘的旱针盘②。所以，旱针盘虽非中国起源而为欧洲，欧洲人系以水针盘加以改良而成进步的旱针盘，抑或自行发明，也未可断定，但磁针指南性根本原理的发现，罗盘最早利用之于航海，而海上交通得以划期的发展，仍都是中国人的世界性贡献③。

火药于中国的发明时代甚早，七世纪药物学家孙思邈已注意硝石与硫黄混合物的可燃性，所以混合硝石、硫黄、木炭三者的黑色火药便自唐朝制成，此一推论大致已无误④。但作为兵器用于实战，则须至十世纪初唐朝末年，以后逐渐推广使用。见诸十一世纪中述武器、战术、攻防等的军事技术专著《武

① 人物往来社版《东洋历史》6. 宋代的新文化，第161页。
② 薮内清《中国古代的科学》，第171页。
③ 人物往来社版《东洋历史》6. 宋代的新文化，第161—162页。
④ 薮内清《中国古代的科学》，第164页。

经总要》，其制造法已颇详备，区分毒药烟毬（卷一一）、蒺藜火毬火药（卷一二）、火炮火药（卷一二）等三种类，主要都在使目的物燃烧之用。火箭同一性质，系矢镞加火药，点火由弩发射飞出。届此阶段，仍不过初期的火药发展，硝石含有量为少，主成份调合比率与今日黑色火药相较，当时是硝石50%，硫黄25%，现在则硝石75%，硫黄10%[①]。

《武经总要》成书之后，宋朝受金侵略激化期间，才发展完成爆破性火药的爆弹，北宋倾仆，南宋赖以化解金军倾国南犯下覆巢之危，稳固政权基础的高宗绍兴三十一年（纪元1161年）今日南京附近采石矶之战，最初由宋军使用成功。稍后杨万里《海蝤船赋竹》追记："绍兴辛巳，逆亮至江北，掠民船欲济。虞允文伏舟七宝山后，舟中发一霹雳礮，盖以纸为之，而实以石灰硫黄，礮自空而下，坠水中，磺黄得水，而火自跳出，其声如雷，纸裂而石灰散为烟雾;，眯其人马之目。遂压虏舟，人马皆溺，大败之"[②]。霹雳礮（砲、炮）系纸制容器而盛火药，点火后利用抛物线原理投向敌阵时，虽然黑烟、烈火、巨响足以惊慑敌军，实质的爆炸威力尚不能太大也为可知。抛掷火药爆炸物，或以手，如今日的手榴弹，或利用抛石机。抛石机均呈大型，于当代中国已应用为攻击武器，自《后汉书》（如袁绍传）可了解二世纪末的汉末已出现，底座置轮供移动，亦名抛车，木制机械而强劲发射大石块落向敌阵，其形式，唐朝《通典》兵一三"攻城战具"抛车条有说明，《武经总要》且多图示。宋朝霹雳砲制法为金军所知，仿制的震天雷又被蒙古军所知时，以改良为铁制容器盛火药而爆破力增大。蒙古军恃以制胜各地战场，用投石机投掷爆发，谓之铁炮。

火药历史一大重要突破，系战斗的场合，扬弃旧有投掷方法而发明用管形器械发射。采石矶之役以前，南宋朝廷建立未久时的绍兴二年（纪元1132年）陈规坚守德安府（今湖北省境）抗拒金军，《宋史》本传记其"以六千人持火枪自西门出"，汤涛《德安守御录》补充说明："又以火炮（同"爆"字）药

① 薮内清《中国古代的科学》，第164—165页。
② 文转引自柳诒徵《中国文化史》（中），第319页。

造下长竹竿火枪二十余条，撞枪、钩镰各几条，皆用两人共持一条，准备天桥近城于战棚上下使用。”① 巨竹管内置火药包点火射击，虽系较近距离使用，命中率却高，待蒙古人崛起而对此加以改良，由竹筒进步到铜、铁质地制品，筒中火药纸包也如同铁炮向金属外壳的子弹变换，由是火枪更富使用耐久力与杀伤力，已系今日“铳”或步枪的原型，火器革命成功。近年，铭年至正十一年（纪元1351年）的元朝末年青铜制铳发现②又是研究上宝贵的实证。

中国火药在何等情况下传向西方，议论颇多，但十三世纪的年代设定，则研究者意见已共同一致。从十三世纪中期，阿拉伯语药物书写本的最早知晓硝石，而付以“中国雪”名词的事实，又成立为火药知识自中国传入原全不存在火药的西方世界，系经由回教诸国再转输欧洲此一过程设定的有力资料。然后，同一世纪乃有欧洲最早的火药处方于英国写本中见出，但欧洲人实际制造火药，尚须续延至十四世纪前半德国开始③，迟于中国已三百多年。

“礮”或“砲”，中国原意与“抛”字通，指的便是器械抛石或投石机，与现在的字义存有区别。中国投石机原理输入西方，约略与火药知识同系十三世纪，却在西方已加变化，增置了大型平衡，所以十四世纪中期的欧洲投石机，据说已能投掷一・五吨重的巨大石块④。也惟其如此而对中国发生技术倒流反影响，元世祖至元十年（南宋度宗咸淳九年，纪元1273年）元军攻陷襄阳，利用的便是回教技术家所设计监制的襄阳炮，一名回回炮。《元史》工艺传的记述：“阿喇卜丹，回回氏，西域茂萨里人也。至元八年，世祖遣使征礮匠于宗王额呼布格，王以阿喇卜丹、伊斯玛音应诏。二人举家驰驿至京师，给以官舍，首造大礮”；“伊斯玛音，回回氏，西域实喇人也，善造礮。至元八年，与阿喇卜丹至京师，十年，从国兵攻襄阳。未下，伊斯玛音相地势，置礮于城东南隅，重一百五十斤，机发，声震天地，所击无不摧陷，入地七尺。宋安抚吕文焕惧，以城降”，可见改良型已用平衡锤的新

① 文转引自方豪《中西交通史》第二册，第173页。

② 世界文化社版《世界历史丛书》12. 蒙古帝国，第201页。

③ 人物往来社版《东洋历史》6. 宋代的新文化，第161页。

④ 世界文化社版《世界历史丛书》12. 蒙古帝国，第202页。

式大投石机的威力。欧洲最初的火器，便是利用投石机投射震天雷式爆炸物的蒙古人铁炮。蒙古人火枪也自纪元一三〇〇年左右最早出现于绘有阿拉伯人肖像的古图，但形式变化为金属制较短的筒身后部呈管形长柄，一人可持①，回教世界介绍入欧洲的乃是此项自身形式的“铳”。欧洲便在此等火器与投石机制法的基础上，经过文艺复兴运动推动力，科学文明急速发达，火药与火器不断进步而发明如今日形态的枪炮，也自此结合船舰制造技术，凭以为征服非洲、美洲、亚洲的有力武器。

在于中国，迄蒙古旋风席卷欧亚大陆抑或元朝，火器担当的仍只弓、弩补助任务。火器发展为重要武器与编成独立部队，须待明朝。十五世纪初成祖时代，安南征伐与蒙古远征等诸重要战役，火器部队都已是单独作战。然而，届至其时，中国火器性能却始终停滞在传统阶段，全无进步，明朝中期葡萄牙人领先，西洋人开始渡来中国时所携带火器威力，比较之下，中国明显已落后甚远。也惟其如此而自明朝以来，火药、火器最早发明者的中国，倒反必须向后来居上的欧洲，输入与学习当时西洋已特殊发达的小型铳与大炮。这是中国文化自近代后半全面停滞所形成事象的一面。

纸与印刷系生产技术，罗盘航海术系测定技术，火药与火器系军事技术，诸技术范畴的其余方面，中国于明朝以前，层面续在叠高。衡量全盘生产技术的水准，基准须在金属精炼技术，而此于中国乃成果惊人的一分野②：

——制铁用燃料，主要原为木炭，宋朝已盛用煤；制盐燃料的利用天然瓦斯尤自汉朝以来均然。

——关于铜，干式精炼之外，湿式精炼法也已发现，而宋朝对此大规模工业化实现。

——特堪注目系真输、亚铅与镍的生产，六世纪波斯用合金输时，中国已制成真输器具；精炼亚铅中国始自明朝，十六世纪而传向欧洲；最足惊人的，欧洲十九世纪才行得知的镍，中国于四世纪晋朝的墓中早便存在。

---

① 世界文化社版《世界历史丛书》12. 蒙古帝国，第 202 页并次页附图。

② 金属精炼技术说明，依薮内清、山田庆儿《中国传统科学技术》，人文书院版《世界历史》4. 东亚世界，第二部第 321—322 页。

世界闻名的高岭土①制中国陶瓷技术，至宋朝而达最高境界，硬质薄致而白辉的今日瓷器，已于此时中国发明。烧成时透明的釉之下，浮现以矿物质颜料知识成立为前提，预付绘染的鲜艳色彩纹样，乃是全新的、光泽洁润的美。釉的圆熟利用技术也自宋朝而大发展，釉中不含铁质者呈无色透明，又了解区分含铁量多寡而成橘色、黑色、黄色②。惟其此项中国特产品瓷器为西洋人狂热欢迎，所以宋朝瓷器已是对外贸易的重要输出品，以后仍受继其势。今日东南亚、西亚细亚遗迹中多宋、元瓷器碎片发现的事实，与元朝汪大渊《岛夷志略》记述可相对照。

观测与测定的技术分野，观测天体位置器械的水运浑天仪，系中国人特为知名的机械发明。张衡之后经过若干技术者之手改良制作，宋朝哲宗时代苏颂《新仪象法要》（纪元1092年）浑天仪、天球仪、水时计的三组合装置，利用水力，精巧的回转机械推动，报告时间，乃是划期的脱进原理与装置的发明，已与现时钟表构造的脱进机相同。机械时计或今日钟表在中国跨出发明第一步③，待中国水运浑天仪脱进机技术由阿拉伯世界传人欧洲，乃有十四世纪欧洲的开始机械时计（钟表）的制作。

丰富的高度技术支持，中国多方面的科学分野，较之欧洲的水准，均具数世纪以至十数世纪的驾凌④。代数方程式解法于宋末、元初再呈飞跃发展，最为显见。宋朝秦九韶《数书九章》（纪元1247年）论及大衍求之术（不定方程式一种的一次同余式），蒙古（元朝）灭金后李治《测图海镜》（纪元1248年），又完成“天元术”⑤ 一元多次方程式解法。多次方程式计算法于六、七

---

① 依《辞海》亥集第40页高岭土条、午集第46页瓷土条、午集第174页硅酸铝条解说，高岭土、瓷土系同一地质学名词Kaolin，系黏土的纯粹者，化学名词硅酸铝，柔软而不溶于水，具可塑性，加强热则愈收缩愈硬，色白质细。以江西浮梁县高岭所产最佳而名，又以特供制造瓷器而名瓷土，俗称白土。

② 人物往来社版《东洋历史》6. 宋代的新文化，第152页注。

③ 薮内清、山田庆儿《中国传统科学技术》，人文书院版《世界历史》4. 东亚世界，第二部第325页。

④ 同上，第326页之语。

⑤ “天元术”名词解说，据李人言（俨）《中国算学史》第84页：“天元术者，以天元一之“元”字代未知数，或以太极之“太”字记绝对项，书于系数之旁，因而说明多次方程式各项之地位”。

世纪的中国便了解，十三世纪的近一步研究成果，已是今日代数学确立意味①，续至元朝灭宋后朱世杰《四元玉鉴》（纪元1303年），“四元术”四个未知数的代数方程式解法也行成立。凡此，都已与西方十九世纪始知的一元多次方程式近代演算方法相同。

数学于中国高度发达的理由之一，在于重视记数法，而此又归功于计算器的发明，第一步是算木（算、算策、算筹、算子等名词互称），代数方程式的优异成绩为此，第二步则优秀而实用的计算器算盘出现。宋朝以来都市为中心的商工业发达，民间数学发展显著，算盘乃与日常生活相结而盛行，形成宋、元时代特色。算盘何时起源已不可知，可能便自宋朝，算盘计算术也因之成立，而且不断进步，元初朱世杰《算学启蒙》（纪元1299年）载“九归除法”，五字一句的“二一添作五”、“三一三十一”等文字，已与今日珠算口诀一致②。日本算盘的广泛一般化使用如同中国，系自明朝导入开始③。

天文、历学方面，郭守敬应用近似球面三角法计算法制定元朝的授时历，被日本学界推崇为中国历法登峰造极之作④，主要系因传入日本而江户时代所成立贞亨历（贞亨二年，纪元1685年），迄于明治之初尚在使用⑥的理由。

宇宙构造论，自汉至晋的六种学说中，天动说的浑天说胜利，主张中央乃方形之地，球形实体的天于其外侧回转，西方希腊也同持实体的天球说。十一世纪以来宋朝理学家，都已否定天的实体性，于天为气的立场上，成立气的回转运动为学说基盘的天体构造论⑦，特别是大哲学家张载，研究者重视其学说已触及他的自转，非只天球说被推翻，相对，大地为球的观念也于中国明确成立⑧。

宋朝时代医学的进步，宋慈《洗冤录》（纪元1247年）法医学书为堪特

---

①⑤ 薮内清、山田庆儿《中国传统科学技术》，人文书院版《世界历史》4. 东亚世界，第二部第327页。

② 参阅李俨《中国算学史》，第172页朱世杰“九归除法”表。

③ 世界文化社版《世界历史丛书》12. 蒙古帝国，第198页。

⑥ 人物往来社版《东洋历史》7. 大蒙古帝国，第308页注。

⑦ 理学家宇宙论，参阅本书《理学——儒家思想再出发》篇。

⑧ 薮内清、山田庆儿《中国传统科学技术》，人文书院版《世界历史》4. 东亚世界，第二部第328页。

笔，以后同类书续出，验尸者所必读。其基础，立于北宋盛行利用处决死刑犯遗下生体进行的人体解剖，著例系庆历五年（纪元1045年）广西被捕反逆者欧希范，合同党五十六人处死后开腹检视，所制题为《欧希范五脏图》的解剖图。其后崇宁年间（纪元1102—1106年）泗州贼人尸体续付解剖等，同样的机会颇多，乃有医术上便利为目的，政和三年（纪元1113年）杨介的《存真环中图》专门解剖书编集。而在欧洲，人体解剖记录的最早出现，必须待至十四世纪初以后，解剖学的勃兴尤在十六世纪①。

药物学于中国名本草学，宋朝唐慎微集前此的本草书所编《经史证类备急本草》（纪元1083年），收入1744种药物与数达二九〇〇种的处方，系记载七三〇种药物的陶弘景《神农本草经》以来一大发展。

开启近代中国之页的宋朝，也是近代中国学术文化最繁荣期，其国家性格尽管已是内省的、收缩的，于世界文明史的影响却倒反超过以前所有朝代，中国科学技术历史上长期领导世界的步伐于宋元之际加大也加速。学界注视，此期间中国传入西方的文物，具有直接对欧洲近代世界形成提供强力契机的意义，自十六七世纪之交英国培根（Francis Bacon）开始的西洋科学者与思想家，多已有深切认识②。学界也指出，宋朝与萨拉逊的东哈里发领土相接，东西文化交流的动态于当时却如水之向低处流，几乎都是中国单向输往中亚细亚转入近东、欧洲③。蒙古—元朝世界大帝国再建，东西文化双线沟通形态虽然调整，进步的中国科学技术传向文明水准偏低的西方或欧洲，仍然是主流，抑且愈为汹涌。然而，中国文明的世界贡献，元朝兴起巨大波涛也是总结意味，浪潮渐渐平息而届明朝，中国的科学技术已退到创造限界，下述两部明末巨著已系压轴：

——李时珍《本草纲目》（纪元1592年），本草学知识的集大成。也是突破传统，亲身旅行国内调查采集，经二十七年始完成实证的药物学，中国药学

① 小川鼎三《医学的历史》，第61页。

② 薮内清、山田庆儿《中国传统科学技术》，人文书院版《世界历史》4. 东亚世界，第二部第333页。

③ 小川鼎三《医学的历史》，第59页。

最大的百科全书，记载一八九二种动、植、矿药物。

——宋应星《天工开物》(纪元1637年)，传统技术成果的集大成。书名便寓人间之力开发自然之力之意，内容网罗当时产业与技术一一一种，各各附图解说其制造源流与方法。著作态度的以观察、经验而贯实证，与今日科学原则相符合为堪注目。

中国文明优势，十七世纪明末明显停滞，终被文艺复兴以来新兴的欧洲文明取代，抑且压倒，东西文明成长曲线呈现交叉升降。续待十八世纪中，欧洲以产业革命为指标迎向现代，科学技术发达一日千里，停留低潮的中国相与对照，差距注定只有愈拉愈大。

* * *

伟大的文明成立，科学技术系其中核，科学技术也是文明的代表。十六世纪以东方新航路发现而欧洲人中国渡来潮兴起之初，所携来初起期欧洲近代文明，接触已在停滞中的中国文明，彼此水准的距离尚为未远，三个世纪间因而无何扞格，相反还是欧洲人对中国文明感觉新鲜而加赞美、学习，抑且如哲学家培根等理性的中国文明认识。但十八世纪后半科学革命含义的产业革命后，欧洲资本主义社会形成时代续来中国而已登入现代科学、现代文明境域的欧洲人，便全非旧日观感，中国人是野蛮的落后民族，中国从无文明历史的帝国主义骄横与恶霸式批评由是发生，迄于二十世纪之初仍然。或者，基于现代文明的产生系以欧洲为坐标轴，中国文明发展历史的过程与之性格相异，而予漠视。如上两种态度，均须今日才加修正，重建中国科学技术业绩的世界文明史位置。虽然此项正确评价现尚续在进行阶段，但如前所引述，学界多已断言，西洋基准的近代以前诸社会中，中国文明无论任何分野，均系世界最高水准，一般水准均远较欧洲为高，此其一。其二，也了解中国科学与技术历史的特征，系持续性。希腊科学自纪元前四世纪急激发展与经过体系化的高扬期，纪元二世纪以后又急激退潮，以至断绝。中国则殷朝以来，始终是直线上升的历史，无间断一步一步登上最高水准，以及保持此一水准。

却是，研究上也留给学界一大迷惑，中国科学与技术、中国文明、中国文化的各层面，为何突然停止再升进？一般探索的方向，系从中国科学与技术持续发展的特性同时并在，另一性格特征的独自性估测。独自性的最大表现，秦汉大帝国形成以来，中国科学技术始终成立为国家机构一部门而制度化，科学技术的研究与管理也形成国家机能一要素。国家科学的中心天文学（太史局）、医学与药学（太医署），以及相关联的观测术、测量术与数学，技术部门主管官署六部业绩所包含广域统一政治所必需的地理学、地图学等全面发达，都是说明。其重大意义：第一，科学与技术研究者得有安定环境与充分自由的时间从事本位学术，刺激发展；第二，知识得确实的蓄积，养成人材以相继承；第三，大规模事业的展开与实现，都得成为可能。然而，无可避免也内蕴了缺陷：第一，科学技术的重心置之国家的目的，因之发展偏重于实用面，数学的代数学特殊发达而几何学几乎全无，是其显证；第二，层次不断升高的持续性限制在传统类型，欠缺突破限界的革命性变革可能性。中国科学技术（以及以此为表征的中国文明）盛极而衰，今日的说明，所把握大体均循此一方向。著名的七大卷《中国科学与文明》著者，中国科学技术史权威李约瑟，也持相同观点，亲为其另一重要著作《大滴定》（“*Great titration*”）范庭育中译本所作序言中，便曾坦言：“中国的官僚制度，在开始时曾促进科学进步，但终于阻碍了科学的发展。”

国家（“官僚制度”系同一意义）过分干预，诚然对科学技术发展的终点发生负面作用，却似乎尚非触及原因的主体。中国科学技术系呈国家、民间双线发展之点亦须注视，与国家科学相对，知识人与农民、工人间亦多实践者群的技术发明，特别是宗教团体道教方士系矿物与化学变化原理、蒸溜装置、炼金术等多方面渊薮，为所周知。中国四大发明纸、印刷术、火药、罗盘，尤均起源于民间，发明者且都是无名氏，此其一。其二，民间的技术开发，也往往吸收为国家技术，火药知识实用化而制为武器乃代表例，或自民间转入国家之手而加改良普及，蔡侯（蔡伦）纸又其显例。所以，中国科学技术的研究发展，范畴并非狭窄，国家、民间对极两系统的沟通，突破国家科学的传统也非十分困难。严密的国家制度，所予中国历史演进决定性的终点打击，毋宁解说之于资本主义社会为何无缘自中国诞生，而惟能在欧洲，为最恰当：第一是儒家指导原理的均富，关闭了许可财富大量集中之门，第二又是秦汉集权国家成立以来，二千多年间公法权威压倒私法，西洋标准的个人主义与人权意识，特别是自由权，于中国都脆弱到无建立基础。

然则，欧洲科学革命与近代—现代文明是否决不可能在中国发生，原未可必，须是中国先行科学与自身文明的停滞，扼杀了此一机会。而中国科学与文明的停滞，国家强力控制科学技术，抑或技术立脚点的偏倚经验，缺乏欧洲近代文明成立基础分析的、论理的法则，固相关联，却都是副因。历史担当者是“人”，文明升进与停滞的原因，因之也须自主体的“人”探求才是主线。立于此一基点，可以判定，中国科学与文明停滞，便是中国人或历史上所指汉族创造力停顿的外面表现。十至十三世纪的宋朝为界线，汉族性格已存在前、后期的区别，前期的开放性，民族自身既不断注入新生命力而不断提升创造力，所铸定其国家形态又为世界帝国，又不断容纳外来文化要素，对文明的再创造加大其刺激作用，中国文明乃得长久站立世界文明水准巅峰而不坠。后期汉族与所成立朝代向排外的、保守的性格内缩之初，宋、元时代中国文明仍然光芒四射，系由前期蓄储丰沛生命力所推动，却也已开始湮塞再成长的泉源。排外的国粹主义又拒斥外来文化激素，由是汉族创造力只有听任渐渐萎退，以至停止。其时，便是十四至十七世纪明朝。

而中国文明成长已是停止期的十六世纪，科学革命正在欧洲蓬勃开展。此一交换期间，众所周知，曾以东来欧洲传教士的媒介，展现中西文化交流的美好期，向来的中国物质文明之外，精神文明与艺术面都经介绍往欧洲，兴起欧洲一时风行的中国热。相对方面，初起期欧洲近代科学也自其时传入中国，填补了中国自身已停滞的科学技术领域，引导转向衔接欧洲文明。却自明朝变换清朝，十八世纪初确立禁教，交涉桥梁中断，旧中国也确定丧失接受最后刺激的振兴机会。从此，对飞跃进步的欧洲文明，如同气球断线似的再难追及。待清末西洋人渡来潮再起，欧洲的中国口碑，便全非礼赞而系憎恶与敝视了。

# 主要参考书

平凡社：《世界历史大系》6. 东洋中世史第三篇、7. 东洋中世史第四篇、8. 东洋近世史第一篇　昭和一一年（1936）

筑摩书房：《世界历史》6. 东亚的变貌　一九六八年

诚文堂新光社：《世界史大系》8. 东亚Ⅱ　昭和三二年（1957）

人物往来社：《东洋史》6. 宋代的新文化、7. 大蒙古帝国、8. 明帝国与倭寇、9. 清帝国的繁华　昭和四二年（1967）

苏联科学院版《世界通史》（东京图书株式会社日译本）中世（2）、（3）、（4）　一九六二～三年

和田清：《中国史概说》（岩波全书）上、下卷　一九六六年

平凡社：《思想的历史》6. 东洋封建社会的道德　昭和四三年（1968）

山川出版社：《世界各国史》Ⅻ北亚史　昭和三二年（1957）

白杨社：《中国历史地理大系》6. 中国周边史上、下卷　昭和一八年（1933）

诚文堂新光社：《玉川百科辞典》14. 世界历史　昭和三八年（1963）

晓教育图书株式会社：《现代教养百科事典》7. 历史　昭和四三年（1968）

小学馆：《世界原色百科事典》（别册《原色世界文化》）　昭和四二年（1967）

小学馆：《日本百科大事典》（别册《世界美术》）　昭和三九年（1964）

松田寿男、森鹿三：《亚洲历史地图》（平凡社）一九六八年

# 后　语

常言道，历史是一面镜子。然而，如果镜面模糊或破碎，反映的已是不明显或不周全的我；如果任令厚积尘埃不加拭抹，便任何面貌都不能反映；再如果镜面乃是变形的哈哈镜，则尤系歪曲历史。

于此，如下立场须得站稳：

第一，历史的立脚点是今日，须以今日立场说明历史（什么?）与解释历史（为什么?），换言之，今日为枢纽而回顾过去，展望未来，否则历史悬空的，不切实际的——有现实的我，才反映镜中的我。

第二，相对方面，不能以今日基准批判历史，或以今日教条规范历史，否则将全无是处。时代永远在进步，过去毕竟非由今日复制，今日也必不能比拟未来——现实的我，究与镜中的我有别。

人不能十全十美为众所周知，事也兼具其正面、负面因子，历史事件与措置必有需要才存立。只是，任何主义不随时代修正，定必僵化；任何良法美意不能适应时潮，抑且阻挡时潮，定必被淘汰或倒转形成反动。人类历史之初，如无阶级成立，由胼手胝足的劳力者饲养坐享其成的劳心者，文明决无由提升。科举以钻八股死胡同终幕，揭幕时却是敞开平民参与政治大门的高姿态，象征开明与前进。帮会是近代史一大社会力量，不能以今日已代表罪恶与黑暗而抹杀其历史贡献，反过来说，也不能因之曲予原宥而任凭存在，倒退回旧日道路。同一事件的“是”与“非”，必须分别辨明与衡量，混淆与偏颇都是不公平的，犹如镜面的被污损或扭曲，不论有意或无意。

中国历史是伟大的，但没落的世家子而尽缅怀昔日荣华，表示的惟是懦弱。知耻庶近乎勇。忘怀历史的民族注定灭亡，顾影自怜或自怨自艾，又或只会自打嘴巴，同样为没出息。这又是后语的赘言。

**图书在版编目(CIP)数据**

姚著中国史.5,近代中国的成立/姚大中著.--北京:华夏出版社,2017.1(2017.6重印)

ISBN 978-7-5080-8952-2

Ⅰ.①姚… Ⅱ.①姚… Ⅲ.①中国历史-研究-宋代-清代 Ⅳ.①K207

中国版本图书馆CIP数据核字(2016)第228905号



**姚著中国史·5 近代中国的成立**

**著　　者** 姚大中
**责任编辑** 潘　平　杜晓宇　李钊平　董秀娟　王　敏

**出版发行** 华夏出版社
**经　　销** 新华书店
**印　　装** 三河市万龙印装有限公司
**版　　次** 2017年1月北京第1版　2017年6月北京第2次印刷
**开　　本** 710×1000　1/16
**印　　张** 30.75
**字　　数** 465千字
**印　　数** 6001-9000册
**定　　价** 88.00元

华夏出版社　地址:北京市东直门外香河园北里4号　邮编:100028
网址:www.hxph.com.cn　电话:(010)64663331(转)

若发现本版图书有印装质量问题,请与我社营销中心联系调换。